MAX-PLANCK-INSTITUT
(FRÜHER KAISER-WILHELM-INSTITUT)
FÜR AUSLÄNDISCHES UND INTERNATIONALES PRIVATRECHT

DAS RECHT DES WARENKAUFS

Eine rechtsvergleichende Darstellung

von

ERNST RABEL

unter Mitwirkung der wissenschaftlichen
Mitarbeiter des Instituts

1. Band

Sonderveröffentlichung der Zeitschrift für
AUSLÄNDISCHES und INTERNATIONALES PRIVATRECHT

(Unveränderter Neudruck der Ausgaben von 1936 und 1957)

Berlin 1964

WALTER DE GRUYTER & CO.

vormals G. J. Göschen'sche Verlagshandlung — J. Guttentag, Verlagsbuchhandlung — Georg Reimer
Karl J. Trübner — Veit & Comp.

Archiv-Nr. 2811640

Geleitwort

zu dem unveränderten Nachdruck 1957

Das gegenwärtige Erscheinen des 2. Bandes des Warenkaufs hat die Frage nach der Behandlung des 1. Bandes entstehen lassen. Er ist seit langem vergriffen. Nun, da der 2. Band erworben werden kann, wird der Wunsch, auch den 1. Band und damit das vollständige Werk zu besitzen, vielfach besonders dringlich werden. Ist das ein ausreichender Anlaß, den 1. Band unverändert neu zu drucken? Dagegen könnte die Erwägung sprechen, daß die Darstellung inzwischen in manchen Punkten überholt ist. Seit dem Jahre 1936 sind das griechische ZGB v. 1940, der neue italienische Codice Civile v. 1942 und Kodifikationen jüngeren Datums in einigen latein-amerikanischen Ländern in Kraft getreten. In England wurde der für Leistungshindernisse bedeutsame Frustrated Contracts Act, 1942 (6 & 7 Geo. 6, c. 4.) erlassen. Und in Österreich gilt nicht mehr das aHGB, sondern das deutsche Handelsgesetzbuch. Rechtsprechung und Rechtslehre haben sich weiter entwickelt und neue Gesichtspunkte gewonnen. Trotzdem scheint ein unveränderter Neudruck die beste Lösung zu sein. Denn eine Durchsicht des 1. Bandes zeigt, daß die von Rabel entfalteten Gedankengänge durch die mehrfachen Änderungen der positiv-rechtlichen Daten ihre Bedeutung und Aktualität nicht eingebüßt haben. So würde der bei einer Korrektur des 1. Bandes entstehende erhebliche Zeitverlust schwerlich zu rechtfertigen sein. Der 1. Band wird also in einem unveränderten Neudruck hiermit vorgelegt. Da der 2. Band im Anhang den Bericht Rabels über die Haager Konferenz zur Vereinheitlichung des Kaufrechts von 1951 enthält, dürfte auch eine Art Brückenschlag zwischen dem älteren und dem neueren Teil des Gesamtwerkes durch den Autor selbst geschehen sein.

Über die neuere Literatur kann sich der Leser im 2. Band unterrichten.

Herrn Otto A. Friedrich, dem Vorsitzenden des Vorstands der Phoenix-Gummi-Werke AG., Hamburg-Harburg, danke ich auch an dieser Stelle aufrichtig für die Finanzierung des vorliegenden Neudrucks.

Hamburg, im Mai 1957

Hans Dölle

Vorwort.

Die vorliegende rechtsvergleichende Darstellung des Warenkaufrechts faßt die Unterlagen zusammen, die wir dem Internationalen Institut für die Vereinheitlichung des Privatrechts in Rom zu seinen kaufrechtlichen Arbeiten geliefert haben. Diese Arbeiten und ihr vorläufiger Abschluß durch einen Gesetzesentwurf sind in einem Aufsatz unserer Zeitschrift für ausländisches und internationales Privatrecht Band 9 (1935) Heft 1 und 2 besprochen.

Das Erscheinen unseres Buches hat sich ohne Verschulden infolge anderer dringender Beschäftigungen des Instituts und öfteren Wechsels der Mitarbeiter leider wiederholt verzögert, zuletzt nochmals, nachdem das Manuskript schon im wesentlichen abgeschlossen war. Das Schrifttum der letzten Jahre ist indessen nachgetragen, zum Teil allerdings nur noch durch kurze Zusätze in eckigen Klammern. Der zweite Band, welcher der Zeitschrift als Sonderheft für 1936 beigegeben werden wird, umfaßt abermals vier Teile, jedoch von erheblich geringerem Umfang. Die beiden Sonderhefte werden auch als Buchausgabe mit dem Entwurf und seiner erwähnten Besprechung zusammen erscheinen.

An dem Beginn des Werkes stand die Frage, ob und inwieweit das Kaufrecht einer einheitlichen Regelung in allen Ländern der Erde fähig ist. Der gewichtige Anlaß mußte sich bei der Stoffauswahl und bei der Anlage aufs stärkste geltend machen. Doch ist die Vereinheitlichung nicht der einzige Zweck dieser Rechtsvergleichung gewesen. Es galt vielmehr, zum ersten Mal im Mittelpunkt des Schuldrechts Gedanken und Ergebnisse der heutigen Rechtsordnungen miteinander in Bezug zu setzen, ein Beginnen, das allen theoretischen und praktischen Bestrebungen, die nur immer sich an die Rechtsvergleichung anknüpfen, Förderung verspricht.

Wenn unser Vorhaben die Schwierigkeiten, die ihm entgegenstanden, einigermaßen, wie zu hoffen ist, überwunden hat, so ist der Erfolg dem bevorzugten Zusammenwirken mit einem doppelten Kreise von Arbeitsgenossen zu danken.

In dem Kaufrechtsausschuß des römischen Instituts vollzog sich durch Jahre ein überaus lehrreicher Austausch der landesrechtlichen

Kenntnisse und Erfahrungen. Die Aufschlüsse, die ich da von Algot Bagge, Henri Capitant, Martin Fehr, H. C. Gutteridge, Joseph Hamel, Sir Cecil Hurst empfing, kamen der Einsicht in die Methoden und Zusammenhänge außerordentlich zugute. Dafür sei diesen großen Juristen verehrungsvoller Dank ausgesprochen.

Zum anderen ist das Werk im Berliner Institut aus einer ebenso freudigen wie ergiebigen Arbeitsgemeinschaft hervorgegangen. Der Stoff benötigte eine mehrfache Durcharbeitung sowohl nach Ländern wie nach Materien und schließlich auf die zu wählende Zusammenfassung hin. Es waren auch immer wieder Nachprüfungen nach allerlei Gesichtspunkten nötig. In den ersten Jahren haben alle damaligen Referenten und Assistenten des Instituts an den vorbereitenden Leistungen teilgenommen; hierbei machten sich besonders verdient die Herren Karl Arndt, Felix Eckstein, Friedrich Kessler, Ernst Letzgus, Rudolf Mueller, Ludwig Raiser, Max Rheinstein, Eduard Wahl. In den letzten Jahren genoß ich eine unermüdliche und verständnisvolle Unterstützung durch die Referenten Dr. Ernst von Caemmerer und Dr. Arwed Blomeyer, die demnach in diesem Zeitabschnitt in besonderem Maße meine Mitarbeiter gewesen sind. Wertvolle Hilfe leisteten außerdem der schwedische Gastreferent Dr. Lars Uddgren und unser Gastreferent Dr. Fritz Korkisch aus Mähren, auch halfen die Herren Otto Auhagen, Walter G. Becker, Konrad Duden und Herbert Müller mit. Allen diesen jungen Gelehrten ist herzlich zu danken.

An der schließlichen Textgestaltung hat Herr Wahl bei den §§ 10—13 wesentlich mitgewirkt; Herr von Caemmerer hat an den §§ 20 und 28—31, Herr Blomeyer am § 32 den weitaus größten Anteil. Im übrigen bin ich für die Anlage, die Ansichten und die Darstellung allein verantwortlich.

Ernst Rabel.

Inhaltsverzeichnis.

II. Teil.

Abschluß und Form des Kaufvertrages.

A. Der Abschluß des Kaufvertrages unter Abwesenden.

§ 10.

§ 11.

§ 12.

§ 13.

Seite

Frankreich und seine Rechtsgruppe.

§ 28.

§ 29.

2. Abschnitt: Rechtsvergleichung.

1. Kapitel. Die Pflicht zur Lieferung der Ware.

8. Kapitel. Sonstige Rechtsbehelfe.

9. Kapitel. Nebenpflichten des Verkäufers.

Übersicht über den Inhalt des zweiten Sonderheftes:

V. Teil. Verpflichtungen des Käufers

VI. Teil. Gewährleistung für Sachmängel

VII. Teil. Gefahrübergang. Verteilung der Kosten und Nutzungen

VIII. Teil. Sicherungen des Verkäufers

Man sehe hierfür vorläufig den kurzen Überblick, den das Institut im Rechtsvergleichenden Handwörterbuch, Artikel „Kaufvertrag" IV, 727 ff., §§ 7—16 und 20—22 gegeben hat.

Verzeichnis von öfter abgekürzt angeführten Werken.

Die in [ ] angeführten Schriften sind nach Abschluß des Werkes erschienen.

Alessandri, Rodriguez, Arturo, De la compra-venta i de la promesa de venta. T. 1. 2. Santiago [Chile] 1917—18.

Almási, Anton, Ungarisches Privatrecht. Bd. 1. 2. Berlin & Leipzig 1923—24. (Ungarische Bibliothek. Reihe 2, Nr. 1. 3.)

Almén: Almén, Tore, Das skandinavische Kaufrecht. Deutsche Ausg. von Friedrich Karl Neubecker. Bd. 1—3. Heidelberg 1922.

Almén[s]: Almén, Tore, Om köp och byte av lös egendom. Kommentar till lagen den 20 Juni 1905. 3., delvis omarb. uppl. av Rudolf Eklund. D. 1. 2. Stockholm 1934.

Almén, Lagen om avtal: Almén, Tore, och Rudolf Eklund, Lagen om avtal och andra rättshandlingar på förmögenhetsrättens område av den 11 Juni 1915. 3. uppl. Stockholm 1931.

Aubry et Rau: Cours de droit civil français d'après la méthode de Zachariae. 5. éd. par G. Rau, Ch. Falcinnaire, M. Gault. T. 1—12. Paris 1897—1922.

Barassi, L., Istituzioni di diritto civile. 2. ed. Milano 1921. (Biblioteca giuridica contemporanea.)

Bartsch, Robert, und Rudolf Pollak, Konkurs-, Ausgleichs-, Anfechtungsordnung und deren Einführungsverordnung. 2. Aufl. Wien & Leipzig 1927. [3. neubearb. Aufl. seit 1935 im Erscheinen.]

Baudry-Lacantinerie, G., Traité théorique et pratique de droit civil.
12—15. — et L. Barde, Des obligations. 3. éd. T. 1—4. Paris 1906.
19. — et Léo Saignat, De la vente et de l'échange. 3. éd. Paris 1908.
Supplément par Julien Bonnecase. T. 1—6. Paris 1924—1935.

Becker, H., Obligationenrecht. Abt. 1. 2. Bern 1917—23. (Kommentar zum schweizerischen Zivilgesetzbuch hrsg. von M. Gmür. Bd. 6.)

Benjamin, Judah Philip, A Treatise on the law of sale of personal property with references to the French code and civil law. 7. ed. by A. R. Kennedy. London 1931.

Benito, Lorenzo, Manual de derecho mercantil. 3. ed. T. 1. 2.; 1. ed. T. 3. Madrid 1924—29.

Bento de Faria, Antonio, Código commercial brasileiro. Annotado. 1. 2. Rio de Janeiro 1920.

Blanco Constans, Francisco, Estudios elementales de derecho mercantil. 3. ed., notabl. corr. y aum. T. 1. 2. Madrid 1910—11.

Bolaffio, Leone, Leggi ed usi commerciali. Atti di commercio. Dei commercianti. Dei libri di commercio. ⟨Art. 1 a 28 cod. comm.⟩ 6. ed. Torino 1935. (Il Codice di Commercio commentato. Vol. 1.)

Bonelli, Gustavo, Del fallimento ⟨commento al codice di commercio⟩. Vol. 1—3. Milano 1923. (Biblioteca giuridica contemporanea.)

de Boor, H. O., Die Kollision von Forderungsrechten. Berlin 1928.

Brenes Córdoba, Alberto, Tratado de las obligaciones y contratos. San José 1923. (Derecho civil de Costa Rica.)

Brunetti, Antonio, Diritto fallimentare italiano. Roma 1932.

Candian, Aurelio, Il processo di fallimento. Programma di un corso. Padova 1934.

Canstein, R. Frhr. von, Lehrbuch des österreichischen Handelsrechtes, unter steter Berücks. der Rechtsprechung des Obersten Gerichtshofes. Bd. 1. 2. Berlin 1895—96.

Capitant, Henri, De la Cause des obligations (contrats, engagements unilatéraux, legs). 3. éd. Paris 1927.

Carvalho de Mendonça, José Xavier, Tratado de direito commercial brasileiro. 2. ed. Vol. 1—7. Rio de Janeiro 1933—34.

Cassin, René, De l'Exception tirée de l'inexécution dans les rapports synallagmatiques (exceptio non adimpleti contractus). Paris 1914. Thèse.

Chalmers' (M. D.)' Sale of Goods Act, 1893, including the factors acts, 1889 & 1890. 11. ed. by Ralph Sutton and N. P. Shannon. London 1931.

Chironi, G. P., La colpa nel diritto civile odierno. 2. ed. interam. rif. (Ristampa). Colpa contrattuale. Torino 1925. (Nuova collezione di opere giuridiche. No. 37.)

Chitty's Treatise on the law of contracts. 18. ed. by W. A. MacFarlane and G. W. Wrangham. London 1930.

Colin, Ambroise, et H. Capitant, Cours élémentaire de droit civil français. 7. éd. T. 1—3 [nebst] suppl. Paris 1931—34. [8. éd. T. 1. 2. 1934—35.]

Collier, W. M. Miller, The Law and practice in bankruptcy under the national bankruptcy act of 1898 official and supplemental forms. 13. ed. by Frank B. Gilbert and Fred E. Rosbrook. Vol. 1—4. [nebst] suppl. Albany 1923—35.

Cortes, Felix, Comentarios al código de comercio terrestre. Bogotá 1933.

Cunha Gonçalves (I—IX): Da Cunha Gonçalves, Luis, Tratado de direito civil em comentário ao código civil português. Vol. 1—9. Coimbra 1929—34.

Cunha Gonçalves[2]: Da Cunha Gonçalves, Luis, Da compra e venda no direito commercial português. 2. ed. Coimbra 1924.

Cunha Gonçalves: Da Cunha Gonçalves, Luis, Da compra e venda no direito commercial brasileiro. S. Paulo 1924.

Cuturi, Torquato, Della vendita, della cessione e della permuta. Ristampa stereot. d. 2. ed. riv. ed. aum. Napoli 1923. (Il diritto civile italiano secondo la dottrina e la giurisprudenza. P. 12.)

Dalloz, Rép. prat.: Dalloz, Répertoire pratique de législation, de doctrine et de jurisprudence publ. sous la dir. de Gaston Griolet et Charles Vergé. T. 1—12 [nebst] suppl. T. 1—3. Paris 1910—31.

Delayen, G., R. Homburg et Gaston Chotiau, Des marchés commerciaux. Paris 1927.

Demogue, René, Traité des obligations en général. T. 1—7. Paris 1923—33.

Demolombe, C., Traité des contrats ou des obligations conventionnelles en général. T. 1—8. Paris 1877—1882. (Cours de code Napoléon. 24—31.)

Düringer-Hachenburg, Das Handelsgesetzbuch vom 10. Mai 1897 (unter Ausschluß des Seerechts) auf der Grundlage des Bürgerlichen Gesetzbuchs. 3. Aufl. Bd. 1—5. Mannheim, Berlin, Leipzig 1930—32.

Echávarri y Vivanco, José M. G., Comentarios al código de comercio. 2. ed. T. 1—5. Valladolid 1928.

Ehrenzweig, Armin, System des österreichischen allgemeinen Privatrechts. 6. Aufl. Bd. 1. 2, 2; 7. Aufl. Bd. 2, 1. Wien 1923—28.

Enneccerus-Lehmann: Enneccerus, Ludwig, Lehrbuch des bürgerlichen Rechts. Bd. 2. Recht der Schuldverhältnisse. 12. Bearb. von Heinrich Lehmann. Marburg 1932.

Esmein s. Planiol et Ripert.

Festschrift für Bekker: Aus römischem und bürgerlichem Recht, Ernst Immanuel Bekker zum 16. August 1907 überreicht von F. Bernhöft, P. F. Girard [u. a.]. Weimar 1907.

Fick-Schneider, OR.: Das schweizerische Obligationenrecht vom 30. März 1911. 1. Aufl. zugleich 4. Aufl. d. Kommentars von A. Schneider u. H. Fick. Titel 1—22 hrsg. von F. Fick. 1911. Titel 23 — Schluß hrsg. von G. Bachmann, F. Goetzinger [u. a.] 1915. [nebst] alph. Sachregister 1916. Zürich.

Fischer-Henle-Titze: Bürgerliches Gesetzbuch. Handausg. von Otto Fischer u. Wilhelm Henle. 14. Aufl. hrsg. von Heinrich Titze. München 1932.

Frédéricq, Louis, Principes de droit commercial belge. T. 1—3. Gand 1928—34.

Gasca, Cesare Luigi, Trattato della compra-vendita civile e commerciale. 2. ed. Vol. 1. 2. Torino 1914—15.

Gaupp-Stein-Jonas: Gaupp, Ludwig, und Friedrich Stein, Kommentar zur Zivilprozeßordnung in der Fassung der Bekanntmachung vom 8. November 1933. 15. neubearb. Aufl. von Martin Jonas. Bd. 1. 2. Tübingen 1934.

Gay de Montella, R., Tratado de la legislación comercial española a base del código de comercio. T. 1—6. Barcelona 1930.

Giorgi, Giorgio, Teoria delle obbligazioni nel diritto moderno italiano. Vol. 1—9. 7. ed. Firenze 1910—26.

Gloag, William Murray, The Law of contract. A treatise on the principles of contract in the law of Scotland. 2. ed. Edinburgh 1929.

Gloag and Henderson: Gloag, William Murray, and Robert Candlish Henderson, Introduction to the law of Scotland. 2. ed. Edinburgh 1933.

Goitein s. Smith-Gutteridge.

Goudoever, H. van, Verbintenissenrecht. Voortgezet door J. Limburg. 2. dr. stuk 1. Zwolle o. J. (Asser, C., Handleiding tot de beoefening van het Nederlandsch burgerlijk recht. D. 3.)

Großmann-Doerth, Hans, Das Recht des Überseekaufs. Bd. 1. Mannheim, Berlin, Leipzig 1930. (Überseestudien z. Handels-, Schiffahrts- und Versicherungsrecht. H. 11.)

Großmann-Doerth, Hans, Die Rechtsfolgen vertragswidriger Andienung. Marburg 1934. (Arbeiten z. Handels-, Gewerbe- u. Landwirtschaftsrecht. Nr. 74.)

Grundtvig, L. A., Lov om Køb af 6. April 1906. 2. rev. Udg. ved Alf Ross. København 1922.

Guhl, Theo, Das schweizerische Obligationenrecht mit Einschluß des Handels-, Wechsel- und Versicherungsvertragsrechts. Zürich 1933.

Guimarães, Aureliano, A compra e venda civil. S. Paulo 1927.

Hagerup, Francis, Konkurs og Akkordforhandling. 4. Udg. ved. P. J. Paulsen. Oslo 1932.

Hahn, Friedrich von, Kommentar zum Allgemeinen Deutschen Handelsgesetzbuch. 2.—3. Aufl. Bd. 1. 2. Braunschweig 1875—77.

Hallager-Aubert: Hallager, Fr., Den norske Obligationsrets almindelige Del. Omarb. og forøget Udg. af nogle Afsnit af ‚Den norske Obligationsret' v. L. M. B. Aubert. 2. uforandr. Opl. Christiania 1896.

Halsbury's Laws of England being a complete statement of the whole law of England. 2. ed. under the general editorship of Hailsham. Vol. 7. London 1932.

Handbuch des Landesproduktenhandels 1929. Mit dem ... Kommentar zu den Einheitsbedingungen im deutschen Getreidehandel. 2. neubearb. u. erw. Ausg. Berlin 1929.

Hasselrot, Berndt, Något ang. köplagens bestämmelser i §§ 1 ff. Omtryckt. [nebst] Tillägg. Malmö 1927—28.

Heck, Phillip, Grundriß des Schuldrechts. Tübingen 1929.

Hellauer, Josef, Kaufverträge, Werk-, Konsignations- und Leihverträge in Warenhandel und Industrie. Berlin 1927. (Bücherei der praktischen Betriebsführung. Bd. 1.)

Hellwig, Konrad, Lehrbuch des deutschen Zivilprozeßrechts. Bd. 1—3, 1. Leipzig 1903—08.

Heymann, Ernst, Das Verschulden beim Erfüllungsverzug. Zugl. e. Beitrag z. Geschichte d. Obligationenrechts. In: Festgaben für Ludwig Enneccerus dargebracht von den Mitgliedern der Juristischen Fakultät zu Marburg a. L. Marburg 1913.

Heymann-Mosse, HGB.: Mosse, Albert, Handelsgesetzbuch (ohne Seerecht). Neubearb. von Ernst Heymann. 17. Aufl. Berlin & Leipzig 1926. (Guttentagsche Sammlung deutscher Reichsgesetze.)

Hofmann, L. C., Het Nederlandsch verbintenissenrecht. D. 1. De allgemeene leer der verbintenissen. 2. dr. Groningen 1932. [4. dr. 1935.]

Huc, Th., Commentaire théorique et pratique du code civil. T. 7. 10. Paris 1894—97.

Ishizaki, Masaichiro, Le Droit corporatif international de la vente de soies. Vol. 1—3. Paris 1928. (Bibliothèque de l'institut de droit comparé de Lyon. Etudes et documents. T. 18—20.)

Jaeger, Ernst, Kommentar zur Konkursordnung und den Einführungsgesetzen, 6. u. 7. Aufl. Bd. 1. 2. Berlin & Leipzig 1931—36.

Jaeger, Schuldbetreibung: Jaeger, C., Das Bundesgesetz betreffend Schuldbetreibung und Konkurs. 3. vollst. neubearb. Aufl. Bd. 1—3 [nebst] Erg. 1—4. Zürich 1911—34.

Jenks, Edward, A Digest of English civil law. 2. ed. Vol. 1. 2. London 1921.

Jones, Leonhard A., The Law of chattel mortgages and conditional sales. 6. ed. rev. and enlarged by Renzo D. Bowers. Vol. 1—3. Indianapolis 1933.

Josserand, Louis, Cours de droit civil positif français. 2. éd. T. 1—3. Paris 1932—33.

Josserand, Louis, Les Transports en service intérieur et en service international. (Transports ferroviaires, roulages, navigation intérieure et navigation aérienne.) A l'exclusion des transports maritimes. 2. éd. Paris 1926.

Juris-Classeur Civil. Art. 1—2281 [nebst] annexes 1—3. Paris 1913 ff. (Collection des Juris-Classeurs.)

Klang: Kommentar zum Allgemeinen Bürgerlichen Gesetzbuch. Hrsg. von Heinrich Klang. Bearb. v. Bettelheim, Pisko [u. a.] Bd. 1—4. Wien 1927—35.

Kruse, Fr. Vinding, Ejendomsretten. D. 1—5. København 1929—33.

Land IV: Land, N. K. F., Verklaring van het burgerlijk wetboek. D. 4. 2. dr. Herzien door Ihr. W. H. de Savornin Lohmann. Haarlem 1907.

Land V: Land, N. K. F., Verklaring van het burgerlijk wetboek. D. 5. 2. dr. Herzien door C. W. Star Busmann. Haarlem 1915.

Larombière, L., Traité théorique et pratique des obligations, ou commentaire des titres 3 et 4, livre 3, du Code civil art. 1101 à 1386. Vol. 1—7. Nouv. éd. Paris 1885.

Lassen, Jul., Haandbog i Obligationsretten. Almindelig Del. 3. tildels omarb. Udg. København 1917—20.

Lassen-Ussing: Lassen, Jul., og Henry Ussing, Haandbog i Obligationsretten. Speciel Del. 1. Gave Køb og Bytte. København 1923.

Laurent, F., Principes de droit civil français. 3. éd. T. 1—33 [nebst] suppl. T. 1—8. Bruxelles 1878—1903.

Leake, S. Martin, Principles of the law of contracts. 8. ed. by R. R. A. Walker. London 1931.

Leo, M., Die neuen Geschäftsbedingungen des deutschen Ausfuhrhandels. Mannheim, Berlin, Leipzig 1929. (Überseestudien z. Handels-, Schiffahrts- u. Versicherungsrecht. H. 10.)

Leonhard, Franz, Das Schuldrecht des BGB. Bd. 1: Allgemeines Schuldrecht des BGB. Bd. 2: Besonderes Schuldrecht des BGB. München & Leipzig 1929—1931. (Systematisches Handbuch der Deutschen Rechtswissenschaft. Abt. 10. T. 2. Bd. 1. 2.)

Leonhard, Franz, Die Beweislast. 2. Aufl. Berlin 1926.

Llerena, Baldomero, Concordancias y comentarios del código civil argentino. 3. ed. T. 1—10. Buenos Aires 1931.

Llewellyn, Karl N., Cases and materials on the law of sales. Chicago 1930.

Lomonaco, Giovanni, Delle obbligazioni e dei contratti in genere. 2. ed. d. F. Degni. Vol. 1—3. Napoli 1912—15. (Il diritto civile italiano secondo la dottrina e la giurisprudenza. P. 10.)

Lyon-Caën, Ch., et L. Renault, Traité de droit commercial. 5. éd. T. 1—7. Paris 1921—34.

Machado, José Olegario, Exposición y comentario del código civil argentino. T. 1—11. Buenos Aires 1922.

Malagarriga, Carlos C., Código de comercio comentado según la doctrina y la jurisprudencia. 2. ed. T. 1—9. Buenos Aires 1922—25. (Derecho comercial argentino)

Manresa y Navarro, José Maria, Comentarios al código civil español. T. 8. 3. ed. Madrid 1918; T. 10. 4. ed. Madrid 1931.

Mariash, Irving, A Treatise on the law of sales under the common law, Uniform Sales Act and other uniform legislation. Albany 1930.

Mayr, Robert, Lehrbuch des bürgerlichen Rechtes. Bd. 1. 2. Reichenberg 1922—23.

Mentzel, Franz, Kommentar zur Reichskonkursordnung. 4. neubearb. Aufl., Mannheim, Berlin, Leipzig 1932.

Molengraaff, W. L. P. A., Leidraad bij de beoefening van het Nederlandsche handelsrecht. 6. dr. D. 1. 2. Haarlem 1930—33.

Mosse-Heymann: s. Heymann-Mosse.

Müller-Erzbach, Rudolf, Deutsches Handelsrecht. 2. u. 3. Aufl. Tübingen 1928.

Müllereisert, F. A., Allgemeine Lieferungsbedingungen der Industrie, des Handwerks und der öffentlichen Hand. Berlin 1932.

Navarrini, Umberto, Trattato teorico-pratico di diritto commerciale. Vol. 2—6; vol. 1. 2. ed. Torino 1920—31.

Oertmann, Paul, Bürgerliches Gesetzbuch. Buch 1. Allg. Teil. 3. umgearb. Aufl. Berlin 1927. Buch 2. Recht d. Schuldverhältnisse. Abt. 1. 2. 5. umgearb. Aufl. Berlin 1928—29. (Kommentar z. Bürgerlichen Gesetzbuch u. seinen Nebengesetzen.)

Oertmann, Paul, Die Geschäftsgrundlage. Ein neuer Rechtsbegriff. Leipzig 1921.

Oser, Hugo, unter Mitw. von Wilhelm Schönenberger, Das Obligationenrecht. Bundesgesetz betreffend die Ergänzung des schweizerischen Zivilgesetzbuchs vom 30. März 1911. 2. umgearb. Aufl. Zürich 1929. (Kommentar zum schweizerischen Zivilgesetzbuch hrsg. von A. Egger, Arnold Escher [u. a.] Bd. 5.)

Pacchioni, Giovanni, Corso di diritto civile. Dei contratti in generale. Torino 1933.

Pacifici-Mazzoni, Emidio, Istituzioni di diritto civile italiano. 5. ed. a cura di Giulio Venzi. Vol. 1—7. Firenze 1920—26.

Pacifici-Mazzoni (Venzi): Pacifici-Mazzoni, Emidio, Il codice civile italiano commentato con la legge romana, le sentenze dei dottori e la giurisprudenza. 6.—8. ed. riv. dal Giulio Venzi. Vol. 1—16. Torino 1927—30.

Page, William Herbert, The Law of contracts. 2. ed. rev., rewritten and enlarg. with forms. Vol. 1—7 [nebst] Suppl. 1. 2. Cincinnati 1920—29.

Palagi, Dario, La Vente en droit égyptien mixte. Alexandrie 1932.

Percerou, J., Des Faillites et banqueroutes et des liquidations judiciaires. 2. éd. T. 1. Paris 1935. (Ancienne collection Thaller continuée sous la direction de M. J. Percerou.)

Pisko, Oskar, Lehrbuch des österreichischen Handelsrechtes. Wien 1923.

Plancks Kommentar zum Bürgerlichen Gesetzbuch nebst Einführungsgesetz. Hrsg. von E. Strohal. 4., völlig neubearb. Aufl. Bd. 1. Allg. Teil; Bd. 2. Recht d. Schuldverhältnisse. Berlin 1913—14.

Planiol, Marcel, Traité élémentaire de droit civil conforme au programme officiel des facultés de droit. 10. éd. avec la collab. de Georges Ripert. T. 1—3. Paris 1925—27.

Planiol, Marcel, et Georges Ripert, Traité pratique de droit civil français. T. 6. Obligations. P. 1. Avec le concours de Paul Esmein. Paris 1930. T. 7. Obligations. P. 2. Avec le concours de Paul Esmein, Jean Radouant,... Paris 1931.
T. 10. Contrats civils. P. 1. Avec le concours de Joseph Hamel... Paris 1932.
T. 12. Sûretés réelles. P. 1. Avec le concours de Emile Becqué. Paris 1927.

Polacco, Vittorio, Le obbligazioni nel diritto civile italiano. 2. ed. riv. ed ampl. Vol. 1. Roma 1915. (Collezione di opere giuridiche ed economiche.)

Polak: Veegens, J. D., u. A. S. Oppenheim, Schets van het Nederlandsch burgerlijk recht. D. 3. Verbintenissen, bewijs en verjaring. 4. dr. bewerkt door C. H. F. Polak. Haarlem 1934.

Pollock, Frederick, The Law of torts. 13. ed. London 1929.

Pollock, Frederick, Principles of contract. 9. ed. London 1921.

Pothier, Oeuvres annotées et mises en corrélation avec le Code civil et la législation actuelle par M. Bugnet. T. 2. Obligations. T. 3. Traité du contrat de vente. Traité des retraits. Traité du contrat de constitution de rente. Paris 1847—48.

Puchelt, Ernst Sigismund, Commentar zum Allgemeinen Deutschen Handelsgesetzbuch. 2. verm. u. verb. Aufl. Bd. 1. 2. Leipzig 1876.

Rabel, Ernst, Die Haftung des Verkäufers wegen Mangels im Rechte. T. 1. Geschichtliche Studien über den Haftungserfolg. Leipzig 1902.

Ramella, Agostino, La vendita nel moderno diritto. Vol. 1. 2. Milano 1920.

Ramella, Agostino, Trattato del fallimento. 2. ed. riv. ed ampl. Vol. 1. 2. Milano 1915.

Répertoire du Droit Belge: Répertoire pratique du droit belge. Législation, doctrine et jurisprudence, publié sous la direction de Emile Brunet, Jean Servais [u. a.] T. 3. Contrat et convention — divorce et séparation de corps. Bruxelles 1931.

Répertoire général alphabétique du droit français. Publié sous la dir. de Ed. Fuzier-Herman. Vol. 1—37. [nebst] suppl. 1—13. Paris 1882—1935.

Restatement of the law of contracts as adopted and promulgated by the American Law Institute. Vol. 1. 2. St. Paul 1932.

RGRKomm.: Das Bürgerliche Gesetzbuch mit besonderer Berücksichtigung der Rechtsprechung des Reichsgerichts erl. von Bessau, Hallamik [u. a.] 8. wes. umgearb. Aufl. Bd. 1—5. Berlin & Leipzig 1934—35.

Rheinstein, Max, Die Struktur des vertraglichen Schuldverhältnisses im anglo-amerikanischen Recht. Berlin & Leipzig 1932. (Beiträge z. ausländ. u. internat. Privatrecht. H. 5.)

Ricci, Francesco, Corso teorico-pratico di diritto civile. 3. ed. riv. e corr. Nuova ristampa con app. di legislazione. Vol. 1—10. Torino 1923.

Ripert, Georges, Droit maritime. 3. éd. T. 1—3. Paris 1929—30.

Rosenberg, Leo, Die Beweislast auf der Grundlage des Bürgerlichen Gesetzbuchs und der Zivilprozeßordnung. 2. völlig neubearb. Aufl. Berlin 1923.

Ruehl, Helmut, Eigentumsvorbehalt und Abzahlungsgeschäft. Einschl. d. Rechts d. Teilzahlungsfinanzierung. Berlin 1930. (Abhandlungen aus d. Berliner Jurist. Fakultät. 6.)

Ruggiero, Roberto de, Istituzioni di diritto civile. 6. ed. riv. e ampl. Vol. 1—3. Messina 1932—33. [7. ed. riv. 1934—35.]

Salmond, John, and Percy H. Winfield, Principles of the law of contracts. London 1927.

Schirrmeister, Gustav u. Wilhelm Prochownick, Das bürgerliche Recht Englands. Hrsg. von der Internat. Vereinigung f. vergl. Rechtswissenschaft u. Volkswirtschaftslehre zu Berlin. Kodifikation von Edward Jenks, W. M. Geldart [u. a.] Bd. 1. 2. [nebst] Nachtr. Berlin 1906—29.

Schwob, Georges, Les Contrats de la London Corn Trade Association (Vente CAF). Paris 1928.

Sedgwick, Theodore, A Treatise on the measure of damages. 9. ed. rev., rearrang., and enlarged by Arthur G. Sedgwick and Joseph H. Beale. Vol. 1—4. New York 1912.

Siber, Heinrich: Grundriß des deutschen bürgerlichen Rechts. 2. Schuldrecht. Leipzig 1931.

Smith-Gutteridge (Goitein): Smith, John William, A Compendium of mercantile law. 13. ed. by H. C. Gutteridge, H. Goitein, and H. J. S. Jenkins. London 1931.

Stang, Norsk Formueret: Stang, Frederik, Inledning til Formueretten. 3. Udg. Oslo 1935. (Norsk Formueret.)

Staubs Kommentar zum Handelsgesetzbuch. 14. Aufl. bearb. von Albert Pinner, Felix Bondi, Wilhelm Gadow, Eduard Heinichen. Bd. 1—4. Berlin & Leipzig 1932—33.

Staub-Pisko: Staub, Hermann, Kommentar zum Allgemeinen Deutschen Handelsgesetzbuch. Ausg. f. Österreich bearb. von Oskar Pisko. 3. Aufl. Bd. 1. T. 1. Bd. 2. Lfg. 1—5. Wien 1933—35. Im übrigen 2. Aufl. Wien 1908—10.

Staudinger, J. v., Kommentar zum Bürgerlichen Gesetzbuch und dem Einführungsgesetze. 9. neubearb. Aufl. Bd. 1. Allg. Teil. Erl. von Theodor Loewenfeld und Erwin Riezler. Berlin, München, Leipzig 1925. Bd. 2. Recht d. Schuldverhältnisse. Erl. von Alfred Werner, Karl Kober, [u. a.] T. 1—3. München, Berlin, Leipzig 1925—30.

Stolfi, Nicola, Diritto civile. Vol. 1, Parte generale. Vol. 3, Le obbligazioni in generale. Vol. 4, I contratti speciali. Torino 1919—34.

Stulz, Günter, Der Eigentumsvorbehalt im in- und ausländischen Recht. 3. erw. Aufl. Hrsg. vom Reichsverband d. deutschen Industrie. Berlin 1932.

Suijling, J. Ph., Inleiding tot het burgerlijk recht. 2. dr. stuk 2. ged. 1. Haarlem 1934. stuk 2. ged. 2. Haarlem 1925.

Tartufari, Luigi, Della vendita e del riporto. 5. ed. riv. Torino 1925. (Il Codice di commercio commentato Vol. 3.) [6. ed. riv. ed. aum. a cura del Enrico Soprano. Torino 1936.]

Thaller, E., Traité élémentaire de droit commercial à l'exclusion du droit maritime. 8. éd. par J. Percerou. T. 1. 2. Paris 1931.

Titze, Heinrich, Bürgerliches Recht. Recht der Schuldverhältnisse. 4. erw. Aufl. Berlin 1932. (Enzyklopädie d. Rechts- u. Staatswissenschaft. Abt. Rechtswiss. 8.)

Titze, Heinrich, Die Unmöglichkeit der Leistung nach deutschem bürgerlichen Recht. Leipzig 1900.

Troplong, R., Le Droit civil expliqué suivant l'ordre des articles du code. De la vente. 2. éd. T. 1. 2. Paris 1836.

Tuhr, Andreas von, Allgemeiner Teil des schweizerischen Obligationenrechts. Halbbd. 1. 2. Tübingen 1924—25.

Undén, Östen, Svensk sakrätt. 1. Lös egendom. Lund 1927.

Ussing, Henry, Aftaler paa Formuerettens omraade. København 1931.

Velez, Fernando, Estudio sobre el derecho civil colombiano. 2. ed. corr. y aum. por el autor y por Luis-Angel Arango. 1—9. Paris 1926.

Venzi, Giulio, Manuale di diritto civile italiano. 7. ed. Torino 1933.

Vivante, Cesare, Trattato di diritto commerciale, 5. ed. riv. e ampl. Vol. 1—4. Milano 1922—26.

Wijnveldt, J., Burgerlijk wetboek. Rechtspraak, literatuur en korte aanteekeningen. Ged. 3. B. 3. stuk 1. Art. 1269—1348. 4. dr. 's-Gravenhage 1934. (Léon's Rechtspraak. D. 2. afl. 3.)

Williams' Law and practice in bankruptcy. 14. ed. by Wintringham Norton Stable and John Basil Blagden. London 1932.

Williston: Williston, Samuel, The Law governing sales of goods at common law and under the Uniform Sales Act. 2. ed. Vol. 1. 2. New York 1924.

Williston, Contracts: Williston, Samuel, The Law of contracts. Vol. 1—5. New York 1922—24.

Windscheid, Bernhard, Lehrbuch des Pandektenrechts. 9. Aufl. unter vgl. Darst. d. deutsch. bürgerl. Rechts bearb. von Theodor Kipp. Bd. 1—3. Frankfurt a. M. 1906.

Woodward, Frederic Campbell, The Law of quasi contracts. Boston 1913.

Gesetze, Entscheidungssammlungen und Zeitschriften sind so, wie in den einzelnen Ländern üblich, zitiert.

Für *Deutschland* vgl. G. Maas u. J. Magnus, Abkürzungsverzeichnis der Rechtssprache. Abkürzungen d. deutsch. u. österreich. Rechts. Berlin und Leipzig 1929,

für *Österreich* vgl. die Angaben bei Klang, Bd. I, 1 S. 9,

für *Frankreich* vgl. die Nachweise in der Gazette du Palais,

für *Italien* vgl. unsere Z. 3, 274 N. 1, ferner die Angaben in den Repertorien des Foro Italiano und der Giurisprudenza Italiana,

für *Skandinavien* Almén I p. XXXVIII ss.

für *England* vgl. die Angaben in Zivilgesetze der Gegenwart, begründet von K. Heinsheimer. Bd. 2. Das Zivilrecht Englands 1. Teil. Mannheim 1931. S. 79 ff. und

für das gesamte *anglo-amerikanische* Recht Bouvier's Law Dictionary, Baldwin's century ed. 1934. Ed. by W. E. Baldwin [nebst] suppl. Cleveland 1934. v°. Abbreviation.

In den *spanisch-portugiesischen* Ländern, in denen keine einheitliche Übung besteht, sind hauptsächlich folgende Abkürzungen verwendet:

Spanien: z. B. T. S. 30. 10. 1930, Sent. **196**, 519 = Entscheidung des Tribunal Supremo v. 30. 10. 1930, veröffentlicht in Revista general de legislación y jurisprudencia. (Fundada por el José Reus y Garcia Angel Ossario y Gallardo. 3. Jurisprudencia civil. T. 1—217. Madrid 1853—1935) Bd. 196 S. 519.

Argentinien: z. B. Cám. com. de la cap. oder Cám. civ. 2a de la cap. 22. 11. 1926, Jur. Arg. **23**, 438 = Entscheidung der 2. Zivilkammer oder der Handelskammer der Hauptstadt v. 22. 11. 1926, veröffentlicht in Jurisprudencia Argentina. (T. 1—38 [nebst] Repertorio en los T. 1—36. Buenos Aires 1918—33) Bd. 23 S. 438.

Die Artikel des Código civil nach alter Zählung, welche das Ehegesetz nicht mitrechnet, werden den Artikelnummern neuer Zählung in Klammern beigefügt.

Brasilien: z. B. App. Rio de J. 3. 7. 1925, Rev. de Dir. **80**, 579 = Entscheidung des Appellhofs Rio de Janeiro v. 3. 7. 1925 veröffentlicht in Revista de direito civil, commercial e criminal. (Fundada pelo Antonio Bento de Faria. Vol. 1—115. [nebst] ind. d. vols. 1—60. Rio de Janeiro 1906—35) Bd. 80 S. 579.

Chile: z. B. S. C. 16. 3. 1929 Rev. de Der. 27 II 1, 190 = Entscheidung der Corte Suprema v. 16. 3. 1929 veröffentlicht in Revista de derecho y jurisprudencia (7 ff.: Revista de derecho, jurisprudencia y ciencias sociales) Año 1—30. Santiago de Chile 1905—33, Bd. 27, Teil 2, 1. Abteilung S. 190.

§ 1.

Verzeichnis der Gesetze.

Die Jahreszahlen geben das Jahr der Verkündung der Gesetze an. In den Staaten Amerikas, die romanisches Recht haben, sind vielfach die Gesetzbücher geändert und neu veröffentlicht worden, ohne daß die Änderungen das Kaufrecht wesentlich berühren. In diesen Fällen sind hier außer der ersten Verkündung des Gesetzbuchs auch die in der Literatur häufiger angezogenen späteren Verkündungen angegeben.

Die Sammlung von Gesetzen und Übersetzungen: „Die Handelsgesetze des Erdballs" ist begründet von Oskar Borchardt, in 3. Aufl. herausgegeben von J. Kohler, H. Dove und H. Trumpler, Berlin 1906—1912, R. v. Decker's Verlag G. Schenck (14 Bde.). Hiervon sind eine französische und eine britisch-amerikanische Ausgabe begonnen worden: Les Lois Commerciales de l'Univers, herausgegeben von Ch. Lyon-Caen, P. Carpentier, F. Daguin, H. Prudhomme, Berlin, R. v. Decker's Verlag G. Schenck; Paris, Librairie Générale de Droit et de Jurisprudence (bisher 16 Bände, 1911—1914). — The Commercial Laws of the World, herausgegeben von Th. E. Scrutton, William Bowstead, C. H. Huberich, Berlin, R. v. Decker's Verlag G. Schenck; London, Sweet & Maxwell; Boston, Mass., The Boston Book Co. (bisher 21 Bände, 1911—1914).

Europa.

Albanien

Kodi Civil (1928)

Kodi Tregtar (1929) (Handelsgesetzbuch)

Belgien

Code Civil (1804/1807)

Code de Commerce (1808/1872)

Deutsch: Die Handelsgesetze des Erdballs, Bd. XII Abt. I 1907 (L. Hennebicq, W. Coermann).

Englisch: The Commercial Laws of the World, Bd. XXII (M. R. Emanuel).

Bulgarien

Zakon za zadulzenijata i dogowiorite (1892) (Gesetz über Verbindlichkeiten und Verträge).

Turgovskija zakon (1897) (Handelsgesetzbuch)

Deutsch: Die Handelsgesetze des Erdballs 1906, Bd. VIII (M. Schischmanow, P. Subow).

Französisch: G. Rapoport, Code de Commerce Bulgare, Sofia 1930, Banque commerciale italienne et bulgare.

Pavlotis, Code de Commerce Bulgare, Paris 1899, Le Soudier.

Dänemark

Lov om Aftaler og andre Retshandler paa Formuerettens Omraade (1917) (Gesetz über Verträge und andere Rechtsgeschäfte auf vermögensrechtlichem Gebiet)

Deutsch: K. Lehmann in Ztschr. f. ges. Handelsr. Bd. 81 S. 220.

Lov om Køb (1906) (Gesetz über den Kauf)

Deutsch: Die Handelsgesetze des Erdballs, Bd. X, 1906, Dänemark S. 100 (E. Tybjerg).

T. Almén, Das skandinavische Kaufrecht, deutsche Ausgabe von F. K. Neubecker, Bd. III, Heidelberg 1922, C. Winter.

Französisch: Les Lois Commerciales de l'Univers, Bd. XXIV S. 73 ff. (L. Beauchet).

Englisch: The Commercial Laws of the World, Bd. XX S. 74 ff. (J. Dorum).

Danzig

wie Deutschland.

Deutschland

Bürgerliches Gesetzbuch (1896)

Bulgarisch: Alexander Kojucharow, Grajdanski zakonnik za Germanskata Imperija, Sofia 1935, Dobromir Tschilingirow.

Englisch: Chui Hung Wang, The German Civil Code, London, 1907, Stevens & Sons.

W. Loewy, The Civil Code of the German Empire, Boston 1909, The Boston Book Company.

Französisch: R. de la Grasserie, Code civil allemand, Paris 3. Aufl. 1910, Pedone Lauriel.

C. Bufnoir, J. Challamel, J. Drioux, R. Saleilles u. a. Code civil allemand, Paris 1904, Imprimerie Nationale.

C. Bufnoir, J. Cazelles, J. Challamel, Code civil allemand, Paris 1923, Librairie générale de Droit et de jurisprudence.

Griechisch: Patala, Γερμανικὸς Ἀστικὸς Κώδιξ, Athen 1925, Ephendone. (Allg. Teil und Recht der Schuldverhältnisse.)

Italienisch: L. Eusebio, Codice Civile dell'Imperio Germanico, Turin 1897, Unione Tipografico.

Spanisch: Garcia Moreno, Texto y Comentarios al Código Civil del Imperio Alemán, Madrid 1897, Góngora.

Handelsgesetzbuch (1897)

Französisch: Carpentier, Code de Commerce Allemand, Paris 1896, Pedone Lauriel.

Viatte, Code de Commerce Allemand, Paris 1901, Pedone.

Englisch: The Commercial Laws of the World, Bd. XXIV (P. A. Ashworth, Th. Hynes, S. Armstrong, B. Lloyd, H. Samuel).

Estland

Das Liv-, Est- und Kurländische Privatrecht von 1864. (Bis 1. Juli 1930 galt in den zu Estland gehörigen Gebieten der ehemaligen Gouvernements Petersburg und Pleskau der Swod Zakonow Rossijsko Imperiji, Bd. X, 1857/1914).

Finnland

Handelsbalk (Kapitel I) (1734)

Deutsch: Die Handelsgesetze des Erdballs, Bd. IX, 1906, Finnland S. 19 (H. O. Klibanski).

Französisch: Les Lois Commerciales de l'Univers, Bd. XXXVI (F. Mallieux, J. Rapoport).

Lag om rättshandlingar på förmögenhetsrättens område (1929) (Gesetz über Rechtsgeschäfte auf dem Gebiet des Vermögensrechts)

Deutsch: Schlegelberger, v. Seth, Wrede, Dix, Das Zivilrecht der nordischen Länder, I. Abt.: Finnland und Schweden, Lieferung 1 S. 79, in Die Zivilgesetze der Gegenwart, begr. von Heinsheimer, Bd. X, Mannheim 1933, Deutsches Druck- und Verlagshaus G. m. b. H.

Frankreich

Code Civil (1803)

Deutsch: J. Cramer, die fünf französischen Gesetzbücher, Düsseldorf [o. J.], Schulz.

H. Loersch, Der Code Civil französisch und deutsch, Leipzig 1887, K. Baedeker.

Ch. Schäffer, Code Civil, Texte français et traduction allemande, Straßburg 1922, J. H. Heitz.

Heinsheimer, Wolff, Kaden, Merk, Code civil in Die Zivilgesetze der Gegenwart, begr. von Heinsheimer, Bd. I, Code Civil, Mannheim, 1. Hälfte 1928, 2. Hälfte 1932.

Die Handelsgesetze des Erdballs, Bd. XII Abt. I, 1906 (G. Horn, W. Coermann).

Englisch: Blackwood Wright, The French Civil Code, London 1908, Stevens & Sons.

W. Cachard, The French Civil Code, Paris 1930, London 1930, Stevens & Sons.

The Commercial Laws of the World, Bd. XXI (M. R. Emanuel).

Code de Commerce (1807)

Deutsch: Marx, die französische Handelsgesetzgebung, Bonn 1911, Georgi.

J. Cramer, die fünf französischen Gesetzbücher, Düsseldorf, Schulz.

Die Handelsgesetze des Erdballs, Bd. XII Abt. I, 1906 (G. Horn, W. Coermann).

Englisch: The Commercial Laws of the World, Bd. XXI (M. R. Emanuel).

Entwurf:

Projet de Code des Obligations et des Contrats (1927) (Französisch-italienischer Obligationenrechtsentwurf).

Griechenland

Ἐμπορικὸς Νόμος (1835) (Handelsgesetzbuch)

Deutsch: Die Handelsgesetze des Erdballs, 1906, Bd. VIII (G. v. Streit, G. Diobouniotis).

Entwurf:

Σχέδιον ἀστικοῦ κώδικος. Π. Ἐνοχικὸν δίκαιον (1935) (Entwurf eines bürgerlichen Gesetzbuchs. II. Schuldrecht)

Samos

Bürgerliches Gesetzbuch von Samos (1899)

Kreta

Bürgerliches Gesetzbuch von Kreta (1903)

Ionische Inseln

Zivilkodex (1841)

Französisch: M. A. de Saint-Joseph, Concordance entre les Codes Civiles Etrangers et le Code Napoléon, 2. Bd. S. 410 ff. 2. Auflage, Paris 1856, Cotillon.

Großbritannien und British Empire

England, Irland, Schottland

Sale of Goods Act (1893)

Deutsch: Die Handelsgesetze des Erdballs, Bd. XI Abt. I Teil II S. 191 ff. (S. Goldschmidt, v. Schneider).
T. Almén, Das skandinavische Kaufrecht, deutsche Ausgabe von F. K. Neubecker, Bd. III, Heidelberg 1922, C. Winter.

Französisch: F. Hansenne, La loi anglaise de 1893 sur la vente des marchandises, Articles parus dans l'Anglo-Belgian Trade Journal, Mai-September 1932.

Der Sale of Goods Act hat in folgenden Staaten Geltung:

Europa:

Gibraltar (1895)
Isle of Man (1895)

Afrika:

Tanganjika Territory, Sale of Goods Ordinance (1920)
Zanzibar Protectorate (1921)

Amerika:

Alberta (1905)
Bahamas, Sale of Goods Ordinance (1904)
Barbados (1895)
British Columbia (1897)
British Guyana, Sale of Goods Ordinance (1913)
British Honduras (1898)
Jamaica (1895)
Manitoba (1902)
Newfoundland (1899)
New Brunswick (1919)
North West Territories of Canada (1898)
Nova Scotia (1910)

Ontario (1920)
Prince Edward's Island (1919)
St. Vincent, Sale of Goods Ordinance (1919)
Saskatchewan (1909)
Trinidad and Tobago (1895)

Asien:

Ceylon (1896)
Hongkong (1896)
India, Indian Sale of Goods Act (1930)

Australien:

New South Wales (1923)
New Zealand (1895)
Queensland (1896)
South Australia (1895)
Tasmania (1896)
Victoria (1896/1915)
Western Australia (1895)

Island

Gesetz betreffend Kauf von beweglichen Sachen (1922)

Italien

Codice Civile (1865)

Deutsch: L. Roncali, Zivilgesetzbuch des Königreichs Italien, Wien 1885.
R. Staffler, Italienisches Zivilgesetzbuch, Bozen 1930, Vogelweider.

Französisch: Grandolfi, Code Civil du Royaume d'Italie, Nancy 1868, Imprimerie Burdet.
T. Huc Orsier, Le Civil Code Italien et le Code Napoléon, Paris 1868, Cotillon.
A. Stakert, Le Code Civil Italien, Paris 1869, Durant et Pedone.
H. Prudhomme, Le Code Civil Italien, Paris 1896, Pedone-Lauriel.

Codice di Commercio (1882)

Deutsch: Die Handelsgesetze des Erdballs Bd. VII, Berlin 1906 (Graf L. Sommati di Mombello, O. Vormbaum).

Französisch: Bohl, Code di Commerce du Royaume d'Italie, Paris 1884, Pedone-Lauriel.
E. Turrel, Code de Commerce Italien, Paris 1892, Pedone-Lauriel.

Entwurf:

Progetto di Codice di Commercio (1925)

Progetto di Codice delle Obligazioni e dei Contratti (1927) (Französisch-italienischer Obligationenrechtsentwurf).

Königreich Jugoslawien

Serbien

Gradjanski zakonik (1844) (Bürgerliches Gesetzbuch)

Französisch: M. A. de Saint-Joseph, Concordance entre les Codes Civiles Etrangers et le Code Napoléon 3. Bd. S. 447 2. Aufl., Paris 1856, Cotillon.

Trgowački zakonik i stecisni postupek (1860) Handelsgesetzbuch)

Deutsch: Die Handelsgesetze des Erdballs, Bd. VIII, 1907 (A. Georgewitsch, St. Michajlowitsch).

Montenegro

Opšti imovinski zakonik (1888) (Allgemeines Vermögensrechtliches Gesetzbuch)

Deutsch: A. Shek: Allgemeines Gesetzbuch über Vermögensrecht für das Fürstentum Montenegro, Berlin 1893, Heymann.

Französisch: R. Dareste et A. Rivière, Code général des biens pour la principauté de Monténégro de 1888, Paris 1892, Imprimerie Nationale.

Italienisch: A. Martecchini, Codice Civile Generale del principato del Montenegro, Spalato 1900.

Trgovački zakonik (1910) (Handelsgesetzbuch)

Slowenien und Dalmatien wie Österreich

Kroatien und Slawonien

Allgemeines Bürgerliches Gesetzbuch (1852)

Ungarisches Handelsgesetzbuch (1875)

Voivodine

wie Ungarn

Bosnien und Herzegowina

Durch Ministerialerlaß vom 29. Dezember 1878 wurde das österreichische allgemeine bürgerliche Gesetzbuch als subsidiäre Rechtsquelle eingeführt.

Handelsgesetzbuch (1883)

Französisch: Les Lois Commerciales de l'Univers, Bd. XXXII (P. Carpentier, F. Daguin, L. Dubarle, H. de Villeforse, H. Reitlinger).

Entwurf eines einheitlichen Gesetzbuches:

Predosnova gradjanskog zakonika za kraljevinu Jugoslaviju (1934) (Vorentwurf eines bürgerlichen Gesetzbuches für das Königreich Jugoslawien)

Deutsch: Übersetzung in Maschinenschrift im Institut vorhanden.

Lettland

Das Liv-, Est- und Kurländische Privatrecht (1864/1925). In den zu Lettland gehörenden Teilen der ehemals russischen Gouvernements Pskow und Witebsk gilt Swod Zakonow Bd. X (1857/1914).

Deutsche Übersetzung des Swod Zakonow: Klibanski, Kodex des Zivilrechts, Berlin 1900, Gottheiner; Nachtrag, Berlin 1914, Elsner.

Liechtenstein

wie Österreich (Allgemeines bürgerliches Gesetzbuch 1812, allgemeines Handelsgesetzbuch 1865 eingeführt).

Litauen

In den früher zu Kongreßpolen gehörenden Gebieten des Staates (links der Memel) gilt kongreßpolnisches Recht (Code Napoléon und Code de Commerce).

In den rechts der Memel liegenden, früher zu Rußland gehörenden Gebietsteilen: Swod Zakonow Bd. X (1857/1914).

Deutsch: Klibanski, Kodex des Zivilrechts, Berlin 1900, Gottheiner; Nachtrag, Berlin 1914, Elsner.

In Polangen gilt das baltische Recht (s. Estland).

Luxemburg

wie Frankreich

Memelgebiet

wie Deutschland

Monaco

Code Civil (1818)

Code de Commerce (1877)

Deutsch: Die Handelsgesetze des Erdballs, Bd. XII Abt. I, 1906 (O. Vormbaum).

Englisch: The Commercial Laws of the World, Bd. XXI (M. R. Emanuel).

Niederlande

Burgerlijk Wetboek (1838)

Französisch: P. H. Haanebrink, Code Civil Nederlandais, Brüssel 1921, Bruylant.

M. A. de Saint-Joseph, Concordance entre les Codes Civiles Etrangers et le Code Napoléon, 2. Bd. S. 348 ff., 2. Aufl., Paris 1856, Cotillon.

Norwegen

Lov om Kjøb (1907) (Kaufgesetz)

Deutsch: Die Handelsgesetze des Erdballs, Bd. X, 1906, Norwegen S. 190 (E. Hambro).
Englisch: The Commercial Laws of the World, Bd. XIX S. 134 ff. (J. Dorum).
Französisch: Les Lois Commerciales de l'Univers, Bd. XXIII S. 111 ff. (L. Beauchet).

Lov om avslutning av avtaler, om fuldmagt og om ugyldige viljeserklaeringer (1918) (Gesetz über den Abschluß von Verträgen, über Vollmacht und über Ungültigkeit von Willenserklärungen).

Österreich

Allgemeines Bürgerliches Gesetzbuch (1811) (für das Schuldrecht besonders wichtig: 3. Teilnovelle, in Kraft seit 1916).

Französisch: M. A. de Saint-Joseph, Concordance entre les Codes Civiles Etrangers et le Code Napoléon 1. Bd. S. 154 ff. Paris 2. Aufl. 1856, Cotillon.
Italienisch: Del Giudice Codice Civile Generale Austriaco, Gorizia 1928, Paternolli.

Allgemeines Handelsgesetzbuch (1862)

Französisch: Les Lois Commerciales de l'Univers, Bd. XXXII (P. Carpentier, F. Daguin, L. Dubarle, H. de Villefosse, H. Reitlinger).

Polen

Kodeks Zobowiązań (1933) (Gesetzbuch der Schuldverhältnisse)

Deutsch: Polnische Gesetze und Verordnungen, herausgegeben von der Geschäftsstelle Posen, der Deutschen Sejm- und Senatsabgeordneten für Posen und Pommerellen Jg. 1933 S. 909 ff.

Kodeks Handlowy (1934) (Handelsgesetzbuch)

Deutsch: a. a. O. Jg. 1934 S. 648 ff.
Das polnische HGB, Posen 1934, Lex G. m. b. H.

Portugal

Codigo Civil (1867)

Französisch: F. Lepalletier, Code civil portugais, Paris 1894, Pedone.
Laneyrie et Dubois, Code civil portugais, Paris 1896, Imprimerie Nationale.

Codigo de Commercio (1888)

Deutsch: Die Handelsgesetze des Erdballs Bd. VII, 1906 (H. Daehnhardt).
Französisch: E. Lehr, Code de Commerce Portugais, Paris 1889, Imprimerie Nationale.
Goujon, Code de Commerce Portugais. Paris 1889, Duchemin.

Rumänien

Codice Civil (1864)

Deutsch: Baum und Bucov, im Auftrag der Deutschen Militärverwaltung in Rumänien herausgegeben, 1917.

Codice di Comerciu (1887)

Deutsch: Die Handelsgesetze des Erdballs, Bd. VII (G. Flaischlen).
C. v. Boroschnay, Das rumänische Handelsgesetzbuch vom Jahre 1887, Bukarest 1887, Thiel & Weiß.

Französisch: J. Blumenthal, Code de Commerce Roumain, Paris 1889, F. Pichon.
Bohl, Code de Commerce Roumain, Paris 1895, Pedone-Lauriel.

Entwürfe:

Projectul Codului Civil (1933)

Deutsch: Mandicevschi, Entwurf eines bürgerlichen Gesetzbuches, Maschinenschrift, im Institut vorhanden.

Projectul Codului Commercial (1933)

Deutsch: Regierungsentwurf zu einem Handelsgesetzbuch aus dem Jahr 1933, Maschinenschrift, im Institut vorhanden.

Schweden

Lag om köp och byte af lös egendom (1905) (Gesetz über Kauf und Tausch von Fahrnis)

Deutsch: Die Handelsgesetze des Erdballs, Bd. X S. 96 ff., 1906 (H. Bittl).
T. Almén, das skandinavische Kaufrecht, deutsche Ausgabe von F. K. Neubecker, Bd. III, Heidelberg 1922, C. Winter.

Englisch: The Commercial Laws of the World, Bd. XIX S. 108 ff. (J. Dorum).

Französisch: Les Lois Commerciales de l'Univers, Bd. XXIII S. 87 ff. (L. Beauchet).

Lag om avtal och andra rättshandlingar på förmögenhetsrättens område (1915) (Gesetz über Verträge und andere Rechtsgeschäfte auf dem Gebiet des Vermögensrechts.

Deutsch: Schlegelberger, v. Seth, Wrede, Dix, Das Zivilrecht der nordischen Länder, I. Abt.: Finnland und Schweden, Lieferung 1 S. 171 ff., in Zivilgesetze der Gegenwart, begr. von Heinsheimer, Bd. X, Mannheim 1933, Deutsches Druck- und Verlagshaus G. m. b. H.

Schweiz

Obligationenrecht (1911) (deutsch, französisch und italienisch)

Englisch: G. Wettstein, The Swiss Federal Code of Obligations with the turkish alternations, Zürich 1928, J. Bollmann.

Spanisch: G. Wettstein, Código Federal Suizo de las Obligaciones con las modificaciones turcas, Zürich 1928, J. Bollmann.

Sowjetrußland

Graždanskij kodeks sovetskich respublik (1922) (Bürgerliches Gesetzbuch der Sowjetrepubliken)

Französisch: Patouillet-Dufour, Les Codes de la Russie Soviétique Bd. 1, Paris 1925, Giard.

Spanien

Código Civil (1888/89)

Deutsch: Die Handelsgesetze des Erdballs, Bd. VII, 1909 (Buch IV, Obligationen und Verträge) (v. Rüdiger).

Englisch: The Commercial Laws of the World, Bd. XXXII 4. Buch, Obligationen und Verträge (W. A. Bewes).

Französisch: A. Levé, Code Civil espagnol, Paris 1904, Pedone-Lauriel.
Le Pelley, Code Civil espagnol, Paris 1932, Giard.

Código de Comercio (1885)

Deutsch: Die Handelsgesetze des Erdballs, Bd. VII, 1909 (v. Rüdiger).

Englisch: The Commercial Laws of the World, Bd. XXXII (W. A. Bewes).

Französisch: H. Prudhomme, Code de Commerce espagnol, Paris 1891, Pedone Lauriel.
Les Lois Commerciales de l'Univers, Bd. XXXVII (P. Carpentier, H. Prudhomme).

Entwurf: Proyecto de Código de Comercio Español, 1926 (Entwurf eines spanischen Handelsgesetzbuchs).

Tschechoslowakei

Böhmen, Mähren, Schlesien und Hultschiner Kreis

Allgemeines Bürgerliches Gesetzbuch seit 1811, im Hultschiner Kreis seit 1920.

Allgemeines Handelsgesetzbuch seit 1862, im Hultschiner Kreis seit 1920.

Slowakei und Karpathenrußland
wie Ungarn

Entwurf I (erschienen 1921—1924 in Einzellieferungen)

Deutsch: Das bürgerliche Gesetzbuch der Tschechoslowakischen Republik, herausgegeben vom Justizministerium der Tschechoslowakischen Republik, Reichenberg 1924, Stiepel.

Entwurf II: Zákon, kterým se vydává všeobecný zákoník občanský Navoh superrevisni komise (Gesetz, durch welches ein Allgemeines bürgerliches Gesetzbuch erlassen wird, Entwurf der Superrevisionskommission) (1931).

Türkei

Obligationenrecht (1926)

Englisch: G. Wettstein, The Swiss Federal Code of obligations with the turkish alternations, Zürich 1928, J. Bollmann.

Französisch: E. Rizzo, La Législation turque, Code des Obligations, 2. Aufl., Konstantinopel 1928, J. A. Rizzo.
G. Wettstein, Le Code Fédéral Suisse des Obligations avec les Changements Turcs, Zürich 1928, J. Bollmann.

Spanisch: G. Wettstein, Código Federal Suizo de las obligaciones con las modificaciones turcas, Zürich 1928, J. Bollmann.

Handelsgesetzbuch (1926)

Französisch: Manasse, Code de Commerce, 2. Aufl., Konstantinopel 1928, J. A. Rizzo.

Ungarn

Ungarisches Handelsgesetzbuch (1875)

Deutsch: J. v. Schnierer, Kommentar zum ungarischen Handelsgesetzbuch, Budapest 1877, Franklin Verein.
Die Handelsgesetze des Erdballs, Bd. XIII Abt. I, 1906 (Béla Lévy).
T. Löw, Das ungarische Handelsgesetzbuch, Budapest 1924, Karl Grills Verlag.

Englisch: The Commercial Laws of the World, Bd. XXVIII (E. Picker).

Französisch: R. de la Grasserie, Code de Commerce hongrois, Paris 1894, Pedone-Lauriel.
Les Lois Commerciales de l'Univers, Bd. XXXIII (J. Cordier).

Entwurf I eines bürgerlichen Gesetzbuches von 1914

Deutsch: Gesetzentwurf eines bürgerlichen Gesetzbuches für Ungarn, veröffentlicht durch das königlich ungarische Justizministerium, Budapest 1914, Verlag der K. u. K. Hofbuchhandlung Julius Benkö.

Entwurf II eines bürgerlichen Gesetzbuches von 1928

Deutsch: Entwurf des bürgerlichen Gesetzbuchs für Ungarn vom Jahre 1928, Budapest 1928 (Maschinenschrift).

Afrika.

Die Staaten des British Empire, die den Sale of Goods Act angenommen haben, s. unter Großbritannien und British Empire.

Ägypten

Code Civil Mixte (1875)

Code Civil Indigène (1883)

Algerien

wie Frankreich

Belgisch-Kongo

Code Civil (1888)

Deutsch: Die Handelsgesetze des Erdballs, Bd. XII, Abt. I 1907, (L. Hennebicq, W. Coermann).

Code de Commerce (1913)

Französisch-Kamerun

wie Frankreich

Französisch-Marokko

Dahir formant Code des Obligations et des Contrats (1913)

Dahir formant Code de Commerce (1913)

Spanisch-Marokko

Código de obligaciones y contratos (1920)

Código de comercio (1920)

Amerika.

Die Staaten des British Empire, die den Sale of Goods Act angenommen haben, s. unter Großbritannien und British Empire.

Nordamerika.

Canada

Quebec

Code Civil (1867)

Deutsch: Die Handelsgesetze des Erdballs, Bd. XI, Abt. II, Teil I S. 723 ff. (A. Behrendt).

Mexiko

Código Civil (1928)

Código de Comercio (1889)

Deutsch: Die Handelsgesetze des Erdballs, Bd. I Abt. I (Hillebrand).

Englisch: The Commercial Laws of the World, Bd. IX (W. A. Bewes).

Französisch: H. Prudhomme, Code de Commerce mexicain, Paris 1894, Pedone.

Vereinigte Staaten von Nordamerika

Uniform Sales Act, approved by the National Conference of Commissioners on Uniform State Laws (1906)

Deutsch: Die Handelsgesetze des Erdballs, Bd. I Abt. I Teil VIII (W. Böddeker)

Dieser Einheitsentwurf ist in folgenden Staaten angenommen:

Alabama (1931)
Alaska (1913)
Arizona (1907)
California (1931)
Connecticut (1907)
Hawaii (1929)
Idaho (1919)
Illinois (1915)
Indiana (1929)
Iowa (1919)
Kentucky (1928)
Maine (1923)
Maryland (1910)
Massachusetts (1908)
Michigan (1913)
Minnesota (1917)
Nebraska (1921)
Nevada (1915)
New Hampshire (1923)
New Jersey (1907)
New York (1911)
North Dakota (1917)
Ohio (1908)
Oregon (1919)
Pennsylvania (1915)
Rhode Island (1908)
South Dakota (1921)
Tennessee (1919)
Utah (1917)
Vermont (1921)
Washington (1925)
Wisconsin (1911)
Wyoming (1917)

Amendment Act to Sales Act (Abänderungsvorschlag der Commissioners on Uniform State Laws, 1922):

Alabama (1931)
California (1931)
Hawaii (1929)
Kentucky (1928)
New York (1935)
New Jersey (1930)
Ohio (1925)
Pennsylvania (1935)
Tennessee (1923)
Vermont (1923)
Washington (1925)
Wisconsin (1925)

Uniform Conditional Sales Act (1918):

Alaska (1919)
Arizona (1919)
Delaware (1919)
Indiana (1935)
New Jersey (1919)
New York (1922)
Pennsylvania (1925)
South Dakota (1919)
West Virginia (1925)
Wisconsin (1919)

Louisiana

Civil Code (1825/1872)

Deutsch: Die Handelsgesetze des Erdballs, Bd. I Teil VIII (W. Böddeker).

Französisch: M. A. Saint-Joseph, Concordance entre les Codes Civiles Etrangers et le Code Napoléon 2. Bd. S. 348 ff. 2. Aufl., Paris 1856, Cotillon.

Mittelamerika.

Costa Rica

Código Civil (1887)

Código de Comercio (1853)

Deutsch: Die Handelsgesetze des Erdballs, Bd. II (R. Bartolomäus).

Guatemala

Código Civil (1877/1882), Neufassung 1932/33 mit Ausschluß des Obligationenrechts.

Código de Comercio (1877)

Deutsch: Die Handelsgesetze des Erdballs, Bd. II, 1910 vermitteln die Kenntnis des Textes durch Verweisungen auf Spanien und Chile (E. Stettner, Pfleger).

Englisch: The Commercial Laws of the World, Bd. IX (W. A. Bewes).

Entwurf eines Código Civil, Obligationenrecht, vom März 1932

Honduras

Código Civil (1906)

Código de Comercio (1898)

Deutsch: Die Handelsgesetze des Erdballs, Bd. II, 1910 vermitteln die Kenntnis des Textes durch Verweisungen auf Spanien und Chile (H. Hillebrand, K. Uerpmann).

Französisch: Les Lois Commerciales de l'Univers, Bd. XIII, vermitteln die Kenntnis des Textes durch Verweisungen auf Spanien und Chile (F. Daguin).

Nicaragua

Código Civil (1904)

Código de Comercio (1914)

Panama

Código Civil (1916)

Código de Comercio (1916)

Salvador

Código Civil (1859)

Código de Comercio (1855/82/1904)

Deutsch: Die Handelsgesetze des Erdballs, Bd. II vermitteln die Kenntnis des Textes durch Verweisungen auf Spanien und Chile (K. Uerpmann, H. Hillebrand).

Englisch: The Commercial Laws of the World, Bd. X (W. A. Bewes).

Französisch: Les Lois Commerciales de l'Univers, Bd. XII (F. Daguin).

Westindien.

Cuba

wie Spanien:

Código Civil (1899)

Außer Kraft Art. 1507—1520 über die vertraglichen Retraktsrechte (1901)

Código de Comercio (1899)

Englisch: The Commercial Laws to the World, Bd. IX (F. L. Joannini).

Curaçao

Burgerlijk Wetboek voor de Colonie Curaçao (1868)

Dominikanische Republik

Código Civil (1845/1884)

Código de Comercio (1845/1884)

Deutsch: Die Handelsgesetze des Erdballs, Bd. II (R. Kück).
Englisch: The Commercial Laws of the World, Bd. X (E. S. Cox-Sinclair).
Französisch: Les Lois Commerciales de l'Univers, Bd. XII (F. Daguin).

Haiti

Code Civil (1825)

Deutsch: Die Handelsgesetze des Erdballs, Bd. II. Auszug betr. Obligationen und Verträge (H. Hillebrand, G. A. v. Rüdiger).

Code de Commerce (1826)

Deutsch: Die Handelsgesetze des Erdballs, Bd. II (H. Hillebrand, G. A. v. Rüdiger).

Südamerika

Argentinien

Código Civil (1869)

Englisch: Joannini, The Argentine Civil Code, Boston 1917, Boston Book Co.

Código de Comercio (1862/1889)

Deutsch: Die Handelsgesetze des Erdballs, Bd. IV (H. Hillebrand, G. Schaps).
Englisch: J. A. and E. de Marval, Laws of Argentina, Buenos Aires 1933, de Marval.
Wilson-Rae, De Speluzzi, Argentine Republic Code of Commerce, London 1904, Stevens & Sons.
The Commercial Laws of the World, Bd. I (W. A. Bewes).
Französisch: Segovia, Projet de Code de Commerce Argentin, Paris 1889, Rousseau.
H. Prudhomme, Code de Commerce Argentin, Paris 1893, Pedone-Lauriel.

Entwurf:

Juan Antonio Bibiloni, Anteproyecto de Reformas al Código civil Argentino I—VII (1929—1932).

Bolivien

Código Civil (1830)

Französisch: M. A. de Saint-Joseph, Concordance entre les Codes Civiles Etrangers et le Code Napoléon, 2. Bd. S. 68, 2. Aufl., Paris 1856, Cotillon.

Código Mercantil (1834)

Deutsch: Die Handelsgesetze des Erdballs, Bd. V (Gundelfinger).
Englisch: The Commercial Laws of the World, Bd. V (W. A. Bewes).

Brasilien

Codigo Civil (1916)

Deutsch: K. Heinsheimer, P. de Miranda, F. Gericke, Brasilien, Código civil, in Die Zivilgesetze der Gegenwart, Bd. 3, Mannheim 1928, Bensheimer.

Französisch: P. Goulé, C. Daguin, G. D'Ardenne de Tizac, Code Civil des Etats Unis du Brésil, Paris 1928, Imprimerie Nationale.

Codigo Comercial (1850)

Deutsch: Die Handelsgesetze des Erdballs, Bd. V. 1906 (R. Bartolomäus).

Französisch: Les Lois Commerciales de l'Univers, Bd. IV (P. Goulé).

Chile

Código Civil (1855)

Französisch: H. Prudhomme, Code Civil Chilien, Paris 1900, Pedone-Lauriel.

Código de Comercio (1865)

Deutsch: Die Handelsgesetze des Erdballs, Bd. IV, 1907 (E. Eisenmann).

Englisch: The Commercial Laws of the World, Bd. VI (W. A. Bewes).

Französisch: H. Prudhomme, Paris 1892, Pedone-Lauriel.
Les Lois Commerciales de l'Univers, Bd. VI (P. Goulé, H. Prudhomme).

Columbien

Código Civil (1873/87)

Código de Comercio Terrestre (1887)

Deutsch: Die Handelsgesetze des Erdballs, Bd. III, 1908 (K. Uerpmann).

Englisch: The Commercial Laws of the World, Bd. II (E. S. Cox-Sinclair).

Französisch: Les Lois Commerciales de l'Univers, Bd. II (P. Carpentier, F. Daguin, S. Hacquin, H. Prudhomme).

Ecuador

Código Civil (1860/89)

Código de Comercio (1882/1906)

Deutsch: Die Handelsgesetze des Erdballs, Bd. III. (G. A. v. Rüdiger).

Englisch: The Commercial Laws of the World, Bd. III (S. Leader).

Französisch: Les Lois Commerciales de l'Univers, Bd. III (F. Daguin).

Paraguay

wie Argentinien (Código Civil 1876, Código de Comercio 1903 eingeführt).

Peru

Código Civil (1852)

Código de Comercio (1902)

Deutsch: Die Handelsgesetze des Erdballs, Bd. V, 1907 (E. Eisenmann).

Entwurf eines Código Civil (Veröffentlichung in der Ausgabe des Código Civil von Juan José Calle (1928).

Englisch: The Commercial Laws of the World, Bd. V (W. A. Bewes).

Surinam

Burgerlijk Wetboek voor de Colonie Suriname (1868).

Uruguay

Código Civil (1868)

Código de Comercio (1865)

Deutsch: Die Handelsgesetze des Erdballs, Bd. IV (G. Schaps).

Englisch: The Commercial Laws of the World, Bd. I (S. Leader).

Venezuela

Código Civil (1867/1872/1922)

Código de Comercio (1862/1873/1919)

Deutsch: Die Handelsgesetze des Erdballs, Bd. III, 1907 (P. Meyer).

Englisch: The Commercial Laws of the World, Bd. III (E. S. Cox-Sinclair).

Französisch: Les Lois Commerciales de l'Univers, Bd. III (F. Daguin).

Asien

Die Staaten des British Empire, die den Sale of Goods Act angenommen haben, s. unter Großbritannien und British Empire.

China

Min fa (1929) (Bürgerliches Gesetzbuch)

Deutsch: Bünger, Zivil- und Handelsgesetzbuch von China, Marburg 1934, Elwerth.

Englisch: Hsia, Civil Code of the Republic of China, Schanghai 1931, Kelly & Walsh.

Französisch: Ho, Code Civil de la République de Chine, Paris 1930, Sirey.

Indien

The Indian Contract Act (1872)

Irak

Medjele (1869—1876)

Nachtragsgesetz zum Osmanischen Handelsgesetzbuch (1860)

Deutsch: Die Handelsgesetze des Erdballs, Bd. VIII (W. Padel).

Französisch: T. Piat, Code de Commerce, Beyruth 1876.

Japan

Minpa (1889) (Bürgerliches Gesetzbuch)

Deutsch: Lönholm, Das Bürgerliche Gesetzbuch Japans, Bd. II, Tokio 1896, Selbstverlag.

Vogt, Japanisches Bürgerliches Gesetzbuch, Berlin 1927, Heymann.

Englisch: De Becker, Civil Code of Japan, London 1911,

W. G. Sebald, The Civil Code of Japan, London 1934, Butterworth & Co.

Lönholm, The Civil Code of Japan, Tokyo 1898, Maruya & Co.

Shoho (1899/1911) (Handelsgesetzbuch)

Deutsch: Die Handelsgesetze des Erdballs, Bd. VI (Lönholm).

Lönholm, Entwurf des japanischen Handelsgesetzbuchs, Tokio 1898, Maruya & Co.

Vogt, Handelsgesetzbuch von Japan, Berlin 1927, Heymann.

Englisch: Lönholm, The Civil Code of Japan, Tokio 1898, Maruya.

Yang, The Civil Code of Japan, Boston 1911, The Boston Book Company.

The League of Nations Association of Japan, The Civil Code of Japan, Tokio 1932, (annotated 1931).

Französisch: G. Ripert, S. Komachiya, Code de Commerce de l'Empire de Japon, Paris 1924, Chauny.

Niederländisch-Ostindien

Burgerlijk Wetboek voor Nederlandsch Indie (1847)

Palästina

Medjele (1869—1876)

Türkische Zivilprozeßordnung (1879/1911)

Persien

Qanun mudeni (1928) (Zivilgesetzbuch)

Qanun tudjaret (1932) (Handelsgesetzbuch)

Französisch: Mustapha Khan Adle, Code de Commerce, Paris 1934, Pedone.

Siam

Bürgerliches und Handelsgesetzbuch (1925)

Englisch: Translation of the Civil and Commercial Code, Bangkok, Daily Mail.

Civil and Commercial Code Book, Gegenüberstellung des englischen und siamesischen Textes, o. J.

Syrien

Medjele (1869—1876)

Nachtragsgesetz zum Osmanischen Handelsgesetzbuch (1860)

Deutsch: Die Handelsgesetze des Erdballs, Bd. VIII (W. Padel).

Französisch: T. Piat, Code de Commerce Ottoman, Beyruth 1876.

Türkische Zivilprozeßordnung (1879/1911)

Australien

S. Großbritannien und British Empire.

I. Teil.

Der Umfang und die Ziele der Vereinheitlichung.

§ 2.

I. Übersicht über die Kodifikationen des Kaufrechts.

Fast alle Länder haben ein geschriebenes Kaufrecht aus neuerer Zeit. Wo es keine umfassenden Kodifikationen des Zivil- und Handelsrechts gibt, erweist sich das Bedürfnis nach einem Gesetz gerade für den Kauf. Das ausgezeichnete allgemeine deutsche Handelsgesetzbuch von 1867, das in Österreich noch gilt, beschäftigte sich daher besonders mit dem Kaufrecht. Der englische Sale of Goods Act von 1893 und der amerikanische Uniform Sales Act, der in 31 Staaten der Union angenommen ist, die skandinavischen Kaufgesetze (1905 bis 1911) sind weitere ruhmreiche gesetzgeberische Taten auf diesem Gebiet.

Ausnahmen bilden das römisch-byzantinische Recht Griechenlands, das gemeine römische Recht in der Südafrikanischen Union, das Common Law in einigen Ländern der Vereinigten Staaten von Nordamerika und das islamische Scheriatsrecht in Afghanistan, Arabien und einigen anderen Gebieten.

In den Gesamtkodifikationen wird natürlich der Stoff auf die allgemeineren Lehren und die Kaufregelung verteilt, wobei zu beachten ist, daß das allgemeine Vertragsrecht zum überwiegenden Teil im Hinblick auf den Kaufvertrag entwickelt worden ist und die Regeln über gegenseitige Verträge noch heute praktisch bei diesem Geschäftstyp ihr Hauptbeispiel finden. Die Sondergesetze für den Kauf regeln mangels einer sonstigen gesetzlichen Zusammenfassung der allgemeinen Lehren die Materie mehr oder minder erschöpfend. So behandeln z. B. die skandinavischen Gesetze eingehend die Verzögerung der Leistung und die Gattungsschuld, das allgemeine deutsche HGB. auch das Zustandekommen des Vertrags.

Die Gesetze sind nur ein Ausschnitt aus der Gesamtheit des wirklich geltenden und gehandhabten Kaufrechts. Sie werden durch

Handelsbräuche ergänzt, durch die richterliche Auslegung fortgebildet und, da sie fast durchwegs dispositives, von den Parteien abänderbares Recht enthalten, in neuerer Zeit im weitesten Maße durch Vertragsformulare von Firmen oder Verbänden überholt.

In den Privatrechten der Welt konnte man bis zu den jüngsten Zeiten vier große Rechtsfamilien herausheben: nämlich 1. den Rechtskreis des deutschen, österreichischen und schweizerischen Rechts, den man den mitteleuropäischen nennen könnte, 2. den romanischen, 3. den anglo-amerikanischen und 4. den nordischen (skandinavischen) Rechtskreis, daneben besonders 5. das in einigen Staaten kodifizierte islamische und 6. das römisch-byzantinische Recht. Das Kaufrecht machte davon keine Ausnahme. In vielen Ländern werden aber gegenwärtig neue Kodifikationen vorbereitet, die sich einer solchen Einreihung entziehen; soeben ist als erstes dieser Gesetze das polnische Obligationenrecht vollendet worden.

Ein Überblick über die heute geltenden Kodifikationen des Warenkaufrechts hat innerhalb des mitteleuropäischen und romanischen Rechtskreises noch zwischen Zivilkauf und Handelskauf zu unterscheiden, um so mehr, da die beiden Kaufrechtsarten in den Zivil- und Handelsgesetzbüchern in der Mehrzahl dieser Länder zu verschiedenen Zeiten kodifiziert worden sind.

Die folgende Übersicht bezieht sich nur auf die gesetzlichen Regelungen mit eigentlich kaufrechtlichem Inhalt und umfaßt nicht die darüber hinausgehenden Vorschriften des allgemeinen Schuld- und Vertragsrechts.

1. Mitteleuropäischer Rechtskreis.

1. Mitteleuropäischer Rechtskreis.

a) Zivilkauf.

a) Das Zivilkaufrecht im deutschen BGB. (1896, seit 1. 1. 1900 in Kraft) beruht auf dem gemeinen Recht und dem früheren deutschen, besonders dem preußischen Allgemeinen Landrecht. Es gilt auch in Danzig und im Memelgebiet. Für die Regelung im sowjetrussischen Zivilgesetzbuch (1922) und in China (1929) ist es das Vorbild gewesen; ebenso hat es neben dem französischen Recht auf das Kaufrecht Japans (1898) eingewirkt.

Das Recht des österreichischen aBGB. (1811) wurde in der Teilnovelle von 1916 in seinem allgemeinen Schuldrecht dem deutschen BGB. näher gebracht. Das aBGB. wurde in Kroatien (1852) sowie neben dem islamischen Recht in Bosnien und der Herzegowina eingeführt und gilt ferner in den ehemals österreichischen Teilen der

Tschechoslowakei und Jugoslawiens. Auch das Kaufrecht Serbiens im BGB. (1844) beruht auf ihm.

Die Schweiz hat neben dem Zivilgesetzbuch (1907) das Obligationenrecht vom 14. 6. 1881 in revidierter Fassung (1911) am 1. 1. 1912 in Kraft gesetzt. Beide Gesetzbücher sind mit geringen Änderungen in die Türkei übernommen worden (1926). Auch Liechtenstein, wo das österreichische aBGB. gilt, hat sein Schuldrecht neuerdings in Teilnovellen nach dem Schweizer Vorbild geändert.

Das gemeine deutsche Recht, das in seinen partikularen Gestaltungen allen diesen Gesetzbüchern als Grundstoff gedient hat, bildet ferner die Grundlage für das Kaufrecht des liv-, est- und kurländischen Privatrechts (1864), das heute noch in Estland, einem Teil Lettlands und im baltischen Teil Litauens Geltung hat. Im übrigen gilt in Lettland und Litauen das Kaufrecht des kaiserlich russischen ZGB. (1857), das im wesentlichen eine selbständige Kodifikation darstellt. Außerdem gilt in dem Teil Litauens, der vordem zu Kongreßpolen gehörte, der französische Code civil (1808).

b) Handelskauf.

b) Das Handelskaufrecht in Deutschland (1897) geht auf das allg. HGB. (1861) zurück. Dieses Gesetz gilt in Österreich (1862), in den ehemals österreichischen Teilen der Tschechoslowakei und Jugoslaviens sowie in Liechtenstein (1865). An das allg. HGB. haben sich ferner Ungarn (1875) und durch dessen Vermittlung Bulgarien (1897) angeschlossen. Das deutsche HGB. hat bestimmend auf das japanische Handelskaufrecht (1899) und neben dem italienischen codice di commercio auf das Handelskaufrecht der Türkei (1926) gewirkt.

2. Romanischer Rechtskreis.

2. Romanischer Rechtskreis.

a) Zivilkauf.

a) In den romanischen Rechten herrscht für den Zivilkauf das System des französischen Code civil (1804) vor. Es ist unmittelbar in der Mehrzahl der französischen Kolonien, in Belgien (1804, Belgisch-Kongo 1888) und Luxemburg (1804) eingeführt worden und galt bis 1934 auch in Kongreßpolen (1808). Im wesentlichen haben es Monaco (1818), die Niederlande (1838, Niederländisch-Indien 1847), Rumänien (1864), Italien (1865), Portugal (1867) und Spanien (1888/9) übernommen. Über die italienische Gesetzgebung hat es auch in das Obligationenrecht Bulgariens (1892) und in das Zivilgesetz Albaniens (1928) Eingang gefunden.

In Ägypten ist das französische Kaufrecht sowohl für den Code civil mixte (1875) als auch den Code civil indigène (1883) das Vorbild gewesen; es hat auch auf das im übrigen deutschrechtlich orientierte japanische (1898) und auf das siamesische Kaufrecht (1925) einen Einfluß ausgeübt.

In Kanada hat sich Quebec (1867), in den Vereinigten Staaten Louisiana (1808/1825) den französischen Rechtsgrundsätzen angeschlossen.

In den südamerikanischen Staaten[1]) gilt das französische System in Bolivien (1830) und mit einigen Abweichungen in Peru (1852) und in Venezuela (1867/72). Die Kaufrechte der übrigen südamerikanischen Länder sind von ihm hauptsächlich über die Gesetzgebungen Chiles und Argentiniens beeinflußt worden. Das chilenische Kaufrecht (1855) ist im wesentlichen französisch, hat aber zum Teil auch das Recht der spanischen novísima recompilación (1805) verwendet. Mit geringfügigen Änderungen ist es von Ecuador (1860) und Columbien (1873) übernommen worden und hat zusammen mit der französischen Gesetzgebung auch auf Uruguay (1868) eingewirkt. Argentinien (1869) ist ebenfalls dem französischen System zuzurechnen, wenn es sich auch im äußeren Aufbau an den brasilianischen Entwurf von 1857 anlehnt und daneben die Ergebnisse der damaligen kontinentalen Rechtswissenschaft verwendet hat. Sein Código civil ist in Paraguay (1876) eingeführt worden. Das Kaufrecht Brasiliens (1916) hat sich an das französische Recht sowie weitgehend an das deutsche BGB. angeschlossen.

Die meisten Gesetzgebungen Mittelamerikas und Westindiens haben ihr Kaufrecht an die Bestimmungen der südamerikanischen Gesetze und damit an deren europäische Vorbilder angelehnt. San Salvador (1859) hat das chilenische Kaufrecht übernommen, ebenso erstreckt sich der Einfluß des französisch-chilenischen Systems auf die Bestimmungen von Guatemala (1877/1882), Costa Rica (1887), Honduras (1906) und neuerdings auf die weitgehend modernisierte Kodifikation in Mexiko (1928). Nicaragua (1904) hat im Anschluß an Uruguay chilenische und argentinische Vorschriften übernommen, während das Kaufrecht Panamas (1916) dem spanischen Código civil folgt. Das Kaufrecht Cubas (1899) ist das spanische, dagegen herrscht in Haiti (1825) und der Dominikanischen Republik (1845/1884) das System des französischen Code civil.

---

[1]) Für diese und die unter b folgende Aufstellung gab es hinsichtlich des Abstammungsverhältnisses der Gesetzbücher im ganzen nicht ausreichende, hinsichtlich des Kaufrechts im besonderen keine Vorlagen.

b) Handelskauf.

b) Der Handelskauf ist in Frankreich nicht besonders geregelt; die einzige Bestimmung hierüber im Code de commerce (1807) gewährt für Handelskäufe eine Beweiserleichterung (Art. 109). Hierin sind Belgien (1808, Belgisch-Kongo 1913), Luxemburg (1807), Kongreßpolen (1809), Griechenland (1835), die Niederlande (1838, Niederländisch-Indien 1847) sowie Monaco (1818) dem französischen Recht gefolgt. Dagegen findet sich eine eingehendere Regelung des Handelskaufs schon in Kapitel XI der spanischen Ordonnanzen von Bilbao (1737) und dann im spanischen HGB. von 1829, dessen Kaufbestimmungen im wesentlichen im geltenden HGB. (1889) in moderner Fassung wiederholt sind. Auch das alte portugiesische HGB. (1833) hat den Handelskauf geregelt, dabei allerdings die meisten Vorschriften dem französischen Code civil entnommen. Das vom allg. HGB. beeinflußte italienische Handelskaufrecht (1882) hat auf die neuere Handelsgesetzgebung in Rumänien (1887), Portugal (1888) und in der Türkei (1926) eingewirkt.

In den romanischen Rechten Nordamerikas (Quebec, Louisiana) findet sich keine Sonderregelung des Handelskaufs. Dieser ist dagegen in Südamerika regelmäßig im Anschluß an die älteren Handelsgesetze Spaniens (1829) und Portugals (1833) kodifiziert worden. Die Regelung Boliviens (1834) ist die des spanischen HGB. Brasilien (1850) hat namentlich portugiesische, daneben auch spanische Bestimmungen über den Handelskauf übernommen. Das gleiche gilt für das ihm folgende argentinische HGB. (1862); dessen Vorschriften gelten auch Paraguay (1903) und sind mit einer Reihe von Änderungen von Uruguay (1865) übernommen worden. Das Handelskaufrecht in Chile (1865) entspricht weitgehend der spanischen Gesetzgebung, daneben finden sich auch portugiesische Bestandteile. Diese Regelung ist von Ecuador (1882) und Columbien (1887) eingeführt worden. In Peru (1902) gilt, von einigen Abweichungen abgesehen, das Kaufrecht des spanischen HGB. von 1885; Venezuela hat sich 1904 in der Novelle seines HGB. (1873) dem italienischen Handelskaufrecht angeschlossen.

Auch in Mittelamerika tritt der Einfluß des spanischen Handelskaufrechts in fast allen Handelsgesetzen hervor. Die kaufrechtlichen Bestimmungen in Costarica (1853), Salvador im alten HGB. (1855) und Mexiko (1889) enthalten im wesentlichen Vorschriften des spanischen HGB. von 1829; Salvador in der Novelle des HGB. von 1904 und Honduras (1898) folgen dem Recht des spanischen HGB. von 1885. Guatemala (1877) hat chilenische Bestimmungen übernommen; Nicaraguas Kaufrecht (1914) zeigt daneben Anklänge an das italienische Recht; auch in der Regelung Panamas (1916) zeigt sich der spanische Einfluß.

Von den westindischen Gebieten haben Haiti (1826) und San Domingo (1845/1884) das französische System übernommen; in Cuba (1899) gilt das moderne spanische Handelskaufrecht.

3. Anglo-amerikanischer Rechtskreis.

3. Anglo-amerikanischer Rechtskreis.

In England ist der Kauf von Waren gesetzlich fixiert im Sale of Goods Act (1893). Die Bedeutung dieses Gesetzes wird aber dadurch eingeschränkt, daß die Grundlage des Vertragsrechts im unkodifizierten gemeinen englischen Recht, dem „Common Law", besteht. Nach übereinstimmender Auffassung sollen die Kaufgesetze grundsätzlich dieses geltende Common Law nicht aufheben. Sie sollen es nur so, wie es in den überlieferten Präjudizien und manchen alten ergänzenden Einzelstatuten niedergelegt ist, in übersichtlicher Form darstellen. Sie bedienen sich seiner Begriffe, sind aus seinen Anschauungen auszulegen und vor allen Dingen durch seine grundlegenden allgemeinen Lehren zu ergänzen.

Unser Quellenverzeichnis zeigt, daß das Kaufgesetz nahezu in allen Teilen des Britischen Empire eingeführt worden ist. Zum Teil ist es wörtlich übernommen, zum Teil mit Abweichungen, die aber für die wichtigen Fragen nicht wesentlich sind. Es ist auch in Ländern eingeführt, deren Gewohnheiten nicht vom englischen gemeinen Recht abstammen; Schottland war im Sales Act sofort einbegriffen, in Trinidad (wo freilich das spanische Recht durch die anglisierte Gesetzgebung ersetzt wurde), ist er 1895 und in Ceylon 1896 eingeführt worden. Dagegen haben Südafrika und Quebec sich vom Kaufgesetz ferngehalten.

In den Vereinigten Staaten von Nordamerika ist jeder der 48 Gliedstaaten nach der Bundesverfassung in seiner privatrechtlichen Gesetzgebung frei. Eine gemeinsame Grundlage der nordamerikanischen Privatrechte besteht im englischen Common Law des 16. Jahrhunderts; eine Ausnahme macht Louisiana (vgl. oben 2 a). Gesetze, die in England erst nach der Gründung der Kolonien eingeführt wurden, haben in den Vereinigten Staaten nicht ohne weiteres Geltung erlangt, doch sind die Vorschriften des gerade für das Kaufrecht wichtigen Statute of Frauds (1677), das für Kaufverträge über einen bestimmten Wert die Schriftform verlangt, von den meisten Staaten der Union übernommen worden. Im übrigen erfuhr das Common Law durch die einzelstaatliche Gesetzgebung (Statute Law) und die präjudiziell gebundene Rechtsprechung (Case Law) eine Ausgestaltung und Fortentwicklung, die zur weitgehenden Zersplitterung und Unübersichtlichkeit des Privatrechts führte. Um eine gewisse Rechtseinheit zu sichern, ist 1906 von der National Conference of Commissioners on Uniform State Laws unter Anlehnung an den englischen Sale of Goods Act der Uniform Sales Act ausgearbeitet worden, der mit Abweichungen heute von 31 Staaten und Alaska und Hawai eingeführt ist.

4. Nordische Rechte.

4. Nordische Rechte.

In Finnland besteht zur Zeit noch das im schwedischen Reichsgesetzbuch (1734) enthaltene Kaufrecht (Handelsbalk). In Schweden (1905), Dänemark (1906), Norwegen (1907) und Island (1922) gelten im wesentlichen gleichlautende „Fahrniskaufgesetze", die in gemeinsamer Zusammenarbeit zustande gekommen sind. Der Abschluß des Kaufvertrags wird geregelt in dem für Rechtsgeschäfte aller Art geltenden „Vertragsgesetz", das gleichfalls ein gemeinsames Gesetzgebungswerk der nordischen Staaten darstellt (Schweden 1915, Dänemark 1917, Norwegen 1918 und Finnland 1929).

Vom Zustandekommen der Kaufgesetze sei einiges berichtet, da es wenig bekannt ist.

Die Grundlage für die Zusammenarbeit zwischen den skandinavischen Ländern bildete ein von der schwedischen „Neuen Gesetzvorarbeitungskommission" vorgelegter Entwurf zu einem Gesetz über Tausch und Kauf. In einer besonders anerkennenden Besprechung dieses Entwurfs (Tidsskrift for Retsvidenskap 1898), den er als eine vortreffliche Grundlage für nordisches gemeinsames Recht bezeichnete, regte Professor Julius Lassen eine Zusammenarbeit der nordischen Länder an. Dies erregte große Aufmerksamkeit. Auf Antrag der schwedischen Regierung traten im September 1901 Vertreter der drei skandinavischen Länder in Stockholm zusammen, wobei man über die Richtlinien der künftigen Zusammenarbeit einig wurde. Diese umfaßte zu Anfang eine Anzahl Fragen aus dem Gebiet des Handelsverkehrs und Warenumsatzes (z. B. allgemeines Vertragsrecht, Kommissionsrecht); aber schon bei der folgenden Versammlung (Kopenhagen 1902) kam man zu der vorläufigen Beschränkung auf das Rechtsverhältnis zwischen Käufer und Verkäufer. Nachdem in Christiania Präliminarbeschlüsse über den Inhalt der beabsichtigten Gesetzgebung gefaßt worden waren, wurden die Vorentwürfe in allen drei Ländern einer großen Anzahl von Handelsverbänden zur gutachtlichen Äußerung vorgelegt. Die Beratungen der Handelskreise mit den Juristen waren umfänglich und eindringend und machen sich in dem Inhalt und in dem Aufbau des Gesetzes stark fühlbar. Bei der letzten gemeinsamen Sitzung (Stockholm 1903) wurden die Entwürfe neu geprüft und im wesentlichen gleichlautende Textvorschläge festgestellt.

5. Islamische Rechte.

5. Das islamische religiöse Recht (Scheriatsrecht), und zwar sunnitischer Lehrmeinung, gilt in Arabien und Afghanistan sowie in der Kodifikation des früheren türkischen Zivilrechts (Medjele, 1869—1876) für die mohammedanische Bevölkerung in Bosnien und der Herzegowina, für Palästina, Syrien und den Irak. Schiitisches Scheriatsrecht bildet die Grundlage der gesetzlichen Bestimmungen in Persien (1928).

6. Römisches Recht.

6. Römisches Recht in der Form der byzantinischen Quellen gilt als Gewohnheitsrecht heute noch in Griechenland. Ferner ist gemeines Recht, in der Weise wie es 1806 in Holland Geltung hatte, in die Gebiete der Südafrikanischen Union übernommen worden.

7. Neue Kodifikationsbestrebungen.

7. Wenn auch die meisten Länder ihr Kaufrecht bereits kodifiziert haben, so ist doch die Kodifikationsbewegung der letzten 150 Jahre noch nicht abgeschlossen. Entwürfe zu erstmaliger gesetzlicher Fassung finden sich in Ungarn (E. I 1914, E. II 1928) und Griechenland (1935). Eine Anzahl von südamerikanischen Staaten bemüht sich, ihre aus der Mitte des vorigen Jahrhunderts stammenden Zivilgesetzbücher den Bedürfnissen der heutigen Zeit anzupassen. So besteht ein Entwurf eines Zivilgesetzbuchs in Guatemala (1932) und ein Vorentwurf in Argentinien (Bibiloni, 1928—1932) und in Peru (1928). Entwürfe eines Handelsgesetzbuchs finden sich in Italien (1925), wo die große Bewegung zur Revision aller Gesetzbücher wirkt, und in Spanien (1926).

Neben diesem Reformbedürfnis suchen besonders die durch die Verträge von Versailles und St. Germain neu geschaffenen oder erweiterten Staaten den Wunsch nach einer Rechtsvereinheitlichung zu verwirklichen, soweit sie Teile verschiedener Rechtsgebiete vereinigt haben. Bis zur Vollendung gediehen ist das polnische Obligationenrecht (Verordnung vom 27. Oktober 1933) und das Handelsgesetzbuch (Verordnung vom 27. Juni 1934). In der Tschechoslowakei liegt der zweite Entwurf eines Zivilgesetzbuches vor (E. I 1924, E. II 1931), ferner ist 1934 der Entwurf eines Zivilgesetzbuchs des jugoslawischen Königreiches fertiggestellt worden und ein Handelsgesetzentwurf in Vorbereitung. Endlich wurde während des Krieges der Plan zu einem französisch-italienischen Obligationenrecht gefaßt

(1917), der zur Aufstellung eines Entwurfs geführt hat (letzte Fassung 1927). Der Gedanke der Rechtsvereinheitlichung beherrscht auch die Bemühungen in den Vereinigten Staaten von Amerika, in ihren Restatements die Grundzüge des Common Law übersichtlich zu sammeln.

§ 3.

II. Das Kaufrecht als besonderer Rechtsstoff.

1. Kaufschuldrecht und allgemeine Lehren.

1. Die Vereinheitlichung im allgemeinen deutschen Handelsgesetzbuch, im englisch-amerikanischen und im skandinavischen Kaufrecht sind Vorgänge, die deutlich die uns obliegende Aufgabe zeigen. Sie beweisen, daß es möglich ist, das Kaufrecht einheitlich zu ordnen, ohne die allgemeinen Lehren des Obligationenrechts oder das ganze Vertragsrecht zu unifizieren. Sie beleuchten zugleich den Kreis der aus den allgemeinen Teilen des Privat- und Handelsrechts zur Anwendung auf den Kauf herauszunehmenden Materien. Insbesondere ist der kaufrechtliche Abschnitt des allg. HGB. ein beherzigenswertes Vorbild für die Erfassung unserer Aufgabe, da dieses Gesetzbuch nicht wie die anglo-amerikanischen und skandinavischen Kaufgesetze mit einer weitreichenden Verwandtschaft des privatrechtlichen Unterbaues in den Anwendungsländern rechnen durfte, sondern mitten in ein unendlich mannigfaltiges Wirrsal von Partikularrechten gepflanzt werden mußte. Aus dem allg. HGB. stammt daher auch die wichtigste Anregung zu der Auswahl der Gegenstände dieses Berichts.

Allerdings ergibt sich eine Beschränkung des Stoffkreises durch die Zurückhaltung, die gegenüber den nationalen Regelungen der innerstaatlich vollendeten Verträge beabsichtigt ist (unten S. 35). Denn im Zusammenhang damit wird man geneigt sein, auf eine volle Abrundung des zu regelnden Stoffes zu verzichten und Fragen, deren Bedeutung für internationale Kaufverträge verhältnismäßig gering ist, völlig den nationalen Ordnungen zu belassen. Dieselbe Verweisung ergibt sich als ein freilich unerwünschter Notbehelf in den Punkten, in denen trotz aller Bemühungen eine Vereinheitlichung unerreichbar erscheint.

2. Kaufrecht und Sachenrecht.

2. Des weiteren muß sich das zu regelnde Schuldrecht des Kaufs vom Sachenrecht abheben. Die geltenden Gesetze verhalten sich freilich zu dieser Scheidung verschieden. Hier interessiert nur die Übereignung der Sache ohne Traditionspapiere. Es gibt drei Hauptsysteme.

a) Deutsches System (Traditionssystem).

a) In *Deutschland* gilt entsprechend der späteren gemeinrechtlichen Lehre (Savigny) die scharfe Scheidung zwischen Kauf und Eigentumsübergang. Der Kauf ist ein obligatorischer Konsensualvertrag, der nur die Verpflichtung zur Eigentumsübertragung begründet, und diese wird in einem zweiten, „dinglichen" Rechtsgeschäft, der Übereignung (BGB. § 929), vollzogen, die zudem nach dem Bürgerlichen Gesetzbuch in ihren Voraussetzungen (Vertrag und Übergabe oder eines ihrer Ersatzmittel) und Wirkungen von der Gültigkeit des Kaufs grundsätzlich unabhängig (abstrakt) ist. Damit wurde die ältere gemeinrechtliche Lehre zurückgedrängt, die zwar auch den Schuldvertrag als die Begründung der Obligation von der Tradition als dem zum Eigentumsübergang notwendigen Akt (modus) unterschied, aber den gültigen Kaufvertrag (titulus) zur Wirksamkeit der Übereignung verlangte. Das ist heute noch das *österreichische* System, aBGB. §§ 425/6, 1053 S. 3/4 [1]); ebenso *Ungarn* [2]), das nur vorübergehend durch den Widerhall der Savignyschen Gedanken erschüttert war (Randa, Unger, Exner). In der *Schweiz* hat das ZGB. Art. 974 Abs. 2 die kausale Übereignung für Grundstücke vorgeschrieben, während es beim Fahrniserwerb schweigt; die überwiegende Ansicht folgte dem System der abstrakten Übereignung [3]), aber das Bundesgericht hat auch da das Gegenteil angenommen (BGE. 55 II 306) [4]).

Im übrigen ist zu bemerken, daß die Systemverschiedenheiten im deutschen Rechtskreis insofern vermindert werden, als die Parteien die Wirksamkeit der Übereignung beweglicher Sachen im Wege besonderer Vereinbarung von der Gültigkeit des Kaufvertrags abhängig machen können und eine gewisse Neigung beobachtet werden kann, sogar stillschweigende derartige Vereinbarungen anzunehmen [5]).

Dem Traditionssystem folgen aber auch unter den Rechten der französischen Gruppe

Niederlande B.W. Art. 639, 1495,
Spanien C. civ. Art. 609 Abs. 2, 1095 S. 2,
Argentinien C. civ. Art. 2558 (2524) no. 4,
Brasilien C. civ. Art. 620 S. 1,
Chile C. civ. Art. 588, 670, 680 Abs. 2.

---

[1]) Klang zu aBGB. § 424, I 2.

[2]) Almási, II 38.

[3]) Gmür-Leemann, Art. 714 N. 23.

[4]) Unsere Z. 4, 842.

[5]) Der praktische Unterschied in den Ergebnissen des deutschen Rechts gegenüber den anderen Systemen ist überhaupt nicht so erheblich als man denken könnte. Vgl. die in meinem Seminar entstandene Arbeit von R. Neuner, Rhein. Z. 14 (1926) 9 ff.

b) Französisches System.

b) Anders der *französische* Code civil. Nach Art. 711, 1138, 1583 geht das Eigentum dadurch über, daß die Obligation zur Lieferung begründet wird (Prinzip des Realkaufs). Die historische Entwicklung zu diesem Ergebnis ist dadurch gekennzeichnet, daß die im Anschluß an die römischen Quellen in der Glosse vertretene Scheidung zwischen emptio venditio und traditio durch die aus alten Wurzeln herrührende Kautelarjurisprudenz allmählich überbrückt wurde. In den Kaufvertrag wurde die Klausel aufgenommen, daß die Übergabe hiermit geschehe (traditio ficta), und während so wenigstens theoretisch an dem Erfordernis der Tradition festgehalten wurde, setzte das Naturrecht sich auch darüber hinweg: da das Eigentum ein „moralisches" Recht sei, das mit dem Besitz keineswegs zusammenfalle, müsse es auch möglich sein, nur durch den Willen der Beteiligten das Eigentum zu übertragen. Obwohl sich Pothier gegen diese Betrachtung wendete, ging sie in den Code über, eine Neuerung, die in der Notariatspraxis zum Verschwinden der entsprechenden Klauseln führte. Das ist das System zahlreicher romanischer Rechte und gilt besonders in

Belgien wie Frankreich,
Italien C. civ. Art. 1125, 1448,
Portugal C. civ. Art. 715, 716, 1549,
Rumänien C. civ. Art. 971, 1295,
Bolivien C. civ. Art. 437, 729, 1004,
Peru C. civ. Art. 1308,
Venezuela C. civ. Art. 1200, 1514,
San Domingo C. civ. Art. 711, 1138, 1583.

Dieser Grundsatz des „Realkaufs" wird in Frankreich auch für Grundstücke und Forderungen festgehalten. Er ist, wie allgemein bekannt, sehr wesentlich eingeschränkt durch den Satz en fait de meubles possession vaut titre und ebenso bei Grundstücken und Forderungen durch das Erfordernis der Transkription bezw. der Publizitätsakte der Zession (C. civ. Art. 1690) zur Wirksamkeit gegenüber Dritten.

c) Angloamerikanisches System.

c) Im alten *englischen* Recht war wie überall der Kauf ursprünglich Barkauf; daher wurde selbstverständlich zur Eigentumsübertragung auch die Besitzübertragung gefordert. Als aber vom 15. Jahrhundert ab dem Käufer von Mobilien schon mit Abschluß des Vertrages eine Klage auf Besitzverschaffung der Sache eingeräumt wurde, war die Auffassung durchgedrungen, daß beim Kauf das dingliche Recht schon unmittelbar mit Abschluß des obligatorischen Vertrages übergehe. Diesen Anspruch des Käufers gründete man nicht etwa darauf, daß der Kauf als Konsensualkontrakt die obligatorische Verpflichtung zur Eigentums- und Besitzverschaffung auslöse, sondern man hielt an der realkontraktlichen Auffassung des sale fest, nur lag die res nicht mehr in der körperlichen Tradition der Ware, sondern in dem bereits vorher erfolgten Eigentumsübergang. Dieser Grundsatz, daß das Eigentum bereits mit Kaufabschluß (beim Gattungskauf mit der Spezifikation) übergehe, gilt auch heute noch, allerdings nur in der Form einer Vermutung, sect. 18 des englischen Sale of Goods Act (S.G.A.) von 1894 und sect. 19 des nordamerikanischen Uniform Sales Act (Unif.S.A.); denn maßgebend für den Zeitpunkt der Übereignung ist heute grundsätzlich nach S.G.A. sect. 17 und Unif.S.A. sect. 18 die Parteiabsicht (intention of the parties). Daraus ergibt sich auch eine terminologische Besonderheit: sale ist der Kauf mit Eigentumsübergang, während die bloß obligatorische Abrede zu kaufen und zu verkaufen (bei der also der Eigentumsübergang nach Parteiabrede noch nicht stattfinden soll) als contract to sell oder agreement to sell bezeichnet wird. Bei Immobilien wird at law die volle Scheidung zwischen Kaufvertrag und Übereignung (conveyance) aufrechterhalten, welch letztere in verschiedenen Formen erfolgen kann; in Equity wird der Käufer bereits vom Abschluß des obligatorischen Vertrages an in einzelnen Beziehungen wie ein Eigentümer behandelt (considered as done, what ought to be done). Eine ähnliche Unterscheidung zwischen Common Law und Equity besteht für die dinglichen Wirkungen des Forderungskaufs.

d) Nur schuldrechtliche Regelung.

d) Die *skandinavischen* Gesetze schalten wie das alte *allg. HGB.* bewußt die Eigentumsfragen aus. Dieser Vorgang ist wiederum wichtig, da in den Ländern des allg. HGB. unterschiedliche Sachenrechte und unter ihnen das französische System galten. Ebenso läßt sich das neue Kaufrecht für sich allein unter Vorbehalt der verschiedenen Sachenrechtsordnungen bestimmen, auch wenn es gelingen sollte, außer dem schuldrechtlichen Kauf dessen sachenrechtliche Erfüllung einheitlich zu regeln.

Dieses Ergebnis bewährt sich bei dem Durchdenken der einzelnen Probleme. Schon in den heutigen Rechten muß ja das Kaufrecht mit allerlei dinglichen Rechtslagen rechnen. So ist es nach deutschem Recht durchaus möglich, daß das Eigentum gleichzeitig mit dem Kaufabschluß übergeht, weil die Ware sogleich übergeben wird — Handkauf, die älteste Art des Kaufs, wofür manche Schriftsteller zu Unrecht einen grundsätzlichen Gegensatz zum bloßen Konsensualvertrag mit nachträglicher beiderseitiger Erfüllung behaupten [1]) —; so auch zufolge der Vereinbarung, daß der Verkäufer nur als Leiher, Mieter u. dgl. den „unmittelbaren" Besitz für den Käufer als Oberbesitzer behalte (constitutum possessorium). Umgekehrt wird im französischen und italienischen Recht sogar beim Spezieskauf anerkannt, daß die Übereignung hinausgeschoben werden darf. So geschieht es auch, wenn ein erlaubter Weg zum Eigentumsvorbehalt gewählt wird, mag ein solcher Kauf von manchen freilich als bedingter Kauf aufgefaßt werden. Für Gattungssachen wird naturgemäß in allen Rechten zwischen Kauf und Übereignung unterschieden. Schwierigkeit verursacht die Ablösung des Kaufrechts vom Sachenrecht in geltenden Gesetzen am ehesten insofern, als vielerorts herkömmlich der Gefahrübergang mit dem Eigentumsübergang verquickt wird. Aber sobald man Fragen des internationalen Privatrechts lösen muß, wird dennoch zwischen ihnen unterschieden, da die Eigentumsübertragung nach der lex rei sitae und der Gefahrübergang nach dem Obligationsstatut entschieden wird. Außerdem zeigt sich überall eine fortschreitende und notwendige Neigung, Gefahr und Eigentum voneinander selbständig zu machen, die wir bei der Erörterung der Gefahrtragung näher darlegen werden und die sich klar aus dem englischen Sale of Goods Act sect. 20 und vor allem in den Formularen des Handels offenbart. An den gegebenen Orten werden wir auch die Zusammenhänge zu würdigen haben, die in den einzelnen Ländern zwischen Einrichtungen des Kaufrechts und der Eigentumsregelung bestehen. So hat, wenn die Ware schon dem Käufer gehört, der Selbsthilfeverkauf eine andere Bedeutung und das Recht des Verkäufers auf Rücktritt stärkere Hindernisse. So verdanken das französische Zurückbehaltungsrecht an der Ware und das aus England stammende right of stoppage ihren Ursprung der Lage, wo der Käufer schon das Eigentum an der Sache hat. In allen Punkten weist aber die heutige Rechtswelt Gegenstücke auf, die uns dartun, wie solche Institutionen unabhängig von der Übereignung geregelt werden können.

Der Hauptteil der Arbeit gebührt also dem Kaufrecht als rein schuldrechtlichem Gegenstand. Seine selbständige Haltung ermöglicht es ohne weiteres, daß früher oder später die Übereignungsfrage oder einzelne dieser Fragen abgesondert der Vereinheitlichung zugeführt werden. Es wird neuerdings erkannt, daß die Frage, wer jeweils Eigentümer ist, wenn davon gebührend die Gefahrtragung abgetrennt ist, für den Handel nur in einigen bestimmten Richtungen

[1]) Vgl. F. Leonhard, Besonderes Schuldrecht S. 13 N. 19.

Bedeutung hat, nicht als zentrale Frage wie sie in der Theorie erscheint, freilich auch nicht als bedeutungsloser Punkt, wie gelegentlich übertreibend behauptet wurde. Wir werden diese praktisch wichtigen Punkte am Schluß rechtsvergleichend besprechen.

3. Zivil- und Handelskauf.

3. Ein Sonderrecht des Handelskaufs [1]) besteht zur Zeit in einer Reihe von Staaten. Das ***deutsche HGB.*** von 1897 hat den größten Teil der kaufrechtlichen Bestimmungen des ***allg. Handelsgesetzbuchs*** verloren, da sie im BGB. zum Muster genommen und verallgemeinert worden waren; es behielt jedoch einige verkürzte Abschnitte über Handelsgeschäfte und über den Handelskauf, den letzteren mit Bestimmungen über Annahmeverzug des Käufers (§ 373 f.), Spezifikationskauf (§ 375), Fixgeschäft (§ 376), Mängelrüge (§ 377 f.), Verhältnis des Käufers zur beanstandeten Ware (§ 379), Kaufpreisberechnung nach Gewicht (§ 380).

Das ***schweizerische*** OR., das grundsätzlich eine einzige Lehre vom Rechtsgeschäft befolgt, hat dennoch ebenfalls eine Anzahl von Sondervorschriften für Kaufleute, wovon hieher Art. 104 über Verzugszinsen, Art. 190 (Fixgeschäft), 191, 215 (abstrakte Schadensberechnung), 212 (Gewichtsberechnung) gehören.

Auch die ***skandinavischen*** Kaufgesetze stellen Sonderregeln für den Kauf zwischen Kaufleuten auf, und zwar über die Reklamationspflicht des Käufers gegenüber einer unrichtigen Kaufpreisrechnung (§ 6), die Annahme der Klausel „Kasse gegen Dokumente“, wenn der Käufer ein Dispositionspapier über die Ware erhalten soll (§ 16) sowie die Pflicht des Käufers, die Ware zu untersuchen (§ 51); ferner stellen sie an die Parteien beim Handelskauf schärfere Anforderungen für die Rügefristen (§§ 27, 32, 52), die Haftung für Verzug (§§ 21, 28) und die Verzinsung des Kaufpreises (§ 38). In der Praxis führt man auch eine unterschiedliche Behandlung von Handels- und Zivilkauf insofern durch, als es nach ihrer Meinung die „Natur der Sache“ [2]), vornehmlich bei der Anwendung elastischer gesetzlicher Begriffe (angemessene Frist, unbilliger Preis), erfordert.

Für ***England*** und die ***Vereinigten Staaten*** gilt gerade beim Kauf in hohem Maße die charakteristische Eigenschaft ihres Verkehrs-

---

[1]) Vgl. besonders die allgemeine Übersicht bei Ernst Heymann, Die Beziehungen des Handelsrechts zum Zivilrecht. Sitzungsbericht der Preuß. Akademie der Wissenschaften, Phil. Hist. Klasse 1932. V S. 86—126; im Auszug auch in „Deutsche Landesreferate zum Internationalen Kongreß für Rechtsvergleichung im Haag 1932“, Sonderheft unserer Z. 6 (1932) S. 55 ff.

[2]) Almén I 71, 79, 186 f.; [3] 69, 77, 178 und die von ihm § 4 N. 2 a Angeführten.

rechts, daß die Regeln aus den Gewohnheiten und Anschauungen des Handels entnommen und auf diese zugeschnitten, aber mit allgemeiner Tragweite gefaßt sind, indem man den gesamten Verkehr von kommerziellen Gesichtspunkten aus betrachtet. Immerhin sind auch da Nuancen der Anwendung verschieden, wie daß die Zeitbestimmung für die Leistung nur im kaufmännischen Verkehr in der Regel strenge Einhaltung verlangt und daß in England die Nichteignung der Ware für den besonderen Vertragszweck nur den im gewerbsmäßigen Betriebe Verkaufenden wegen Sachmangels haftbar macht.

Sogar im Kaufrecht also haben die Landesgesetze bisher mit den Gradunterschieden, die man unter ihnen kennt, zwischen dem Handel mit seinem Bedürfnis nach Sicherheit, Formlosigkeit und Schnelligkeit und dem Bereich des privaten Austauschverkehrs Grenzen gezogen und insbesondere gegenüber dem Kaufmann größere Strenge beobachtet. Stände es zur Aufgabe, das gesamte Kaufrecht zu vereinheitlichen, so wäre daher allen Argumenten Gewicht beizumessen, die davor warnen, die bisherigen umsichtigen Differenzierungen ganz preiszugeben [1]). Ganz anders, wenn lediglich die internationalen Käufe zu regeln sind; man könnte hinzufügen: anders auch, wenn in England oder den Vereinigten Staaten eine neue international gültige Ordnung Freunde fände, die so wie das dortige innere Recht vorwiegend auf den Handel berechnet ist.

Auf diesem engeren Gebiet empfiehlt es sich weder, die Regelung auf den Handelskauf zu beschränken, noch, eine Doppelregelung aufzustellen [2]).

Vor allem laufen die Grenzen zwischen dem zivilen und dem Handelskauf in den einzelnen Rechtsordnungen verschieden, nicht nur hinsichtlich der oben berührten Kreise der dem Handelssonderrecht zugewiesenen Rechtssätze, sondern auch hinsichtlich der Begriffsbestimmungen des Handelsgeschäfts und des Kaufmanns, end-

[1]) Kritik gegenüber den *schweizer.* Einheitsvorschriften als zu sehr auf den Kaufmann berechnet (Art. 71, 79, 201, 204) oder dem Handelsverkehr zu wenig angepaßt (92 u. a.) äußerte O s e r in Reichenberg, Handwörterbuch der Schweiz. Volkswirtschaft 2 (1905) 530 f.; vgl. Schönenberger in Oser, OR[2] S. XXIX, der aber mit Recht beifügt: „Im allgemeinen ist bis heute der bürgerliche wie der Handelsverkehr mit dieser einheitlichen Ordnung ausgekommen und empfindet sie nicht als großen Übelstand." Für das *deutsche* Zivilrecht rügt H. L a n g e, Vom alten zum neuen Schuldrecht (1934), scharf eine schon zu starke Kommerzialisierung.

[2]) So auch die von der International Law Association vorbereiteten, den Haager Privatrechtskonferenzen vorliegenden Regeln über das internationale Privatrecht des Kaufs.

lich hinsichtlich der Erstreckung der Sonderregeln auf einen nicht kaufmännischen Vertragsteil. Es wäre keine leichte Aufgabe, einen Weg durch alle diese Verschiedenheiten hindurch zu finden, sowie auch die in den einzelnen Ländern schon ohnedies vorhandenen Schwierigkeiten der Anwendung durch eine Schematisierung vor neuen Komplikationen zu behüten, und diese Aufgabe wäre zu lösen, während daneben noch im einzelnen Lande die innere doppelte Regelung nach ihren eigenen Merkmalen Platz greift.

Dafür gibt es aber kein dringendes Bedürfnis. Internationale Kaufgeschäfte werden in der Regel zwischen gewerbsmäßig handeltreibenden Personen geschlossen. Es ist keine übermäßige Härte, die für den Handel passenden Rechtssätze auch auf die Privatpersonen anzuwenden, die gelegentlich nach einem fremden Lande verkaufen oder vom Auslande kaufen, ohne sich eines kaufmännischen Vermittlers zu bedienen. Das Handelsrecht ist ja längst nicht mehr ein Standesrecht. Es stellt erhöhte Anforderungen an die Pünktlichkeit der Vertragsteile und nimmt sie schärfer beim Wort und auch sozusagen beim Schweigen. Aber das ergibt nur Gradunterschiede von wechselnder Stärke. Denn in der Verfolgung dieser Tendenzen gehen selbst die verschiedenen Handelsrechte verschieden weit. Da nun erst recht die „Kommerzialisierung des bürgerlichen Rechts" in den einzelnen Staaten nicht gleichen Schritt gehalten hat, so gestaltet sich der Gegensatz zwischen den Grundsätzen des Handelskaufs und denen des bürgerlichen Kaufs in den feineren Einzelheiten immer wieder verschieden. Wenn das künftige Weltrecht des internationalen Kaufs sich nicht gerade den Standard der allerschärfsten Regelungen zu eigen macht, so stellt es Maßstäbe und Anforderungen auf, die auch in einem dem modernen Verkehr angepaßten Zivilrecht wenigstens möglich sind und in modernen Zivilgesetzbüchern Belege haben oder doch entwicklungsmäßig vorbereitet sind.

Daß sich das Handelsrecht schon oft als Schrittmacher des bürgerlichen Rechts bewährt hat, zeigen viele Beispiele aus der jüngeren Rechtsgeschichte. So wurde die Lehre des Vertragsschlusses unter Abwesenden ebenso wie die Gefahrregelung beim Versendungskauf aus dem allgemeinen deutschen Handelsgesetzbuch in das BGB. übernommen. So finden sich im italienischen Handelsgesetzbuch einschlägige Bestimmungen über den Vertragsschluß, die nach der herrschenden Doktrin auch für das Zivilrecht gelten. Auch daß das sich an das allg. HGB. anschließende schweizerische Obligationenrecht nicht nur das eigentliche Zivilrecht, sondern auch das Handelsrecht umfaßt, darf in diesem Zusammenhang erwähnt werden.

Die schwierige Unterscheidung zwischen Zivilkauf und Handelskauf mit eigenen zu erfindenden Unterscheidungsmerkmalen darf uns also erspart bleiben. Allerdings wird dabei vorausgesetzt, daß die Rechtssätze ihre Strenge mit Maß entfalten oder sich nach objektiven Kriterien differenzieren, so daß z. B. nicht in allen Fällen schlechtweg eine Überschreitung der Lieferfrist oder Zahlungsfrist den Gegner zum sofortigen Rücktritt oder gar Schadenersatz wegen Nichterfüllung berechtigt, und daß der Schadenersatz nicht immer im höchsten Ausmaß geschuldet wird.

Jedoch bleibt das Problem übrig, wie die H a n d e l s b r ä u c h e, die durchgehends ihre Geltung zwischen Kaufleuten behalten müssen, zu beurteilen sind, wenn ein Teil Nichtkaufmann ist. Sollte es deshalb doch unumgänglich sein, einen Begriff des Kaufmanns zu formen? Die Antwort wird sich bei der Prüfung des Verhältnisses zwischen Gesetz und Handelsbrauch ergeben, wozu in diesem Bericht ein rechtsvergleichender Überblick zu liefern ist (unten § 8, 3).

§ 4.

III. Vereinheitlichung des Rechts der internationalen Käufe.

1. Gründe für die Beschränkung auf internationale Käufe.

1. Das Internationale Institut hat sich von vornherein meinen Vorschlag angeeignet, den ersten Versuch der Vereinheitlichung auf die internationalen Käufe zu beschränken. Im anderen Fall wäre die Abspaltung der aufzustellenden Rechtssätze von den allgemeinen Lehren der nationalen Rechte (oben § 3, 1) viel empfindlicher; die Widerstände gegen eine völlige Beseitigung der nationalen Kaufrechte wären in manchen Ländern kaum zu überwinden.

Der gewählte Weg wird dagegen den Ländern die Gelegenheit geben, das neue und das alte Recht nebeneinander zu erproben. Es entsteht ein weiteres Stück des modernen jus gentium, das sich in jedem Lande neben das jus proprium civium stellt und mit ihm um den Preis der Vollkommenheit ringt.

Ein w e i t e r e s Stück! Denn unser Vorhaben hat genug Vorläufer. Das internationale Eisenbahnfrachtrecht ist der bedeutsamste. In gewissem Sinne haben auch die Urheberrechtskonventionen, in anderem die Abkommen über Postrecht, Seekabel, Luftrecht u. a. neben nationales Recht ein internationales gesetzt. In Frankreich bietet das neuerdings entwickelte Recht der „internationalen Zahlungen", die nicht den Schutzklauseln gegen Valutaentwertung entzogen werden konnten, eine Parallele.

Innerlich rechtfertigt es sich, die Vereinheitlichung bei den internationalen Käufen zu beginnen, infolge des Gesichtspunkts, der die Unifizierung am dringendsten empfiehlt: daß nämlich die Verwirrung zu beseitigen ist, die durch die Vielheit der nationalen Kaufrechte, bis jetzt übrigens auch noch durch die Verschiedenheit der nationalen Regeln des sog. internationalen Privatrechts verursacht ist. Diese kollisionsrechtlichen Regeln sind freilich in den mittel- und südamerikanischen Staaten, die den Código Bustamante angenommen haben, vereinheitlicht und werden hoffentlich eben für den Kauf demnächst durch die Haager Konferenz weithin gleichgeformt sein. Dennoch wird es vielleicht gerade unter der Herrschaft eines einheitlichen internationalen Privatrechts noch stärker zum Bewußtsein kommen, wie schwierig die Ermittlung der Rechtsprechung und Lehre vieler Länder in vielen einzelnen Punkten für den ausländischen Richter ist, vor allem aber, mit wie wenig Berechtigung im Kaufrecht dieselben Fragen in den einzelnen Ländern verschieden angefaßt und beurteilt werden: sowohl indem Fragen, die mit nationaler Eigenart nichts zu tun haben, abweichend gelöst werden, als indem die gleichen oder sehr ähnliche Lösungen auf unterschiedliche Weise gewonnen werden.

2. Einwendungen gegen die Vereinheitlichung im Hinblick auf das Formularrecht des Welthandels.

2. Hier greift aber noch ein Umstand ein, der in mehreren Beziehungen außerordentliche Wichtigkeit für die ganze Grundlage unseres Unternehmens besitzt. Wir gehen mit rechtsvergleichender Methode von den Gesetzen und der Rechtsprechung der wichtigsten Länder aus und suchen ein gleichförmiges Gesetzesrecht zu schaffen. Sowohl gegen diese Methode als gegen dieses Ziel sind Einwendungen zu erwarten, die sich beide auf dieselben Tatsachen stützen: Der Welthandel hat ein ungeheures Netz von Klauseln, Vertragsblanketten und Geschäftsbedingungen geschaffen. Er hat mit ihnen eine eigene Rechtsordnung erbaut, die sich mehr oder weniger von den Landesrechten und vom internationalen Privatrecht losgelöst hat; ja er kümmert sich um alle die nationalen Rechtssätze um so weniger, als die Schiedsgerichtsbarkeit um sich greift und nach anderen Maßstäben urteilt als die ordentlichen Gerichte der Länder [1]).

Verspricht es nun einen Nutzen, neben diesem „autonomen"

[1]) Das Folgende wurde zuerst in einer Ausarbeitung 1929 (Doc. n°. 1) ausgeführt.

Kaufrecht des Handels irgendeine Vereinheitlichung der Gesetze zu erstreben? Ist sie nicht von vornherein dazu verurteilt, toter Buchstabe zu bleiben, wie es die heutigen Gesetze geworden zu sein scheinen? Oder wird sie etwa gar den Handel in seinem eigenen stetigen Unifikationswerk stören und behindern? Beachtliche Stimmen erheben sich schon mit diesen Bedenken. Und andere äußern sich mit dem andern Vorwurf: Die Landesrechte zur Unterlage eines neuen Weltrechts zu nehmen, sei verkehrt; das heutige Recht lebe gar nicht in ihnen, sondern in dem nicht juristisch aufgebauten System der üblichen Verträge!

Versuchen wir in der gebotenen Kürze unter Hinweis auf die glücklicherweise neuestens sich bietende genauere Belehrung über das Formularwesen zu diesen Einsprüchen Stellung zu nehmen.

Spezialwerke:

a) wirtschaftswissenschaftliche: Bouffier, Die Klauseln im Kaufvertrag, Wien 1929; Caprara, Le negoziazioni caratteristiche dei vasti mercati, Mailand 1926.

b) rechtswissenschaftliche: Eisser, Die Gefahrtragung beim Kaufvertrag, Berlin 1927; Großmann, Weltusancen für den Überseekauf, HansRZ. 1925, 81.

Über die besonderen Arten des Vertrags: Leo, Die neuen Geschäftsbedingungen des deutschen Ausfuhrhandels, Mannheim 1929; darüber Franz Haymann, unsere Z. 4, 419 ff.; Müllereisert, Allgemeine Lieferungsbedingungen, Berlin 1932; Heidland, Die Praxis der Verkaufs- und Einkaufsbedingungen, Stuttgart 1929; Schwob, Les contrats de la London Corn Trade Association (Vente caf), Paris 1928; Ishizaki, Le droit corporatif international de la vente de soies, Paris 1928; Krahe, Allgemeine Lieferbedingungen für Lieferungen aus Deutschland nach der UdSSR, Berlin 1935.

Über den Cif-Kauf und seine Vereinheitlichung: Nolte, Überseeische Cif- und Abladegeschäfte in Z. f. HandR. 89, 1 (1926); Wüstendörfer, Zur internationalen Vereinheitlichung des Cif-Geschäfts, HansRZ. 1926, 441, 481; Sieveking, Die Arbeiten des Cif-Ausschusses der ILA., HansRZ. 1928, 385; Sieveking, Die Warschauer Cif-Regeln, HansRZ. 1928, 703; Hollander, Artikel „Abladegeschäft" und „Cif-Klausel (Warsaw Rules)" im Rechtsvergl. Handwb. 1928; Goitein, The Law as to Cif-Contracts, 2. Aufl., London 1926; Kennedy, Contracts of Sale cif, 2. Aufl., London 1928; Aubrun, La vente coût, frêt, assurance, Paris 1925; Godret, Le contrat de vente coût, frêt, assurance, Paris 1925; Renard, La vente caf en droit francais, Revue de droit maritime comp., 1925, 9, 69; 10, 1; Winkelmolen, Les principes de la vente Cif, Brüssel 1926; Schultz, Jorge E., Contrato Cif, Buenos-Aires 1927.

Für die Arbeiten der International Law Association über die Cif-Klausel vgl. deren Reports: Bericht des Cif-Komitees auf der 34. Konferenz in Wien 1926, S. 520 ff.; Bericht des Cif-Komitees auf der 35. Konferenz in Warschau 1928, S. 44 ff., 271 ff.; Zwischenbericht für die 36. Konferenz in New York 1930 (Report S. 187 ff.) und die dort vorgelegten Modifications proposed by the Foreign Commerce Department Committee of Commerce of USA. (Report S. 488 ff.). Bericht des Cif-Komitees auf der 37. Konferenz in Oxford 1932 (Report S. 249 ff.) und den Text der nunmehr sogenannten Warsaw-Oxford Rules (S. 419 ff.), auch gesondert veröffentlicht: Rules for C. I. F. Contracts (Warsaw-Oxford Rules) London 1932.

Ich bin außerdem weitgehend durch Mitteilungen von bestberufener Seite unterstützt worden, die mir liebenswürdigerweise in Hamburg die Herren Martin Leo und Dr. Mathies, leider beide inzwischen verstorben, Alfred Sieveking, Professor Großmann, sowie Dr. Gustav Schwartz am Reichsverband der Deutschen Industrie (jetzt Reichsgruppe Industrie) und Dr. Weisbart, damals Syndikus der Industrie- und Handelskammer zu Berlin, haben zukommen lassen. Professor Großmann hat mich seinerzeit auch durch Überlassung der Druckbogen seines Werks über den Überseekauf liebenswürdig unterstützt. Jetzt sind besonders in diesem seinem Buch die tatsächlichen Verhältnisse eingehend dargestellt, wie auch die Argumente der Gegner eines Einheitsgesetzes maßgeblich entwickelt. [S. jetzt ferner Großmann-Doerth, Die Rechtsfolgen vertragswidriger Andienung 1934 und dazu Raiser, unsere Z. 9, 311; [Ramm, Das sogenannte Cifgeschäft in int. Rechtsbetrachtung, Diss. Göttingen 1935; Raiser, Das Recht der allgemeinen Geschäftsbedingungen, Hamburg 1935; vgl. auch Rabinowicz, Handelsbrauch und Kaufrecht im Deutschen Reich, Wien 1935.]

a) Geltungsbereich des Formularrechts.

a) Die Formulare gehen von einzelnen Firmen aus, sei es der Verkäufer oder der Ablader oder der Makler oder der Käufer, oder von Verbänden der gleich Interessierten oder namentlich von Vereinigungen der an bestimmten Waren in gegensätzlichem Interesse Beteiligten, wie es sind der Verein der Getreidehändler der Hamburger Börse (1868), die Bremer Baumwollbörse (1872), die Silk Association of America (1873), die London Corn Trade Association (1877) — die als Vereinigung der Ablader und Einfuhrhändler von Getreide das Formularrecht besonders entwickelte — und seither sehr zahlreiche ähnliche Organisationen, zum Teil mit dem Bestreben die Welt zu umfassen.

Eine Reihe von Schriften hat in den letzten Jahren bessere Einblicke in dieses abseits des gewohnten Stoffes des Juristen lebende Rechtsgebiet gebracht. Zuletzt hat ein deutscher Jurist, Professor Großmann-Doerth, nach mehrjährigen Forschungen eine höchst belehrende zusammenfassende Darstellung begonnen, auf die hier nachdrücklich verwiesen sei. Nach ihm ist der Handel mit überseeischen Rohstoffen von Massenwarencharakter (Stapelwaren), wie Getreide, Futtermittel, Gummi, Kaffee und Zucker vollständig von den Formularen beherrscht; im Handel mit sonstigen Rohprodukten, wie Holz, Fleisch, Häuten, Borsten, Schmalz, Tee, hat das Formularsystem Lücken, die sich aber zusehends schließen; von den Industrieprodukten läßt sich auch dies nicht sagen, obwohl die Entwicklung in dieselbe Richtung geht. Die Bestimmungen des so typisierten Vertragsabschlusses behandeln gewöhnlich alle Punkte, die nach der Erfahrung zu Streit führen könnten, insbesondere die Eigenschaften der Ware, Ort und Zeit der Abladung oder Lieferung, Art der Zahlung, Verteilung der verschiedenen Kosten unter die Parteien, die Verpflichtungen zur Abladung, Versicherung, Dokumentenerteilung, den Gefahrübergang und die Befreiung durch höhere Gewalt, Streik u. dgl., endlich den Beweis für Abladung oder Verhinderung an dieser sowie die Bescheinigungen über Qualität und Gewicht, auch Fristenberechnung u. a. Als „Basisklauseln" des Überseekaufs bezeichnet Großmann-Doerth S. 43 die im überseeischen Geschäft niemals fehlenden typisierten Abmachungen entweder des Fob- oder des Cif- oder des Ankunftsvertrags. Die Vereinbarung eines Schiedsgerichts ist im überseeischen und sonstigen Handel mit Rohstoffen stereotyp und, wo beide Teile einem Verband angehören, selbstverständlich. Bei Industrieerzeugnissen kann man sie nicht als Regel bezeichnen. Die Schiedsklausel mit Prozeßordnung und das ganze Formular erreichen bisweilen einen beträchtlichen Umfang und wachsen z. B. in England oft zu ganzen Büchern an.

b) Einfluß der Warenart auf die Formulare.

b) In der Gestaltung der Bestimmungen ist der wichtigste Faktor der Kampf und Ausgleich der wirtschaftlichen Interessen der Erzeuger, Exporteure, Importeure und Käufer, und den Grundzug sowie viele Einzelheiten beherrscht die Eigenart der Waren. So ist Grad und Art der ihr anhaftenden Spekulation maßgebend, z. B. spricht sich der höchste Grad des spekulativen Charakters, der bekanntlich den Getreidegeschäften zukommt, mit einer besonderen Strenge der bei ihnen üblichen Verpflichtungen aus. Hat die englische Rechtsprechung etwa diese Besonderheit der hochspekulativen Überseegeschäfte verkannt, indem sie alle Kaufgeschäfte ebenso strenge behandelt? Ebenso werden durch die Warenart beeinflußt: die Festsetzung von Lieferungs- und Abholungsfristen — man macht sie z. B. kürzer, wenn die Sachen raschem Verderben unterliegen oder leicht gestohlen werden können —; die Methode und die Fristen der Untersuchung — z. B. werden je nach der Natur der Sachen Stichproben genommen oder chemische Analysen angestellt oder es werden die erst im Gebrauch erkennbaren Mängel vorbehalten —; die Pflicht des Käufers, beschädigte Ware gegen Preisnachlaß anzunehmen — was z. B. im Handel mit chinesischem Gelb-Ei bis zu einer Vergütung von 25% vorgeschrieben wird.

c) Mängel des Formularrechts.

c) So bewundernswert dieses eigenwüchsige Geschöpf des „autonomen" Handelsrechts uns erscheint, so sind doch seine kundigsten Freunde außerstande, empfindliche Schattenseiten zu leugnen [1]). Man

[1]) Schwob, l. c. p. 353. „Il faut bien l'avouer, et le contraire du reste serait fort surprenant, les formules-type ne sont pas parfaites", Martin Leo, Die

geht so weit, von einer Anarchie oder einem rechtlosen Leben [1]) zu sprechen. Nicht wenige Formulare sind mechanisch verfertigt, dunkel, lückenhaft und widerspruchsvoll gefaßt. Bestimmte Zweifel kehren sogar immer wieder, wie über gewisse Spesen und Gebühren, den genauen Ort der Abladung, Arten der andienbaren Dokumente. Die Parteien lesen nicht einmal die langwierigen gedruckten Geschäftsbedingungen vor der Unterschrift und pflegen nur eine unklare Kenntnis von der Tragweite all der Bestimmungen zu haben, die nicht unmittelbar die Ware angehen oder allbekannte Klauseln sind. Schwerlich kann man die Mehrheit all dieser ständigen Abmachungen wirkliche Handelsbräuche nennen. Allerdings ist es auch anzuerkennen, wie die eigene fortlaufende Bemühung des Handels auf Bereinigung und Klärung geht und insbesondere die Verbände die dunklen Punkte ihrer Formulare immer weiter aufhellen. Folgt man der Mentalität starker Wirtschaftskreise, so ist an eine Reform durch Gesetze und internationale Rechtsabkommen nicht zu denken; jede Abhilfe könne auch ferner nur aus der selbständigen Arbeit der Handelsorganisationen kommen. Immerhin haben die Internationale Handelskammer und die International Law Association gezeigt, wie allmählich eine universelle Klärung des Sinns und Gebrauchs der Klauseln durch Zentralisierung der Bemühungen erreicht werden kann; und die Fragen, um die es sich handelt, sind doch jedenfalls Rechtsfragen!

d) Maß und Grenzen der Handhabung.

d) Ist der Inhalt der Verträge oft genug nicht genau durchdacht, wenigstens von denen, die sie schließen, so steht damit in einigem Kontrast die außerordentlich scharfe Ausnutzung der Klauseln, sobald der von der Spekulation enttäuschte Teil dem Gegner die geringste Vertragsverletzung vorwerfen und dadurch von der Lieferung loskommen kann. Berühmt ist die Strenge, mit der die kleinste Überschreitung der Abladefrist verfolgt wird [2]). Nachgerade hat auch die Rechtsprechung der verschiedensten Länder diese rigorose Handhabung als der Auffassung des Handels entsprechend anerkennen

---

neuen Geschäftsbedingungen des deutschen Außenhandels, 1929, S. 20. „Die Bestimmung scheint auf den ersten Anblick ebenso einfach wie sie kurz ist. Sie steckt aber voller Probleme." S. 25: „Bei den Verhandlungen ist man sich offenbar des Unterschiedes (zwischen einem wirklichen Fixgeschäft und dem Ausschluß des Rechts auf Nachfristsetzung) nicht bewußt gewesen." S. 26: „In der rechtlichen Formulierung läßt sie (die Regelung) allerdings Lücken" u. s. f.

[1]) Großmann-Doerth, Überseekauf S. 45 ff.

[2]) Darüber Großmann-Doerth, Überseekauf S. 61 ff.: „Überformalismus".

und sanktionieren müssen. Wiederum glaubt der Jurist, sich kaum einmischen zu dürfen, wenngleich es dem Zivilrechtler zu denken gibt, daß er noch mitten im modernen Rechtsgeschäftsbereich eine Stätte nicht nur des jus strictum vorfindet, das immer wieder und gerade aus dem Bedürfnis des Handelsverkehrs erstehen wird, sondern geradezu eine Stätte des unbedingten Formalismus.

Für die Industrieerzeugnisse schließlich gilt anderes. Sie unterliegen minder häufigen und jähen Schwankungen der Preise. Es gibt weitaus mehr individuell gehaltene Verträge und sie erwecken im ganzen weniger juristische Zweifel. Dagegen klagen die Exporteure über Willkür der Abnehmer, namentlich überseeischer, die die Ungunst von Krisenzeiten und die Furcht der Verkäufer, Kunden zu verlieren, benutzen. Das Ergebnis ist dasselbe wie bei Dunkelheit der Rechtslage: Um Zeit, Kosten und den unsicheren Ausgang eines Prozesses, zumal im fernen Lande, zu vermeiden, läßt sich der Verkäufer nicht selten um jeden Preis in einen schmalen Vergleich ein. Aber was könnte, denken manche, auch da ein neues oder gleichförmiges Kaufgesetz nützen?

e) Einwendungen hieraus gegen eine Kodifikation.

e) Zu verstehen ist es nach alledem in der Tat, daß ein Jurist, der dieses ganze System eines lebenden Rechts halb bewundernd und halb verwundert erlebt hat, eine internationale Kodifikation des Kaufrechts für völlig nutzlos hält. Daß ähnliche Stimmungen erst recht in den kaufmännischen Kreisen vermutet werden können, die das Klausel- und Formularrecht ohne viel Rücksicht auf die Gesetzbücher aufgebaut haben und in den Schiedsgerichten handhaben, ist schwer zu leugnen; in ihnen besteht manchenorts geradezu eine Abneigung gegen die Einmischung der Juristen. Auf solchen ernsten Widerspruch gegen eine Unifikation des Kaufrechts machen schon einige der Antworten gefaßt, die auf den Fragebogen der niederländischen Regierung von 1927 über das internationale Privatrecht des Kaufs zu Punkt 16 ergingen, wo auf die Möglichkeit einer Vereinheitlichung des materiellen Kaufrechts hingewiesen war. Unter den Juristen hat Großmann-Doerth die ganze Frage weitaus am kenntnisreichsten und umsichtigsten erörtert; und er kommt zu dem Schluß: „Geltungsbereich und Nutzen der internationalen Regelung werden kaum irgendwie bedeutend werden“ (Überseekauf S. 95).

3. Unmöglichkeit der Einverleibung des Formularrechts in das Gesetz.

3. Solche Beobachtungen sind nun jedenfalls geeignet, uns vor Illusionen über die Notwendigkeit und Wirkung des geplanten Gesetzes zu bewahren. Sie enthalten aber auch mittelbar eine Antwort auf jenen anderen Vorwurf gegen unsere Methode, daß eine Ver-

einheitlichung sich nicht auf die Gesetze, sondern auf die Formulare zu stützen habe [1]). Die ausgedehnte Arbeit des Handels, seiner Organisationen und Berater ist nach Branchen und allen möglichen weiteren Tatumständen differenziert. Außerdem ist sie in ständigem Flusse, was für ihre Vervollkommnung und ihre Vereinheitlichung über die Welt hin besonderen Wert hat. Im großen Maßstabe besorgt dies namentlich das Verbandsrecht. Auch die Einzelklauseln sind auf dem Wege langsamer Uniformierung begriffen. Wertvolle Vorarbeit hat hierzu die Internationale Handelskammer geliefert durch ihre Enquête in den ihr angeschlossenen Wirtschaftskreisen über die Bedeutung einiger wichtiger Kaufrechtsklauseln (Fob, Fas, Cif, Franko etc.), deren Ergebnisse in einer aufschlußreichen, wenn auch nicht alle Fragen erschöpfenden Zusammenstellung, dem sog. Pariser Codex [2]), veröffentlicht sind. Ferner haben die seit Stockholm (1924) lebhaft geförderten Arbeiten der International Law Association, zwecks Aufstellung eines Musterformulars für den Cif-Kauf, inzwischen zu einem gewissen Abschluß in den Warsaw-Oxford-Rules (1932) for C. I. F. Contracts geführt. Die gerade im Zuge dieser Beratungen oft genug erörterte Überlegenheit der elastischen formularmäßigen Fassung solcher Vertragstypen, deren die Parteien sich nach ihrem Ermessen bedienen können, über eine gleichartige Normierung durch internationale Staatsverträge kann uns nur in der Meinung bestärken, daß das Gesetz sich von einer Einmischung möglichst fernzuhalten hat. Würde der Entwurf eines internationalen Gesetzes diese Abreden der Kaufleute sich irgend umfassend eingliedern

[1]) Ich verdanke eine Anregung zur erneuten Erwägung dieser Bedenken Herrn Professor Edouard Lambert; es ist bekannt, daß dieser Gelehrte auch der erste war, der auf die überragende Bedeutung des „lebenden Rechts" der Kautelarjurisprudenz hinwies (Etudes de droit commun I 1, La fonction du droit civil comparé, 1903) und daher um die Erforschung der Gewohnheiten besonders verdient ist. Das ausgezeichnete Buch von Ishizaki (oben S. 37) ist aus seiner Schule hervorgegangen.

[2]) Chambre de Commerce Internationale, Circulaire n°. 43; Termes Commerciaux 2. Aufl. Paris 1928, Drucksache n°. 68 (erschienen in verschiedenen Sprachen: französisch, englisch, deutsch, schwedisch). Zur Kritik: Großmann-Doerth, Überseekauf S. 45 ff., 48, 92.

Zur Zeit arbeitet die Internationale Handelskammer an einer internationalen Vereinheitlichung dieser Klauseln. Der in der Komiteesitzung vom 2. Juli 1934 aufgestellte Entwurf („Règles Internationales pour l'interprétation des termes commerciaux") liegt den Landesgruppen zur Äußerung vor. Das Verhältnis seiner Bestimmungen über den Cifkauf zu den Warsaw-Oxford-Rules ist noch nicht endgültig entschieden. Dem Vorschlag der niederländischen Gruppe, diese einfach zu übernehmen, soll nicht entsprochen werden. Ein Hinweis auf sie wird aber erwogen.

wollen, so würde er, da ein Gesetz immer mit Abstraktionen und Generalisierungen arbeiten muß, das mosaikartig bunte Bild verwischen und entstellen; wahrscheinlich würde er es niemandem recht tun. Sind doch sogar gegen die aus vielseitiger Erfahrung gewonnenen Regeln der International Law Association über den Cif-Kauf Einwendungen erhoben worden. Sie gehen eben in die Richtung, daß es einen Cif-Kauf schlechtweg nicht gebe, sondern nur Cif-Geschäfte der einzelnen Branchen und Typen und nur eine beschränkte Anzahl diesen gemeinsamer Anschauungen. Was da allenfalls Übertreibung der Ungleichartigkeit unter den Varianten und der angestrebten subsidiären Regelung ist, würde gegenüber einer noch viel mühsameren Kodifikation des Inhalts der meisten Formulare ein durchaus unvermeidlicher und berechtigter Vorwurf unzulässiger Verallgemeinerungen sein. Außerdem aber hätte die Aufnahme in ein staatliches Gesetz, insbesondere auch die Begriffsbestimmung der handelsüblichen Klauseln durch das Gesetz, noch die weiteren verhängnisvollen Nachteile, daß die Festlegung den augenblicklichen Stand der Handelsgewohnheiten und ihrer Ausdrucksweise versteinern und entweder ihre Eigenentwicklung, die es gerade zu schonen gilt, hemmen oder hinter dieser hoffnungslos zurückbleiben würde. Für ein von vielen Staaten anzunehmendes Gesetz gilt dies in verstärktem Maße, da es so leicht nicht geändert werden kann.

Zwar hat das *skandinavische* Kaufgesetz eine Reihe von Klauseln aufgenommen und ausgelegt; es kommt nach diesem, wie versichert wird, glücklich gelungenen Vorgang in Frage, ob gewisse, besonders sicher feststehende Klauseln im Entwurf berührt werden können, um eine oder die andere wichtige Frage in einem deutlicheren Zusammenhang mit der Geschäftspraxis zu behandeln. Eine breite Inkorporierung auch nur der gangbaren Klauseln, geschweige denn des heutigen verzweigten Formularwesens dürfte sich doch verbieten. Ihre sorgfältigste Beobachtung freilich muß sich um so mehr empfehlen, namentlich im Hinblick auf die Frage, wie weit die dort für Sonderbedürfnisse einzelner Handelszweige ausgebildeten Rechtssätze zur Verallgemeinerung streben oder geeignet sind. Von den wichtigsten Grundlagen der Fob- und der Cif-Käufe kann man dies ohne weiteres behaupten.

4. Wert der Vereinheitlichung.

4. So bescheiden man nun aber von den Einwirkungen des geplanten Gesetzes auf gewisse Teile des Handels, namentlich den überseeischen Rohstoffhandel, denken mag, so ist es doch wohl kaum

angebracht, ihm jeden Wert abzusprechen. Im Gegenteil, sein Wert ist recht hoch zu veranschlagen.

a) Ergänzung der Lücken des Formularrechts.

a) Vor allem ist an die Lücken zu erinnern, die das Netz der Formulare nach den eigenen Feststellungen der Kenner aufweist, sowohl in Ansehung der Kaufgegenstände, als in Ansehung der beteiligten Personen. Für individuell herzustellende Fabrikate, ebenso für Gemälde, für lebendes Vieh u. s. f. kann es keine allgemein gültigen Vertragsschemata geben. Wenn ferner in manchen Geschäftszweigen fast alle denkbaren Streitpunkte im voraus geregelt werden, so bleibt in anderen sorgfältigen Formularen doch allerlei unvorausgesehen, einfach weil man die atypischen Störungen des Geschäftsablaufs nicht auch noch einbeziehen will. Je seltener eine Gefahr die vertragsmäßige Lieferung bedroht, um so seltener sind die Parteien geneigt und auch in der Lage, ihren Einfluß im voraus zu bestimmen. So beschäftigen sich die Formulare des Überseekaufs naturgemäß ständig mit den Seegefahren, während im Kauf, der sich auf dem Festland vollzieht, die Gefahrtragung sehr viel weniger behandelt erscheint. Die in den Formularen nicht oder ungenügend geregelten Punkte sind allerdings verstreute Punkte ohne inneren Zusammenhang; aber ihre Liste wäre lang. Vollends sind es noch heute gar nicht spärliche Geschäfte, wo kein Formular zugrunde gelegt wird. Dahin gehören sogar im Überseegeschäft die meisten Industrieerzeugnisse (Großmann-Doerth, Überseekauf S. 93), im Landgeschäft aber, wieder abgesehen von den Massengütern und von den Geschäftsbedingungen sehr großer Firmen, die große Menge der Abschlüsse. Insbesondere machen schon die nicht näher geregelten, durch Postpakete vollzogenen Geschäfte keine unbeträchtliche Menge aus. Endlich ist das Fomularwesen in anderen Ländern zur Zeit lange nicht so entwickelt wie gerade in Deutschland.

b) Vereinheitlichung des vom Formularrecht unberührten zwingenden Rechts.

b) Ferner kann der Vertrag zwingende Rechtssätze nicht ändern; auch pflegt er sich unwillkürlich von Punkten zurückzuhalten, die mit dem staatlichen Vollstreckungsmechanismus, ja auch mit dem staatlichen System der Klagen zusammenhängen, selbst wenn der Jurist davon ein Gebiet der Parteiautonomie abzutrennen vermöchte. So ist in den Vorarbeiten der International Law Association zu den Cif-Regeln bemerkt worden, daß es sehr nützlich wäre, den Eigentumsübergang zu ordnen. Mit einem Mustervertrag ist dies höchstens teilweise möglich; auch dies ist bestritten. Eine Einigung der Staaten würde nicht denselben Hindernissen begegnen, obgleich sie nicht einfach liegt. Ohne weiteres durchführbar ist eine Vereinheitlichung der Grundsätze über das Zustandekommen der Kaufverträge und über ihre Form — oder besser Formlosigkeit. Den Gesetzen vorbehalten sind ferner: Einfluß von Irrtum und Arglist, die Zulässigkeit der einzelnen Klagen und Einreden als gerichtlicher Behelfe, und umgekehrt gewisse Notwendigkeiten gerichtlicher oder sonst behördlicher Ermächtigung, Verjährung, Rüge- und sonstige Fristen; die Konkursbestimmungen, insbesondere das Stoppungsrecht und die Wirkungen der Sicherungen des Verkäufers im Konkurs.

Tatsächlich enthalten sich ganze Gruppen von Formularen sogar, die Folgen von Verzug und Unmöglichkeit und die Schadensberechnung zu regeln, soweit sie nicht durch Freizeichnungsklauseln und Schadensersatzausschluß solche Fragen beseitigen.

Je mehr solcher Punkte ein Einheitsgesetz in sich aufzunehmen vermöchte, desto greifbarer wäre natürlich sein praktischer Nutzen. Der Arbeit am Kaufgesetz sind aber freilich Schranken gesetzt. Fürs erste haben wir uns nur mit einem Teil der eben genannten Fragen zu beschäftigen.

c) Ausschaltung unpassender Formularauslegung.

c) Das Verhältnis der Formulare zu den Landesgesetzen ist sicherlich im ganzen dadurch gekennzeichnet, daß, wer heute sie benutzt oder weiter ausgestaltet oder im Schiedsgericht auslegt, auf das BGB. oder den Code civil wenig Rücksicht nimmt und die Fußangeln der verschiedenen Kollisionsregeln erst recht kaum beachtet. Auch pflegt der Wettbewerb unter den konkurrierenden Vertragsformularen der Organisationen gewiß nicht durch nationalen Stolz auf das heimische Kaufrecht entschieden zu werden. Es ist etwas anderes, daß die Unterwerfung unter ein bestimmtes institutionelles Schiedsgericht ein Formular in anderen Ländern unbeliebt macht und deshalb durch andere erfolgreich bekämpft wird.

Eine Übertreibung wäre es indessen, zu meinen, daß die nationalen Rechte jeden Einflusses entbehren. Mag jenes lebende Handelsrecht einen Abstand von den Gesetzen haben, so ist es doch von Haus aus nicht so fern von der juristischen Mentalität eines einzelnen Landes. Weder Juristen, die mithelfen, noch auch die Kaufleute, die doch in der Regel ihr nationales Handelsrecht recht wohl kennen, sind imstande, sich von seiner Denkweise freizuhalten. Eine große Anzahl der Formulare verrät ohne weiteres ihre englische Herkunft. Dadurch ergibt sich abermals eine Bedeutung der Gesetzesvereinheitlichung. Ist es ihre größte Aufgabe, das anglo-amerikanische Rechtsdenken mit dem kontinentalen auszugleichen, so wird sie erst einen gemeinsamen Rechtsboden schaffen, auf dem die Berichtigung der Fehler zahlreicher Formulare sich viel leichter ergibt. Noch mehr: die oft beklagten Schwierigkeiten, denen die Auslegung von Handelsklauseln bei den Gerichten in den verschiedenen Staaten begegnet [1]), verringern sich wesentlich, wenn die Richter von einem einzigen Gesetz aus an die Klauseln herantreten, zumal wenn es ein modernes Gesetz ist, das, des Vorhandenseins und der überragenden Wichtigkeit der typischen Vertragsbestimmungen bewußt, deren Interpretation nicht mehr unter unpassende Paragraphen zwängt.

d) Gesetzlicher Unterbau für das Formularrecht.

d) Der Handel seinerseits wird hoffentlich für das künftige Werk mehr Verständnis aufbringen, als Pessimisten denken möchten. Alle Kaufleute sind doch nicht Gegner der Juristen und der Gesetzgebung! Die Arbeiten der International Law Association bezeugen es ebenso wie das den Banken und Kaufleuten zu verdankende Zustandekommen des einheitlichen Wechsel- und Scheckrechts. Sind es nicht gerade die Vielheit, die Verschiedenheit und die Mängel der heutigen Gesetze und daß so viele und wichtige unter ihnen lückenhaft, veraltet und unpassend geworden sind, was den Welthandel veranlaßt hat, sich so heftig gegen diese Gesetze alle zusammen abzuschließen und einen eigenen Rechtsbau zu errichten? Er leidet selbst genug unter dem Fehlen eines gesetzlichen Unterbaus; eine Reihe von Unsicherheiten stammt aus diesem Mangel.

Diesen gesetzlichen Unterbau unter eine Häufung von Vorschriften zu legen, die bisher in einem rechtlosen Raum schweben, ist gerade eine Hauptaufgabe der Vereinheitlichung. Die Scheidung zwischen dem staatlichen Recht und dem Leben des Handels ist kein Ideal und darf nicht ewig dauern. Die Juristen sollten die Kaufleute davon überzeugen, daß deren Interessen und selbständige Entschließungen nicht angetastet werden sollen und daß gemeinsam die nötige gediegene allgemeine Grundlage gefunden werden muß.

In der Tat beabsichtigt unter den bisherigen Bearbeitern des Entwurfs niemand, an Stelle der heutigen nachgiebigen Rechtssätze

[1]) Großmann-Doerth führt als eigentümliche nationale Auslegung an: Die Auslegung der Fob-Klausel in den Vereinigten Staaten als free on rail; die südfranzösische Rechtsprechung, wonach Andienung im Cif-Geschäft nicht nach Beginn der Entlöschung stattfinden darf und der Cif-Kauf sich durch die Schiffsbenennung in einen Ankunftsvertrag verwandelt (unten Teil VII); die in den Niederlanden andauernde Auffassung der Fob-Klausel als reiner Spesen-Klausel; die verschiedene Beurteilung der Konkretisierung.

der Gesetzbücher zwingende zu setzen. Der Autonomie der Parteien werden eher weniger Schranken gesetzt werden als bis jetzt. Und die Handelsbräuche werden zudem durchgehends als Vertragsbestandteil wenigstens unter Kaufleuten anzuerkennen sein. Es ist eine ganz andere Frage, ob die Staaten aus sozialen Rücksichten, der Zeitströmung zunehmender staatlicher Beaufsichtigung des Erwerbslebens folgend, mehr als bisher oder mit anderen rechtlichen Mitteln als bisher die sogenannte „Vertragsfreiheit" zu beschränken und Willkürlichkeiten in allgemeinen Geschäftsbedingungen zu beschneiden streben werden [1]). Diese Frage der kritischen Beurteilung und Behandlung des Vertragsinhalts nach sozialpolitischen Gesichtspunkten hat gerade im internationalen Kaufrecht wenig Platz, da die gegensätzlichen Interessen zumeist in kräftigen Organisationen vertreten sind. Jedenfalls liegt sie als ein allgemeineres Problem nicht im Rahmen des Planes, der bis auf weiteres vom Internationalen Institut in Rom verfolgt werden kann. Es wird daher z. B. nicht einmal daran gedacht, gegen die Klauseln vorzugehen, die in gewissen Formularen den Schadenersatz ausschließen oder auf einen geringen Prozentsatz des Kaufpreises herabsetzen [2]).

e) Einfluß auf die Schiedsgerichtsrechtsprechung.

e) Wenn ferner in den letzten Jahrzehnten die staatlichen Gerichte von der Wirtschaft gemieden wurden und die Praxis der Schiedsgerichte die Beseitigung der staatlichen Rechtssätze zu besiegeln scheint, so haben wir uns wiederum vor überspannten Folgerungen zu hüten. Vor einiger Zeit hat ein sehr großer Handelsverband eine rückläufige Tendenz eingeleitet; er hat ausgesprochen, daß die schnell und nach anscheinender Billigkeit urteilenden Schiedsgerichte zwar tauglich sind, die Alltagsfragen zu lösen, sich aber viel weniger als die langsameren und sichereren Gerichte dazu eignen, schwierige oder hochwertige Streitfälle zu entscheiden. Man darf sich auch der englischen Einrichtung des special case erinnern; in England, dem Lande, das den Kaufmann schätzt und seine Denkweise teilt wie kein anderes, werden die schwierigen Rechtsfragen dem ordentlichen Gericht vorbehalten. Übrigens begrenzen viele Schiedsverabredungen sich selber auf einen bestimmten Höchstbetrag des Streitwerts.

[1]) Dafür tritt, was Deutschland anbelangt, neuestens gerade der bisherige Vorkämpfer des „autonomen" Handelsrechts, Großmann-Doerth in einem Vortrag: Selbstgeschaffenes Recht der Wirtschaft und staatliches Recht, Freiburger Universitätsreden, Heft 10, Freiburg 1933, ein.

[2]) Das Reichsgericht sucht bisher durch einschränkende Auslegung zu helfen, Raiser unsere Z. 6, 290 N. 1.

Mag nun das Schiedsgerichtswesen seinen Siegeszug weiter fortsetzen oder nicht, so ist es nicht ausgemacht, daß die Schiedsrichter sich ebenso ablehnend wie gegenüber dem heutigen Gesetzeswirrwarr auch gegenüber einem wohlgeordneten Gesetz verhalten würden, das gewissermaßen die Weltmeinung über billige Interessenabwägung darstellen müßte. Auf alle Fälle dürfen wir nicht immer nur an Prozeßentscheidungen denken. In den mehr oder weniger freundschaftlichen Vergleichen, die teils durch die Unbequemlichkeit und die Unsicherheit der Prozesse, teils durch die Angst um die Kundschaft, zu nicht geringem Teil auch durch lobenswertes Streben nach Erhaltung der Geschäftsfreundschaft veranlaßt werden, fehlt gegenwärtig unter Angehörigen verschiedener Rechtsgebiete die gemeinsame autoritative Rechtsquelle. Wird sie erschlossen, so wird sie sich von selbst weitgehende Beachtung verschaffen.

f) Wert des Einheitsgesetzes trotz Verschiedenheit der Gerichtsbarkeiten.

f) Ist aber schließlich ein Einheitsgesetz ohne eine einheitliche Gerichtsbarkeit ohne Wert? Man hat es oft behauptet. Das Verlangen nach Weltgerichtshöfen für internationale Privatrechtsstreitigkeiten gehört zu den idealen Forderungen, an denen die Nachkriegszeit bis zur Weltkrise reich war. Verdienstliches ist zu Gunsten solcher Pläne beigebracht worden. Aber auch wenn sie nicht so bald durchgesetzt würden, hätte ein materielles Gesetz, das überall gilt, eine außerordentliche Wirkung zur Gleichförmigkeit hin. Die Erfahrung beweist, daß zwischenstaatliche Abkommen, wie das eisenbahnfrachtliche, in den Ländern allmählich eine starke Annäherung der Rechtsprechungen aneinander hervorbringen. Ein gutes Urteil findet bald Nachahmung. Eine gleiche Praxis in einigen vorgeschrittenen Staaten besitzt eine fast unwiderstehliche Anziehungskraft und bildet eine schwer überwindliche Schranke gegen willkürliche und entstellende Gesetzesauslegung in der restlichen Welt. Das gemeinsame Gesetz ist also zwar kein lückenloser, aber ein nicht zu verschmähender Schutz für die Interessen des einen Vertragsteils im Land des anderen und trägt dazu bei, die Geschäftsleute zu beruhigen und zu Geschäftsabschlüssen zu ermutigen.

Fassen wir zusammen:

Es ist von größter Wichtigkeit, sich sorgfältig von dem ungeheueren Bereich der Formulare und Vertragstypen Rechenschaft zu geben, der zur Stunde festzustellen ist und der sich wahrscheinlich noch vergrößern wird. Aber ein Weltgesetz wäre weder genötigt noch dazu imstande, sich diese ins einzelne gehenden, den besonderen Bedürfnissen jedes einzelnen Handelsartikels angepaßten Regeln einzuverleiben. Daher wäre es vergeblich, einen direkten Einfluß auf ihre Entwicklung durch ein Einheitsgesetz ausüben zu wollen.

Aber der Wert unseres Unternehmens wird dadurch nicht zerstört. Wenn es in vollem Einverständnis mit den Handelskreisen zum Erfolg führen könnte, so würde es nicht nur gewisse Lücken ausfüllen, sondern auch auf die Geister Einfluß gewinnen. Allerdings würde seine Durchschlagskraft sich um so höher steigern, je mehr es ihm gelänge, die Materien zu umfassen, die dem Privatbelieben der Parteien entzogen sind.

Sehr ängstlich braucht übrigens der unmittelbare praktische Nutzen der Kaufrechtsvereinheitlichung nicht abgewogen zu werden. Mag sie weniger nötig sein als manche andere schon gelungene oder noch nicht angefangene Unifikation — die erstmalige Anstrengung, an dem geeignetsten Punkte die Anschauungen über die allgemeinen Lehren des Obligationenrechts, des Kernes des Verkehrsrechts, zu einigen, trägt ihren Wert und ihre Zukunftsbedeutung in sich selbst.

§ 5.

IV. Die Abgrenzung der internationalen Käufe.

1. Grundgedanke.

1. Der erste Leitgedanke muß sein, möglichst alle Fälle zu treffen, die im internationalen Verkehr durch die Verschiedenheit der Gesetze der „juristischen" Lösung Schwierigkeiten bereiten. Es sind im großen und ganzen dieselben Fälle, in denen heute die Grundsätze des internationalen Privatrechts praktische Bedeutung haben.

Wer gewohnt ist — wie Schrifttum und Gerichte der meisten Länder es in internationalprivatrechtlichen Angelegenheiten sind —, sich nach dem v e r m u t l i c h e n P a r t e i w i l l e n zu richten, wird die Angemessenheit einer solchen Grenzziehung zwischen dem künftigen Weltgesetz und dem Landesrecht für Binnenkäufe ohne weiteres zu rechtfertigen wissen. Wenn ein Vertrag so starke Beziehungen zu einem bestimmten Land besitzt, daß für das internationale Privatrecht die Anwendung des Rechts dieses Landes zweifellos erscheint, so geht auch die typische Meinung der Vertragsparteien — wenn auch nicht die bewußte Absicht in jedem einzelnen Fall — darauf, den Vertrag diesem Landesrecht zu unterstellen. Erst wenn beim Abschluß oder bei der Ausführung des Vertrags zwei oder mehrere Staaten berührt werden, tritt die Frage auf, ob und inwiefern die Parteien einen dieser Staaten ihr Rechtsverhältnis regeln lassen wollten. Haben die Kontrahenten, wie so häufig, sich darüber gar keine Gedanken gemacht, so ist zwar der oft gebrauchte Behelf willkürlich, ihnen einen kollisionsrechtlich erheblichen Willen oder auch nur eine typische Absicht nachträglich zuzuschreiben. Aber das nur darum, weil sich in den jetzt in Frage stehenden Fällen keine Lösung in Wirklichkeit von selbst versteht. Eben die rechtliche Zweifelhaftigkeit der internationalen Beziehungen fühlt der Erfahrenere, der ins Ausland verkauft oder von dort kauft, mehr oder weniger deutlich heute schon.

Ganz abgesehen aber von dem, was die Parteien derzeit denken mögen, es wäre jedenfalls sehr leicht, künftig die gesamte am internationalen Verkehr beteiligte Welt darauf hinzuweisen, daß für „internationale" Geschäfte nicht das normale Landesrecht gilt; man darf abermals erinnern, daß die internationalen Transporte Gegenstand internationaler Abkommen und weiterer Entwürfe sind, der Begriff der internationalen Zahlung eine Rolle spielt und der Gedanke an eine übernationale Form der Vereine und der Aktiengesellschaften Freunde findet. An die Möglichkeit von règles uniformes für ventes internationales hat übrigens schon, ohne unsere Absichten zu kennen, René Demogue [1]) gedacht.

2. Die möglichen Kriterien.

2. Zur näheren Abgrenzung ergeben sich zwei verschiedene Anhaltspunkte, ein subjektiver und ein objektiver.

In subjektiver Beziehung liegt es sehr nahe, die Käufe zu erfassen, bei deren Abschluß der Verkäufer einem Land, der Käufer einem anderen Land angehört. Maßgeblich darf unter den heutigen Verhältnissen natürlich nicht die Staatsanghörigkeit sein, sondern allenfalls der Wohnsitz und in dessen Ermanglung der gewöhnliche Aufenthalt (résidence habituelle) oder auch nur der gewöhnliche Aufenthalt, und vor diesen die gewerbliche Niederlassung. Diese Merkmale sind in den internationalen Abkommen schon durchaus üblich geworden. — Wie die Staatenbünde und die Staaten mit mehreren Landesrechten die Anwendbarkeit des internationalen Kaufrechts in ihrem Innern auffassen, müßte wohl ihnen überlassen bleiben.

In objektiver Richtung würde der Ort, wo die Ware liegt, oder von wo sie gemäß dem Vertrage transportiert werden soll, den nächsten Anknüpfungspunkt ergeben [2]). Die Wahl zwischen diesen Gesichtspunkten würde erspart, wenn sie beide kumulativ angenommen würden.

---

[1]) „L'unification internationale du droit privé" Paris 1927 p. 155.

[2]) Für eine solche Abgrenzung spricht sich Demogue a. a. O. aus.

3. Das subjektive Kriterium.

3. Das subjektive Kriterium ist nach drei Richtungen näher zu bestimmen.

a) Stellvertretung.

a) Insofern der Sitz der beiden Teile entscheidet, passen nicht dieselben Unterscheidungen, wie sie bei der geplanten Unifizierung des internationalen Privatrechts des Kaufs zugrundegelegt werden. Denn dort handelt es sich darum, wann das Recht des Verkäufers oder das des Käufers anwendbar sein soll; hier vielmehr um die Anwendung des einheitlichen und des nationalen Kaufrechts. Der Fall z. B., daß ein Agent oder Vertreter einer ausländischen Firma auf einer Reise im Lande des Käufers mit diesem abschließt, soll nach den bisherigen Entwürfen der Kollisionsregeln herausgehoben und dem Recht des Käufers zugewiesen werden; daran knüpft sich ein lebhafter Streit. Hier kann ein solcher Fall, da er jedenfalls eine internationalprivatrechtliche Entscheidung verlangt, nur zum internationalen Kaufrecht gerechnet werden. Der Abschluß durch einen direkten Stellvertreter (d. h. im fremden Namen) wird stets nach dem Sitz des Vertretenen zu beurteilen sein. Zur Vermeidung von Zweifeln, die in der Praxis aufzutreten pflegen, wird als ein solcher Fall noch eigens der zu betonen sein, daß ein Agent (zwar anscheinend im eigenen Namen aber) unter Vorbehalt der Genehmigung des Prinzipals abschließt.

Eine andere Frage ist die, wann Zweigniederlassungen und Filialen als Vertragsschließende zu behandeln sind. Sind sie als juristische Personen im Lande ihres Sitzes anerkannt oder verpflichtungsfähige Gesellschaften und handeln sie im eigenen Namen, so scheidet der Zweifel aus. Sind sie aber nur Stellen ohne Rechtspersönlichkeit, so hängt ihre Beurteilung von Zweckmäßigkeitserwägungen ab; insbesondere der Kauf im Laden untersteht doch besser dem internen Kaufrecht (unten c).

b) Wechsel des Sitzes und mehrfacher Sitz.

b) Genauer zu bestimmen ist der Zeitpunkt, in dem der Sitz einer Partei maßgebend ist, wenn der Sitz während der Vertragsverhandlungen von einem fremden Land in das Land des anderen Teils verlegt wird oder umgekehrt. Einfach wäre es, für die Internationalität eine territoriale Verschiedenheit unter den Parteien in einem beliebigen Augenblick genügen zu lassen. Andernfalls muß auf einen Akt der Parteien abgestellt werden: sei es die erste, sei es die letzte Handlung oder Erklärung, die zum Vertragsabschluß führt. Das Institut de Droit International hat seinerzeit in der Sitzung von Florenz im internationalen Privatrecht die letzte Erklärung der Partei für maßgeblich gehalten, die Kommission der Haager Konferenz für das

Kaufrecht im Entwurf vom Juni 1931, Art. 3 den Augenblick, wo der Verkäufer die Bestellung erhält. Für unsere Zwecke dürfte sich der erste Vorschlag besser eignen; wechseln die Umstände, so kommt es für den nationalen oder internationalen Charakter des Vertrags am ehesten auf die Augenblicke an, in denen der eine und der andere Teil durch Aktivität den Vertrag zur Vollendung bringt; demnach wird beim Abschluß durch Briefwechsel die Absendung der letzten zum Abschluß führenden Erklärung für den Sitz der absendenden Partei maßgeblich.

Eine verwandte Frage entsteht, wenn ein Teil in dem maßgeblichen Zeitpunkt mehrere Sitze und davon wenigstens einen außerhalb des Landes des Mitkontrahenten hat; nach BGB. sind mehrere Wohnsitze möglich. Es wird wohl auf die Niederlassung und den Wohnsitz ankommen, von wo die Vertragserklärung ausgeht, subsidiär auf den sonstigen im dritten Land gelegenen Ort der Absendung.

c) Interner Kauf unter Parteien mit verschiedenem Sitz.

c) Auf der anderen Seite müssen die Binnenkäufe unter Angehörigen verschiedener Länder umschrieben werden, besser vielleicht in positiver als negativer Begriffsbestimmung. Hierbei ist es von Belang, daß Barkäufe reisender Personen in einem Laden unter allen Umständen dem Landesrecht zugehören müssen. Andererseits ist bei verschiedener Landesangehörigkeit der Parteien die Problematik des internationalen Privatrechts zugunsten eines bestimmten Landesrechts nur dann wirklich ausgeschaltet, wenn a l l e Tatsachen für dieses Land sprechen, und zwar ohne daß juristische Konstruktion in einem nennenswerten Maß sich einmischt. Danach wären interne Käufe nur solche, die sich mit sämtlichen Tatsachen des Abschlusses und der beiderseitigen Erfüllung in einem einzigen Land vollziehen. Wie eine Zahlung kann aber die Hingabe eines Schecks oder Wechsels gelten, der im gleichen Land zahlbar ist.

4. Objektives Kriterium: Transport der Ware.

4. Andere Erwägungen veranlaßt die Handhabung des o b j e k t i v e n Kriteriums.

Haben die Parteien ihren Sitz in demselben Land und befindet sich die Ware in einem anderen Land, so wäre es nicht recht zu begreifen, warum im Grundsatz nicht ihr gemeinsames Landesrecht gelten sollte. Die Warenbewegung allein dürfte kein taugliches Kennzeichen der Internationalität abgeben. In den häufigsten Fällen trifft es natürlich zusammen, daß die Parteien in verschiedenen Ländern residieren und die Ware in ein anderes Land zu befördern ist.

5. Erstreckung auf vorgehende und nachfolgende Kaufverträge.

5. Anders verhält es sich jedoch, wenn das oben erörterte subjektive Merkmal angenommen wird, mit der Frage, ob dann nicht das Geltungsgebiet auf gewisse Fälle der Export- oder Importbestimmung der Ware erstreckt werden sollte, nämlich a) auf die Verträge, mit denen der Verkäufer die zu liefernde Ware erwirbt und b) auf die Verträge, mit denen der Käufer zwar nicht die Ware im einzelnen, aber die Vertragsrechte — kaufmännisch gesprochen: den Schluß oder die Dokumente — weiterveräußert. Das Problem äußert sich heute in der Gestalt, daß ein Vertrag einem Landesrecht unterliegt, der folgende Vertrag einem anderen Landesrecht und der mittlere Kontrahent aus der Rechtsverschiedenheit bald einen Nutzen, bald einen Schaden hat. Dasselbe würde sich ereignen, wenn auf das eine Rechtsverhältnis das internationale, auf das andere ein nationales Recht Anwendung fände.

So würde z. B. ein französischer Verkäufer seinem französischen Lieferanten gegenüber dem délai de grâce unterworfen sein, während er nach dem neuen Kaufgesetz dem englischen Käufer gegenüber schärfer behandelt wird. Es würde sich daher empfehlen, den vorgehenden Kauf mit unter das neue Gesetz zu ziehen, etwa unter der Voraussetzung, daß dem Lieferanten angezeigt worden ist, daß die Ware zum Export in ein anderes Land bestimmt ist.

Hat im anderen Fall der Verkäufer unter einem Formular der Corn Trade Association eine überseeische Weizenladung gekauft und verkauft sie unter den gleichen Bedingungen an einen Abkäufer im eigenen Land, so ist das ein internes Kaufgeschäft. Auch nach der heutigen Rechtslage ist eine Ausgleichung des fremden Rechts, unter dem möglicherweise gekauft ist, mit dem eigenen Recht, unter dem weiterverkauft ist, nötig [1]. In gewissem Umfang läßt sie sich unter dem Gesichtspunkt erzielen, daß der zweite Vertrag nach dem Sinne des ersten auszulegen ist. Glatter und vollkommener wird künftig die Lösung, wenn man abermals das internationale Kaufrecht erweitert, etwa auf den Verkauf der Rechte aus einem Kaufe, durch den die Ware importiert worden ist oder werden soll.

Diese Erstreckungen könnten besonders zur Wahl der Staaten gestellt, auch wohl als bloße Vermutungen des Parteiwillens gefaßt werden.

---

[1]) Über den Vertrag CAF — suite de contrat vgl. Schwob, „Les contrats de la London Corn Trade Ass." p. 275—279; über die Schiedsklausel in einem solchen fortgesetzten Vertrag, der als internationaler angesehen wird, Cass. civ. 27. 1. 1931, Gaz. Pal. 1931. 1. 448, unsere Z. 6, 411.

§ 6.

V. Begriff des Kaufs und Gleichstellung des Werklieferungsvertrags.

Was unter einem Kauf verstanden wird, ist in *England* wie auch in den *Vereinigten Staaten* von Amerika definiert,

S. G. A. sect. 1 (1) A contract of sale is a contract whereby the seller transfers or agrees to transfer the property in goods to the buyer for a money consideration, called price. There may be a contract of sale between one part owner and another.

(2) A contract of sale may be absolute or conditional.

(3) Where under a contract of sale the property in the goods is transferred from the seller to the buyer the contract is called a sale; but where the transfer of the property in the goods is to take place at a future time or subject to some condition thereafter to be fulfilled the contract is called an agreement to sell.

Unif. S. A. sect. 1 (1) A contract to sell goods is a contract whereby the seller agrees to transfer the property in goods to the buyer for a consideration called the price.

(2) A sale of goods is an agreement whereby the seller transfers the property in goods to the buyer for a consideration called the price.

(3) A contract to sell or a sale may be absolute or conditional.

(4) There may be a contract to sell or a sale between one part owner and another.

dagegen nicht im deutschen *allgemeinen HGB.* und in *Skandinavien.* Im Entwurf wird wohl nur zum Ausdruck kommen müssen, daß lediglich der obligatorische Vertrag des Kaufs geordnet wird, dieser aber ohne Rücksicht darauf, ob er auch von dinglichen Folgen begleitet ist.

Der sogenannte Werklieferungsvertrag, d. h. der Vertrag, womit sich ein Unternehmer verpflichtet, eine Ware aus einem von ihm zu beschaffenden Stoff herzustellen (contrat de livrer une chose à faire), wird in *England, Skandinavien* (§ 2) und in den *Vereinigten Staaten* als Kauf betrachtet. Das *deutsche* BGB. § 651 stellt ihn dem Kauf dann gleich, wenn die herzustellende Sache „vertretbar" ist; andernfalls z. B., wenn die Sache nach besonderen Anweisungen des Bestellers angefertigt wird, sind teils Kauf-, teils Werkvertragsregeln anzuwenden. Ein ähnliches Ergebnis scheinen in *Frankreich* Baudry-Lacantinerie et Wahl im Auge zu haben [1]).

Würde man den Werklieferungsvertrag oder auch nur die z. B. in der Maschinenindustrie oder bei Werftverträgen üblichen Bestellungen nach besonderen Angaben aus der Konvention ausscheiden, so wäre diese Regelung recht unvollständig. Auch dürfte kein Grund

---

[1]) XXII n°. 3872, 3904, vgl. auch Laurent, Principes de droit civil francais 26 n°. 5.

ersichtlich sein, die Werklieferungsverträge auszuschließen, unter dem Vorbehalt, daß je nach den zu ordnenden Fragen und je nach ihrer Lösung gewisse Unterscheidungen zu erwägen sein werden.

Die wichtigste einzelne Folge, in welcher ein innerlicher Grund vorhanden ist, um zwischen Kauf- und Werklieferungsvertrag einen Unterschied zu machen, betrifft die Verpflichtung des Lieferers zur Verbesserung der mangelhaft gelieferten Ware. Weiter unten (VI. Teil) wird ausgeführt, daß diese dem *englischen* und beim Kauf und beim Lieferungsvertrag über vertretbare Sachen dem *deutschen* Recht unbekannte (im *französischen* aber auch beim Kauf vorgeschriebene) Verpflichtung im Entwurf für den Kauf nicht als Regel aufgenommen werden darf; für den Werkvertrag muß sie dagegen aufgestellt werden.

§ 7.

VI. Begriff der Ware.

Der *Sale of Goods Act* (sect. 62) und nach seinem Vorbild der *Unif. S. A.* (sect. 76) beschränken ihre Wirksamkeit auf goods und definieren diese genau:

> „Goods" include all chattels personal other than things in action and money, and in Scotland all corporeal movables except money. The term includes emblements (industrial growing crops), and things attached to or forming part of the land which are agreed to be severed before sale or under the contract of sale."

Diese Begrenzung ist nicht willkürlich gewählt; sie entspricht dem handelsmäßigen Begriff der Ware. Auch für unsere Arbeit besteht kein dringendes Bedürfnis, etwa Immobilien, Forderungen, Gesellschaftsanteile, Wertpapiere einzubeziehen. Danach ergeben sich als Gegenstände: alle beweglichen Sachen mit Ausnahme von Wertpapieren und Geld [1]). Forderungen sind demnach ebenso ausgeschlossen wie Grundstücke — auch alle Rechte an Sachen außer dem Eigentum und alle sonstigen Rechte mit Ausnahme der vorhin (§ 5, 5) berührten Rechte aus einem Warenkauf. Indessen ist vorauszusehen, daß die besondere Natur mancher Sachen zu weiteren Ausnahmen anregen wird [2]).

---

1) Entwurf Art. 1.

2) Im Komitee sind ausgeschaltet worden die See- und Binnenschiffe und die Luftfahrzeuge; lebendes Vieh dagegen nur hinsichtlich der Mängelhaftung, Entwurf Art. 4.

§ 8.

VII. Nachgiebigkeit der aufzustellenden Rechtssätze.

1. Dispositives Recht.

1. Es versteht sich von selbst (oben S. 46f.), daß die beabsichtigte Regelung im allgemeinen nachgiebiges Recht darstellt, ihr also die abweichenden Parteiabmachungen und der Handelsbrauch — deren Gültigkeit natürlich vorausgesetzt — vorgehen. Die Bestimmungen über die Form der Verträge machen praktisch keine Ausnahme, da füglich nur die Formlosigkeit anerkannt werden kann, die Parteien aber natürlich eine Form vereinbaren dürfen. Die Vorschriften über das Zustandekommen der Verträge sind nach den Landesrechten „zwingend" nur in dem Sinne, daß ohne die Erfüllung der Erfordernisse der Vertrag nicht geschlossen ist. Im internationalen Privatrecht behauptet dagegen ein Teil des Schrifttums, daß diese Vorschriften der Privatautonomie entzogen sind, derart, daß für sie eine Vereinbarung über das anzuwendende Recht keine Wirkung hat [1]). Diese Streitfrage wird, wenn die nationalen Sachnormen durch ein einheitliches materielles Recht ersetzt werden, nicht beseitigt werden, freilich aber an Bedeutung erfreulich einbüßen.

Wenn es aber nun den Parteien freisteht, das international gültige Kaufrecht ganz oder teilweise außer Kraft zu setzen, wie gewiß auch umgekehrt dessen Geltung in Fällen, wo es nicht von selbst eingreifen würde, zu vereinbaren, so braucht es doch im ersten Fall eine gewisse Vorkehrung, um nicht einen Hauptvorteil der Vereinheitlichung, nämlich die Sicherheit über das anzuwendende Recht preiszugeben. Man wird also Parteien, die das internationale Gesetz völlig auszuschalten wünschen, die Bedingung auferlegen müssen, daß sie zugleich ein nationales an die Stelle setzen. Beschränken sich die Parteien dagegen auf die Ausscheidung einzelner Bestimmungen des neuen Gesetzes, so ist kein Ersatz erforderlich, aber es wird festzuhalten sein, daß die so durch ihr Schweigen entstehende Lücke nicht etwa durch ein nationales Recht ausgefüllt wird, das ja wiederum erst auf dem kollisionsrechtlichen Weg zu ermitteln wäre, sondern, wie jede Lücke des internationalen Gesetzes, die innerhalb seines Wirkungskreises besteht, aus dem Geist dieses Gesetzes zu behandeln ist.

---

[1]) Diena, Trattato di dir. commerciale internazionale I no. 73 p. 482; Caleb, Le principe de l'autonomie de la volonté en droit international privé (1927) p. 227 und seither andere: hiergegen haben wir uns in unserer Z. 3, 782 f. (Institutsaufsatz von Wahl) geäußert.

2. Da das „Formularrecht" jeglicher Gestalt im ganzen genommen außerhalb unserer Arbeit bleibt (oben § 4, 3), so sei hier wenigstens ein schematischer Überblick über die wichtigsten in Betracht kommenden Klauseln gegeben.

2. Überblick über die Klauseln.

a) Qualitätsklauseln, z. B. Tel quel (tale quale), fair average quality (gute Durchschnittsqualität), wie besehen.

b) Transportklauseln: Cif (caf); C. & f; fob (in den Ver. Staaten fob vessel); for (frei Waggon, in den Ver. Staaten fob); fas (frei Schiffsseite); franco (Bestimmungsort); free delivered (franco vendu); ab Lager; ab Fabrik; ab Kai; ex ship. Diese Klauseln werden im folgenden durchweg unter dem Gesichtspunkt der Gefahrtragung (VII. Teil) behandelt werden, da die reinen Kostenklauseln herauszunehmen kaum möglich erscheint. In weiterem Zusammenhang wird der Ausdrücke zu gedenken sein: Glückliche Ankunft vorbehalten (to arrive, sous bonne arrivée); ausgeliefertes Gewicht (delivered weight) und sound delivered; ferner der dem Käufer mehr entgegenkommenden Lieferortklauseln frei Fahrzeug des Käufers, auf dem Bahngeleise des Käufers, ab Kai Bestimmungshafen, frei Waggon Kai, frei Waggon Bestimmungshafen.

c) Klauseln über die Lieferungszeit: sofort, primo, medio, ultimo, auf Abruf, auf Abladung.

d) Klauseln über die Zahlungszeit: Kasse gegen Dokumente, Zahlung bei Dampfers Ankunft.

Die Bedeutung schwankt bei einzelnen Klauseln noch stark, vielfach treten sie auch nur in Verbindung mit anderen Klauseln in bestimmten Vertragstypen auf. Hinzuweisen ist namentlich auf den großen Umfang von Rechtsätzen, der sich zumal nach den Warsaw-Oxford-Rules an die Cif-Klauseln anschließt. Die Rules enthalten eine nahezu vollständige Regelung des Cif-Abladegeschäfts, wo neben Kosten- und Gefahrtragung auch die Abladungsmodalitäten, die Andienung der Dokumente, die Zahlungspflicht, die Unmöglichkeit der Leistung, die Mängelrüge, die Anspruchsverjährung behandelt sind.

3. Zur Stellungnahme gegenüber den Handelsgebräuchen diene die folgende kurze Rechtsvergleichung.

3. Handelsbrauch.

a) Der Handelsgebrauch ist von Handelsgewohnheit zu unterscheiden; er ist nicht Rechtsquelle, sondern tatsächliche Übung und Verkehrssitte.

a) Begriff.

Es gibt zwei Bedeutungen des Wortes. In einem Sinn meint man die oben berührten typischen Vereinbarungen des Handelsverkehrs, die ihren Niederschlag in weitverbreiteten Vertragsklauseln gefunden haben. Durch die Aufnahme einer solchen Klausel in einen Vertrag wird der Handelsbrauch zum Bestandteil des Vertrages. Wie jede andere Vereinbarung der Parteien geht er daher allem nicht zwingenden Recht vor. Rechtlich ergeben sich nur die Fragen, welche Bedeutung den Klauseln zukommt und welchen rechtlichen Gehalt die durch die betreffende Klausel bezeichnete Vereinbarung hat. Nicht fraglich ist, daß die Rechtsbeziehungen der Vertragsparteien durch diesen „Handelsbrauch" gemäß der Auffassung geregelt werden, die der Handel von den Klauseln hat. In diesem Sinne wird der Begriff der Handelsbräuche vielfach in Zusammenstellungen oder Erörterungen des modernen Klauselrechts gebraucht. In diesem Sinn gibt es daher auch einige, keineswegs zahllose „Welthandelsbräuche" derart: der Cifkäufer trägt die Spesen der Löschung und die außerordentlichen Seetransportkosten; der Fobverkäufer trägt die Gefahr bis zum Schiff usw.[1]).

In anderem und besser technischem Sinn ist von Handelsgebräuchen die Rede, wenn man die Frage stellt, ob und in welchem Umfang die Gewohnheiten, Anschauungen und Auffassungen des Handels für die Beurteilung von Rechtsgeschäften maßgebend sind, in denen nicht ausdrücklich auf sie hingewiesen ist. Diese Handelsgebräuche beziehen sich nicht auf Verträge mit bestimmten Klauseln, sondern beanspruchen in gewissen Grenzen allgemeine Geltung. Nur von den Handelsgebräuchen in diesem Sinne ist im folgenden die Rede.

Die rechtliche Behandlung der Handelsgebräuche in den wichtigsten Rechten führt zu fast übereinstimmenden Ergebnissen, abgesehen von prozessualen Fragen, die hier nicht zu erörtern sind, wie z. B. ob der Richter kraft eigenen Wissens das Vorliegen eines Handelsbrauchs annehmen kann und ob die Revision auf Verletzung eines Handelsbrauchs gestützt werden kann. Der Weg, auf dem die Rechte zu diesen Ergebnissen kommen, ist jedoch nicht derselbe und das Gesamtbild einigermaßen verwickelt.

b) Bewertung der Handelsbräuche in den verschiedenen Rechten.

b) Die Rechte unterscheiden sich zunächst in ihren Auffassungen von der rechtlichen Natur der Handelsbräuche. In manchen Rechten wird die Verbindlichkeit der Handelsbräuche mit dem stillschweigenden Willen der Parteien begründet,

---

[1]) Beispiele bei Großmann-Doerth, Überseekauf S. 44 ff.

Frankreich: Thaller-Percerou I no. 49, Répertoire Général, usages commerciaux no. 16.
England: Halsbury, Laws of England, custom and usages no. 47, 49.
Ver. Staaten: 17 C. J. 460/61, Wright, 26 Col. L. Rev. 917 (1926).
Schweiz: Bundesgericht BGE. 37 II 410.

In anderen Ländern werden die das Gesetz ergänzenden Handelsbräuche als objektives Recht angesehen,

Österreich auf Grund des Art. 1 des allg. HGB.: Staub-Pisko zu allg. HGB. Art. 1 §§ 7—10; OGH. 31. 12. 1923 ZBl. 1924 no. 67, für das Verhältnis von Spediteur und Empfänger.
Italien auf Grund des C. com. Art. 1: Vivante, I no. 8, 13; Bolaffio, C. com. I p. 69, 88.

In *Deutschland* wird der Handelsbrauch nach HGB. § 346 ebenso wie der allgemeinere[1]) Begriff der Verkehrssitte in §§ 157, 242 BGB. weder als selbständige Quelle objektiven Rechts noch als bloßer Vertragsinhalt angesehen. Er nimmt eine theoretisch nicht klare[2]) Zwischenstellung ein; Düringer-Hachenburg (Geiler), allgemeine Einleitung Anm. 7, bezeichnen die Handelsbräuche als abgeschwächte Rechtsquellen, nach Staub-Bondi, allgemeine Einleitung Anm. 31 haben Verkehrssitte und Handelsbräuche objektiv rechtliche Bedeutung, sind aber nicht als Rechtsquellen anzuerkennen. Auf demselben Standpunkt steht Almén (I 31) für § 1 der *skandinavischen* Kaufgesetze, während andere[3]) der Begründung aus dem Parteiwillen zuneigen.

Soweit die Gesetze den Handelsbrauch als objektives Recht anerkennen, wird die Kenntnis der Beteiligten grundsätzlich nicht verlangt (*Italien* Bolaffio p. 64 N. 1, 66, Vivante no. 19 b; Digesto Italiano. usi mercantili no. 28); ebenso aber auch in *Deutschland* Düringer-Hachenburg (Werner) § 346 Anm. 9 a, Staub-Bondi, allgemeine Einleitung Anm. 31, Staub-Gadow § 346 Anm. 9. Das Gegenteil gilt grundsätzlich in den Rechten, in denen die Geltung der Handelsbräuche auf den Parteiwillen zurückgeführt wird (*Frankreich* Lyon-Caën I no. 81; *Ver. Staaten* 17 C.J. 458/60). In der Durchführung dieser entgegengesetzten Grundsätze nähern sich jedoch die Rechte einander sehr (vgl. Almén I 30). Im *anglo-amerikanischen* Recht wird nicht wirkliche Kenntnis verlangt; jeder Handelsbrauch muß nach

[1]) Oertmann, Rechtsordnung und Verkehrssitte (1914) 34; Jul. v. Gierke, Handelsrecht und Wirtschaftsrecht (1921) 12.

[2]) Vgl. Otto Schreiber, Handelsbräuche (1922) 49 mit lebhafter Betonung der Gefahren, die in der Verdrängung des dispositiven Rechts durch den Brauch liegen.

[3]) Lassen, TfR. 1915 p. 3 ff., Obligationsretten Almindelig Del 3. Aufl. p. 376; Knoph, NR. 1923 p. 315 f.; Grundtvig, Lov om köb p. 9.

diesen Rechten notorisch sein und ist für alle verbindlich, deren Kenntnis von dem Handelsbrauch auf Grund seiner Notorietät zu vermuten ist (England, Halsbury no. 53, 72; Ver. Staaten 17 C. J. 458/60). Lyon-Caen no. 81 hält für das entscheidende Moment, daß die Parteien den Brauch gekannt haben oder ihn haben kennen können. Die Rechte, die grundsätzlich nicht die Kenntnis verlangen, pflegen zu betonen, daß viele Handelsgebräuche auf bestimmte Geschäftsarten und Personen begrenzt sind (*Deutschland:* Staub-Gadow § 346 Anm. 11, Düringer-Hachenburg (Werner) § 346 Anm. 3; *Italien* Bolaffio p. 88); zum Teil ziehen sie auch den objektiv rechtlichen und daher ohne Rücksicht auf die Kenntnis anzuwendenden Handelsgebräuchen engere Grenzen, indem sie sie von Handelssitten unterscheiden, die nur auf Grund des Parteiwillens zur Anwendung kommen (siehe darüber unten c); in besonderen Fällen verlangen manche dieser Rechte ausnahmsweise doch die Kenntnis, namentlich im internationalen Verkehr (unten f).

c) Geltungsbereich.

c) Nach dem *allg. HGB.* Art. 1 und ebenso nach dem *italienischen* C. com. Art. 1 kommen die Handelsbräuche erst zur Anwendung, wenn das Handelsrecht keine einschlägigen Bestimmungen enthält. Hiernach geht auch das dispositive Handelsrecht den Handelsbräuchen vor. Die genannten Rechte finden indessen doch für bevorzugt anzuwendende Handelsbräuche Raum; man unterscheidet unter den Handelsbräuchen, ob sie nur als ergänzende Rechtsquellen beim Schweigen des Handelsgesetzes in Betracht kommen, oder ob sie kraft stillschweigenden Parteiwillens zur Anwendung kommen; ob sie auf das objektive Recht gestützt sind oder auf den Parteiwillen und daher als Geschäftsinhalt gelten. So unterscheidet Staub-Pisko zu allg. HGB. Art. 1 § 8, Art. 279 §§ 1, 2 zwischen den eigentlichen Handelsbräuchen des Art. 1, die objektive Rechtsnormen sind, und den uneigentlichen Handelsbräuchen des Art. 279, der Handelssitte, die kraft ausdrücklicher oder stillschweigender Unterwerfung für die Parteien verbindlich wird. Ähnlich unterscheidet man in *Italien* von den echten Handelsbräuchen die usi interpretativi oder usi contrattuali oder usi di fatto (Vivante n°. 18, 19)[1]), die Bolaffio p. 64 ff. überhaupt nicht als usi anerkennen, sondern als pratica individuale kraft einer stillschweigenden Vereinbarung (clausola sottintesa) gelten lassen will.

d) Verhältnis zum bürgerlichen Recht.

d) In den Ländern, die ein vollkommen gesondertes Handelsrecht haben, ist die Geltung der Handelsbräuche meist in irgend

[1]) Cass. 27. 4. 1931 Riv. Dir. Comm. 1931 II 19, unsere Z. 7, 693.

einer Form auf dieses beschränkt: nach § 346 des *deutschen* HGB. ist auf sie nur „unter Kaufleuten" Rücksicht zu nehmen, nach dem allg. HGB. Art. 1 und demgemäß noch heute in *Österreich* nur „in Handelssachen" und ebenso nach dem *italienischen* C. com. Art. 1 „in materia di commercio". Eine solche Begrenzung fehlt in den Rechten, die kein abgeschlossenes Handelsrecht haben, im *anglo-amerikanischen* Recht und in der *Schweiz;* sie fehlt auch in *Frankreich*, dessen Code de commerce keine allgemeine Bestimmung über Handelsbräuche enthält. Auch dieser Gegensatz besteht aber nur theoretisch. Denn einerseits erklären die Länder, die die Handelsbräuche auf das Handelsrecht beschränken, im bürgerlichen Recht die Gebräuche des Verkehrs oder die Verkehrssitte für beachtlich

Deutschland BGB. §§ 157, 242
Italien C. civ. Art. 1124, 1134, 1135
Österreich aBGB. §§ 863 Abs. 2, 914.

Ist ein Nichtkaufmann beteiligt, so darf also ein Handelsgebrauch dann berücksichtigt werden,.wenn er als Verkehrssitte auch für das Verhältnis von Kaufleuten und Nichtkaufleuten gilt. Ferner wird Unterwerfung unter die Handelsgebräuche angenommen, wenn sich ein Nichtkaufmann auf ein Geschäft des Groß- oder Außenhandels in den dafür üblichen Formen einläßt. RG. JW. 1914, 673. Heymann-Mosse HGB. § 346, 2. Andererseits wenden auch die Rechte, die keine grundsätzliche Beschränkung der Handelsbräuche auf Kaufleute oder den Handelsverkehr vorsehen, Handelsbräuche, die nur unter Kaufleuten in Übung sind, auf Nichtkaufleute nicht an; so muß nach *anglo-amerikanischem* Recht die Partei, die den Handelsbrauch nicht nachweislich gekannt hat, zu dem Kreis der Personen gehören, in dem der Brauch notorisch ist (*England* Halsbury no. 71 ff.; *Ver. Staaten* 17 C.J. 458/60); bei Abschlüssen auf Märkten wird Unterwerfung unter die dortigen Handelsbräuche oder Pflicht zu deren Kenntnis angenommen (*England* Halsbury no. 73; *Ver. Staaten* 17 C.J. 462), und in *Frankreich* kommt es nach Lyon-Caën n° 81 darauf an, ob die Parteien den Handelsbrauch haben kennen können.

e) Besondere Handelsbräuche

e) In grundsätzlich gleicher Weise wird in den letztgenannten Ländern die Frage gelöst, wie weit der Anwendungsbereich besonderer Handelsgebräuche geht, die nur innerhalb eines Geschäftszweiges oder in einem Teil des Landes gelten (vgl. die soeben angeführte Literatur). In den Rechten, die grundsätzlich nicht auf das subjektive Moment der Kenntnis abstellen, kommt man mit einer objektiven Abgrenzung des Geltungsbereichs des Handelsbrauchs, innerhalb dessen sich beide Parteien befinden müssen, zu demselben Ergebnis (vgl. oben b) a. E.). Zum Teil verwendet man auch für die Abgrenzung lokaler Handelsbräuche Gedanken des internationalen Privatrechts (Lyon-Caën n°. 81, Almén I 32; siehe unten f). Gelegentlich finden sich besondere Bestimmungen, die für gewisse Fragen die lokalen Handelsbräuche ausschließen. So ist das Zustandekommen von Verträgen unter Abwesenden nach dem italienischen C. com. Art. 36 nur nach den allgemeinen Handelsbräuchen zu beurteilen.

f) Beachtung der Handelsbräuche im internationalen Verkehr.

f) Im internationalen Verkehr erheben sich die Fragen des Geltungsbereichs, die innerhalb eines Landes für die lokalen Handelsbräuche auftauchen, auch für die in einem ganzen Land allgemein geltenden Bräuche; gleichzeitig entsteht die Frage, nach welchem Recht der Geltungsbereich der Handelsbräuche zu beurteilen ist. Die beiden Fragen werden selten auseinander gehalten [1]; meist wird nur die eine oder die andere gestellt, gegen die gleichförmige Antwort ist auch nichts einzuwenden. Beides wird nun unter denselben Gesichtspunkt gestellt wie das Vertragsstatut im ganzen. So bestimmt Art. 58 des *italienischen* C. com., daß die Verträge teils nach dem Recht des Ortes des Vertragsschlusses, teils nach dem des Erfüllungsortes zu beurteilen sind, und erklärt zugleich auch die Gebräuche dieses Landes für anwendbar; die gleiche Beurteilung nach dem Obligationsstatut nimmt man ohne gesetzliche Bestimmung an:

Ver. Staaten 17 C.J. 477,
Frankreich: Lyon-Caën n°. 81; Répertoire Général, usages commerciaux no. 40/43,
wohl auch *England:* Cuthbert v. Cumming (1855) 11 Exch. 405; 24 L. J. Ex. 198 (nicht 310).
Skandinavische Länder: Almén I 32.

Man scheint jedoch eine wichtige Beschränkung anzuerkennen, nämlich — teils nach den Grundsätzen über die Abgrenzung des Geltungsbereichs der lokalen Handelsbräuche, teils durch Betonung der Besonderheit internationaler Geschäfte [2] — überall zu dem Ergebnis zu kommen, daß Handelsbräuche, die nur in einem der beteiligten Länder bestehen, nur anzuwenden sind, wenn der diesem Land nicht angehörige Kontrahent sie bei Vertragsschluß kannte.

---

[1] Zutreffend Diena, Diritto commerciale internazionale I p. 398.

[2] Siehe RG. in JW. 1928, 3109, Düringer-Hachenburg (Werner) § 346 Anm. 9c, Répertoire Général a. a. O. no. 44, Schweizerisches Bundesgericht BGE. 37 II 410, Almén I 30.

Eine Ausnahme ergibt sich am klarsten bei Marktkäufen und bei Abschlüssen durch Vertreter in Handelszweigen, bei denen dem auswärtigen Auftraggeber zu unterstellen ist, daß er sich auch den ihm unbekannten Geschäftsbedingungen des Abschlußortes unterworfen hat. „Who goes to Rome, must do as those at Rome do" [1]).

g) Handelsgebräuche und gute Sitten.

g) Eine objektiv-rechtliche Grenze findet die Rücksicht auf alle Verkehrsgebräuche überall an der Prüfung, ob sie gegen die guten Sitten oder gegen zwingendes Recht verstoßen. So z. B. für *Deutschland* RGZ. 48, 125; ungültig eine Verkehrssitte, nach der der Verkäufer die Preise beliebig erhöhen darf, RG. JW. 1921, 234, 5 u. a. In *England* lautet der Grundsatz, daß der Richter einen Gebrauch nur anwendet, wenn er reasonable ist [2]).

Folgerung.

Für die anzunehmende Regel wäre es wünschenswert, nicht zwischen Kaufleuten und Nichtkaufleuten unterscheiden und so an dieser einen Stelle die sonst vermeidbare Definition des Kaufmanns dennoch treffen zu müssen (oben § 3, 3). Eine für alle Parteien passende Formel dürfte sich nach dem Gesagten finden lassen, da auch unter Kaufleuten ein lokaler Handelsbrauch grundsätzlich nicht gilt. Es könnten Handelsgebräuche und die sonstige Verkehrssitte für anwendbar erklärt werden, entweder sofern die Parteien sich ihnen ausdrücklich oder stillschweigend unterworfen haben, oder (gemäß der französischen Wendung) sofern die Parteien sie kannten oder kennen mußten. Die fahrlässige Nichtkenntnis dürfte wenigstens dann einem Vertragsteil schaden, wenn sie vom Bestand eines Brauches weiß, ohne sich um dessen Inhalt zu kümmern [3]).

§ 9.

VIII. Tendenzen der Vereinheitlichung.

1. Einfluß der Handelsentwicklung.

1. Es wurde oben dargelegt, daß die Vereinheitlichung sich nicht auf den Klauseln und Formeln aufbauen kann. Die Grundlage muß die Vergleichung der heutigen Rechtsordnungen: Gesetz, Rechtsprechung, Schrifttum ergeben, selbstverständlich unter stetiger sorgfältiger Beachtung der Handelsgewohnheiten. Ganz besonders heischt, wo die Handelsauffassung sich vom bestehenden Recht entfernt, die Entwicklung zu neuen Rechtsgedanken Beachtung. Ein

---

[1]) Willes J. in Lloyd v. Guibert (1865) L.R. 1 Q.B. 115 (121); Rabel, unsere Z. 3, 830. *Österreich* OGH. Rspr. 1932, 149, unsere Z. 8, 951.

[2]) Halsbury n°. 55, 56; Leake Contracts p. 134.

[3]) Entwurf Art. 10 Abs. 1.

deutliches Beispiel liefert die Gefahrverteilung durch die Cif-Klausel, unabhängig von jedem sogenannten Erfüllungsort, an den alle Gesetze irgendwie anknüpfen, und eine Anregung zu Erwägungen geben die Begleitvereinbarungen beim Fernkauf, wo der Erfüllungsort an das Ende der Seereise geknüpft ist, insofern die Annahme fehlerhafter Ware gegen Vergütung dem Käufer auferlegt und der die Seegefahr tragende Verkäufer beim zufälligen Untergang der Waren vom Nachschub neuer Ware befreit wird.

Die Linien der Entwicklung sind aber auch das wertvollste Ergebnis bei der Vergleichung der Kodifikationen und Entwürfe. Auch ihr Fortschritt entspricht in erster Reihe dem Ausbau der modernen Handelsorganisation. Sind die Gesetzbücher aus dem Beginn des 19. Jahrhunderts noch von der alten Ordnung des persönlichen Vertragsschlusses auf Märkten und Messen [1]) beeinflußt, so haben die neuen Verkehrs- und Nachrichtenmittel seither einen Umsturz bewirkt. Aus diesem Grunde [2]) haben sich die Lehren unseres Gebiets gegenüber dem französischen Code civil (1804) besonders in zwei Richtungen verschoben:

a) Vertragsschluß unter Abwesenden.

a) Einst erwarb der Käufer die Ware unmittelbar auf dem Markt vom Verkäufer. Heute kommt bei der Regelung des Vertragsschlusses das Hauptbedürfnis dem Vertrag unter Abwesenden zu. Den Kauf unter Anwesenden als Regelfall denkend, legt das französische Recht ferner auf die vices apparents einen Nachdruck, der heute nicht mehr angebracht ist. Ebenso darf die Konkretisierung nicht mehr als ein „kontradiktorischer" Akt aufgefaßt werden, was sie tatsächlich ist, wenn der Käufer bei der Zumessung der Kaufsache anwesend ist, sondern sie muß von jeder Mitwirkung des Käufers losgelöst werden, und auch die Hilfsvorstellung, daß der erste Transporteur den Empfänger der Ware bei diesen Akten vertritt, ist überflüssig. Dagegen muß es dabei bleiben, daß die Gefahr des Transports der Käufer trägt, weil diese Vorstellung fast in allen Rechten verwurzelt ist, obwohl auch sie wahrscheinlich damit in Zusammenhang zu bringen ist, daß bei der älteren Marktorganisation der Käufer den Transport der Ware in seine Heimat selbst besorgte. Das englische Recht, das die alten Aufassungen am längsten bewahrt, geht ja sogar so weit, im Normalfall dem Käufer allein die Rechte aus dem Transportvertrag zu geben, wie

[1]) Vgl. über diese Pantlen, Handwörterbuch der Staatswissenschaften, VI, Märkte und Messen, S. 484.

[2]) Darauf hat Ed. Wahl hingewiesen.

es übrigens auch für die delivery den Transporteur als den Vertreter des Käufers ansieht.

b) Mit der Veränderung der Marktorganisation hängt auch das immer stärkere Überwiegen des Gattungskaufs gegenüber dem Spezieskauf zusammen. In der Tat verwandelt sich ja der Gattungskauf unter Anwesenden sehr bald in einen Spezieskauf, weil der anwesende Käufer auf die Zumessung seines Anteils wartet, sodaß die fast ausschließliche Berücksichtigung dieser Kaufart in den älteren Gesetzen gerechtfertigt erscheinen konnte. Aber der moderne Verkehr hat es so ganz überwiegend mit Gattungskäufen zu tun, bei denen die ordnungsmäßige Konkretisierung zu den Pflichten des Verkäufers gehört, daß man fragen kann, ob deren Regelung nicht in den Vordergrund zu stellen ist. Die praktische Auswirkung dieser Umstellung würde hauptsächlich das Recht der Sachmängel betreffen; und es wird sich in der Tat ergeben, daß die Lieferung mangelhafter Gattungsware in zahlreichen Hinsichten nach den Grundsätzen der Nichterfüllung von Gattungsschulden behandelt werden kann, ohne daß doch der Zusammenhang mit dem Sachmängelrecht bei Speziessachen und der Unterschied des Sachverhalts, ob der Käufer überhaupt nicht liefert oder schlechte Waren liefert, übersehen werden darf.

b) Gattungskauf.

Noch viel deutlicher spiegelt sich die Entwicklung der Überseekäufe in den Formularen des Handels seit Beginn des 19. Jahrhunderts. Aus dem nach Ankunft geschlossenen Platzgeschäft wurde der vor Ankunft und vorbehaltlich ihrer geschlossene, im Bestimmungshafen zu erfüllende „Ankunftsvertrag"; ebenfalls aus dem Platzkauf entstand für andere Waren später der Fobvertrag; ein weiterer Fortschritt verkörpert sich in der Cifklausel [1]).

Aber auch den angelsächsischen Kaufgesetzen sagt jetzt ein scharfer Kritiker [2]) nach, daß sie aus einer versunkenen Welt stammen, in der Produzent und Konsument einander nahezu ohne Mittelsmann gegenüberstanden, Barverkäufe schlossen und der Käufer die Ware abzuholen hatte, der Käufer sich auf das Urteil des Verkäufers verließ u. s. f.

2. In einer ansehnlichen Reihe von Fragen stellt sich denn auch eine Übereinstimmung zwar nicht zwischen den formulierten Sätzen der geltenden Gesetzbücher aber doch in den Rechtsprechungen, in

2. Tendenzen in Rechtsprechung und Gesetzgebung.

---

[1]) Näheres bei Großmann-Doerth, Überseekauf, und Ramm, Das sog. Cifgeschäft 9 ff.

[2]) Nathan Isaacs, 34 Col. L. Rev. 262.

zahlreichen anderen Fragen eine universelle Richtung neuerer Gesetze und Entwürfe vom älteren zum jüngeren Satz heraus. Z. B. dringt der Gedanke vor, daß die Offerte bindet. Im Falle der vom Antragsteller selbst befristeten Offerte ist schon fast überall zu spüren, daß dieser Gedanke die Oberhand bekommt. In England ist das freilich noch nicht offizielles Recht, der Entwurf wird es aber wagen können, mindestens für diesen Fall dem noch verbleibenden Widerstande Trotz zu bieten. So setzt sich auch die abstrakte Schadensberechnung allmählich durch, auch bei den Nationen, deren Recht am wenigsten unter dem Einflusse der Handelsinteressen steht.

3. Stellung des Gerichts.

3. Veränderte Bedürfnisse und Anschauungen beherrschen namentlich die Fragen um die Bedeutung des Gerichts, einerseits gegenüber der Parteierklärung, andererseits gegenüber dem Gesetz.

a) Mitwirkung bei der Vertragsdurchführung.

a) Das französische Recht und seine Tochterrechte folgern noch aus der Verwerfung der Eigenmacht (nul ne peut se faire justice à soi-même) die Notwendigkeit, das Gericht anzurufen, wo in England und anderwärts das moderne Recht zu formlosen Parteierklärungen vorgeschritten ist. Für den internationalen Handel sind diese Einschiebungen des Gerichts nicht brauchbar. Nicht übernommen werden kann daher die action en résolution, um einen Vertrag aufheben zu lassen, die der einseitigen außergerichtlichen Rücktrittserklärung Platz macht; die Zustellung einer Mahnung durch den huissier, an deren Stelle die formlose Mahnung tritt, sofern sie überhaupt noch gefordert werden sollte; so auch die gerichtliche Expertise über die Mängel der Kaufsache als internationales Recht, sie bleibt höchstens als Landesrecht bestehen, da es allerdings schwer ist, die Feststellung des Sachmangels für alle Länder in dieselbe Form zu kleiden. Bezeichnenderweise hat auch in Frankreich die Praxis der Handelsgerichte u. a. den Selbsthilfeverkauf ohne vorherige gerichtliche Ermächtigung im Sinne der Art. 1143, 1144 C. civ. zugelassen und den Bereich der action résolutoire wesentlich eingeengt.

b) Maß der Bindung an das Gesetz.

b) Eine heiklere Frage ist es, in welchem Maß das Gesetz den Richter binden soll. Vielen gilt das schweizerische Zivilgesetzbuch als Vorbild, das nur Rahmen und Richtschnur sein will, im Gegensatz namentlich zu dem BGB., das durch Voraussicht möglichst vieler Fälle und möglichst genaue Redeweise dem Richter die umfassendste Anweisung zu geben strebt. In dem neuen Gesetz werden die Schwierigkeiten der Entstehung aus einer Einigung der vielen Systeme es verhindern, daß viele seltenere Tatbestände mitgeordnet werden. Andererseits aber verlangt es der Zweck des Gesetzes, daß in die Anwendung seiner Bestimmungen überall Vertrauen gesetzt werde, was voraussetzt, daß ihm auch in allen Ländern der gleiche Sinn beigelegt wird. Darum müssen wir, ohne jemals gerichtliche Entscheidungen ganz ausschließen und Prozesse ganz vermeiden zu können, doch die schärfere Norm der vageren vorziehen und die Entscheidung durch das Gesetz der richterlichen. Z. B. wird es sich nicht empfehlen, die Zulässigkeit der Wandlung wegen Sachmangels in das Ermessen des Richters zu stellen, wie es das schweizerische Obligationenrecht und ähnlich das skandinavische Kaufrecht tut — und ebenso wenig den Schadenersatz je nach der Schwere des Verschuldens des Schuldners und „nach den Umständen" zu bemessen (OR. Art. 99, 43). Auch sollte man nicht den Stichtag der abstrakten Schadensberechnung vom Richter bestimmen lassen und noch weniger die ganze Schadensberechnung der nicht revisiblen Prüfung des Gerichts überlassen.

Allerdings wird diese Bestrebung auf ein entgegengesetztes Bedürfnis stoßen. Handelt es sich z. B. um Fristen wie für die Lieferung der Ware, deren Zeitpunkt von den Parteien nicht festgesetzt ist, oder für die Mängelrüge (anders die Klagefrist wegen Sachmangels), so wird es schwer sein, eine solche Frist für alle Handelszweige und alle Länder kalendermäßig festzulegen. In manchen solcher Fälle wird man sich, wie auch sonst so häufig, das Recht des British Empire zum Muster nehmen müssen, das elastische Maßstäbe hat, um den Bedürfnissen der vielen Länder zu genügen. Das englische Recht erklärt subsidiär die angemessene Frist, reasonable time, für maßgebend. Immerhin ist dabei das subjektive Urteil des Richters stark eingeschränkt. Nicht sowohl der Richter als die Handelsauffassung entscheidet, die sich bis zu einem gewissen Grade objektiv feststellen läßt.

4. Übereinstimmung der praktischen Ergebnisse trotz verschiedener Konstruktion.

4. Im großen und ganzen wird der wichtigste Teil des Einheitsrechts auf dem Grunde der Rechtsvergleichung aus den Systemen gleichsam von selbst hervorwachsen und sich zusammenschließen. Die Hüllen, in denen die Rechtsgedanken bisher steckten, die technisch-juristischen Konstruktionen müssen zurückbleiben, die praktischen Lösungen verdienen das stärkere Interesse und ihre Vergleichung wird in der weit überwiegenden Anzahl der Fragen reichlich belohnt: so genommen stellen sich die Verwandtschaften als außerordentlich stark und als durchaus tiefgehend heraus.

Lehrreich für die Opfer, die an juristischen Konstruktionen

gebracht werden müssen, und für den leicht gewonnenen Ertrag ist das folgende Beispiel. Eine Anzahl von Gesetzen, insbesondere das deutsche allg. HGB. und das BGB. unterscheiden zwischen Rücktritt und Schadenersatz wegen Nichterfüllung als nicht vereinbaren Rechten. In den romanischen Ländern und jetzt auch Österreich wird dagegen eine sogenannte Vertragsaufhebung (résiliation, résolution, Rücktritt) mit der Forderung des überschießenden Interesses verbunden. Es wird sich zeigen, daß gegenüber der tatsächlichen Haltung des lebenden deutschen Rechts der Unterschied sehr gering ist, wenn über unangebrachte theoretische Skrupel hinweg ein Rechtsbehelf, der das Abgehen von der Ware und das Dahinfallen der Kaufpreisschuld bedeutet, mit der Ersatzpflicht für einen nachweisbaren höheren Schaden wegen Nichterfüllung kombiniert wird.

5. Allgemeine Tendenzen des Einheitsgesetzes.

5. Die Tendenzen schließlich, die unabhängig vom geltenden Zustand die Regeln zu beherrschen haben, lassen sich auf die Formel bringen, daß eine einfache, gerechte und auf rasche Liquidierung bedachte Ordnung gefunden werden soll. So wird der vertragstreue Teil nicht willkürlich in seinen Rechten beschränkt werden dürfen, z. B. die in manchen Ländern noch beliebte Unterscheidung von mittelbarem und unmittelbarem Schaden wegfallen; andererseits soll kein Teil auf dem Rücken des anderen spekulieren können — ein dem Handelsrecht altgewohntes Postulat, gegen das dennoch fast überall in dem einen oder anderen Fall gefehlt wird, sogar in der deutschen Praxis, die dem Käufer für die abstrakte Schadensberechnung die Wahl zwischen zwei Stichtagen einräumt. Wie nahe freilich ein Gesetz, das noch mehr Kompromisse schließen muß als ein Landesgesetzbuch, seinem Ziele kommen kann, läßt sich verschieden beurteilen. Einige Verschiedenheiten des geltenden Rechts greifen so tief und sind so zähe verwurzelt, daß sie auch eifrigen und vereinten Anstrengungen zu trotzen scheinen; es sind insbesondere die Gewährung oder Versagung der Klage auf Naturalerfüllung, die Strenge, mit der die genaue Einhaltung der Erfüllungszeit in nicht besonders qualifizierten Fällen behandelt wird, und die Frage, ob ein schuldloser Teil zum Schadenersatz verpflichtet werden kann, wie es in der angelsächsischen und in der skandinavischen Sachmängelordnung geschieht.

II. Teil.

Abschluß und Form des Kaufvertrages.

A. Der Abschluß des Kaufvertrages unter Abwesenden.

§ 10.

I. Übersicht.

1. Die Probleme der Vertragsperfektion.

1. In den Kaufrechtskodifikationen *Englands, Amerikas* und *Skandinaviens* sind, abgesehen von den Beweisvorschriften im Sale of Goods Act (sect. 4) und dem Uniform Sales Act (sect. 4), Abschluß und Form des Kaufvertrages nicht geregelt, aber wohl nur deshalb, weil für das *anglo-amerikanische* Recht die im wesentlichen einheitlichen Grundsätze des Common Law eingreifen [1]) und für Skandinavien die das allgemeine Vertragsrecht regelnden Aftale-Gesetze geplant waren, die mit wesentlich gleichem Inhalt in *Schweden* am 11. Juni 1915, in *Dänemark* am 8. Mai 1917 und in *Norwegen* am 31. Mai 1918 verkündet worden sind [2]).

In keinem Recht besteht ein Zweifel über den Vertragsschluß unter persönlich an der gleichen Stelle Anwesenden, namentlich auch darüber, daß mangels besonderer Vereinbarung die Offerte hinfällig wird, wenn der Gegner sie nicht sofort annimmt. Das Zustandekommen des Vertrages unter Abwesenden wirft dagegen bedeutende gesetzgeberische Probleme auf. Der Vertragsschluß durch Briefwechsel reißt die beiden Vertragserklärungen zeitlich auseinander. Wenn aber doch eine Willensübereinstimmung zu einem bestimmten Zeitpunkt festgestellt werden soll, so muß die einzelne Vertragserklärung als fortbestehend betrachtet werden [3]), bis sie sich

---

[1]) Freilich weicht in *Schottland,* wo auch der Sale of Goods Act mit den darin vorgesehenen Besonderheiten gilt, das Recht des Vertragsschlusses vom gemeinenglischen Recht in nicht unwesentlichen Punkten ab (vgl. unten § 11, 1).

[2]) Auch *Finnland* hat im Jahre 1929 das Avtalegesetz übernommen, aber noch nicht das Kaufgesetz.

[3]) Vgl. Chitty, Contracts p. 15: If an offer be made by letter to a party at a distance, it is presumed to be constantly repeated until the period for acceptance arrives, up to which period it is to be inferred that there is a continuation of the intention to contract.

mit der Gegenerklärung zu dem Vertrag verbindet, und damit ist bereits die Richtung bezeichnet, die die moderne Rechtsentwicklung eingeschlagen hat: Man kann bei dem Vertrag unter Abwesenden anders als bei dem Vertrag unter Anwesenden Rechtswirkungen nicht erst dem als Einheit gewerteten Vertrag zuschreiben, sondern muß auf die Rechtswirkungen der beiden Parteierklärungen zurückgreifen. Dann aber ist es nur eine Frage der Zweckmäßigkeit und nicht der Rechtslogik, in welcher Weise man die Wirkungen der selbständig betrachteten Vertragserklärung im einzelnen ausgestalten will; denn das Dogma, daß nur der Vertrag als solcher Rechtswirkungen erzeugen kann und nicht die ihm vorausgehende Parteierklärung, ist damit bereits verlassen.

Wenn auf die beiden Vertragserklärungen abgestellt werden muß, erhebt sich die weitere Frage, ob sie sowie ihr Widerruf zum Wirksamwerden bloß abgesendet oder vom Gegner empfangen oder gar zur Kenntnis genommen werden müsse, eine Frage, die besonders für die Feststellung von Ort und Zeitpunkt des Vertragsschlusses von Wichtigkeit ist. Damit hängt auch die Behandlung des nicht seltenen Falles zusammen, daß eine Partei während der Vertragsverhandlungen stirbt, geschäftsunfähig wird oder in Konkurs fällt [1]).

Auch die Bedeutung des Stillschweigens des Empfängers einer Offerte ist von großer Wichtigkeit; Versuche, sie gesetzgeberisch zu erfassen, sind aber bisher spärlich.

2. Die Löfte-Theorie.

2. Zur Entstehung einer Schuldverpflichtung gehört in den meisten Rechten grundsätzlich ein Vertrag. Eine Ausnahme macht die *skandinavische* Löfte-Theorie [2]). Danach entsteht die Obligation der Parteien nicht durch ihre Willensübereinstimmung, sondern dadurch, daß jeder in seiner Vertragserklärung eine Verpflichtung übernimmt: der Verkäufer zu liefern, der Käufer zu bezahlen. Aber praktisch wird dieser Systemunterschied dadurch sehr abgeschwächt, daß bei einem gegenseitigen Vertrag, also auch bei dem Kaufvertrag, die einseitige Verpflichtung einer Partei durch das Ausbleiben der entsprechenden Gegenverpflichtung der anderen Partei resolutiv bedingt ist. Die praktischen Folgen beziehen sich auf die klare Bindung an die Offerte, und zwar auch wenn eine Partei stirbt, geschäftsunfähig wird oder in Konkurs gerät, und auf die Festsetzung des Zeitpunktes,

---

[1]) Die Bedeutung des Konkurses für den Vertragsschluß ist unten § 15 dargestellt.

[2]) Ussing, Aftaler p. 12 ff. und die dort Zitierten; s. Lassen, Obligationsretten Almindelig Del 3. Aufl. p. 36 (vgl. Biermann, unsere Z. 3, 448).

von dem an die Partei zur Vertragsleistung als gebunden gilt, wenn die Gegenverpflichtung den Erwartungen entspricht, so daß die Fürsorgepflicht des Verkäufers für die Sache vom Zugang seiner Offerte beginnt. Im ganzen bewirkt die Ausgestaltung des skandinavischen Gesetzes über den Vertragsabschluß, daß die Unterschiede gegenüber dem deutschen Recht für die Behandlung der Vertragserklärungen (Widerruf usw.) nicht groß sind.

Die vom römischen Recht beeinflußten Rechtsvorstellungen der meisten Länder werden wohl hier den Ausschlag geben müssen.

§ 11.

II. Die Gesetze und Entwürfe.

Im ganzen lassen sich drei Hauptsysteme des Vertragsschlusses unter Abwesenden feststellen: 1. das *angelsächsische*[1], 2. das *französische* und 3. das *deutsche* System, dabei kann das Recht *Skandinaviens* trotz der prinzipiellen Abweichung der Löfte-Theorie wegen der Ähnlichkeit seiner gesetzlichen Bestimmungen bei dem deutschen System mitbehandelt werden. Schließlich werden 4. die zumeist eklektischen Lösungen der Hauptländer *Lateinamerikas* und 5. die einschlägigen Bestimmungen der neuesten Gesetzentwürfe berichtet werden.

1. Das angloamerikanische System.

1. Die Offerte bindet nicht[2], auch dann nicht, wenn eine bestimmte Frist für die Annahme gesetzt ist. Der Grund dazu ist, wenigstens heutzutage, daß der Offerent nicht einseitig gebunden sein kann, ohne consideration empfangen zu haben. Daher kann die Offerte dann binden, wenn die Bindung zum Gegenstand eines besonderen Vertrages mit consideration gemacht wird (sect. 45, 46). Von dieser Möglichkeit der entgeltlichen Einräumung einer Option wird gelegentlich Gebrauch gemacht, bei beweglichen Sachen aber nur in ausnahmsweise gelagerten Fällen, wie spekulativen Rohstoff-, insbesondere Weizenkäufen, die gewöhnlich nach dem Gaming Act 1845 nichtig sind; zum normalen Gang der Geschäfte gehören die Optionen nicht. Überdies werden solche Transaktionen in den Geschäftskreisen ungern gesehen, und die heutige Neigung geht dahin,

[1]) Für das Recht der Vereinigten Staaten ist überwiegend das vom American Law Institute herausgegebene Restatement of the law of contracts (1932) die beste Quelle, auf dessen sections sich die Zitate beziehen. Vgl. zum Official Draft von 1928 Neuner in unserer Z. 5, 32 ff., bes. S. 42 ff.

[2]) Chitty, Contracts p. 10. Pollock, Contracts p. 28 u. Williston, Contracts § 55.

Schritte gegen sie zu tun [1]). In Schottland, das die consideration-Lehre nicht hat, wird dagegen die Bindung des Offerenten bei Fristsetzung für die Annahme anerkannt [2]).

Der Widerruf der Offerte steht also nach angelsächsischem Recht frei. Seine Erklärung muß dem Antragsgegner zugehen [3]), solange der Vertrag noch nicht perfekt ist. Bei der Verkaufsofferte ist es nach sect. 42 dem Widerruf gleichzuachten, wenn der Antragsgegner zuverlässige Kenntnis von einem anderweitigen Verkauf der angebotenen Sache erhält.

Der Vertrag kommt regelmäßig in dem Augenblick zustande, in dem der Annehmende das Annahmeschreiben der Post oder einer anderen ordnungsmäßigen Beförderungsanstalt übergibt [4]). Es kommt nicht darauf an, ob der Brief dann auch rechtzeitig in den Besitz des Offerenten gelangt oder überhaupt verloren geht (Grant's Case) [5]). Das hängt sicher damit zusammen, daß nach anglo-amerikanischer Auffassung die Transportanstalt Vertreter des Empfängers ist, wenigstens dann, wenn ihr von dem Absender im Einverständnis mit dem Empfänger etwas übergeben wird. So wird denn auch in dem *Restatement* darauf abgestellt, ob die Art der Beförderung des Annahmeschreibens von dem Offerenten autorisiert war. Das ist bei der Beförderung durch die Post regelmäßig anzunehmen. Andernfalls, d. h. bei der Wahl einer ungewöhnlichen Beförderungsart, kommt der Vertrag erst mit der Ankunft der Annahme zustande.

Trotz dieser Grundeinstellung aber, daß die Aufgabe des Annahmeschreibens zur Post den Vertrag zum Abschluß bringt, ist in *England* durchaus umstritten [6]), ob nicht die Annahme auch noch nach ihrer Aufgabe zur Post widerrufen werden kann, etwa durch ein Telegramm, das aber vor dem Annahmeschreiben bei dem Offerenten eintreffen muß. Hierbei nimmt man nicht etwa an, daß der Vertrag erst mit der Ankunft der Annahme zustande kommt und daß die Perfektion bloß auf die Absendung zurückgezogen wird; sondern entsprechend dem Satz, daß der Vertrag zustande kommt, when and

[1]) Gutteridge, Äußerung im Komitee unter Bezugnahme auf Benjamin [6], 614 und I. G. Smith, Organised Produce Markets.

[2]) Gloag, The Law of Contract, 2. Aufl. Edinburgh 1929 p. 35.

[3]) Chitty, Contracts p. 14, 15, 17. Williston § 56.

[4]) Chitty, Contracts p. 16.

[5]) The Household Fire and Carriage Accident Insurance v. Grant (1879) 4 Ex. D. 216; 48 L. J. Q. B. 577; 41 L. T. 298.

[6]) Bramwell, L. J. in Grant's Case 4 Ex. D. 235, 236; Chitty, Contracts p. 17; Benjamin p. 89 bei (i).

where the last act necessary for its formation is done (sect. 74), wird im allgemeinen der Aufenthaltsort des Annehmenden als Vertragsort angesehen (Cowan v. O'Connor (1888) 20 Q. B. D. 640; 57 L. J. Q. B. 401).

Diese zeitliche Grenze schränkt nun das Prinzip des freien Widerrufs der Offerte wesentlich ein. Der Offerent hat doch nicht die Möglichkeit, jederzeit bis zum Eintreffen der Annahmeerklärung und auch nicht durch jede beliebige Willenserklärung zu widerrufen, vielmehr muß der Widerruf den Gegner erreichen, bevor dieser die Annahme zur Post gegeben hat. Daraus ergeben sich zwei Notwendigkeiten:

Man muß die Erklärungen näher umschreiben, die keine Offerte im Sinne dieser Bestimmungen sind, die also nicht ausdrücklich widerrufen werden müssen. Die im *englischen* [1]) wie im *amerikanischen* Recht hierbei maßgebenden Gesichtspunkte gibt sect. 25 des *amerikanischen* Restament wieder:

> "If from a promise, or manifestation of intention, or from the circumstances existing at the time, the person to whom the promise or manifestation is addressed knows or has reason to know that the person making it does not intend it as an expression of his fixed purpose until he has given a further expression of assent, he has not made an offer".

Man muß zweitens den Augenblick festlegen, von dem an die Offerte nicht mehr widerrufen zu werden braucht. In Übereinstimmung mit dem *englischen* Recht [2]) besagt sect. 40 des *Restatement*:

> "The power to create a contract by acceptance of an offer terminates at the time specified in the offer, or, if no time is specified, at the end of a reasonable time.
>
> What is a reasonable time is a question of fact, depending on the nature of the contract proposed, the usages of business and other circumstances of the case which the offeree at the time of his acceptance either knows or has reason to know.
>
> In the absence of usage or a provision in the offer to the contrary, . . . an offer sent by mail is reasonably accepted if an acceptance is mailed at any time during the day on which the offer is received."

Der Fall des § 149 BGB. (rechtzeitige Absendung und verspätete Ankunft der Annahme) wird im angelsächsischen Recht nicht besonders behandelt, wohl deshalb, weil nach seiner Grundauffassung die rechtzeitige Absendung der Annahme zum Vertragsschluß regelmäßig genügt.

---

[1]) Vgl. Pollock, Contracts p. 16 ff.

[2]) Vgl. Pollock, Contracts p. 31 bei (r), Benjamin p. 90.

Selbstverständlich fällt die Offerte auch dann dahin, wenn sie abgelehnt wird, was ausdrücklich oder stillschweigend geschehen kann. Die Ablehnung kann aber nach sect. 39 auch nach ihrer Absendung durch eine Annahmeerklärung widerrufen werden, die vor der Ablehnung bei dem Offerenten eintrifft. Eine modifizierte Annahme ist eine neue Offerte (sect. 60).

Der Auffassung, daß die Offerte noch keine Rechte und Pflichten schafft, entspricht es auch, daß sie durch den Tod des Offerenten hinfällig wird [1]). Gleiches gilt in den Vereinigten Staaten (sect. 48) (ähnlich der Indian Contract Act sect. 6 [4]) für den Fall, daß er geschäftsunfähig wird, anders England [2]).

2. Das romanische System.

2. In den Zivilkodifikationen der romanischen Rechte aus dem vorigen Jahrhundert fehlt es an einer Regelung des Vertragsschlusses unter Abwesenden. Deswegen ist hier die Rechtslage am wenigsten sicher und in vielem umstritten. In ***Frankreich*** nahm die Entwicklung ihren Ausgangspunkt von der Lehre Pothiers [3]), daß die Offerte einfach deshalb widerruflich sei, weil die Verpflichtung erst aus dem Kontrakt, also erst aus der Offerte und Annahme zusammen erwachsen könne. Dieses Argument kehrt noch in vielen älteren Darstellungen des bürgerlichen Rechts wieder, und ältere Versuche, über diese verkehrsfeindliche Lösung hinauszukommen, trugen ihm dadurch Rechnung, daß sie die Bindung an die Offerte auf die sonstigen Verpflichtungsgründe des Zivilrechtes zurückführen wollten. So versucht man, Schadenersatzpflichten — die auch schon Pothier (Vente n°. 32) für möglich hielt — aus Deliktsrecht zu begründen oder mit der Vorstellung, daß die Offerte jedenfalls als ein Vorvertrag gewertet werden könne, der durch Stillschweigen des Antragsgegners perfektioniert werde. Heute jedoch hält die vor allem von Capitant [4]) vertretene und als herrschend zu bezeichnende Meinung eine einseitige Bindung des Offerenten für möglich, wie auch die Auslobung sich bei richtiger Würdigung als einseitige Verpflichtung darstelle.

Die Judikatur dagegen hat zwar in zahlreichen Entscheidungen die strengen Prinzipien gemildert. Aber wie Esmein [5]), der letzte eindringende Bearbeiter der Rechtsprechung, sie zusammenfaßt, werden nur Ausnahmen von der freien Widerruflichkeit der Offerte auf

---

[1]) Chitty, Contracts p. 15. Williston § 62; Restatement sect. 48.

[2]) Vgl. jedoch Bramwell, L. J. in Drew v. Nunn (1879) 4 Q.B.D. 661 (669); 48 L.J.Q.B. 591.

[3]) Pothier Obligations n°. 4.

[4]) Colin et Capitant, II n°. 28.

[5]) In Planiol et Ripert, VI n°. 131 f.

Grund der Handelsbräuche anerkannt. Er billigt diese Entwicklung mit der Feststellung: Les transactions économiques, et spécialement les transactions commerciales, ne seraient guère possibles, si les offres n'avaient aucun caractère obligatoire. Aber selbst wenn man den Offerenten für verpflichtet hält, nicht zu widerrufen, schreckt man doch häufig (so auch Esmein) davor zurück, den pflichtwidrigen Widerruf geradezu als unwirksam zu behandeln und begnügt sich mit einer Schadenersatzpflicht. Zusammenfassend läßt sich der Rechtszustand wie folgt charakterisieren:

Die Offerte bindet, wenn der Antragende sich selbst durch Fristbestimmung binden wollte. Dann ist die Offerte nach herrschender Ansicht innerhalb der Frist unwiderruflich, während nach der Gegenmeinung in diesem Fall nur eine Schadenersatzpflicht des Offerenten entsteht. Die unbefristete Offerte gilt regelmäßig noch als frei widerruflich, und zwar fordert im Gegensatz zum englischen Recht die Theorie zur Wirksamkeit des Widerrufs vorwiegend bloß, daß er vom Offerenten abgeschickt oder erklärt wird, bevor die Annahme zu seiner Kenntnis gelangt ist. Aber auch hier ist man zu Einschränkungen geneigt. Esmein entscheidet, daß dann, wenn Widerruf der Offerte und Annahmeschreiben sich kreuzen, derjenige Brief wirksam wird, der zuerst in die Hände des Adressaten gelangt. Josserand II n°. 49 liest aus der Rechtsprechung sogar heraus, daß in Handelssachen auch bei der unbefristeten Offerte immer die stillschweigende Einfügung einer kurzen Annahmefrist angenommen werde, während bei reinen Zivilofferten der mißbräuchliche, d. h. sich nicht auf legitime Gründe stützende Widerruf der Offerte eine Schadenersatzpflicht des Offerenten auslöse.

Diese Neuerungen zugunsten der Wirkung der Offerte haben auf die Fassung des Offertebegriffs zurückgewirkt. Früher hat man oft die Offerte an einen unbestimmten Personenkreis mit der Individualofferte auf eine Stufe gestellt [1]); auch hat man sie wegen ihrer geringen Rechtswirkungen ohne zeitliche Schranke gedacht, da sie ja

---

[1]) Charakteristisch etwa das Urteil von Nîmes 13. 5. 1932 (D. H. 1932, 404), das die aufgedruckten Inseratenpreise einer Zeitung als pollicitation ansieht qui engage le journal tant que l'offre n'est pas retractée à respecter les prix demandés. Indes ist diese pollicitation nur conditionelle, d. h. die Zeitung behält das Recht, das zugesandte Inserat zu prüfen und zu kontrollieren. Aber bei Ablehnung der Annonce ist sie verpflichtet, den Einsender davon sofort zu benachrichtigen; sonst ist sie schadenersatzpflichtig. Das Untergericht in Avignon (20. 3. 1931, D. H. 1931, 312) hatte entschieden, daß kein Angebot der Zeitung in der Veröffentlichung der Anzeigenpreise zu erblicken sei, aber die unberechtigte Ablehnung einer Annonce als abus de droit Schadenersatzansprüche begründen könne.

jederzeit durch einen Widerruf zum Erlöschen gebracht werden könne. Heute betonen zahlreiche Autoren den Unterschied zwischen dem Anbieten an das Publikum und dem Angebot an einen bestimmten Vertragsgegner, und Esmein lehrt auch, daß die Offerte von selbst hinfällig werde, wenn sie bis zu dem in ihr vorgesehenen Termin oder innerhalb einer vom Richter zu bestimmenden Frist nicht angenommen wird. Die verspätete Annahme gilt dann grundsätzlich als neue Offerte, doch muß bei geringer Verspätung der Offerent sofort von der Verspätung Kenntnis geben, wenn er sich nicht schadenersatzpflichtig machen will.

Dagegen hält man noch unter Wahrung der älteren Tradition daran fest, daß die Offerte hinfällig wird, wenn der Offerent stirbt oder geschäftsunfähig wird [1]). Nur die Judikatur des Conseil d'Etat hat diesen Grundsatz für eine bestimmte Art von Verträgen durchbrochen, was Capitant zu verallgemeinern empfiehlt.

Auch der Zeitpunkt, in dem der Vertrag zustande kommt, ist im Code civil nicht festgelegt. In Judikatur und Doktrin stehen sich die beiden Theorien gegenüber, die eine, die der Erklärung oder der Absendung, die andere, die dem Zugang oder der Vernehmung das entscheidende Gewicht beimißt. Auf die Beilegung des Streits besteht um so weniger Aussicht, als der französische Kassationshof die Frage, wann und wo ein Vertrag zustande kommt, im allgemeinen als irrevisible Tatfrage behandelt [2]). Unter den neuesten Schriftstellern treten Capitant (II n°. 30) und Josserand (II n°. 53) für die Absendungstheorie ein, die in der Judikatur der Instanzgerichte wieder mehr an Boden zu gewinnen scheint [3]), Esmein (n°. 158 ff.) dagegen für die Zugangstheorie.

Ebensowenig wie der Code civil enthält der Code de commerce, abgesehen von der Beweiserleichterung des Art. 109, eine Vorschrift über das Zustandekommen der Verträge. Die gleichen Lükken weisen die Gesetze *Belgiens* und der *Niederlande* auf, und so ist die Rechtslage in diesen Ländern ebenso unsicher wie in Frankreich. Als charakteristisch und in gewisser Weise als Bestätigung der Aufstellungen Josserands kann es gelten, daß in den Niederlanden der Handelsrechtler Molengraaff [4]) wegen der Verkehrsbedürfnisse und -gewohnheiten für die Bindung an die Offerte eintritt, weil ohne diese Bindung die üblichen Klauseln „ohne Obligo"

[1]) Für *Italien* vgl. unsere Z. 3, 278 n°. 3.

[2]) Cass. req. 29. 1. 1923, D. 1923. 1. 176. S. 1923. 1. 168.

[3]) Paris 5. 2. 1910, D. 1913. 2. 1. Alger 27. 2. 1921, D. 1923. 1. 176. Frühere Literatur s. Percerou, Faillites I 1. Aufl. n°. 502 mit Zit.

[4]) p. 374.

und „freibleibend" sinnlos seien, während der Leydener Zivilrechtslehrer Hofmann [1]) in Ablehnung der Thesen Molengraaffs nur bei der befristeten Offerte die Unwiderruflichkeit annimmt und sonst nur eine Schadenersatzpflicht des Offerenten in Betracht zieht. In Holland [2]) und Belgien [3]) ist aber insofern ein Unterschied gegenüber dem französischen Rechtszustand festzustellen, als die Rechtsprechung beider Länder sich vorwiegend, wenn nicht gar einmütig, auf den Boden der Vernehmungstheorie gestellt hat.

Das ist auch der Standpunkt des *italienischen* Codice di commercio, aus dessen Art. 36 und 37, den einzigen einschlägigen Bestimmungen, die aber nach herrschender Meinung auch in Zivilsachen gelten [4]), hier folgende Vorschriften interessieren:

> „Der gegenseitige Vertrag zwischen Abwesenden kommt nicht zustande, wenn die Annahme nicht zur Kenntnis des Antragenden in der von ihm gesetzten Frist oder innerhalb der Frist gelangt, die gewöhnlich zum Austausch von Antrag und Annahme nach der Beschaffenheit des Vertrages und den allgemeinen Handelsgebräuchen notwendig ist. Der Antragende kann auch eine verspätete Annahme als wirksam betrachten, sofern er den Annehmenden sofort davon benachrichtigt.
>
> Wenn dagegen der Antragende die sofortige Ausführung des Vertrages verlangt und eine vorherige Antwort über die Annahme nicht gefordert wird und auch wegen der Beschaffenheit des Vertrages nach den Handelsgebräuchen nicht nötig ist, so kommt der Vertrag zustande, wenn der andere Teil sofort mit seiner Ausführung beginnt.
>
> Solange der Vertrag nicht abgeschlossen ist, sind Antrag und Annahme widerruflich; obwohl aber der Widerruf den Abschluß des Vertrages verhindert, so ist doch, wenn er zur Kenntnis der anderen Partei gelangt, nachdem diese bereits mit der Ausführung begonnen hat, der Widerrufende zum Schadenersatz verpflichtet.
>
> Eine bedingte oder eingeschränkte Annahme gilt als Ablehnung des Antrages, verbunden mit einem neuen Antrag."

Ob der Vertrag mit der Kenntnis oder dem Zugang der Annahmeerklärung zustande kommt, ist bestritten [5]).

Die gleichen Bestimmungen enthält das *rumänische* Handelsgesetzbuch (Art. 35 ff.).

Noch weniger eingehend sind die Vorschriften der *spanischen* Gesetzbücher. C. civ. Art. 1262 legt für die Wirksamkeit der An-

[1]) Hofmann, p. 181 f.

[2]) Hofmann a. a. O.

[3]) Répertoire du droit belge, contrat et convention en général n°. 185 ff.

[4]) Vgl. zuletzt Pacchioni, Contratti in generale p. 182; uns. Z. 3, 279.

[5]) Pacifici-Mazzoni (Venzi) XII n°. 30 p. 58; Giorgi III n°. 215 (vgl. aber auch n°. 240).

nahme die Vernehmungstheorie fest und bestimmt, daß als Ort des Vertrages der Ort der Offerte zu gelten habe, während C. com. Art. 54 die Absendung der Annahme für ausreichend erklärt [1]).

Dagegen enthält das *portugiesische* Zivilgesetzbuch in Art. 651 bis 655 eine Reihe einschlägiger, zum Teil selbständiger Bestimmungen: Die Annahme muß in dem in der Offerte festgesetzten Zeitraum geschehen. Mangels einer Fristsetzung gilt die Offerte bei Distanzgeschäften erst dann als abgelehnt, wenn der Antragsgegner während acht Tagen nicht antwortet, wozu die Fristen der Beförderung von Angebot und Annahme hinzutreten. Innerhalb der Fristen verpflichtet ein Widerruf zum Schadenersatz. Auch der Tod des Offerenten hindert den Vertragsschluß nicht, wenn der Antragsgegner vor der Annahme von seinem Ableben nicht unterrichtet worden ist, sofern die Natur des Vertrages dem nicht entgegensteht.

3. Das deutsche System.

3. Nach dem *allgemeinen deutschen Handelsgesetzbuch,* dessen Grundsätze außer im *deutschen* BGB., in *Österreich* und den ehemals österreichischen Teilgebieten der *Nachfolgestaaten,* auch in der *Schweiz* und der *Türkei,* in *Japan, China, Polen, Sowjet-Rußland* und im wesentlichen in *Skandinavien* gelten, besteht das System der Bindung an die Offerte. Danach bleibt der Antrag so lange wirksam, als der Antragende erklärt, gebunden zu bleiben, mangels solcher Bestimmung bis zu dem Zeitpunkt, in welchem er unter der Voraussetzung rechtzeitigen Eintreffens des Angebots und ordnungsmäßiger rechtzeitiger Absendung der Antwort den Eingang der letzteren erwarten darf.

Deutschland BGB. §§ 145, 148, 147,
Österreich aBGB. §§ 862, 862 a, allg. HGB. Art. 319,
Schweiz und *Türkei* OR. Art. 3, 5,
Dänemark, Norwegen, Schweden Vertragsgesetze §§ 1, 2 und 3,
Ungarn HGB. Art. 314, 315,
Polen OR. Art. 63,
China BGB. §§ 154, 157, 158,
Japan BGB. §§ 521, 524; HGB. Art. 270,
Sowjetrußland ZGB. Art. 132, 133.

Dieses System ergibt im einzelnen folgende Sätze.

a) Offerte.

a) Eine Offerte im Sinne dieser Bestimmung ist nur die Individualofferte; d. h. nur der Antrag, der an eine bestimmte Person

[1]) Vgl. F. Alvarez del Manzano y Álvarez Rivera, A. Bonilla y San Martín und E. Miñana y Villagrasa, Códigos de Comercio V, Madrid 1914, p. 89 ff.; M. G. de Echávarri y Vavanco, Comentarios al Código de Comercio, 2. Aufl. I p. 308; jedoch R. Gay de Montellá I p. 204 ff.; während sich Art. 243 des alten Código von 1928 eindeutig für die Absendungstheorie aussprach, ist die geltende Bestimmung undeutlich.

gerichtet ist, kann binden. Ein Angebot in der Zeitung, in Preisverzeichnissen und Schaufenstern bedeutet nur die Aufforderung, eine Offerte abzugeben; so ausdrücklich

allg. HGB. Art. 337,
Ungarn HGB. Art. 336 Abs. 2

und für die Versendung von Preislisten und dergleichen

Schweiz OR. Art. 7,
China BGB. § 154,

die jedoch die Auslage von Waren mit Angabe des Preises ausdrücklich als Antrag bezeichnen, worin ihnen *Polen* (HGB. Art. 525) gefolgt ist.

b) Damit die Offerte ihre Wirkungen äußert, muß sie diesem bestimmten Antragsgegner zugehen. *b) Zugang.*

vgl. *Deutschland* BGB. § 130,
Polen OR. Art. 30.
Japan BGB. § 97,
China BGB. § 95.

Wenn sie also auf der Reise verloren geht, entsteht keine Bindung. Der Zugang aber genügt grundsätzlich auch in dem Falle, wenn der Offerent nach Absendung, aber vor Ankunft der Offerte stirbt oder geschäftsunfähig wird. Diese Ereignisse sind nach dem allgemeinen Recht der Willenserklärungen zu beurteilen. Sie hindern regelmäßig das Wirksamwerden der Offerte nicht.

Deutschland BGB. § 130 Abs. 2,
allg. HGB. Art. 297 (für Tod),
Österreich aBGB. § 862,
Ungarn HGB. Art. 289 (für Tod),
Polen OR. Art. 66,
China BGB. § 95 Abs. 2,
Japan BGB. § 97 Abs. 2,
Schweden Almén, Lagen om Avtal, p. 47,
Norwegen Stang, Norsk Formueretat, § 18 II,
Dänemark Ussing, Aftaler p. 46/7, 76/7[1]).

Für die *Schweiz* will v. Tuhr, OR. S. 146, 165, das gleiche annehmen.

Auch der Widerruf ist eine empfangsbedürftige Erklärung; er muß spätestens gleichzeitig mit der Offerte zugehen.

Deutschland BGB. § 130 Abs. 1 S. 2,
Österreich allg. HGB. Art. 320[2]),

---

[1]) In *Dänemark* ist dies für den Fall der Entmündigung von Lassen, Obligationsretten Almindelig Del § 19 III und Torp-Grundtvig, Dansk Tingsrett 2. Aufl. p. 372, bestritten, aber ohne große praktische Bedeutung wegen des Gutglaubensschutzes.

[2]) Die Vorschrift wird im bürgerlichen Recht analog angewendet, Ehrenzweig II, 1 § 313, I 4b S. 133.

China BGB. § 95 Abs. 1,
Ungarn HGB. Art. 316,
Schweiz OR. Art. 9,
Skandinavien § 7,
Polen OR. Art. 65.

c) Bindung.

c) Die Bindung an die Offerte bedeutet, daß, solange die Bindung dauert, ein Widerruf der Offerte unwirksam ist. Wenn also eine Offerte abgegeben ist, so besteht nicht nur die Verpflichtung, diese während der Dauer der Bindung aufrecht zu halten (eine Verpflichtung, deren Verletzung nach allgemeinen Grundsätzen eine Schadenersatzpflicht auslösen müßte), sondern der Widerruf ist selbst unwirksam. Die Bindung an die Offerte hat also zur Folge, daß der Vertragswille des Offerenten trotz aller späteren Gegenäußerungen als fortbestehend gilt. Daß auch Tod und Geschäftsunfähigwerden des Offerenten während der Dauer der Bindung die Offerte grundsätzlich nicht berühren, ist nur die folgerichtige Durchführung dieses Prinzips. Freilich kann die Bindung in der Offerte selbst ausgeschlossen werden — anders allerdings die *skandinavischen Rechte*[1]; dies pflegt durch die Klausel „freibleibend" zu geschehen, kann sich aber auch aus den Umständen ergeben; insbesondere wird die Offerte dahin ausgelegt, ob sie auch für den Fall, daß der Offerent stirbt oder geschäftsunfähig wird, gelten will (*BGB.* § 153, *Schweiz*: v. Tuhr OR. S. 146), wie es z. B. bei einem Kaufmann anzunehmen ist. Ob die Offerte durch den Tod des Empfängers erlösche oder auch als Offerte an dessen Erben aufrecht bleibe, wird nach den Umständen beurteilt. Dies letztere wird bei einer Offerte an einen Kaufmann bejaht (v. Tuhr OR. S. 165). Regelmäßig ist davon auszugehen, daß innerhalb der für die Bindung bestehenden Frist die Annahme nicht nur abzusenden ist, sondern dem Offerenten zugehen muß.

d) Dauer der Bindung.

d) Ist keine Frist in der Offerte vorgesehen, so sind für die Dauer der Bindung drei Fristen zu beachten: die Frist für die Hinreise der Offerte, eine angemessene Überlegungsfrist des Antragsgegners, die in Handelssachen naturgemäß besonders kurz ist, und die Frist der Rückreise der Offerte.

In der Offerte selbst können besondere Modalitäten für die An-

---

[1]) Da die Bindung für die Offerte wesentlich ist, gilt ein „Angebot" mit der Klausel „freibleibend" oder „ohne Obligo" nur als Aufforderung zur Abgabe eines Angebots (Vertragsgesetze § 9), vgl. dazu unten § 14 1 b, S. 98.

nahme vorgeschrieben werden. Wenn in der Offerte telegraphische Annahme vorgeschrieben ist, so ergibt sich daraus, daß der Offerent nicht zu warten braucht, bis ein gewöhnlicher Brief bei ihm eingetroffen wäre.

Indessen haben die Gesetze eine Ausnahme vorgesehen. Trifft nämlich die Annahme beim Offerenten verspätet ein, muß dieser aber erkennen, daß sie rechtzeitig an ihn abgesendet war, so kann er sich nicht dabei beruhigen, daß die Offerte ihn nicht mehr binde, weil die Annahme verspätet eingetroffen sei; vielmehr muß er dann die Verspätung dem Annehmenden unverzüglich anzeigen. Andernfalls gilt nach *BGB.* § 149 die Annahme als nicht verspätet:

Österreich aBGB. § 862 a, allg. HGB. Art. 319,
Ungarn HGB. Art. 315,
Polen OR. Art. 64,
Japan BGB. § 522,
China BGB. § 159,
Sowjetrußland ZGB. Art. 133;

so jetzt auch *Schweiz.* OR. Art. 5 Abs. 3 (das alte OR. ließ dem Offerenten die Wahl, den andern Teil zu entschädigen) und im Ergebnis auch die *skandinavischen* Vertragsgesetze § 4.

Beim Ablauf der Bindung wird die Offerte nicht widerruflich, sondern sie erlischt.

Deutschland BGB. § 146,
Österreich aBGB. § 862, allg. HGB. Art. 319,
Ungarn HGB. Art. 315,
Schweiz OR. Art. 5,
Polen OR. Art. 63 § 2,
Japan BGB. § 521, HGB. § 270,
China BGB. § 157,
Sowjetrußland ZGB. Art. 133.

Demgemäß wird, wie in *Deutschland, Skandinavien, Japan* und *China* ausgesprochen ist, eine verspätete Annahme als neuer Antrag betrachtet.

e) Die Annahme muß mit der Offerte übereinstimmen. Tut sie das nicht, so ist sie eine Ablehnung der Offerte und zugleich eine neue Offerte. *e) Annahme.*

Deutschland BGB. § 150 Abs. 2,
allg. HGB. Art. 322,
Ungarn HGB. Art. 319,
Polen OR. Art. 67,
Skandinavien Vertragsgesetze § 6[1]),
Japan BGB. § 528,
China BGB. § 160 Abs. 2.

[1]) Vgl. aber das unten § 14, 1 b Bemerkte, S. 97.

Auch sie ist empfangsbedürftig, d. h. sie bringt den Vertrag erst dann zur Perfektion, wenn sie dem Offerenten zugeht, in gleicher Weise wie es für den Zugang der Offerte gilt.

f) Zeitpunkt und Ort des Vertragsschlusses.

f) Von den Problemen des Antrages und der Annahme werden die Probleme des Vertragsschlusses unterschieden, insbesondere die Festlegung des Ortes und der Zeit seines Zustandekommens. Nach deutscher Auffassung kommt der Vertrag dort und dann zustande, wo und wann der letzte zum Vertragsschluß nötige Akt vorgenommen wird, also regelmäßig am Ort und im Augenblick des Zugangs der Annahmeerklärung[1]).

Das *allgemeine* Handelsgesetzbuch Art. 321 (ebenso *Ungarn* HGB. Art. 318 und BGBEntw. II § 957), das *schweizerische* Obligationenrecht Art. 10 sowie das *japanische* BGB. § 526 Abs. 1 dagegen ziehen den Moment des Vertragsschlusses zurück auf den Moment der Absendung der Annahme, obwohl sie im Prinzip den Zugang der Annahme zum Zustandekommen des Vertrages fordern. Entsprechendes gilt für den Ort des Vertragsschlusses.

4. Die Hauptländer Lateinamerikas (ABC-Staaten).

4. Die ABC-Staaten, deren Rechtssysteme den romanischen Rechten zuzuzählen sind, haben hier zum Teil die Grundsätze des deutschen Rechts übernommen.

Das gilt besonders von *Brasilien* (C. civ. Art. 1079 ff.): Im Zweifel bindet die Offerte und zwar mangels einer Fristsetzung bis zu dem Zeitpunkt, in dem die Antwort des Gegners dem Antragenden zur Kenntnis gelangt sein kann. Bei verspäteter Ankunft der Annahme muß sie der Offerent bei Meidung der Schadenersatzpflicht zurückweisen (Art. 1082); aber der Vertragsschluß wird auf den Augenblick der Absendung der Annahme zurückbezogen, sofern nicht vom Antragenden das Eintreffen der Antwort vorbehalten worden ist (Art. 1086). Auch der Ort des Vertragsschlusses ist anders normiert: als solcher gilt der Ort der Offerte (Art. 1087).

Wesentlich näher stehen dem französisch-italienischen System noch heute die Gesetze von *Chile* und *Argentinien.*

In *Chile* enthält nicht der Código civil, aber Art. 98 ff. C. com. Vorschriften über das Zustandekommen des Vertrages. Nach Art. 98 muß die schriftliche Offerte innerhalb 24 Stunden angenommen oder abgelehnt werden, wenn der Vertragsgegner am gleichen Orte wohnt, andernfalls muß die Rückäußerung postwendend erfolgen. Ist die Frist abgelaufen, so gilt die Offerte selbst bei nachträglicher Annahme als abgelehnt; jedoch muß der Offerent bei verspäteter An-

---

[1]) Ebenso *Polen* OR. Art. 70.

nahme dieselbe zurückweisen, sonst ist er schadenersatzpflichtig. Diese an das deutsche Recht erinnernde Regelung bedeutet aber nicht, daß die Offerte innerhalb des kurzen Zeitraumes, in dem sie angenommen werden kann, für den Offerenten bindend ist, sie kann vielmehr, freilich nur gegen Ersatz des negativen Interesses, bis zur Annahme widerrufen werden, sofern sich der Antragende nicht zu ihrer Aufrechterhaltung verpflichtet hat. Tod und Geschäftsunfähigwerden des Offerenten hindern das Zustandekommen des Vertrages (Art. 101). Als Abschlußort gilt der Wohnsitz der Partei, die die Offerte annimmt (Art. 104); Offerten in Preisverzeichnissen und anderen Druckschriften sind nicht bindend (Art. 105).

In *Argentinien* ist die Offerte frei widerruflich, sofern der Offerent nicht auf den Widerruf verzichtet oder sich dazu verpflichtet hat, die Offerte eine gewisse Zeit aufrecht zu erhalten (C. civ. Art. 1184 [1150]). Wird der Widerruf der Offerte dem Annehmenden erst bekannt, nachdem er angenommen hat, so muß ihn der Offerent für seine Auslagen entschädigen (Art. 1190 [1156]). Auch der Annehmende kann seine Annahme widerrufen, bevor sie dem Offerenten bekanntgeworden ist (Art. 1189 [1155]), wenn auch als Zeitpunkt des Vertragsschlusses der Augenblick der Absendung der Annahme gilt (Art. 1188 [1154]). Tod und Geschäftsunfähigwerden beider Parteien hindern den Vertragsschluß (Art. 1183 [1149]). Der Akzeptant kann Schadenersatz verlangen, wenn aus diesem Grunde der Vertrag hinfällig wird.

5. Unter den Gesetzentwürfen nehmen auf unserem Gebiet eine besondere Stellung der ***französisch-italienische Obligationenrechts-Entwurf*** von 1928 und der ***italienische Handelsgesetzentwurf*** von 1925 ein. *5. Die Entwürfe.*

Französ.-Ital. Entw.

Art. 2.

Le contrat se forme aussitôt que l'auteur de l'offre a eu connaissance de l'acceptation de l'autre partie.

L'acceptation doit parvenir à l'auteur de l'offre dans le délai fixé par l'offre ou dans le délai normal exigé par la nature de l'affaire.

L'auteur de l'offre peut tenir pour valable l'acceptation tardive et considérer le contrat comme parfait, pourvu qu'il en prévienne immédiatement l'autre partie.

L'auteur de l'offre peut la révoquer tant que l'acceptation n'est pas parvenue à sa connaissance. L'acceptation peut être révoquée tant qu'elle n'est pas arrivée à la connaissance de l'auteur de l'offre.

Si l'auteur de l'offre s'est engagé à la maintenir pendant un certain délai, ou si cet engagement résulte de la nature de l'affaire la révocation avant l'expiration du délai ne fait pas obstacle à la formation du contrat.

L'offre, l'acceptation, la révocation de l'une ou de l'autre des parties sont présumées connues à l'instant où elles parviennent à l'adresse du destinataire, à moins que celui-ci ne prouve qu'il a été, sans sa faute, dans l'impossibilité d'en prendre connaissance.

Une acceptation, qui modifie l'offre, ne vaut que comme une offre nouvelle.

Art. 3.

Si, à la demande de celui qui fait l'offre, ou à raison de la nature de l'affaire, l'exécution par l'acceptant doit précéder la réponse, le contrat se forme au moment et au lieu où l'exécution en est commencée.

Avis du commencement d'exécution doit être aussitôt donné à l'autre partie.

Italienischer Handelsgesetzentwurf.

Art. 296.

Il contratto è perfetto tosto che il proponente abbia avuto notizia dell'accettazione da colui al quale ha fatto la proposta.

L'accettazione deve giungere al proponente entro il termine ordinariamente necessario alla risposta secondo la natura dell'affare o entro quello diverso che egli abbia fissato nella proposta. Il proponente può ritenere efficace anche un'accettazione giunta in ritardo, purchè ne dia immediatamente avviso all'accettante.

Se a richiesa del proponente o per la natura dell'affare la esecuzione debba farsi anche prima della risposta, il contratto si perfeziona nel momento e nel luogo in cui fu iniziata la esecuzione. Dell'inizio dell'esecuzione deve darsi notizia in congruo tempo.

La proposta e l'accettazione possono essere revocate, purchè la notizia della revoca giunga a conoscenza dell'altra parte prima della perfezione del contratto.

Qualora il proponente s'impegni a tener ferma la proposta fino a un dato termine, o il termine risulti dalla natura dell'affare, la revoca di essa prima della scadenza del termine non impedisce la perfezione del contratto.

Art. 297.

L'offerta e l'accettazione o la revoca dell'una o dell'altra si presumono conosciute nel momento in cui pervengono al domicilio del destinatario, a meno che questi provi che egli senza sua colpa è stato nell'impossibilità di averne notizia.

Art. 296.

(Der Vertrag ist abgeschlossen, sobald der Antragende Kenntnis von der Annahme dessen enthält, dem er das Angebot gemacht hat.

Die Annahme muß zur Kenntnis des Antragenden in der Frist gelangen, die nach der Natur des Geschäfts zur Antwort gewöhnlich nötig ist, oder die in der Offerte gesetzt ist. Der Antragende kann auch eine verspätete Annahme als gültig behandeln, wenn er dies dem Annehmenden umgehend anzeigt.

Wenn nach dem Vertragsangebot oder der Natur des Geschäfts die Ausführung des Vertrags vor der Annahme erfolgen muß, kommt der Vertrag dann und dort zustande, wo mit der Ausführung begonnen wurde. Der Beginn der Ausführung muß der anderen Partei in angemessener Frist mitgeteilt werden.

Angebot und Annahme können widerrufen werden, doch muß der Widerruf vor dem Zustandekommen des Vertrags zur Kenntnis des Gegners gelangen.

Hat sich der Antragende an sein Angebot für eine bestimmte Zeit gebunden oder ergibt sich eine solche Frist aus der Natur des Geschäfts, so hindert ein Widerruf innerhalb dieser Fristen nicht das Zustandekommen des Vertrags.

Art. 297.

Das Angebot, die Annahme oder der Widerruf der Parteien gelten als zur Kenntnis des Empfängers gelangt, sobald sie an seinem Wohnsitz angekommen sind; dieser kann aber beweisen, daß es ihm ohne sein Verschulden unmöglich gewesen sei, davon Kenntnis zu nehmen.)

Diese Entwürfe stellen den Versuch dar, unter möglichster Schonung der Überlieferung des romanischen Rechtskreises den modernen Rechtsgedanken entgegenzukommen, sind aber dabei so zaghaft zu Werke gegangen, daß ihre Lösungen wenigstens in Frankreich durch die berichteten Fortbildungen der Judikatur schon zum Teil überholt sind. An der Widerruflichkeit der unbefristeten Offerte wird festgehalten, wenn auch mit der wenig faßbaren Einschränkung, daß sich aus der Natur des Geschäftes das Gegenteil ergeben kann. Ferner haben die genannten Entwürfe die Informationstheorie, allerdings mit einem Zusatz, angenommen, der den Unterschied von der Zugangstheorie stark vermindert: Die Kenntnisnahme von einem zugegangenen Schreiben wird vermutet; der Empfänger muß beweisen, daß er ohne sein Verschulden von dem Schreiben nicht früher Kenntnis erlangt hat. Endlich ist daran festgehalten, daß der Offerent noch widerrufen kann, bis die Annahme zu seiner Kenntnis gelangt ist.

Dagegen ist jetzt im Sinne der modernen Prinzipien klargestellt, daß die Bindung an die Offerte sich nicht bloß in einer Schadenersatzpflicht erschöpft; daß die Offerte von selbst hinfällig wird, wenn sie nicht fristgerecht angenommen wird; und daß zum Vertragsschluß jedenfalls die Absendung der Annahme nicht ausreicht. Der *italienische* Handelsgesetzentwurf stellt ferner den Satz auf, daß der Tod eines Kaufmanns die Gültigkeit seiner Offerte nicht berührt (Art. 299).

Zahlreiche Entwürfe, namentlich der *spanische* Obligationenrechts-Entwurf für Marokko, der *tschechoslowakische, ungarische* und *jugoslawische* Zivilgesetzentwurf, haben sich restlos dem österreichisch-deutschen System angeschlossen. Als Einzelheit aus dem *tschechoslowakischen* Entwurf sei erwähnt, daß er, wie aus den Motiven, insbesondere zum Entwurf von 1924, ersichtlich ist, bewußt die fiktive Rückbeziehung des Vertragsschlusses auf den Augenblick der Absendung, die das österreichische HGB. im Gegensatz zum deutschen BGB. enthält, ablehnt.

§ 12.

III. Die Bindung an die Offerte.

1. Entwicklung zur Bindung.

1. Es ergeben sich drei Hauptsysteme: die Offerte entbehrt der verpflichtenden Kraft; die befristete Offerte hat Verpflichtungswirkung; jede Offerte verpflichtet. Ferner zeigten sich Gradunterschiede in der Sanktion der Verpflichtung: Der Offerent schuldet wegen Widerrufs Schadenersatz, oder er kann nicht widerrufen. Am stärksten hat das *deutsche* Recht die Offerte ausgestaltet: jedes Angebot, das nicht selbst seine Wirkung beschränkt, bindet unwiderruflich während bestimmter Zeit. Die Entwicklung in den Ländern der *französischen* Gruppe, insbesondere die Tendenz der neueren *Entwürfe,* noch mehr alle neueren *gesetzgeberischen* Stellungnahmen in anderen Ländern weisen in die Richtung zur Verstärkung der Offertenwirkung, und zwar gewinnt die Auffassung immer mehr Boden, daß die Offerte schon selbst bindet, nicht erst der Vertrag.

In der Tat führt diese Lösung zu praktisch höchst brauchbaren und billigen Ergebnissen. Sie gibt dem Gegner des Offerenten die erforderliche Sicherheit, daß die Offerte nicht widerrufen wird und daher die Möglichkeit, auf Grund der Offerte zu disponieren, namentlich selber die zur Ausführung des Vertrags dienlichen Vorbereitungen zu treffen, als Verkäufer die Ware, als Werklieferer Material oder Arbeitskräfte, als Käufer den Weiterverkauf durch Rechtsgeschäfte zu sichern, ehe er sich zur Eingehung des Vertrags entschließt. Sie vermeidet den in den Rechten mit grundsätzlich entgegenstehender Einstellung notwendigen ungenügenden Ausweg (vor allem *Italien,* s. oben S. 77), den Antragsgegner für die Folgen des Widerrufs zu entschädigen. Und wenn sie dem Antragsteller ein Risiko aufbürdet, so ist eben er es, von dem die Initiative zum Vertragsschluß ausgeht und der die Gefahr zu tragen hat, nicht der Antragsgegner. Diese Belastung wiegt aber nicht einmal allzu schwer;

nach der Ausprägung dieser Lehre in den geltenden Gesetzen ist der Anbietende doch nur solange gebunden, als er unter normalen Verhältnissen mit dem Eingang der Annahmeerklärung rechnen muß.

So bedeutet die Bindung an die Offerte nur eine sachgemäße Fortentwicklung der Vertragslehre, die durch die besonderen Bedürfnisse des Vertragsabschlusses unter Abwesenden gerechtfertigt erscheint. Auch die Theorie hat keinerlei Anlaß, sich dieser Ausbildung eines einseitigen Rechtsgeschäfts entgegenzustellen. Die modernen Rechte kennen auch sonst manche Ausnahmen von dem Grundsatz, daß nur Verträge Schuldverpflichtungen begründen [1]. Die „logischen" Einwendungen, die in verschiedenen Ländern immer wieder gegen eine Bindung an die Offerte auftauchen, weil sie kein Vertrag ist, sind daher verfehlt. Auch der sachliche Grund, warum eben hier eine Ausnahme am Platz ist, wird verkannt, wenn geltend gemacht wird, der Offerent müsse seine einseitige Willenserklärung einseitig zurückziehen dürfen. Denn es ist nicht sein Willen allein, der ihn festlegt, sondern das Zugehen seiner Erklärung an den Oblaten kommt als wesentliches Erfordernis hinzu; dieses aber darf beim Empfänger ein Vertrauen in die Erklärung hervorrufen, wie es für die Abwicklung der Geschäfte erforderlich ist.

2. Die Consideration-Theorie.

2. Anders allerdings sind die Schwierigkeiten geartet, die das *anglo-amerikanische* Recht enthält. Dort wurzelt die Abneigung gegen die Bindung an das Angebot in der Tiefe der grundlegenden Consideration-Theorie. So viele Abschwächungen diese Theorie sich sonst hat gefallen lassen müssen, zeigt sich gerade auf dem Gebiet des Vertragsabschlusses bisher kein erheblicher Rechtsfortschritt, auch nicht etwa unter dem Einfluß der Lehre vom estoppel. Aber daß dies ertragen wird, kommt doch davon her, daß der Kaufmann tatsächlich zu seiner Offerte steht, zumal wenn er erklärt hat, sie eine bestimmte Zeit lang aufrecht zu erhalten. Er würde sonst unfair handeln und seine kaufmännische Ehre bloßstellen, demnach auch seine Geschäfte schädigen. Nur die rechtliche Sanktion also fehlt; die Verpflichtung wird mindestens ebenso stark empfunden wie auf dem Kontinent und mit einer Art gesellschaftlicher Sanktion versehen. Der Schritt zur juristischen Verpflichtung wäre nicht groß, trifft aber allerdings auf den sehr heiklen Widerstand gegen einen Bruch mit der Tradition.

---

[1]) Dieses „Vertragsprinzip" (BGB. § 305) wird sogar neuestens (wieder) radikal angegriffen, z. B. von Heck, Schuldrecht § 41.

3. Befristete Offerte.

3. Wenn etwa unter diesen Umständen das sich klar aufdrängende Ziel nicht oder nicht sofort voll erreicht wird, daß die Offerten ohne Unterschied binden, so regen die Zwischenstadien in Frankreich und im dargelegten Sinn auch in England zu der Mittellösung an, wenigstens die befristete Offerte binden zu lassen. Die Bindung eines Antragenden erscheint in der Tat besonders deutlich gerechtfertigt, wenn er selber sich an den Antrag für eine bestimmte Zeit gebunden erklärt hat. Es genügt in diesem Fall auch nicht, den entgegen der Zusicherung Widerrufenden zum Schadenersatz zu verhalten; das Interesse wäre bloß das sog. „negative", wie *Chile,* C. com. Art. 100 Abs. 1 es richtig präzisiert, mit oft schwieriger Berechnung.

4. Zusammenhang des englischen Systems.

4. Insofern als das deutsche System nicht angenommen würde, ist, insbesondere gerade bei der unbefristeten Offerte, ein wichtiger Zusammenhang zu beachten. Gegenwärtig ist der praktische Unterschied im Funktionieren des deutschen und des englischen Systems nicht allzu erheblich. Denn auch nach *deutschem* Recht ist die Offerte bis zum Eintreffen beim Oblaten widerruflich; andererseits ist sie es im *englischen* Recht schon nicht mehr, sobald die Annahme abgesendet ist. Also verlängert das englische Recht die Widerruflichkeit bloß während der Überlegungsfrist, die beim Empfang einer unbefristeten Offerte sehr kurz zu bemessen ist. Nicht aber dauert die Widerruflichkeit, wie im *französisch-italienischen* Recht, bis die Annahmerklärung ihre Reise beendigt hat. Darin äußert sich deutlich das Bedürfnis des Empire- und Welthandels mit den ausgedehnten Entfernungen. Man muß sich vergegenwärtigen, daß bei Überseegeschäften ein Brief oft wochenlang reist; es ist für den Antragsgegner unerträglich, daß er womöglich Wochen nach Aufgabe des Annahmeschreibens vom Antragsteller ein Telegramm erhält, in dem dieser die Offerte zurückzieht. Es fragt sich sogar, ob nicht gerade wegen dieser Möglichkeit das englische common law die Perfektion des Vertrags schon mit der Aufgabe des Annahmeschreibens bei der Post eintreten läßt.

Demnach müßte man, insofern etwa die unbefristete Offerte für widerruflich erklärt würde, im selben Zug nach dem englischen Muster die Widerruflichkeit beim Absenden der Annahme aufhören lassen. Das gilt übrigens nur eben von der Frage der Widerruflichkeit. Ihretwegen braucht nicht auch die Frage, wann der Vertrag geschlossen ist, ebenso wie im englischen Recht beantwortet zu werden. Die beiden Fragen sind praktisch verschiedener Natur, was meistens verkannt wird.

§ 13.

IV. Technische Ausgestaltung.

1. Die Offerte ist von der Einladung zur Offertenstellung zu unterscheiden, wie es am schärfsten im *deutschen* Recht geschieht. *1. Begriff der Offerte.*

2. Die Frage, mit welchem Zeitpunkt die Offerte unwiderruflich wird, hängt mit der allgemeinen Stellungnahme zu dem Wirksamwerden der einzelnen Vertragserklärungen zusammen. Sämtliche Theorien treten heute noch auf: die Erklärung muß nur abgegeben oder doch wenigstens abgesendet werden (Äußerungstheorie); sie muß in den Bereich des Destinatars gelangen, so daß es seine Angelegenheit ist, wann er sich ihre Kenntnis verschafft (Zugangstheorie); sie muß vom Empfänger zur Kenntnis genommen sein (Vernehmungstheorie). Einige romanische Rechte gehen von der Vernehmungstheorie aus, andere mildern sie. Das deutsche Recht verlangt für alle Erklärungen den Zugang und nur diesen. Die angloamerikanische Regelung folgt für jede Vertragserklärung einem andern Prinzip: die Offerte muß vernommen sein, damit sie angenommen werden kann; der Widerruf der Offerte muß zugehen; die Annahme braucht nur abgesendet zu werden. *2. Vorzüge der Zugangstheorie.*

Die Absendungstheorie ist schon mit Rücksicht auf die erstrebenswerte Übereinstimmung mit dem Weltpostrecht abzulehnen. Die Absendung einer Erklärung macht diese noch nicht zu einer endgültigen; denn nach Postrecht kann man ein Schreiben bis zur Aushändigung an den Empfänger wieder zurückrufen, und dann ist es unmöglich, einen Beweis dafür zu liefern, daß die zurückberufene Erklärung einmal abgegeben und damit wirksam geworden war. Zwar wird gelegentlich für die Absendungstheorie das Argument ins Feld geführt, daß die Post durch die Abstempelung der Briefmarke nur die Zeit der Absendung beurkundet und nicht auch ihre Ankunft, aber die allgemeine geschäftliche Sitte legt dieser Tatsache nur geringes Gewicht bei, indem bei der Aufbewahrung der Korrespondenz nicht auch die Briefumschläge mit abgelegt werden. Allerdings steht auch im Postrecht das englische Recht wieder abseits. Denn entsprechend seiner Grundauffassung vom Transportvertrag kann nach englischem Postrecht ein der Post einmal übergebener Brief nicht mehr zurückgezogen werden, was sich England in dem Weltpostvereinsvertrag besonders vorbehielt. Indessen braucht diese transportrechtliche Besonderheit sich nicht auch für die obligationenrechtliche Frage des Vertragsschlusses auszuwirken. Wir haben gesehen, daß auch nach englischem Recht der Widerruf der Offerte nur gültig ist, wenn er bei dem Empfänger vor Aufgabe des Annahmeschreibens e i n t r i f f t, und ferner fehlt es nicht an Stimmen dafür, daß die Annahme noch nach ihrer Aufgabe zur Post widerrufen werden kann, wenn nur der Widerruf vor der Annahme eintrifft.

Aber auch gegenüber der Vernehmungstheorie bietet die bloß auf den Zugang abstellende *deutsche* Rechtsauffassung große Vorteile. Denn es ist die berechtigte Tendenz der Gesetzgebung, beim Geschäftsverkehr Rechtswirkungen nicht so sehr an innere Vorgänge als an äußere Tatsachen anzuknüpfen. Nur der Zugang ist kontrollierbar. Darum ist die Vernehmungstheorie selbst in der abgeschwächten Form des französisch-italienischen Obligationenrechts-Entwurfs hier nicht ganz brauchbar. Sowohl unter Kaufleuten als im internationalen Verkehr gibt es keine Entschuldigung, wenn die zugegangene Post nicht sofort gelesen wird, und deshalb ist das Abstellen auf entschuldigte Unkenntnis des Inhalts eines zugegangenen Schreibens praktisch bedeutungslos.

Die schwere Beweisbarkeit macht auch die Billigkeitsentscheidungen bedeutungslos, die in *Skandinavien,* Vertragsgesetze § 7, und in der *Schweiz,* OR. Art. 9 [1]), angenommen wurden: daß ein Widerruf auch wirksam ist, wenn er nach der Offerte oder Annahme eintrifft, aber nach schweizerischem Recht früher, nach den skandinavischen Rechten wenigstens gleichzeitig zur Kenntnis des Empfängers gelangt.

Demnach ist das Zugangsprinzip für Angebot und Annahme sowie für deren Widerruf zu empfehlen.

3. Dauer der unbefristeten Offerte.

3. Der gesetzliche Ausschluß des Widerrufs einer unbefristeten Offerte dauert immer nur während einer beschränkten Zeit. Nach dem *deutschen* Recht (BGB. § 147 Abs. 2) erlischt die Offerte in dem Zeitpunkt, „in welchem der Antragende den Eingang der Antwort unter regelmäßigen Umständen erwarten darf". Der *chilenische* C. com. Art. 98 verlangt postwendende Antwort. Das *portugiesische* Recht C. civ. Art. 652 läßt dem Antragsgegner immer acht Tage zur Überlegung. Umgekehrt ist die *amerikanische* Lösung am biegsamsten, indem sie reasonable time gibt.

4. Regelung der Annahme.

4. Für die nähere Regelung der A n n a h m e ergeben sich verschiedene Grundlagen, je nachdem ob für einen Teil der Fälle —

[1]) Hier nach dem Vorschlag von H ö l d e r, zuletzt Iherings Jahrb. 55, 459 ff.; s. v. T u h r, OR. S. 149. Dagegen s. T i t z e, Mißverständnis S. 236 ff.

etwa die unbefristete Offerte — das englische System oder das deutsche im ganzen angenommen wird. Daß nur diese Wahl im ganzen in Betracht kommt, wurde oben dargelegt.

Wird der Offerent an die Offerte während einer Frist gebunden, so muß der Annehmende diese Frist wahren, und es ist billig, im Zweifel zu Gunsten des so gebundenen Antragstellers anzunehmen, daß er bis zum Ablauf der Frist die Annahme schon in Händen haben muß. Es ergibt sich also wiederum die Berechtigung der Zugangstheorie mit allen ihren erörterten Konsequenzen.

Insofern dagegen vom Gesetz erlaubt wird, die Offerte nach englischem Vorbild bis zur Absendung der Annahme zu widerrufen, entsteht eine Reihe von Fragen, die aus dem englisch-amerikanischen Recht nicht völlig sicher beantwortet werden können. Wenn dort nämlich der Vertragsschluß auf die Absendung der Annahme gelegt wird, so wird damit eher nur eine juristische Konstruktion versucht; aber die einzig maßgeblichen Gerichtsentscheidungen geben noch keineswegs über alle Einzelheiten Aufschluß; noch weniger ist bisher ersichtlich, was der Handel für angemessen hält.

Es sind folgende Unterfragen zu unterscheiden:

Soll die Annahme wirklich bis zu ihrem Zugang bei dem Offerenten widerrufen werden können?

Wer trägt die Gefahr des Verlustes des Annahmeschreibens auf der Reise vom Annehmenden zum Offerenten? Gilt in diesem Fall wirklich der Vertrag als dennoch geschlossen, so müßte daran gedacht werden, die Interessen des Antragstellenden zu schützen. Verspätet sich die Annahme, so entstehen analoge, aber vielleicht anders zu lösende Fragen.

Welchen Einfluß haben Tod und Geschäftsunfähigkeit der beiden Parteien während der Reise der Annahme? Es liegt nahe, ihren Einfluß zu verneinen, da das gleiche sogar in dem System gebilligt wird, das den Zugang zur Vertragsperfektion fordert.

5. Einfluß von Tod und Geschäftsunfähigkeit eines Teils auf den Vertragsschluß.

5. Tod und Geschäftsunfähigkeit, die den Offerenten nach Absendung des Angebots treffen, werden in den Gesetzen, nach denen die Offerte bindet, nicht mehr als Hindernis ihrer Wirksamkeit betrachtet. Für die Zwecke des internationalen Kaufrechts empfiehlt es sich aber auch, die Möglichkeit, daß die Offerte nur als persönliche gemeint ist, also z. B. die Erben nicht verpflichten soll (BGB. § 153, oben S. 80), zu vernachlässigen, um den Antragsgegner von einer Rücksicht auf die ihm nicht näher bekannte persönliche Lage des Offerenten freizumachen.

Entsprechendes gilt von der Annahme bei darauf folgendem Tod etc. des Annehmenden. Treffen derartige Ereignisse dagegen den Oblaten vor dem Zugang der Offerte, so muß der Antrag darauf geprüft werden, ob er als auch an die Erben oder den gesetzlichen Vertreter gerichtet gelten kann.

6. Verspätete Annahme.

6. Das Problem der verspäteten Annahme wird in verschiedener Weise erfaßt. Alle Rechte lassen zwar dem Antragenden die Wahl, ob er die verspätete Annahme gelten lassen will oder nicht. Im übrigen aber bestehen Abweichungen:

Die Rechte des *deutschen* Kreises (oben § 11, 3 d) geben besondere Bestimmungen für den Fall, daß die Annahme erkennbar rechtzeitig abgeschickt war, aber zu spät eingetroffen ist. Der Antragende muß die Offerte unverzüglich zurückweisen, sonst gilt entweder der Vertrag als zustandegekommen (BGB. § 149, rev. schweiz. OR. Art. 5 Abs. 3), oder der Annehmende kann sich zwar auch späterhin auf den Mangel des Abschlusses berufen, schuldet aber wegen Unterlassung rechtzeitiger Anzeige Schadenersatz (altes schweiz. OR. Art. 9 Abs. 2). Ist die Annahme verspätet abgesendet oder ist ihre rechtzeitige Absendung nicht erkennbar, so wird sie von diesen Rechten als neuer Antrag gewertet, den der Offerent nunmehr seinerseits annehmen kann. Wird hier also eine Erklärung des Offerenten gefordert, damit der Vertrag zustandekomme, so zeigt sich die Tendenz, den Offerenten, der sich gegenüber einer verspäteten Annahme nicht rührt, am Vertrag festzuhalten, in der deutschen Rechtsprechung doch darin, daß sie in solchem Fall leicht ein Schweigen als Annahme dieser „neuen Offerte" gelten läßt (RGZ. **103**, 13).

Andere Vorschriften, so in *Italien, Chile,* dem *franz.-ital. Entwurf* und dem *italienischen HGB. Entwurf* betreffen jede verspätete Annahme. Nach *Italien* C. com. Art. 36 und den ihm folgenden Entwürfen muß der Antragende unverzüglich erklären, daß er die verspätete Annahme gelten lasse, andernfalls ist der Vertrag nicht zustandegekommen. *Chile* C. com. Art. 98 Abs. 3 dagegen legt dem Offerenten eine Pflicht zur Anzeige auf, deren Unterlassung nur die Pflicht zum Schadenersatz begründet. Daß dem Offerenten die Wahl gebührt, ob der Vertrag gelten soll oder nicht, ist also allgemeine Auffassung und für die befristete wie die unbefristete Offerte für die Regel richtig. Ferner leuchtet es ein, daß er zu einer Anzeige verpflichtet ist, wenn er den Vertrag nicht anerkennt und erkennen kann, daß die Absendung rechtzeitig genug erfolgte, um während der in der Offerte oder durch das Gesetz bestimmten Frist einzulangen; ebenso aber wohl auch, wenn die Absendung selbst geringfügig verspätet war. Bei Versäumung der Anzeige ist es die modernere und den Grundsätzen des Handelsrechts besser entsprechende Lösung, daß der Offerent nicht Schadenersatz zu zahlen hat, sondern an den Vertrag gebunden wird. In diesem Sinn hat das *schweiz.* OR. seine Ordnung gewechselt.

Eine Abweichung wird allerdings nötig, wenn nach *englischem* Vorgang die Annahme schon mit der Absendung wirkt, also durch verspäteten Zugang nicht mehr berührt wird.

7. Ort und Zeitpunkt des Vertragsschlusses.

7. Da der Vertragsschluß unter Abwesenden mit mehreren Orten rechnen muß, gibt es zahlreiche Versuche, den örtlichen Schwerpunkt auszuwählen. Zweckvoll sind diese Bemühungen aber nur für die internationalprivatrechtlichen Regelungen, die den Vertrag oder einzelne Bestandteile nach dem Recht des Abschlußortes beurteilen (lex loci contractus) und für die prozessualen Zuständigkeitsregeln, die das forum contractus anerkennen. Im materiellen Kaufrecht kommt es auf den Ort des Vertrags nicht an, es sei denn, daß die Parteien selbst an ihn bestimmte Folgen knüpfen.

Dagegen ist der Zeitpunkt des Vertrages materiellrechtlich von großer Wichtigkeit. Vom Augenblick des Vertragsschlusses an treten die Verpflichtungen für beide Parteien ein, und deshalb ist es das Nächstliegende und Einleuchtendste, auf den letzten Akt abzustellen, der zum Vertragsschluß führt. Nach dem zum Vorbild genommenen System ist dies der Zugang der Annahmeerklärung. Wird dies beliebt, so ist es wenig glücklich, den Vertragsschluß auf den Augenblick der Absendung der Annahme zurückzubeziehen (*Österreich allg. HGB., Japan, Schweiz*); in diesem Augenblick steht es ja noch nicht fest, ob die Annahmeerklärung den Empfänger erreicht. Freilich erfährt der Absender der Annahme den genauen Zeitpunkt ihres Eintreffens in der Regel nicht, insofern es nicht üblich ist, auch noch den Empfang der Annahme schriftlich zu bestätigen. Aber darin liegt nur das Gegenstück dazu, daß auch der Offerent nicht weiß, ob und wann der Antragsgegner die ihm zugesendete Offerte empfängt. Es ist eben der Sinn der Zugangstheorie, daß dieses Risiko der Ungewißheit derjenige trägt, der die Erklärung abschickt, und gerade weil das deutsche System diese Theorie gleicherweise bei allen Vertragserklärungen festhält, wird zwischen den Parteien ein gerechter Ausgleich geschaffen.

§ 14.

V. Stillschweigende Annahme.

1. Stillschweigende Annahme im allgemeinen.

1. In allen Rechten ist man sich darüber einig, daß die Annahme als bedingungslose Zustimmung zu dem Angebot auch stillschweigend geschehen kann. Dabei sind aber zwei verschiedene Situationen zu trennen. Einmal handelt es sich bloß um die Frage, ob die Annahme ausdrücklich dem Offerenten mitgeteilt werden muß. Darauf kann der Offerent verzichten, und nach der Verkehrsauffassung kann ein solcher Verzicht sich von selbst verstehen. Dieser Verzicht bedeutet aber nur, daß der Antragsempfänger nicht zu reden braucht, wenn er seine Annahme betätigt, nicht etwa, daß er reden muß, um abzulehnen. In solchen Fällen bleibt es vielmehr dem Antragsgegner überlassen, ob er durch den Anfang der Erfüllung die Offerte annehmen will. Betätigt er seinen Annahmewillen nicht, so ist der Vertrag nicht zustande gekommen [1]).

Es gibt aber auch Fälle, in denen mit dem Satz qui tacet consentire videtur wirklich Ernst gemacht wird. Wenn sich in solchen Fällen der Antragsgegner nicht betätigt, gilt der Vertrag als zustandegekommen ohne Rücksicht darauf, ob der Antragsgegner annehmen will. Will er den Vertragsschluß ablehnen, so muß er es dem Antragsteller mitteilen.

a) Entbehrlichkeit des Zugangs der Annahme.

a) Vorschriften der ersten Art, die von der Zusendung der Annahmeerklärung entbinden, finden sich im ***deutschen*** BGB. § 151, ***China*** BGB. § 161, ***Japan*** BGB. § 526. Die Gesetze stellen darauf ab, daß der Offerent auf den Zugang der Annahmerklärung verzichtet hat, oder daß eine solche Erklärung nach der Verkehrssitte nicht zu erwarten ist. Notwendig aber bleibt eine Betätigung des Antragsgegners (RGZ. **84**, 323). Der Vertrag gilt dann als zustande gekommen, sobald aus dem Verhalten des Empfängers der Offerte nach der Verkehrsanschauung der Annahmewille klar hervorgeht [2]). So ist entschieden worden, daß der Empfänger unbestellter Waren den Antrag annimmt, indem er die Waren (nicht nur zur Probe) anbricht, gebraucht, veräußert; daß, wenn eine Ware dringlich (durch Telegramm oder als Expreßsendung) bestellt wird, die Annahme in der Regel durch die Absendung

---

[1]) Vgl. dazu Longchamps de Berier, Formation de l'inexécution des contrats en général, Rapport au congrès international de droit comparé à la Haye en août 1932, Sonderdruck aus Themis polonaise III, Bd. 7, p. 21.

[2]) RGZ. **84**, 323; **123**, 230 und öfter.

erfolgen kann; daß unter Kaufleuten die Anschauung des Handelsverkehrs entscheidet und das Behalten zugesendeter Ware besonders bei einer dauernden Geschäftsverbindung unter den Parteien als Annahme aufzufassen ist.

Typische Fälle derselben Gruppe berücksichtigen die Gesetze von *Österreich* aBGB. § 864, *Polen* OR. Art. 68, indem sie hier den Vertrag als zustande gekommen ansehen, wenn der Vertragsgegner in angemessener Frist zur Erfüllung des Vertrags schreitet; ebenso *Italien* C. com. Art. 36 Abs. 2, *italienisch-französischer* Obligationenrechtsentwurf Art. 3. Auch in der *Schweiz* wird dasselbe angenommen, vgl. von Tuhr, OR. S. 166 bei N. 53.

In *Skandinavien* ist eine Annahmeerklärung nicht notwendig, wenn der Offerent auf sie verzichtet hat oder sich aus den Umständen ergibt, daß er eine solche nicht erwartet; das heißt aber nicht, daß der Erklärungsgegner durch sein bloßes Schweigen gebunden wäre.

Ussing, Aftaler, p. 29 N. 75; Almén, Lagen om avtal p. 48; vgl. § 8 Vertragsgesetz.

Auch in *England* ist eine Annahme des Vertrags durch konkludente Handlung möglich, wenn der Offerent erkennen läßt, daß diese zur Annahme ausreiche. "The mere mental assent of the acceptor, uncommunicated to the offerer" reicht grundsätzlich nicht aus. Nur dann ist es anders, wenn der Offerent ausdrücklich oder stillschweigend auf die Mitteilung der Annahme verzichtet hat.

Chitty, Contracts, 18. Aufl. p. 13, im Anschluß an Carlill v. Carbolic Smoke Ball Co. [1893] 1 Q.B. 256, 62 L. J. Q. B. 257; Shipton v. Cardiff Corporation (1917) 87 L. J. K. B. 51; 116 L. T. 687; Brogden v. Metropolitan Ry. Co. (1877) 2 App. Cas. 666.

Das gleiche gilt in den *Vereinigten Staaten.*

Vgl. Page, Contracts. I §§ 154, 160.

Das deckt sich also im wesentlichen mit der Regel des deutschen BGB. § 151.

b) Reines Stillschweigen als Annahme.

b) Das reine Stillschweigen wird als Annahme angesehen in der *Schweiz* (OR. Art. 6), wenn wegen der besonderen Natur des Geschäfts oder nach den Umständen eine ausdrückliche Annahme nicht zu erwarten ist. Der Vertrag gilt dann als abgeschlossen, wenn der Antrag nicht binnen angemessener Frist abgelehnt wird. Ähnlich *Brasilien* C. civ. Art. 1084. Trotz dieser weiten Fassung ist man aber auch in der Schweiz der Meinung, daß das Schweigen im allgemeinen nicht als Annahme angesehen werden kann; die schweizerische Rechtsprechung und Literatur haben vielmehr die Fälle, in denen Schweigen nach den Umständen des Falles als Annahme angesehen werden kann, durchaus ähnlich abgegrenzt wie die deutsche Praxis.

Vgl. von Tuhr OR. S. 167; Guhl, Obligationenrecht S. 60.

In *Deutschland* geht man grundsätzlich davon aus, daß Schweigen nicht als Annahme gilt. Das ist vor allem für unbestellte Zusendungen und Warenbestellungen, die unbeantwortet geblieben sind, entschieden worden. Für die entgegengesetzte Lösung müssen besondere Umstände vorliegen, die nach Handelsbrauch dem Empfänger der Offerte die Verpflichtung auferlegen, sie ausdrücklich zurückzuweisen, wenn er sich nicht behandeln lassen will, als ob er angenommen hätte.

So hat die Rechtsprechung den Satz entwickelt, daß der Empfänger des Bestätigungsschreibens, das mit den vorausgegangenen Vereinbarungen nicht übereinstimmt, sie ergänzt oder in Einzelheiten ändert, gehalten ist, unverzüglich zu widersprechen, wenn anders der Vertrag nicht als so abgeschlossen gelten soll, wie er bestätigt ist. Das gleiche wird in der *Schweiz* angenommen.

Deutschland RGZ. **103**, 405; **114**, 282; **129**, **348** und oft.
Schweiz BGE. **30** II 301, **32** II 286, **38** II 588, **40** II 138; **56** II 42, unsere Z. 5, 673; Guhl, Obligationenrecht S. 60.

Grundsätzlich findet diese Regel jedoch keine Anwendung, wenn das Bestätigungsschreiben den Inhalt des mündlich abgeschlossenen Vertrages völlig verändert[1]). Dieses gilt dann lediglich als neue Offerte. Aber im Handelsverkehr kann das Prinzip von Treu und Glauben bei Änderungen von geringerer Tragweite fordern, daß der Offerent widerspricht, wenn er vermeiden will, daß sie als von ihm genehmigt gelten.

Praktische Bedeutung hat diese Lösung vor allem für mündliche und telephonische Abkommen, die nach Handelsbrauch bestätigt werden. Sie spielt aber auch eine Rolle bei Verträgen, die durch schriftliche Korrespondenz zustande gekommen sind und nun mittels Bestätigungsschreibens noch einmal von einer Partei zusammengefaßt werden.

Die Fragen, die sich an diese Judikatur anschließen, sind sehr zahlreich und noch nicht alle geklärt[2]). Wie ist es, wenn die Bestätigung absichtlich von den mündlichen Vereinbarungen abweicht? Handelt es sich hier wirklich um eine Willenserklärung, die den all-

[1]) RGZ. **95**, 48.

[2]) Vgl. Staub-Heinichen Anh. zu § 372, Anm. 38 ff. mit ausführlichen Nachweisen.

gemeinen Vorschriften über Willensmängel unterliegt, oder nicht vielmehr um eine der Verschweigung verwandte Rechtsfigur? Diese Einzelfragen führen in die allgemeine Lehre vom Rechtsgeschäft [1]. Nach dem Handelsbrauch besteht eine starke Tendenz, das Bestätigungsschreiben nach Möglichkeit von allen Voraussetzungen psychologischer Art zu lösen, also weder eine Anfechtung wegen Irrtums zuzulassen, noch einem Rechtsbehelf wegen Arglist großen Raum zu geben.

Häufig setzen Kaufleute auf Rechnungen Bedingungen, die im Vertrage nicht vereinbart waren. Schweigen auf derartige Fakturenklauseln gilt nach fester deutscher Rechtsprechung nicht als Billigung [2].

Der deutschen Rechtsprechung entspricht im wesentlichen die *österreichische* und *schweizerische* Auffassung. Auch in den *romanischen* Rechten finden sich zahlreiche Ansätze in dieser Richtung, wenngleich der Rechtssatz als solcher in seiner abstrakten Formulierung noch wenig in das Bewußtsein der Rechtslehre gerückt ist [3].

Bezüglich der Fakturenklauseln besteht in den romanischen Rechten erhebliche Unsicherheit, aber eine Neigung, sie anzuerkennen [4].

Das *skandinavische* Recht ist leichter geneigt, das Schweigen als vertragsbegründend anzuerkennen. Ussing (a. a. O. p. 214) glaubt den allgemeinen Satz formulieren zu können, daß eine Partei immer dann gebunden sei, wenn ihr Gegner nach Treu und Glauben eine ausdrückliche Ablehnung erwarten konnte. Jedenfalls finden sich zahlreiche Einzelbestimmungen, denen dieser Satz zugrunde liegt, und die Gerichte neigen dazu, sie erweiternd auszulegen. So muß nach Vertragsgesetz § 6 Abs. 2 einer Annahme, die vom Angebot abweicht, bei der aber der Offerent erkennen konnte, daß sein Gegner glaubt, sich im Rahmen des Angebots zu halten, ausdrücklich widersprochen werden, wenn die Bedingungen der Annahmeerklärung nicht Vertrags-

[1] Krause, Schweigen im Rechtsverkehr, 127 ff.; [Raiser (unten S. 100 N. 1) 157 ff.].

[2] RGZ. **65**, 330 und ständig; vgl. für *Österreich* Klang-Schlesinger zu aBGB. § 863 S. 74 N. 37 u. 42; *Tschechoslowakei* unsere Z. 8, 483 n°. 3.

[3] Vgl. dazu Planiol et Ripert (Esmein) VI n°. 109; Cass. Req. 4. 7. 1923. Gaz. Pal. 1923. 2. 416; Esmein unsere Z. 4, 132; Cohen, Contrats par correspondance en droit français, anglais et angloaméricain 1921 p. 103 ff. Répertoire du Droit Belge III. Contrat et Convention en général n°. 157 ff., vgl. unsere Z. 4, 644; für *Italien*: unsere Z. 6, 1003 f.

[4] Planiol et Ripert (Esmein) VI n°. 109 p. 137 bei N. 2, 3; Barrault, De l'acceptation des factures par le silence, Annales de droit comm. 1913, 347 ff. unsere Z. 3, 306; 4, 582 f.; 6, 1004.

inhalt werden sollen. Von den weiteren Vorschriften, die ein Schweigen als Zustimmung deuten, interessiert hier vor allem § 6 der Kaufgesetze; nach diesem gilt ein Preis, den der Verkäufer in der von ihm übersendeten Rechnung angibt, als maßgebend, wenn der Käufer nicht so bald als möglich widerspricht. Nur wenn ein Preis bereits vereinbart worden oder wenn der geforderte Preis offenbar übermäßig ist, ist der Käufer trotz fehlenden Widerspruchs nicht gebunden; er muß aber dafür den Nachweis führen. Eine analoge Anwendung der in § 6 für Handelskäufe gegebenen Bestimmung auf Zivilkäufe und auf andere nicht den Preis betreffende Klauseln, wenn sie nur zum üblichen Inhalt einer Faktura gehören, wird allgemein befürwortet (Almén I p. 97 f.; [3] 93 f.; Ussing a. a. O. p. 214 N. 34; Grundtvig, Reklamation, Kopenhagen 1903, p. 236—242). Schließlich kann in diesem Zusammenhang noch ein Fall erwähnt werden, der mit der eigenartigen Konstruktion der Offerte „ohne Obligo" im skandinavischen Recht zusammenhängt. Diese wird, da die Bindung der Offerte wesentlich ist, lediglich als invitatio ad offerendum angesehen. Ein daraufhin gemachtes „Angebot" gilt aber als angenommen, wenn die andere Seite nicht sofort widerspricht, § 9 Vertragsgesetz.

Im *anglo-amerikanischen* Recht scheinen die Gerichte zurückhaltender zu sein. Besonders gilt das vom *englischen* Recht, wo an der Notwendigkeit einer ausdrücklichen Annahme zäher festgehalten wird (vgl. Felthouse v. Bindley (1862) 31. L.J. [C.P.] 204). Die *Vereinigten Staaten* schließen sich dem grundsätzlich an.

Page, Contracts I § 160 und die in N. 10 Zitierten; vgl. Wahl, unsere Z. 3, 788 N. 3.

Auch da läßt man keine Ausnahme gelten, wo eine schriftliche Bestätigung Abweichungen von dem ursprünglich mündlich geschlossenen Vertrag enthält (Page a. a. O. § 163).

Immerhin finden sich auch in den Vereinigten Staaten Ansichten, die für einzelne Fälle eine Annahme durch reines Stillschweigen zulassen. Man stellt darauf ab, ob das Verhalten der Partei den Gegner zur Ansicht veranlaßt hat, sein Angebot sei angenommen worden. Hier wird dank dem Gedanken des estoppel eine stillschweigende Zustimmung angenommen (vgl. Page § 161 und die in Note 1 bis 3 angeführten Entscheidungen).

Folgerung. Eine gesetzliche Festlegung der Fälle, in denen diese Lösung berechtigt ist, ist außerordentlich schwierig. Auch die Norm des *schweizerischen* Gesetzes (OR. Art. 6) grenzt die Fälle, in denen Schweigen als Annahme gilt, nicht ab. Durch sie ist — wie übrigens auch durch § 151 des *deutschen* BGB. und ähnliche Normen über die Entbehrlichkeit des Zugangs der Annahmeerklärung — im Grunde nicht mehr gewonnen, als daß dem richterlichen Ermessen die Entscheidung überlassen wird, wann ausnahmsweise ein Stillschweigen als Annahme anzuerkennen ist. Negativ steht überall fest, daß das Schweigen nicht schon dann als Annahme gelten kann, wenn der Offerent in der Offerte androht, daß er dem Schweigen diese Bedeutung beilegen werde [1]). Es müssen vielmehr besondere Umstände vorliegen, die eine Pflicht zum Widerspruch begründen, damit beim Schweigen ein Annahmewille angenommen werden kann. Einen beachtlichen Versuch, die als Annahme zu wertenden Schweigensfälle aufzuzählen, macht das *amerikanische Restatement* sect. 72:

(1) Wenn der Antragsgegner auf eine Offerte nicht antwortet, wirken sein Schweigen und Nichthandeln in den folgenden Fällen und in keinen anderen als Annahme:

a) ...... (nur auf Dienstvertrag bezüglich).

b) Wenn der Offerent bestimmt hat oder dem Antragsgegner Grund zu der Annahme gegeben hat, daß seine Zustimmung durch Stillschweigen oder Nichthandeln geäußert werden könne und wenn der Antragsgegner beim Beharren in Schweigen und Untätigkeit die Offerte anzunehmen beabsichtigt.

c) Wenn der Antragsgegner auf Grund früherer Mitteilungen oder in anderer Weise dem Antragenden Grund zur Annahme gegeben hat, daß Schweigen oder Untätigkeit von dem Antragsgegner als Ausdruck seiner Zustimmung beabsichtigt sei, und der Antragende es so auffaßt.

(2) Wenn der Antragsgegner wie ein Eigentümer mit ihm angebotenen beweglichen Sachen verfährt, so ist solches Verfahren eine Annahme, wenn andere Umstände fehlen, die die entgegengesetzte Absicht beweisen. Wenn andere Umstände beweisen, daß das Verfahren mit der Sache wie ein Eigentümer deliktisch ist, so kann der Antragende nach seiner Wahl das Verhalten des Empfängers als Annahme betrachten, auch wenn der Antragsgegner die Absicht bekundet, nicht anzunehmen.

Abgesehen von dem letzten Absatz ist freilich auch diese gesetzgeberische Fixierung der Fälle, in denen das Schweigen als Annahme betrachtet wird, noch recht vage, wie es jede Generalformel sein wird.

2. Von den unter 1 behandelten Fällen stillschweigender Annahme eines Angebots sind die Fälle zu unterscheiden, in denen die *2. Allgemeine Geschäftsbedingungen.*

[1]) RGZ. **106**, 333; Felthouse v. Bindley (1862) 31 L. J. (C. P.) 204; v. Tuhr, OR. S. 167 bei N. 59; Planiol et Ripert (Esmein) VI n°. 108, p. 134 bei N. 2.

Parteien sich stillschweigend auf die allgemeinen Geschäftsbedingungen einer Partei berufen.

Damit diese Geschäftsbedingungen Vertragsbestandteil werden, fordert man grundsätzlich, daß die Parteien sich ausdrücklich auf sie beziehen. Auch ohne ausdrückliche Bezugnahme werden sie dann als Vertragsinhalt anzusehen sein, wenn eine Partei der anderen ihre Bedingungen vor Vertragsabschluß etwa zusammen mit der Offerte zugeschickt hat. War dagegen der Vertrag bereits geschlossen und enthielt erst die nachfolgende schriftliche Bestätigung einen Hinweis auf solche Bedingungen, so hängt ihre Geltung davon ab, welche Wirkung man einem schweigend angenommenen Bestätigungsschreiben zusprechen darf.

Die Notwendigkeit einer ausdrücklichen Bezugnahme entfällt dann, wenn die Parteien in Geschäftsverbindung stehen und die Bedingungen bereits ihren früheren Geschäften zugrunde gelegt hatten. Das gleiche gilt, wenn beide Parteien Mitglieder eines Verbandes sind, der die Geschäftsbedingungen für die Verträge seiner Mitglieder aufgestellt hat, oder wenn eine Partei ein öffentliches Unternehmen oder eine private Großorganisation ist, deren Geschäftsbedingungen publiziert sind. Im letzten Fall, der allerdings innerhalb wie außerhalb Deutschlands hauptsächlich im Transport- und Arbeitsvertragsrecht von Bedeutung ist und im Kaufrecht kaum vorkommen wird, kann man annehmen, daß derjenige, der mit einem solchen Großunternehmen kontrahiert, sich den Geschäftsbedingungen unterwirft, die er kannte oder kennen mußte.

Die Abgrenzung im einzelnen ist schwierig. Die deutsche Rechtsprechung, die die vorstehenden Grundsätze in reichhaltiger Judikatur herausgearbeitet hat [1]), läßt die stillschweigende Anerkennung von Geschäftsbedingungen weitgehend zu, schützt allerdings in einzelnen Fällen auch die Interessen des einzelnen Kontrahenten den Großorganisationen gegenüber. In den übrigen Ländern hat sich eine Kasuistik gleichen Umfangs bisher nicht entwickelt. Dies und der Umstand, daß die Durchführung im einzelnen sehr von den Gewohnheiten der verschiedenen Geschäftszweige abhängt, machen es zu einer heiklen Aufgabe, diese Fragen gesetzgeberisch zu erfassen, während allerdings ihre Wichtigkeit für den Zusammenhang von Gesetzesrecht und Formularrecht auf der Hand liegt.

Aus dem Geschäftsleben wird berichtet, daß es sich recht häufig

[1]) Vgl. Staub-Gadow HGB. § 346 Anm. 17, 17a mit Nachweisungen; [neuerdings sehr beachtenswert L. Raiser, Das Recht der allgemeinen Geschäftsbedingungen, Hamburg 1935].

ereignet, daß während schwieriger Verhandlungen über größere Posten beide Firmen je ihre Geschäftsbedingungen dem anderen einsenden und daß jede Firma nach Abschluß des Vertrages behauptet, ihre Bedingungen seien angenommen worden. Da die Geschäftsleute und Juristen einig sind, daß der Vertrag zustandegekommen ist, also nicht etwa Dissens im ganzen vorliegt, macht die Frage große Schwierigkeiten, welche Geschäftsbedingungen gelten sollen. In Hamburg ist schon die Ansicht vertreten worden, daß die zuletzt eingesendeten das Übergewicht haben. Im Zweifelsfall wird das meiste dafür sprechen, daß keine der Parteien durchgedrungen ist und daß es demnach bei der dispositiven Regelung des Gesetzes verbleibt[1]).

§ 15.

VI. Die Wirkung des Konkurses auf Vertragsanträge.

Haben zwei Parteien einen Vertrag geschlossen und ist eine von ihnen vor Zugang der Annahme in Konkurs gefallen, so entsteht die Frage, ob der Vertrag der Konkursmasse gegenüber wirksam ist, so daß entweder der Konkursverwalter den Vertrag erfüllen muß oder der Kontrahent bei Ablehnung der Erfüllung durch den Konkursverwalter, die in irgend einer Form anscheinend nach allen Rechten möglich ist, eine Schadenersatzforderung anmelden kann. Dabei ist zu unterscheiden, ob es sich um den Konkurs des Offerenten oder des Destinatars handelt und ferner, ob im Zeitpunkt des Konkurseintritts entweder a) der Antrag nur abgesendet oder b) der Antrag schon zugegangen oder c) die Annahme schon abgesendet war (1). Ist dem Schuldner vor dem Konkurs eine Offerte zugegangen, so entsteht die weitere Frage, ob der Konkursverwalter sie annehmen kann; wo dies möglich ist, richtet sich der Anspruch des Kontrahenten gegen die Masse und stellt also nicht nur eine Konkursforderung dar (2). Außer diesen beiden Hauptfragen, auf die im folgenden einzugehen ist, wird in einzelnen Rechten gelegentlich erörtert, ob etwa ein Vertrag mit dem Schuldner persönlich, d. h. nur mit Wirkung gegen sein konkursfreies Vermögen, zustande kommen kann.

Gesetzliche Bestimmungen, die die zu erörternden Fragen regeln, finden sich nur ganz vereinzelt und auch Entscheidungen nur selten. Die folgenden Ausführungen können sich daher meist nur auf die —

[1]) Die Schwierigkeit erwähnt vom technisch-geschäftlichen Standpunkt aus N. Isaac, 34 Col. L. Rev. (1934) 271.

in vielen Rechten auch nur sehr spärliche — Literatur stützen, und zum Teil kann auch nur angegeben werden, was auf Grund der allgemeinen Prinzipien anzunehmen sein dürfte.

1. Wirksamkeit gegenüber der Masse einer vor Zugang der Annahme in Konkurs geratenen Partei.

1. In welchen Fällen ist ein der Masse gegenüber wirksamer Vertrag gegeben, wenn der Konkurs einer Partei vor dem Zugang der Annahme eingetreten ist?

Grundsätzlich sind natürlich nach allen Konkursrechten die vor dem Konkurs zustande gekommenen Rechtsgeschäfte und nur diese gegenüber der Masse wirksam. Wo der Vertrag nicht erst mit dem Zugang der Annahmeerklärung, sondern schon mit der Absendung zustande kommt, ist daher der Vertrag bei Eintritt des Konkurses nach Absendung der Annahmeerklärung im Konkurse wirksam. Außerdem entsteht in einigen Rechten noch die Frage, ob aus besonderen Gesichtspunkten nicht auch ein Vertrag, der nach Konkurseröffnung zustande gekommen ist, gegenüber der Konkursmasse wirken kann.

In *Deutschland* wird der Vertrag mit dem Zugehen der Annahme beim Offerenten perfekt. Gerät dei Offerent vor Zugang der Annahme in Konkurs, so kann die Annahme nicht mehr mit Wirkung gegen die Konkursmasse erfolgen. Dies ist heute herrschende Lehre; abweichende frühere Meinungen, die sich auf entsprechende Anwendung von BGB. § 153 stützen wollten, wonach Tod und Geschäftsunfähigkeit des Offerenten das Zustandekommen des Vertrages im Zweifel nicht hindern, werden nicht mehr aufrecht erhalten, vgl. Staub-Gadow Anh. zu § 361 Anm. 80 mit weiteren Nachweisen.

Gerät der Destinatar nach Absendung der Annahme in Konkurs, so hängt die Wirksamkeit des Vertrages gegenüber der Masse davon ab, ob § 130 Abs. 2 BGB. analog anzuwenden ist. Diese Bestimmung bezieht sich allgemein auf Willenserklärungen, und es ist nach ihr auf die Wirksamkeit der Willenserklärung ohne Einfluß, wenn der Erklärende nach deren Abgabe stirbt oder geschäftsunfähig wird. Die herrschende Lehre lehnt auch diese Analogie ab (siehe Jaeger KO. § 7 Anm. 14). Der Vertrag ist also der Masse gegenüber nicht wirksam. Daß der Destinatar nach Eintritt seines Konkurses nicht mehr mit Wirksamkeit gegenüber der Masse annehmen kann, steht außer Zweifel.

In *Österreich* kommt der Vertrag mit Zugang der Annahme zustande. Nach Handelsrecht (allg. HGB. Art. 321) wird die Wirkung des zustande gekommenen Vertrages aber auf den Zeitpunkt der Absendung der Annahme zurückbezogen. Im Konkurs des Offerenten ist der Konkursverwalter an vor der Konkurseröffnung noch nicht angenommene Anträge nach KO. § 26 Abs. 3 nicht gebunden. Entscheidend ist der Zugang der Annahmeerklärung (Bartsch-Pollak, KO. § 26 Anm. 26), während nach Pisko, Lehrbuch S. 152 im Handelsrecht auf die Absendung abzustellen ist. Ob, falls der Konkurs des Destinatars nach Absendung der Annahme eintritt, der Vertrag der Masse gegenüber wirksam ist, wird, soweit ersichtlich, nicht erörtert. Nach allgemeinen Grundsätzen dürfte Unwirksamkeit gegenüber der Masse anzunehmen sein; tritt der Konkurs des Destinatars in einem früheren Zeitpunkt ein, so kann dieser unzweifelhaft nicht mehr mit Wirkung gegen die Masse annehmen.

In der *Schweiz* behandeln die konkursrechtlichen Werke die Frage nicht. In der Literatur zum Obligationenrecht stellt Oser OR. Bem. 8 und 11 vor Art. 3—10 den Eintritt der Verfügungsunfähigkeit einer der Parteien dem Tod und der Handlungsunfähigkeit gleich. Da der Konkurs die Verfügungsunfähigkeit des Schuldners zur Folge hat (Jaeger, Schuldbetreibung und Konkurs Bd. II Art. 204 N. 5), scheint sich Osers Ansicht auch auf den Konkurs zu beziehen, so daß der Konkurs des Offerenten die Annahme nicht hindern noch der Konkurs des Akzeptanten nach Absendung der Annahme schaden würde. Er stützt sich aber bei seiner Beweisführung auf OR. Art. 10, was v. Tuhr OR. S. 165 N. 45 mit Recht für unrichtig hält.

Für die Beantwortung der Frage in den *skandinavischen* Ländern ist davon auszugehen, daß bereits die einseitige Erklärung eine wenn auch bedingte Verpflichtung begründet. In *Schweden* und *Norwegen* wirkt die Erklärung seit ihrer Abgabe auch im Konkurs.

Almén, Lagen om Avtal p. 47, 121; Hagerup, Konkurs og Akkordforhandling 4. Aufl. § 15 II 2.

In *Dänemark* entscheidet dagegen der Zeitpunkt der Kenntnisnahme durch den Empfänger. Der Vertrag wirkt nicht gegen die Masse, wenn der Konkurs vorher eröffnet worden war (Lassen, Obligationsretten Almindelig Del p. 166, 167). Der Unterschied gegenüber dem dänisch-norwegischen Recht wird aber dadurch gemildert, daß die Konkurseröffnung erst mit der Veröffentlichung wirksam wird, vor dieser aber nur dann von Einfluß ist, wenn der Erklärungsempfänger sie kannte oder kennen mußte (Konkursgesetz v. 25. März 1872 § 2, dazu Lassen p. 161 f.).

Für *Frankreich* und *Italien,* wo der Zeitpunkt des Vertragsschlusses selbst bestritten ist, gilt doch: Der Vertrag ist der Masse gegenüber nicht wirksam, wenn eine der Parteien vor dem Abschluß des Vertrags in Konkurs gefallen ist.

Percerou, Faillites I, nº. 502; Lyon-Caën, III, nº. 15 bis; Valéry, Des Contrats par Correspondance nº. 212; Ramella, Fallimento I, nº. 270 bis, p. 497 ff.

In *England* wird die Rechtslage dadurch kompliziert, daß kein einheitlicher Zeitpunkt vorhanden ist, von dem ab die Wirkungen des Konkurses allgemein eintreten [1]). Auf den Konkursantrag ergeht die receiving order, eine Sequestrationsanordnung zur Einleitung eines Verfahrens, das dem Schuldner die Möglichkeit bieten soll, einen Zwangsvergleich zustande zu bringen. Der eigentliche Konkurs des Schuldners tritt dann mit der adjudication of bankruptcy ein. Diese wirkt aber zurück, und zwar nicht nur auf den Zeitpunkt der receiving order, sondern auf den Zeitpunkt der ersten Begehung eines act of bankruptcy innerhalb von drei Monaten vor Stellung des Konkursantrags. Jedoch ist ein zwischen dem act of bankruptcy und der receiving order vorgenommenes Rechtsgeschäft auch der Masse gegenüber wirksam, falls dem Kontrahenten des Schuldners die Begehung eines act of bankruptcy nicht bekannt war. Anmeldbar im Konkurs sind nur Forderungen, die vor dem Erlaß der receiving order begründet worden sind. Für die Frage der Wirkungen des Konkurses auf Vertragsanträge wird es daher in aller Regel darauf ankommen, wann die receiving order erlassen ist. Dieser Zeitpunkt ist im folgenden unter dem Zeitpunkt des Eintritts des Konkurses zu verstehen.

Über companies kann nicht Konkurs, sondern nur eine gerichtliche Liquidation (winding up by the court) verhängt werden. Ein besonderes auf Zustandekommen eines Zwangsvergleiches gerichtetes Vorverfahren gibt es hier nicht; es wird daher als einzige die Anordnung der Liquidation erlassen. Die Liquidation wirkt auf den Zeitpunkt der Stellung des Antrags auf Liquidation zurück. Inzwischen vorgenommene Rechtsgeschäfte sind nichtig, soweit nicht das Gericht etwas anderes bestimmt (Companies Act 1929 sect. 173, 175). Das Gericht wird auf Grund dieser Befugnis alle nach der Stellung des Antrags und vor der Anordnung der Liquidation (vielleicht sogar auch die vor deren Veröffentlichung) vorgenommenen bona fide transactions, d. h. redlichen Geschäfte, der Masse gegenüber für wirksam erklären.

---

[1]) Vgl. zum Folgenden F. Eckstein, Das englische Konkursrecht, Berlin 1935.

Re Wiltshire Iron Company, ex p. Pearson (1868) L. R. 3 Ch. 443; Re London, Hamburg and Continental Exchange Bank (1866) L. R. 2 Eq. 231; Re Park, Ward & Company [1926] Ch. 828.

Für den Umfang und die Anmeldbarkeit der Forderungen der Gläubiger ist der Zeitpunkt der Anordnung der Liquidation maßgebend (siehe Palmer [Topham], Company Law 1933 p. 438 und die dort zitierten Entscheidungen). Dieser Zeitpunkt ist daher im folgenden für companies unter dem Zeitpunkt des Eintritts des Konkurses zu verstehen.

Verträge kommen nach englischem Recht in dem Zeitpunkt zustande, in dem die Annahmeerklärung abgesendet wird. Daraus ergibt sich, daß ein Vertrag im Konkurs einer der Kontrahenten wirksam ist, wenn der Konkurs zwischen Absendung und Zugang der Annahmeerklärung eingetreten ist.

Gerät einer der Kontrahenten vor Absendung der Annahmeerklärung in Konkurs, so ist der Vertrag unzweifelhaft der Masse gegenüber unwirksam.

Das Konkursrecht der *Vereinigten Staaten* gilt ebenso für juristische Personen (corporations) wie für natürliche. Das dem jetzigen englischen Recht eigentümliche Vorverfahren zwischen receiving order und adjudication kennt das amerikanische Recht nicht. Die adjudication ist die Konkurseröffnung. Diese wirkt auf den Zeitpunkt der Stellung des Konkursantrags zurück (Bankruptcy Act sect. 70 a (5)); redliche Dritte, die mit dem Schuldner in der Zeit zwischen der Stellung des Konkursantrages und der adjudication kontrahiert haben, werden geschützt (siehe Re Pease 4 A. B. R. 578; Collier, On Bankruptcy II p. 1635). Für die Anmeldbarkeit der Forderungen der Gläubiger entscheidet jedoch der Zeitpunkt der Stellung des Konkursantrages (Bankruptcy Act sect. 63; Collier a. a. O. p. 1375).

Der Vertrag kommt wie in England mit Absendung der Annahmeerklärung zustande. Wird der Konkursantrag gegen eine der Parteien erst nach Absendung der Annahme gestellt, so ist der Vertrag also der Masse gegenüber wirksam; wird er in einem früheren Zeitpunkt gestellt, so ist der Vertrag der Masse gegenüber unwirksam.

2. Annahme eines vor dem Konkurs gemachten Angebots durch den Konkursverwalter.

2. Kann der Konkursverwalter eine dem Schuldner vor dem Konkurs gemachte Offerte annehmen?

In *Deutschland* wird trotz der Bindung des Offerenten an den Antrag das Recht zur Annahme nicht als ein aufschiebend bedingtes Recht oder Anwartschaftsrecht angesehen, das in die Masse fällt.

Daher kann der Konkursverwalter den Antrag nur annehmen, wenn der Antragende bei Kenntnis des Konkurses einen Vertragsschluß mit dem Konkursverwalter gewollt haben würde (Jaeger KO. § 7 Anm. 15).

In *Österreich* bleiben nach KO. § 26 Abs. 2 Anträge, die vor der Konkurseröffnung vom Gemeinschuldner noch nicht angenommen worden sind, aufrecht, sofern nicht ein anderer Wille des Antragstellers aus den Umständen hervorgeht. Das bedeutet, daß der Konkursverwalter den Antrag ablehnen oder annehmen kann; im Falle der Ablehnung erlischt der Antrag, der Schuldner kann ihn nicht persönlich annehmen (Bartsch-Pollak, KO. § 26 Anm. 25). Ein Wille des Offerenten, der die Annahmebefugnis des Schuldners ausschließt, ist nach Bartsch-Pollak überall anzunehmen, wo die volle Verfügungsfähigkeit des Gemeinschuldners über sein Vermögen oder seine volle Zahlungsfähigkeit als stillschweigende Voraussetzung des Antrages anzusehen ist.

In der *skandinavischen* Literatur nimmt man allgemein an, daß der Konkursverwalter zur Annahme der Offerte berechtigt ist, wenn der Vertrag nicht eine persönliche Tätigkeit des Gemeinschuldners betrifft oder lediglich in Rücksicht auf seine Person abgeschlossen ist (Almén, Lagen om Avtal p. 47, Lassen, Obligationsretten, Almindelig Del § 10 N. 8, Ussing, Aftaler p. 52/3).

In der *Schweiz* ist die Frage, soweit ersichtlich, nicht erörtert, desgleichen in *Frankreich.*

In *Italien* geht Ramella (Fallimento I n°. 276 bis; p. 497 ff.) auf die Frage ein; der Konkursverwalter kann den Antrag, der kein zum Vermögen des Schuldners führendes Recht begründet, grundsätzlich nicht annehmen; jedoch kann der Antrag nach den Umständen oder der Natur des Vertrages auch als an den Rechtsnachfolger oder Substituten des Destinatars gerichtet anzusehen sein; dann kann der Konkursverwalter annehmen.

In *England* wird infolge der Rückwirkung (oben S. 104) in dem Zeitpunkt, in dem sich herausstellt, daß es zum Konkurs kommt, und von dem ab erst ein Konkursverwalter bestellt wird, ein dem Schuldner gemachter Antrag von diesem meist schon angenommen oder abgelehnt sein. Es wird sich daher regelmäßig nur um die oben schon erörterte Frage handeln, ob der durch die Annahme des Antrages zustande gekommene Vertrag der Masse gegenüber wirksam ist. Hat der Schuldner den Antrag weder angenommen noch abgelehnt, so wird doch meist bis zur Bestellung eines Konkursverwalters die

Frist, in der der Antrag angenommen werden kann, abgelaufen sein. Daher wird eine Annahme aus diesem tatsächlichen Grunde meist ausgeschlossen sein. Aber auch rechtlich gehört die Möglichkeit der Annahme des Antrags nicht zu den Vermögensstücken, die auf den Konkursverwalter übergehen, d. h. zur Masse gehören. Der Konkursverwalter kann hiernach also anscheinend auch rechtlich nicht annehmen. Die Frage ist jedoch in England bisher noch nicht entschieden.

In den *Vereinigten Staaten* dürfte dasselbe wie in England anzunehmen sein.

3. Zusammenfassung.

3. Nach alledem läßt sich der geltende Zustand wie folgt zusammenfassen.

a) Vertragsschluß vor Konkurseröffnung.

a) Wenn der Vertrag vor der Konkurseröffnung über das Vermögen einer Partei zustandekommt, ist er für und gegen die Masse wirksam. Damit er vom Konkursverwalter beachtet werden muß, ist also erforderlich, daß vor Konkurseröffnung die Annahme nach englischem Recht abgesendet und nach den meisten kontinentalen Rechten empfangen oder zur Kenntnis genommen ist.

b) Einfluß der Konkurseröffnung auf schwebende Vertragsverhandlungen.

b) Wird d(Konkurs eröffnet, bevor der Vertrag zustande gekommen ist, so gil. Verschiedenes, je nachdem ob der Anbietende oder der Empfänger der Offerte in Konkurs fällt.

Konkurs des Anbietenden.

Fast alle Länder, in denen die Offerte bindend ist, folgern daraus, daß der Tod und das Geschäftsunfähigwerden des Offerenten die Offerte nicht berühren (vgl. oben § 11). Aber für den Konkursfall hat man das entgegengesetzte Prinzip angenommen. Der Empfänger kann die Offerte nicht mehr annehmen, wenn der Konkursverwalter an Stelle des Offerenten getreten ist *(Deutschland, Österreich*; das Gegenteil gilt grundsätzlich in *Skandinavien,* auch in der *Schweiz* scheint Oser das Gegenteil anzunehmen). Natürlich wird der Fall in den Ländern, in denen die Offerte widerruflich ist und der Tod des Offerenten den Vertragsschluß hindert, ebenso gelöst.

Konkurs des Empfängers der Offerte.

Die andere Frage ist die, ob der Konkursverwalter eine dem Gemeinschuldner vor Konkurseröffnung gemachte Offerte annehmen kann. Kein Recht gibt eine einheitliche Lösung, vielmehr wird der Wille des Offerenten ausgelegt. Einige Länder (so *Österreich* in § 26 Abs. 2 des Konkursgesetzes) haben die Vermutung aufgestellt, daß der Konkursverwalter eine solche Offerte annehmen kann; in anderen Ländern wiegt die entgegengesetzte Ansicht vor.

Überall ist zweifelhaft, ob in den Fällen, in denen der Vertragsschluß durch den Konkurs einer der Parteien verhindert wird, der Vertrag mit dem Gemeinschuldner selbst im Rahmen des ihm verbliebenen Vermögens geschlossen werden kann.

4. Schlußfolgerungen.

4. Wegen des engen Zusammenhangs der Frage mit der Ausgestaltung des Konkursrechts kann es zweifelhaft erscheinen, ob sie überhaupt in einem Einheitsentwurf zu berühren ist.

Immerhin sind drei Regeln unbedenklich:

1. Wenn der Vertrag nach den Grundsätzen des Entwurfs einmal zustande gekommen ist, so ist er im Falle nachträglicher Konkurseröffnung für und gegen die Masse voll wirksam.

2. Ein Angebot des Gemeinschuldners ist für den Konkursverwalter nicht bindend.

3. Ob der Konkursverwalter eine dem Gemeinschuldner gemachte Offerte annehmen kann, ist eine Frage ihrer Auslegung.

§ 16.

B. Form und Beweis des Abschlusses.

1. Rechtsvergleichende Übersicht.

a) Formfreiheit.

1 a) Keine besondere Form besteht für den Kaufvertrag in *Deutschland, Österreich,* der *Schweiz* und in den *skandinavischen* Ländern, sowie in *Schottland* (S. G. A. sect. 4 [4]; Gloag Contracts, p. 191 ff.). In den *anglo-amerikanischen* Rechten und im *französischen* Recht sowie in seinen Tochterrechten ist zwar auch grundsätzlich die Formfreiheit anerkannt, es bestehen jedoch, abgesehen von *Portugal* und den *Niederlanden* Ausnahmen.

b) Beschränkungen: Romanischer Rechtskreis.

b) Der *französische* Code civil (Art. 1341) schließt für Verträge über mehr als 500 Franken den Zeugenbeweis aus. Es handelt sich hier nicht um eine eigentliche Formvorschrift, sondern um eine bloße Beweisbeschränkung, die aber indirekt wegen der sonst bestehenden Unklagbarkeit zur Formwahrung zwingt. In zwei Punkten ist sie erheblich eingeschränkt. Für den Handelskauf ist der Zeugenbeweis, wenn ihn das Gericht annehmen zu können glaubt, zulässig (C. com. Art. 109) und ebenso in Zivilsachen, sofern ein Beginn des Schriftbeweises vorliegt (C. civ. Art. 1347 Abs. 1), d. h. irgendeine schriftliche Aufzeichnung des Belangten oder seines Vertreters, durch die die behauptete Tatsache wahrscheinlich wird (C. civ. Art. 1347 Abs. 2).

Mit einigen Ausnahmen, so *Portugal* (C. civ. Art. 1589, 2506 ff), *Peru*[1]), wohl auch *Mexico* C. civ. Art. 2316 und (seit 1923) den

[1]) J. J. Calle, Código Civil anotado 1928 p. 822 ff.

Niederlanden, die keinerlei Form- und Beweiserfordernis aufstellen, folgen die *romanischen* Rechte dem französischen Vorbild: In Zivilsachen ist, wenn nicht der Anfang eines Schriftbeweises vorliegt [1]), der Zeugenbeweis unzulässig bei Verträgen, die folgende Wertgrenzen übersteigen:

Belgien C. civ. Art. 1341, 1347: 150 Franken,
Griechenland ZPO. Art. 300 Abs. 1, 304 n°. 3, 305: 200 Drachmen,
Italien C. civ. Art. 1341, 1347: 2000 Lire,
Rumänien C. civ. Art. 1191, 1197: 150 Lei,
Argentinien C. civ. Art. 1227 (1193): 200 Pesos,
Brasilien C. civ. Art. 141: 1000 Milreis,
Chile C. civ. Art. 1710 Abs. 1, 1711: 200 Pesos,
Bolivien C. civ. Art. 930: 250 Pesos,
Columbien C. civ. Art. 1767 (mit Novellen): 500 Pesos,
Costa Rica C. civ. Art. 752, 757 n°. 1 : 250 Pesos,
Ecuador C. civ. Art. 1699, 1701: 160 Sucre,
Nicaragua C. civ. Art. 2423, 2483 Abs. 2, 2428 n°. 1 : 8 Cordobas,
Panama C. civ. Art. 1103: 500 Balboas,
Uruguay C. civ. Art. 1595, 1598: 200 Pesos,
Venezuela C. civ. Art. 1414 Abs. 1, 1419: 2000 Bolivares.

Beim Handelskauf ist der Zeugenbeweis zugelassen nach Ermessen des Gerichts in

Belgien C. com. Art. 25,
Griechenland ZPO. Art. 304 n°. 1, HGB. Art. 109 n°. 7,
Italien C. com. Art. 44,
Rumänien C. com. Art. 46,

und allgemein in

Chile C. com. Art. 128,
Ecuador C. com. Art. 168,
Panama C. com. Art. 246,
Venezuela C. com. Art. 134.

Wertgrenzen, die den Zeugenbeweis, abgesehen vom Falle des angefangenen Schriftbeweises ausschließen, finden sich dagegen auch für den Handelskauf in

Argentinien C. com. Art. 209 Abs. 2, 3: 200 Pesos,
Brasilien C. com. Art. 123: 400 Milreis [2]),
Nicaragua C. com. Art. 111 h: 100 Cordobas,
Uruguay C. com. Art. 193: 200 Pesos.

In *Spanien* (C. civ. Art. 1280 Abs. 2) wird für Zivilkäufe über 1500 Peseten Schriftform gefordert, jedoch ist eine Klage auf Erfüllung der Form zulässig (C. civ. Art. 1279); hierfür kann der Ab-

[1]) Argentinien, Bolivien und Panama machen für den angefangenen Schriftbeweis keine Ausnahme von der Unzulässigkeit des Zeugenbeweises.

[2]) Das gilt offenbar weiter, obwohl im Zivilrecht die Grenze auf 1000 Milreis festgesetzt worden ist, immerhin ist das streitig, vgl. Carvalho de Mendonça VI 1 n°. 205 p. 188. N. 1.

schluß des Vertrages durch Zeugen bewiesen werden (C. civ. Art. 1244, dazu Manresa VIII p. 572). Handelsgeschäfte sind formfrei, Zeugenbeweis ist aber bei Verträgen über 1500 Peseten nur als Ergänzung angefangenen Schriftbeweises zulässig (C. com. Art. 51). *Costa Rica* (C. com. Art. 184 f.) fordert für Handelskäufe über 100 Pesos und auf Messen und Märkten über 300 Pesos Schriftform als Wirksamkeitsvoraussetzung.

Das neue *russische* Recht schließt sich dem romanischen System an und läßt bei Verträgen über 500 Goldrubel nur den Schriftbeweis zu. Für Verträge von Behörden oder öffentlichen Unternehmungen mit Privaten, die 1000 Goldrubel übersteigen, und zwischen Behörden und öffentlichen Unternehmungen untereinander, die 3000 Goldrubel übersteigen, ist notarielle Abfassung gefordert (ZGB. Art. 136, 137).

Anglo-amerikanischer Rechtskreis.

Im *englischen* Recht [1]) bestimmt sect. 17 des Statute of Frauds von 1677 (29 Car. 2, c. 3), daß kein Kaufvertrag über Waren zu einem Preise von 10 Pfund oder darüber als „good" angesehen werden kann, wenn kein memorandum in writing desjenigen vorliegt, gegen den die Klage erhoben wird. Diese Bestimmung findet sich auch im S. G. A. sect. 4 und im Unif. S. A. sect. 4, jedoch mit der Folge: "shall not be enforceable by action". Nach der heute herrschenden Meinung berührt das Fehlen des memorandum nicht die Vertragsgültigkeit (validity) und steht nur der Klage aus dem Vertrag, dem remedy, entgegen (enforceability). Die Beweisvorschrift greift nicht ein, wenn der Käufer einen Teil der gekauften Waren angenommen oder ein Angeld oder einen Teil des Preises gezahlt hat. Die Gerichte haben ihre Tragweite auch durch Auslegung der Erfordernisse des memorandum erheblich eingeschränkt. Es muß zwar die Namen der Parteien, den Gegenstand der Verpflichtung und die consideration erwähnen. Es braucht jedoch nicht bei Abschluß des Vertrages errichtet und dem anderen Vertragsteil ausgehändigt zu werden. Eine bloße Notiz des Beklagten reicht aus. Auch wird keine handschriftliche Signatur erfordert, ein Aufdruck oder ein Firmenstempel genügt, Jones v. Joyner (1900) 82 L.T.Rep. 768, Benjamin p. 259. Aber der Name muß derart erwähnt werden, daß er den ganzen Vertrag beherrscht [2]); und selbstverständlich muß das Schriftstück den endgültigen Geschäftswillen ergeben.

[1]) Chalmers p. 23 ff.; Godwin v. Francis (1870) L.R. 5 C.P. 295; 39 L.J.C.P. 121; McBlain v. Cross (1871) 25 L.T. 804; Rheinstein in unserer Z. 4. 69.

[2]) Johnson v. Dodgson (1837) 2 M. & W. 653; 150 E.R. 918; 6 L.J.Ex. 185.

Deshalb kann als memorandum in writing auch das Original eines Telegramms gelten [1]), während im französischen Recht das Telegramm in Zivilsachen keinen vollen Beweis schafft, sondern nur als commencement de preuve angesehen wird.

In den Staaten des *British Empire* gelten Bestimmungen, die S. G. A. sect. 4 entsprechen. Verschiedenheiten bestehen jedoch hinsichtlich der durch den Statute of Frauds festgesetzten Höhe des Vertragswertes. Sie beträgt in

Alberta	$ 50	North West Territories of Canada	$ 50
British Columbia	$ 50	Nova Scotia	$ 40
British Guayana	$ 48	Ontario	$ 40
Gibraltar	250 Peseten	Prince Edward's Island	$ 30
Hongkong	$ 100	Saskatchewan	$ 50
Isle of Man	£ 5	Zanzibar-Protectorate	100 Rupien.
Manitoba	$ 50		
Newfoundland	$ 50		
New Brunswick	$ 40		

In Ceylon gilt die Formvorschrift für alle Verträge ohne Berücksichtigung des Vertragswerts.

Ebenso weichen auch die Vorschriften der *Vereinigten Staaten* hinsichtlich der Höhe des Betrages voneinander ab, und zwar auch in den Staaten, die den Uniform Sales Act angenommen haben. Die Grenzwerte betragen in

Alabama $ 500
Alaska $ 500
Arkansas $ 30
Arizona $ 500
California $ 500
Colorado $ 50
Connecticut $ 100
Georgia $ 50
Hawaii $ 100
Idaho $ 500
Illinois $ 500
Indiana $ 500
Kentucky $ 500
Maine $ 500
Maryland $ 50
Massachusetts $ 500
Michigan $ 100
Minnesota $ 50
Mississippi $ 50
Missouri $ 30
Montana $ 200
Nebraska $ 500
Nevada $ 200 (Unif. Sales Act; dagegen $ 50 nach Act concerning Conveyances)
New Hampshire $ 500
New Jersey $ 500
New York $ 50
North Dakota $ 500
Ohio $ 2500
Oklahoma $ 50
Oregon $ 50
Pennsylvania $ 500
Rhode Island $ 500
South Carolina $ 50
South Dakota $ 500
Tennessee $ 500
Utah $ 500
Vermount $ 50
Washington $ 50
Wisconsin $ 50
Wyoming $ 50.

---

[1]) Chalmers p. 28, Godwin v. Francis (1870) 5 C.P. 298; 39 L.J.C.P. 121; Restatement sect. 66.

In Florida und Iowa gilt das Erfordernis bei jedem Kaufvertrag. Umgekehrt gilt es überhaupt nicht in Delaware, Kansas, New Mexico, North Carolina, Texas, Virginia, West-Virginia.

Insbesondere: telegraphischer Abschluß in Latein-Amerika.

In *Spanien* und in *Südamerika* gelten für den telegraphischen Vertragsabschluß noch besondere Beschränkungen. Seine Wirksamkeit hängt in *Spanien* (C. com. Art. 51), *Mexiko* (C. com. Art. 80), *Peru* (C. com. Art. 51) von einer vorgehenden schriftlichen Parteivereinbarung ab, nach der die telegraphische Korrespondenz die vertragliche Verpflichtung begründen soll. In *Honduras* (C. com. Art. 84) und *San Salvador* (C. com. Art. 74) läßt erst die Bestätigung des Telegramms die Verpflichtung entstehen; in *Honduras* hat der telegraphische Abschluß auch dann Rechtswirkungen, wenn er vom Telegraphenbüro als authentisch bescheinigt worden ist.

2. Bedürfnis nach allgemeiner Anerkennung der Formlosigkeit.

2. Die Verschiedenheit der Formvorschriften führt im internationalen Privatrecht zu erheblichen Schwierigkeiten, da auch die Qualifikation der einzelnen Vorschriften als materielle oder prozessuale im Ausland anders ausfallen kann als im Land, das sie erlassen hat [1]). Ferner ist z. B. der telephonische Abschluß zwischen England oder Nordamerika und den andern Staaten von der Gefahr bedroht, daß der Empfänger einer Bestellung sich vom Vertrage loslöst, wenn er sich darüber keine Aufzeichnung gemacht hat. Auch das Telegramm, das der Besteller nachschickt, wenn die telegraphische Bestätigung des Ferngesprächs ausbleibt, vermag ihm keine Sicherheit zu geben, da es des memorandum des Gegners bedarf.

Aus England wird zu den Auswirkungen des Statute of Frauds sect. 4 S.G.A. berichtet, daß diese Vorschriften äußerst unpopulär sind. In einem gewöhnlichen Streitfall würde ein Kaufmann als unehrenhaft gelten und seinen geschäftlichen Ruf erheblich schädigen, wenn er sich auf diese Vorschriften beriefe; vielmehr instruiert die Partei ihren Anwalt häufig, daß sie von solcher Verteidigung abzusehen wünscht. Die Formvorschriften liefern eher zusätzliche Streitbehelfe, z. B. bei Anfechtung des Geschäfts wegen Betrugs des Gegners und schneiden dann den Prozeß ab. Aber unbedenkliche Händler entziehen sich mit diesem Mittel in der Tat ihren Ver-

---

[1]) Vgl. Walker, Internationales Privatrecht 5. Aufl. 234, 206; Frankenstein, Internationales Privatrecht I (1926) 370; Rabel, unsere Z. 5, 259 ff.; Westlake, Private International Law 7. Aufl. p. 294; Dicey, Conflict of Laws, 5. Aufl. 1932 p. 855; Weiß, Traité V (1913) 509; Neuner, Privat- und Prozeßrecht (1925) 185 ff.; Sinn der internationalprivatrechtlichen Norm 1932 S. 117 ff.; M. Schoch, Klagbarkeit, Prozeßanspruch und Beweis im Licht des internationalen Rechts, Leipzig 1934.

trägen. Es hat daher längst nicht an Vorschlägen zu einer Reform gefehlt (W. Holdsworth, History of English Law VIII p. 48; Winfield in Salmond-Winfield, Law of Contracts p. 141). Ein offenbar recht konservativer Praktiker zitierte (1901) nach langer Kasuistik den Ausspruch von Lord Chief Justice Campbell "I shall rejoice, when this statute goes. It does more harm than good; it promotes fraud rather than prevents it, and introduces distinctions which are not productive of justice" und schloß sich ihm mit den Worten an: "In every sentence of the learned Judge, if I may be permitted to say so, I acquiesce, and I regret that any man or set of men, in attempting to prepare a code of commercial law for the great and honourable people of this land, should have re-enacted principles so distasteful to justice, and so hurtful to the whole community as this section. Gentlemen, you never reform anything in England unless you have a sort of volcanic action" [1]).

In diesem Punkt darf daher gehofft werden, daß auch die englische Tradition keine Widerstände gegen die Einführung voller Formlosigkeit bewirken wird. In den Vereinigten Staaten ist dies erst recht anzunehmen. Im französischen Rechtskreis zeigt das Handelsrecht eine zunehmende Neigung in dieselbe Richtung.

3. Abschluß durch Telegramm.

3. Während in den meisten Ländern Telegramme entweder infolge des Prinzips der Formlosigkeit oder als Urkunden für die Erklärungen genügen, bestehen in ***Frankreich, Spanien*** und den ***lateinamerikanischen*** Staaten Hindernisse verschiedener Natur (oben 1 b). In ***England*** spielt das Statute of Frauds hier eine geringere Rolle.

Die Vorschrift von ***Honduras,*** daß vom Telegraphenamt bescheinigte Telegramme rechtswirksam sind, führt auf den tragenden Grund für die Unwirksamkeit des nicht eigens vereinbarten telegraphischen Vertragsschlusses in ***Spanien.*** Es ist mir in der Tat in Madrid versichert worden, daß der Grund in der Ungewißheit besteht, ob eine solche Bescheinigung über die im Telegraphenamt eingereichte Urschrift zu erhalten ist.

Um dieses Bedenken zu beseitigen, würde sich ein internationales Übereinkommen empfehlen, wonach der Aufgeber eines Telegramms Anspruch auf eine beglaubigte Abschrift hat. Dann würde dem dringenden Bedürfnis nach telegraphischem Geschäftsabschluß Genüge geschehen können. In Deutschland sind übrigens niemals Schwierigkeiten bekannt geworden.

[1]) Willis, Contract of Sale of Goods, 3. Aufl. (Hibbert) 1929 p. 110.

4. Abschluß durch Fernsprecher.

4. Auch der telephonische Abschluß bringt für die Parteien gewisse Gefahren, indem keine der Identität des Gegners und der Absprache völlig sicher sein kann; aber keine einzige nationale Gesetzgebung hat es für nötig gehalten, deswegen den telephonischen Abschluß besonderen Formvorschriften zu unterwerfen, eine Haltung, die sich der Entwurf zu eigen machen muß.

Das *deutsche* Gesetzbuch § 147 enthält nur den Satz, daß der Vertragsschluß mittels Fernsprechers als Abschluß unter Anwesenden aufzufassen ist, d. h., daß das Angebot im Zweifel sofort angenommen werden muß, ebenso *Österreich*: aBGB. § 862, *Schweiz*: OR. Art. 4, *Polen*: OR. Art. 63 § 2, *amerikanisches* Restatement sect. 65, *Brasilien* C. civ. Art. 1081.

Man streitet darüber, wo der Abschlußort bei telephonischen Vereinbarungen liegt. Ein französisches Gericht (Angers Trib. com. 23. 9. 1904, D.P. 1905. 5. 15) hat einmal angenommen, daß derjenige, der die telephonische Verbindung herstellen lasse, sich damit zum Gegner begebe, sodaß dessen Wohnort als Abschlußort anzusehen sei. Im allgemeinen wendet sich die Theorie gegen diese Lösung und wendet insoweit die allgemeinen Grundsätze des Vertragsabschlusses unter Abwesenden an (vgl. hierüber Josserand II n°. 54).

In den Prozessen liegt das Schwergewicht häufig auf der Frage, warum die übliche Bestätigung des telephonischen Abschlusses ausgeblieben ist. Von England bemerkt Gutteridge: Die Beweislage einer Partei ist sehr gestärkt, wenn sie beweisen kann, daß sie umgehend dem anderen Teil unter Wiedergabe des nach ihrer Meinung Gesagten geschrieben hat. Einen rechtlichen Zwang aber, zur Vermeidung der Nichtigkeit den Abschluß zu bestätigen, hat auch die Verkehrssitte nicht geschaffen, unten 5.

5. Bedeutung der Form.

5. Es bedarf nur kurzer Erwähnung, daß selbstverständlich sich die Formlosigkeit nur insofern als Ziel der Rechtsentwicklung ergibt, als das G e s e t z von sich aus keine Form erfordert und den Beweis des Abschlusses den jeweiligen allgemeinen Beweisregeln der Prozeßordnungen überläßt. Dies ergibt zwei Grenzen.

Einerseits: Die Parteien können unter sich eine bestimmte Form vereinbaren (gewillkürte Form, BGB. § 127).

So findet sich in den L i e f e r b e d i n g u n g e n sehr häufig die Bestimmung, daß Verträge nur gültig sein sollen, wenn sie vom Verkäufer oder gar von beiden Teilen schriftlich bestätigt sind. Das ist von Bedeutung, wenn die Bedingungen dem Käufer schon vor Geschäftsabschluß, etwa bei der Offerte, mitgeteilt waren. Doch kann von solcher Bestimmung auch wieder durch Vereinbarung abgewichen werden, und so entscheidet die deutsche Rechtsprechung, daß trotz derartiger Klauseln auch nicht bestätigte Verträge wirksam sind, wenn aus dem Verhalten der Parteien, insbesondere einem Anfang der Erfüllung hervorgeht, daß sie sich ernstlich daran gebunden halten. Noch häufiger sind in den Formularen Bestimmungen, wonach sogen. Nebenabreden, also Vereinbarungen über besondere Erfüllungsweisen oder -fristen, überhaupt Abweichungen vom Inhalt der Formulare, nur gelten sollen, wenn sie schriftlich bestätigt sind. Das erhöht die Sicherheit der Beweisführung über den Vertragsinhalt. Aber auch hier macht die Rechtsprechung die gerechtfertigte Einschränkung, daß eine Partei sich nicht nachträglich unter Hinweis auf den Formmangel einer Zusage entziehen kann, auf die sich die andere nach den Umständen des Falles verlassen durfte. Eine generelle Regelung solcher Fragen ist nicht tunlich; ihre Entscheidung darf getrost weiter der Praxis überlassen bleiben.

Auch unabhängig von solchen Formbestimmungen ist es unter Kaufleuten, wovon soeben die Rede war, üblich, auf einen mündlichen, telephonischen oder telegraphischen Abschluß eine schriftliche Bestätigung folgen zu lassen. Doch scheint diese Gewohnheit noch nicht zu der Anschauung der Beteiligten geführt zu haben, daß der Vertrag ohne solche Bestätigung unwirksam sei. In den Gutachten deutscher Handelskammern über die in den einzelnen Geschäftszweigen herrschenden Handelsbräuche wird die Wirksamkeit vielmehr fast durchweg bejaht, und Ishizaki, der die Frage für den internationalen Seidenhandel bisher am sorgfältigsten untersucht hat (I p. 129 ff.) kommt dort zu ähnlichen Ergebnissen. Von einem gewohnheitsrechtlichen Erfordernis der schriftlichen Bestätigung kann also einstweilen nicht die Rede sein.

Andrerseits ist eine gewisse Strömung außerhalb der romanischen Länder vorhanden, die sich gegen das Übermaß des Zeugenbeweises richtet und die Bestimmungen der romanischen Länder als ein Beispiel heranzieht, wie man den Zeugenbeweis zugunsten des Urkundenbeweises einschränken kann. Indessen hat diese Ansicht bisher keinerlei Erfolge aufzuweisen[1]), und würde sie selbst durchdringen, so würde sie doch nicht „materielle Beweisvorschriften" hervorbringen, wie im französischen Recht, sondern entweder Formvorschriften, die schwerlich auf Handelssachen erstreckt würden, oder neue Prozeßvorschriften, die ohnedies vorbehalten bleiben.

---

[1]) Gegen sie als Gefährdung der ungewandten Vertragschließenden neuestens H. Lange, Deutsche Notar-Zeitschrift 34 (1934) 897. In ähnlichem Sinn schon Rühl und Fragistas, Beitr. z. zivilproz. Beweisrecht, Berlin 1929.

Anhang zum Teil II.

Der Kaufrechtsausschuß beschloß den folgenden Entwurf, der im letzten Stadium der Beratungen noch zurückgestellt und einer späteren verallgemeinernden Bearbeitung vorbehalten worden ist (vgl. unsere Z. 9, 45).

Formation des contrats

Section I. — L'offre

Article 1. Les sollicitations adressées à des personnes indéterminées (annonces de journaux, réclames, affiches, etc.) ne sont pas considérées comme des offres soumises aux dispositions des articles suivants.

Article 2. Si un délai a été fixé pour l'acceptation, l'offre lie l'offrant jusqu'à l'expiration de ce délai. Cependant la révocation de l'offre est valable si elle parvient au destinataire avant l'offre ou en même temps que l'offre.

Le délai fixé est celui dans lequel l'offrant doit recevoir l'acceptation de son offre, et non celui dans lequel cette acceptation doit être expédiée à son adresse.

Article 3. Si aucun délai n'a été fixé pour l'acceptation, l'offre peut toujours être révoquée, à condition que la révocation parvienne au destinataire avant qu'il ait expédié son acceptation.

L'offre devient caduque si le destinataire ne l'a pas acceptée dans un délai correspondant à un temps raisonnable de réflexion.

Article 4. Toute offre expédiée reste valable si son objet le permet, même quand, après l'expédition, l'offrant meurt ou devient incapable de contracter.

Section II. — L'acceptation

Article 5. L'acceptation d'une offre peut toujours être révoquée tant qu'elle n'est pas parvenue à son destinataire.

Article 6. L'incapacité ou la mort de l'une des parties survenant entre l'émission et la réception de l'acceptation sont sans influence sur la validité du contrat.

Article 7. L'acceptation tardive d'une offre est considérée comme une offre nouvelle.

Est également considérée comme une offre nouvelle toute acceptation qui comporte des additions, limitations ou autres modifications apportées à l'offre.

Article 8. Quand une acceptation expédiée en temps utile parvient tardivement à l'offrant par suite de circonstances anormales, celui-ci doit signaler ce retard à l'acceptant dès qu'il en a connaissance et au plus tard au moment où il reçoit l'acceptation; sinon celle-ci est considérée comme étant parvenue en temps utile.

Article 9. L'acceptation doit être expresse; cependant il peut résulter des rapports d'affaires existant entre les parties ou de leur conduite que le silence du destinataire soit considéré comme une acceptation de l'offre.

Article 10. Les conditions générales d'affaires adoptées par l'une des parties ne deviennent obligatoires pour l'autre que si celle-ci les a expressément acceptées, ou si son silence doit être considéré comme une acceptation conformément à l'article 9.

III. Teil.

Allgemeines über die Kaufvertragspflichten.

§ 17.

I. Das System der Pflichten.

1. Haupt- und Nebenpflichten.

1. Überall kennt man als Pflichten der Kaufparteien die Verschaffung der Sache und die Zahlung des Kaufpreises. Es sind ihre typischen Hauptpflichten, wobei man aber auf der Seite des Verkäufers auch die ihm hinsichtlich der Rechtsübertragung obliegenden Pflichten einbegreifen muß. Es bringt nun zwar keine sachliche Neuerung, aber eine theoretische Klärung und praktische Vervollständigung, daß die neuere deutsche Rechtslehre den Begriff von Nebenpflichten entwickelt hat. Als solche sind anzusehen die mannigfaltigen Obliegenheiten des Verkäufers zur Vorbereitung und Ermöglichung des richtigen Angebots, wie Beschaffung, Bereitstellung, Aufbewahrung, Versendung, Auswahl eines Transportmittels oder Zufuhr der Ware; auf der Seite des Käufers die Pflicht, sich Geld oder ein Bankakkreditiv zu beschaffen. Sie begleiten aber auch die Erfüllung, wie Versicherung, Anzeigen an den Käufer von erheblichen die Lieferung betreffenden Ereignissen oder von zu beachtenden Eigenschaften der Ware. Besondere Vertragsabmachungen, z. B. daß an andere Abnehmer nicht geliefert werden darf oder der Käufer außerhalb eines Bezirks nicht weiterverkaufen dürfe, begründen ebenfalls akzidentelle Pflichten.

Verschiedene solche Pflichten werden in den Kaufgesetzen und in den allgemeinen Bestimmungen der Obligationenrechte benannt. Ihre erschöpfende Aufzählung ist aber gar nicht denkbar. Ihre vollste Berücksichtigung ermöglichen einerseits das *anglo-amerikanische* und das *skandinavische* Recht, weil sie von dem allgemeinen Begriff des Vertragsbruchs ausgehen; andererseits das heutige deutsche Rechtssystem, weil es in Vervollkommnung des BGB. die Gesamtheit der Vertragspflichten einschließlich ihrer Ergänzung „nach Treu und Glauben mit Rücksicht auf die Verkehrssitte" (BGB. §§ 157, 242) überschaut und regelt. Auf die Nebenpflichten wird in einzelnen hervorragenden Punkten,

z. B. bei der Frage der „Schlechterfüllung", im übrigen bei der Frage ihrer allgemeinen Regelung zurückzukommen sein.

2. Verschulden beim Vertragschluß.

2. Die Aufdeckung der Nebenpflichten hat in Deutschland unter andern Folgen bewirkt, daß weit über die im Gesetz enthaltenen Fälle hinaus die einst von Ihering konstruierte Haftung wegen Verschuldens im Vertragsschluß zur Anerkennung gelangte. Insbesondere haftet danach der Teil, der während der Vertragsverhandlungen eine ihm nach Treu und Glauben obliegende Pflicht zur Aufklärung des andern Teils verletzte (RGZ. **120**, 251 in allerdings zu weiter Fassung). Diese Lehre ist eine äußerst wichtige Ergänzung des Vertragsrechts geworden; denn zu ihm, nicht zum Deliktsrecht, ist sie zu rechnen. Ansätze zu den gleichen Ergebnissen bieten alle Rechtsordnungen. Es wird aber genügen, die Stellung dieser Neuerungen innerhalb des deutschen Systems anzugeben (unten § 24, 1). Im übrigen ist auf diesen Gegenstand nicht einzugehen, da dem engeren Bereich des Kaufrechts nur vereinzelte Fragen zugehören.

§ 18.

II. Die Nichterfüllung der Pflichten.

Die systemtragenden Begriffe.

Dem Rechtsvergleicher ordnet sich die Mannigfaltigkeit der heutigen schuldrechtlichen Systeme am wirksamsten, wenn er von den beiden Begriffen der Leistungshindernisse und der Forderungsverletzung ausgeht. Diese Begriffe sind zumeist in den Rechtslehren nicht klar herausgearbeitet, liegen aber gewissermaßen auf dem Grunde der Rechtssätze.

1. Leistungshindernisse.

1. Die Zivilgesetzbücher von ***Frankreich*** C. civ. Art. 1148 und ***Italien*** C. civ. Art. 1126 beschreiben ganz richtig die zufällige Unmöglichkeit der Leistung als Zufall, infolge dessen der Schuldner „verhindert worden ist" (a été empêché) zu geben oder zu tun. Die einseitige Betonung der Unmöglichkeit in allen Rechten und die zu weitgehende Ausbildung dieses Begriffs im ***deutschen*** BGB. haben nur verkennen lassen, daß die Unmöglichkeit nicht um ihrer selbst willen, aus angeblichen logischen Gründen, die Obligation vernichtet, sondern daß sie dies deshalb tut und nur insofern tun sollte, als sie den Schuldner in einer ihm nicht zurechenbaren Weise behindert [1]).

[1]) Ich muß ohne näheres Eingehen auf meine Schriften verweisen: Festschrift für Bekker 1907 S. 171 ff.; RheinZ. 3 (1911) S. 467 ff.; Festschrift zur Jahrhundertfeier des österr. aBGB. 1911, II S. 821 ff. Ich glaube behaupten zu dürfen, daß die damals aus einer Untersuchung der römischen Entwicklung und aus der

Zahlreiche Mängel der Gesetze und Doktrinen sind hierauf zurückzuführen [1]). Im Krieg hat man sich allgemein dieser Erkenntnis nicht mehr verschließen können. Zweierlei namentlich fand Beachtung. Einerseits sah sich die Rechtsprechung und Gesetzgebung in vielen Ländern zu der Anerkennung gezwungen, daß Hemmnisse, die nicht eine Unmöglichkeit der Leistung bewirken, aber sie in besonderem Maße erschweren, doch als Befreiungsgründe mindestens in Betracht kommen. Auf der anderen Seite kam es überall in der Welt besser zum Bewußtsein, daß die praktischen Folgen der Nichterfüllung der Art der Hindernisse angepaßt werden müssen, ähnlich wie es das deutsche BGB. in der Unmöglichkeitslehre durchführt, aber auf breiterem Gebiet und in einer noch reichhaltigeren Abstufung. Man kann nämlich nicht davon absehen, zu unterscheiden, ob und wann das neue Ereignis die Leistung vereitelt, ob es in einem Willensentschluß des Schuldners zur Vertragsverletzung besteht, ob in seinem eigenen Handeln oder dem anderer und welcher Personen usw. Ferner ergibt sich mit diesem Begriff eine breite Einteilung der die Obligation von vornherein und der sie nachträglich beeinträchtigenden Umstände.

2. Forderungsverletzung.

2. Sorgt die Unterscheidung der Leistungshindernisse für die erforderliche Gruppierung der Fälle, so bedürfen wir umgekehrt eines umfassenden Begriffs für alle Fälle, in denen der nichterfüllende Schuldner auf Grund des Vertrags verantwortlich gemacht wird. Das *anglo-amerikanische* Recht besitzt einen solchen Begriff: „Vertragsbruch" (breach of contract) und ist daher in der Lage, die Verletzung aller Pflichten erschöpfend zu sanktionieren, weniger allerdings, die Pflichten selbst scharf zu analysieren. Auch die *Pandektenlehre* hat von ihrem Prinzip aus, daß der Schuldner immer auf Schadenersatz haftet, wenn er schuldhaft nicht erfüllt, eine Einheitlichkeit hergestellt. Dieses Prinzip hat noch heute ein großes Herrschaftsgebiet; es gilt z. B. auch in *Dänemark* mit derselben umfassenden Tragweite.

Dazu gesellen sich in den *romanischen* Gesetzbüchern allgemeinere Bestimungen über „Nichterfüllung der Obligation".

Rechtsvergleichung gewonnenen Ansichten durch die Erfahrungen im Kriege eine überwältigende Bestätigung erhalten haben. Der Text nennt zwei Hauptergebnisse.

[1]) So die unsachgemäße Nichtigkeit des Vertrages wegen anfänglicher objektiver Unmöglichkeit (unten 3) im Widerspruch z. B. zur Gültigkeit des Vertrags bei nachfolgender zu vertretender Unmöglichkeit.

Frankreich C. civ. Art. 1184 Abs. 1, 1147;
Italien C. civ. Art. 1165, 1225;
Spanien C. civ. Art. 1124;
Brasilien C. civ. Art. 1056;
Franz.-ital. Entwurf Art. 47.

Entgegengesetzt hat das *deutsche* BGB. die Haftung des Schuldners nur in den zwei getrennten Gruppen behandelt: „Unmöglichkeit" und „Verzug", durchaus nicht ohne Grund gerade diese Leistungshindernisse hervorhebend, aber doch empfindliche Lücken lassend. Es wurde daher für nötig gehalten, in einer dritten Gruppe der sog. „positiven Vertragsverletzungen" die Nichterfüllung in allen in sich ganz verschiedenartigen Fällen zusammenzufassen[1]). Aber diese Mängel sind heute erkannt und durch Lehre und Rechtsprechung so weit gebessert, daß die deutsche Zivilistik jetzt ein nicht mehr lückenhaftes und überaus reiches System der Haftung des Schuldners besitzt. Als grundlegender Begriff erwies sich hierbei eben der der Forderungsverletzung. Auch in den romanischen Ländern ist „violation du contrat" kein unbekannter Ausdruck. Dieser Terminus hat für die kontinentalen Länder vor dem englischen des Vertragsbruchs den entscheidenden Vorzug, daß er auf die Pflichten hinweist. Die Pflichten aber sind im Gegensatz zu England regelmäßig mit Klage auf Leistung geschützt, nicht nur durch Schadenersatzanspruch. Auch ist es eine Pflicht, die verletzt sein muß, wenn ein Verschulden vorliegen soll, da dieses schuldhafte Pflichtverletzung ist. Zugleich hat dieser Begriff selbstverständlich auch für die anglo-amerikanischen Länder so großen Wert, daß er dort schon jetzt nicht verkannt wird.

Auch das *skandinavische* Recht hat in seinem „Verzug" einen recht umfassenden Ausdruck (s. unten 5), der sich aber zur Verallgemeinerung für andere Rechte schon deshalb nicht eignet, weil der Name auf dem Kontinent für engere Tatbestände verwendet wird. Andererseits begreift er doch eine Reihe von Pflichtverletzungen nicht ein.

Um alle Rechtsordnungen und alle Fälle der Haftung zu erfassen, dürfen wir uns daher des Begriffs der Forderungsverletzung bedienen.

3. Anfängliche Leistungshindernisse.

3. Abgesehen von den allgemeinen Erfordernissen an die Geschäftsfähigkeit und die Willenserklärung der Parteien (Form, Erklärung, Wille, Vertragsschluß) ist der Schuldvertrag vermöge seines

---

[1]) Hier wird es sich um die Nebenpflichten des Verkäufers handeln, deren Verletzung in Deutschland als „positive Vertragsverletzung" gilt, unten § 65.

Inhalts von Anfang an nichtig bei Verstoß gegen ein gesetzliches Verbot, falls es lex perfecta sein will, oder gegen die guten Sitten.

Anfängliche Unmöglichkeit.

Endlich bewirkt die zur Zeit des Vertragsschlusses bestehende objektive Unmöglichkeit der Leistung nach einem Dogma, das aus einer historisch falschen Verallgemeinerung der römischen Stipulationslehre hervorging [1]), die Nichtigkeit des Vertrags.

So allgemein *Deutschland* BGB. § 306,
Schweiz OR. Art. 20,
England Smith-Gutteridge, p. 648,

für aus dem Verkehr gesetzte Sachen

Frankreich C. civ. Art. 1128,
Österreich aBGB. § 880
u. a.

oder für die anderen Urbeispiele der vor dem Verkauf untergegangenen Sache u. dgl.

Preuß. ALR. I 11 § 39,
Sächs. BGB. § 793,
Frankreich, C. civ. Art. 1601,
England, S. G. A. sect. 6,
Ver. Staaten Unif. S. A. sect. 7.

Hingegen bietet das *österr.* Gesetzbuch § 923 an einer Stelle der Gewährleistungslehre einen Anhaltspunkt für die Gültigkeit des Vertrags über eine untergegangene Sache, da der Verkäufer für haftbar erklärt wird [2]). In *England* ist die Nichtigkeit nach dem überlieferten allgemeinen Prinzip des Common Law sehr beachtlich eingeschränkt auf Leistungen, deren Erfüllung dem natürlichen Lauf der Dinge zuwiderläuft oder auf Grund von beiden Parteien bekannten Tatsachen rechtlich unmöglich ist, sowie auf solche Leistungen, deren Möglichkeit als von den Parteien bei der Bindung als vorausgesetzt unterstellt wird [3]).

Das *deutsche* BGB. § 307 mildert die viel zu scharfen Folgen der Nichtigkeit des Vertrags, indem es den Vertragsteil, der die Un-

---

[1]) Rabel, Les origines de la règle: impossibilium nulla obligatio, Mélanges Gérardin, (1907) 473.

[2]) Der Entwurf des Subkomitees 1909 § 189 wollte diese Worte „... wer eine nicht mehr vorhandene Sache (als die seinige veräußert)" streichen; hiergegen Rabel, Festschrift z. Jahrhundertfeier des öst. aBGB. (1911) II 830; die Worte blieben darauf in der Teilnovelle erhalten, so daß ihre Bedeutung im Sinne des Textes anerkannt ist.

[3]) Jenks § 294, 296. Couturier v. Hastie (1856) 25 II L.J. Exch. 253. Dies ermutigte mich zu den Postulaten meiner Schriften von 1907. Über die weitere Entwicklung der englischen Lehre s. Rheinstein, Struktur S. 183 ff. [anders neuerdings Reu, Die Unmöglichkeit der Leistung im anglo-amerikanischen Recht, Stuttgart 1935 S. 72 ff.].

möglichkeit kennt oder kennen muß, zwar nicht den Erfüllungsschaden, aber das sog. negative Interesse schulden läßt. Ebenso die *schweizerische* Praxis mit etwas schwankender Verwertung der Haftung wegen culpa in contrahendo (BGE. **35** II 308; **36** II 203). Die Rechtsprechung geht gelegentlich weiter, indem sie eine stillschweigende Garantie des Verkäufers annimmt; so beim Verkauf angeblich schwimmender Ware Hamburg, SeuffA. 65 n°. 160; vgl. RG. SeuffA. 75 n°. 9, Staudinger (Werner) § 306, 2 a a. E.; Oser OR. Art. 20, Anm. 11. Auch sonstige Unterscheidungen werden gemacht, auf die hier nicht einzugehen ist. Das *skandinavische* Kaufgesetz hat den Versuch gemacht, in seinem umfassenden Begriff Verzug alle anfänglichen Leistungshindernisse mit den nachträglichen zusammenzuordnen. Daher mußte man den § 21 auch auf die anfängliche Unmöglichkeit beim Spezieskauf anwenden, was aber gar nicht durchführbar ist. Die Schriftsteller machen daraus das Beste, indem sie lehren: der Verkäufer habe das Erfüllungsinteresse zu bezahlen, wenn er beim Abschluß des Kaufs wußte oder wissen mußte, daß Umstände vorliegen, welche mit Gewißheit oder allem Anschein nach die Möglichkeit der Erfüllung ausschließen würden. Ferner schuldet er das Erfüllungsinteresse, wenn er als Garant der Erfüllung anzusehen ist; eine Garantie findet Almén im Falle ursprünglicher objektiver Unmöglichkeit näherliegend als bei einer nachfolgenden [1]). Von dieser sicherlich zu allgemeinen Behauptung abgesehen ist der Grundsatz sicher zu billigen. Auf den Gattungskauf wendet man den § 24 unmittelbar an. Hiernach ist der Verkäufer grundsätzlich schadenersatzverpflichtet und nur in den nicht häufigen Fällen davon befreit, daß objektive Unmöglichkeit vorliegt und ihr Grund vom Verkäufer nicht in Rechnung gezogen werden mußte [2]). Die allen Leistungshindernissen gemeinsamen Züge treten in dieser Auffassung gut hervor.

Der Kaufrechtsentwurf wird sich aber wenigstens für das erste überhaupt nicht mit der ursprünglichen Unmöglichkeit zu befassen haben. Die meisten gesetzlichen Bestimmungen über diese Lehre sind sehr wenig glücklich angelegt. Die Unmöglichkeit als solche ist eben kein Grund, den ganzen Vertrag einschließlich der Verpflichtung zum Schadenersatz wegen Nichterfüllung zu vernichten, und sie könnte überhaupt am richtigsten gewürdigt werden, indem man sich fragt, ob der Irrtum einer oder beider Parteien über die

[1]) Almén I 324/6; [3] 304/6.

[2]) Almén I 339; [3] 320. Beispiele daselbst.

Möglichkeit der Leistung zur Aufhebung des Vertrags führen soll. Außerdem dürfen absurde aber von törichten Parteien ernst gemeinte Verträge als nichtig angesehen werden, weil sie keinen Rechtsschutz verdienen, und dahin gehören ja die viel nachgeahmten römischen Quellenbeispiele des Versprechens, einen Hippocentaurus oder das Forum Romanum zu geben. Diese Gesichtspunkte[1]) sind beide in der englischen Lehre zu erkennen. Eine gefestigte Form fehlt aber auch ihr. Der Gegenstand hat eine über das Warenkaufrecht weit hinausragende theoretische und eben für das Warenkaufrecht eine recht geringe praktische Bedeutung. Seine Ausscheidung aus der Vereinheitlichung ist daher zu empfehlen, und auf die bestehenden Schwierigkeiten wird demnach nicht eingegangen.

Doch ist ein kurzer Überblick über die Vorschriften für den Fall teilweiser ursprünglicher Unmöglichkeit unentbehrlich; sie haben eine besonders nahe Beziehung zu den Regeln für nach folgende Teilhindernisse.

Wann die Unmöglichkeit eine teilweise ist, bestimmt sich nicht mechanisch, sondern nach der Brauchbarkeit des Restes, den Zweck des Vertrages noch teilweise zu erfüllen. Dieser Rechtsgedanke findet im französischen Recht, C. civ. Art. 1218, besonders deutlichen Ausdruck: L'obligation est indivisible, quoiqe la chose ou le fait qui en est l'objet soit divisible par sa nature, si le rapport sous lequel elle est considérée dans l'obligation ne la rend pas susceptible d'exécution partielle.

Ist die Leistung hiernach so teilbar, daß sie teilweise erbringbar bleibt, so wird zumeist, je nach den zu vermutenden Absichten der Parteien zur Zeit des Vertragsabschlusses geurteilt, ob der Vertrag zum Teile aufrecht bleibt.

Deutschland BGB. § 306 in Verbindung mit § 139; im Zweifel ist der ganze Vertrag nichtig.
Schweiz OR. Art. 20 Abs. 2 und
Österreich aBGB. § 878 S. 2; im Zweifel bleibt der Vertrag zum Teile gültig.
China BGB. §§ 246, 111.

Die gleiche Auffassung herrscht in der *englischen* Rechtsprechung. Sie neigt unter dem Eindruck des römischen Rechts (Dig. 18, 1, 44) dazu, die Leistung und damit auch das Vertragsverhältnis als unteilbar anzusehen. So wurden im Fall Barrow v. Phillips & Co.[2]) 700 Sack Nüsse, im Fall Behrend & Co. v. Produce

[1]) Näheres Rabel, Festschrift für Bekker, S. 56.—58. Gegen § 306 BGB. siehe schon Titze, Unmöglichkeit S. 237 f.; dazu HRW. VI, 235.

[2]) (1929) 98 L.J.K.B. 193.

Brokers Co.[1]) 200 Tonnen Baumwolle als nicht teilbare Leistung angesehen, so daß die Unmöglichkeit des einen Teils Nichtigkeit des ganzen Vertrages zur Folge hat.

Nach *französischem* C. civ. Art. 1601 Abs. 2 ist es dagegen nicht Gegenstand richterlicher Prüfung, ob der Vertrag als ohne den nichtigen Teil abgeschlossen gilt, sondern der Käufer entscheidet, ob der Kauf im ganzen als erledigt zu betrachten oder ob der noch mögliche Teil zu liefern ist. Demnach kann der Käufer von sich aus jede teilweise Unmöglichkeit zum Anlaß nehmen, um vom Vertrag loszukommen.

Ebenso *Italien* C. civ. Art. 1461 Abs. 2,
Ver. Staaten Unif. S. A. sect. 7 (2).

Das *skandinavische* Kaufgesetz läßt auch diesen Fall in seiner umfassenden Lehre vom „Verzuge" aufgehen. Nach § 21 Abs. 2 ist der Käufer berechtigt, den ganzen Kaufvertrag aufzuheben, wenn der unmöglich gewordene Teil der Leistung von wesentlicher Bedeutung ist, sonst muß er den möglichen Teil gegen einen entsprechend verringerten Kaufpreis annehmen [2]).

Anfängliches Unvermögen.

Bleibt die Rücksicht auf die anfängliche objektive Unmöglichkeit der Leistung im weiteren Verlauf der Arbeit beiseite, so gebührt vollends auf unserem Gebiet der subjektiven Unmöglichkeit (Unvermögen) keine Beachtung, da sie gar keinen Einfluß auf die rechtliche Behandlung des Kaufvertrags haben darf. Nur die falsche Betonung der objektiven Unmöglichkeit hat in einer weiteren Übertreibung es dahin gebracht, daß manche Schriftsteller in dem ursprünglichen Unvermögen des Schuldners einen Anlaß zu besonderen Aufstellungen oder gar zur Behauptung, der Kaufvertrag sei nichtig [3]), gefunden haben. Ist der Verkäufer von Anfang an nicht imstande, einen Spezieskauf auszuführen, z. B. weil er eine fremde Sache verkauft hat, die der Eigentümer nicht hergibt, so wird der normale Ablauf der Dinge immer der sein, daß beim Eintritt der Erfüllungszeit der Verkäufer verantwortlich erscheint, und zwar passenderweise gar nicht wegen einer „Unmöglichkeit" — wie es allerdings das derzeitige deutsche System mit sich bringt[4]) —, son-

[1]) (1920) 90 L.J.K.B. 143.

[2]) Vgl. Almén I 312, 314.

[3]) Über die eigenartige Behandlung des Verkaufs einer fremden Sache im Code civil Art. 1599 siehe geschichtlich Rabel, Haftung des Verkäufers I S. 267 ff. und rechtsvergleichend den Artikel des Instituts im Rechtsvergl. Handwörterbuch IV S. 749, 750, § 17 II 2.

[4]) Nach einer Meinung immer, nach der anderen Meinung nur, wenn bewiesen wird, daß der Dritte zur Veräußerung der Sache nicht gewillt ist.

dern wegen Verzuges. Es ist von dem Unvermögen mit Recht gesagt worden, daß es in der Regel als behebbar erscheint. Aber es gibt allerdings eine Reihe von Fällen, wo man dem Gläubiger es zugestehen kann, falls er den Beweis der sicheren künftigen Nichterfüllung führen kann, vorzeitig den Vertrag zu liquidieren. Dies könnte auf verschiedenen Wegen erreicht werden, so auch, indem man den Fall mit dem sogenannten vorzeitigen Vertragsbruch zusammenstellt.

Wir gehen also in allem Folgenden von der Unterstellung aus, daß der Vertrag gültig geschlossen worden ist. Dagegen haben wir allerdings die Umstände einzubeziehen, die beim Vertragsbeginn im Keim oder in vorgeschrittener Entwicklung vorliegen, sofern sie die anfängliche Gültigkeit des Vertrages nicht beeinträchtigen. Es ist einer der bedeutsamsten Anhaltspunkte, wenn nicht überhaupt der wichtigste Anknüpfungspunkt für die Entscheidung über die Pflichten der Kontrahenten, ob sie beim Vertragsschluß mit bestimmten Gefahren zu rechnen hatten, seien es künftig erst eintretende, seien es solche, die sich in Umrissen abzeichneten oder nur als möglich erschienen.

4. Nachträgliche Leistungshindernisse.

4. Im weiteren wird vorausgesetzt, daß die Obligation gültig begründet ist. Es ist innerlich gerechtfertigt, die nach diesem Zeitpunkt des gültigen Vertragsschlusses entstehenden Störungen grundsätzlich von den anfänglichen Hindernissen zu unterscheiden. Denn ist der Vertrag geschlossen, so gilt der Grundsatz „pacta sunt servanda“. Der Schuldner hat die durch den Vertrag übernommenen Pflichten zu erfüllen und steht dafür ein, wenn er sie nicht erfüllt. Es ist die Ausnahme, daß infolge eines Leistungshindernisses der Schuldner befreit wird, d. h. daß er weder zur Leistung noch zu einem Ersatz verpflichtet ist.

Die Leistungshindernisse zerfallen demnach in solche, die die Haftung des Schuldners auslösen und solche, die den Schuldner befreien. Der Sprachgebrauch des deutschen BGB. scheidet in diesem Sinne die Fälle der Unmöglichkeit und der Verzögerung in solche, die vom Schuldner „nicht zu vertreten“ sind — Befreiung — und solche, die „zu vertreten“, zu verantworten, dem Schuldner zuzurechnen (imputables) sind. Den Kreis der Zurechenbarkeit ziehen die staatlichen Rechte verschieden, wie zu zeigen sein wird. Er umfaßt aber überall mindestens die vom Schuldner oder seinen Hilfspersonen verschuldete Nichterfüllung. Universell ist auch die Beweislast des Schuldners dafür, daß die Nichterfüllung ihm nicht zurechenbar ist,

Deutschland BGB. §§ 282, 285,
Österreich aBGB. § 1298,
Tschechoslowakei, unsere Z. 8, 485 n°. 10,
Polen OR. Art. 239,
Schweiz OR. Art. 103 Abs. 2, 106 Abs. 1,
Frankreich C. civ. Art. 1147, 1302 Abs. 3,
Italien C. civ. Art. 1225, 1298 Abs. 3,
Niederlande B. W. Art. 1280, 1480 Abs. 3,
Spanien C. civ. Art. 1183,
Chile C. civ. Art. 1671, 1547 Abs. 3,
Skandinavien Kaufges. §§ 23/24,
England Rules of Supreme Court, Order 19, Rule 15,
Franz.-ital. Entwurf Art. 96,

freilich mit Abweichungen im einzelnen.

Die Folgen der Nichterfüllung überhaupt orientieren sich, mehr oder weniger ausgesprochen, am deutlichsten im *englischen* Recht nach der Wichtigkeit, die der nicht erfüllten Pflicht im Rahmen des Vertragszwecks zukommt. Ist sie „wesentlich" (essential), so führt sie zur Vertragsaufhebung. Jede Pflichtverletzung endlich begründet einen Schadenersatzanspruch, und die Verletzung einer wesentlichen Pflicht den Anspruch auf Schadenersatz wegen Nichterfüllung des ganzen Vertrags.

5. Begriff des Verzuges.

5. Im *Pandektenrecht* verstand man unter Verzug des Schuldners (mora debitoris) in einem weiteren (objektiven) Sinn jede nicht rechtzeitige Erbringung einer noch möglichen Leistung und im „technischen", „subjektiven" Sinn die vom Schuldner verschuldete Verzögerung [1]). Nur der letztere Begriff ist vom *deutschen* BGB. § 285 aufgenommen worden, ebenso z. B. in *Brasilien* C. civ. Art. 963. Nicht deutlich war die Stellung des *allgemeinen deutschen HGB.*[2]). In *Frankreich* und *Italien* wird der Ausdruck demeure

---

[1]) Windscheid, Pandekten II § 276.

[2]) In Österreich wird allgemein angenommen, daß das allg. HGB. Art. 354, 355 den „Verzug" nicht näher umschreibe, und daher seit der 3. Teilnovelle der Rücktritt auch bei unverschuldeter Verzögerung gemäß aBGB. § 918 gewährt. Gedachte das allg. HGB. wirklich, es dem Landesrecht völlig zu überlassen, was Verzug ist? Das Gesetz gibt doch im Falle des „Verzugs" das Wahlrecht zwischen „Erfüllung nebst Schadenersatz wegen verspäteter Erfüllung", Selbsthilfeverkauf bezw. Schadenersatz wegen Nichterfüllung, Abgehen vom Vertrage; der Wortlaut legt es nahe, daß der Tatbestand einheitlich, also Verzug für Rücktritt und Verzug für Schadenersatz ein und dasselbe ist. Die Protokolle geben aber keine Auskunft. Puchelt Komm. II, 258 läßt Usance oder Landesrecht entscheiden, wann Verzug eintritt, und kann sich dafür auf ROHG. **8**, 76; **10**, 234; **11**, 77 ff. u. a. berufen. ROHG. **7**, 387 forderte ohne weiteres schuldhafte Verzögerung. Es handelte sich aber immer um Schadenersatz. Für den Ausschluß von

(mora) in schwankender Bedeutung verwendet[1]), da die Gesetze keinen festen Begriff dieses Namens haben. Die gesetzliche Regelung der Klage auf Vertragsaufhebung nämlich

Frankreich C. civ. Art. 1184, 1610, 1611,
Italien C. civ. Art. 1165,
Spanien C. civ. Art. 1124,
Brasilien C. civ. Art. 1092 § unico,
Franz.-ital. Entw. Art. 47,

spricht nicht von Verzug, sondern von Nichterfüllung der Verbindlichkeiten oder Nichtlieferung zur vereinbarten Zeit (C. civ. franç. Art. 1610); der zugrundeliegende Begriff ist der „objektive Verzug". Das Erfordernis des Verschuldens tritt dabei erst für die Verpflichtung zum Schadenersatz auf (C. civ. Art. 1147, 1148). Anläßlich des Rückfalls der Gefahr an den Verkäufer, C. civ. Art. 1138, wird von demeure in zweifelhaftem Sinn gesprochen. Auch das *österr.* aBGB. § 918 spricht nur davon, daß die Leistung nicht zur gehörigen Zeit erfolge; der herrschende Sprachgebrauch hält sich aber trotzdem seit langem recht nahe zum deutschen.

Dagegen ist der objektive Begriff allgemein im *schweizerischen* OR. zugrundegelegt, vgl. besonders Art. 102, 105, 107 f.[2]).

Ganz anders verhalten sich die *skandinavischen* Kaufgesetze §§ 21 Abs. 1, 23, 24. Hier ist „Verzug" (schwed. dröjsmål) auf seiten des Verkäufers durch jede nicht rechtzeitige Leistung begründet, nicht nur durch irgendwelche, auch unverschuldete Verzögerung der möglichen Leistung, sondern sogar auch eine Nichterfüllung, die auf Unmöglichkeit beruht, und zwar anfängliche oder nachträgliche, vom Verkäufer verschuldete oder unverschuldete, sofern das Leistungshindernis bloß nicht auf seiten des Käufers liegt[3]).

Das *anglo-amerikanische* System kennt den Begriff des Verzugs gar nicht.

Diese Verschiedenheiten sind hauptsächlich terminologischer Art, machen es aber allerdings unratsam, in der internationalen Rechtssprache den Ausdruck „Verzug" für einen grundlegenden Begriff zu verwenden. Man unterscheidet sprachlich besser nur: Nicht-

---

Verzug und Schadenersatzpflicht durch zufällige Unmöglichkeit hat das ROHG. 7, 387; 8, 234 ff.; 10, 293 stets auf die Landesrechte (sächsisches, preußisches, badisches oder gemeines Recht) zurückgegriffen. Zuletzt war im gemeinen Recht Streit. Sonst wurde, abgesehen vom französischen Recht, durchweg subjektive mora gefordert, Mot. z. BGB. S. 60.

[1]) Alberto Montel, La mora del debitore, Padova 1930, p. 235 ff.

[2]) v. Tuhr, OR. S. 538.

[3]) Almén I 263; [3] 249.

erfüllung, nicht rechtzeitige Erfüllung, zu vertretende Nichterfüllung und Befreiung, und soweit es erforderlich ist, Unmöglichkeit und „Verzögerung" (retard, delay).

Sachlich ergeben sich aus der Verschiedenheit der Begriffsbildung Gegensätze in der technischen Ausgestaltung der Rechtssätze, mitunter aber auch in den Lösungen [1]).

§ 19.

III. Das Synallagma.

1. Genetisches und funktionelles Synallagma.

1. Seit Bechmann [2]) nennen wir genetisches Synallagma die Erscheinung bei den gegenseitigen Verträgen, daß die Verpflichtung des einen Teils in Verbindung mit der Gegenverpflichtung entsteht, demnach bei Ungültigkeit der andern nicht entsteht. Funktionelles Synallagma heißen wir die Verknüpfung der beiden Verpflichtungen in ihrem Verlaufe. Ihr stärkster Ausdruck ist die Einrede des nicht erfüllten Vertrages, die seit den italienischen Legisten als exceptio non adimpleti contractus aus den römischen Quellen abgeleitet wird. Ein anderer Ausfluß des funktionellen Synallagmas ist das Dahinfallen der Verpflichtung des einen Teils, wenn die Gegenverpflichtung des andern vereitelt wird, ohne daß der erste es zu verantworten hat.

In der grundsätzlichen Anerkennung des Synallagma sind alle Rechtsordnungen einig.

Deutschland BGB. §§ 320—324.
Österreich aBGB. 1052, 1062.
Schweiz OR. Art. 82, 83.
Skandinavien Kaufges. §§ 14—16.
England S. G. A. sect. 28.
Ver. Staaten Unif. S. A. sect. 42.

Die angelsächsischen Gesetze erklären dies in der Form, daß Besitzübergabe und Preiszahlung concurrent conditions sind.

Die romanischen Gesetze bringen das Gegenseitigkeitsverhältnis anläßlich einzelner Fragen zum Ausdruck, so beim Ausschluß des Verzugs, wenn der Gegner nicht richtig erfüllt,

Spanien C. civ. Art. 1100 Abs. 3,
Argentinien C. civ. Art. 544 (510),
Chile C. civ. Art. 1552,

und namentlich durch die stillschweigende Resolutivbedingung der

[1]) Vgl. unten § 47 und § 53 (einstweilige zufällige Unmöglichkeit).
[2]) Bechmann, Der Kauf nach gemeinem Recht I (1876) S. 542.

beiderseitigen Erfüllung (nach dem Vorbild von C. civ. franç. Art. 1184).

2. Reihenfolge der Leistungen.

2. Aus dem Gegenseitigkeitsverhältnis der Verpflichtungen folgert man allgemein die grundsätzliche Gleichzeitigkeit der beiderseitigen Leistungen. Ihr geschichtlicher Grund ist die Erinnerung an das Barkaufsystem, in welchem der Kauf mit der sofortigen Leistung „Zug um Zug" notwendig verbunden war.

Deutschland BGB. § 320 Abs. 1 S. 1,
Schweiz OR. Art. 184 Abs. 2,
England S. G. A. sect. 28,
Ver. Staaten Unif. S. A. sect. 42,
Frankreich Colin et Capitant II n°. 90.

Abweichungen ergeben sich durch Parteiabreden und Handelsbräuche. Für den in den internationalen Beziehungen so wichtigen Versendungskauf insbesondere ist die Regel durch einen wichtigen Handelsbrauch zurückgedrängt, nach welchem der Verkäufer vorleistungspflichtig ist. Der Käufer hat erst zu zahlen, wenn die Ware beim Empfänger eintrifft und er die je nach Lage des Falls ausreichende Gelegenheit gehabt hat, sie auf ihre Fehlerfreiheit zu untersuchen.

So in *Deutschland* die ständige gerichtliche Praxis. Der Verkäufer muß die Ware vor Bezahlung absenden (RG. Bolze, 11, 203 n°. 406), am Bestimmungsort die Besichtigung gestatten (ROHG. **13**, 187) und die Ware anbieten (ROHG. **13**, 168, 170). Er braucht aber ihre Auslieferung erst Zug um Zug gegen Bezahlung zuzulassen (ROHG. **12**, 275; **18**, 319; Bamberg LZ. 1909, 160, n°. 2; Staub-Gadow, Anh. zu § 372, Anm. 46; Düringer-Hachenburg (Werner), Anm. 14 zu § 346.

Der gleiche Grundsatz galt schon im *angelsächsischen* Common Law und ist auch unter der Herrschaft der Sales Acts aufrechterhalten (Rolfe B. in Startup v. Macdonald (1843) 6 Man & G. 593 (610); 134 E. R. 1029; Biddell Bros. v. Clemens Horst Co. [1911] 1 K. B. 934 (945, 951, 956); Williston § 448 a, Newmark & Co. v. Smith (1915) 26 Cal. App. 339; 146 Pac. 1064; Fore v. Plant Seed Co. (1921) Mo. App. 232 S. W. 169.

Die Literatur des *französisch-italienischen* Rechtskreises zeigt eine gewisse Unsicherheit, vgl. insbesondere Gasca n°. 859 ff.

Eine vorteilhaftere Rechtsstellung kann der Verkäufer sich durch die Nachnahmeklausel sichern, die die Besichtigungsmöglichkeit ausschließt[1]), die also für den Handelskauf die Rechtslage schafft, die beim Zivilkauf unmittelbar nach dem Gesetz besteht. Gesetzliche Berücksichtigung finden die Handelsgewohnheiten in den *skandinavischen* Kaufgesetzen § 15, wonach beim Versendungskauf der Verkäufer die Ware abzusenden und dem Käufer am Bestim-

---

[1]) Ver. Staaten: „Collect on delivery", Unif. S. A. sect. 47 (3).

mungsort Gelegenheit zur Prüfung zu geben hat, ohne daß er gezwungen wäre, vor Kaufpreiszahlung die Ware dem Käufer auszuhändigen; und in den ***angelsächsischen*** Gesetzen, indem sie ein Besichtigungsrecht des Käufers ausdrücklich feststellen (England S. G. A. sect. 34 (2), Ver. Staaten Unif. S. A. sect. 47 (2)).

Für den Versendungskauf unter Kaufleuten ergibt sich also als gewöhnlicher Fall eine Vorleistungspflicht des Verkäufers, indem der Käufer erst zu zahlen hat, wenn ihm am Bestimmungsort Gelegenheit zur Prüfung der Ware gegeben ist. Die skandinavische Regel gibt dieser Reihenfolge der Leistungspflichten zweckmäßigen Ausdruck [1]).

Anderes gilt, wenn gegen Empfang der Dokumente zu zahlen ist, vgl. z. B. ***Skandinavien*** Kaufges. § 71. Zahlung gegen Dokumente gilt in ***England*** beim Cif-Kauf auch ohne ausdrückliche Vereinbarung nach Handelsbrauch (Clemens Horst Co. v. Biddell Bros. [1912] A. C. 18), in ***Skandinavien*** kann sie der Verkäufer bei Handelskäufen auch ohne Vereinbarung verlangen (Kaufges. § 16)[2]).

3. Die Einrede des nicht erfüllten Vertrages. a) Folge aus dem Synallagma.

3. a) Die unter 1. angeführten mitteleuropäisch-nordischen Gesetzesbestimmungen drücken das Gegenseitigkeitsverhältnis der Pflichten unmittelbar aus. Auch die ***anglo-amerikanischen*** Kaufgesetze formulieren vom Standpunkt der Ansprüche erhebenden Vertragsteile: Besitzübertragung an der Ware und Preiszahlung seien concurrent conditions, und folgern, jeder müsse „bereit und willens" (ready and willing) sein, zu leisten, wenn er Ansprüche geltend macht. Das *BGB.* formt zugleich eine „E i n r e d e" im technischen Sinn dieses Gesetzbuchs als Recht, die Leistung zu verweigern: § *320* „Wer aus einem gegenseitigen Vertrage verpflichtet ist, kann die ihm obliegende Leistung bis zur Bewirkung der Gegenleistung verweigern, es sei denn, daß er vorzuleisten verpflichtet ist." Das BGB. unterscheidet diese Einrede als besonders ausgebildeten Behelf vom allgemeinen Zurückbehaltungsrecht, § *273*; die erstere kann insbesondere nicht durch Sicherstellung abgewendet werden.

Im ***Code civil*** und in den ihm nachgebildeten Gesetzen findet die Einrede nur für die Lieferpflicht des Verkäufers einen klar formulierten Ausdruck; sonst ist sie im Gesetz nur für einige Einzelfälle kasuistisch vorgesehen, so für den Käufer dann, wenn die Sache mit Rechtsmängeln behaftet ist (C. civ. franç. Art. 1653). Die Praxis hat sie aber, besonders in ***Frankreich,*** seit je anerkannt, meist unter Zu-

---

[1]) Entwurf Art. 87 Abs. 2.

[2]) Vgl. im einzelnen Teil V.

hilfenahme der Rechtsfigur des allgemeinen Zurückbehaltungsrechts (droit de rétention), und in neuerer Zeit hat die exceptio non adimpleti contractus auch in die theoretische Literatur wieder Einzug gehalten, insbesondere seit R. Saleilles' Darlegungen über die allgemeinen obligationenrechtlichen Lehren des deutschen bürgerlichen Rechts, seit Cassin's Spezialwerk und seit Capitant's großer Monographie über die Cause. Auch in *Italien* zeigen sich Ansätze einer theoretischen Anerkennung.

Daß die Anerkennung des synallagmatischen Abhängigkeitsverhältnisses als lebhaftes Bedürfnis empfunden wird, zeigt auch die ausdrückliche Aufnahme der exceptio non adimpleti contractus in den *italienisch-französischen* Obligationenrechtsentwurf (Art. 48) [1].

b) Prozessuale Natur.

b) Im *gemeinen* Recht bestand über die nähere Ausgestaltung des Abhängigkeitsverhältnisses eine berühmte Streitfrage: Ist die Zahlungspflicht des Käufers bedingt durch die Lieferung oder doch mindestens die Lieferungsbereitschaft des Verkäufers, oder ist zwar die Pflicht unbedingt, der Käufer aber berechtigt, die Zahlung zu verweigern, wenn der Verkäufer selbst nicht liefert (und auch nicht lieferbereit ist)? Hinter dieser an den römischen Quellen orientierten Fragestellung verbarg sich ein Streit prozessualer Art: Muß der den Kaufpreis verlangende Verkäufer seine eigene Erfüllung (oder Erfüllungsbereitschaft) behaupten, so daß ohne eine solche Behauptung gegen den Käufer kein Versäumnisurteil ergehen kann, oder genügt zur Klagebegründung die Behauptung des Vertragsabschlusses, so daß es dem Käufer überlassen bleibt, die Nichtlieferung der Ware einredeweise, als exceptio geltend zu machen? Daß der Verkäufer seine Lieferung oder Lieferungsbereitschaft zu beweisen hat, sobald sie nur durch die Einrede des beklagten Käufers in den Prozeß eingeführt ist, stand auch für diese zweite Auffassung fest. Das *deutsche BGB.* hat sich ausdrücklich für die einredeweise Lösung entschieden; der Käufer soll — und das ist wohl angemessen — entscheiden, ob er das Abhängigkeitsverhältnis geltend machen will oder nicht. Auch in den anderen Systemen ist diese Auffassung durchgedrungen; in der *Schweiz,* obwohl der Gesetzeswortlaut eher auf das Gegenteil hinzudeuten scheint (vgl. dazu insbesondere v. Tuhr OR. S. 461 f.). So darf auch aus der ausdrücklichen Bezeichnung

[1]) Über die Einrede des nicht erfüllten Vertrages und der Unsicherheit im einzelnen vgl. auch die Darstellung der einzelnen Systeme in Teil IV, 1: § 20 I (Allg. HGB.); § 25, 1 (Deutschland); § 26 IV 1 (Österreich); § 27 I 2 (Schweiz); § 31, 1 (Frankreich, Italien); § 32, n°. 48/50 (spanisch-portugiesische Länder); § 34 I 5 (anglo-amerikanische Rechte); § 36, 3, 4; § 40, 1 (Skandinavien).

von Kaufpreiszahlung und Lieferung der Ware als concurrent conditions in den *angelsächsischen* Gesetzen kein Schluß auf die gegenteilige Anschauung gezogen werden. Diese Wendung entspricht nur der historischen Entwicklung, die die Synallagmalehre im Common Law gehen mußte [1]). Die Prozeßordnungen der meisten einzelnen Rechtsgebiete haben heute die einredeweise Geltendmachung mit Beweislast des klagenden Verkäufers vorgesehen. So insbesondere für England Rules of the Supreme Court Order 19 Rule 14.

Auch hier ist also die Rechtseinheit praktisch bereits vorhanden, freilich mit Ausnahme unangebrachter Abweichungen in der *österreichischen* Rechtsprechung.

c) Klagabweisung oder Verurteilung zur „Zahlung Zug um Zug".

c) Wird die Einrede des nichterfüllten Vertrags von dem verklagten Käufer begründetermaßen erhoben, so würde es allgemeinen Regeln entsprechen, die Klage „als zur Zeit unbegründet" abzuweisen. Das ist auch die Rechtslage in der *Schweiz* [2]) und in den *angelsächsischen* Rechten.

Anders in *Deutschland:* Hat kein Teil vorzuleisten, so wird trotz begründeter Einrede die Kaufpreisklage nicht abgewiesen, vielmehr wird der Käufer verurteilt, aber nur in bedingter Form, nämlich zur „Zahlung Zug um Zug gegen Empfang der Ware" (vgl. BGB. § 322 Satz 1). Das gleiche gilt heute grundsätzlich in *Österreich* [3]).

Auch in *Skandinavien* wird der Käufer verurteilt, den Kaufpreis gegen Empfang des Gutes zu zahlen oder dagegen, daß es ihm bereitgehalten wird, zu zahlen (Kaufges. § 12, 14) [4]).

Ähnlich hat die *französische* Praxis die Verurteilung zur Erfüllung donnant donnant, trait pour trait entwickelt.

Ein solches Urteil bedarf der Ergänzung für die Vollstreckung. In *Deutschland* muß entweder vor Beginn der Vollstreckung nachgewiesen sein, daß der Verkäufer geliefert hat oder der Käufer im Annahmeverzug ist, oder aber der Gerichtsvollzieher muß mit Beginn der gegen den Käufer gerichteten Vollstreckung ihm die vom Verkäufer geschuldete Leistung anbieten (ZPO. § 756, 765). In *Österreich* darf zum Vollzug der bewilligten Exekution erst geschritten werden, wenn der Verkäufer gleichzeitig unmittelbar oder durch Vermittlung des Vollstreckungsorgans (EO. § 25) dem Käufer die geschuldete Lieferung zu bewirken oder sicherzustellen bereit ist (EO. § 42 n°. 4). In *Skandinavien* ist es nicht erforderlich, daß

[1]) Vgl. Rheinstein, Struktur S. 192 ff.

[2]) Oser OR. Art. 82 Bem. 5 mit Berufung auf Windscheid, Pandekten § 321 N. 2.

[3]) OGH. 14. 12. 1928 Rspr. 1928 n°. 145, unsere Z. 5, 122.

[4]) Almén I 151 ff., [3] 136 ff; 161 f., [3] 155 f.

der Gerichtsvollzieher positiv tätig ist, um den Käufer in den Besitz des Gutes zu setzen, sondern es genügt, daß er feststellt, daß das Gut für den Käufer bereit gehalten wird (Almén I, 162f., [3] 156f). In Frankreich, wo die Verurteilung zur Leistung Zug um Zug eine Schöpfung der Rechtsprechung darstellt, fehlen naturgemäß ausgearbeitete gesetzliche Regeln über die Durchführung, die Praxis scheint die erforderlichen Mittel und Wege im allgemeinen gefunden zu haben.

Folgerung.

Die Verurteilung zur Leistung Zug um Zug führt also in der Zwangsvollstreckung zu gewissen Schwierigkeiten; sie beruht aber doch nicht, wie von Tuhr (OR. S. 463 N. 26) zu meinen scheint, nur auf pedantischen Erwägungen, vielmehr ist sie im Interesse der Prozeßökonomie wohl begründet. Wird die Klage des Verkäufers, weil er noch nicht geliefert hat, „angebrachtermaßen" abgewiesen, so muß er, sobald er nunmehr geleistet hat, wegen des Kaufpreises einen zweiten Prozeß führen. Beim System der Verurteilung zur Leistung Zug um Zug genügt ein einziger Prozeß, dem lediglich der in der Vollstreckungsinstanz zu erbringende Nachweis der eigenen Leistung nachzufolgen hat, ein Nachweis, der — von besonderen Fällen abgesehen — dann nicht allzu schwer ist, wenn, wie in Deutschland der Gerichtsvollzieher, in Österreich allgemein das Vollstreckungsorgan, dem Beklagten die Leistung des Klägers anbieten kann. Dieses System setzt aber notwendig besondere Vorschriften der Prozeßordnung voraus, bei uneinheitlichem Prozeßrecht — wie etwa in der Schweiz — läßt es sich nicht durchführen. Als Einheitslösung kann es daher nicht vorgeschlagen werden; ebensowenig kann man es zugunsten der Klagabweisung beseitigen. So werden also sämtliche prozessualen Fragen der Urteilsfassung und der Vollstreckung den Landesgesetzen vorzubehalten sein.

d) Wegfall der Einrede.

d) Die Einrede kommt in Wegfall, wenn der Verkäufer geliefert hat oder sich durch ein Erfüllungssurrogat endgültig befreit hat, z. B. durch Selbsthilfeverkauf.

Die Einrede ist nach richtiger Ansicht nur solange möglich, als der Verkäufer zur Lieferung verpflichtet ist, sie entfällt also, wenn seine Lieferung unmöglich geworden ist, mindestens wenn er durch Unmöglichkeit befreit ist.

4. Gestaltung bei Vorleistungspflicht des einen Teils und Annahmeverweigerung des andern Teils.

4. Hat eine Partei vorzuleisten, so kann sie die Gegenleistung an sich nicht verlangen, solange sie ihrer Vorleistungspflicht nicht nachgekommen ist. Andererseits darf ihr aber der Gegner nicht dadurch die Entstehung ihres Anspruchs vereiteln, daß er ihre Lei-

stung nicht annimmt. Dies wird vornehmlich im Falle der Nichtabnahme der Ware durch den Käufer beim Kreditkauf praktisch.

a) Erfüllungsbereitschaft.

a) Die ***angelsächsischen*** Gesetze machen daher zur Voraussetzung der Ansprüche von Verkäufer wie Käufer nicht, daß diese bereits ihrerseits erfüllt haben, sondern daß sie dazu nur „willens und bereit" sind,

England S. G. A. sect. 28,
Vereinigte Staaten Unif. S. A. sect. 42.

b) Annahmeverzug.

b) Das ***deutsche*** Recht kann sich in der Lösung dieses wie jeden Falles, wo der Schuldner die Leistung angeboten hat, des von seinem bürgerlichen Gesetzbuch scharf durchgefeilten Begriffs des „Verzugs des Gläubigers" bedienen, der dann vorliegt, wenn der Gläubiger die ihm angebotene Leistung nicht annimmt (§ 293; die folgenden §§ 294—299 behandeln ausführlich, in welcher Weise das Leistungsangebot zu geschehen hat, wobei besonders die Unterschiede zwischen Bringschuld und Holschuld, zwischen kalendermäßig bestimmtem Fälligkeitstermin und nicht in solcher Weise bestimmter Fälligkeit berücksichtigt sind). Befindet sich der Käufer im Annahmeverzug, so kann der Verkäufer den Kaufpreis verlangen; das Urteil ergeht dann auf die Einrede des Käufers gemäß BGB. § 322 Abs. 2 auf „Zahlung nach Empfang der Ware". Diese Einschränkung der Verurteilung hat aber nur formale Bedeutung. Denn der Verkäufer kann die Vollstreckung wegen des Kaufpreises betreiben, sofern er nur dem Vollstreckungsorgan den Annahmeverzug des Käufers nachweist (BGB. §§ 322 Abs. 3, 274 Abs. 2, ZPO. §§ 756, 765). Da der im Zeitpunkt des Urteils vorliegende Annahmeverzug stets aus der Verurteilung zur Leistung „nach Empfang der Gegenleistung" ersichtlich ist [1]), so bereitet dieser Nachweis keine Schwierigkeiten; die Einschränkung des Urteils hat also keine Bedeutung. Kommt der Käufer erst nach dem Prozeß in Annahmeverzug, so muß der Nachweis dafür durch öffentliche oder öffentlich beglaubigte Urkunden geführt werden, und die Vollstreckung darf nur dann beginnen, wenn dem Käufer eine Abschrift dieser Urkunde bereits zugestellt ist oder gleichzeitig mit dem Beginn der Vollstrekkung zugestellt wird.

Eine einheitliche Formulierung (auch abgesehen von der prozessualen Durchführung) wird hinsichtlich der Voraussetzungen, unter denen ein vorleistungspflichtiger Verkäufer die Zahlung verlangen kann, einige Schwierigkeiten ergeben, da der Begriff des

---

[1]) Gaupp-Stein-Jonas III zu § 726 ZPO.

Annahmeverzugs international nicht geläufig ist, andererseits unbestimmte Wendungen, wie sie die angelsächsischen Rechte enthalten, gegenüber dem deutschen Recht einen Rückschritt bedeuten würden. Es darf aber bemerkt werden, daß die in den angelsächsischen Rechten kasuistisch ausgebildeten Regeln, wann der Verkäufer zur Lieferung willens und bereit ist, in allen wesentlichen Punkten denen entsprechen, die das deutsche Gesetzbuch über das Vorliegen des Annahmeverzugs formuliert hat (vgl. im einzelnen Williston § 448). Am einfachsten wäre es, nach genügendem Angebot die Einrede für unstatthaft zu erklären.

5. Einrede der Unsicherheit.

5. Grundsätzlich ist für eine exceptio non adimpleti contractus des vorleistungspflichtigen Teils kein Raum. In einem Ausnahmefall geben aber die verschiedenen Systeme auch ihm ein Zurückbehaltungsrecht, wenn nämlich infolge schlechter Vermögensverhältnisse die Leistung des Gegners gefährdet erscheint (Einrede der Unsicherheit),

Deutschland BGB. § 321,
Österreich aBGB. § 1052 S. 2,
Schweiz OR. Art. 83.

In den Gesetzen der übrigen Rechtskreise wird das Zurückbehaltungsrecht meist nur für den Verkäufer vorgesehen, so besonders in den romanischen Rechten und in den anglo-amerikanischen und skandinavischen Kaufgesetzen,

Frankreich C. civ. Art. 1613,
Italien C. civ. Art. 1469 Abs. 2,
Spanien C. civ. Art. 1467,
Argentinien C. civ. Art. 1453 (1419),
Brasilien C. civ. Art. 1131,
Chile C. civ. Art. 1826 Abs. 4,
Skandinavien Kaufges. § 39,
England S. G. A. sect. 41 (1) (c),
Vereinigte Staaten Unif. S. A. sect. 54 (1) (c).

Im umgekehrten Falle des Pränumerationskaufs nimmt für die *skandinavischen* Gesetze Almén ohne weiteres die entsprechende Rechtslage an (I 580/1): Zurückbehaltungsrecht bei Konkurs oder bei einer die Gegenleistung gefährdenden Zahlungsunfähigkeit des Verkäufers bis zur Gegenleistung oder Sicherstellung. Ebenso hat sich die *englische* Rechtsprechung entschieden (insbesondere ex p. Chalmers (1873) L. R. 8 Ch. 289, 42 L. J. Bkcy. 37), und im Anschluß daran bestimmt in den *Vereinigten Staaten* sect. 63 (2) Unif. S. A. ausdrücklich: gegenüber der Kaufpreisklage „soll es eine Verteidigung sein, daß der Verkäufer zu irgend einer Zeit vor dem Urteil auf diese

Klage sein Unvermögen zur Erfüllung des Vertrags bekundet hat". In den *romanischen* Rechten scheint eine solche Verallgemeinerung nicht gemacht zu werden, doch gewährt Art. 1183 des französischen Code civil,

dementsprechend

Italien C. civ. Art. 1176,
Spanien C. civ. Art. 1129,
Argentinien C. civ. Art. 606 (572),

einen gewissen Schutz, wonach der Verkäufer das privilegium termini verliert, der Käufer also sofortige Lieferung verlangen kann, wenn der Verkäufer in Konkurs oder die ihm gleichstehende gerichtliche Liquidation (Gesetz v. 4. 3. 1889 Art. 8 Abs. 1) oder déconfiture[1]) gerät, oder wenn er die der Gegenpartei gestellten besonderen Sicherheiten durch eigenes verantwortliches Handeln vermindert.

a) Voraussetzungen.

a) Die den Schutz ausdrücklich regelnden Gesetze zeigen gewisse Verschiedenheiten in Voraussetzungen und Wirkungen. Während man im allgemeinen das Zurückbehaltungsrecht nur eingreifen läßt, wenn die Gefährdung der Gegenleistung auf einer nach Kaufabschluß eingetretenen Vermögensverschlechterung des Gegners beruht, gewährt das *österreichische* Gesetzbuch (in der Fassung der dritten Teilnovelle) den Schutz schon dann, „wenn die Gegenleistung durch schlechte Vermögensverhältnisse des anderen Teils gefährdet ist, die ihm zur Zeit des Vertragsschlusses nicht bekannt sein mußten". Gleiches gilt im *spanischen* Recht, dem sich einige südamerikanische Rechte angeschlossen haben. Bei einer solchen bereits im Zeitpunkt des Vertragsabschlusses bestehenden schlechten Vermögenslage des Gegners kann in *Deutschland* und in der *Schweiz* ein Anfechtungsrecht wegen Irrtums bestehen, praktisch ist man der Gewährung aber sehr abgeneigt[2]). In Deutschland verlangt man dazu mindestens, daß er sich über die Zahlungsfähigkeit seines Vertragsgegners positive falsche Vorstellungen gemacht hat, nicht bloß seine Vermögensverhältnisse nicht kannte. Ein Schutz der Parteien ist im Falle anfänglich vorhandener Vermögensschwierigkeiten auch nicht so dringend wie allerdings im Falle eines erst nach Vertragsabschluß eintretenden Vermögensverfalls und kann füglich den allgemeinen Bestimmungen der Landesrechte überlassen werden.

Mit dem *schweizerischen* Recht und einer Reihe von *romani-*

---

[1]) D. h. Zustand der Zahlungsunfähigkeit eines Nichtkaufmanns.

[2]) Vgl. v. Tuhr, OR. S. 467.

schen Rechten den Schutz auf den Fall der Zahlungsunfähigkeit oder fruchtloser Pfändung zu beschränken, erscheint zu eng. Das *deutsche, österreichische,* sowie verschiedene dem Beispiel *Chiles* folgende *südamerikanische* Rechte lassen für das Zurückbehaltungsrecht ausreichen, daß der Gegenanspruch durch eine wesentliche Vermögensverschlechterung gefährdet wird. Hierhin sind auch die *skandinavischen* und — trotz ihres Wortlauts (insolvency) — wohl auch die *angelsächsischen* Gesetze zu rechnen, die schon dann eine insolvency annehmen, wenn der Schuldner seine Schulden bei Fälligkeit nicht mehr zahlen kann, ohne daß ein act of brankruptcy noch auch eine insolvency im Sinne des Konkursrechts vorzuliegen braucht,

> *England* S. G. A. sect. 62 (3),
> *Vereinigte Staaten* Unif. S. A. sect. 76 (3).

b) Rücktritt des Einredeberechtigten.

b) Der zur Vorauszahlung Verpflichtete kann nach *deutschem* und *österreichischem* Gesetz lediglich seine eigene Leistung einbehalten, bis der andere erfüllt oder — was im Gegensatz zur normalen Einrede des nicht erfüllten Vertrags (BGB. § 320 Abs. 1 Satz 3) erlaubt wird — für die Leistung ausreichende Sicherheit stellt; dagegen kann er nicht vor Erbringung seiner eigenen Leistung auf die Gegenleistung klagen oder vom Vertrag loskommen (RGZ. **53**, 63; **54**, 358, für den Verkäufer). Die Rechtsprechung sucht im Einzelfall durch ein Rücktrittsrecht des Einredeberechtigten abzuhelfen, das stillschweigend vereinbart sein könne, für den Fall, daß der andere in Vermögensverfall gerät und sich weigert, Zug um Zug zu erfüllen oder Sicherheit zu bestellen (Hamburg OLG. Rspr. 6, 44 vgl. RGZ. **50**, 255 bes. 258). Im *schweizerischen* OR. Art. 83 Abs. 2 wird zweckmäßigerweise ausdrücklich gesagt, daß er zurücktreten kann, wenn er innerhalb angemessener Frist auf sein Begehren nicht sichergestellt wird; ebenso Panama C. com. Art. 235. Zur selben Folge kann man aber natürlich auch anderwärts je nach der allgemeinen Regelung des Rücktrittsrechts gelangen [1]).

6. Exceptio non rite adimpleti contractus.

6. Wenn der Verkäufer die Ware teilweise anbietet, so steht die Einrede des nicht erfüllten Vertrages dem Käufer grundsätzlich unverändert zu, sei es, daß er das unvollständige Angebot zurückweist, wie er regelmäßig darf [2]), sei es, daß er die teilweise Leistung als solche annimmt (sog. exceptio non rite adimpleti contractus). Der Käufer kann also immer die ganze Gegenleistung zurückhalten. Diese Einrede versagt nur, wenn ihre Geltendmachung gegen Treu

---

[1]) Vgl. unten § 50, 4 S. 387. [2]) Siehe unten § 54, 2 a S. 410.

und Glauben verstieße, was insbesondere gegenüber einem verhältnismäßig unbedeutenden Rest zutreffen kann (BGB. § 320 Abs. 2 a. E.; franz.-italienischer Entwurf 48 Abs. 2).

Das gleiche gilt, wenn der angebotenen Sache Mängel anhaften, die durch eine weitere Tätigkeit des Verkäufers behoben werden können, z. B. einzelne Teile einer gelieferten Maschine mangelhaft angestrichen sind [1]).

Genau ebenso muß der Käufer schließlich das Recht haben, wegen sonstiger Sachmängel die angebotene Sache zurückzuweisen. Darüber bestehen indessen gewisse doktrinelle Zweifel wegen der juristischen Natur der Sachmängelhaftung, daher wird bei diesen von solcher defensiven Geltendmachung der Mängelhaftung zu sprechen sein.

Die Einrede des nicht vollständig erfüllten Vertrages steht schließlich nach der deutschen Auffassung dem Käufer auch dann zu, wenn der Käufer eine unvollständige Leistung angenommen hat, die als vollständige Befriedigung angeboten worden war. Die Annahme als Erfüllung hat dann nur die Wirkung, daß die Beweislast dafür, ob ganz oder unvollständig geliefert worden ist, den Käufer trifft (BGB. § 363).

[1]) Vgl. OLG. Hamburg, OLG. Rspr. 33, 219; Reichsgericht Recht 1915 Nr. 1303.

IV. Teil.

Pflichten des Verkäufers.

In diesem wichtigsten Teil der Arbeit erwies es sich nach vielerlei Versuchen als unumgänglich, zuvörderst die Grundzüge der einzelnen Systeme jeweils im Zusammenhang vorzuführen, nachher die für den Gegenstand bedeutsamen Fragen einzeln durch die verschiedenen Systeme hindurch zu verfolgen. Freilich sind dadurch viele Wiederholungen entstanden, aber sie sind mit einigen nicht beabsichtigten Ausnahmen als Erleichterung für den Leser gemeint. Es geschieht auch in Überlegung dessen, was wohl dem Leser die verhältnismäßig geringste Unannehmlichkeit bereitet, wenn die Darstellung nicht immer der gleichen Ordnung folgt und die Länderberichte einen verschiedenen Umfang beanspruchen.

1. Abschnitt. Die Systeme.

§ 20.

Das allgemeine deutsche Handelsgesetzbuch.

Die Regelung, die das allgemeine deutsche Handelsgesetzbuch von 1861 zur Vereinheitlichung des in zahlreichen Partikularrechte zersplitterten deutschen Handelsrechts für das Recht der Handelsgeschäfte und den Handelskauf traf, ist in weitem Umfange Grundlage für die späteren Kodifikationen des deutschen bürgerlichen und Handelsrechts und des schweizerischen Rechts geworden. In Österreich als österreichisches Handelsgesetzbuch eingeführt, beherrscht das allg. HGB. noch heute unmittelbar das Recht des Handelskaufs. Die Ordnung der Verkäuferpflichten im allg. HGB. und das, was die Praxis des Reichsoberhandelsgerichts aus ihr gemacht hat, soll daher kurz skizziert werden, bevor die auf ihm fußenden Rechte einzeln dargestellt werden.

Das allg. HGB. regelt den Kauf nicht vollständig, sondern bezieht sich vielfach auf das bürgerliche Recht; so schon für den Begriff des Kaufs und für die Voraussetzungen des Verzuges. Eingehende Bestimmungen sind jedoch für die Folgen der Nichterfüllung getroffen, sodaß hier für das subsidiär geltende bürgerliche Recht nur wenig Raum bleibt.

I. Verpflichtungen des Verkäufers.

I. Mit dem Begriff des Kaufs ist auch die Feststellung der Hauptpflichten der Parteien dem bürgerlichen Recht überlassen und nur gegenüber abweichenden Bestimmungen des Preußischen Allgemeinen Landrechts (I 11 §§ 981—987) klargestellt, daß auch Geschäfte, deren Gegenstand in der Lieferung einer Quantität vertretbarer Sachen gegen einen bestimmten Preis besteht, als Kauf anzusehen sind (allg. HGB. Art. 338).

Bezüglich des Gegenstands gelten folgende Auslegungsnormen: Wenn im Vertrage über Beschaffenheit und Güte der Ware nichts Näheres bestimmt ist, so hat der Verkäufer Handelsgut mittlerer Art und Güte zu gewähren (allg. HGB. Art. 335). Maß und Gewicht bestimmen sich im Zweifel nach den am Erfüllungsort geltenden Einheiten (allg. HGB. Art. 336).

Soweit eine Partei der anderen gegenüber zur Sorgfalt verpflichtet ist, muß sie die Sorgfalt „eines ordentlichen Kaufmanns" anwenden (allg. HGB. Art. 282).

Nebenpflichten.

„Der Verkäufer ist verpflichtet, die Ware, solange der Käufer mit der Empfangnahme nicht im Verzug ist, mit der Sorgfalt eines ordentlichen Geschäftsmannes aufzubewahren" (allg. HGB. Art. 343).

„Soll die Ware dem Käufer von einem anderen Ort übersendet werden, und hat der Käufer über die Art der Übersendung nichts bestimmt, so gilt der Verkäufer für beauftragt, mit der Sorgfalt eines ordentlichen Kaufmannes die Bestimmung statt des Käufers zu treffen, insbesondere auch die Person zu bestimmen, durch welche der Transport der Ware besorgt oder ausgeführt werden soll" (allg. HGB. Art. 344). „Hat der Käufer eine besondere Anweisung über die Art der Übersendung erteilt und ist der Verkäufer ohne dringende Veranlassung davon abgewichen, so ist dieser für den daraus entstandenen Schaden verantwortlich" (allg. HGB. Art. 345 Abs. 1 Satz 2):

Die Kosten der Übergabe, insbesondere des Messens und Wägens, trägt, sofern sich nicht aus Ortsgebrauch oder besonderer Vereinbarung anderes ergibt, der Verkäufer, während den Käufer die Kosten der Abnahme treffen (allg. HGB. Art. 351).

Ort der Übergabe.

Die Lieferung hat an dem Ort zu geschehen, der im Vertrage bestimmt oder nach der Natur des Geschäfts oder der Absicht der Kontrahenten als Ort der Erfüllung anzusehen ist (allg. HGB. Art 342 Abs. 1 und 324 Abs. 1). Ergibt sich hieraus nichts anderes, so ist der

Ort maßgebend, an dem „der Verkäufer zur Zeit des Vertragsabschlusses seine Handelsniederlassung oder in deren Ermanglung seinen Wohnsitz hatte. Wenn jedoch eine bestimmte Sache verkauft ist, welche sich zur Zeit des Vertragsabschlusses mit Wissen der Kontrahenten an einem anderen Ort befand, so geschieht die Übergabe an diesem Ort" (allg. HGB. Art. 342 Abs. 2). Das allg. HGB. scheidet zwischen Versendungskauf, bei dem die Gefahr spätestens mit der Übergabe der Ware an den Spediteur oder Frachtführer oder die sonst zum Transport der Ware bestimmte Person auf den Käufer übergeht (allg. HGB. Art. 345 Abs. 1) und dem Distanzkauf, bei dem der Verkäufer „gemäß dem Vertrage die Ware an dem Ort, wohin der Transport geschieht, zu liefern hat, so daß dieser Ort für ihn als Ort der Erfüllung gilt" (allg. HGB. Art. 345 Abs. 2 Satz 1). Hier trifft den Verkäufer die Transportgefahr. „Daraus, daß der Verkäufer die Zahlung von Kosten oder Auslagen der Versendung übernommen hat, folgt für sich allein noch nicht, daß der Ort, wohin der Transport geschieht, für den Verkäufer als Ort der Erfüllung gilt" (allg. HGB. Art. 345 Abs. 2 Satz 2). Dementsprechend ist beim cif-Kauf trotz Übernahme der Versendungskosten der Bestimmungsort nicht Erfüllungsort (ROHG. **13**, 437).

Erfüllungszeit.

Ist im Vertrage über die Erfüllungszeit nichts bestimmt, so sind Umstände oder Handelsbrauch maßgebend. Im Zweifel kann die Erfüllung zu jeder Zeit gefordert und geleistet werden (allg. HGB. Art. 326).

Leistung Zug um Zug.

Grundsätzlich ist, „sofern nicht ein anderes durch die Natur des Geschäfts bedingt oder durch Vertrag oder Handelsbrauch bestimmt ist, der Kaufpreis bei der Übergabe zu entrichten", also Zug um Zug zu leisten (allg. HGB. Art. 342 Abs. 3 Satz 1). Beim Versendungskauf kann der Verkäufer nicht die Absendung der Ware, sondern nur ihre Ausantwortung am Bestimmungsort von der Zahlung des Kaufpreises abhängig machen (ROHG. **18**, 319).

II. Rechtsbehelfe des Käufers bei Nichterfüllung.

II. „Wenn der Verkäufer mit der Übergabe der Ware im Verzug ist, so hat der Käufer die Wahl, ob er die Erfüllung nebst Schadenersatz wegen verspäteter Erfüllung verlangen, oder ob er statt der Erfüllung Schadenersatz wegen Nichterfüllung fordern, oder von dem Vertrage abgehen will, gleich als ob derselbe nicht geschlossen wäre" (allg. HGB. Art. 355). Bei teilweiser Nichterfüllung kann der Käufer, „wenn sich aus den Umständen, insbesondere aus der Natur des Vertrages, aus der Absicht der Kontrahenten oder aus der Beschaffenheit des zu leistenden Gegenstandes ergibt, daß die Erfüllung des Vertrages auf beiden Seiten teilbar ist", nur in Betreff des nicht erfüllten Teils vom Vertrage abgehen (allg. HGB. Art. 359).

Das Gesetz stellt also drei Rechtsbehelfe zur Wahl: Erfüllung zuzüglich Verspätungsschadens, Schadenersatz wegen Nichterfüllung und Abgehen vom Vertrage (Rücktritt), wobei Rücktritt und Schadenersatzforderung sich anders als im französischen Recht und ebenso wie im geltenden deutschen Recht gegenseitig ausschließen.

Wahlanzeige und Nachfrist.

„Will der Käufer statt der Erfüllung Schadenersatz wegen Nichterfüllung fordern oder vom Vertrage abgehen, so muß er dies dem Verkäufer anzeigen und ihm dabei, wenn die Natur des Geschäfts dies zuläßt, noch eine den Umständen angemessene Frist zur Nachholung des Versäumten gewähren" (allg. HGB. Art. 356). Nach der Auslegung, die das Reichsoberhandelsgericht dieser Vorschrift gegeben hat, braucht der Käufer bei der Wahlerklärung eine Nachfrist nicht zu „setzen". Er muß nur nach der Wahlanzeige noch eine angemessene Frist zuwarten, eine Nachfrist „gewähren", innerhalb deren dem Säumigen die purgatio morae möglich bleibt, sodaß dieser dem Käufer noch durch Anbieten der Leistung[1]) die Ausübung des gewählten Entschädigungs- oder Rücktrittsrechts entziehen kann (ROHG. **8**, 125 [Plenum]; **9**, 323; **23**, 40). Die Nachfrist entfällt einmal, wenn die Natur des Geschäfts sie nicht zuläßt, nach der Rechtsprechung ferner aber auch dann, wenn der Säumige ernstlich die Erfüllung weigert oder erklärt, nicht erfüllen zu können (ROHG. **3**, 210; **8**, 253; **9**, 311; **10**, 163 und öfter).

Fixgeschäft.

Die Bestimmung des Art. 356 gilt nicht im Fall des Fixgeschäfts, d. h., wenn bedungen ist, „daß die Ware genau zu einer festbestimmten Zeit oder binnen einer festbestimmten Frist geliefert werden soll". Hier kann der Käufer ohne Nachfristgewährung das Wahlrecht zwischen Schadenersatz wegen Nichterfüllung und Abgehen vom Vertrage ausüben. Er braucht dazu nicht zu erklären, daß er die Erfüllung ablehne, sondern muß umgekehrt, wenn er auf der Erfüllung bestehen will, dies unverzüglich nach Ablauf der Zeit oder der Frist dem Verkäufer anzeigen, andernfalls ist der Erfüllungsanspruch ausgeschlossen (allg. HGB. Art. 357 Abs. 1).

Schadenersatz.

Wählt der Käufer Schadenersatz wegen Nichterfüllung, so kann er nach Art. 283 „Erstattung des wirklichen Schadens und des entgangenen Gewinns verlangen" (allg. HGB. Art. 283).

Schadenersatz wegen Nichterfüllung.

Schadenersatz wegen Nichterfüllung ist Ersatz des Interesses am Leistungsaustausch. Die eigene Leistung entfällt. Der Gegner hat

[1]) Offenbar samt etwaigen Verspätungschadens.

die Wertdifferenz zwischen den beiden Leistungen zu zahlen. Auch die Forderung von Schadenersatz wegen Nichterfüllung enthält somit ein „faktisches Abgehen vom Vertrage" (ROHG. **20**, *223*; **24**, 106). Der etwa schon gezahlte Kaufpreis kann auch hier wie beim Rücktritt zurückgefordert werden (ROHG. **24**, 106)[1], umgekehrt kann der Verkäufer von dem Käufer, der Schadenersatz gewählt, sich dann aber zu niedrigerem Preise als dem Vertragspreis eingedeckt hat, nicht Herauszahlung der Differenz verlangen (ROHG. **20**, *223*).

Abstrakte Berechnung.

Der Käufer kann den Schaden abstrakt berechnen: Er kann, falls die Ware einen Markt- oder Börsenpreis hat, die Differenz zwischen dem Kaufpreis und dem Markt- und Börsenpreis zur Zeit und am Ort der geschuldeten Lieferung verlangen. Das allgemeine deutsche Handelsgesetzbuch gestattete diese Berechnungsart zwar nur bei Fixgeschäften ausdrücklich (allg. HGB. Art. 357 Abs. 3), doch nahm die Rechtsprechung überall (vgl. ROHG. **3**, 95ff. und ständig vgl. **21**, *247* mit Nachweisungen) an, daß diese Schadensberechnung auch sonst im Handelsverkehr zugelassen sei.

Die abstrakte Berechnung geht davon aus, daß dem Käufer Ersatz für die Entbehrung des Vertragsgegenstandes zu leisten sei (ROHG. **14**, 8), und gewährt ihm den Preis, zu dem er sich die Ware zur Lieferungszeit am Lieferungsort hätte verschaffen können (ROHG. **11**, 183); maßgeblich ist der laufende Preis der Ware ohne Darlegung der im konkreten Fall obwaltenden Umstände (ROHG. **24**, 155). Als Regel wird angenommen, daß dem Käufer die Anschaffung der Ware zum Marktpreis möglich ist und daß diese Anschaffung ihn schadlos stellt (ROHG. **6**, *225*). Weil der Käufer sich anderweit eindecken kann, ist er in der Lage, sich den Vorteil aus einem Wiederverkauf zu verschaffen, wie wenn der Verkäufer geliefert hätte; daher ist er durch Zahlung der Differenz zwischen Marktpreis und Vertragspreis gedeckt, ein Ersatz entgangenen Gewinns kommt darüber hinaus grundsätzlich nicht in Frage (ROHG. **18**, 215).

Damit ist für die damalige klare Praxis folgendes nicht zu verwechseln. Es wird vermutet, daß der Käufer die Ware hätte weiterverkaufen können und weiterverkauft haben würde; daher erhält er den Wiederverkaufspreis und nicht nur den Anschaffungspreis zu-

---

[1]) Ebenso Puchelt, Komm. Art. 355 Bem. 6; aber streitig, a. A. v. Hahn, Komm. Art. 355 § 4, weil Ablehnung der Erfüllung und Fordern von Schadenersatz, also Festhalten am Vertrage, juristisch etwas ganz anderes sei als Abgehen vom Vertrage, als ob er nicht geschlossen wäre, vgl. dazu die Protokolle zum allg. HGB. S. 1409 f., 4594 ff.

gebilligt, um gemäß Art. 283 allg. HGB. den entgangenen Gewinn ersetzt zu bekommen (ROHG. **2**, 194; **11**, 237); freilich wurde das schon damals nicht immer deutlich vom abstrakten Schaden geschieden (vgl. ROHG. **11**, 104).

Der abstrakten Berechnung sind nicht die Preise am allgemeinen „Erfüllungsort", sondern die am Lieferungsort („Ablieferungsort") zugrunde zu legen, denn hier würde der Käufer bei Erfüllung den Wert der Leistung in seinem Vermögen gehabt haben (ROHG. **21**, 247). Hat die Ware am Lieferungsort keinen Markt, so kommen die Preise des nächsten Marktes, an dem der Käufer sich hätte eindecken können, unter Hinzurechnung der Fracht in Betracht (ROHG. **14**, 140). Auch die Heranziehung der Preise am Bestimmungsort hat das ROHG. zugelassen, jedoch unter Abzug der Kosten des Transports vom Lieferungs- zum Bestimmungsort (ROHG. **11**, 422; **24**, 332).

Da der Käufer bis zum Ablauf der Nachfrist noch Realerfüllung annehmen muß, kann er den Preisstand am Ende der Frist der Schadensberechnung zugrunde legen. Weiter aber nahm die Praxis an, da die Nachfrist keine Verlängerung der Lieferfrist sei, sondern nur zur purgatio morae gewährt werde, könne der Käufer nach seiner Wahl auch auf den Preisstand bei Verzugseintritt abstellen (ROHG. **11**, 182; **15**, 334; **17**, 255), einen etwa höheren Preisstand der Zwischenzeit dürfe er aber nicht herausgreifen (ROHG. **23**, 369).

Entsprechend kann der Käufer, der verspätete Erfüllung annimmt, den Verspätungsschaden abstrakt so berechnen, daß er die Differenz zwischen dem Marktpreis zur Zeit des Verzugseintritts und dem Marktpreis zur Zeit der erfolgten Lieferung verlangt (ROHG. **24**, 153).

Konkrete Berechnung.

In Art. 357 Abs. 3 allg. HGB. behält das Gesetz dem Käufer die Geltendmachung eines erweislich höheren Schadens vor. Dabei ist, da die Erstattung des laufenden Preises im allgemeinen zur völligen Schadloshaltung ausreicht (ROHG. **18**, 215), an Fälle gedacht, wo dies aus besonderen Gründen nicht der Fall ist, etwa weil vermöge der Quantität der zu liefernden Ware ihre Anschaffung überhaupt oder zum gewöhnlichen Marktpreis am Erfüllungsort nicht möglich ist, oder weil dem Käufer durch das Ausbleiben der Ware zur vertragsmäßigen Lieferzeit eine besonders günstige Wiederverkaufsmöglichkeit entgangen ist (vgl. ROHG. **6**, 225).

Soll der konkreten Berechnung ein Deckungskauf zugrunde gelegt werden, so muß er den Vertragsbedingungen entsprechen

(ROHG. **14,** 8) und mit der Sorgfalt eines ordentlichen Kaufmannes vorgenommen sein, regelmäßig also am Ablieferungsort oder am nächsten Ort, wo ein Markt für die Ware besteht, und alsbald nach Ablauf der etwaigen Nachfrist erfolgen (ROHG. **17,** 255; **21,** 247). Vor Ablauf der Liefer- oder Nachfrist kann der Deckungskauf in den zwei Fällen der Erfüllungsweigerung und der absoluten Unmöglichkeit der Erfüllung vorgenommen werden (ROHG. **14,** 140; **14,** 182).

Verlangt der Käufer Ersatz für entgangenen Gewinn aus einem Weiterverkauf oder für Vertragsstrafen oder Schadenersatzpflichten wegen eines bereits abgeschlossenen Wiederverkaufs, so werden an den Nachweis, daß der Schaden gerade auf der Nichterfüllung dieses Kaufgeschäftes beruht, besonders strenge Anforderungen gestellt. Der Ersatz dieses Schadens ist wegen eigenen Verschuldens des Käufers ausgeschlossen, wenn er durch einen Deckungskauf hätte abgewendet werden können (ROHG. **2,** 386; **5,** 171; **13,** 204).

Deutsches Reich.

§ 21.

I. Pflichten des Verkäufers.

1. Haupt- und Nebenpflichten.

1. „Durch den Kaufvertrag wird der Verkäufer einer Sache verpflichtet, dem Käufer die Sache zu übergeben und das Eigentum an der Sache zu verschaffen" (BGB. § 433 Abs. 1 S. 1). Das Gesetzbuch stellt also zwei Hauptpflichten des Sachverkäufers auf: Übergabe, d. h. Besitzverschaffung und Eigentumsverschaffung. Das letztere bedeutet, daß den Verkäufer nicht, wie nach römischem Recht, nur eine Garantie des Genusses trifft, sondern eine wahre Pflicht zur Verschaffung des lastenfreien Eigentums, deren Verletzung die Folgen einer teilweisen Nichterfüllung des Vertrages nach sich zieht (BGB. §§ 434—443).

Der Besitz und das Eigentum an beweglichen Sachen werden durch Einigung und Übergabe (Tradition) übertragen; als Surrogate werden brevi manu traditio, constitutum possessorium und Vindikationszession in §§ 929—931 BGB. genannt.

Ort und Zeit der Erfüllung sind in den §§ 269, 270 und 271 BGB. durch allgemeine Bestimmungen geregelt.

Außer den Hauptpflichten zur Gewährung des Besitzes und Eigentums stellt das Gesetz noch eine Reihe von Nebenpflichten auf, die uns unten (2. Abschnitt § 64) bei der Rechtsvergleichung leiten können. Eine unbegrenzte Zahl anderer Nebenpflichten ergibt sich aus der Parteivereinbarung und schon aus der Auslegung des Vertrags nach „Treu und Glauben mit Rücksicht auf die Verkehrssitte" (BGB. § 157). Die in der Anwendung des Gesetzbuches bald gewonnene Erkenntnis, daß alle derartigen Pflichten ebenfalls als vertragsmäßige Pflichten anzuerkennen sind, und die außerdem entwickelte Lehre vom Verschulden beim Vertragsschluß haben der deutschen Zivilistik äußerst wertvolle Hilfsmittel an die Hand gegeben [1]).

2. Erfüllungsanspruch.

2. Der Gläubiger hat gegenüber dem Schuldner den Anspruch auf Erfüllung der aus dem Vertrag entspringenden Pflichten. Dieser Anspruch ist die Grundlage der Lehre von den Verträgen (BGB. § 241). Er wird durch Klage und Verurteilung auf Erfüllung und durch Zwangsvollstreckung auf Herausgabe der Sache verwirklicht, ZPO. §§ 883 ff. Auf Grund eines rechtskräftigen auf Herausgabe gerichteten Urteils kann der Gläubiger übrigens nach Ablauf einer Frist ohne weitere Tatsachen, falls der Schuldner nicht durch zufällige Unmöglichkeit befreit ist, zu einer Schadenersatzklage übergehen (BGB. § 283; ZPO. § 255; RGZ. **57**, 105; **109**, 234).

§ 22.

II. Die Nichterfüllung im allgemeinen.

1. Anfängliche und nachträgliche Leistungshindernisse.

1. Das Gesetz kennt als anfängliche Umstände, die das Schuldverhältnis nichtig machen, den Verstoß gegen ein gesetzliches Verbot (BGB. § 134), den Verstoß gegen die guten Sitten (BGB. § 138) und die anfängliche objektive Unmöglichkeit (BGB. § 306). Unter dem letztgenannten Begriff versteht man den Fall, daß infolge von Umständen, die bereits bei Begründung des Schuldverhältnisses bestehen, weder der Schuldner noch ein Dritter die Leistung erbringen kann. Ist nur der Schuldner von Anfang an zur Leistung nicht imstande — „unvermögend" —, so berührt dies die Gültigkeit des Schuldverhältnisses nicht [2]). Er haftet auf Erfüllung und wegen

[1]) Vgl. oben S. 118; Kommentare zu § 157. Stoll, Arch. ziv. Prax. 136, 287 ff. und genauer über Nebenpflichten Siber bei Planck II Vorb. 3 zu §§ 275—292, S. 185 ff.; Schuldrecht S. 100 ff.; über Verschulden beim Vertragsschluß unten § 24, 1 S. 157 ff.

[2]) RGZ. **69**, 356; **81**, 61. Das Gesetz spricht hiervon nicht allgemein, behandelt aber das älteste und wichtigste Beispiel, den Verkauf einer fremden Sache, in BGB. § 440 in Verbind. mit § 433 als gültig und zur Haftung des Verkäufers wegen Nichterfüllung führend, genau wie das Vorbild der Lehre, Venulejus Dig. 45, 1, 137, 4. Vgl. auch BGB. §§ 538, 541. Die Zweifel über die Stellungnahme des Gesetzbuches, die öfter auftreten, sind also durchaus ungerechtfertigt.

Nichterfüllung aus seinem Wort[1]). Zumeist ist seine Nichterfüllung Verzug, bisweilen zu vertretende Unmöglichkeit.

2. Die der Obligationsbegründung nachfolgenden Ereignisse, die sich der Leistung entgegenstellen, werden eingeteilt je nachdem, ob sie vom Schuldner oder vom Gläubiger oder von keinem von beiden „zu vertreten" sind. Zu vertreten hat der Schuldner das eigene Verschulden und das Verschulden seiner gesetzlichen Vertreter und der Personen, deren er sich zur Erfüllung der Verbindlichkeit bedient (BGB. § 278). Verschulden ist Vorsatz oder Fahrlässigkeit, d. i. Handeln mit Außerachtlassung „der im Verkehr erforderlichen Sorgfalt" (BGB. § 276). Der Kaufmann hat bei Geschäften, die auf seiner Seite Handelsgeschäfte sind, für „die Sorgfalt eines ordentlichen Kaufmanns einzustehen" (HGB. § 347 Abs. 1); dies ist nur noch eine Spezialisierung des im BGB. enthaltenen Grundsatzes. Entsprechend steht auch der Gläubiger für seine Hilfspersonen bei einer Einwirkung auf die Leistung (BGB. § 324) ein. Bei der Bemessung des Schadenersatzes wird sein und seiner Leute mitwirkendes Verschulden berücksichtigt (BGB. § 254). *2. Zu vertretende und nicht zu vertretende Leistungshindernisse.*

Beim Versendungskauf (BGB. § 447) hat der Verkäufer lediglich die Ware richtig abzusenden; daher ist die Transportperson, der er die Ware übergibt, nicht sein Erfüllungsgehilfe (RGZ. **62**, 331; **99**, 56; **101**, 153; **115**, 164). Gehört dagegen zu den Vertragspflichten des Verkäufers nicht nur der Abschluß des Beförderungsvertrags, sondern die Beförderung der Sache selbst (Fernkauf), so haftet der Verkäufer auch für ein Verschulden des Spediteurs oder sonstigen Transportunternehmers (vgl. RGZ. **101**, 152; **115**, 162). Gelegentlich wird vorgeschlagen, auch im letzteren Fall den Verkäufer zu entlasten, falls er auf das Transportinstitut, wie Eisenbahn und Post, nicht einzuwirken vermag (Enneccerus-Lehmann § **44** II 1 c S. 173); dies ist aber nicht rechtens und mit dem Zweck solcher Verträge nicht wohl vereinbar.

Die Folge ist im groben ausgedrückt diese: Ist das Leistungshindernis vom Schuldner zu vertreten, so haftet er in näher geordneter Weise. Ist es vom Gläubiger zu vertreten, so wird der Schuldner frei und der Gläubiger hat grundsätzlich die Gegenleistung zu erbringen. Ist es von keinem Teil zu vertreten, so werden beide Teile frei.

---

[1]) Oertmann, Arch. ziv. Prax. 140 (1934) 129, 148 spricht im gleichen Sinn gegen andere Ansichten streitend von Haftung für persönliche Unzulänglichkeit und bespricht technische Einzelfragen. Daselbst reiche Literatur.

Zu beweisen hat der Schuldner, daß die eintretende Unmöglichkeit (BGB. § 282) oder die Verzögerung der Leistung (BGB. § 285) nicht von ihm zu vertreten sei. Nach richtiger, aber bestrittener Ansicht sind dies nur Äußerungen des allgemeinen Satzes, daß der Schuldner sich von der Verpflichtung durch den Nachweis eines ihn befreienden Umstandes zu entlasten hat.

3. Unmöglichkeit, Verzug und sonstige Umstände.

3. Das Gesetzbuch nennt von allen Ereignissen, die die Obligation nach ihrer Begründung treffen können, ausschließlich die Unmöglichkeit und den Verzug. Wahrscheinlich haben die Verfasser sich unter der Unmöglichkeit nach dem Vorgang von Friedrich Mommsen eine außerordentlich weitreichende Gruppe von Ereignissen vorgestellt; darunter aber wirklich alle Fälle, die nicht Verzug sind, zu bringen, hat sich längst als vollkommen undurchführbar erwiesen.

Das Gesetzbuch spricht von einer Befreiung des Schuldners nur bei der „nicht von ihm zu vertretenden Unmöglichkeit" (BGB. §§ 275, 323). Ihr zur Seite setzte aber die Rechtsanwendung die „Unerschwinglichkeit" und die Klausellehre.

Die den Schuldner haftbar machenden Ereignisse sind nach dem Gesetz die von ihm zu vertretende Unmöglichkeit (BGB. §§ 280, 325) und der Verzug (BGB. §§ 284, 326). Hinzu treten in der Weiterentwicklung des Systems die sog. positiven Vertragsverletzungen, besser genannt sonstige Forderungsverletzungen. Durch diese dritte Gruppe, die alle vom Gesetz nicht oder wenigstens nicht passend geregelten Fälle in sich begreift, ist das System wieder geschlossen.

4. Nichterfüllung und Gewährleistung.

4. Das Gesetzbuch und die weit überwiegende Lehre unterscheiden scharf zwischen den Verpflichtungen des Verkäufers zur Verschaffung des Eigentums und Besitzes einerseits und der Gewährleistung wegen Mangels der Sache andererseits. Nur auf die ersteren beziehen sich die Folgen der Nichterfüllung. Liefert der Verkäufer eine mangelhafte Speziessache, so hat er nach dem Sprachgebrauche des deutschen Rechts zwar mangelhaft erfüllt, aber doch erfüllt.

Alles dies wird an gegebenem Orte näher ausgeführt werden.

§ 23.

III. Die Befreiung des Verkäufers.

1. Unmöglichkeit.

a) Stückkauf.

1. a) Den Schuldner befreit eine nach Begründung des Schuldverhältnisses eintretende objektive und subjektive Unmöglichkeit der Leistung (BGB. § 275). Der Verkäufer ist daher z. B. beim zufälligen Untergang der verkauften Speziessache sowohl von der Erfüllungs-

pflicht als von einer Ersatzpflicht befreit. Der Käufer ist nach dem Grundsatz ebenfalls befreit (BGB. § 323), mit anderen Worten, der Verkäufer trägt bis zur Übergabe der verkauften Sache „die Gefahr des zufälligen Untergangs und einer zufälligen Verschlechterung" (BGB. § 446). Der Vertrag fällt demnach bei nachträglicher zufälliger Unmöglichkeit der ganzen Leistung dahin. Wer schon etwas zur Erfüllung geleistet hat, kann es nach den Vorschriften über die ungerechtfertigte Bereicherung zurückfordern (BGB. §§ 323, 818). Ist durch dasselbe Ereignis, das die Leistung unmöglich macht, ein Ersatz oder ein Ersatzanspruch erwachsen, z. B. ein Versicherungsanspruch (RGZ. **89**, 38), eine Entschädigung wegen Kriegsbeschlagnahme (RGZ. **91**, 262), so kann der Käufer Herausgabe verlangen (BGB. § 281), wogegen er einen entsprechenden Anteil des Kaufpreises zu entrichten hat (BGB. § 323 Abs. 2; sog. stellvertretendes commodum). Neuerdings ist diese Vorschrift zum Ausgangspunkt einer weitreichenden Lehre gemacht worden. RGZ. **120**, 351 (von 1928) erblickt den Grundgedanken des § 281 BGB. darin, „daß Vermögenswerte, die gewissen Personen zugeflossen sind, denen sie nach den unterliegenden Wirtschaftsbeziehungen nicht gebühren, auf die in Wahrheit berechtigten Personen übertragen werden sollen". Schon länger gibt das Reichsgericht dem Gläubiger den Kaufpreis der vom Schuldner ihm durch Verkauf entzogenen Sache (RGZ. **105**, 89 [von 1922]). Hierüber sind die Ansichten der Wissenschaftler noch stark geteilt (dagegen war auch noch RGZ. **91**, 263).

Ersatzanspruch

b) Vom Grundsatz macht das Gesetzbuch die in Europa überall, obwohl in verschiedenem Ausmaß, eingebürgerte Ausnahme für Gattungsschulden. Der Wortlaut des § 279 BGB. ist allerdings dunkel: „Ist der geschuldete Gegenstand nur der Gattung nach bestimmt, so hat der Schuldner, solange die Leistung aus der Gattung möglich ist, sein Unvermögen zur Leistung auch dann zu vertreten, wenn ihm ein Verschulden nicht zur Last fällt." Hierunter versteht man dreierlei: 1. den selbstverständlichen, wenn auch ungenauen Satz genus perire non censetur. Der Schuldner kann sich nicht auf den Untergang bestimmter von ihm zur Erfüllung vorbereiteter Stücke berufen, er wird dagegen frei, wenn die ganze Gattung untergeht oder die auf der Erde vorhandenen Stücke ihm nicht erreichbar oder ihre Beschaffung ihm nicht zuzumuten ist (RGZ. **57**, 118; **88**, 174; **90**, 104; **97**, 10; **107**, 157). 2. In § 279 BGB. liegt aber auch anerkannt, daß der unverschuldete Mangel an Zahlungsmitteln (RGZ. **75**, 337; **106**, 181) sowie an sonstigen Gattungssachen, gleichgültig ob vor

b) Gattungskauf.

oder nach dem Vertragsschluß eingetreten, keinen Entschuldigungsgrund darstellt. 3. Endlich liest man aus dem Paragraphen auch heraus: bei allen Beschaffungsverpflichtungen, auch Speziesschulden, haftet der Schuldner schlechtweg dafür, daß er die zu leistenden Stücke aus der Gattung zu beschaffen vermag [1]). So macht die Rechtsprechung den Verkäufer verantwortlich für Betriebsstörungen, Überhäufung mit Aufträgen, Verzögerung seines Lieferanten, Streik, Wassermangel, Feuer, wenn er sich nicht freigezeichnet hat oder der Vertrag ihm nur bestimmte Risiken zuweist [2]).

Manche Schriftsteller wollten mindestens aus dem unterscheidungslosen Wortlaut des Paragraphen noch mehr Strenge schließen: eine Haftung des Gattungsschuldners für alle Fälle seines Unvermögens, ja auch einer objektiven Unmöglichkeit. In diesem Sinne hat insbesondere der schwedische Rechtsvergleicher Almén [3]) den Paragraphen verstanden und dem als ebenso streng verstandenen Satze des skandinavischen Kaufgesetzes (§ 24) gleichgeachtet. Die herrschende Auslegung erkennt aber vor allem an, daß Ereignisse wie zufällige Erkrankung oder Tod des Schuldners durch § 279 BGB. ihrer befreienden Wirkung nicht beraubt werden, da sie nichts mit der Eigenart der Gattungsschuld zu tun haben. Das Reichsgericht wendet aber auch den Paragraphen nicht an, wenn der Verkäufer mit seinem richtig unternommenen Erfüllungsversuche scheitert, weil Umstände außerhalb seiner Einwirkung den Erfolg vereiteln. Einen engeren Fall formuliert RGZ. **99**, *2*: „wenn er bei normalem Verlaufe durchaus erfüllungsbereit und erfüllungsfähig gewesen wäre und nur durch einen unerwarteten Zufall an der beabsichtigten Erfüllung persönlich gehindert wird". Befreiung wird angenommen bei Unmöglichkeit, die erforderlichen Transportmittel zur rechtzeitigen Leistung zu erhalten [4]), Haftung auch von E. Heymann, der eine strenge Auffassung vertritt, zwar bei partikulärem Streik, aber beim Versagen der Schiffahrt doch nur, wenn Eisenbahntransport möglich ist, beim Verschwinden der Ware vom Markt nur, „wenn dieses Verschwinden im gewöhnlichen Lauf der Dinge (z. B. bei Effekten) vorübergehend vorzukommen pflegt" [5]). Ebenso läßt man einen „Bargeldmangel den Verkäufer entschuldigen, wenn er durch Ereignisse höherer Gewalt, wie Streik der Bankangestellten, Aufruhr

[1]) Vgl. besonders E. Heymann, Verschulden beim Erfüllungsverzug.
[2]) Belege bei Staub-Heinichen, Anh. zu § 347, Anm. 47.
[3]) I 331 N. 8.
[4]) Enneccerus-Lehmann § 46 I 1 S. 178.
[5]) Heymann, Verschulden beim Erfüllungsverzuge S. 163 N. 378.

und dergleichen verursacht ist, der Verkäufer nach Sachlage keine Vorsorge treffen konnte und infolge dieser Ereignisse die Dokumente nicht einlösen und die Ware nicht hereinbringen konnte“ [1]).

Die Gattungsschuld konzentriert sich, wenn „der Schuldner das zur Leistung einer solchen Sache seinerseits Erforderliche getan“ hat (BGB. § 243 Abs. 2). Das Gesetz hat sich damit im Gegensatz zu der „Ausscheidungstheorie“ und zu der „Lieferungstheorie“ einen elastischen Maßstab geschaffen („Theorie der Lieferungsbereitschaft“). Bei der Holschuld tritt die Konzentration ein, sobald der Verkäufer die Ware ausgesondert und den Käufer hiervon verständigt hat, oder der Tag, an dem der Käufer die Ware abzuholen hat, kalendermäßig festgelegt ist (BGB. § 296). Beim Versendungskauf ist die Aushändigung an die Transportperson oder den Spediteur (vgl. BGB. § 447) entscheidend (RGZ. **57**, 141; **108**, 187). Das Reichsgericht fordert dazu, daß die Versendung an dem vertragsmäßig bestimmten oder gesetzlichen Erfüllungsorte erfolge (RGZ. **106**, 213; **111**, 25). Beim Distanzkauf ist die Übergabe an den Käufer am fremden Erfüllungsort maßgebend. Gehen die Stücke, auf die sich das Schuldverhältnis beschränkt hat, unter, so gelten die Regeln der Speziesschuld. Insbesondere läßt die Konzentration die Gefahr grundsätzlich auf den Käufer übergehen (BGB. §§ 447, 300 Abs. 2). Andererseits hat der Käufer ein Recht auf die individualisierten Sachen, das allerdings nach Treu und Glauben den Verkäufer nicht hindert, neue Stücke nachzuliefern, wenn „der Käufer keinerlei Interesse daran hat, gerade diejenige Ware zu bekommen, auf welche sich das Schuldverhältnis beschränkt hat“ (RGZ. **91**, 112).

c) Beschränkter Gattungskauf.

c) Ist die Ware nach Gattungsmerkmalen bezeichnet, aber aus einem Vorrat, einer Menge, zu entnehmen, so entspricht es dem Stückeschuld-Element dieser „gemischten“ oder „beschränkten Gattungsschuld“, daß der vollständige Untergang der Menge den Schuldner zu befreien vermag, daß er aber andererseits eine Sorgfaltspflicht hinsichtlich der ganzen Menge zu tragen hat. Hierher gehört der Verkauf von Erzeugnissen einer bestimmten Fabrik, wenn nach Auslegung des Vertrages gerade nur die der bestimmten Fabrik geliefert werden sollen (RGZ. **96**, 128; RG. JW. 1917, 463 n°. 6). Ein Unterschied gegenüber dem Gattungskauf ergab sich in der Praxis der Kriegszeit auch dadurch, daß bei Gattungsschulden ein stellvertretendes Commodum (BGB. § 281) nicht angenommen wird (RGZ. **88**, 288; **108**, 187), also auch bei der Kriegsbeschlagnahme von Vorräten

[1]) Staub-Heinichen a. a. O.

des Verkäufers die Gattungskäufer keinen Anspruch auf Beteiligung an der Entschädigung erhielten (RGZ. **88**, 287), dagegen bei beschränkten Gattungsschulden die Entschädigung anstelle des Vorrats, aus dem verkauft war, trat (RGZ. **93**, 143; **95**, 23).

d) Verhältnismäßige Befriedigung des Käufers.

d) Während man früher gewohnt war, das Schuldverhältnis zwischen dem Verkäufer und dem einzelnen Käufer isoliert zu betrachten, hat das Urteil des Reichsgerichts [1]) **84**, 125 (von 1914) im „Rübensamenfall" das Recht des Lieferungsverpflichteten anerkannt, wenn er aus einer bestimmten Menge zu liefern hat und infolge nicht zu vertretender Unmöglichkeit der Leistung für seine ohne Unvorsichtigkeit gemachten Abschlüsse nur eine verminderte Menge zur Verfügung steht — z. B. die Ernte in Rübensamen ungewöhnlich schlecht gewesen ist —, die Abnehmer nur zu verhältnismäßigen Anteilen zu befriedigen. Als im Kriege Einfuhrbeschränkungen und behördliche Beschlagnahmen die Warenmengen auf das stärkste verringerten, wurde dieser auf § 242 BGB., Treu und Glauben, gestützte Gedanke der proportionellen Verteilung über den beschränkten Gattungskauf hinaus auf reinen Gattungskauf angewendet. Gelegentlich ging man dabei sogar so weit, eine Pflicht des Verkäufers zur Kürzung zu konstruieren; diese bedenkliche Bildung [2]) erfuhr keine Fortsetzung.

2. Unerschwinglichkeit.

2. Schon bald nach Einführung des BGB. ist die Grenze des Begriffs Unmöglichkeit viel erörtert worden. W. Kisch und H. Titze [3]) machten sofort auf den Fall aufmerksam, daß höherwertige Interessen des Schuldners wie Ehre, Gesundheit, Pietät die Erfüllung eines Vertrages bis zur Unzumutbarkeit erschweren können, ohne sie unmöglich zu machen. Man wurde rasch darüber einig, daß nicht nur eine „absolute" oder logische Unmöglichkeit zur Befreiung des Schuldners führe, doch gingen die Konstruktionen auseinander. Manche glaubten, und so meinte es auch das Reichsgericht in wichtigen Urteilen bis tief in den Krieg hinein, den Begriff der wirtschaft-

[1]) Das Reichsgericht folgte damit der Anregung von Otto Schreiber, LZ. 1914, 167; Recht 1914, 295. Reiche weitere Rechtsprechung folgte, s. De Boor, Die Kollision von Forderungsrechten (1928) 136 N. 177, der (135—150) eine Begründung aus Treu und Glauben gibt, während Würdinger, Theorie der schlichten Interessengemeinschaften (1934) 75 ff. auf die durch abnorme Verhältnisse hervorgerufene Unfähigkeit der Käufer, das Warenbedürfnis zu decken, hinweist; der eine Käufer dürfe deshalb nicht schlechter dastehen als sein Konkurrent.

[2]) Meine Ausführungen JW. 1922, 158; die neueren Schriftsteller berühren diese Frage gar nicht mehr.

[3]) Titze, Unmöglichkeit der Leistung (1900) 2 ff.; Kisch, Wirkungen der nachträglich eintretenden Unmöglichkeit (1900) 12 ff.

lichen Unmöglichkeit bilden zu müssen (vgl. noch RGZ. **98**, 20; **104**, 222 und RGZ. **57**, 118; **65**, 34; **88**, 74; **126**, 218) [1]. Andere verlegten das Schwergewicht von der Leistung, die das Gesetzbuch zweifellos als Gegenstand der Obligation im Auge hat, auf das „obligationsmäßige Maß der Kraftanstrengung", so daß der Schuldner nicht gehalten sei, es zu überschreiten (vgl. RGZ. **42**, 114; **84**, 125) [2]. In Wahrheit hatte man schon lange vor dem Krieg zu erkennen, daß „der Schuldner zu seiner Entlastung von der Leistungspflicht auch Hinderungsgründe, die nicht eine Unmöglichkeit darstellen, anführen darf, sofern er sie bei seiner Obligierung nicht voraussehen mußte und für sie weder nach Gesetz noch nach Vertrag die Garantie trägt. Die Unmöglichkeit bleibt dabei bedeutsam, insofern sie als Befreiungsgrund genügt oder den Gläubiger etwa zum Geldanspruch berechtigt. Sie spielt aber nicht die Rolle, daß immer nur sie befreit und daß sie auch dann befreit, wenn sie für den Schuldner voraussehbar war. In erster Reihe steht vielmehr die Veränderung der Umstände" [3].

3. Kriegs- und Nachkriegserfahrungen.

3. Während des Krieges wurde Deutschland in einem Maße vom Ausland abgesperrt, daß es einer belagerten Festung glich. An einigen Waren entstand völliger Mangel, so daß man strikt von einer Unmöglichkeit der Leistung sprechen konnte. Die meisten Waren aber waren in einer immer kleineren Menge und zu immer mehr gesteigerten Preisen vorhanden. Es fragte sich, ob die Verkäufe aus der Zeit vor dem Kriege und auch noch die zu Anfang des

---

[1] So oder „juristische", „relative" Unmöglichkeit u. a. m. Titze und Kisch a. a. O., Enneccerus (Vorauflagen) I § 253 N. 2; Staudinger (Werner) Vorbem. zu § 275 I 1; H. A. Fischer, Ein Beitrag zur Unmöglichkeitslehre (1904) 8; Planck Komm., 3. Aufl. § 275, 1; in gewissem Sinn auch Brecht, Iher. Jahrb. 53, 242 u. ö.

[2] Von Haus aus wollte man mit dieser Konstruktion dartun, daß doch echte Unmöglichkeit vorliege: Kleineidam, Unmöglichkeit und Unvermögen (1900) 14; Iher. Jahrb. 43 (1901) 110; H. Lehmann, Unterlassungspflicht 232.

[3] So mein Vortrag von 1904; Unmöglichkeit der Leistung, 1907, 59. „Ich vertrete den Gedanken der Haftung wegen Verschuldens beim Vertragsschluß in bestimmter Beschränkung und ferner die Idee der clausula rebus sic stantibus, die in Privat- und öffentlichem Recht immer wiederkehren muß und die unsere Gesetzgeber im 18. Jahrhundert viel besser gewürdigt haben als spätere." (Rheinische Zeitschrift für Zivil- und Prozeßrecht 3, 477.) Beide Gedanken sind inzwischen in viel weiterem Umfange aufgenommen worden als ich angeregt hatte und auch heute für richtig halte. — Von anderen Grundanschauungen und mit anderer Methode kam doch zu teilweise ähnlichen Ergebnissen Krückmann, Unmöglichkeit und Unmöglichkeitsprozeß 1907 (auch in Arch. ziv. Prax. 101, 1); Nachlese zur Unmöglichkeitslehre, Iher. Jahrb. 57 (1910) 1; 59 (1911) 20. Vgl. Ehrenzweig I (1913) 299.

Krieges ohne Kenntnis seiner ungeheuren Tragweite eingegangenen Verträge zu den ursprünglichen Preisen durchgehalten werden mußten [1]). Das Reichsgericht entwickelte seine Stellungnahme stufenweise. Lange knüpfte es an die Unmöglichkeitslehre an. Vor allem wurde die durch die Kriegsereignisse bewirkte Unfähigkeit des Verkäufers zur Lieferung von Überseegütern nicht als zeitweilige, sondern als dauernde Unmöglichkeit behandelt, da man fast immer damit zu rechnen hatte, daß die Lieferung nach dem Kriege auf völlig veränderte Verhältnisse stoßen und daher als eine andere Leistung (aliud) anzusehen wäre (RGZ. 88, 74; **90**, 105; **92**, 88; **93**, 342; **94**, 47, 69). Während also nach dem Grundsatz der Schuldner solange befreit ist, als die Unmöglichkeit dauert (BGB. § 275, verbo: soweit), wurde der Schuldner sofort gänzlich für befreit erklärt. Im übrigen ging die Praxis allmählich zu neuen Gesichtspunkten über. Einerseits verstattete man dem Schuldner gegen die Klage auf Erfüllung die Einrede der Existenzvernichtung (RGZ. **99**, 259; **100**, 134; **101**, 81; **102**, 98, 275) [2]), andererseits erinnerte man sich nunmehr der clausula rebus sic stantibus des älteren gemeinen Rechts, die ihre besonders bemerkenswerte Prägung durch das österreichische aBGB. § 901 empfangen hat [3]). Zunächst wurde noch das grundsätzliche Erfordernis festgehalten, daß die Leistung infolge des Krieges zeitweilig hinausgeschoben sei und erklärt: Der Schuldner wird befreit, wenn durch die unverschuldete und unvorhersehbare grundstürzende Veränderung der Wirtschaftsumstände die Leistung außer Verhältnis zur Gegenleistung tritt und daher unzumutbar wird. Später ließ man die Anknüpfung an die Unmöglichkeit ganz fallen und bewies nur noch den allgemeinen Grundsatz von Treu und Glauben (BGB. § 242). Als ein solcher vollständiger und unvorhersehbarer Umsturz der allgemeinen Verhältnisse sah das Reichsgericht nicht die Kriegseröffnung an sich an, aber die durch den Kriegsausbruch verursachten großen Umwälzungen der Wirt-

[1]) Übersichten über die anfängliche Praxis auf dem hier fraglichen Gebiet bei Plum, Der Einfluß des Krieges auf schwebende Lieferverträge im Lichte der Rechtsprechung (auch in JW. 1916 n°. 18a); in *Österreich:* Gustav Fuchs, Der Einfluß des Krieges auf bestehende Lieferungsverträge und verwandte Vertragsverhältnisse 2. Aufl. 1916; vgl. H. Sperl, Der Einfluß des Krieges auf laufende Bauverträge (Wien 1918) S. 12.

[2]) Vgl. dagegen meine Bemerkungen JW. 1921, 1598 und RGZ. **103**, 178.

[3]) Hierzu eine ausgezeichnete Darstellung: Leopold Pfaff, Die Clausel: Rebus sic stantibus, in der Festschrift für Joseph Unger, Wien 1898, 223 ff.

schaftsbedingungen; ferner aufs neue die Verlängerung und Verschärfung der Lage, die auf die amerikanische Kriegserklärung 1917 folgte; endlich das verhängnisvolle Kriegsende 1918; der dritte Zivilsenat des Reichsgerichts aber auch noch den Wirtschaftsverfall zu Ende 1919 und Anfang 1920 [1]). Unter diesen Voraussetzungen wurde dem Schuldner ein Rücktrittsrecht zugestanden, falls die Pflichten aus dem schwebenden Vertrag allzu schwerwiegende, nach dem Sinne des Vertrages nicht mehr zumutbare Opfer erforderten.

Als die teils wirkliche teils vermeintliche Teuerung der Waren vom Jahre 1920 ab hinter der Entwertung des deutschen Geldes zurücktrat, die man erst spät erkannte, und die sich dann mit zunehmender, schließlich sich überstürzender Wucht bis zur völligen Wertlosigkeit der Mark fortsetzte, wurde die clausula rebus sic stantibus mit ihrer Betrachtung der Verträge von der Warenseite her durch einen Kampf der Meinungen über die Funktion des Geldes abgelöst. 1923 setzte sich die richterliche Aufwertung im Einzelfall nach Treu und Glauben durch (RG. 28. 11. 1923; RGZ. **107**, 78, bes. 85 ff.), worauf bald die Reichsgesetze über Aufwertung und Ablösung folgten.

4. Heutige Meinungen.

4. Der Einbruch in den Grundsatz der Vertragstreue, der in der Zeit der gewaltigsten Ereignisse unvermeidlich gewesen war, durfte sich unter ruhigeren, obwohl noch immer von schweren Bedrängnissen erfüllten Zeiten nicht einfach wiederholen. Es lag aber nahe, aus den Erfahrungen der Kriegszeit einen bleibenden Gewinn für das Privatrecht zu gestalten. Mehrere gedankenreiche Schriftsteller versuchten sich in verschiedener Weise an dieser Aufgabe. Krückmann [2]) vertritt seine schon vor dem Kriege entwickelte Einrede aus entgegenstehendem Interesse in neuen Wendungen. Oertmann [3]) belebt Windscheids Lehre von der Voraussetzung [4]), die seinerzeit abgelehnt wurde, indem er beim „Wegfall der Geschäftsgrundlage" das Recht zum Rücktritt gewährt. Die Parteien gehen beim Vertragsschluß von einer als gegeben vorgestellten Sachlage aus. Sind diese gemeinschaftlichen Vorstellungen der Parteien erkennbar, obwohl unausgesprochen beiderseits zur Grundlage des Vertrages gemacht worden, so bedeute das Fehlen oder das

[1]) Hiergegen vgl. meine Ausführungen JW. 1921, 1597; 1922, 481.

[2]) Arch. ziv. Prax. 116, 157; 128, 157; 131, 1 ff., 257 ff.

[3]) Geschäftsgrundlage 1921.

[4]) Die Lehre des römischen Rechts von der Voraussetzung 1850; Arch. ziv. Prax. 78, 161 ff.

nachträgliche Wegfallen der vorgestellten Umstände eine Vertragslücke, die vom Richter nach Treu und Glauben auszufüllen sei. In der Regel, aber nicht immer, führe diese Lückenausfüllung zur Anerkennung eines Rücktrittsrechts. Solche Umstände wären z. B. die Gleichwertigkeit von Ware und Kaufpreis in den Augen der Parteien, die ungefähre Beständigkeit der Währung, in der der Preis ausgedrückt ist, die Marktgängigkeit der Ware. Nach dieser Theorie muß die eine Partei die Vorstellung der anderen als bedeutsam erkannt haben. Hingegen will Locher die Befreiung des Schuldners auf Umstände von objektiver Bedeutung gründen; Geschäftsgrundlage seien: „die zur Erreichung des Geschäftszweckes mit Geschäftsmitteln erforderlichen Umstände“ [1]). Eine unentbehrliche Voraussetzung hebt Heinrich Lehmann [2]) hervor: Nicht bloß müsse gerade die vermeintliche Gewißheit des fraglichen Umstandes die jetzt zurücktretende Partei davon abgehalten haben, den Umstand als Bedingung des Vertrages vorzuschlagen, sondern man müsse auch vom Gegner annehmen dürfen, daß er sich auf diese Bedingung eingelassen haben würde oder als anständiger und vernünftiger Mensch sich hätte darauf einlassen müssen. Dieser Punkt ist sehr wichtig. Man wird in zahlreichen Fällen, viel häufiger als manche Schriftsteller anzunehmen scheinen, vom Gegner nicht sagen können, daß er sich auf eine solche Bedingung eingelassen haben würde. Wenn z. B. bei der Vermietung des teuren Tribünenplatzes zu einem Umzuge wie in den englischen Coronation-Fällen die Parteien an die Möglichkeit gedacht hätten, daß der Umzug nicht stattfindet, so würde der Vermieter gewiß nicht das ganze Risiko der Pachtung des Platzes und der Errichtung der Tribüne auf sich genommen haben.

Franz Leonhard [3]) will mit Aufstellung stillschweigender Bedingungen und durch eine besondere Würdigung des Zweckes der Obligation helfen. Heck [4]) lehrt im Anschluß an frühere Doktrinen, jedes Schuldverhältnis trage eine Opfergrenze in sich, die nach Treu und Glauben zu bestimmen sei. Der Gläubiger, der eine diese Grenze überschreitende Leistung begehrt, begehe selbst eine Vertragsverletzung, die den Schuldner zum Rücktritt berechtige.

Alle diese Lehren wollen den Satz pacta sunt servanda wahren,

[1]) Arch. ziv. Prax. 121, 1 ff.

[2]) Enneccerus-Lehmann § 41 II 4 S. 162; Lehmann, Allgemeiner Teil des Bürgerlichen Gesetzbuchs 4. Aufl. 1933 S. 281 ff.

[3]) Leonhard, Besonderes Schuldrecht S. 515 ff.

[4]) Schuldrecht § 28.

aber die Vertragspflichten dem Sinne und Geiste des einzelnen Vertrages anpassen. Sie kämpfen mit der Schwierigkeit, daß sie der Vielgestaltigkeit der Obligationen oder auch nur innerhalb des Kaufs der Vielheit seiner Typen mit allgemein richtigen Sätzen genügen und doch die Voraussetzungen des Rücktritts genau umschreiben sollen. Es ist zu begrüßen, daß die Gerichte in der Zuerkennung der Unerschwinglichkeit in Friedenszeiten zumeist die nötige starke Zurückhaltung üben.

§ 24.

IV. Die Haftung des Verkäufers.

1. Verschulden beim Vertragsschluß.

1. Nach vielerlei Ansätzen in früherer Zeit[1]) hat das BGB. in einer Anzahl von Fällen eine Haftung wegen culpa in contrahendo aufgestellt. Für das Kaufrecht wichtige Fälle sind z. B. die der §§ 307, 463 BGB. Im Anschluß an eine Schrift von Franz Leonhard[2]) hat aber das Reichsgericht eine umfassende Lehre zu entwickeln begonnen, die noch nicht vollendet ist und weniger des Ausbaus als der Begrenzungen bedarf. Vor allem handelt es sich um eine Haftung für fahrlässige unrichtige Mitteilungen oder die fahrlässige Unterlassung von Mitteilungen während der Vertragsverhandlungen. Das Reichsgericht behauptet den Rechtssatz[3]): Schon die Vertragsverhandlungen begründen ein vertragsähnliches Vertrauensverhältnis, das es jedem Teil zur Pflicht macht, aufklärend zur Sprache zu bringen, was für die Entschließung des anderen Teils erkennbar von Bedeutung sein kann. Auch die lange Dauer einer Geschäftsverbindung begründe ein ähnliches Vertrauensverhältnis, aus dem eine Offenbarungspflicht folgt (RGZ. **143**, 223). Hierzu muß gefordert werden, daß die nach Treu und Glauben bestehende Aufklärungspflicht im einzelnen Fall eigens dargetan wird; sie versteht sich auch im modernsten Rechte nicht von selbst. Aber auch sonst sind Einschränkungen am Platze. Titze[4]) hält die Haftung wegen fahrlässigen Mangels an Aufklärung während der Vertragsverhandlungen nur in solchen Fallgruppen für sinnvoll: wenn ein Teil sich durch das schuldhafte Verhalten des Gegners zum Abschluß des

---

[1]) Preuß. Landrecht I 5 §§ 284, 285. Ihering, Iher. Jahrb. 4 (1861) 1 ff.

[2]) Verschulden beim Vertragsschlusse, 1910.

[3]) RGZ. **120**, 251. Als grundlegend bezeichnet in RG. LZ. 1931, 1377. Früher dachte das Reichsgericht an ein wirkliches eigenartiges Vertragsverhältnis unter den Verhandelnden, RGZ. **74**, 125; **78**, 239.

[4]) Hwb. d. Rechtswiss. VI, 516 ff., 518.

Vertrages hat bewegen lassen oder durch das Verschulden des Gegners in den Glauben versetzt worden ist, es sei ein wirksamer Vertrag entstanden, während dies nicht zutrifft.

Die Praxis und zahlreiche Schriftsteller lassen culpa in contrahendo auch in anderen Hinsichten wirksam werden. So macht RGZ. **97**, 337 einen Verkaufsofferenten verantwortlich, der während der entscheidenden Stunde nicht zur Entgegennahme der Annahme am Telephon anwesend war. Namentlich soll der Schuldner wegen fahrlässiger Nichterfüllung seiner Pflicht, Personen und Sachen des Gläubigers zu schonen, einstehen, so wenn bei Abschluß des Kaufs — dasselbe muß nach Abschluß des Vertrags gelten — der Käufer im Warenhaus durch einen vom Angestellten schuldhaft umgeworfenen Linoleumballen verletzt wird (RGZ. **78**, 239), oder der Gast im Restaurant durch Herabfallen eines schlecht angebrachten Garderobehakens oder durch Fall auf der schlecht beleuchteten Treppe verletzt wird (RGZ. **74**, 125). Theoretisch ist die Betrachtung richtiger, daß wer Verkehr in seinen Räumlichkeiten eröffnet, für ihre möglichste Gefahrlosigkeit zu sorgen eine allgemeine Pflicht gegenüber jedermann hat, ohne Unterschied, ob er den Raum betritt, um einen Vertrag zu schließen; die schuldhafte Verletzung müßte also immer ein Delikt sein [1]).

Das Reichsgericht betont die Anwendbarkeit seiner Rechtssätze, gleichviel ob der Vertrag gültig zustandegekommen ist oder nicht. Aber davon auszunehmen ist jedenfalls die Verletzung von Nebenpflichten, die der richtigen Erfüllung eines gültig geschlossenen Vertrages dienen, diese kommen nur unter dem Gesichtspunkt der vereitelten oder fehlerhaften Erfüllung der Hauptpflicht in Betracht.

Die Natur dieser Haftung ist vertragsähnlich. Damit gewinnt die Rechtsprechung die außerordentlich erwünschte Anwendung des § 278 BGB., Haftung für jedes Verschulden der Hilfspersonen in bestehenden Verbindlichkeiten, im Gegensatz zu der Haftung nach Deliktsrecht (BGB. § 831), die grundsätzlich nur für das eigene Verschulden besteht und daher ausscheidet, wenn nur die Hilfsperson im Verschulden ist. Dies ist auch weitgehend der praktische Grund für das Reichsgericht, diese Lehre aufzustellen und ihr einen in das Deliktsrecht einschneidenden Umfang zu geben. Auch die Verjährung wird

---

[1]) So Titze a. a. O. S. 517. Die umfassende Schrift von Hildebrandt, Die Erklärungshaftung, 1931, will überhaupt ein Verschulden im Vertragsschluß nur hinsichtlich der Mitteilungspflichten anerkennen.

nach Vertragsgrundsätzen beurteilt; sie vollendet sich also nicht in drei Jahren wie beim Delikt, sondern in dreißig Jahren und, wenn der Fall unter die Mängelgewähr gehört, z. B. wenn der Verkäufer während der Verhandlungen fahrlässig unrichtige Angaben über die Ertragsfähigkeit der Sache gemacht hat und diese minderwertig ist, wird die kurze Verjährungsfrist für Sachmängelansprüche (BGB. § 477) angewendet (RGZ. **129**, 280).

Das Reichsgericht lehrt, daß die Haftung in der Regel nur auf das „negative Interesse" geht (RGZ. **103**, 51; **104**, 265; **120**, 251; **132**, 79; RGWarn. 1920 n°. 149).

2. Unmöglichkeit.

2. Hat der Verkäufer die nachträglich eingetretene Unmöglichkeit der Leistung zu vertreten, so kann der Käufer nach seiner Wahl Schadenersatz wegen Nichterfüllung verlangen oder vom Vertrag zurücktreten (BGB. § 325 Abs. 1 S. 1) oder den Vertrag als dahingefallen betrachten, wie bei zufälliger Unmöglichkeit (BGB. § 325 Abs. 1 S. 3). Ist bestritten, ob die Leistung möglich oder unmöglich ist, so kann der Gläubiger die Unmöglichkeit beweisen und auf Schadenersatz klagen (BGB. § 280) oder zunächst auf Erfüllung klagen und nach Feststellung der Unmöglichkeit zur Schadenersatzklage übergehen (ZPO. § 268 n°. 3) oder schlimmstenfalls das Urteil auf Erfüllung mit Fristsetzung erwirken und dann eine Schadenersatzklage nachtragen (BGB. § 283; ZPO. § 255).

Teilunmöglichkeit.

Im Falle teilweiser zu vertretender Unmöglichkeit stehen grundsätzlich die gleichen Rechte nur hinsichtlich des unmöglich gewordenen Teils zur Wahl: Schadenersatz wegen Nichterfüllung (BGB. § 280 Abs. 1 „soweit"), stellvertretendes Commodum (arg. BGB. §§ 325 Abs. 1 S. 3; 323 Abs. 2), Rücktritt (RGZ. **79**, 312; RG. Warn. 1912, n°. 377) oder Zerfall des Vertrags (BGB. §§ 325 Abs. 1 S. 3; 323 Abs. 1 S. 1). Hierbei ist aber schon vorausgesetzt, daß die Leistung nicht eine Einheit bildet, also durch die Teilunmöglichkeit nicht im Sinne des Vertrags die ganze Leistung als vereitelt zu gelten hat. Ferner kann es sein, daß die teilweise Aufrechterhaltung des Vertrags hinsichtlich des möglich gebliebenen Teils — die beiderseitige „teilweise Erfüllung", nicht bloß die teilweise Leistung[1]) — für den Käufer „kein Interesse" hat. Dann kann er die erwähnten Rechte hinsichtlich des ganzen Vertrags ausüben.

3. Verzögerung. a) Verzug, Voraussetzungen.

3. a) Der Leistungsverzug (mora debitoris) setzt Verschulden

[1]) RGZ. **50**, 143; RG. SeuffA. 60, 190; RG. Warn. 1912 n°. 377.

des Schuldners oder seiner Hilfspersonen voraus, das aber nicht der Gläubiger zu beweisen hat (BGB. § 285).

In der Regel muß der Gläubiger den Schuldner in Verzug setzen: er muß ihm nach Fälligkeit eine Mahnung zugehen lassen. Eine Form ist dafür nicht vorgeschrieben. Wie die Mahnung wirkt die Erhebung einer Klage auf Leistung — nicht auch die Feststellungsklage [1]) —, die Zustellung eines Zahlungsbefehls im Mahnverfahren, sowie der Güteantrag im amtsgerichtlichen Verfahren (ZPO. §§ 495a. 498, 499). BGB. § 284 Abs. 1.

Nicht erforderlich ist die Mahnung, wenn die Zeit für die Leistung nach dem Kalender bestimmt (oder bestimmbar) ist, BGB. § 284, Abs. 2, dies interpellat pro homine. Ebenso braucht es nach der Praxis keine Mahnung, wenn der Schuldner gegen den Willen des Gläubigers ernstlich und endgültig die Erfüllung verweigert hat, so daß die Zwecklosigkeit einer Mahnung außer Zweifel steht (RGZ. **51**, 347; **57**, 106; **63**, 103; **67**, 317; **97**, 137; vgl. auch RGZ. **129**, 145). Weitere Ausnahmen sind bestritten [2]).

b) Rechtsbehelfe.

b) Nach Eintritt des Verzugs schuldet der Verkäufer immer noch die Lieferung und dazu den Ersatz des dem Käufer durch den Verzug entstandenen Schadens (Verspätungsschaden), BGB. § 286. Umgekehrt muß auch der Käufer die verspätete Lieferung zunächst noch annehmen. Erst wenn er dem im Verzug befindlichen Verkäufer zur Nachholung der Lieferung eine angemessene Frist („Nachfrist") mit der deutlichen Erklärung gesetzt hat, daß er nach Ablauf der Frist die Annahme der Lieferung ablehne, kann er nach fruchtlosem Ablauf dieser Nachfrist die Lieferung zurückweisen und dann die gleichen Rechte geltend machen, wie sie einem Käufer zustehen, wenn die Lieferung infolge einer vom Verkäufer zu vertretenden Unmöglichkeit unterbleibt (BGB. § 326 Abs. 1). Erfüllung aber kann dann der Käufer nicht mehr verlangen.

Die Nachfristsetzung kann mit der den Verzug begründenden Mahnung verbunden werden (RGZ. **50**, 262; **93**, 180).

Entbehrlichkeit der Nachfristsetzung.

Das Erfordernis der Nachfristsetzung entfällt

1.) wenn der Käufer beweist, daß eine verspätete Lieferung für ihn ohne Interesse ist (BGB. § 326 Abs. 2), z. B. daß er die verspätet gelieferte Ware nicht mehr brauchen kann (Saisonware) oder daß er

---

[1]) RG. JW. 1927, 521 no. 12.

[2]) Vgl. Heymann, Verschulden beim Erfüllungsverzug S. 148; Kommentare zu BGB. § 284; unten § 52, 1a S. 398.

sein Geschäft veräußert. Daß der Verkäufer bei Vertragsschluß wußte oder wissen mußte, eine verspätete Lieferung werde für den Käufer ohne Interesse sein, ist nicht erforderlich.

2) Ebenso nach der Praxis, wenn der Verkäufer die Erfüllung bereits ernstlich und endgültig verweigert hat (vgl. z. B. RGZ. **102**, 262); ferner, wenn eine Fristsetzung mit dem Wesen des Geschäfts unvereinbar ist (RG. JW. 1917, 538), oder wenn die Auslegung des Vertrages ergibt, daß die Parteien das Erfordernis der Fristsetzung ausschließen wollten (RGZ. **96**, 256; **104**, 375).

In allen diesen Fällen kann der Käufer gegen den in Verzug befindlichen Verkäufer die in § 326 BGB. vorgesehenen Rechte sofort geltend machen.

Teilverzug.

Ist der Verkäufer mit einem Teil der Lieferung im Verzug, so gilt das für die Teilunmöglichkeit Gesagte entsprechend (BGB. §§ 286 Abs. 1, 326 Abs. 1 S. 2, 3; über Einheitlichkeit der Leistung RGZ. **67**, 104; RG. Gruch. 53, 945; OLG. Rspr. 23, 5).

c) Fixgeschäft.

c) Ein Fixgeschäft liegt vor, wenn ausdrücklich oder stillschweigend (RGZ. **101**, 363) vereinbart ist, daß die Lieferung „genau zu einer festbestimmten Zeit oder innerhalb einer festbestimmten Frist" (§§ 361 BGB., 376 HGB.) erfolgen soll, oder wie die Rechtsprechung dies erklärt: wenn aus der ausdrücklichen Vereinbarung oder aus den Umständen der Wille der Parteien zu erkennen ist, daß mit der Einhaltung oder Überschreitung der bestimmten Erfüllungszeit das Geschäft stehe und falle (RGZ. **51**, 348; **108**, 158). Ist nach der Auslegung der Vereinbarung die Bestimmung einer festen Erfüllungszeit nicht als so wesentlicher Bestandteil des Geschäfts anzusehen, so bedeutet sie nur den Verzicht auf die Nachfristsetzung des § 326 (Staub-Heinichen § 376 Anm. 4). Beim Fixgeschäft ist nach *bürgerlichem* Recht im Zweifel anzunehmen, daß der Käufer sofort zurücktreten kann, wenn die Leistung nicht zu der bestimmten Zeit oder innerhalb der bestimmten Frist erfolgt (BGB. § 361), demnach ohne Mahnung und Nachfrist, und auch dann, wenn der Verkäufer die nicht rechtzeitige Lieferung nicht zu vertreten hat (RGZ. **108**, 160). Beim *Handels*-Fixgeschäft (HGB. § 376) kann umgekehrt der Käufer den Anspruch auf Erfüllung und Verzugsschaden nur dann geltend machen, wenn er sofort nach Ablauf der Zeit oder der Frist dem Gegner anzeigt, daß er auf Erfüllung bestehe. Ohne diese Anzeige geht er also von der Erfüllung ab; gegenüber dem in Verzug befindlichen Verkäufer kann er ohne Mahnung und Nachfrist Schadenersatz wegen Nichterfüllung verlangen.

4. Positive Vertragsverletzungen.

4. „Positive Vertragsverletzungen"[1]) werden in Ergänzung des Systems des Gesetzes alle schuldhaften Verletzungen der Forderung genannt, die nicht oder nicht hinreichend durch die Vorschriften über die Unmöglichkeit und über den Verzug getroffen werden. Unter die unerschöpfliche Menge dieser Fälle wird von der herrschenden Meinung im Kaufrecht insbesondere gerechnet:

a) Der Verstoß gegen das Alleinbezugsrecht des Käufers (wie auch das Alleinlieferungsrecht des Verkäufers und die Verpflichtungen des Käufers, die Ware nur in einem bestimmten Bezirk oder zu bestimmten Preisen weiter zu verkaufen). Solche „selbständige" Nebenpflichten haben mit den sonst so genannten „positiven" Vertragsverletzungen innerlich wenig zu tun. Aber untunlich ist es doch auf der anderen Seite, auf sie mit einer Gegenmeinung die Vorschriften über Unmöglichkeit direkt anzuwenden[2]).

b) Die „mangelhafte Erfüllung" oder „Schlechterfüllung" (so Zitelmann) nach dem Musterbeispiel von Dig. 19. 1. 13 pr.: fahrlässige Hingabe eines seuchenkranken Tiers, welches andere Tiere des Käufers ansteckt. Diese Haftung gewährt man in Konkurrenz mit der Sachmängelhaftung beim Spezies- und beim Gattungskauf (BGB. §§ 459 ff.)[3]).

c) Die mangelhafte Leistung von Einzelmengen als Verletzung des gesamten Rechts des Käufers auf Sukzessivlieferungen[4]).

d) Die unberechtigte Erfüllungsweigerung (antizipierter Vertragsbruch)[5]).

Die unzureichenden Grundlagen der Lehre im Gesetz bewirkten eine Reihe von Streitfragen theoretischer und praktischer Art, die aber fast ganz verschwinden, sobald man sich entschließt, unabhängig von dem Unmöglichkeitsbegriff den umfassenden Begriff der Forderungsverletzung anzuerkennen, ihr die allgemeine Lehre von der zu vertretenden Nichterfüllung zu widmen und die Gesetzesbestimmungen über Unmöglichkeit und Verzug nur als Teillehren

---

[1]) Staub, Die positiven Vertragsverletzungen 1904, 2. Aufl. 1913; Heinrich Lehmann, Arch. ziv. Prax. 96, 60; Die Unterlassungspflicht S. 271 ff.; bei Enneccerus-Lehmann § 55; Planck-Siber II S. 183; Zitelmann, Festschr. f. P. Krüger (Berlin 1911) 265; und die Kommentare, neuestens Stoll, Abschied von den positiven Vertragsverletzungen, Arch. ziv. Prax. 136, 257 ff.

[2]) H. Lehmann a. a. O.; RGZ. **54**, 102.

[3]) RGZ. **52**, 18; **53**, 202; **56**, 168; **66**, 291; **68**, 192.

[4]) Näheres unten § 66 und Teil VI.

[5]) S. die Rechtsvergleichung § 50, 3.

aufzufassen[1]). Dann kommen die Grundsätze von Unmöglichkeit und Verzug nur zur analogen Anwendung, die, soweit sie gemeinsam sind, sich ohne weiteres versteht: Jede Vertragsverletzung, d. i. schuldhafte Nichterfüllung irgendwelcher aus dem Vertrag entspringenden Pflicht bewirkt Schadenersatzpflicht analog §§ 280, 286 BGB., übrigens entsprechend dem niemals seit der Rezeption bestritten gewesenen Justinianischen Grundsatz. Das Reichsgericht freilich glaubt diesen Satz aus der Regelung des Haftungsgrades (BGB. § 276) mit herauslesen zu können (RGZ. **106**, 25). Beim Kaufvertrag als gegenseitigen Vertrag ergeben sich für den Gläubiger überdies wahlweise die anderen sowohl in § 325 als in § 326 BGB. genannten Rechte, insbesondere das Recht zum Rücktritt vom gesamten Vertrage, obwohl die Forderungsverletzung nur als teilweise Nichterfüllung zu beurteilen ist: falls die restliche Erfüllung für den Gläubiger kein Interesse hat (analog BGB. § 325 Abs. 1 S. 2; § 326 Abs. 1 S. 3, Abs. 2)[2]) oder falls, wie das Reichsgericht früher im Anschluß an Staub formulierte: „der Vertragszweck gefährdet" ist, oder nach der jetzt gebräuchlichen Wendung: dem Gläubiger das Warten auf die restliche Leistung, zuweilen auch: das Behalten der restlichen Leistung nicht zugemutet werden kann[3]) oder wie man etwas anders, aber unmittelbarer aus §§ 325, 326 BGB. entnehmen könnte: falls die Verpflichtungen des Schuldners im Sinn des Vertrags eine Einheit bilden, also als total verletzt anzusehen sind. Daß nur der Gläubiger sich auf die Schwere der Verletzung berufen kann, ergibt sich schon aus der wahren Grundlage der ganzen Regelung der Nichterfüllung, daß der Schuldner haftet, soweit er sich nicht durch Entschuldigen zu befreien vermag.

§ 325 und § 326 BGB. gehen freilich in dem Punkte auseinander, daß der Gläubiger nach Unmöglichwerden der Leistung sofort von der Leistung abgehen kann, nach Verzug aber den Ablauf einer Nachfrist abwarten muß. Auf die meisten Forderungsverletzungen wendet man mit Fug die Analogie der Unmöglichkeit an. Dagegen hat der Gläubiger natürlich eine Nachfrist zu setzen, wenn er aus dem Ausbleiben einer möglichen Teilerfüllung Folgen für den gesamten Vertrag ziehen will.

---

[1]) Rabel (vgl. Recht 1904, 100); Festschr. f. Bekker **64**, Rhein. Z. 3, 486. Dieselbe Meinung hat sich nach vielen Streitigkeiten jetzt wohl endlich durchgesetzt, vgl. Enneccerus-Lehmann, § 55 S. 212; Stoll, Arch. ziv. Prax. 136, 276 ff. mit Zitaten aus der Zwischenliteratur.

[2]) RGZ. **119**, 19.

[3]) RGZ. **67**, 7; **93**, 285; **106**, 25.

Sukzessivlieferung.

Für die Behandlung des Sukzessivlieferungsvertrags aber ist noch bis heute aus der verwickelten Vorgeschichte eine wichtige praktische Meinungsverschiedenheit übrig geblieben. Ein Teil des Schrifttums lehrt immer noch im Anschluß an die Bestimmungen über die teilweise Unmöglichkeit, der Käufer dürfe wegen einer verspäteten oder mangelhaften Rate von der weiteren Leistungsfolge nur dann abgehen, wenn die Verfehlung die begründete Besorgnis nahelegt, der Vertrag werde auch in Zukunft nicht richtig erfüllt werden, oder das Interesse am Vertrag benimmt [1]).

Demgegenüber hält das Reichsgericht in ständiger Praxis daran fest, daß der Gläubiger sofort den Vertrag für die Zukunft, also auch bezüglich aller noch nicht fälligen Raten auflösen kann, wenn der Verkäufer mit einer einzigen Rate in Lieferungsverzug gerät oder sonst bezüglich einer einzigen Rate eine schuldhafte Vertragsverletzung begeht. Des Nachweises, daß die Teilerfüllung für den Käufer kein Interesse hat oder daß die Gefahr weiterer Vertragsverletzungen begründet sei, bedarf es nach dem Reichsgericht nicht[2]). Eine Auflösung des Vertrags auch für die Vergangenheit, also unter Rückgabe der bereits erhaltenen Raten, ist aber auch nach dem Reichsgericht nur in den besonderen Fällen möglich, in denen der Käufer nachweisen kann, daß eine Aufrechterhaltung des Vertrags für die Vergangenheit allein für ihn ohne Interesse wäre.

§ 25.

V. Die Rechtsbehelfe des Käufers.

1. Einrede des nicht erfüllten Vertrages.

1. Die Einrede des nicht erfüllten Vertrages (BGB. § 320) steht dem Käufer immer dann zu, wenn die Lieferung noch möglich ist und er sie noch nicht erhalten hat, außer wenn er selbst den Preis vorauszuleisten hat. Das Nähere ist genau geordnet: Der Verkäufer kann auf den Kaufpreis klagen, ohne zu behaupten, daß

---

[1]) Düringer-Hachenburg-Werner IV S. 334; Planck-Siber, § 326, 4b; Oertmann, § 326, 3; Enneccerus § 278 I b, III b (verkennt die Praxis, bei Lehmann, 12. Aufl. § 55 S. 210 N. 2 noch nicht berichtigt).

[2]) RGZ. **39**, 58; **61**, 128; **58**, 419; RG. JW. 1903, 186; RG. LZ. 1916, 803. Zustimmend Staub-Heinichen, Anhang zu § 374, Anm. 140. Ob diese Auflösung des Vertrags für die Zukunft als Rücktritt oder als Kündigung zu bezeichnen sei, ist strittig. Vom Rücktritt unterscheidet sie sich dadurch, daß sie für die Vergangenheit bezüglich der bereits gelieferten Raten den Vertrag unberührt läßt, von der Kündigung dadurch, daß sie nicht nur die erst in Zukunft fälligen Raten betrifft, sondern gerade auch die fälligen, aber nicht gelieferten oder nicht richtig gelieferten Raten.

er schon geliefert hat. Der Käufer muß daher im Gerichtstermin erscheinen und die Einrede erheben. Darauf aber hat der Verkäufer zu beweisen, daß er richtig geliefert hat; andernfalls wird der Käufer zur Zahlung nur „Zug um Zug" gegen die Lieferung, oder bei Vorleistungspflicht des Verkäufers zur Zahlung n a c h Lieferung verurteilt (BGB. § 322).

Für die Zwangsvollstreckung eines solchen Urteils bestehen besondere Vorschriften (BGB. §§ 322 Abs. 3; 274 Abs. 2; ZPO. §§ 756, 765).

Die Einrede steht dem Schuldner grundsätzlich bis zur völligen Erfüllung zu. Hat der Käufer freiwillig eine Teilleistung angenommen, so darf er daher immer noch die Bezahlung des gesamten Kaufpreises verweigern; eine Ausnahme gilt, wenn die Weigerung gegen Treu und Glauben verstieße. Das Gesetz führt als Beispiel die verhältnismäßige Geringfügigkeit des verbleibenden Restes an (BGB. § 320 Abs. 2).

Einrede der Unsicherheit.

Der Schutz der Einrede entfällt, wenn der Käufer zur Vorleistung verpflichtet ist. Doch tritt auch in solchem Falle ein Rückbehaltungsrecht ein, „wenn nach dem Abschlusse des Vertrags in den Vermögensverhältnissen des anderen Teils eine wesentliche Verschlechterung eintritt, durch die der Anspruch auf die Gegenleistung gefährdet wird". Der Käufer kann dann die Kaufpreiszahlung verweigern, bis die Sache geliefert oder Sicherheit geleistet wird (BGB. § 321). Die von einigen vertretene Ansicht (vgl. Düringer-Hachenburg-Werner, IV S. 201), daß der Vorleistungspflichtige bei Vermögensverschlechterung des anderen Teils sogar auf Leistung Zug um Zug klagen könne, hat allerdings in die Rechtsprechung noch keinen Eingang gefunden (vgl. RGRKomm. § 321, 3).

Die Einrede der Unsicherheit kann auch dem Zessionar entgegengehalten werden (RGZ. **51**, 172).

2. Schadenersatz. Begriff.

2. Schadenersatz. Unter „Interesse, Schaden" versteht die auf den römischen Juristen Paulus zurückgehende gemeinrechtliche Lehre die Verminderung des Vermögens einer betroffenen Person durch die schadenstiftende Tatsache. Dieser Begriff herrscht im BGB. und heute auch noch im Schrifttum. Eine der mannigfachen Folgen ist, daß der Gläubiger grundsätzlich nur sein eigenes Interesse geltend machen kann; dennoch wird in weitem Maße dem selbst in der Hauptsache nicht interessierten Vertragsgläubiger gestattet, den Schaden des dritten Interessenten einzuklagen; es ist der älteste Fall dieser Praxis, daß der Einkaufskommissionär vom

Verkäufer den Ersatz des dem Kommittenten durch Nichtlieferung erwachsenen Schadens verlangen kann[1]).

Beschränkung. Die deutschen Gesetzbücher haben alle Versuche früherer Kodifikationen, den Betrag des Schadenersatzes zu beschränken, als prinzipwidrig und undurchführbar abgelehnt und unterscheiden daher nicht zwischen damnum emergens und lucrum cessans, voraussehbarem und unvoraussehbarem (RGZ. **51**, 30; **81**, 361), direktem und indirektem Schaden. Lehre und Rechtsprechung haben sich trotzdem nicht mit einem in allen Fällen schlechthin unbegrenzten Schadenersatz abfinden wollen und die Abhilfe in der Durchbildung der Lehre vom ursächlichen Zusammenhang gesucht. Daß zwar „Ursache" im Rechtssinn dasselbe sein muß wie Ursache im philosophischen Sinn, nämlich soviel wie conditio sine qua non, wird nicht mehr bestritten. Aber innerhalb des Kreises der Kette von Ursachen und Folgen werden die „inadäquaten" Folgen ausgeschieden. Als nicht ersatzfähig gilt danach im Vertragsrecht ein Schaden, wenn man nach der Lebenserfahrung zur Zeit des Vertragsschlusses nicht anzunehmen hatte, daß die Vertragsverletzung den Eintritt der diesen Schaden bewirkenden Umstände begünstigen würde; die Ursache darf nicht als dafür indifferent erschienen sein, sie muß „generell oder erfahrungsmäßig geeignet (erschienen) sein, zu einem solchen Schadensverlauf zu führen" (adäquat). Die praktische Bedeutung dieser Einschränkung ist aber überhaupt sehr geringfügig und im Kaufrecht kaum zu spüren.

Adäquater Kausalzusammenhang.

Entgangener Gewinn. Zwar ist behauptet worden, daß eben der adäquate Schaden in § 252 BGB. gemeint sei, wonach als entgangen der Gewinn gilt, welcher nach dem gewöhnlichen Lauf der Dinge oder nach den besonderen Umständen, insbesondere nach den getroffenen Anstalten und Vorkehrungen „mit Wahrscheinlichkeit erwartet werden konnte". Man ist aber jetzt einig darüber, daß nicht nur, sondern auch dieser Gewinn zu vergüten ist; die bewiesene Wahrscheinlichkeit genügt. Der bewiesene unwahrscheinliche Gewinnverlauf aber wird durch § 252 BGB. nicht ausgeschieden. § 252 BGB. stellt also nur eine Beweiserleichterung auf (RGZ. **68**, 165).

Mitwirkendes Verschulden. Eine sehr bedeutende Milderung des Schadenersatzes ergibt sich dagegen aus der Rücksicht auf das „mitwirkende Verschulden"

[1]) Erste Entscheidungen ROHG. **17**, 79; **22**, 203; RGZ. **12**, **111**; letzte RGZ. **113**, 254, vgl. **115**, 425. Die große Literatur ist neuerdings bereichert durch Reinhardt, Der Ersatz des Drittschadens (1933); Eduard Wahl, Vertragsansprüche Dritter im französischen Recht unter Vergleichung mit dem deutschen Recht (unsere „Beiträge" Heft 9) 1935, 177 f.

des Geschädigten. Die Ersatzpflicht wird je nach der Lage des Falles gemindert oder aufgehoben, insofern zu dem Schaden außer der Vertragsverletzung auch ein schuldhaftes Verhalten des Verletzten oder seiner Hilfsperson mitgewirkt hat (BGB. § 254). Nur als Fälle dieses allgemeinen Rechtsgedankens gelten die, daß der Gläubiger „unterlassen hat, den Schuldner auf die Gefahr eines ungewöhnlich hohen Schadens aufmerksam zu machen, die der Schuldner weder kannte noch kennen mußte, oder daß er unterlassen hat, den Schaden abzuwenden oder zu mindern" (BGB. § 254 Abs. 2). Dahin gehört es auch, daß der Käufer einen rechtzeitigen Deckungskauf schuldhaft versäumt hat.

Ersatz.

Der Ersatz erfolgt nach dem Grundsatz der Naturalrestitution (BGB. § 249), falls möglich durch Herstellung des Zustands, der ohne die schädigende Tatsache vermutlich bestehen würde. Der Schadenersatz „wegen Nichterfüllung" besteht aber, wie fast allerseits anerkannt ist, grundsätzlich in Geld. Auch für sonstige Schadensfälle kommen im Kaufrecht andere Maßnahmen selten in Betracht.

Beweis.

Den Beweis des Schadens, der nach allgemeinen Grundsätzen dem Kläger obliegt, erleichtert § 287 ZPO., indem der Richter das Ob und Wieviel „unter Würdigung aller dem Richter irgendwie bekannt gewordenen Umstände nach freier Überzeugung" zu beurteilen hat, d. h. es braucht nicht den strengen und vollständigen Beweis, ob und welcher Schaden entstanden ist, sondern das Gericht braucht nur die Überzeugung eines hohen Grades von Wahrscheinlichkeit zu gewinnen, daß ein Schaden zufolge der widerrechtlichen Handlung entstanden ist, und die Höhe nach freiem Ermessen zu schätzen. Die Praxis dehnt dies auf den Nachweis des ursächlichen Zusammenhangs aus, daher auch auf die Frage, ob der Käufer bei einem Deckungskauf, auf den er seine Schadensberechnung stützt, nach Treu und Glauben verfahren ist (RGZ. **46**, 407).

Schadenersatz wegen Nichterfüllung. Begriff.

Nach der Meinung von Planck, der an der Abfassung des Gesetzestextes den meisten Anteil hatte, bedeutet der Schadenersatz wegen Nichterfüllung den Ersatz des Interesses, das der Gläubiger an der ausgebliebenen Leistung hat, nach der Ansicht der Rechtsprechung aber ist es der Ersatz des Interesses, das der Gläubiger an der Durchführung des Vertrages im ganzen hat. Gemäß der ersten Ansicht (Austauschtheorie) hat der Gläubiger seine eigene Leistung zu erbringen und an Stelle der ausgebliebenen Leistung das volle Interesse zu erhalten, das er an dieser Leistung hatte (Leistungsinteresse)[1]. Nach der Gegenansicht (Differenztheorie), die sich auf die Geschichte des Handelskaufs und das Handelsgesetzbuch stützen darf, entfällt für den Gläubiger die Pflicht zur eigenen Leistung, deren Wert ein bloßer rechnungsmäßiger Abzugsposten wird; die beiderseitigen Leistungspflichten haben sich in einen reinen Geldanspruch auf die Wertdifferenz verwandelt[2]). Aber auch die Rechtsprechung macht Ausnahmen im Sinne der zumeist verbreiteten vermittelnden Theorie, die dem Gläubiger das Wahlrecht zwischen den beiden Arten der Berechnung läßt, je nach der Durchführbarkeit und seinem berechtigten Interesse („gemäßigte Differenztheorie") [3]). Nur der Austauschtheorie kann sich danach, weil sie hier die allein sachgemäße ist, der Verkäufer gegen den säumigen Käufer bedienen, wenn er die Ware schon zu Besitz und Eigentum übergeben hat; er darf sie also nicht zurückfordern.

Der Streit hat in der Tat beim Kaufvertrag wesentliche Bedeutung nur für den Schadenersatzanspruch des Verkäufers. Der Käufer als verletzter Teil kann, auch wenn man die Austauschtheorie vertritt, den Schadenersatz gegen den Kaufpreis aufrechnen (BGB. §§ 387 ff.), was durch einfache einseitige, empfangsbedürftige Willenserklärung sowohl außerhalb wie innerhalb des Prozesses erfolgen kann.

3. Berechnung. a) Konkrete Methode.

3. a) Der Schadenersatz wegen Nichterfüllung umfaßt allen Schaden, der dem Käufer aus der Nichterfüllung erwachsen ist, insbesondere entgangene Gebrauchsvorteile und Nutzungen der Sache, Schadenersatzbeträge und Vertragsstrafen, die der Käufer an Abkäufer schuldig wird, entgangenen Gewinn aus Weiterverkauf.

b) Deckungskauf.

b) Der Käufer kann sein Interesse an der Leistung beweisen, indem er dartut, welchen Preis er in einem Deckungskauf aufgewendet hat. Gesetzlich geregelt ist dessen Vornahme und das Gericht an

---

[1]) Planck 3. Aufl. § 325, 1 a; Kisch, Unmöglichkeit S. 132; Iher. Jahrb. 44, 68; Titze, Unmöglichkeit S. 183; v. Tuhr. DJZ. 1904, 759; neuerdings versucht Leonhard, Allgemeines Schuldrecht S. 486, von hier aus zur Mittelmeinung zu kommen.

[2]) RGZ. **50**, 255 („Kauf von Petroleum"-Fall); **58**, 177; **60**, 347, **61**, 89, 348, **66**, 61; **102**, 62; **127**, 248; Staub-Heinichen, Exkurs zu § 374 Anm. 24 ff.; Düringer-Hachenburg, in 2. Aufl. II S. 191 u. a.

[3]) So in freilich etwas verschiedenen Auffassungen Kipp, Verh. des 27. dtsch. Juristentags, I 259; Planck-Siber, § 325, 1 a S. 380 und besonders Strohal, Verh. d. 27. dtsch. Juristentags IV, 112; Enneccerus-Lehmann, § 53 IV S. 206; Fischer-Henle-Titze, § 325, 2, jetzt die meisten; auch das RG. in RGZ. **96**, 24; vgl. RGRKomm. § 325; 1 a; und dem Ergebnis nach in JW. 1931, 1184, s. Oertmann daselbst und JW. 1932, 1204.

den Deckungskaufpreis gebunden nur bei einem Handelsfixgeschäft nach HGB. § 376 Abs. 3, 4:

„Das Ergebnis eines anderweit vorgenommenen Verkaufs oder Kaufs kann, falls die Ware einen Börsen- oder Marktpreis hat, dem Ersatzanspruche nur zugrunde gelegt werden, wenn der Verkauf oder Kauf sofort nach dem Ablaufe der bedungenen Leistungszeit oder Leistungsfrist bewirkt ist. Der Verkauf oder Kauf muß, wenn er nicht in öffentlicher Versteigerung geschieht, durch einen zu solchen Verkäufen oder Käufen öffentlich ermächtigten Handelsmäkler oder eine zur öffentlichen Versteigerung befugte Person zum laufenden Preise erfolgen.

. . . Von dem Verkaufe oder Kaufe hat der Gläubiger den Schuldner unverzüglich zu benachrichtigen; im Falle der Unterlassung ist er zum Schadensersatze verpflichtet."

Abgesehen von diesem Sonderfall legt die Praxis einen Dekkungskauf der Schadensberechnung zugrunde, wenn er in einer Treu und Glauben entsprechenden Weise stattgefunden hat. Er darf also nicht ungebührlich verzögert werden und er muß unter tunlichster Gleichartigkeit der Bedingungen mit denen des zwischen Käufer und Verkäufer abgeschlossenen Vertrags eingegangen werden (RGZ. **101**, 90; **91**, 99; **102**, 348).

Maßgebender Zeitpunkt für den Deckungskauf ist bei Verzug des Verkäufers grundsätzlich nach Wahl des Käufers der Zeitpunkt des eingetretenen Verzugs oder das Ende der Nachfrist, die der Käufer gemäß § 326 BGB. als Voraussetzung des Schadenersatzanspruchs zu setzen hat (RGZ. **52**, 153; **60**, 347; **102**, 348; RG. JW. 1900, 255). Hat der Verkäufer schon vor Fälligkeit des Lieferungsanspruchs ernstlich und endgültig erklärt, daß er nicht liefern werde, und nimmt der Käufer diese Erklärung an, so kann er sich natürlich schon vor Fälligkeit eindecken. Auch der Ort, an dem der Deckungskauf vorgenommen wird, muß nach Treu und Glauben gewählt sein (vgl. ROHG. **21**, 249; RGZ. **11**, 199); der Käufer braucht aber den Deckungskauf nicht an dem Ort vorzunehmen, an dem der Verkäufer zu liefern hatte, sondern kann sich an dem Ort eindecken, an dem er in den wirtschaftlichen Genuß der Ware zu gelangen hatte, beim Versendungskauf also am Empfangsort (vgl. RGZ. **11**, 198; **15**, 71). — Diese Schadensliquidation gilt ebenfalls als „konkret".

Notwendiger Deckungskauf.

Zur Vornahme eines Deckungskaufs ist der Käufer insofern genötigt, als er durch Unterlassung es schuldhaft versäumen würde, den Schaden zu mindern (BGB. § 254) [1].

---

[1]) Oben S. 166 f.; RGZ. **52**, 152; RG. JW. 1910, 613, 948; RG. DJZ. 1921, 367; RG. LZ. 1909, 143, 320; 1915, 1539. OLG. Hamburg OLG. Rspr. 28, 56.

c) Abstrakte Methode.

c) Anstatt dieser Berechnungsarten ist seit jeher die „abstrakte“ Schadensberechnung für die Ware zugelassen. Gesetzlich anerkannt ist sie abermals nur für die Handelsfixgeschäfte, HGB. § 376 Abs. 2:

„Wird Schadensersatz wegen Nichterfüllung verlangt und hat die Ware einen Börsen- oder Marktpreis, so kann der Unterschied des Kaufpreises und des Börsen- oder Marktpreises zur Zeit und am Orte der geschuldeten Leistung gefordert werden.“

Für Nichtfixgeschäfte stützt die herrschende Meinung diese Berechnung auf die Zulassung des Ersatzes entgangenen Gewinns in § 252 BGB. Die abstrakt berechnete Preisdifferenz wird daher zumeist als der Gewinn betrachtet, den der Verkäufer durch einen Weiterverkauf der Ware hätte erzielen können. Das Reichsgericht hat aber damit offensichtlich nicht das Auslangen gefunden. So fordert es doch nicht den Beweis, daß ein solcher Weiterverkauf wirklich stattgefunden haben würde, bei einem Kaufmann, da bei einem solchen nach dem gewöhnlichen Lauf der Dinge mit einem Weiterverkauf um den zur Lieferungszeit anerkannten Marktpreis zu rechnen sei. Dies aber wird jetzt entgegen der früheren Praxis (RG. LZ. 1909, 320, 3) sogar bei Waren angewendet, die nach dem klaren Inhalt des Vertrags nicht zur Weiterveräußerung, sondern zur Benützung oder zum Verbrauch im eigenen Betriebe angeschafft wurden (vgl. RGZ. **101**, 219, RG. JW. 1926, 2676). So ist ferner die bloße Möglichkeit der Weiterveräußerung auch bei dem für Staatszwecke kaufenden Fiskus für genügend gehalten worden (RGZ. **105**, 293). Dagegen soll nach der Literatur ein Privatmann nicht zur abstrakten Schadensberechnung befugt sein[1]), ebenso soll der Verkäufer zum Gegenbeweis zugelassen werden, daß nach den besonderen Umständen des Falles eine Weiterveräußerung zum Marktpreis überhaupt nicht in Frage kam (vgl. RGZ. **90**, 425; **99**, 49; **101**, 219, 421; **105**, 293) oder vertragsmäßig ausgeschlossen war (RGRKomm. § 252, 3).

Gegenüber solchen Einschränkungen ist zu behaupten, daß der ganze Aufbau der Lehre anfechtbar und die abstrakte Berechnung gar nicht den entgangenen Gewinn zu ermitteln bestimmt und an die Wiederveräußerung der Ware zu knüpfen ist, sondern auf dem Gedanken beruhen muß, daß der Käufer zum Stichtage die Ware zu erhalten hatte und sie sich anderweitig beschaffen darf[2]).

---

[1]) Ob ein Kaufmann bei Anschaffung für seinen Privathaushalt, ist bestritten. Für abstrakte Berechnung auch in solchem Falle Staub-Heinichen, Anhang zu § 374 Anm. 60, dagegen Düringer-Hachenburg-Werner IV S. 309.

[2]) Es war mir eine besondere Freude, daß dieselbe Ansicht in einem dem Komitee erstatteten Gutachten von Prof. Ernst Heymann niedergelegt worden ist.

Man sollte den abstrakten Schaden als den Ersatz der fehlenden Ware betrachten, als das Surrogat für den Zuwachs, der bei richtiger Lieferung dem Käufer zugeflossen wäre, in der typischen einfachen Gestalt der Handelsdifferenz auf offenem Markt. Er ist dann stets das Mindestmaß dessen, was der Käufer verlangen kann, gleichgültig, ob er die Ware weiterverkauft hätte oder nicht. Der Berechnung ist danach, was ja auch in der Praxis tatsächlich geschieht, nicht der Preis zugrunde zu legen, zu dem der Käufer die Ware hätte weiterveräußern, sondern der Preis, zu dem er sie sich anderweitig hätte beschaffen können. Die Frage ist von Bedeutung z. B., wenn der Käufer Kleinhändler ist, sonst bei verschiedenen Börsenkursen. Daß der Käufer sich billiger eingedeckt hat, wird mit Recht für gleichgültig gehalten (ROHG. **24**, 155), ebenso daß er die Waren unter dem Marktpreis hätte erhalten können (RG. JW. 1910, 613, 949; RG. LZ. 1909, 143, 321; 1919, 43; Mosse-Heymann S. 454).

Die nicht völlig klare Grundauffassung der Praxis führt zur Einmischung von konkreten Berechnungen; so werden unrichtig hereingezogen der besondere Gewinn, den der Käufer mit der Ware in seinem Betriebe erzielt hätte (RGZ. **101**, 241). Ferner stimmt zu der hier befürworteten, aber nicht recht zu der herrschenden Auffassung, daß der Zeitpunkt maßgeblich ist, zu dem die Ware zuletzt geliefert werden durfte, d. h. bei Verzug des Verkäufers der Ablauf der Nachfrist[1]). Hier aber setzt eine zweite eigenartige Erwägung der deutschen Rechtsprechung ein, die von der einfachen Aufgabe der abstrakten Berechnung wegführt. Da der im Verzug befindliche Verkäufer auch den durch den Verzug bewirkten Verzögerungsschaden zu ersetzen habe, erlaubt man dem Käufer nach seiner Wahl, seiner Schadensberechnung auch den Preis des Zeitpunktes des Verzugseintritts zugrunde zu legen[2]). Ebenso werden in den übrigen Fällen die beiden Stichtage zur Verfügung gestellt, wo die Leistung fällig ist und wo der Anspruch auf die Naturalerfüllung aufhört. Wird also die Lieferung während des Verzugs unmöglich, so ist nach dem Reichsgericht wahlweise der Zeitpunkt des Verzugs oder des Unmöglichwerdens maßgebend (RGZ. **91**, 102; **96**, 160). Gründet sich die Schadenersatzpflicht auf eine vom Verkäufer zu vertretende Unmöglichkeit der Leistung, so wurde ihr Eintritt oder der Zeitpunkt zugrunde gelegt, zu dem die Ware hätte

[1]) ROHG. **11**, 183; **15**, 337; **17**, 257; RGZ. **52**, 153; **60**, 347; **90**, 423.
[2]) ROHG. **15**, 336; RGZ. **6**, 59; **98**, 213.

geliefert werden sollen; gründet sich der Anspruch auf eine positive Vertragsverletzung, ihr Zeitpunkt oder derjenige, in dem der Käufer ihretwegen das Schadenersatzverlangen stellt: Das soll auch gelten für die „ernstliche, bestimmte Erfüllungsverweigerung", bei der der Käufer nicht schon mit dieser, sondern nach Wahl erst mit dem Abgehen von der Naturalerfüllung oder bei dem Verzugseintritt rechnen darf[1]). Dieser Standpunkt ist wenig befriedigend, da es der Gläubiger grundsätzlich in der Hand hat, durch Klage oder Wahlerklärung oder Nachfristsetzung den Zeitpunkt selber und rein einseitig zu bestimmen. Im Einzelfall wird das Gericht gewiß geneigt sein, eine Verpflichtung des Käufers zu einem früheren Deckungskauf nach § 254 BGB. heranzuziehen, oder geradezu einen Zeitpunkt abnorm gestiegener Preise ablehnen, wie es dies im Krieg gegenüber dem Nachfristende getan hat (RGZ. **90**, 424). Gegenüber dem freien Belieben müßte sich dadurch aber eine ständige Überprüfung entwickeln, die das ganze Institut unsicher macht.

Der für die Berechnung maßgebende Ort ist nicht der sogenannte Erfüllungsort des Verkäufers, sondern der Ort, an dem die Lieferung dem Käufer zugute kommen soll, beim Versendungskauf also nicht der Versendungs-, sondern der Empfangsort (RGZ. **6**, 27; **102**, 62).

Falls dort kein Markt ist, ist der Preis nach dem nächst gelegenen Marktort zu bestimmen, unter Berücksichtigung der Fracht bis zu dem für die Berechnung an sich maßgebenden Ort (ROHG. **14**, 140 u. a.).

Mit Unrecht dem Marktpreis bei der abstrakten Berechnung gleichgestellt wird der sog. Verkäuflichkeitswert bei Handelswaren, die keinen Marktpreis haben, — hier handelt es sich wirklich um den Nachweis des entgangenen Gewinns, zu welchem bei allen Waren des Handelsverkehrs, gleichgültig, ob sie einen Marktpreis haben oder nicht, darzutun genügt, daß ein Weiterverkauf zu einem höheren Preise möglich war. Dies beruht auf der Vermutung, daß alle Handelswaren tatsächlich verkauft werden können (RGZ. **4**, 3; **60**, 347; **68**, 165), so daß die Voraussetzungen des § 252 BGB. erfüllt sind. Daß es sich hierbei aber um eine konkrete Schadens-

[1]) RGZ. **91**, 31; **103**, 293. Dagegen meine Anmerkung JW. **1927**, 2290 in dem nunmehr auch hier vertretenen Sinn gegen die Wahlbefugnis unter Berufung auf die englische Praxis. Daß der Käufer die getroffene Wahl sogar noch im Prozeß ändern dürfe (RG. Warneyer Rspr. 1920 n°. 153), ist vollends unangemessen.

berechnung handelt, äußert sich in allerlei Streitigkeiten über die Höhe des Verkäuflichkeitswerts [1]).

Nur wenn man — unrichtig — durch die abstrakte Schadensberechnung entgangenen Gewinn ersetzen will, kann der Verkäufer unter Umständen auf Grund des § 254 BGB. einwenden, daß der Käufer durch einen Deckungskauf den Schaden hätte mindern sollen.

4. Rücktritt.

4. Die Vorschriften der §§ 346 ff. BGB. gelten für den vertragsmäßig vorbehaltenen Rücktritt. Sie gelten aber zugleich auch sinngemäß mit Ausnahme von Einzelheiten (BGB. §§ 357—359) und — mit gewissen Veränderungen — für den gesetzlich zugelassenen Rücktritt (BGB. § 327; Wandlung BGB. §§ 467, 634) [2]).

Der Rücktritt erfolgt durch einseitige formlose Erklärung an den Gegner (BGB. § 349, vgl. § 356), bei Abzahlungsgeschäften auch durch Rücknahme der Kaufsache [3]). Das Vertragsverhältnis erlischt dadurch von selbst mit Rückwirkung (ex tunc), noch nicht erfüllte Verpflichtungen sind erledigt. Wer schon etwas als Erfüllung erhalten hat, ist verpflichtet, es zurückzugewähren (BGB. § 346), und dazu die Nutzungen, von einem Geldbetrag mindestens 4 v. H., zu vergüten (BGB. § 347, S. 2, 3). Haben beide Teile etwas empfangen, so haben sie Zug um Zug zurückzugeben, so daß die Einrede des nichterfüllten Vertrages analog anzuwenden ist (BGB. § 348). Statt der gewöhnlichen Bereicherungsansprüche ist eine besondere Ausgestaltung gewählt. Insbesondere wird, weil der Gegner mit der Ausübung des Rücktritts rechnen mußte, der Wegfall der Bereicherung (BGB. § 818 Abs. 3) nicht berücksichtigt (BGB. § 347).

Treten in der Rückgabe Störungen auf, so wird scharf unterschieden, ob der Rücktritt infolge des Verhaltens des Berechtigten unzulässig geworden, seine Rücktrittserklärung also unwirksam ist, oder ob die aus dem Rücktritt folgenden Verpflichtungen sich verändern.

a) Der Rücktritt ist ausgeschlossen, wenn der Berechtigte ihn nicht rechtzeitig erklärt: in der vertraglichen Frist; in einer vom anderen Teil zur Erklärung gesetzten Frist (BGB. § 355) [4]) und selbst abgesehen hiervon, wenn er die Erklärung illoyal hinausschiebt.

---

[1]) Staub-Heinichen Anh. zu § 374 Anm. 60a behauptet sogar, daß der Kundenverlust dadurch, daß der Verkäufer die gewohnten Spezialmarken nicht liefert, hierher gehöre, und dies ist klar konkreter Schaden.

[2]) RGZ. **55**, 110; Kritik an dieser Gleichbehandlung übt Stoll, A. z. Pr. 131, 142.

[3]) AbzG. § 5, RGZ. **139**, 107.

[4]) RGZ. **107**, 106: Staudinger-Werner, § 355, 2.

Als Rücktrittsvereinbarung, nicht als auflösende Bedingung, wird im Zweifel die lex commissoria aufgefaßt, BGB. § 360:

„Ist ein Vertrag mit dem Vorbehalte geschlossen, daß der Schuldner seiner Rechte aus dem Vertrage verlustig sein soll, wenn er seine Verbindlichkeit nicht erfüllt, so ist der Gläubiger bei dem Eintritte dieses Falles zum Rücktritte von dem Vertrage berechtigt."

Der Rücktritt ist ferner ausgeschlossen, wenn der Berechtigte vor der Erklärung

„. . . eine wesentliche Verschlechterung, den Untergang oder die anderweitige Unmöglichkeit der Herausgabe des empfangenen Gegenstandes verschuldet hat." (BGB. § 351);

oder wenn er auch ohne „Verschulden"

„. . . die empfangene Sache durch Verarbeitung oder Umbildung in eine Sache anderer Art umgestaltet hat." (BGB. § 352).

Durch Veräußerung schließlich geht der Rücktritt nicht schon verloren, es ist dann Verpflichtung des Käufers, nach seiner Rücktrittserklärung die Sache zurückzubeschaffen, und er haftet dafür. Aber ausgeschlossen ist der Rücktritt, wenn der Dritte die Sache verschlechtert, umgestaltet usw. hat:

„Hat der Berechtigte den empfangenen Gegenstand oder einen erheblichen Teil des Gegenstandes veräußert oder mit dem Recht eines Dritten belastet, so ist der Rücktritt ausgeschlossen, wenn bei demjenigen, welcher den Gegenstand infolge der Verfügung erlangt hat, die Voraussetzungen des § 351 oder des § 352 eingetreten sind.

Einer Verfügung des Berechtigten steht eine Verfügung gleich, die im Wege der Zwangsvollstreckung oder der Arrestvollziehung oder durch den Konkursverwalter erfolgt." (BGB. § 353.)

Der Rücktritt bleibt also zulässig, wenn die Kaufsache noch im wesentlichen unversehrt beim Käufer oder bei dessen Nachfolger vorhanden ist oder wenn sie durch Zufall beeinträchtigt ist.

b) Ist der Berechtigte nach der Rücktrittserklärung außerstande zurückzuleisten oder der andere Teil vor oder nachher außerstande gekommen zurückzugewähren, so ist der Rücktritt zwar gültig, aber: Verschulden verpflichtet zu Schadenersatz (BGB. § 347 in Verbind. mit § 989), und zufällige Hindernisse befreien nach allgemeinen Grundsätzen (BGB. § 347). Der Gegner muß dennoch selber leisten (BGB. § 348, wo § 323 nicht angeführt ist).

Man lehrt jedoch als Ausnahme: Wenn etwa der Käufer nach dem Rücktritt ohne Verschulden aber durch eigene Handlung z. B. in entschuldbarer Verwechslung, die schon empfangene Sache verbraucht oder zerstört hat und nicht deren Wert leistet, so darf er nach Treu und Glauben (BGB. § 242) auch nicht Rückgewähr des

Preises beanspruchen [1]). Hier kommt also auch in Deutschland die „eigene Handlung" des Schuldners zur Bedeutung.

c) Eigenartig endlich ordnet BGB. § 354 den Fall, daß der Berechtigte nach der gültigen Rücktrittserklärung mit der Rückgewähr in Verzug kommt. Der Gegner kann ihm eine Frist setzen, mit deren fruchtlosem Ablauf der Rücktritt wieder unwirksam wird, so daß der Vertrag wieder Bestand erhält.

5. Verhältnis von Schadenersatz und Rücktritt.

5. Nach dem Gesetze schließen der Rücktritt vom Vertrag und der Anspruch auf Schadenersatz wegen Nichterfüllung einander aus. Der Schadenersatz beruht auf der Fortdauer des Vertrages, der Rücktritt löst den Vertrag mit Wirkung ex tunc auf.

Der Unterschied zwischen den beiden Rechtsbehelfen ist in gewissen Beziehungen für den Verkäufer gegenüber dem säumigen Käufer wichtiger als in dem hier zunächst besprochenen Fall, daß der Käufer als vertragstreuer Teil Ansprüche hat. Immerhin dient nach der Absicht des Gesetzes der Rücktritt dem Käufer für den Fall gesunkener Preise, der Schadenersatzanspruch für den Fall, daß der Vertrag für den Käufer Interesse behalten hat.

Nach allgemein verbreiteter Lehre folgt aus dem dogmatischen Verhältnis zwischen den beiden Rechtsbehelfen, daß der Gläubiger, wenn er den Schadenersatz wegen Nichterfüllung gewählt hat, zum Rücktritt noch übergehen darf (RGZ. **85**, *282*; **107**, *348*; **109**, 186). Dagegen gilt die Erklärung des Rücktritts als endgültig, weil sie den Vertrag auflöst und daher dem Schadenersatzanspruch den Boden entzieht (RGZ. **50**, *266*; RG. LZ. 1917, 1133, 6).

Im Verkehr hat sich die Unterscheidung des Gesetzbuchs aber so wenig eingelebt, daß sogar jetzt immer noch Erklärungen vorkommen, wo der Rücktritt ausgesprochen und trotzdem Schadenersatz begehrt wird; da hierin nach dem Gesetz ein Widerspruch liegt, haben die Gerichte wohlwollend zumeist die Erklärung im Sinne des Schadenersatzanspruchs ausgelegt (RGZ. **52**, *262*; **54**, 100; **61**, 130; **126**, 69; anders aber, weil ein Rechtskundiger die Erklärung abgegeben habe, RG. JW. 1932, 1205).

6. Vertragsabstand.

6. Statt zurückzutreten kann der Käufer auch den Vertrag so behandeln, als sei er durch die Nichterfüllung des Verkäufers ipso iure dahingefallen (Vertragsabstand) [2]). Das hat, wie der Rücktritt,

---

[1]) Enneccerus-Lehmann § 39 N. 7, vgl. dort auch § 39 II 1 e.

[2]) Bestritten ist, ob dazu eine Willenserklärung des Käufers erforderlich ist (so Siber) oder ob der Käufer den Vertrag so behandeln kann, als ob er von selbst hinfällig geworden wäre. (So die bisher herrschende Meinung.)

zur Folge, daß der Käufer von seiner Leistungspflicht frei wird und daß etwa bereits erbrachte Leistungen zurückzugewähren sind, aber nicht nach den Vorschriften über das Rücktrittsrecht (BGB. §§ 346 ff.), sondern nach denen über die Rückforderung einer ungerechtfertigten Bereicherung (BGB. §§ 325 Abs. 1 S. 3, 323 Abs. 3, 812 ff.). Von praktischer Bedeutung kann dieses Recht z. B. sein, wenn dem Käufer Schadenersatzansprüche gegen den Verkäufer wegen einer positiven Vertragsverletzung erwachsen sind und hierauf die Lieferung unmöglich wird. Bei Ausübung des Rücktritts würde er nach herrschender Meinung diesen Anspruch verlieren, da zufolge der „rückwirkenden Kraft des Rücktritts“ auch die Grundlage für Schadenersatzpflichten dahinfällt [1]). Wählt er Vertragsabstand, so behält er diesen Anspruch unbestritten, er kann aber seinen Rückforderungsanspruch wegen etwaiger Vorleistungen nur nach Bereicherungsgrundsätzen verfolgen, nicht nach den strengeren Regeln des Rücktritts vom Vertrag.

7. Schließlich kann der Käufer auch den Anspruch auf das stellvertretende Commodum nach den Vorschriften des § 323 Abs. 2 BGB. geltend machen (BGB. § 325 Abs. 1 S. 3).

§ 26.

Österreich.

I. Pflichten des Verkäufers. 1. Hauptpflichten.

I. 1. Der Verkäufer hat die Sache dem Käufer zu „freiem Besitz“ zu übergeben (aBGB. §§ 1061, 1047). Er ist ferner verpflichtet, dem Käufer das Eigentum zu verschaffen, und haftet dafür nicht erst im Falle der Eviktion, sondern bereits dann, wenn der Rechtsmangel offenbar wird („wenn das Widerspiel hervorkommt“, aBGB. § 923). Der Kaufvertrag ist Titel des Eigentumserwerbs (aBGB. § 1053). Nach § 425 aBGB. „gibt der bloße Titel noch kein Eigentum. Das Eigentum und alle dinglichen Rechte überhaupt können . . . nur durch die rechtliche Übergabe und Übernahme erworben werden“. Neben die körperliche Übergabe (aBGB. § 426) tritt die symbolische Übergabe (durch Anbringung von Zeichen, Übergabe von Schlüsseln) (aBGB. § 427), die Übergabe „durch Erklärung“ (brevi manu traditio und constitutum possessorium) (aBGB. § 428), die (Besitz-)Anwei-

[1]) Diesem unerwünschten Ergebnis sucht man in unserer Zeit mit verschiedenen Konstruktionsversuchen abzuhelfen. Vgl. Herholz, Arch. ziv. Prax. 130, 257 f.; Stoll, Arch. ziv. Prax. 131, 141 ff. (183 ff.); Heck, Schuldrecht § 52, 5.

sung (aBGB. § 1400), wenn die Sache im Gewahrsam eines Dritten ist, und die „traditio ficta“ des § 429 aBGB.: Während „in der Regel überschickte Sachen erst dann für übergeben gehalten werden, wenn sie der Übernehmer erhält“, gilt schon die Absendung als Übergabe, wenn der Empfänger „die Überschickungsart selbst bestimmt oder genehmigt“ hat; wo sich, wie meist die Überschickungsart nach den Verkehrsverhältnissen von selbst versteht, wird eine stillschweigende Bestimmung dieser Art angenommen, so daß praktisch die Ausnahme des § 429 aBGB. zur Regel wird [1]).

Der Verkäufer hat die verkaufte Sache „der Verabredung gemäß mit ihren Bestandteilen und mit allem Zubehör zu rechter Zeit, am gehörigen Ort und in eben dem Zustande, in welchem sie sich bei Schließung des Vertrages befunden hat“, zu übergeben (aBGB. § 1061, 1047, tschechosl. Entw. § 958). Bei Gattungskäufen nach Handelsrecht ist im Zweifel „Handelsgut mittlerer Art und Güte“ zu liefern (allg. HGB. Art. 335). Entsprechendes gilt ohne besondere Vorschrift im bürgerlichen Recht (Ehrenzweig § 297 bei N. 10). Für Mängel ist nach §§ 922, 923 aBGB. Gewähr zu leisten (darüber vgl. unten Teil VI). Zu Teilleistungen ist der Verkäufer nur berechtigt, wenn das im Vertrag bedungen ist (aBGB. § 1415, tschechosl. Entw. § 1229 Abs. 1).

2. Nebenpflichten.

2. Der Verkäufer hat die Pflicht, die verkaufte Sache bis zur Übergabe „sorgfältig (nach Art. 343 allg. HGB. „mit der Sorgfalt eines ordentlichen Geschäftsmanns“) zu bewahren“ (aBGB. § 1061) [2]). Die Versendung der Ware vom Erfüllungsort an einen anderen Bestimmungsort ist grundsätzlich keine Verkäuferpflicht. Doch kann sich aus Vertrag oder Handelsbrauch ergeben, daß der Verkäufer für die Versendung sorgen muß [3]).

3. Zeit der Erfüllung.

3. Mangels anderer Vereinbarung ist der Kaufvertrag sofort zu erfüllen (aBGB. § 904, tschechosl. Entwurf § 817). Nach § 1413 aBGB. (ebenso tschechosl. Entwurf § 1227) kann der Käufer eine vor der vereinbarten Zeit angebotene Leistung zurückweisen, während das Handelsrecht — ohne eine solche Dispositivnorm aufzustellen — „nach der Natur des Geschäfts und der Absicht des Kontrahenten“ beurteilt, ob der Käufer zur Zurückweisung befugt ist (allg. HGB. Art. 334) [4]).

---

[1]) Vgl. z. B. Klang, 3 zu § 429 aBGB. S. 175, Klang-Bettelheim zu § 1061 aBGB. S. 987 N. 22.

[2]) Diese Bestimmung läßt der tschechoslowakische Entwurf fallen.

[3]) Klang-Bettelheim, II 1 zu § 1061 aBGB. S. 987.

[4]) Vgl. E. vom 17. 5. 1892, ACl. 1665, GlU. 14251.

4. Ort der Erfüllung.

4. Der Erfüllungsort bestimmt sich in erster Linie nach der Vereinbarung der Parteien oder aus Natur und Zweck des Geschäfts, in zweiter Linie nach Wohnsitz oder gewerblicher Niederlassung des Verkäufers (allg. HGB. Art. 324, 342, aBGB. § 905, tschechosl. Entw. § 818). Bei Handelskäufen über bestimmte Sachen ist an Stelle von Handelsniederlassung oder Wohnsitz der Ort maßgebend, an dem sich die Sachen zur Zeit des Vertragsschlusses mit Wissen der Kontrahenten befanden (allg. HGB. Art. 342 Abs. 2).

II. Die Befreiung des Verkäufers.

1. Unmöglichkeit.

a) Stückkauf.

II. 1. a) Wird die geschuldete Leistung unmöglich, ohne daß der Schuldner das zu vertreten hat, so wird der Schuldner frei und verliert seinen Anspruch auf die Gegenleistung, der Vertrag fällt dahin: „Der zufällige gänzliche Untergang einer bestimmten Sache hebt alle Verbindlichkeit, selbst die, den Wert derselben zu vergüten, auf. Dieser Grundsatz gilt auch für diejenigen Fälle, in welchen die Erfüllung der Verbindlichkeit oder die Zahlung einer Schuld durch einen anderen Zufall unmöglich wird. In jedem Fall muß aber der Schuldner das, was er, um die Verbindlichkeit in Erfüllung zu bringen, erhalten hat, zwar gleich einem redlichen Besitzer, jedoch auf solche Art zurückstellen oder vergüten, daß er aus dem Schaden des anderen keinen Gewinn zieht" (aBGB. § 1447, ebenso tschechosl. Entw. § 1271 Abs. 2).

b) Gattungsschuld.

b) Nur der Untergang einer bestimmten Sache befreit den Schuldner nach § 1447 aBGB. Bei Gattungsschulden haftet der Verkäufer, so lange die Ware am Markt vorhanden ist und wird nicht dadurch frei, daß von ihm zur Erfüllung bestimmte Stücke untergehen (vgl. Klang-Pisko, A I 1 b zu § 1447 aBGB.).

c) Beschränkter Gattungskauf.

c) Der Untergang der ganzen Gattung wird häufiger praktisch beim beschränkten Gattungskauf. Reicht hierbei der Vorrat nicht zur Befriedigung mehrerer Käufer aus, so wird der Verkäufer anders als in Deutschland weder für berechtigt noch für verpflichtet gehalten, die einzelnen Ansprüche verhältnismäßig zu befriedigen[1]).

2. Unerschwinglichkeit.

2. Ebenso wie Unmöglichkeit befreit nach ständiger Rechtsprechung des österreichischen Obersten Gerichtshofs die wirtschaftliche Unmöglichkeit oder Unerschwinglichkeit, wie vor allem in Kriegsentscheidungen ausgesprochen worden ist[2]). Diese Auffassung, die in

---

[1]) Klang-Pisko, A I 1 b zu § 1447 aBGB. S. 557; anderer Ansicht im Anschluß an die deutsche Praxis Ehrenzweig, § 352 II.

[2]) E. v. 21. 12. 1915, GH. 1916, S. 104; E. v. 26. 10. 1915, JBl. 1915, S. 613; E. v. 5. 10. 1915, GH. 1915, S. 766; E. v. 21. 9. 1915, GZ. 1915, S. 455; E. v. 29. 2. 1916, GZ. 1917, S. 160.

der Literatur vor allem von Ehrenzweig (§ 352 V 4) und Pisko [1]) verfochten wird, ist noch in den Nachkriegsjahren vom österreichischen OGH. (vgl. E. v. 21. 2. 1922, SZ. 4, 24) ebenso wie vom OG. Brünn (E. v. 27. 9. 1921, PrA. 1922 S. 97) weiterhin vertreten worden. Preissteigerung macht die Leistung nur dann unzumutbar, wenn sie „durch außerordentliche und unvorhergesehene Umstände" verursacht worden ist [2]). Sonst trifft die Gefahr auch sehr erheblicher Preissteigerungen den Schuldner [3]). Der Schuldner braucht sich auf die Unerschwinglichkeit nicht zu berufen; nur wenn er es tut, fällt das Schuldverhältnis entsprechend § 1447 aBGB. dahin (vgl. Ehrenzweig § 352 V 4).

3. Zeitweilige Unmöglichkeit.

3. Grundsätzlich befreit nur dauernde Unmöglichkeit. Auf zeitweilige Unmöglichkeit kann sich der Schuldner zu seiner Befreiung aber dann berufen, wenn die Leistung nach ihrem Inhalt oder der Parteiabsicht nur zu bestimmter Zeit erbracht und gefordert werden kann. Das Schrifttum spricht hier von „absolutem Fixgeschäft" im Gegensatz zum gewöhnlichen sog. „relativen" Fixgeschäft, bei dem der Gläubiger nach Ablauf der festbestimmten Lieferfrist noch auf Erfüllung bestehen kann, dies jedoch dem Schuldner ohne Verzug anzeigen muß (aBGB. § 919). Vorübergehende Unmöglichkeit kann ferner, auch wenn die Leistungszeit nicht schlechthin wesentlich war, zur Befreiung des Verkäufers führen, wenn die Hinausschiebung der Leistung zu einer wesentlichen Veränderung der Verhältnisse geführt hat oder die Dauer der Verhinderung nicht abzusehen ist, so daß eine weitere Bindung an die Lieferungspflicht unzumutbar ist [4]).

III. Die Haftung des Verkäufers.

III. Die dritte Teilnovelle von 1916 hat dem aBGB. „Allgemeine Bestimmungen über entgeltliche Verträge und Geschäfte" eingefügt, die alle Vertragsverletzungen regeln wollen. Sie unterscheiden Erfüllungsvereitelung (aBGB. § 920) und sonstige Vertragsverletzung, bei der der Vertrag „entweder nicht zur gehörigen Zeit, am gehörigen Ort oder auf die bedungene Weise" erfüllt wird (aBGB. § 918) und stellen als Rechtsbehelfe Rücktritt und Schadenersatz wegen Nichterfüllung zur Verfügung, die verbunden werden können (aBGB. § 921). Allgemeine Grundlage für diese Bestimmung ist der Satz, daß jede schuldhafte Vertragsverletzung haftbar macht (aBGB. § 1295) (ebenso tschechosl. Entw. §§ 834, 836, 837, 1114).

---

[1]) Klang-Pisko zu § 1447 aBGB. S. 557 f.

[2]) OG. Brünn E. v. 8. 3. 1928, Schüller VIII, n°. 865; OGH. Wien E. v. 9. 12. 1920, SZ. 2, 133.

[3]) Vgl. E. OG. Brünn v. 25. 5. 1925, Schüller IX n°. 1020.

[4]) Vgl. Ehrenzweig § 352 III, Klang-Pisko, A II zu § 1447 aBGB.

Für Handelskäufe gilt das allg. HGB., das den Begriff des Verzugs in den Mittelpunkt stellt. Der Käufer kann zurücktreten oder Schadenersatz verlangen, doch schließen sich diese Rechtsbehelfe gegenseitig aus. Für die Vertragsverletzungen im übrigen bleibt es beim bürgerlichen Recht.

1. Erfüllungsvereitelung.

1. „Wird die Erfüllung durch Verschulden des Verpflichteten oder einen von ihm zu vertretenden Zufall vereitelt, so kann der andere Teil entweder Schadenersatz wegen Nichterfüllung fordern oder vom Vertrag zurücktreten" (aBGB. § 920, tschechosl. Entw. § 836). Schadenersatz und Rücktritt können auch kombiniert werden (aBGB. § 921, tschechosl. Entw. § 837). Der wichtigste Fall der Erfüllungsvereitelung ist die zu vertretende Unmöglichkeit. Der in bewußter Abweichung von § 325 des *deutschen* BGB. gewählte Begriff der Vereitelung läßt aber auch zwanglos die Fälle hier unterordnen, in denen eine Leistung ihrem Inhalt nach nur zu bestimmter Zeit erbracht werden kann oder eine Unterlassungspflicht durch Zuwiderhandeln gegenstandslos geworden ist.

Der Verkäufer hat die Vereitelung zu vertreten, wenn sie verschuldet ist. Er haftet nach § 1311 aBGB. (tschechosl. Entw. § 1122) auch für den Zufall, den er durch ein Verschulden veranlaßt hat. Für das Verschulden von Personen, deren sich der Verkäufer zur Erfüllung bedient, haftet er nach § 1313 a aBGB. (tschechosl. Entw. § 1133) wie für sein eigenes.

Auf Unerschwinglichkeit kann sich der Schuldner grundsätzlich nicht berufen, wenn er sie zu vertreten hat [1]). In den Fällen, in denen man dem Schuldner gleichwohl die Erfüllung nicht mehr zumuten kann, hat der Gläubiger Anspruch auf Schadenersatz gemäß § 920 aBGB. (Klang-Pisko, A I 1 zu § 920 aBGB.).

Teilweise Vereitelung.

Bei teilweiser Vereitelung der Lieferung hat der Käufer die Rechte auf Schadenersatz wegen Nichterfüllung und Rücktritt bezüglich des ganzen Vertrages, „falls die Natur des Geschäftes oder der dem Verpflichteten bekannte Zweck der Leistung entnehmen läßt, daß die teilweise Erfüllung für ihn kein Interesse hat (aBGB. § 920 S. 2, tschechosl. Entwurf § 836 S. 2), sonst stehen ihm die bezeichneten Rechtsbehelfe nur bezüglich des nichterfüllten Teils zu.

2. Verzögerung.

2. Wenn der Verkäufer nicht zur gehörigen Zeit leistet, kann der Käufer nach bürgerlichem Recht Erfüllung nebst Verspätungs-

---

[1]) OGH. Wien, E. v. 25. 4. 1922, Rspr. 1922, S. 21. Klang-Pisko, C II zu § 1447 aBGB., S. 571.

schaden verlangen oder vom Vertrag zurücktreten und Schadenersatz wegen Nichterfüllung fordern (aBGB. § 918, tschechosl. Entwurf § 834). Das Handelsrecht (allg. HGB. Art. 355) gewährt, wenn der Verkäufer mit der Übergabe der Ware im Verzug ist, dieselben Rechtsbehelfe, nur daß Schadenersatz wegen Nichterfüllung und Rücktritt sich gegenseitig ausschließen.

Nach § 1334 aBGB. kommt der Schuldner, wenn der „Zahlungstag“ durch Gesetz oder Vertrag bestimmt ist, ohne weiteres, sonst nur nach „geschehener gerichtlicher oder außergerichtlicher Einmahnung“ in Verzug. Weder § 1334 noch § 918 aBGB. stellen klar, ob Verschulden Voraussetzung des Verzuges ist. Doch legt, wie die herrschende Lehre annimmt, § 921 aBGB. die Entscheidung nahe, daß für das Rücktrittsrecht nach § 918 aBGB. objektiver Verzug genügt. Daß, wie einhellig angenommen wird, Schadenersatz nur bei Verschulden des Verpflichteten gefordert werden kann, lasse keine Analogie für die Voraussetzungen des Rücktritts zu, der ein wesensmäßig anderer Rechtsbehelf sei [1]). Auch bei vorübergehender Unmöglichkeit, die ja grundsätzlich nicht zu einer Befreiung des Schuldners führt, kann also der Käufer durch Ausübung des Rücktrittsrechts vom Vertrag loskommen [2]).

Das Handelsrecht hat den Begriff des Verzugs nicht selbständig definiert. Während man früher in Anlehnung an das bürgerliche Recht für den Verzug die schuldhafte Unterlassung der fälligen Leistung forderte [3]), nimmt seit der 3. Teilnovelle zum aBGB. die überwiegende Lehre auch für das Handelsrecht an, daß für den Rücktritt objektiver Verzug genüge [4]).

Rücktritt und Schadenersatz wegen Nichterfüllung setzen eine Nachfrist voraus (allg. HGB. Art. 356, aBGB. § 918, tschechosl. Entw. § 834). Dabei wird im Handelsrecht im Anschluß an die Rechtsprechung des Reichsoberhandelsgerichts gelehrt, daß der Käufer die Frist nicht „setzen“ muß, sondern daß es genügt, wenn der Käufer *Nachfrist.*

---

[1]) Vgl. dazu Pisko, Einfluß der 3. Teilnovelle auf das Handelsrecht, ZHR. 80, 214 und Klang-Pisko zu § 918 aBGB. S. 471 f.; Ehrenzweig § 320 bei N. 3; OGH. Wien, E. v. 22. 9. 1926, SZ. 8, 267 und (unklar) E. v. 20. 11. 1923, SZ. 5, 268; a. M. Ulrich in BrJZ. 1927, S. 34 f.; Schlesinger, ZBl. 44, 418 und Lenhoff, ZBl. 35, 392.

[2]) Klang-Pisko zu § 1447 aBGB. S. 564 und zu § 918 aBGB. A I 3 S. 472. Abweichend aber insoweit Ehrenzweig § 352 III pr.

[3]) Vgl. Staub-Pisko II S. 351; von Canstein II S. 191 f.

[4]) Pisko, Lehrbuch S. 186; E. v. 20. 11. 1923, SZ. 5, 268.

wartet (eine Nachfrist „gewährt") [1]. Für das bürgerliche Recht sind die Meinungen geteilt. Die Lehre und das OG. Brünn entnehmen dem § 918 aBGB., daß die Nachfrist ausdrücklich „festgesetzt" werden müsse [2], während der OGH. Wien denselben Standpunkt vertritt wie für das Handelsrecht [3].

Die Setzung einer zu kurzen Frist macht die Fristsetzung nicht wirkungslos, es tritt nur eine angemessene längere an ihre Stelle [4].

Die Nachfrist entfällt, wenn der Schuldner ernsthaft und endgültig die Erfüllung verweigert [5]; vorherige Androhung des Rücktritts ist unnötig [6].

Eine Nachfrist braucht nach Handelsrecht ferner dann nicht gewährt zu werden, wenn die Natur des Geschäfts sie nicht zuläßt (allg. HGB. Art. 356). Entsprechend ist nach § 919 Satz 2 aBGB. eine Nachfrist nicht erforderlich, wenn die Natur des Geschäfts oder der dem Verpflichteten bekannte Zweck der Leistung entnehmen läßt, daß die verspätete Leistung für den Empfänger kein Interesse hat (aBGB. § 919 S. 2, tschechosl. Entwurf § 835 S. 2). Der Gläubiger muß umgekehrt in diesem Fall unverzüglich anzeigen, wenn er noch auf Erfüllung bestehen will. Es gilt hier das gleiche wie für Fixgeschäfte.

Fixgeschäft. Ein Fixgeschäft liegt nach bürgerlichem Recht vor, wenn Erfüllung zu einer fest bestimmten Zeit oder binnen einer fest bestimmten Frist bei sonstigem Rücktritt bedungen ist (aBGB. § 919 S. 1, tschechosl. Entwurf § 835 S. 1). Die Androhung sonstigen Rücktritts ist anders als nach Handelsrecht im bürgerlichen Recht unbedingt wesentlich [7]. Nach Handelsrecht (allg. HGB. Art. 357) liegt ein Fix-

---

[1] Vgl. OGH. Wien E. v. 10. 11. 1896, ACl. 1930; OGH. Wien, E. v. 9. 10. 1906, GlUNF. 3540; OG. Brünn E. v. 4. 7. 1922, Vážný 1761; OGH. Wien, E. v. 23. 9. 1924 SZ. 6, 286; OGH. Wien, E. v. 19. 2. 1924 SZ. 6, 64. Pisko, Lehrbuch S. 192, zur Entwicklung dieser Auffassung Staub-Pisko II S. 369 ff.

[2] OG. Brünn E. v. 11. 1. 1921, PrA. 1921 S. 197 und 1922 S. 201; vgl. Klang-Pisko zu § 918 aBGB. S. 475, Ehrenzweig § 320 bei N. 4a; Mayr § 345 N. 47.

[3] Vgl. E. v. 10. 12. 1925, SZ. 7, 394.

[4] Vgl. Klang-Pisko zu § 918 aBGB. S. 476; Ehrenzweig § 320 II 1.

[5] Vgl. OG. Brünn E. v. 4. 4. 1922, zit. bei Gans-Kafka S. 309 no. 225.

[6] Vgl. OG. Brünn E. v. 6. 12. 1921, Vážný 1330, u. OGH. Wien E. v. 21. 2. 1923 SZ. 5, 41.

[7] Über den Tatbestand des Fixgeschäfts im einzelnen vgl. OGH. Wien E. v. 20. 12. 1929, SZ. 11, 270 und E. v. 21. 5. 1924 SZ. 6, 197; OG. Brünn E. v. 25. 1. 1922, PrA. 1922 S. 969 no. 164.

geschäft vor, wenn Lieferung „genau zu einer fest bestimmten Zeit oder binnen einer fest bestimmten Frist bedungen ist".

Der Käufer kann beim Fixgeschäft nach bürgerlichem wie nach Handelsrecht ohne Nachfrist vom Vertrag abgehen und Schadenersatz wegen Nichterfüllung fordern, er muß, wenn er auf Erfüllung bestehen will, dies dem Verkäufer unverzüglich anzeigen.

3. Positive Vertragsverletzung.

3. § 918 aBGB. setzt dem Verzug (der Leistung „nicht zur gehörigen Zeit") die positive Vertragsverletzung (Leistung nicht „auf die bedungene Weise") gleich. Das ist wenig glücklich, da Gleichstellung gerade mit dem Verzuge, bei dem für die Geltendmachung von Rücktritt und Schadenersatz eine Nachfristgewährung gefordert wird, für die meisten Fälle der positiven Vertragsverletzung unangemessen ist. Man versucht deshalb die positiven Vertragsverletzungen angemessen zu ordnen, indem man in Anlehnung an die deutsche Lehre die für Verzug und für Erfüllungsvereitelung gegebenen Normen der §§ 918 und 920 aBGB. verallgemeinert. Es wird daher grundsätzlich Schadenersatz oder Rücktritt ohne Nachfrist gegeben, doch kann unter Umständen entsprechend der Nachfristsetzung beim Verzug eine Abmahnung unter Androhung des Rücktritts für erneute Zuwiderhandlung erforderlich sein [1]).

4. Sukzessivlieferungsverträge.

4. Bei Sukzessivlieferungsverträgen kann grundsätzlich nach § 918 Abs. 2 aBGB. der Rücktritt wegen Verzuges mit einer Teillieferung nur für die Zukunft, dann aber auch für alle noch ausstehenden Leistungen, ausgeübt werden. Der Rücktritt auch für die schon erbrachten Leistungen und Schadenersatz wegen Nichterfüllung des ganzen Vertrages sind nur dann zu gewähren, wenn die Erfüllung „nicht für beide Seiten teilbar ist", d. h. wenn nach dem Parteiwillen bei Vertragsschluß ein Interesse am Austausch von Teilleistungen fehlte [2]). Es bestehen verschiedene Ansichten darüber, ob der Rücktritt in allen Fällen unter dieser Bedingung zu gewähren ist; man entnimmt aus Art. 359 allg. HGB. ebenfalls das Rücktrittsrecht, ist aber wiederum über die näheren Voraussetzungen nicht einig.

Entsprechendes wie für den Verzug mit einer Teilleistung soll bei teilweiser Erfüllungsvereitelung oder Schlechterfüllung bezüglich einer Teilleistung gelten [3]).

IV. Die Rechtsbehelfe des Käufers.

1. Einrede des nichterfüllten Vertrages.

IV. 1. Aus der für den Tausch gegebenen Bestimmung des § 1052

[1]) Vgl. Ehrenzweig § 320 III, 337 I, Klang-Pisko, Vorbem. B II zu § 918 aBGB. S. 454 ff. und A I 1 zu § 918 aBGB. S. 469 ff.

[2]) Klang-Pisko B I 2 zu § 918 aBGB. S. 482.

[3]) Klang-Pisko zu § 920 aBGB. S. 503; Ehrenzweig § 320 III 3.

S. 1 aBGB.: „Wer auf die Übergabe dringen will, muß seine Verbindlichkeit erfüllt haben oder sie zu erfüllen bereit sein" ergibt sich in Verbindung mit § 1066 aBGB. (entsprechend tschechosl. Entw. § 950 in Verbindung mit § 963) die Einrede des nicht erfüllten Vertrages für Käufer und Verkäufer. Sind, wie im Zweifel anzunehmen ist, die Leistungen von den Parteien Zug um Zug zu erbringen, oder ist eine Partei vorleistungspflichtig, so kann die andere die Leistung verweigern, wenn der Gegner noch nicht erfüllt hat. Daß der Kläger erfüllungsbereit ist, hindert seinen Gegner trotz des insoweit mißverständlichen Wortlautes nicht, die Einrede zu erheben. Nur wenn ein „reales Angebot" gemacht ist, so daß sich der Gegner in Annahmeverzug befindet, wird die Einrede verworfen [1]).

Auf die Einrede hin wird der Beklagte grundsätzlich zur Leistung Zug um Zug verurteilt [2]). Über die Einzelheiten der Vollstreckung vgl. EO. §§ 8, 25, 42 n°. 4. Früher wiesen die Gerichte auf Grund der Einrede häufig die Klage „derzeit" ab [3]). Heute geschieht das gleiche im Versäumnisverfahren, weil man hier die Pflicht des Klägers zur Gegenleistung von Amts wegen berücksichtigt [4]). Geht aus seinen Angaben zwar hervor, daß er eine Gegenleistung versprochen hat, aber nicht genug, um sie in den Urteilstenor aufzunehmen, so wird die Klage derzeit abgewiesen [5]).

In gleicher Weise wird auch die Einrede des nicht gehörig erfüllten Vertrages auf seiten des Käufers behandelt [6]). Ein geringfügiger Mangel begründet sie jedoch nicht. Hat der Käufer die Leistung als Erfüllung angenommen, oder handelt es sich um Lieferung einer Speziessache, so kann der Käufer die Leistung nicht mehr durch Erhebung der Einrede als Nichterfüllung behandeln; es bleiben ihm bloß die Gewährleistungsrechte [7]).

---

[1]) Klang-Bettelheim zu § 1052 aBGB. S. 959; Ehrenzweig § 321 III c; E. v. 30. 10. 1895, GlU. 15608; E. v. 12. 12. 1878, GlU. 7786; E. v. 7. 6. 1904, GlUNF. 3618; E. v. 19. 4. 1911, GlUNF. 5443; E. v. 11. 12. 1923 SZ. 5, 309.

[2]) E. v. 11. 6. 1908, GlUNF. 4872; E. v. 14. 2. 1928 Rspr. 1928 n°. 145, unsere Z. 5, 122; E. v. 15. 12. 1931 RZ. 1932, 55.

[3]) Vgl. E. bei Klang-Bettelheim zu § 1052 aBGB. N. 30.

[4]) E. v. 3. 11. 1925 ZBl. 1926 n°. 32; E. v. 14. 2. 1928, unsere Z. 5, 122, unter Billigung von Wahle.

[5]) E. v. 3. 11. 1925 a. a. O.; Klang-Bettelheim zu § 1052 aBGB. S. 959; Ehrenzweig § 321 III b.

[6]) Vgl. E. v. 29. 3. 1911, GlUNF. 5417; E. v. 20. 5. 1930. Rspr. 1930, n°. 311.

[7]) Vgl. E. v. 5. 10. 1893 GlU. 14852 und Klang-Bettelheim zu aBGB. § 1052 S. 961.

Einrede der Unsicherheit.

Die Einrede der Unsicherheit wurde dem Vorleistungspflichtigen bereits vor Erlaß der 3. Teilnovelle von der Rechtsprechung zuerkannt (vgl. besonders Judikatenbuch n°. 195, E. v. 14. 9. 1911, GlUNF. n°. 5637). Durch die 3. Teilnovelle ist eine entsprechende Bestimmung in § 1052 S. 2 aBGB. aufgenommen worden (ebenso tschechosl. Entw. § 950 S. 2). Der Vorleistungspflichtige „kann seine Leistung bis zur Bewirkung oder Sicherstellung der Gegenleistung verweigern, wenn diese durch schlechte Vermögensverhältnisse des anderen Teils gefährdet ist, die ihm zur Zeit des Vertragsabschlusses nicht bekannt sein mußten" (aBGB. § 1052, tschechosl. Entw. § 950). Anders als nach deutschem Recht wird also nicht vorausgesetzt, daß der Vermögensverfall nach Vertragsschluß eingetreten ist. Es genügt, daß sie dem Vertragsschließenden ohne sein Verschulden unbekannt geblieben ist. Die Einrede führt zur derzeitigen Abweisung der Klage [1]). Der zur Vorleistung Verpflichtete kann die vorzeitige Erbringung der Gegenleistung oder deren Sicherstellung jedoch nicht erzwingen. Er hat kein Recht auf Leistung Zug um Zug zu klagen (OHG. Wien, E. v. 13. 6. 1933, Rspr. 1933, n°. 196). Er scheint danach darauf beschränkt zu sein, seine Leistung zurückzuhalten und den Verzug des Gegners abzuwarten. Die herrschende Meinung befürwortet, um diesen unter Umständen unbestimmt lange dauernden Schwebezustand zu beendigen, ein Recht, vom Vertrag zurückzutreten, wenn der Gegner nicht in angemessener Frist leistet oder seine Leistung sicherstellt [2]). Das OG. Brünn hat diesen Weg in einer neueren Entscheidung beschritten (E. v. 15. 2. 1927 Vážný 6800).

2. Rücktritt.

2. Der Rücktritt geschieht nach bürgerlichem und Handelsrecht durch Erklärung gegenüber dem anderen Teil. Die Erfüllungsansprüche erlöschen und die bereits erbrachten Leistungen sind herauszugeben samt Zinsen und Nutzung, weil „kein Teil aus dem Schaden des anderen Gewinn ziehen" soll (aBGB. § 921, tschechosl. Entw. § 837) [3]). Die Leistungen sind Zug um Zug zurückzugeben (E. v. 11. 4. 1911, GlUNF. 5433). Dingliche Wirkung hat der Rücktritt nicht [4]).

3. Schadenersatz.

3. Im bürgerlichen Recht ist der Umfang des Schadenersatzes

---

[1]) Klang-Bettelheim zu § 1052 aBGB. S. 964 (das Zitat N. 65a trifft den Fall nicht).

[2]) Klang-Bettelheim zu § 1052 aBGB. S. 964, Ehrenzweig § 321 II.

[3]) Ehrenzweig § 320 V 1; vgl. OGH. Wien E. v. 10. 3. 1932, RZ. 1932, 212.

[4]) Ehrenzweig § 320 V bei N. 34; Klang-Pisko zu § 921 S. 511.

nach der Schwere des Verschuldens abgestuft. Nach § 1324 aBGB. (ebenso tschechosl. Entw. § 1143) ist nur „im Fall eines aus böser Absicht oder aus einer auffallenden Sorglosigkeit verursachten Schadens" „volle Genugtuung" geschuldet, die auch den entgangenen Gewinn mit umfaßt (aBGB. § 1331). In den übrigen Fällen hat der Gläubiger nur Anspruch auf Ersatz des „erlittenen Schadens", die „eigentliche Schadloshaltung", d. h. es muß nach § 1323 aBGB. „alles in den vorigen Zustand zurückversetzt oder, wenn dieses nicht tunlich ist, der Schätzungswert vergütet werden".

Im Handelsrecht kann nach Art. 283 allg. HGB. stets „die Erstattung des wirklichen Schadens und des entgangenen Gewinns verlangt werden".

Rücktritt und Schadenersatz

Nach § 921 aBGB. (ebenso tschechosl. Entw. § 837) „läßt der Rücktritt vom Vertrage den Anspruch auf Ersatz des durch verschuldete Nichterfüllung verursachten Schadens unberührt". Der Gläubiger kann also entweder beim Vertrag bleiben und Schadenersatz wegen Nichterfüllung verlangen, dann muß er jedoch auch seinerseits leisten. Oder er kann zurücktreten, dann entfällt seine Leistungspflicht und er hat Anspruch auf den Differenzschaden. Dieser Rücktritt zuzüglich Schadenersatz wegen Nichterfüllung im österreichischen Recht entspricht also dem deutschen Schadenersatz, berechnet nach der Differenztheorie; während der Schadenersatz wegen Nichterfüllung ohne Rücktritt dem deutschen Schadenersatz, berechnet nach der Austauschtheorie, entspricht (vgl. darüber insbesondere Pisko, Lehrbuch S. 188 und bei Klang I pr. zu § 921 aBGB. S. 506 ff.). Der Unterschied gegenüber dem Handelsrecht, nach dem Rücktritt und Schadenersatz wegen Nichterfüllung sich gegenseitig ausschließen, ist daher, weil nach fester Rechtsprechung auch dort der Schaden nach der Differenztheorie berechnet werden kann, praktisch ganz geringfügig. Wie Pisko (a. a. O.) hervorhebt, schließt die Gewährung des Anspruchs auf den Differenzschaden bereits die Gewährung des Rücktrittsrechts in sich, so daß die Wahl zwischen Rücktritt und Schadenersatz wegen Nichterfüllung, die Art. 355 allg. HGB. gibt, in Wahrheit eine Wahl zwischen einem maius und einem minus ist.

Für die Rechtsstellung des Käufers ist im übrigen der Unterschied zwischen beiden Rechtsbehelfen, anders als für den Verkäufer, deshalb unbedeutend, weil er stets aufrechnen kann.

Berechnung des Schadens. Abstrakte Berechnung.

Der Käufer kann den Schaden abstrakt oder konkret berechnen. Die abstrakte Schadensberechnung führt zum Ersatz des „gemeinen

Wertes" der Ware [1]). Der Schaden besteht, wie im Handelsrecht für Fixgeschäfte ausgesprochen ist (allg. HGB. Art. 357 Abs. 3) „in der Differenz zwischen dem Kaufpreis und dem Markt- und Börsenpreis zur Zeit und am Ort der geschuldeten Leistung". Der Grundsatz der abstrakten Berechnung gilt nach der Rechtsprechung (vgl. OG. Brünn, E. v. 17. 1. 1922, bei Gans-Kafka n°. 28) nicht nur für Fixgeschäfte, sondern schon nach allgemeinen Grundsätzen als Mindestforderung und wird sogar auch über den Kreis von Waren, die einen Markt- oder Börsenpreis haben, hinaus bei solchen Gütern angewendet, die Gegenstand des Handelsverkehrs überhaupt sind. Maßgebend für die Berechnung ist der Marktpreis am Ort der geschuldeten Lieferung. Damit soll nicht der Erfüllungsort, sondern der Ort der Ablieferung gemeint sein [2]). Ist dieser ein unbedeutender Platz, so kommt der nächste Ort, an dem der Käufer sich hätte eindecken können, in Betracht (Staub-Pisko II S. 357). Wenn in Rechtsprechung und Literatur davon gesprochen wird, daß der Verkäuflichkeitspreis an diesem Ort zugrunde zu legen sei, so ist damit meist nichts anderes als der Marktpreis gemeint, wenn auch in der Rechtsprechung nicht völlige Klarheit darüber besteht [3]). Der Detailpreis darf jedenfalls nicht zugrunde gelegt werden (E. v. 3. 5. 1893 ACl. 1718; Staub-Pisko a. a. O.), denn die abstrakte Berechnung beruht auf der Fiktion eines Deckungskaufs (Pisko, Lehrbuch S. 189). Deshalb ist der von der Rechtsprechung gelegentlich beachtete Einwand, daß der Käufer nicht hätte weiterveräußern können, nicht zulässig (Pisko, Lehrbuch S. 189). Da also die abstrakte Berechnung einen Deckungskauf vertreten und nicht zum Ersatz entgangenen Gewinns führen will, ist sie unabhängig davon zulässig, ob der Käufer den Ersatz entgangenen Gewinns fordern darf [4]). Der für die Schadensberechnung maßgebende Zeitpunkt ist nach Wahl des Käufers das Ende entweder der Lieferfrist oder der Nachfrist [5]). Während der Kriegszeit hat die Rechtsprechung den abstrakten Schaden zum Teil mit Rücksicht auf amtliche Höchst-

---

[1]) Ehrenzweig § 337 II S. 293, Klang-Pisko zu § 921 aBGB. S. 509, Pisko, Lehrbuch S. 188 f.

[2]) Staub-Pisko II S. 357; dagegen richtig von Canstein II S. 196.

[3]) Vgl. OGH. Wien, E. v. 29. 11. 1921, SZ. 3, 117; Staub-Pisko II S. 356; anders aber wohl OG. Brünn, E. v. 17. 1. 1922, Gans-Kafka n°. 28, offenbar will es entgangenen Weiterverkaufsgewinn ersetzen.

[4]) So Klang-Pisko zu § 920 aBGB. S. 499 gegen Ehrenzweig § 337 II S. 293.

[5]) Ehrenzweig § 337 II S. 294; Klang-Pisko zu § 921 aBGB. S. 510; E. v. 14. 2. 1923, OG. Brünn PrA. 1923 S. 493.

preise (vgl. E. v. 11. 12. 1914, ZBl. 36, 358) versagt und den frei geschätzten bürgerlichen Nutzen zur Grundlage der Schadensberechnung genommen. Entsprechend verfuhr sie, wenn außerordentliche Verhältnisse die Bildung eines Marktpreises verhinderten (vgl. E. v. 12. 6. 1917, JBl. 1917, S. 585) oder wenn der Käufer Erfüllung erst nach enormer Preissteigerung verlangte (vgl. E. v. 3. 1. 1917, ZBl. 36, 112; E. v. 28. 12. 1917, ZBl. 36, 114).

Konkrete Berechnung.

Der Käufer kann aber seinen Schaden konkret berechnen. Er wird dies, soweit abstrakte Berechnung möglich wäre, vor allem dann tun, wenn der konkrete Schaden höher ist, etwa weil er die nicht gelieferte Ware bereits weiterveräußert hatte [1]), oder weil er gezwungen war, sich zu höherem als dem Marktpreis einzudecken [2]). Einen Deckungskauf muß der Käufer nach den im Handelsverkehr herrschenden Grundsätzen von Treu und Glauben vornehmen (vgl. Staub-Pisko II S. 359). Er muß daher den Kauf alsbald, nicht zur Unzeit, und in der Regel am Ablieferungsort vornehmen.

Eine Pflicht zur Vornahme eines Deckungskaufs besteht grundsätzlich nicht. Hätte durch einen Deckungskauf aber ein erheblich höherer Schaden abgewendet werden können, so kann § 1304 aBGB. eingreifen, nach dem der Beschädigte „wenn bei einer Beschädigung zugleich ein Verschulden von seiner Seite eintritt, den Schaden mit dem Beschädiger verhältnismäßig trägt“ [3]).

4. Wahlanzeige.

4. Nach Art. 356 allg. HGB. muß der Käufer dem Verkäufer anzeigen, daß er die Erfüllung ablehnt und Rücktritt oder Schadenersatz wählt. Eine derartige Anzeige muß ausdrücklich und eindeutig sein [4]). Hat sich der Käufer für einen der ihm zustehenden Rechtsbehelfe, Rücktritt oder Schadenersatz, entschieden, so ist die Wahl endgültig. Das gilt sowohl im Handels- wie im bürgerlichen Recht [5]). Doch ist dies für den Käufer nur im Handelsrecht einschneidend, da hier die Wahl des Rücktritts die Geltendmachung von Schadenersatz ausschließt. Hat er jedoch Schadenersatz wegen Nichterfüllung gewählt, so kann er trotzdem die von ihm etwa bereits erbrachte Leistung auch dann zurückfordern, wenn ihm ein Differenzanspruch nach der

---

[1]) Vgl. OG. Brünn E. v. 3. 1. 1929, Vážný 8603.

[2]) Vgl. E. v. 2. 12. 1891 ACl. 1632.

[3]) Vgl. Klang-Pisko zu § 920 aBGB. S. 499; Ehrenzweig § 337 II.

[4]) Vgl. u. a. E. v. 12. 9. 1907, ACl. 2728; E. v. 9. 10. 1906 GlUNF. Nr. 3540; E. v. 6. 6. 1872, ACl. 380; E. v. 30. 12. 1907, ACl. 2736; E. v. 23. 10. 1901, ACl. 2269 u. a. m.

[5]) Pisko Lehrbuch S. 191, Klang-Pisko zu § 920 aBGB. S. 500.

Lage der Preise tatsächlich nicht zustand. So Pisko (Lehrbuch S. 192), der also anders als die deutsche Praxis damit Ernst macht, daß in der Zubilligung von Differenzschaden eine Rücktrittsgewährung enthalten ist, so daß die erbrachte Leistung gemäß § 1435 aBGB. als nicht geschuldet zurückgefordert werden kann.

§ 27.

Schweiz.

I. Erfüllungsanspruch. Einrede des nichterfüllten Vertrages.

I. Der Gläubiger kann die Leistung verlangen, sobald sie fällig ist. Ergibt sich aus dem Vertragsinhalt oder aus der Natur des Geschäftes nichts Abweichendes, so kann der Gläubiger die Leistung „sofort“ verlangen (OR. Art. 75), d. h. die Erfüllung soll sofort nach Vertragsabschluß in Angriff genommen werden. Der Erfüllungsanspruch wird in OR. Art. 97 Abs. 2 vorausgesetzt und in Art. 107 Abs. 2 erwähnt. „Art. 97 Abs. 2 verweist in Bezug auf die Durchführung der Zwangsvollstreckung auf die Bestimmungen des Schuldbetreibungs- und Konkursrechts und weiter auf die eidgenössischen und kantonalen Vollstreckungsvorschriften.“ Das Urteil auf Eigentumsübertragung wird durch Wegnahme der Sache durch den Gerichtsvollzieher vollstreckt, und der Gläubiger erwirbt nach Analogie von ZGB. Art. 714 Eigentum in dem Augenblick, in dem ihm die Sache von dem Vollstreckungsorgan übergeben wird (v. Tuhr, OR. S. 488).

Bei „zweiseitigen“ Verträgen muß jeder Teil, der Erfüllung verlangt, „entweder bereits erfüllt haben oder die Erfüllung anbieten“ (OR. Art. 82). „Sofern nicht Vereinbarung oder Übung entgegenstehen, sind Verkäufer und Käufer verpflichtet, ihre Leistungen gleichzeitig — Zug um Zug — zu erfüllen“ (OR. Art. 184 Abs. 2). Nach der wohl herrschenden Auffassung (O s e r, OR. Art. 82 Anm. 5) ist aber die eigene Leistung nicht Voraussetzung des Anspruchs, sondern die Abhängigkeit ist im Wege der Einrede des nicht erfüllten Vertrages geltend zu machen. Anschließend verordnet OR. Art. 83, was im Falle der Vorleistungspflicht praktisch wird: „Ist bei einem zweiseitigen Vertrag der eine Teil zahlungsunfähig geworden, wie namentlich, wenn er in Konkurs geraten oder fruchtlos gepfändet ist, und wird durch diese Verschlechterung der Vermögenslage der Anspruch des Andern gefährdet, so kann dieser seine Leistung so lange zurückhalten, bis ihm die Gegenleistung sichergestellt wird. — Wird er innerhalb einer angemessenen Frist auf sein Begehren nicht sichergestellt, so kann er vom Vertrage zurücktreten“.

II. Nichterfüllung.

Der zweite Abschnitt des Obligationenrechts über „Die Folgen der Nichterfüllung" unterscheidet zwei Arten der Nichterfüllung: 1. „Ausbleiben der Erfüllung" einschließlich der „nicht gehörigen Erfüllung" (OR. Art. 97 Abs. 1) (Art. 97—101) und 2. Verzug des Schuldners (OR. Art. 102—109).

Diese Zweiteilung entspricht den beiden Kategorien des deutschen bürgerlichen Gesetzbuchs Unmöglichkeit und Verzug, ohne daß sich die Begriffe im einzelnen völlig decken.

1. Ausbleiben der Erfüllung.

a) Verantwortlichkeit.

1. a) Der Schuldner haftet für eigenes Verschulden (OR. Art. 99 Abs. 1), und, nach dem Wortlaut von OR. Art. 101, für jede Schadensverursachung (nicht bloß für Verschulden) einer Hilfsperson. Dies wird als unbeachtlicher Redaktionsfehler angesehen von einigen Entscheidungen und von Tuhr OR. S. 526.

Der Schuldner hat zu beweisen, „daß ihm keinerlei Verschulden zur Last falle" (OR. Art. 97 Abs. 1 a. E.).

b) Befreiende Unmöglichkeit.

b) Soweit eine nachfolgende, vom Schuldner nicht zu vertretende Unmöglichkeit der Leistung reicht, „gilt die Forderung als erloschen" (OR. Art. 119 Abs. 1) [1]). Der Verkäufer ist also ohne Ersatz befreit. Der Käufer kann aber die Herausgabe des stellvertretenden Commodum verlangen (BGE. **43** II 234) [2]). Der Käufer seinerseits ist nicht nach der Regel der gegenseitigen Verträge ebenfalls befreit (OR. Art. 119 Abs. 2), sondern trägt die Gefahr (periculum est emptoris) seit dem Abschluß des Vertrags, bei Gattungssachen seitdem sie ausgeschieden, oder „wenn sie versendet werden sollen, zur Versendung abgegeben" wurden (OR. Art. 185).

c) Zu vertretende Unmöglichkeit.

c) Bei nachträglicher zu vertretender Unmöglichkeit hat der Schuldner den daraus folgenden Schaden zu ersetzen (OR. Art. 97 Abs. 1, 191 Abs. 1).

Rechtsbehelfe, Schadenersatz.

Für das Maß des zu ersetzenden Schadens gelten die Vorschriften über den Schadenersatz wegen unerlaubter Handlungen (OR. Art. 99 Abs. 3). Anscheinend entspricht dem Gesetz am besten die sog. Austauschtheorie, nach welcher der Käufer Ersatz des vollen Erfüllungsinteresses verlangen kann [3]), aber zur Kaufpreiszahlung verpflichtet bleibt, wobei natürlich der Verkäufer mit seinem Kaufpreisanspruch aufrechnen kann [4]). Die Differenzregulierung ist ausdrücklich nur „im kaufmännischen Verkehr" zugelassen (OR. Art. 191 Abs. 2), unter Zugrundelegung eines „in guten Treuen" vorgenom-

[1]) Bei begrenzter Gattungsschuld befreit Untergang des ganzen Vorrats, BGE. **57** II 510, unsere Z. 6, 790.

[2]) Vor dieser Entscheidung trat v. Tuhr OR. S. 528 eingehend dafür ein.

[3]) Vgl. Oser, OR. Art. 107 Anm. 23 S. 574/575. — [4]) Anders BGE. **54** II 311.

menen Deckungskaufes oder bei Waren mit Markt- oder Börsenpreis in abstrakter Berechnung „nach dem Preise zur Erfüllungszeit" (OR. Art. 191 Abs. 3).

Daneben hat nach OR. Art. 98 der Käufer die Möglichkeit, sich gerichtlich zur Vornahme eines Deckungskaufes auf Kosten des Verkäufers ermächtigen zu lassen.

Keine Bestimmung des OR. gibt dem Gläubiger im Falle der Unmöglichkeit ein Rücktrittsrecht, und es ist sehr zweifelhaft, ob das für den Verzugsfall Angeordnete analog angewendet werden darf [1]).

2. Verzug. a) Voraussetzungen.

2. a) Ist die Erfüllung noch möglich, so besteht Verzug (OR. Art. 102), wenn der Schuldner auf eine Mahnung des Gläubigers die fällige Verbindlichkeit nicht erfüllt. „Wurde für die Erfüllung ein bestimmter Verfalltag verabredet, oder ergibt sich ein solcher infolge einer vorbehaltenen und gehörig vorgenommenen Kündigung, so kommt der Schuldner schon mit dem Ablauf dieses Tages in Verzug" (OR. Art. 102 Abs. 2). Der Verzug tritt rein objektiv ein, ein Verschulden des Schuldners gehört nicht zu den Voraussetzungen (OR. Art. 103 Abs. 2).

b) Nachfrist, Wahlerklärung.

b) Befindet sich bei einem zweiseitigen Vertrag der Schuldner im Verzug, so kann der Gläubiger entweder nach wie vor die Erfüllung verlangen oder aber vom Vertrag zurücktreten. Um das letztere Recht ausüben zu können, muß der Gläubiger, hier also der Käufer, dem Verkäufer eine angemessene, zeitlich bestimmte Frist zur nachträglichen Erfüllung ansetzen oder durch die zuständige kantonale Behörde ansetzen lassen. Die Nachfristsetzung kann mit der Mahnung verbunden werden. „Wird auch bis zum Ablauf dieser Frist nicht erfüllt, so kann der Gläubiger immer noch auf Erfüllung nebst Schadenersatz wegen Verspätung klagen, statt dessen aber auch, wenn er es unverzüglich erklärt" (es ist also eine zweite Erklärung, und zwar unverzüglich abzugeben), „auf die nachträgliche Leistung verzichten und entweder Ersatz des aus der Nichterfüllung entstandenen Schadens verlangen oder vom Vertrage zurücktreten" (OR. Art. 107). Die „Vermutung" spricht danach beim Schweigen des Käufers für sein weiteres Bestehen auf der Leistung [2]). Bei der unverzüglich nötigen Erklärung des Abgehens von der Ware muß der

---

[1]) Dagegen von Tuhr OR. S. 504 bei N. 79, der jedoch eine absurde Folgerung entwickelt.

[2]) Mit Recht getadelt von Guhl, Festgabe für Wieland (1934) S. 142.

Käufer nach der Ansicht der Praxis nicht auch schon zwischen Schadenersatz und Rücktritt wählen [1]).

Ohne Setzung einer Nachfrist kann der Käufer nach Art. 108 sofort bei Verzugseintritt auf die nachträgliche Leistung verzichten:

„1. wenn aus dem Verhalten des Schuldners hervorgeht, daß die Nachfristsetzung sich als unnütz erweisen würde;

2. wenn infolge des Verzugs des Schuldners die Leistung für den Gläubiger nutzlos geworden ist;

3. wenn sich aus dem Vertrag die Absicht der Parteien ergibt, daß die Leistung genau zu einer bestimmten Zeit oder bis zu einer bestimmten Zeit erfolgen soll" (Fixgeschäft).

Hinzu kommt im Kaufrecht noch der weitgehende Fall des OR. Art. 190, daß „im kaufmännischen Verkehr ein bestimmter Lieferungstermin verabredet" ist und der Verkäufer in Verzug kommt. Will hier der Käufer Lieferung verlangen, „so hat er es dem Verkäufer nach Ablauf des Termines unverzüglich anzuzeigen", andernfalls wird „vermutet, daß der Käufer auf die Lieferung verzichte und Schadenersatz wegen Nichterfüllung beanspruche". Der Sinn des Artikels ist: „jeder kaufmännische Kauf mit bestimmtem Lieferungstermin gilt als Fixgeschäft" (BGE. **46** II 165; **49** II 228; Becker OR. Art. 190 N. 6; Oser-Schönenberger OR. Art. 190 N. 4), und zwar beim Schweigen des Käufers mit „Vermutung" eines „Verzichts", in Wirklichkeit einer Umwandlung des Vertrags von Rechts wegen.

c) Rücktritt.

c) Die Folge des Rücktritts umschreibt OR. Art. 109: „Wer vom Vertrag zurücktritt, kann die versprochene Gegenleistung verweigern und das Geleistete zurückfordern".

d) Schadenersatz.

d) Trifft den Verkäufer am Eintritt des Verzugs ein Verschulden — die Beweislast für mangelndes Verschulden obliegt dem Verkäufer —, so kann der Käufer als weitere Verzugsfolge einen Anspruch auf Schadenersatz geltend machen, OR. Art. 103, und zwar in dreierlei Form, nämlich entweder

1. den Verspätungsschaden neben dem Erfüllungsanspruch (OR. Art. 103 Abs. 1, 107 Abs. 2), oder

2. nachdem er auf die Leistung verzichtet hat, den Schadenersatz wegen Nichterfüllung, also positives Vertragsinteresse. OR. Art. 191 ordnet für den kaufmännischen Verkehr die Schadensberechnung auf Grund eines formlosen Deckungskaufs (Abs. 2) und die

---

[1]) Guhl a.a.O. S. 143 billigt dies gegen v. Tuhr OR. S. 549; Oser OR. Art. 107, N. 34.

abstrakte Berechnung bei Waren, die einen Markt- und Börsenpreis haben (Abs. 3)[1]).

3. Schließlich kann der Käufer auch neben dem Rücktritt zwar nicht den Schadenersatzanspruch wegen Nichterfüllung, wohl aber einen Anspruch auf sog. „negatives Interesse"[2]), den „Vertrauensschaden" geltend machen, d. h. „auf Ersatz des aus dem Dahinfallen des Vertrages erwachsenden Schadens" (OR. Art. 109 Abs. 2), des Schadens, den er „im Vertrauen auf den Vertrag, beziehungsweise auf die Ausführung der Lieferungen des Beklagten" erlitten hat (BGE. **44** II 509)[3]). Der Gläubiger kann insbesondere Ersatz seiner Kosten und Auslagen verlangen.

Das Wahlrecht zwischen dem positiven Interesse und dem Rücktritt samt dem negativen Interesse steht dem Käufer insbesondere auch im Fall des OR. Art. 190 zu, obwohl die Randrubrik nur vom Rücktritt redet[4]); hier gilt das Schweigen des Käufers als Option für das Erfüllungsinteresse (OR. Art. 190 Abs. 1).

Die Regelung des OR. ist umfassend angelegt, aber doch praktisch mehr auf das Ausbleiben der schuldnerischen Hauptleistung zugeschnitten als auf sonstige Vertragsverletzungen. Die Lehre von den „positiven Vertragsverletzungen" mußte daneben im Anschluß an die deutsche Praxis entwickelt werden[5]).

Frankreich und seine Rechtsgruppe.

Das System der romanischen Rechte wird im folgenden an Hand des Code civil und des ihm im wesentlichen entsprechenden italie-

[1]) Für den bürgerlichen Kauf ist es dagegen bestritten, ob der Schaden überhaupt als Differenz in Geld berechnet werden darf (Differenztheorie) oder nur unter Erbringung der eigenen Leistung des vertragstreuen Teils (Austauschtheorie). Über diese Frage zuletzt und trefflich Guhl, Festgabe für Wieland, S. 144 f.

[2]) Vgl. Simonius Z. f. schweiz. Recht N.F. 37 (1918) 255; v. Tuhr OR. S. 71, 551; Oser OR. Art. 109 N. 7; Guhl a.a.O. S. 147; Honegger, Rücktrittsrecht, S. 52.

[3]) Über die allgemeine Stellungnahme des schweizerischen OR. zu diesem Schadenersatz Rabel Z. f. schweiz. Recht N.F. 27 (1908) 291—328; Simonius a.a.O.

[4]) Irrtümlich nimmt Oser OR. 1. Aufl. Art. 190, IV 2; 2. Aufl. Art. 190 N. 14 (mit ihm Becker OR. Art. 190 N. 10) an, daß der Rücktritt gar nicht zustehe und schließt daraus ein eigenartiges Verhältnis von positivem und negativem Interesse. Richtig Guhl a.a.O. S. 136, auch Oser selbst N. 12.

[5]) Becker OR. Art. 97, B; Oser OR. N. 5 vor Art. 97; v. Tuhr OR. S. 504.

nischen Codice civile in seiner Ausgestaltung durch die französische und italienische Praxis unter gelegentlichem Hinweis auf andere romanische Rechte dargestellt. Ein Überblick über die spanisch-südamerikanischen Rechte schließt sich an.

§ 28.

I. Die Verpflichtungen des Verkäufers, Anspruch auf Erfüllung.

1. Die Verpflichtungen des Verkäufers im allgemeinen.

a) Hauptpflichten (Lieferung und Garantie).

1. a) Der Verkäufer hat „zwei Hauptpflichten": die verkaufte Sache zu liefern und für sie Gewähr zu leisten. So Frankreich Code civil Art. 1603 und Italien Codice civile Art. 1462. Hat nämlich der Verkäufer „geliefert", d. h. wie das Gesetz sagt (C. civ. franç. Art. 1604, C. civ. it. Art. 1463) die Ware in Gewalt und Besitz des Käufers gebracht, so hat er den Vertrag nach dem System des Gesetzes erfüllt, auch wenn er dem Käufer nicht das freie unbelastete Eigentum verschafft hat oder die Sache mit Fehlern behaftet ist. In diesem Fall tritt aber die von der Lieferungspflicht und ihren Sanktionen unabhängig ausgestaltete doppelte „Garantiepflicht" wegen der Rechts- und der Sachmängel in Wirkung: C. civ. franç. Art. 1625, C. civ. it. Art. 1481.

Daß neben den Hauptpflichten zur Lieferung und zur Gewährleistung wegen Rechtsmangels eine Verpflichtung zur Eigentumsübertragung dem Verkäufer obliegt, insofern als er verpflichtet ist, alles Recht, das er im einzelnen Fall selber hat, in der sachenrechtlich gebotenen Form auf den Verkäufer zu übertragen [1]), hat sich lange dem Blick entzogen, weil grundsätzlich wie bei jeder obligation de donner das Eigentum bei Vertragsschluß auf den Käufer übergeht (C. civ. franç. Art. 711 und 1138 Abs. 2, C. civ. it. Art. 710 und 1125); für den Kaufvertrag ist dies noch einmal besonders in den Artikeln 1583 C. civ. franç. und 1448 C. civ. it. ausgesprochen. Auch wo das wie beim Gattungskauf nicht der Fall ist, hat die Pflicht zur Rechtsübertragung neben Lieferungspflicht und Eviktionsgarantie keine selbständige Bedeutung, da das Eigentum mit der Spezialisierung, die spätestens mit der Lieferung erfolgt ist, übergeht. Sie wird aber eher fühlbar, wenn, was zulässig ist, die Eigentumsübertragung vertraglich hinausgeschoben ist, oder eine nicht dem Verkäufer gehörige

---

[1]) Ich nannte dies die formelle oder relative Eigentumsverschaffung.

Sache gültig verkauft worden ist [1]. In der neueren Literatur wird denn auch vielfach die Verpflichtung des Verkäufers zur Eigentumsübertragung genannt [2], besonders in der italienischen [3]. Gering bleibt ihre praktische Bedeutung freilich [4], da sie in der Regel mit Vertragsschluß schon erfüllt ist: „elle meurt en naissant" [5].

b) Unter den allgemeinen Bestimmungen über die Verpflichtungen des Verkäufers findet sich in Frankreich die Bestimmung, daß der Verkäufer das, wozu er sich verpflichtet, deutlich auszudrücken habe. Jede dunkle oder doppelsinnige Klausel werde gegen den Verkäufer ausgelegt, während nach den allgemeinen Auslegungsgrundsätzen ein Vertrag im Zweifel zugunsten des Verpflichteten auszulegen ist (C. civ. franç. Art. 1162, C. civ. it. Art. 1137). Als Grund wird angeführt, daß der Verkäufer die Sache besser kenne als der Käufer — „il y a plus de fols acheteurs que de fols vendeurs" heißt es bei Loysel [6] —, auch sei er es regelmäßig, der die Vertragsbedingungen diktiere [7]. In Italien fehlt eine derartige Auslegungsregel vollständig [8]. Auch in Frankreich bringen Literatur und Praxis sie nicht zur Anwendung, wenn der Zweifel sich schon im Rahmen der allgemeinen Auslegungsregeln der Art. 1156—1161 C. civ. klärt, durch Erforschung des gemeinschaftlichen wirklichen Willens der Parteien und Berücksichtigung von Zusammenhang und Zweck des Vertrags sowie der geltenden Bräuche. Ferner werden außergewöhnliche, auf Veranlassung und zugunsten des Käufers in den Vertrag

b) Vertragsauslegung.

[1] Der Verkauf einer fremden Sache ist gültig und verpflichtet den Verkäufer zur Verschaffung des Eigentums im *italienischen* Handelsrecht (C. com. Art. 59); im *französischen* und *italienischen* Zivilrecht trotz der Nichtigkeitsdrohung der Art. 1599 C. civ. franç. und 1459 C. civ. it. wenigstens dann, wenn der Verkäufer die Sache nicht als eigene verkauft hatte und der Kauf das Eigentum nicht unmittelbar hatte verschaffen sollen.

[2] Planiol, II n°. 1446, 1447; Josserand, II n°. 1081. Anders z. B. Colin et Capitant II n°. 554 ff. — Die ältere Literatur folgerte das Prinzip der Eigentumsverschaffung im vollen Sinn aus Art. 1599 C. civ. zu Unrecht, vgl. Rabel, Haftung des Verkäufers I 281.

[3] Vivante, IV n°. 1635; Pacifici-Mazzoni (Venzi) XII n°. 4, 19; Ricci, VII n°. 96 ff; Stolfi, IV n°. 320, 511; Cuturi n°. 1 ff., 74; Tartufari n°. 4.

[4] Planiol et Ripert (Hamel) X n°. 69, 70.

[5] Baudry-Lacantinerie et Saignat XIX n°. 285.

[6] Troplong, Vente I n°. 260.

[7] Planiol et Ripert (Esmein), VI n°. 373; Planiol et Ripert (Hamel) X n°. 18; Baudry-Lacantinerie et Saignat, XIX n°. 283.

[8] Pacifici-Mazzoni (Venzi) XII n°. 137.

aufgenommene Klauseln trotz Art. 1602 Abs. 2 C. civ. gemäß Art. 1162 C. civ. gegen den Käufer ausgelegt[1]).

c) Nebenpflichten.

c) Nebenpflichten können sich aus der allgemeinen Bestimmung des Art. 1134 Abs. 3 C. civ. franç. ergeben: Verträge müssen nach Treu und Glauben (de bonne foi) erfüllt werden. Art. 1135 C. civ. franç. fährt fort: Vereinbarungen verpflichten nicht nur zu dem, was darin ausdrücklich ausgesprochen ist, sondern auch zu all den Wirkungen, die Billigkeit, Brauch oder Gesetz dem Schuldverhältnis seiner Natur nach beilegen. Ebenso in Italien Art. 1124 C. civ.

Auf diese Bestimmungen baut die französische Rechtsprechung ein weitgehendes Ermessen des Richters in der Ermittlung des Inhalts der Verträge. Der Kassationshof überläßt in feststehender Praxis diese Ermittlung als Auslegung dem „souveränen" Ermessen des Tatrichters[2]). Dementsprechend hat sich auch die Rechtslehre von der Betrachtung der Nebenpflichten stark zurückgehalten.

Das gleiche läßt sich auch für *Italien* sagen, obwohl der Kassationshof hier neuerdings sein Nachprüfungsrecht in Auslegungsfragen weiter ausdehnt[3]). Die Wissenschaft meint, daß es sich bei der Feststellung von Nebenpflichten des Verkäufers (z. B. für Verpakkung und Versendung der Ware, für ihre Versicherung oder Erledigung der Zollformalitäten zu sorgen) im wesentlichen um Tatfragen handle, die dem verständigen Ermessen des Gerichts zu überlassen seien[4].

Aus dem Gesetz selbst ergibt sich über die Nebenpflichten des Verkäufers folgendes:

Er ist bei Vermeidung von Schadenersatz verpflichtet, die Ware

---

[1]) Planiol et Ripert (Hamel) X n°. 18; Baudry-Lacantinerie et Saignat, XIX n°. 283.

[2]) Cass. civ. 2. 7. 1928. S. 1928 1. 314; Cass. civ. 2. 8. 1927, Gaz. Pal. 1927. 2. 792; Cass. civ. 3. 5. 1926. S. 1926. 1. 179 u. a. Vgl. Planiol et Ripert (Esmein) VI n°. 375; Josserand II n°. 241 f. Nur die Nachprüfung, ob der Sinn einer klaren und eindeutigen Vertragsklausel entstellt ist, nimmt der Kassationshof für sich in Anspruch, Cass. civ. 15. 1. 1929. D.H. 1929, 204; Planiol et Ripert (Esmein) VI n°. 375.

[3]) Er prüft, ob gesetzliche Auslegungsregeln verletzt sind oder die Auslegung in sich widerspruchsvoll ist. Vgl. die Rep. Foro It. 1932, Obbligazioni n°. 96—136 berichteten Entscheidungen des Kassationshofs; zustimmend Stolfi I n°. 1027; Venzi, n°. 425, während die ältere Literatur, Lomonaco (Degni) X 1 p. 247 f.; Ricci VI n°. 57, dem Kassationshof eine solche Nachprüfung nicht zugestehen wollte.

[4]) Tartufari n°. 294.

bis zur Lieferung mit der Sorgfalt eines ordentlichen Familienvaters zu verwahren (C. civ. franç. Art. 1136, 1137, C. civ. it. Art. 1219). Dies wird wohl deshalb ausdrücklich ausgesprochen, weil das Eigentum bei Speziessachen bereits mit Vertragsschluß, bei Gattungssachen mit der Aussonderung auf den Käufer übergeht, so daß der Verkäufer die Ware bis zur Lieferung als fremde in Besitz hat. Es handelt sich um eine Nebenpflicht aus dem Kaufvertrage und nicht um ein allgemeines Verwahrungsverhältnis, bei dem der Verpflichtete nur für die diligentia quam in suis haften würde (C. civ. franç. Art. 1927, C. civ. it. Art. 1843)[1]. Bei Genussachen beginnt die Pflicht mit der Aussonderung, bei Schulden aus beschränktem Genus kann sie schon früher Wirkungen äußern[2]. Der Verkäufer bleibt auch dann zu sorgfältiger Verwahrung gehalten, wenn der Käufer mit der Abnahme der Ware in Verzug ist[3].

Die Verpflichtung zur conservation enthält zugleich negativ die Pflicht, sich jeder Einwirkung auf die Sache zu enthalten. Der Käufer soll die Sache in dem Zustand erhalten, in dem sie sich zur Zeit des Vertragsabschlusses befand (C. civ. franç. Art. 1614, C. civ. it. Art. 1470). Vorbehalten bleiben zufällige Veränderungen der Kaufsache, die ja vielmehr nach den Grundsätzen der Gefahrtragung zu Lasten des Verkäufers oder des Käufers gehen[4].

Der Verkäufer ist im Zweifel verpflichtet, das Zubehör (die „accessoires" und alles, was zum ständigen Gebrauch der Sache bestimmt ist) mitzuliefern (C. civ. franç. Art. 1615, C. civ. it. Art. 1471), d. i. alles, was von der Sache nicht getrennt werden kann und was für den Käufer zu dem vorausgesetzten Gebrauch unentbehrlich ist. Was dazu gehört, ergibt sich aus Handelsbrauch und Zweck des Vertrags[5].

---

[1] Ramella, I n°. 109; Tartufari n°. 295; Stolfi IV n°. 513. Abweichend (für Anwendung der Vorschriften des depositum) Gasca, II n°. 751 ff. Natürlich ist der Abschluß eines besonderen Verwahrungsvertrags möglich und kann auch stillschweigend erfolgen, so z. B. bei dem Kauf von Wertpapieren, die bei dem verkaufenden Bankier in Verwahrung gelassen werden. Ramella I n°. 109.

[2] Tartufari n°. 294, 295.

[3] Demogue VI n°. 154; Cuturi n°. 75 p. 230. Abweichend Pacifici-Mazzoni (Venzi) XII n°. 194, der in diesem Fall die Haftung des Verkäufers auf culpa lata beschränken will.

[4] Planiol, II n°. 1453; Planiol et Ripert (Hamel) X n°. 84; Delayen, Homburg et Chotiau n°. 154; Tartufari n°. 298, 239; Pacifici-Mazzoni (Venzi) XII n°. 194.

[5] Planiol et Ripert (Hamel) X n°. 87.

2. Lieferungspflicht.
a) Délivrance.

2. a) Die Pflicht zur Lieferung einer verkauften Sache ist ein Fall der in den Art. 1136—1141 C. civ. franç. behandelten „obligation de donner". Art. 1604 umschreibt die „délivrance" als die Überführung (transport) der verkauften Sache in die Macht (puissance) und den Besitz des Käufers, und entsprechend erklärt Art. 1463 C. civ. it. die „consegna" oder „tradizione".

Über einen anderen Begriff der Lieferung („livraison"), der von der „délivrance" als Besitzverschaffung unabhängig ist, vgl. unten § 41, 5.

b) Ort der Lieferung.

b) Für den Ort der Lieferung ist in erster Linie die Parteivereinbarung maßgebend [1]). Ist nichts vereinbart, so hat die Lieferung an dem Ort zu geschehen, wo die den Gegenstand des Vertrags bildende Sache sich zur Zeit des Kaufs befand (C. civ. franç. Art. 1609, 1247, C. civ. it. Art. 1468, 1249). Im übrigen, also insbesondere bei Genusschulden [2]), ist am Wohnsitz des Verkäufers zu erfüllen (C. civ. franç. Art. 1247, C. civ. it. Art. 1249) [3]). Maßgebend ist der Wohnsitz zur Zeit der Erfüllung, nicht zur Zeit des Vertragabschlusses, wie Rechtsprechung [4]) und Lehre übereinstimmend annehmen [5]). Ob der Schuldner dem Gläubiger Mehraufwendungen wegen eines seit Vertragsabschluß eingetretenen Domizilwechsels zu erstatten hat, ist bestritten [6]).

c) Zeit der Lieferung.

c) Über die Zeit, zu der die Lieferung zu geschehen hat, enthält der *Code civil* keine Bestimmung. Maßgebend ist die Vereinbarung der Parteien (vgl. C. civ. franç. Art. 1610), in weiterer Reihe der Handelsbrauch; nach subsidiärer Regel ist, wie allgemein angenommen wird, sofort nach Vertragsschluß zu liefern [7]).

---

[1]) Auch die stillschweigende oder Handelsbrauch. Vgl. Planiol et Ripert (Hamel) X n°. 77; Tartufari n°. 321.

[2]) Die vorgenannte Regel kann allerdings außer bei Speziesschulden auch bei beschränkten Gattungsschulden, etwa dem Verkauf von Getreide aus einem bestimmten Speicher, Anwendung finden. Tartufari n°. 321; Pacifici-Mazzoni (Venzi) XII n°. 187.

[3]) Bei einem Kaufmann tritt mindestens kraft stillschweigender Vereinbarung die geschäftliche Niederlassung an die Stelle des Wohnsitzes. Tartufari n°. 321.

[4]) Cass. civ. 9. 7. 1895, D. P. 96. 1. 349; S. 95. 1. 336.

[5]) Planiol II n°. 428: Planiol et Ripert (Radouant) VII n°. 1186; Ricci VI n°. 258; Venzi n°. 468e, De Ruggiero, III p. 114.

[6]) Für eine derartige Ersatzpflicht: Larombière zu 1247, 8; Aubry et Rau 5. Aufl. § 356 N. 15; dagegen: Demolombe XXVII n°. 270; Laurent XVII n°. 592; Baudry-Lacantinerie et Barde XIII n°. 1508.

[7]) Planiol II n°. 1454; Planiol et Ripert (Hamel) X n°. 78; Baudry-Lacantinerie et Saignat XIX n°. 304 u. a.

In diesem Sinne hat auch das *italienische* Gesetzbuch Art. 1173 die Lücke des französischen ausgefüllt; vorausgestellt ist die Beurteilung nach der Natur der Verpflichtung oder der Art, in der sie zu erfüllen ist, oder im Hinblick auf den vereinbarten Erfüllungsort. In diesen Fällen kann, wie auch dann, wenn die Bestimmung der Erfüllungszeit dem Schuldner überlassen ist, die genaue Erfüllungszeit durch richterliche Bestimmung festgelegt werden.

Ist der Zeitpunkt der Fälligkeit vereinbart, so gilt diese Vereinbarung im Zweifel nur zugunsten des Verkäufers (C. civ. franç. Art. 1187, C. civ. it. Art. 1175). Doch ergibt sich gerade beim Handelskauf häufig aus den Umständen, daß die Ware nicht vor Fälligkeit angeboten werden kann (Tartufari n°. 328).

3. Anspruch auf Erfüllung.

a) Erfüllungsklage.

3. a) Die Klage auf Verurteilung zur Lieferung ist in den *romanischen* Rechten allgemein anerkannt [1]), und zwar auch da, wo wie in den *Niederlanden* der Realexekution Schwierigkeiten bereitet werden [2]). Sie hat ihren allgemeinen Niederschlag in den Normen über die stillschweigende auflösende Bedingung gefunden (*Frankreich* C. civ. Art. 1184, entsprechend *Italien* C. civ. Art. 1165 und *Niederlande* B.W. Art. 1303), nach denen ein Vertragsteil entweder Auflösung verlangen oder „den anderen zwingen kann, die Vereinbarung zu erfüllen, sofern es noch möglich ist". Für den Kauf drückt Art. 1610 C. civ. franç. das dahin aus, daß der Käufer verlangen kann, in den Besitz der Sache gesetzt zu werden (mise en possession). *Italien* hebt die Verpflichtung zur Erfüllung in Art. 1218 C. civ. dazu noch allgemein hervor.

Nach in *Frankreich* herrschender Meinung ist wie für die anderen Sanktionen die formelle Inverzugsetzung des Verkäufers nötig [3]). Praktische Bedeutung hat diese Auffassung aber heute jedenfalls nicht mehr, weil die Zustellung der Leistungsklage schon selbst eine

---

[1]) Das gilt, obwohl Bestimmungen wie Art. 1142 C. civ. franç. zu Zweifeln über die Zulässigkeit von Leistungsklagen wenigstens für die obligation de faire ou de ne pas faire Anlaß gaben, vgl. Planiol et Ripert (Radouant) VII n°. 776.

[2]) Vgl. Suijling II 1 n°. 23 p. 34, Hofmann S. 6 f. und die Entscheidungen des H.R. vom 23. 6. 1899, W.v.h.R. n°. 7302, und 18. 12. 1931, W.v.h.R. n°. 12 393, Ned. Jur. 1932, 769, die trotz Unzulässigkeit oder Unmöglichkeit der Vollstreckung die Erfüllungsklage anerkennen.

[3]) Paris 10. 12. 1921 D. P. 1922. 2. 31; Dalloz Rép. Prat. v. vente n°. 920; Baudry-Lacantinerie et Saignat XIX n°. 308; Colin et Capitant II n°. 96 ff., 245; Planiol II n°. 166; Planiol et Ripert (Radouant) VII n°. 770 ff. (vgl. n°. 825); Planiol et Ripert (Hamel) X n°. 79 ff. u. a.

genügende Inverzugsetzung enthält [1]). In *Italien* wird Verzug nicht als Voraussetzung der Erfüllungsklage genannt [2]), und in den *Niederlanden* lehnt man die Auffassung der französischen Lehre ab [3]).

b) Wahlrecht des Käufers.

b) Die erwähnten Art. 1610 und 1184 C. civ. franç., Art. 1165 C. civ. it. geben dem Käufer das Wahlrecht zwischen dem Verlangen der Lieferung und der Vertragsauflösung. Der Käufer darf aber seine Wahl nicht ungewöhnlich lange hinauszögern [4]).

Hat sich der Käufer für die Vertragsauflösung entschieden, so kann er nach *italienischer* Auffassung [5]), die der Handelsgesetzentwurf von 1925 Art. 306 sanktionieren will, nicht mehr Erfüllung verlangen. Auch in *Frankreich* scheint eine gewisse Neigung für diese Lösung zu bestehen [6]), doch überwiegt die Meinung, daß der Käufer jederzeit von der Auflösungsklage zur Erfüllungsklage übergehen könne [7]). Andererseits kann das Gericht noch dem Verkäufer die Erfüllung erlauben (unten S. 204).

c) Ausschluß des Erfüllungsanspruchs.

c) Der Code spricht das Freiwerden des Verkäufers von der Erfüllungspflicht für die alten Beispielsfälle aus, daß die Kaufsache untergeht, außer Verkehr gesetzt wird, verloren geht oder unauffindbar wird (C. civ. franç. Art. 1302, C. civ. it. Art. 1298). Art. 1302 gilt daher als allgemeine Grundlage für die Lehre von der Befreiung des Schuldners durch Unmöglichkeit [8]). Zugleich sagt das Gesetz aber schon allgemein, C. civ. franç. Art. 1184, C. civ. it. Art. 1165, daß die Erfüllung nur verlangt werden kann, sofern sie möglich ist.

Bei bloß zeitweiliger Unmöglichkeit gilt der von der Rechtsprechung ständig wiederholte Satz: „l'exécution de l'obligation est seulement suspendue jusqu'au moment où la force majeure vient à

[1]) Cass. civ. 2. 7. 1883 D.P. 1884. 1. 302, S. 85. 1. 499; Cass. req. 4. 7. 1928 S. 1928. 1. 319; Planiol et Ripert (Radouant) VII n°. 772.

[2]) Vgl. Vivante IV n°. 1628.

[3]) Polak p. 19; Suijling n°. 249, 283 p. 413, 456; Wijnveldt p. 171 ff.

[4]) Darüber unten § 55, 4 S. 418 f.

[5]) Vivante IV n°. 1626; unsere Z. 3, 282 n°. 8.

[6]) Vgl. Trib. Le Havre 24. 11. 1924 Rec. du Havre 1925. 1. 33 zitiert nach Jur. Class. Civ. Art. 1610 n°. 23.

[7]) Cass. civ. 6. 1. 1932 D. H. 1932, 114; Montpellier 13. 10. 1928 Gaz. Pal. 1929, 1 Rep. p. 143 N. 16, Planiol et Ripert (Esmein) VI n°. 427; Planiol et Ripert (Hamel) X n°. 81 p. 73 N. 6; Josserand II n°. 390.

[8]) Vgl. Planiol et Ripert (Radouant) VII n°. 1315.

cesser" [1]). Der Verkäufer ist jedoch befreit, wenn die wieder möglich gewordene Leistung inhaltlich eine völlig andere wäre [2]).

Wesentlichkeit der Lieferungszeit.

Der Erfüllungsanspruch ist auch dann ausgeschlossen, wenn die Lieferungszeit in der Weise vereinbart ist, daß ihre Einhaltung für die Erfüllung unbedingt wesentlich sein soll [3]). Eine derartige Gestaltung wird insbesondere bei Handelskäufen über Waren, deren Preis starken Schwankungen unterliegt, angenommen. Die Vereinbarung einer bestimmten Lieferungszeit gilt hier im Zweifel als so wesentlich, daß der Käufer nur zu dieser oder unmittelbar nach ihrem Ablauf Lieferung verlangen kann, später aber auf Vertragsauflösung und Schadenersatz wegen Nichtlieferung beschränkt ist [4]).

Ähnlich ist nach Art. 69 Abs. 1 des *italienischen* C. com. beim Handelskauf mit nach Natur des Geschäfts wesentlicher Lieferzeit der Erfüllungsanspruch ausgeschlossen, wenn der Käufer nicht innerhalb 24 Stunden nach Ablauf des Lieferungstermins dem Verkäufer mitteilt, daß er auf Lieferung bestehen wolle [5]). Die Rechtsprechung betont stets, daß auch bei Handelsgeschäften nicht jeder Termin als wesentlich angesehen werden könne, es sei vielmehr nach Natur und Zweck des Geschäfts unter Berücksichtigung des vermutlichen Parteiwillens zu prüfen, ob die Lieferfrist als wesentlich gemeint sei [6]). Nach Art. 307 des Handelsgesetzentwurfs von 1925 soll sogar Auflösung des Vertrages ipso iure eintreten, wenn eine vertragswesentliche Lieferfrist verstrichen ist.

d) Vollstreckung.

d) Die Vollstreckung einer Verurteilung zur Lieferung vollzieht sich, wenn es sich um Speziessachen handelt, in Form der sogenannten „saisie-revendication" — Wegnahme durch den Gerichtsvollzieher (Frankreich C. proc. civ. Art. 826 ff., Italien C. proc. civ. Art. 742 ff.).

Bei Gattungssachen ist an sich die saisie-revendication ebenfalls

---

[1]) Colin et Capitant II n°. 161; Cass. req. 24. 10. 1922. D.P. 1924. 1. 8. Cass. civ. 12. 12. 1922. S. 1923. 1. 100. D.P. 1924. 1. 186. Cass. req. 11. 12. 1923 Gaz. Pal. 1924. 1. 380. Cass. civ. 15. 2. 1888. D.P. 1888. 1. 203. S. 1888. 1. 456. Cass. req. 13. 2. 1872, S. 1872. 1. 60. D.P. 1872. 1. 186 und Rouen 26. 6. 1871. D.P. 1871. 2. 177. Rouen 5. 6. 1871. D.P. 71. 2. 178.

[2]) Cass. civ. 24. 3. 1874 S. 1874. 1. 428; vgl. auch Cass. req. 14. 5. 1872 S. 1873. 1. 224 (es könnte nach Fortfall der force majeure nur noch Getreide einer anderen Ernte geliefert werden). Vgl. unten § 45, 1 b.

[3]) Cass. req. 9. 12. 1919, Gaz. Pal. 1920. 1. 87; Cass. civ. 3. 6. 1929 Gaz. Pal. 1929. 2. 227; vgl. Planiol et Ripert (Esmein) VI n°. 418 N. 2.

[4]) Cass. req. 14. 5. 1872. S. 1873. 1. 224 D.P. 1873. 1. 78 Paris 30. 1. 1873 D.P. 1874. 2. 143; vgl. Planiol et Ripert (Esmein) VI n°. 389 N. 2.

[5]) Vgl. Tartufari n°. 460—462; Vivante IV n°. 1631, 1632.

[6]) Cass. 28. 7. 1932. Giur. It. 1932 I 1316, dort weitere Nachweisungen.

möglich. Üblicher ist in *Frankreich* die „astreinte", der von der Praxis eigentlich für Verpflichtungen zu einem Tun ausgebildete indirekte Erfüllungszwang durch Androhung einer an den Gläubiger zu zahlenden Geldstrafe für jeden Tag der Verzögerung der Lieferung [1]). Die *belgische* Rechtsprechung lehnt die astreinte ab [2]). In *Italien* hat sie sich ebenfalls trotz einiger schwacher Ansätze in der älteren Judikatur nicht durchgesetzt [3]).

In den *Niederlanden* wurde die Realexekution durch Wegnahme, die früher für zulässig gehalten worden war [4]), seit Einführung der niederländischen Gesetzbücher, von Lehre und Rechtsprechung überwiegend abgelehnt [5]), vor allem weil es an gesetzlichen Vollstreckungsmitteln fehlte (die saisie-revendication, W. v. burg. Rechtsvord. Art. 721 ff., dient hier nur der Durchsetzung von Rückforderungsrechten). Neuerdings ist die Literatur geneigter, sie zuzulassen [6]). Das Gesetz vom 29. 12. 1932 [7]) läßt die Frage offen, ermöglicht aber den indirekten Erfüllungszwang durch Schuldhaft und vor allem (im Gegensatz zur bisherigen Rechtsprechung) die „astreinte" ("dwangsom").

Die Vollstreckung des Erfüllungsanspruchs scheint beim Kauf jedoch nicht häufig zu sein [8]).

§ 29.

II. Auflösung des Vertrages.

1. Die Auflösungsklage. a) Condition résolutoire tacite.

1. a) Die gegenseitig verpflichtenden Verträge enthalten, wie der Code civil in Art. 1184 (ebenso Italien C. civ. Art. 1165) sagt,

[1]) Cass. req. 21. 12. 1920 D. P. 1921. 1. 62; vgl. Colin et Capitant II n°. 115 ff. Josserand II n°. 594 ff. Planiol et Ripert (Radouant) VII n°. 787 ff.

[2]) Z. B. Cass. 22. 11. 1926 Pasicr. 1927. 1. 92. Vgl. auch unsere Z. 6, 179.

[3]) Ferrara, L'esecuzione processuale indiretta, Neapel 1915 passim, bes. p. 156 f. Stolfi III n°. 629—633.

[4]) Vgl. Fischer, De Geschiedenis van de reële Executie bij Koop (1934) p. 320—335, dazu J. v. Gierke SavZ. (Germ. Abt.) 55, 463 ff.; so noch heute das römisch-holländische Recht in Südafrika (vgl. Fischer p. 358 ff.).

[5]) Vgl. Fischer p. 335—351; H.R. 23. 6. 1899 W.v.h.R. n°. 7302.

[6]) Suijling n°. 23 ff. p. 33 ff. Hofmann p. 7; Land IV p. 16; Goudoever p. 176 ff.; anderer Ansicht Polak p. 16.

[7]) Unsere Z. 8, 925 ff.

[8]) Vgl. für *Frankreich* Juris Class. Civ. Art. 1610/11 n°. 53: „Die Zwangsvollstreckung des Lieferungsanspruchs ist tatsächlich in der Praxis beinahe unbekannt. Kann der Käufer die Ware, die der Verkäufer nicht geliefert hat, sich anderweitig beschaffen, so tut er das und erhält für den durch die Nichtlieferung entstandenen Schaden Schadenersatz"; für die *Niederlande* ebenso Fischer p. 347.

stets eine „stillschweigende auflösende Bedingung" für den Fall, daß eine der beiden Parteien ihrer Verpflichtung nicht nachkommt. Eine solche Klausel wurde von den Autoren des ancien droit im Anschluß an die im römischen Recht zugunsten des Verkäufers vereinbarte lex commissoria allgemein als stillschweigend vereinbart ergänzt (Pothier, Obligations n°. 672, Vente n°. 475). Hieran knüpft der Code civil an [1]). Daß diese Fiktion einer Bedingung eine unangebrachte Verkleidung darstellt, wird heute allgemein anerkannt [2]). Es handelt sich einfach um ein Recht auf Vertragsauflösung, das durch „action en résolution" auszuüben ist: Art. 1610 C. civ. franç., der die Anwendung des Art. 1184 auf den Kaufvertrag anordnet, sagt denn auch einfach: der Käufer „peut demander la résolution de la vente".

b) Notwendigkeit gerichtlicher Auflösung.

b) Auch hierin anknüpfend an die bisherige Praxis lehnt der Code civil die Auflösung ipso iure ab (C. civ. franç. Art. 1184 Abs. 2 S. 1, C. civ. it. Art. 1165 Abs. 2 S. 1) und verlangt (franç. Art. 1184 Abs. 3, it. Art. 1165 Abs. 3) ein gerichtliches Urteil. Ob das Urteil deklarativ oder konstitutiv ist, ist bestritten; aber es ist sicher das letztere, nach deutscher Ausdrucksweise ein Gestaltungsurteil; bis zum gerichtlichen Ausspruch bleibt der Vertrag in Kraft.

c) Richterliches Ermessen.

c) Es liegt im Ermessen des Richters, ob er den Vertrag überhaupt auflösen will; er kann das ablehnen, wenn der Vertragszweck es erlaubt [3]). Er kann dabei nicht nur die Bedeutung (importance), die die Nichterfüllung für den Gläubiger hat, sondern auch alle anderen Umstände in Betracht ziehen, so die Belastung, die eine nur schwer oder mit großem Schaden durchzuführende Rückgängigmachung der beiderseitigen Leistungen für den Schuldner mit sich brächte. Und auf der anderen Seite kann er, selbst bei geringfügiger Nichterfüllung, die eine faute volontaire, eine inexécution en pleine con-

---

[1]) Vgl. Planiol et Ripert (Esmein) VI n°. 420, Colin et Capitant II n°. 152; Boyer, Recherches historiques sur la résolution des contrats. Thèse Toulouse 1924 (Paris 1924).

[2]) Vgl. Capitant, Cause n°. 151, und für Italien Guerrera, Della cosidetta condizione risolutiva tacita nel diritto civile e commerciale italiano, Riv. Scienze Giur. 1927 p. 235 ff. n°. 6.

[3]) Cass. req. 26. 10. 1925. Gaz. Pal. 1925. 2. 686; Cass. civ. 11. 4. 1918 S. 1918/19. 1. 171; Capitant Cause n°. 153, 154, Colin et Capitant II n°. 154, Josserand II n°. 382.

Italien: Cass. 28. 4. 1932, Massim. Giur it. 1932, 342; Giorgi IV n°. 216; Vivante IV n°. 1625; Assisi, Il patto commissorio Giur. It. 1933 IV 167 ff. n°. 9.

So ausdrücklich Franz.-ital. OR. Entw. Art. 47.

naissance de cause darstellt, Auflösung als Sanktion für die mauvaise foi des Schuldners zur Gutmachung des dem Gläubiger zugefügten préjudice moral anordnen [1]).

„délai de grâce". Vor allem aber kann der Richter dem Verkäufer eine Nachfrist (délai de grâce) zur nachträglichen Lieferung gewähren, „un délai selon les circonstances" (C. civ. franç. Art. 1184 Abs. 3, C. civ. it. Art. 1165 Abs. 3). Erneuert werden kann dieselbe aber nicht, wie aus Art. 1655 Abs. 3 C. civ. franç. entnommen wird [2]).

Für den Fall, daß auch in dieser Frist nicht geliefert wird, wird regelmäßig von den Gerichten, um doppelte Prozesse zu vermeiden, die Vertragsauflösung im voraus eventualiter neben der Setzung der Nachfrist ausgesprochen [3]).

Der Richter hat also alle Möglichkeiten: die Auflösung abzulehnen, eine Nachfrist zu gewähren oder den Vertrag aufzulösen. Und dies alles geht unabhängig von der Frage vor sich, ob Schadenersatz zuzusprechen ist (unten § 30, 1).

In diesem Ermessensspielraum liegt der praktische Wert des Erfordernisses gerichtlicher Auflösung. Andere Versuche, es zu rechtfertigen, etwa weil sonst eine Auflösung ipso iure möglicherweise auch gegen den Willen des Gläubigers eintrete [4]), sind heute als irrtümlich erkannt. Kennt ja doch die französische Praxis selbst eine Vertragsauflösung durch einseitige Erklärung im Falle der clause expresse de résolution und des Art. 1657 C. civ. (Planiol II n°. 1312).

Nachlieferung. Auch ohne Gnadenfrist kann der Schuldner nach in Frankreich herrschender Auffassung bis zur Rechtskraft des den Vertrag auflösenden Urteils die Leistung nachholen und damit die Vertragsauflösung vermeiden [5]). Die italienische Auffassung weicht hier stark ab. Hier ist nach überwiegender Lehre und fester Rechtsprechung, die der Handelsgesetzentwurf von 1925 (Art. 306) sanktionieren will, eine purgatio morae durch Nachholung der Leistung nur bis zur Erhebung

---

[1]) Vgl. Planiol et Ripert (Esmein) VI n°. 430, 431 mit Nachweisungen.

[2]) Baudry-Lacantinerie et Barde XIII n°. 925, Planiol et Ripert (Esmein) VI n°. 429 N. 3, Larombière III Art. 1184 n°. 48; für *Italien:* vgl. Vivante, Riv. Dir. Comm. 1919 I 647.

[3]) Planiol et Ripert (Esmein) VI n°. 429; Josserand II n°. 382.

[4]) Baudry-Lacantinerie et Barde XIII n°. 921.

[5]) Planiol II n°. 1319.

der Auflösungsklage und danach nur dann möglich, wenn der Richter eine Nachfrist gewährt hat [1]).

2. Voraussetzungen der Auflösungsklage. a) Klageberechtigung.

2. a) Die Vertragsauflösung kann nur von einer selbst vertragstreuen Partei verlangt werden. Wer Auflösung verlangt, muß also den Vertrag entweder erfüllt haben oder zur Erfüllung bereit sein [2]); damit meint man wohl nur, daß der Beklagte die Einrede des nicht erfüllten Vertrags erheben kann [3]). Umsomehr ist die Auflösungsklage ausgeschlossen, wenn der Gläubiger die Nichterfüllung selbst verschuldet hat [4]).

b) Ausbleiben der Erfüllung.

b) Der Gläubiger kann Auflösung des Vertrages verlangen, wenn nicht oder nicht zur rechten Zeit geliefert wird (C. civ. franç. Art. 1610, 1184, C. civ. it. Art. 1165). Ob der Auflösungsklage eine Mahnung vorausgehen müsse, war früher umstritten. Heute wird die Frage durchweg verneint, weil die Klageerhebung selbst eine genügende Inverzugsetzung darstelle [5]). Auch in *Italien* hält man eine vorherige Mahnung nicht für erforderlich [6]).

Verletzung von Nebenpflichten.

Die Verletzung einer Nebenpflicht veranlaßt den Richter zur Auflösung, wenn sie von solcher Wichtigkeit ist, daß die Parteien anders den Vertrag nicht geschlossen hätten, und daher eine bloße Zubilligung von Schadenersatz nicht zum Ausgleich genügt. Aber dies wird in der Regel verneint [7]).

Teilweise Nichterfüllung.

Entsprechend hat der Richter bei teilweiser Nichterfüllung nach den Umständen des Falles zu prüfen, ob sie so schwerwiegend ist, daß sie eine Auflösung des ganzen Vertrags rechtfertigt oder ob sie durch Zuerkennung von Schadenersatz ausreichend ausgeglichen werden kann [8]).

---

[1]) Vgl. Cass. 30. 7. 1930, Foro It. 1930 I 785 unsere Z. 5, 817 n°. 2; Cass. 22. 3. 1934, Foro It. 1934 I 1880; Vivante IV n°. 1626, 1627, Assisi n°. 23, 24; vgl. unsere Z. 1, 106 n°. 10.

[2]) Planiol II n°. 1314, Assisi n°. 16.

[3]) Vgl. für *Frankreich* Cass. req. 30. 7. 1928. D.P. 1929. 1. 136 und für *Italien* Guerrera n°. 29, Assisi n°. 16.

[4]) Cass. req. 7. 1. 1929 S. 1929. 1. 186.

[5]) Cass. civ. 28. 3. 1904 D.P. 1904. 1. 315 S. 1908. 1. 221. Cass. civ. 19. 10. 1931. D. H. 1931, 537; Cass. req. 10. 5. 1922 D. P. 1923. 1. 22; Baudry-Lacantinerie et Barde XIII n°. 929, Planiol et Ripert (Esmein) VI n°. 426, Josserand II n°. 382, Colin et Capitant II n°. 153.

[6]) Vgl. Giorgi IV n°. 215; De Ruggiero III 286; Assisi n°. 22; a. A. Guerrera n°. 22.

[7]) Capitant, Cause n°. 154; Baudry-Lacantinerie et Barde XIII n°. 913; *Italien*: Ramella, I n°. 91; Vivante IV n°. 1701. Assisi n°. 10.

[8]) Cass. req. 21. 12. 1927 D. H. 1928 1. 82. Planiol et Ripert (Esmein) VI n°. 430, Planiol II n°. 1321, Josserand II n°. 384.

Italien: Cass. 11. 5. 1933, Foro Venez. 1933, 590; Ramella I n°. 149, Assisi n°. 11, Vivante IV n°. 1625.

Unverschuldete teilweise Nichterfüllung führt, soweit der Käufer nicht die Gefahr trägt [1]), nach entsprechenden Gesichtspunkten zur Auflösung des ganzen Vertrags, wenn die Leistung nach dem Willen der Parteien unteilbar war, eine Teilleistung für den Gläubiger ohne Interesse ist oder eine Herabsetzung der Leistungen die Ökonomie des Vertrages stören würde. Sonst ist die teilweise Auflösung, d. h. Herabsetzung des Preises, geboten [2]).

Sukzessivlieferungsverträge.

Von den Sukzessivlieferungsverträgen (ventes par livraisons échelonnées, vendite a consegne ripartite) wird hauptsächlich in der Richtung gesprochen, ob die Auflösung wegen eines Teils möglich ist. Manche fingierten eine Mehrheit von Einzelverträgen. Heute sind diese Zweifel überwunden, vor allem ist anerkannt, daß die Auflösung für die Zukunft die bereits erbrachten Leistungen unberührt lassen kann [3]).

Verzögerung der Lieferung.

Auch bei Verzögerung entscheidet der Richter, ob er den Vertrag auflösen oder ob er eine verspätete Leistung noch als Erfüllung gelten lassen oder dem Schuldner für die nicht erbrachte Leistung eine Nachfrist gewähren will, evtl. unter Zubilligung von Verspätungsschaden [4]). Während in der Literatur bisweilen die Meinung vertreten wird, daß bei zeitweiliger Unmöglichkeit nicht nur der Schuldner, sondern auch der Gläubiger gebunden sei und auf die Erfüllung warten müsse [5]), nimmt die französische Praxis auch bei objektiver Verzögerung an, daß es im Ermessen des Gerichts stehe, ob es die Auflösung überhaupt ablehnen will, weil die Verzögerung von geringerer Bedeutung sei [6]); oder ob es dem Verkäufer nach Wiedermöglichwerden erneut eine Frist zur Leistung setzen [7]) oder auch eine Nachfrist

---

[1]) Vgl. Planiol II n°. 1352 a. E. und Capitant, Cause n°. 142.

[2]) Capitant, Cause n°. 140, 143, Planiol et Ripert (Esmein) VI n°. 416 insbes. N. 3 zu Cass. civ. 5. 5. 1920. S. 1921. 1. 298 Gaz. Pal. 1920. 2. 25, und Cass. civ. 14. 4. 1891. S. 1894. 1. 391. D.P. 1891. 1. 329 und für Italien Ramella I n°. 165 a. E.

[3]) *Frankreich*: Dalloz Rép. Prat. Vente n°. 947; Delayen, Homburg et Chotiau n°. 170 N. 130/133; Baudry-Lacantinerie et Saignat XIX n°. 325 a.E., vgl. auch n°. 599 und Planiol et Ripert (Hamel) X n°. 290; Lyon-Caën et Renault III n°. 125, 159 bis. *Italien:* Vivante IV n°. 1699; Tartufari n°. 442, 333; Navarrini II n°. 540 ter. Näheres über die Praxis unten § 66.

[4]) Die Gewährung einer Gnadenfrist beseitigt nicht die bereits eingetretenen Verzugsfolgen, Cass. req. 3. 1. 1927, D.H. 1927, 33.

[5]) Colin et Capitant II n°. 161, Planiol et Ripert (Esmein) VI n°. 418 bei N. 1, Capitant Cause n°. 141, 145.

[6]) Cass. civ. 20. 10. 1886. S. 1887. 1. 24. D. P. 1887. 1. 87 und Cass. civ. 7. 8. 1894. D.P. 1895. 1. 108.

[7]) Rouen 26. 6. 1871. D.P. 1871. 2. 177 und Cass. req. 13. 2. 1872. D.P. 1872. 1. 186; S. 1872. 1. 60.

bestimmen will, innerhalb deren sich erweisen kann, ob die Leistung möglich wird [1]).

Wesentlichkeit der Lieferfrist.

Ist der Lieferungszeitpunkt nach dem Vertragsinhalt wesentlich (oben S. 201), so wird grundsätzlich die Gewährung einer Gnadenfrist abgelehnt und der Vertrag sofort aufgelöst [2]). Im italienischen Handelsrecht ist die Gnadenfrist ganz ausgeschlossen (vgl. unten 5).

c) Zurechenbarkeit der Nichterfüllung.

c) Sehr streitig ist, ob die Auflösungsklage eine dem Schuldner zurechenbare Nichterfüllung voraussetzt oder auch bei force majeure statthat.

Frankreich.

Die *französische* Theorie hält überwiegend Verschulden für erforderlich [3]); denn die Lehre von der Auflösung des Vertrags handle von einem Recht, das dem Gläubiger bei der Verletzung der Verbindlichkeit durch den Schuldner als Sanktion in die Hand gegeben sei, dagegen die „théorie des risques" von den Wirkungen der nicht zu vertretenden Nichterfüllung auf das Synallagma. Aus den im Code civil für einzelne Fälle (Miete, Werkvertrag, Gesellschaft, C. civ. Art. 1722 und 1741, 1788 und 1790, 1867) gegebenen Bestimmungen folgert sie allgemein, daß, wenn eine Partei durch zufälliges Ereignis von einer Leistung frei wird, auch der Gegenkontrahent ipso iure seiner Verpflichtung ledig werde. Das Dahinfallen des gesamten Vertrages kann nach ihr, ohne daß es eines gerichtlichen Ausspruchs bedürfe, jederzeit von jeder Partei geltend gemacht werden [4]).

Die Praxis verharrt jedoch bei der älteren entgegengesetzten Lehre [5]). Sie trennt die Frage der risques nicht von der nach den Folgen der verschuldeten Unmöglichkeit und spricht in beiden Fällen die Vertragsauflösung nach Art. 1184 C. civ. aus.

Den stärksten Einwand gegen die Praxis nimmt die Theorie aus dem Gedanken, daß der Wert und die Rechtfertigung der Auflösungsklage, die in der richterlichen Gestaltung der Vertragsbeziehungen

[1]) Cass. req. 19. 10. 1897. S. 1901. 1. 503. D. P. 1897. 1. 576.

[2]) Vgl. Delayen, Homburg et Chotiau no. 163 und die oben § 28 3 c) für den Ausschluß des Erfüllungsanspruchs gegebenen Nachweisungen. Für *Italien* Cass. 28. 7. 1932 Foro it. 1932 I 1295, unsere Z. 7, 682.

[3]) Planiol II no. 1313; Planiol Note in D. P. 1891. 1. 329, Josserand II no. 380, 365, 369, Planiol et Ripert (Esmein) VI no. 425, 413; Capitant, Cause no. 139; Baudry-Lacantinerie et Barde XIII no. 914; Troplong, Vente I no. 294, vgl. Colin et Capitant II no. 153.

[4]) Vgl. Planiol et Ripert (Esmein) VI no. 412 ff.; Josserand II no. 366 ff.

[5]) Aubry et Rau IV § 302 bei N. 82, Demolombe XXV no. 497, Larombière Art. 1184 no. 6; Huc VII no. 270, vgl. auch Planiol et Ripert (Hamel) X no. 80; zuletzt verteidigt von Labbé, Un mot sur la question des risques, Nouv. Revue historique 1888 p. 377 ff.

liegen, fehlen, wo ein Spielraum für dieses Ermessen gar nicht vorhanden sei, ein délai de grâce nach der Natur der Sache gar nicht gewährt werden könne. Mit Rücksicht hierauf geben Planiol et Ripert (Esmein) VI n°. 413 und Capitant, Cause n°. 155 der Praxis zu, daß es sinnvoll ist, bei teilweiser Nichterfüllung [1]) und unverschuldeter Verzögerung der Leistung [2]) nach Art. 1184 C. civ. abzuwägen, ob der Vertrag ganz dahinfallen soll, ob er teilweise aufrecht erhalten oder ob die Leistung hinausgeschoben werden kann, auch im Falle von cas fortuit und force majeure.

Für den Kauf aber kommt in Betracht, daß in aller Regel die Gefahr bereits nach Vertragsabschluß (C. civ. Art. 1138) oder bei Gattungskäufen mit der Konzentration (C. civ. Art. 1585) auf den Käufer übergeht, so daß er zur Preiszahlung verpflichtet bleibt, wenn die gekaufte Spezies- oder die ausgesonderte Genussache zufällig untergeht. Der Käufer kann daher Auflösung nur verlangen, wenn der Untergang der Sache vom Verkäufer zu vertreten ist, oder wenn die Nichtlieferung auf einem anderen Grunde als auf dem Untergang der Sache beruht [3]). Daraus erklärt es sich vielleicht, daß auch diejenigen Autoren, die für die Auflösung nach Art. 1184 C. civ. kein Verschulden fordern, zu Art. 1610 C. civ. vielfach den entgegengesetzten Standpunkt einnehmen [4]).

Italien. Die ältere *italienische* Praxis [5]) und ein großer Teil der Literatur betrachten das Verschulden nur als Voraussetzung des Anspruchs auf Schadenersatz und lassen die gerichtliche Auflösung ohne Rücksicht darauf bei jeder Nichterfüllung eingreifen [6]); wobei jedoch beim Kauf auch nach diesen Autoren Verschulden dann Voraus-

---

[1]) So Cass. civ. 5. 5. 1920. Gaz. Pal. 1920. 2. 25; S. 1921. 1. 298; D. P. 1926. 1. 37, Cass. civ. 14. 4. 1891 S. 1894. 1. 391; D. P. 1891. 1. 329.

[2]) So Cass. civ. 3. 6. 1929 Gaz. Pal. 1929. 2. 227; Cass. req. 9. 12. 1919, Gaz. Pal. 1920. 1. 87; Cass. req. 19. 10. 1897, D. P. 1897. 1. 576 S. 1901. 1. 503; Cass. civ. 7. 11. 1893 S. 1896. 1. 67. Cass. civ. 24. 3. 1874 S. 74. 1. 428. Cass. req. 14. 5. 1872. S. 73. 1. 224 D. P. 1873. 1. 78.

[3]) Planiol et Ripert (Hamel) X n°. 80.

[4]) Vgl. einerseits Huc VII n°. 270; Aubry et Rau IV § 302, Dalloz, Code civil annoté Art. 1184 n°. 55 und andererseits zu Art. 1610 C. civ. Huc X n°. 81; Aubry et Rau V § 354 bei N. 15, Dalloz, Code civil annoté Art. 1610 n°. 81.

[5]) Angaben bei Gorla, Del rischio e pericolo nelle obbligazioni, Padua 1934 n°. 110 p. 210 N. 1, zuletzt in diesem Sinn Cass. 9. 11. 1927, Rep. Foro It. 1927 Obbl. n°. 299/300.

[6]) Giorgi IV n°. 208, 216; Gasca II n°. 1120, 1096; Tartufari n°. 428, 441; Ramella I n°. 148; Motta, La causa delle obbligazioni nel diritto civile italiano, Turin 1929, n°. 58; Barassi p. 378 N. 2.

setzung der Auflösung ist, wenn die Gefahr auf den Käufer übergegangen ist [1]).

Andere schließen sich dagegen an die neue französische Literatur an [2]). Ihnen folgend hält der Kassationshof nunmehr in ständiger Rechtsprechung den Art. 1165 C. civ. nur dann für anwendbar, wenn die Nichterfüllung verschuldet ist [3]). Wird eine Partei durch unverschuldete Unmöglichkeit von ihrer Leistungspflicht befreit, so fällt der ganze Vertrag ipso iure dahin [4]).

d) Ausschluß der Auflösung.

d) Der Käufer verliert das Recht, Auflösung zu verlangen, wenn er die nicht vertragsmäßige oder verspätete Erfüllung billigt. In der vorbehaltlosen Annahme der Ware liegt eine solche Billigung nicht ohne weiteres. Die Umstände des einzelnen Falles müssen auf die Genehmigung der Leistung schließen lassen [5]).

Nach fester ***italienischer*** Rechtsprechung ist die Auflösung ausgeschlossen, wenn der Käufer die Sache verbraucht, verarbeitet oder veräußert hat, nicht aber wenn sie auf Grund einer causa estranea al compratore untergegangen ist [6]). Esmein behauptet für das französische Recht Entsprechendes, allerdings gestützt auf Entscheidungen, die die Wandlung oder die Rückgewähr bei nichtigen Verträgen betreffen [7]).

3. Wirkungen der Vertragsauflösung.

3. Mit Rechtskraft des Auflösungsurteils wird der Vertrag mit rückwirkender Kraft aufgelöst (Art. 1183, Planiol II n°. 1319, 1320). Der durch den Kaufvertrag bewirkte Übergang des Eigentums auf den Käufer wird daher rückwirkend als nicht geschehen betrachtet [8]). Schuldrechtlich bedeutet die „rückwirkende" Vertragsauflösung eine

---

[1]) Giorgi IV n°. 216; Motta n°. 58; Tartufari n°. 428.

[2]) Pacifici-Mazzoni (Venzi) XII n°. 192; Guerrera n°. 30, Gorla n°. 113, Assisi n°. 7—10.

[3]) Cass. 4. 4. 1930, Foro It. 1930 I 660; Temi Emil. 1930 I 1 361; Cass. 1. 7. 1931 u. 25. 5. 1931 Rep. Foro It. 1931 Obbl. n°. 260/269; Cass. 11. 1. 1932 Rep. Foro It. 1932 Obbl. n°. 228/229. Cass. 31. 1. 1933, Rep. Foro It. 1933 Obbl. n°. 236.

[4]) Cass. 15. 5. 1933, Rep. Foro It. 1933 Obbl. n°. 280; Assisi n°. 8.

[5]) Planiol et Ripert (Esmein) VI n°. 432, Delayen, Homburg et Chotiau n°. 170 N. 126, Dalloz Rép. Vente n°. 949 ff., 954, Vivante IV n°. 1623, Ramella I, 175, App. Bruxelles 28. 3. 1935, Jur. Comm. Brux. 1935, 201.

[6]) Vgl. Cass. 14. 1. 1932, Giur. It. 1932 I. 1. 986, unsere Z. 7, 683, Cass. 8. 7. 1932 Giur. It. 1932 I 1 1272 und die Rep. Foro It. 1933, Vendita n°. 272—280 genannten Entscheidungen des Kassationshofs.

[7]) Planiol et Ripert (Esmein) VI n°. 432 N. 4.

[8]) Für Italien neuerdings bestritten von Bigiavi, Irretroattività della risoluzione per inadempimento Riv. Dir. Comm. 1934 I 695 ff.

Verpflichtung der Parteien zur Wiederherstellung des früheren Zustands, also zur Rückgewähr der bereits erbrachten Leistungen [1]).

Schadenersatz.

Neben der Auflösung kann der Käufer Schadenersatz wegen Nichterfüllung verlangen, falls der Verkäufer die Nichterfüllung zu vertreten hat. Andernfalls kommt es nur zu einer „résolution pure et simple“ ohne Schadenersatzfolge [2]).

4. Vertragsauflösung ohne Eingreifen des Richters. a) Nachsicht von der Notwendigkeit der Klage.

4. a) In Fällen offenbarer Vertragsverletzung, in denen der Richter ohne Gnadenfrist der Auflösungsklage stattgeben würde, macht man es einer Partei „nicht zum Vorwurf“, wenn sie auch ohne Urteil so verfährt, als ob der Vertrag aufgehoben wäre. Der Käufer darf dies insbesondere, wenn die Lieferung der Ware unmöglich geworden ist, oder wenn der Schuldner die Erfüllung ernstlich verweigert hat. Das gleiche wird für den Fall behauptet, daß die Lieferungszeit für den Inhalt der Leistung wesentlich ist, so daß die Leistung nicht später erbracht werden kann [3]). Der Käufer kann sich daher sofort anderweitig eindecken, obwohl er von seiner Abnahmepflicht noch nicht durch gerichtliches Urteil befreit ist. In der Annahme eines solchen „droit de remplacement“ gehen die Handelsgerichte besonders weit [4]). Der Käufer handelt jedoch auf eigene Gefahr, das Gericht sieht aber, wenn sein Vorgehen begründet war, in seinem Verhalten keinen Verstoß gegen Art. 1184 C. civ. [5]). Hier bahnt sich also, unterstützt durch die Vorstellung, daß die Eindeckung eine Form der Naturalexekution sei (unten § 31, 2), ebenso wie in der Anerkennung der Einrede des nicht erfüllten Vertrags eine Lockerung des Grundsatzes der gerichtlichen Vertragsauflösung an.

b) Einverständliche Aufhebung des Vertrages.

b) Ohne gerichtliches Urteil kann der Vertrag aufgehoben werden durch gegenseitiges Einverständnis der Parteien. Das war früher bestritten, ist jetzt aber einhellige Meinung [6]). Nicht nur die obligatorischen, sondern auch die dinglichen Wirkungen der „résolution amiable“ sind die gleichen wie bei gerichtlicher Auflösung. Sie kann

---

[1]) Planiol et Ripert (Esmein) VI n°. 433; Planiol et Ripert (Hamel) X n°. 81; Guerrera n°. 35 ff., Assisi n°. 25 f.

[2]) Planiol et Ripert (Esmein) VI n°. 413 bei N. 4; Cass. civ. 7. 11. 1893 S. 1896. 1. 67. Cass. req. 14. 5. 1873 S. 1873. 1. 224. D. P. 1873. 1. 78. Cass. req. 9. 12. 1919, Gaz. Pal. 1920. 1. 87. Paris 10. 12. 1921. D. P. 1922. 2. 31. Cass. civ. 3. 6. 1929. Gaz. Pal. 1929. 2. 227.

[3]) Zu alledem Planiol et Ripert (Esmein) VI n°. 428; uns. Z. 9, 146.

[4]) Vgl. Delayen, Homburg et Chotiau n°. 169.

[5]) Vgl. Lebret, Suspension et résolution des contrats, Revue critique 1924, 581 ff., 627.

[6]) Vgl. Baudry-Lacantinerie et Barde XIII n°. 940, Giorgi IV n°. 217; Guerrera n°. 40, Assisi n°. 6 N. 18 und die dort Zitierten; Cass. it. 16. 1. 1931, Giur. It. 1931 I 1, 647.

auch konkludent erklärt [1]) und unter Umständen sogar aus dem Schweigen der Parteien gefolgert werden [2]).

c) Keiner Auflösungsklage bedarf es, wenn die Parteien die Nichtlieferung der Ware zum vereinbarten Zeitpunkt ausdrücklich zur auflösenden Bedingung des Vertrages erhoben haben, und zwar in unzweideutigem Ausdruck, der nicht nur die bloße Wiederholung der Gesetzesworte über die stillschweigende auflösende Bedingung ist [3]). Die einzige Wirkung dieser Klausel ist nach herrschender Meinung eben die, daß das Gericht nicht eingreift. Im übrigen wird auch sie nicht als echte Bedingung aufgefaßt: ihre Erfüllung wirkt nur zugunsten des vertragstreuen Teils und löst den Vertrag nicht ipso iure auf. Vielmehr muß der vertragstreue Teil erst die Vertragsauflösung erklären. Er kann also trotz der auflösenden Bedingung immer noch nach seiner Wahl entweder die Erfüllung verlangen oder die Auflösung herbeiführen [4]). Andererseits besteht das Auflösungsrecht nicht, wenn die Gegenpartei ihre Leistung auf Grund der Einrede des nicht erfüllten Vertrags zurückhalten konnte [5]). *c) clause expresse de résolution.*

Da die Auflösung durch die Auflösungserklärung de plein droit erfolgt, so ist, wenn ein Gericht mit der Frage der Auflösung befaßt wird, sein Urteil nur deklaratorisch. Für richterliches Ermessen und Gnadenfrist ist kein Spielraum, der dadurch dem Schuldner gewährte Schutz entfällt. Die Nichterfüllung berechtigt den Gläubiger zur sofortigen Auflösung auch bei Verletzung von bloßen Nebenpflichten, bei teilweiser Nichterfüllung oder geringfügiger Verzögerung der Leistung; der französische Kassationshof macht die Möglichkeit, in solchen Fällen nur auf Schadenersatz oder Preisminderung zu erkennen, die Auflösung des ganzen Vertrages aber abzu-

---

[1]) Cass. req. 4. 12. 1882. Dalloz, Rép. Prat. Vente n°. 919, Cass. req. 6. 4. 1903, D. P. 1904. 1. 111. Delayen, Homburg et Chotiau n°. 170 N. 134.

[2]) Unten S. 416 a. E.

[3]) Josserand II n°. 388; Baudry-Lacantinerie et Barde XIII n°. 953 ff.; Planiol II n°. 1323 f.; Vivante IV n°. 1629. Das geht zurück auf die ältere Auffassung, die stillschweigende und ausdrückliche auflösende Bedingung stets gleich behandeln und für beide die Klage fordern wollte, vgl. Lebret, Rev. Crit. 1924, 614 mit Nachweisen. In den *Niederlanden* hat sich das Gesetz dieser Lehre angeschlossen. BWB. Art. 1302 Abs. 3.

[4]) Vgl. Planiol et Ripert (Esmein) VI n°. 436 a. E.; Planiol II 1323 f.; Josserand II 389; Baudry-Lacantinerie et Barde XIII n°. 956; Assisi n°. 27, 29.

[5]) *Frankreich*: Cass. req. 11. 6. 1928. Gaz. Pal. 1928. 2. 477; *Italien*: Cass. 24. 1. 1924, Giur. It. I 1 106.

lehnen, ausdrücklich davon abhängig, daß eine clause expresse de résolution nicht vereinbart war [1]).

Nicht soweit geht man in *Italien*. Hier wird im Wege der Auslegung des Parteiwillens angenommen, daß auch die clausola risolutiva espressa in der Regel eine wesentliche Nichterfüllung [2]) und das Verschulden des Schuldners voraussetzt, wie die Klage [3]).

Auch in Frankreich fordert man Mahnung; doch kann diese vertraglich ausgeschlossen werden, was regelmäßig geschieht [4]). In der üblichen Fassung lautet die Klausel, bei Nichtlieferung der Ware zum vereinbarten Zeitpunkt solle der Vertrag aufgelöst sein „de plein droit et sans sommation". Die Wirkungen der clause expresse de résolution sind dieselben wie die der gerichtlichen Auflösung.

5. Besonderheiten des italienischen Handelsrechts. a) Ausschluß der Gnadenfrist.

5. a) Richterliche Vertragsauflösung ist in *Italien* auch bei Handelskäufen die gesetzliche Grundregel (C. com. Art. 42, 67 Abs. 2), doch darf der Richter überhaupt keine Nachfrist gewähren (C. com. Art. 42), womit nach überwiegender Meinung zugleich gesagt ist, daß er auch eine nach Erhebung der Auflösungsklage angebotene Leistung nicht als Erfüllung gelten lassen kann. Im übrigen bleibt jedoch seine Ermessensfreiheit unberührt, so daß er die Auflösung ablehnen kann, wenn die Verspätung der Lieferung unerheblich oder die teilweise Nichterfüllung nicht wesentlich ist [5]).

b) Vertragsauflösung „ipso iure".

b) Unter Umständen tritt nach Art. 67 C. com. bei Handelskäufen über bewegliche Sachen, bei denen — das ist nach einhelliger Meinung weitere Voraussetzung [6]) — die Leistungen beider Parteien nach dem Vertrage gleichzeitig fällig werden und noch von keiner Seite die Leistung erbracht ist, die Vertragsauflösung ipso iure ein (la condizione risolutiva ha luogo di diritto): Hat der Käufer dem Verkäufer die Zahlung vor Ablauf des Fälligkeitstermins in handelsüblicher Form angeboten, so ist der Vertrag aufgelöst, wenn der Ver-

---

[1]) Vgl. Cass. req. 21. 12. 1927, D. H. 1928. 1. 82. Planiol et Ripert (Esmein) VI no. 430; Capitant, Cause no. 154 a. E.

[2]) Vgl. Assisi no. 29, Cass. 30. 11. 1926, Giur. It. 1927. I 1 173.

[3]) Ständige Rechtsprechung des Kassationshofs, vgl. z. B. Cass. 19. 12. 1933, Rep. Foro It. 1933, Obbl. no. 235; Assisi no. 29.

[4]) Planiol et Ripert (Esmein) VI no. 436 (3), Josserand II no. 389; Baudry-Lacantinerie et Barde XIII no. 956 f., Giorgi IV no. 215.

[5]) Vgl. Vivante IV no. 1628 und 1701, Guerrera no. 43, Giorgi IV no. 211 bis.

[6]) Vivante IV no. 1694 ff., Tartufari no. 431 ff., Guerrera no. 43.

käufer daraufhin nicht pünktlich liefert. Im einzelnen besteht viel Streit, besonders bezüglich des Erfordernisses des Angebots [1]).

Der Handelsgesetzentwurf von 1925 geht erheblich weiter. Neben der richterlichen Vertragsauflösung, bei der eine Gnadenfrist wie nach C. com. Art. 42 ausgeschlossen ist (Art. 306 Abs. 1), kennt er allgemein eine Auflösung ipso iure, die statt hat, wenn eine Lieferfrist, die vertragswesentlich war, oder eine vom Gläubiger gesetzte angemessene Frist verstrichen ist, ohne daß geliefert worden wäre (Art. 307).

§ 30.

III. Schadenersatz.

1. Wesen des Schadenersatzes. Geldersatz.

1. Bei Verzögerung der Erfüllung (retard dans l'exécution) und endgültiger Nichterfüllung (inexécution) ist der Schuldner schadenersatzpflichtig (C. civ. franç. Art. 1147, C. civ. it. Art. 1125). Der Schadenersatz ist nach herrschender Auffassung in Frankreich und Italien grundsätzlich in Geld zu leisten [2]).

Dommages-intérêts moratoires et compensatoires.

Man unterscheidet den durch die Verspätung der Leistung erwachsenen Schaden (dommages-intérêts moratoires, Verzugsschaden) und Schadenersatz wegen Nichterfüllung (dommages-intérêts compensatoires). Verzugsschaden wird neben der Erfüllung geschuldet, Schadenersatz wegen Nichterfüllung anstatt der Erfüllung. Nur dann können auch dommages-intérêts compensatoires neben die Erfüllung treten, wenn sie wegen teilweiser Nichterfüllung oder wegen Verstoßes gegen eine Nebenpflicht geschuldet sind, wie z. B. bei Schlechtlieferung, die sich als Verstoß gegen die Pflicht zur „conservation“ darstellt [3]).

Schadenersatz ist Interesseersatz. Durch Zahlung einer Geldsumme soll der Gläubiger in die Vermögenslage versetzt werden, in der er sich bei Erfüllung und bei rechtzeitiger Erfüllung befände (Planiol II n°. 221). Dem Gläubiger gebühren dabei sowohl damnum emergens (la perte subie) wie lucrum cessans (le gain manqué) (C. civ. franç. Art. 1149, C. civ. it. Art. 1227).

Résolution avec dommages-intérêts.

Im Fall der Auflösung des Vertrages hat der Gläubiger Anspruch auf Ersatz des Interesses an der ganzen Leistung. Zwar soll

---

[1]) Vgl. Vivante IV n°. 1697, Tartufari 432 ff., Navarrini II n°. 583 ff.

[2]) Vgl. Planiol II n°. 224; Planiol et Ripert (Radouant) VII n°. 822; Colin et Capitant II n°. 101; Stolfi III n°. 627; Barassi § 95 I.

[3]) Planiol et Ripert (Radouant) VII n°. 873.

durch die Aufhebung des Vertrages gemäß Art. 1183 C. civ. franç. derselbe Zustand hergestellt werden, als ob der Verkauf niemals stattgefunden hätte [1]). Das bezieht sich jedoch nur auf die gegenseitige Rückgewähr der Leistungen, bei der weitergehend als nach Bereicherungsrecht Nutzungen und Verwendungen und insbesondere Zinsen für den Kaufpreis zu erstatten und Leistungen, die nicht mehr in Natur zurückgewährt werden können, nach ihrem Wert zu ersetzen sind. Freilich werden derartige Ansprüche, da die Unterscheidung von positivem und negativem Interesse in Lehre und Praxis kaum eingedrungen ist, gelegentlich auch als Schadenersatz zugebilligt [2]). Keineswegs aber ist der neben der Auflösung gewährte Schadenersatzanspruch (C. civ. franç. Art. 1610, 1611, 1184, C. civ. it. Art. 1165) hiermit auf das negative Interesse beschränkt, wie das einmal vom OLG. Köln angenommen [3]) und in Italien gelegentlich behauptet worden ist [4]). Vielmehr wird der Schadenersatz neben der Aufhebung gewährt, um dem Gläubiger Ersatz dafür zu leisten, daß er die Erfüllung nicht bekommen hat. Daran besteht im übrigen in Rechtsprechung und Literatur kein Zweifel [5]).

2. Verzug.

2. Nach Art. 1146 C. civ. franç. wird Schadenersatz „erst dann geschuldet, wenn der Schuldner mit der Erfüllung seiner Verbindlichkeit im Verzuge ist". Dieser Satz gilt uneingeschränkt für dommages-intérêts moratoires.

Zur Inverzugsetzung (mise en demeure) ist grundsätzlich, und zwar selbst dann, wenn ein Zeitpunkt für die Lieferung nach dem Kalender bestimmt ist, eine Mahnung erforderlich, C. civ. franç. Art. 1139. Rührt der Gläubiger sich nicht, so will man annehmen, daß die Verzögerung ihn nicht schädige, sein Schweigen gilt als

---

[1]) Vgl. Cass. civ. 4. 5. 1898 D. P. 1898. 1. 457; Cass. req. 8. 7. 1925 Gaz. Pal. 1925. 2. 606; Planiol et Ripert (Hamel) X n°. 81 p. 75; Planiol et Ripert (Esmein) VI n°. 433.

[2]) Vgl. Planiol et Ripert (Esmein) VI n°. 433 p. 602, Cass. req. 16. 5. 1911 Gaz. Pal. 1911. 1. 739 (Note).

[3]) OLG. Köln 18. 12. 1896 S. 1899. 4. 6.; gegen diese Entscheidung Baudry-Lacantinerie et Barde XIII n°. 928 N. 3, weil nach Art. 1149 auch entgangener Gewinn geschuldet werde.

[4]) Guerrera n°. 36; Carnelutti Riv. Dir. Comm. 1923 II 328, dessen Ausführungen im Ergebnis übrigens auf eine zutreffende Bestimmung der Rückgewährpflicht bei Vertragsaufhebung hinauskommen.

[5]) Vgl. für *Frankreich* statt vieler: Planiol et Ripert (Hamel) X n°. 81 p. 75; Baudry-Lacantinerie et Barde XIII n°. 928, für *Italien* vgl. die Nachweisungen bei Dikoff, Arch. Giur. 103 (1930) 18 N. 1 und Guerrera n°. 36 N. 1.

stillschweigende Hinausschiebung der Lieferfrist (Planiol et Ripert [Radouant] VII n°. 771, 826).

Art. 1139 fordert eine förmliche Mahnung (sommation), die durch den Gerichtsvollzieher zugestellt sein muß. Gleiche Wirkung haben andere ebenfalls durch die öffentliche Gewalt zugestellte Akte ähnlichen Inhalts, wie vor allem die Ladung zum Prozeß oder zum Sühnetermin. Mündliche oder schriftliche Mahnung, selbst durch eingeschriebenen Brief, reichen in Zivilsachen nach herrschender Meinung nicht aus; die Gerichte haben sich allerdings gelegentlich auch mit formloser Mahnung begnügt [1]). In Handelssachen werden nach übereinstimmender Meinung von Schrifttum und Rechtsprechung ein gewöhnlicher Brief, ein Telegramm, ja selbst mündliche Aufforderung, wenn sie nur inhaltlich bestimmt genug gefaßt sind, kraft Handelsbrauchs als ausreichend anerkannt [2]).

Ausnahmsweise können die Verzugsfolgen mit der Fälligkeit ohne Mahnung eintreten. So wenn die Parteien dies vereinbart haben (C. civ. Art. 1139); anläßlich der clause expresse de résolution tun sie dies regelmäßig. Die Mahnung kann auch stillschweigend wegbedungen sein [3]). Klauseln wie „livrable de suite" werden in diesem Sinne ausgelegt [4]).

Da Art. 1146 C. civ. franç. allgemein spricht, ist bisher vom Kassationshof angenommen worden, daß die Inverzugsetzung auch Voraussetzung für die Geltendmachung von dommages-intérêts compensatoires sei [5]). Danach wäre eine Mahnung, durch die der Gläubiger dem Schuldner zu verstehen gibt, daß er ihn verantwortlich machen will, notwendiges Vorspiel jeder Schadenersatzklage, woraus weiter sowohl für den Verzugschaden wie für Schadenersatz wegen Nichterfüllung gefolgert wird, daß nur der Schaden zu ersetzen ist, der nach Mahnung oder Klageerhebung entstanden ist [6]). Das Schrifttum ist überwiegend diesem Erfordernis

[1]) Colin et Capitant II n°. 98, Planiol et Ripert (Radouant) VII n°. 773 mit Nachweisungen aus der Rechtsprechung.

[2]) Vgl. Thaller et Percerou I n°. 1052; Planiol et Ripert (Radouant) VII n°. 774 mit Nachweisungen.

[3]) Cass. req. 29. 7. 1929. S. 1930. 1. 214; Planiol et Ripert (Radouant) VII n°. 773, 826; a. A. Josserand II n°. 619.

[4]) Cass. req. 21. 6. 1933 D. H. 1933, 412. Paris 12. 11. 1924 D. H. 1924, 705.

[5]) Cass. civ. 11. 1. 1892 D. P. 1892. 1. 257 mit Note von Planiol; Cass. civ. 13. 4. 1923 S. 1926. 1. 17. mit Note von Hubert.

[6]) Vgl. die eben genannten Entscheidungen und dazu Colin et Capitant II n°. 99 bis, p. 91; Planiol et Ripert (Radouant) VII n°. 826, Demogue VI n°. 239.

abgeneigt. Eine neue Entscheidung Cass. civ. 3. 12. 1930, Gaz. Pal. 1931. 1. 78 hat denn auch Colin et Capitant II n°. 99 bis zu der Annahme veranlaßt, der Kassationshof verlange für Schadenersatz wegen Nichterfüllung überhaupt keine Mahnung mehr. Jedenfalls hat aber auch die Judikatur schon bisher wesentliche Ausnahmen anerkennen müssen, da die Mahnung keinen Sinn hat, wenn endgültige Nicht- oder Schlechterfüllung, also nicht nur „simple retard", sondern „inexécution définitive" vorliegt. Dies gilt einmal, wie schon das Gesetz sagt, wenn gegen eine Unterlassungspflicht verstoßen ist (C. civ. franç. Art. 1145) oder wenn die Leistung nur binnen bestimmter Zeit erbracht werden konnte (C. civ. franç. Art. 1146) [1]. Das ist z. B. angenommen worden, wenn offenbar für den Weihnachtsverkauf bestimmte Waren nicht an dem Anfang Dezember liegenden Termin geliefert wurden [2]. Es gilt ferner, wenn die Leistung unmöglich geworden ist (Trib. Anvers P.A. 1894. 1. 237) [3]. Die Rechtsprechung sieht vom Mahnungserfordernis auch bei ernsthafter und eindeutiger Erfüllungsweigerung ab oder wenn der Schuldner selbst auf die Auflösung des Vertrags geklagt hat [4]. Eine Mahnung ist ferner dann nicht erforderlich, wenn auf Seiten des Schuldners „fraude" vorliegt [5] oder wenn die Schlechterfüllung gleichzeitig ein Delikt ist [6].

Der *italienische* Codice läßt es für den Verzug genügen, daß ein Termin für die Leistung bestimmt ist (Art. 1223 Abs. 1). Als solcher Termin wird jede bestimmbare Leistungszeit verstanden, z. B. „Wiederaufnahme des Handelsverkehrs mit einem Lande nach Kriegsende" [7]; er kann auch stillschweigend vereinbart sein oder sich aus Natur oder Zweck des Geschäftes ergeben [8]. Nur wo ein Leistungstermin nicht vereinbart ist, wird die Mahnung Voraussetzung für

---

[1]) Cass. req. 16. 2. 1921 D. P. 1922. 1. 102.

[2]) Cass. civ. 18. 10. 1927, D.H. 1927, 510, S. 1928. 1. 22.

[3]) Vgl. Demogue VI n°. 246—248; Planiol et Ripert (Radouant) VII n°. 828, Planiol II n°. 227, 1318 und aus der älteren Literatur: Larombière II, Art. 1146 n°. 4, Art. 1147 n°. 3; Laurent XVI n°. 251; Aubry et Rau IV § 308 bei N. 1 bis u. a.

[4]) Cass. civ. 4. 1. 1927 S. 1927. 1. 188; Cass. civ. 24. 7. 1928 D.P. 1930. 1. 16; Planiol et Ripert (Radouant) VII n°. 828; Colin et Capitant II n°. 99; Demogue VI n° 249, a. A. Planiol II n°. 227.

[5]) Cass. req. 2. 7. 1929 D. H. 1929, 413; Josserand II n°. 621.

[6]) Cass. req. 14. 12. 1926 D. H. 1927, 1; Cass. req. 25. 2. 1930 D. H. 1930, 211; Demogue VI n°. 250; Planiol et Ripert (Radouant) VII n°. 828 p. 132 N. 5.

[7]) Cass. 27. 2. 1933 Rep. Foro It. 1933 Obbl. n°. 212, 213.

[8]) Cass. 3. 2. 1931, Rep. Foro It. 1931 Obbl. n°. 282.

Verzugs- und Nichterfüllungsschaden[1]). Diese kann auch im bürgerlichen Verkehr formlos durch einfachen Brief erfolgen[2]). Sie ist aber nicht erforderlich, wenn der Schuldner nicht erfüllen kann oder erklärt, nicht erfüllen zu wollen[3]).

Der *italienisch-französische* Obligationenrechtsentwurf (Art. 94, 95) folgt nicht dem italienischen, sondern dem französischen Gesetz, indem er beifügt, es bedürfe keiner Mahnung, wenn die Leistung unmöglich geworden ist, nur binnen bestimmter Zeit erbracht werden konnte oder der Schuldner schriftlich erklärt hat, nicht erfüllen zu wollen.

3. Der Schuldner ist nur dann schadenersatzpflichtig, wenn die Verzögerung der Lieferung oder die Nichterfüllung ihm zuzurechnen (imputable) ist. *3. Zurechnung.*

a) Der Code civil drückt das in den Artikeln 1147 und 1148, mit denen die Art. 1125, 1126 C. civ. it. übereinstimmen, in doppelter Form aus. Nach Art. 1147 *a) Befreiung durch force majeure.*

> „Le débiteur est condamné, s'il y a lieu, au payement de dommages et intérêts, soit à raison de l'inexécution de l'obligation, soit à raison du retard dans l'exécution, toutes les fois qu'il ne justifie pas que l'inexécution provient d'une cause étrangère qui ne peut lui être imputée, encore qu'il n'y ait aucune mauvaise foi de sa part."

ist der Schuldner frei, wenn das Ausbleiben der Erfüllung auf einer c a u s e é t r a n g è r e n o n i m p u t a b l e beruht, nach Art. 1148,

> „Il n'y a lieu à aucuns dommages et intérêts lorsque par suite d'une force majeure ou d'un cas fortuit, le débiteur a été empêché de donner ou de faire ce à quoi il était obligé, ou a fait ce qui lui était interdit."

wenn es die Folge von f o r c e m a j e u r e oder c a s f o r t u i t[4]) ist. Beide Artikel wollen dasselbe sagen, nur „les hasards de l'élaboration des textes" haben demselben Gedanken in zweifacher Gestalt Eingang in den Code verschafft[5]).

---

[1]) Cass. 4. 12. 1930 Foro It. 1931 I 292; eine genügende Mahnung liegt mindestens in der Klagezustellung Cass. 10. 11. 1930 Rep. Giur It. 1930 Obbl. n°. 83.

[2]) Vgl. z. B. Cass. 11. 12. 1929 Giur. It. 1930 I. 1. 242.

[3]) Cass. 22. 12. 1931, Rep. Foro It. 1931 Obbl. n°. 207.

[4]) Diese Ausdrücke werden von Praxis und überwiegender Lehre als gleichbedeutend behandelt. P l a n i o l et R i p e r t (R a d o u a n t) VII n°. 841 und ausführlich B o n n e c a s e Suppl. III zu B a u d r y - L a c a n t i n e r i e n°. 249 ff.; abweichend vor allem J o s s e r a n d, Les Transports n°. 568 ff., Droit Civil II n°. 451.

[5]) P l a n i o l et R i p e r t (R a d o u a n t) VII n°. 841.

Obstacle insurmontable (absolu et inévitable) et imprévisible.

Der Schuldner ist also nur dann nicht schadenersatzpflichtig, wenn er durch force majeure befreit ist. Nach Rechtsprechung und Lehre ist force majeure ein Ereignis, das ein obstacle absolu, inévitable et imprévisible bildet[1]). Diese Kriterien werden dabei nicht unterschiedslos verwendet, sondern in mannigfacher Abstufung unter Hervorhebung oder auch Fortlassen des einen oder anderen. Infolgedessen bestehen erhebliche Unsicherheiten, aber jedenfalls kann der Richter mittels der wandelbaren Begriffe die Haftungsschärfe weitgehend an die Bedürfnisse des einzelnen Falles anpassen. Folgende Grundsätze etwa lassen sich dabei herausheben.

absolu.

Nach völlig herrschender Auffassung in Frankreich und Italien muß die Leistung absolut unmöglich geworden sein. Bloße Erschwerung, mag sie auch auf unerwarteter Änderung der Verhältnisse, etwa durch Streik, Steigen der Rohstoffpreise, Zollerhöhung, Krieg oder Krise beruhen, befreit den Schuldner nach Praxis[2]) und herrschender Lehre[3]) nicht. Geschuldet sei nicht ein bestimmter Aufwand an Mitteln (obligation de moyen), sondern ein Resultat, das erbracht werden muß, selbst wenn, wie es in der Literatur heißt, die Erbringung für den Schuldner ruinös ist[4]). Der Gläubiger brauche sich nicht darum zu kümmern, mit welchen Mitteln der andere Teil erfüllen will und kann[5]). Die Erfüllung muß, jedenfalls soweit es sich

---

[1]) Vgl. etwa für *Frankreich* Cass. civ. 17. 6. 1925, Gaz. Pal. 1925. 2. 392; Paris 5. 7. 1928, D.H. 1928, 516; Radouant, Du cas fortuit et de la force majeure, Thèse Paris 1920; Wigny, Responsabilité contractuelle et force majeure, Rev. trim. 1935, 19 ff.; Demogue, VI no. 536; Planiol et Ripert (Radouant) VII no. 839, 840, 841 mit weiteren Nachweisungen.

Für *Italien*: Cass. 12. 1. 1925, Corte Cass. 1925, 1520; Cass. 12. 3. 1926, Foro Nuove Prov. 1927, 4; Cass. 12. 3. 1928, Foro Nuove Prov. 1928, 377; Cass. 25. 4. 1930, Giur. Banc. 1930, 250.

[2]) Vgl. für *Frankreich*: Cass. civ. 5. 12. 1927, D.H. 1928, 84 (Zollerhöhung); Cass civ. 17. 11. 1925, D.H. 1926, 35 (Lohnsteigerungen) uns. Z. 2, 678; Cass. civ. 16. 5. 1922, S. 1922. 1. 358 und Paris 21. 12. 1916, D.P. 1917. 2. 33 mit Note von Capitant (Krieg); Rouen 9. 2. 1925, Gaz. Trib. 3. 4. 1925 (Wirtschaftskrise); für *Italien*: Cass. Roma 25. 11. 1919, Foro it. 1920 I 60 (Krieg); Cass. 12. 1. 1925, Corte Cass. 1925, 1520 (Marktstörungen durch eine Epidemie); Cass. 30. 5. 1925, Mon. Trib. 1925, 567 (Schwierigkeiten der Rohstoffbeschaffung); Cass. 12. 3. 1928, Foro Nuove Prov. 1928, 377 (Witterungsstörungen); App. Torino 29. 12. 1924, Dir. Comm. 1925, 107 (außerordentliche Steigerung der Produktionskosten); Cass. 15. 7. 1933, Rep. Foro it. 1933 Obbl. no. 279 (Steigen der Warenpreise).

[3]) Planiol et Ripert (Radouant) VII no. 839; Colin et Capitant VI no. 81; Demogue VI no. 537; Bonnecase Suppl. III zu Baudry-Lacantinerie no. 272.

[4]) Planiol et Ripert (Esmein) VI no. 382; Wigny p. 43 ff., 93.

[5]) Wigny p. 46.

nicht um rein persönliche Leistungen handelt, nicht nur für den Schuldner, sondern für jedermann unmöglich, durch ein obstacle général verhindert sein [1]). Es muß sich, wie der italienische Kassationshof in ständiger Wiederholung hervorhebt, um eine impossibilità obiettiva e assoluta, nicht nur um relative Unmöglichkeit oder bloße Schwierigkeit handeln, ja selbst eccessiva onerosità der Erfüllung wird nicht in Rechnung gezogen [2]).

Diese Schärfe der Anforderungen wird auch durch das weitere Kriterium zum Ausdruck gebracht, daß das obstacle inévitable, impossible à prévenir ou à empêcher sein muß. Es muß, um den Schuldner zu befreien, nicht nur sobald es eingetreten ist, unwiderstehlich die Leistung verhindern, sondern sein Eintritt muß auch selbst nicht haben verhindert werden können. Dabei schwanken die Gerichte jedoch in den anzulegenden Maßstäben. Bisweilen fordert man, daß das Hindernis für menschliche Macht und Voraussicht unüberwindlich sei. Dann wieder wird darauf abgestellt, ob es bei angemessener Umsicht hätte verhindert werden können, womit meistens nicht mehr gesagt wird, als daß bei der force majeure eine faute des Schuldners nicht mitgespielt haben darf, worüber sogleich noch zu sprechen ist. *inévitable.*

Schließlich wird in zahlreichen Entscheidungen [3]) imprévisibilité gefordert. Auch dieses Kriterium schillert in der Anwendung, bisweilen schweigen die Entscheidungen überhaupt davon, bisweilen wird es aller eigenen Bedeutung dadurch entkleidet, daß man es nur als Moment der Unabwendbarkeit behandelt und den Schuldner schon dann befreit, wenn er das Hindernis nicht vorhersehen oder vermeiden konnte [4]). Dann besagt das Erfordernis nicht mehr, als daß den Schuldner keine faute treffen darf [5]). Der italienische Kassationshof hat häufiger in diesem Sinne ausgesprochen, daß imprevidibilità kein notwendiges Erfordernis sei, so daß ein unabwendbares *imprévisible.*

---

[1]) Planiol et Ripert (Radouant) VII n°. 839; Demogue VI n°. 605; Bonnecase Suppl. III zu Baudry-Lacantinerie n°. 273.

[2]) Vgl. die Rep. Foro it. Obbligazioni 1926 n°. 406, 1927 n°. 369 ff., 1928 n°. 414 ff., 1929 n°. 312, 1930 n°. 332 f., 1931 n°. 275, 1932 n°. 238, 1933 n°. 278 f. angeführten Entscheidungen des Kassationshofs und unsere Z. 3, 280 n°. 6.

[3]) Vgl. die Nachweisungen bei Planiol et Ripert (Radouant) n°. 840.

[4]) Vgl. Cass. req. 19. 2. 1924, D. H. 1924, 186; Cass. civ. 9. 1. 1929, S. 1929. 1. 369 betreffend einen Erdrutsch auf der indo-chinesischen Bahn und fait d'un tiers, gegen die sich Vorkehrungen nicht treffen ließen.

[5]) Vgl. Wigny p. 86 ff. mit weiteren Nachweisungen aus der französischen und belgischen Rechtsprechung.

Ereignis befreie, selbst wenn es vorhersehbar gewesen sei [1]). Aber auch dann, wenn Vorhersehbarkeit in ihrer eigentlichen Bedeutung gefordert wird [2]), schwankt man in der Schärfe der Anforderungen [3]), wendet allgemeine Maßstäbe an, oder stellt auf die Umstände des konkreten Vertrages ab [4]). Daß das Ereignis im Bereich der Möglichkeit lag, genügt nicht, es muß damit zu rechnen sein, daß es ein Hindernis der Vertragsabwicklung werden kann [5]).

„Sans faute." In der Literatur wird force majeure traditionell als Ausschluß des Verschuldens aufgefaßt: Il y a force majeure ou cas fortuit quand l'inexécution n'est pas imputable à faute au débiteur [6]). Und das ist wohl auch die Terminologie des Code Civil, wie etwa die Artikel 1302, 1303 (C. civ. it. Art. 1298, 1299) erweisen, die den Untergang einer Sache sans faute und par force majeure gleichstellen.

Hieran ist unzweifelhaft, daß bei dem cas fortuit keine faute antérieure ou subséquente mitgespielt haben darf [7]). Eine Anwendung hiervon enthalten die Artikel 1138 und 1302 C. civ. franç. (Art 1219, 1298 C. civ. it), nach denen der im Verzug befindliche Schuldner auch für die Zufälle haftet, die die Sache nicht auch beim Gläubiger betroffen haben würden. Daß der Schuldner für die Sorgfalt eines ordentlichen Familienvaters haftet, wird in Art. 1137 C. civ. franç. allerdings nur für die Pflicht zur conservation de la chose bei der obligation de donner ausgesprochen, aber man versteht dies als allgemeine Regel (Planiol II n°. 237). Damit ist die Unterscheidung des ancien droit nach Verschuldensgraden aufgegeben. Italien (Art. 1224) hat den Satz bereits im Gesetz allgemein gefaßt.

---

[1]) Cass. 5. 5. 1926, Rep. Foro it. 1926; Obbligazioni n°. 436/7; Cass. 19. 10. 1926 Giur it. 1927 I 1 54 (Unmöglichkeit des Transports der Ware durch Eisenbahnerstreik); vgl. ferner Cass. 17. 12. 1928, Rep. Foro it. 1928, Obbligazioni n°. 423 f.; Cass. 6. 2. 1932, Rep. Foro it. 1932, Obbligazioni n°. 246; Cass. 11. 3. 1932, Giur. it. 1932 I 1 533.

[2]) Vgl. z. B. Cass. civ. 17. 6. 1925, Gaz. Pal. 1925. 2. 392; Cass. req. 4. 1. 1927, S. 1927. 1. 188.

[3]) Vgl. Planiol et Ripert (Radouant) VII n°. 840 mit umfangreichen Nachweisungen.

[4]) Italien Cass. 6. 12. 1928, Rep. Foro it. 1928, Obbligazioni n°. 421.

[5]) Cass. req. 27. 5. 1930, D. H. 1930, 363; Planiol et Ripert (Radouant) VII n°. 840, N. 3, 4.

[6]) Planiol et Ripert (Esmein) VI n°. 382, Planiol II n°. 230; Polacco, Obbligazioni n°. 83 ff.; De Ruggiero III p. 129; Chironi, Colpa contrattuale, n°. 308.

[7]) Civ. 16. 5. 1922 (³), D. P. 1922. 1. 130; weitere Nachweisungen Juris Classeur Civil Art. 1147/1148 n°. 24; Bonnecase Suppl. III Baudry-Lacantinerie n°. 282; Demogue VI n°. 540.

Verschulden seiner Hilfspersonen hat der Schuldner wie sein eigenes zu vertreten. Im Code Civil ist dies nur in vereinzelten Vorschriften für einzelne Schuldverhältnisse ausgesprochen, in Praxis und Theorie aber anerkannt[1]).

Besteht also kein Zweifel, daß der Schuldner dann haftet, wenn ihn oder seine Hilfspersonen ein Verschulden trifft, so dürfte jedoch die Gleichstellung von „force majeure" und „sans faute" dem Stand der Rechtsprechung nicht völlig gerecht werden. Die weitgehende Verschiedenheit, in der die geschilderten Erfordernisse der force majeure angewendet werden, um im Einzelfall zu billigen Entscheidungen zu kommen, führt sicher oft dazu, daß der Schuldner befreit wird, wenn ihn kein Verschulden trifft. Aber das Einstehenlassen für voraussehbare Ereignisse läßt es doch häufig auch zu einer weitergehenden Haftung kommen. Eben dies wird vielfach bekämpft; man bezeichnet wegen dieser Folgen das Erfordernis der Voraussehbarkeit als unrichtig und überflüssig, ebensowohl in der Lehre[2]) und wie schon erwähnt auch in Entscheidungen des italienischen Kassationshofs. Auf der anderen Seite hat man versucht, an dem Erfordernis der imprévisibilité für die Befreiung des Schuldners festzuhalten, es aber mit dem Verschuldensgrundsatz dadurch in Einklang zu bringen, daß man den Mangel an Voraussicht als culpa in contrahendo auffaßt[3]). Diesem Erklärungsversuch gegenüber liest die neueste Darstellung der force majeure von Wigny aus dem Gesetz und der Praxis genau dieselbe Regel heraus, die hier aus alter Überzeugung als die richtige vertreten wird, für voraussehbare Ereignisse werde gehaftet, nicht weil ein Verschulden mitspielte, sondern weil der Schuldner die Gefahr für bestimmte Ereignisse übernommen hat. Auch in der Rechtsprechung selbst klingt gelegentlich an, daß dies der entscheidende Gesichtspunkt sei[4]). Zumindest rechtfertigt er im allgemeinen die gewonnenen Ergebnisse[5]). Ob eine Gefahr übernommen ist, ist eine Frage der Vertragsauslegung im einzelnen Fall.

---

[1]) Vgl. Planiol et Ripert (Radouant) VII n°. 845, 846; Demogue VI n°. 572 mit Nachweisungen.

[2]) So Bonnecase Suppl. III. zu Baudry-Lacantinerie n°. 274 ff; Polacco, Obbligazioni n°. 83 ff., Chironi, Colpa contrattuale II n°. 308.

[3]) Radouant, Du cas fortuit et de la force majeure p. 181, Demogue VI n°. 539.

[4]) Vgl. die Nachweisungen bei Wigny p. 88 ff.

[5]) Vgl. etwa Cass. req. 4. 1. 1927. S. 1927. 1. 188; Cass. civ. 17. 6. 1925, Gaz. Pal. 1925. 2. 392, Haftung trotz Verweigerung einer Exportgenehmigung, oder einer Konzession an den Unterlieferanten, von deren Erforderlichsein die Schuldner wußten. Vgl. unsere Z. 2, 678.

Wigny glaubt, der Code civil stehe auf dem Standpunkt reiner Verschuldenshaftung, stelle aber eine tatsächliche Vermutung auf, der Schuldner habe voraussehbare Gefahren auf sich genommen [1]). Die Künstlichkeit dieser Annahme liegt auf der Hand. Aber sie stellt endlich die gesunde Regel her, die in der Praxis sichtlich gesucht worden ist.

Force majeure als äußerer Zufall?

„cause étrangère."

Andere neuere Versuche, die allgemeine Schuldnerhaftung über das Verschulden hinauszudehnen, werden abgelehnt. So findet die vor allem von Josserand [2]) vertretene Auffassung, der Schuldner hafte stets für innere Zufälle, die in seinem Betriebskreis entstanden sind oder mit dessen typischen Gefahren in Zusammenhang stehen, da diese niemals cause étrangère seien, keinen Eingang in die Rechtsprechung. Sie stößt auch in der Lehre überwiegend auf Widerspruch [3]). Doch entspricht in solchen Fällen eine tatsächliche Vermutung für die Haftung des Schuldners der französischen Beweislehre [4]).

„fait et faute."

Weiterhin werden gelegentlich ältere Versuche, in Anlehnung an die Terminologie des Code civil in Art. 1042 und 1245 den Schuldner nicht nur für faute, sondern auch ohne Verschulden für son fait einstehen zu lassen, wieder aufgenommen. Die überwiegende Meinung nimmt jedoch an, daß mit der Nebeneinanderstellung von fait und faute nichts weiter gesagt werden sollte, als daß für culpa in omittendo ebenso gehaftet werden solle wie für culpa in committendo [5]).

Haftung beim Gattungskauf.

Die geschilderten Grundsätze gelten in gleicher Weise für Gattungs- wie für Stückschulden. Auch bei jenen kommt es also darauf an, ob ein obstacle insurmontable et imprévisible die Erfüllung verhindert hat. Nach diesen Kriterien wird z. B. bei Beschlagnahme von Warenvorräten des Verkäufers geprüft, ob der Schuldner sich anders eindecken konnte und nach dem Vertrage mußte [6]). Insbeson-

---

1) Wigny, p. 86 ff., 95.

2) Les Transports nº. 568 ff., Droit Civil II nº. 451, 614.

3) Planiol et Ripert (Esmein) VI nº. 387; Planiol et Ripert (Radouant) VII nº. 837; Wigny p. 73 ff.

4) Planiol et Ripert (Esmein) a. a. O. p. 541; Planiol et Ripert (Radouant) a. a. O. p. 144 f.

5) Rabel, Rhein. Zeitschr. 1, 187 ff. — Planiol et Ripert (Radouant) VII nº. 1317, Demogue VI nº. 610, Wigny p. 67 ff.

6) Cass. 24. 3. 1874. S. 1874. 1. 428 N. 1; Cass. 8. 12. 1926, S. 1927. 1. 44, Gaz. Pal. 1927. 1. 343; Cass. civ. 3. 6. 1929, Gaz. Pal. 1929. 2. 227; vgl. dazu noch Wigny p. 76 und die dort angeführten Entscheidungen.

dere wird eine Verzögerung auch bei Gattungsschulden häufig durch force majeure entschuldigt sein [1]. Nur der Untergang einseitig zur Erfüllung vorgesehener Stücke ist, abgesehen vom Fall des genus limitatum, nach der im Gesetz allerdings nirgends ausgesprochenen Regel „genera non pereunt" natürlich nicht schon an sich force majeure [2]. Weiter scheint das italienische Handelsgesetzbuch Art. 61 zu gehen, das den Verkäufer von Gattungssachen nicht nur bei Untergang der für den Vertrag vorgesehenen oder angeschafften Ware haften läßt, sondern auch dann, wenn — vor Individualisierung und Gefahrübergang, wie man nach gewissen Mühen erkannt hat — deren Absendung oder Ankunft durch irgendeinen Grund verhindert worden ist. Die Lehre versucht allerdings Einschränkungen zu machen und wenigstens bei Leistungshindernissen ganz allgemeinen Charakters, die in keiner Weise mit dem Betriebe des Schuldners oder den von ihm gewählten Transportmitteln in Zusammenhang stehen, wie Einfuhrverbot, Generalstreik, allgemeine Verkehrsunterbrechung und dergl. zu einer Befreiung des Verkäufers zu kommen [3]. Der Handelsgesetzentwurf von 1925 will den Artikel ganz wegfallen lassen.

Kasuistik: Höhere Zufälle.

Schwankt der Begriff der force majeure in der Praxis zwischen reiner Haftung für Verschulden und Haftung für übernommene Leistungsfähigkeit und für übernommene Gefahren, so läßt sich nicht allgemein sagen, welche Ereignisse im einzelnen force majeure sind. Höherer Zufall wie Krieg, fait du prince (Beschlagnahme, Ausfuhrverbot), unerwartete Naturereignisse wie Erdbeben, Sturm, Überschwemmung, Blitz werden besonders häufig den Charakter von force majeure haben. Doch ist ihre Bedeutung für den einzelnen Vertrag stets nach dem einzelnen Fall zu untersuchen [4]. Besondere Schwierigkeit hat die Behandlung des Streiks gemacht, der grundsätzlich nur dann als befreiend angesehen werden kann, wenn er ein obstacle général soudain et imprévu darstellt, für das einzustehen dem Schuldner nicht zuzumuten ist. Ein Streik im Betrieb des Schuldners oder seiner Lieferanten wird seltener als force majeure

---

[1] Vgl. Planiol et Ripert (Esmein) VI no. 384; Radouant, Du cas fortuit et de la force majeure p. 46.

[2] Vgl. Planiol et Ripert (Radouant) VII no. 1315, Planiol et Ripert (Esmein) VI no. 384; Demogue VI no. 594, 537.

[3] Vgl. Vivante IV no. 1647 ff., Tartufari no. 243, 244.

[4] Vgl. die Zusammenstellung und Nachweise bei Planiol et Ripert (Esmein) VI no. 383.

angesehen als ein allgemeiner Streik, ein politischer eher als ein wirtschaftlicher [1]).

Fait de l'acheteur.

Als besonderer Fall der cause étrangère, die den Schuldner von seiner Haftung befreit, wird vielfach Verschulden des Gläubigers herausgehoben. Im allgemeinen handelt es sich dabei um mangelnde Mitwirkung des Gläubigers bei der Lieferung [2]). Eine Sonderstellung nimmt die faute du créancier innerhalb der den Schuldner befreienden Umstände insofern ein, als sie den Gläubiger auch hindert, Vertragsauflösung zu begehren oder die Einrede des nicht erfüllten Vertrages zu erheben [3]).

b) Befreiung wegen Unzumutbarkeit.

Höheres Interesse.

b) Force majeure in dem bisher geschilderten Sinn ist nicht der einzige Fall der Befreiung des Schuldners. Dessen faute wird vielmehr von der Rechtsprechung auch dann verneint, wenn er eine an sich mögliche Leistung aus anderen höheren Interessen heraus nicht erbracht hat, etwa weil er die zur Erfüllung vorgesehene Ware im Kriege der Landesverteidigung zur Verfügung stellen mußte oder weil er sich mit Erfüllung des Vertrages einer Lebensgefahr ausgesetzt hätte [4]).

Théorie de l'imprévision.

Im übrigen aber ist die strenge Auffassung der Unmöglichkeit auch durch die Ereignisse des Krieges und der Krise nicht erschüttert worden. In *Frankreich* haben zahlreiche Stimmen in der Literatur und verschiedentlich untere Gerichte eine Unerschwinglichkeit der Leistung, die durch den Krieg hervorgerufen war, berücksichtigen wollen (théorie de l'imprévision). Vor allem hat sich der Conseil d'Etat für seinen Bereich (Behördenlieferungen) auf diesen Standpunkt gestellt und an ihm festgehalten [5]). Der Kassationshof hat sie jedoch unter Zustimmung der Literatur [6]) verworfen und an

[1]) Vgl. Planiol et Ripert (Radouant) VII no. 842; Planiol et Ripert (Esmein) VI no. 383 N. 5 und für *Italien* App. Roma 19. 7. 1923 Dir. Comm. 1923, 260; Trib. Genova 6. 11. 1923, Dir. Maritt. 1923, 457; App. Milano 20. 4. 1923, Temi Lomb. 1923, 462 u. a.

[2]) Planiol et Ripert (Esmein) VI no. 390; Demogue VI no. 336, 338 bis.

[3]) Planiol et Ripert (Esmein) VI no. 431, 454. Vgl. Cass. req. 7. 1. 1929 S. 1929. 1. 186.

[4]) Kisch, Unmöglichkeit S. 13; Planiol et Ripert (Esmein) VI no. 382, 532, Demogue no. 570, Wigny p. 57 ff., alle mit Nachweisungen aus der Rechtsprechung.

[5]) Vgl. Conseil d'Etat 30. 3. 1916, S. 1916. 3. 17; 30. 10. 1925, D.H. 1925, 673 (Unerschwinglichkeit durch Materialhausse); 27. 3. 1926, D.P. 1927. 3. 17, S. 1927. 3. 108.

[6]) Colin et Capitant II no. 83, Planiol et Ripert (Esmein) VI no. 391 ff.; Planiol et Ripert (Radouant) VII no. 839; Demogue VI no. 632 ff.

dem Satz, daß absolute Unmöglichkeit, nicht bloße Erschwerung der Leistung vorliegen müsse, festgehalten [1]), so daß für den Krieg ein Sondergesetz erlassen werden mußte (Loi Faillot vom 21. 1. 1918). Allerdings erheben sich neuerdings wieder beachtliche Stimmen, die die Unzumutbarkeit durch veränderte Umstände de lege ferenda auch im Zivilrecht berücksichtigen wollen. Dabei soll jedoch kein Recht zur Vertragsauflösung gewährt werden, das man de lege lata als notwendige Folge einer etwaigen Anerkennung dieser Lehre hingestellt hat [2]). Der Richter soll vielmehr die Möglichkeit erhalten, die Verträge aufrecht zu erhalten und die Vertragsbedingungen zu ändern, wie es der Conseil d'Etat in seinem Gebiet tut [3]).

Auch in *Italien* ist für den Krieg durch einen besonderen Erlaß eingegriffen worden, der für seinen Bereich die „eccessiva onerosità" der impossibilità assoluta gleichstellt (D.-L. 27. 5. 1915 n°. 739). Sonst hat der Kassationshof strikt daran festgehalten, daß nur absolute Unmöglichkeit, nicht aber Unerschwinglichkeit befreie und die Theorie von der „sopravvenienza contrattuale" [4]) verworfen. Die Ablehnung jeder clausula rebus sic stantibus [5]) ist heute absolut feste Rechtsprechung [6]).

c) Beweislast.

c) Der Schuldner muß beweisen, daß er durch Zufall befreit worden ist. Dazu gehört nach alter Lehre, daß er die Unmöglichkeit nachweise und auch noch, daß er konkret dartue, wie seine Verhinderung entstanden ist. Denn es genügt nicht, wie der alte Lehrsatz besagt, Brand oder Diebstahl als Ursache der Verhinderung zu erweisen, weil sie auch verschuldet sein können. Ein Brand mit unaufgeklärter Ursache belastet also den Schuldner. Einer einzelnen Anwendung hiervon in Code civil Art. 1733, 1734 wird daher allgemeine Bedeutung beigemessen [7]). Neuerdings aber kam hinzu die Entwicklung der außervertraglichen Haftung der Kraftfahrzeughalter und überhaupt die Haftung für Sachen auf Grund von Art. 1384 C. civ., wo man sehr weitgehend dem Schuldner die Vermutung

[1]) Vgl. die oben hierfür gegebenen Nachweise, insbesondere aber die Note von Capitant D.P. 1917. 2. 33 mit weiteren Angaben, auch unsere Z. 8, 551 n°. 8.

[2]) Colin et Capitant II n°. 83.

[3]) So Planiol et Ripert (Esmein) VI n°. 398; Demogue VI n°. 640.

[4]) Vgl. die Nachweisungen bei De Ruggiero III p. 133.

[5]) Cass. 15. 5. 1925, Corte Cass. 1925, 989; Cass. 26. 4. 1926, Giur. it. 1926 I 1 1128; Cass. 30. 4. 1926, Giur. it. 1926 I 1 1130; vgl. unsere Z. 1, 620 n°. 6.

[6]) Vgl. etwa zuletzt App. Milano 27. 10. 1934, Foro Lomb. 1935, 254; App. Milano 19. 7. 1934, Foro Lomb. 1934, 660 (unsere Z. 9, 201 f.); Cass. 19. 12. 1933, Mass. Foro it. 1933, 704.

[7]) Baudry-Lacantinerie et Barde XII n°. 466; XIV n°. 1923.

des Verschuldens entgegenbringt, solange bis er den positiven Grund des Unfalls bewiesen hat [1]. Dies scheint auf den Entschuldungsbeweis des Vertragsschuldners weiter verschärfend gewirkt zu haben, so daß die Formulierungen zu seinen Ungunsten noch entschiedener geworden sind. So lehrt Esmein, es genüge nicht der Beweis des Schuldners, er habe alle von ihm zu erwartenden Vorsichtsmaßnahmen ergriffen, eine Formel, die in dem Bewußtsein gewählt ist, daß praktisch dadurch der Schuldner aus Vertrags- und Gefährdungshaftung in vielen Fällen für den niederen Zufall verantwortlich bleibt [2].

Da somit abgesehen von allem anderen schon beweisrechtlich ein Unterschied zwischen den Begriffen „sans faute" und „force majeure" besteht, hat man sich nach dem Verhältnis der Artikel 1147, 1148 zu Art. 1137 gefragt. Nach diesem hat der Schuldner für die Sorgfalt eines ordentlichen Familienvaters einzustehen, und dies faßt man augenscheinlich dahin auf, daß der Schuldner stets frei sei, wenn er diese Sorgfalt nicht vernachlässigt hat. Mannigfache Erklärungen des Verhältnisses dieser Bestimmungen werden versucht [3]. Colin et Capitant (II n°. 79) und Josserand (II n°. 613) wollen den Art. 1137 seinem Wortlaut entsprechend wieder auf die Pflicht zur conservation der geschuldeten Sache beschränken und dem folgt in bewußter Abweichung von Art. 1224 C. civ. it. der *französisch-italienische* Obligationenrechtsentwurf (Art. 97), der als einzigen Befreiungsgrund von der Verpflichtung zum Schadenersatz in Art. 96 die cause étrangère non imputable au débiteur nennt.

4. Umfang und Berechnung des Schadens.

4. Bei Begrenzung und Berechnung des Schadenersatzes gewährt das französische Recht dem richterlichen Ermessen weiten Spielraum. Nur einige wenige allgemeine Grundsätze sind in die Form von Rechtssätzen gebracht, deren Innehaltung der Kassationshof prüft. Aber auch sie sind so weit gefaßt, daß dem nicht nachprüfbaren Ermessen des Tatrichters ein weites Feld bleibt. Dementsprechend geht auch die Wissenschaft davon aus, daß es sich überwiegend um Tatfragen handele, die sich nicht in rechtsatzmäßige Form fassen ließen, und kommt daher nur selten zu einer eingehenderen Erörterung.

---

[1] Vgl. z. B. Cass. req. 8. 3. 1928, S. 1928. 1. 224; Cass. 17. 2. 1930, D. H. 1930, 194.

[2] Planiol et Ripert (Esmein) VI n°. 385, 387 p. 541; vgl. ferner Colin et Capitant II n°. 78.

[3] Vgl. Wigny p. 50 ff.; Planiol et Ripert (Radouant) VII n°. 834, 836.

Zu ersetzen ist das Interesse, also die Vermögensdifferenz. Grundsätzlich soll der Zeitpunkt zugrunde gelegt werden, für den der Gläubiger den Schaden bewiesen hat. Bei einem sich ständig vergrößernden Schaden kann auf den Zeitpunkt der Urteilsfällung abgestellt werden, da aller Schaden ersetzt werden soll, der sich aus der Nichterfüllung entwickelt [1]). Doch steht es im richterlichen Ermessen, auch einen früheren Zeitpunkt zugrunde zu legen [2]). *Interesseersatz.*

a) Der zu ersetzende Schaden wird vom *Code civil*, dem die anderen *romanischen* Rechte und auch der *französisch-italienische* Obligationenrechtsentwurf (Art. 99 und 100) folgen, nach zwei Richtungen hin begrenzt. *a) Begrenzung.*

Allgemein gilt, daß der Schuldner nur denjenigen Schaden zu ersetzen hat, der sich als eine „unmittelbare und direkte Folge (suite immédiate et directe) der Nichterfüllung des Vertrages" darstellt (C. civ. franç. Art. 1151, C. civ. it. Art. 1229). Diese alte Formel verknüpft seit Pothier (Obligations n°. 167, Vente n°. 72) bis jetzt zweierlei Gedanken, die Ausscheidung der entfernteren Folgen und eines zweifelhaften, nicht notwendigen, vermeidbaren Kausalzusammenhangs. So wird noch heute gefordert, daß der Schade eine „suite immédiate et nécessaire" sei, die „certainement" und „exclusivement" auf die Nichterfüllung zurückgehe (vgl. etwa Colin et Capitant II n°. 104). Man schaltet zweifelhafte, unbeweisbare Folgen aus [3]). Als indirekt wird der vom Gläubiger mitverschuldete Schaden bezeichnet. Zum Teil wird die Abgrenzung als Tatfrage behandelt und dem Taktgefühl des Richters überlassen [4]). Seit den neunziger Jahren sieht der Kassationshof zwar die Frage als Rechtsfrage an, läßt aber immer noch dem richterlichen Ermessen freiesten Spielraum [5]). Neuerdings hat er versucht, eine Begriffsbestimmung zu geben (Cass. civ. 18. 10. 1926) [6]): Wirken bei der Entstehung des Schadens mehrere Ursachen zusammen, so seien direkte Folgen nur solche, deren *dommage direct.*

[1]) Cass. req. 21. 5. 1928, S. 1928. 1. 239; Demogue VI n°. 269 bis; Planiol et Ripert (Radouant) VII n°. 856.

[2]) Cass. req. 20. 10. 1917, S. 1920 1. 270; Cass. req. 3. 6. 1929, S. 1929. 1. 349; Cass. req. 20. 3. 1929, S. 1930. 1. 45.

[3]) Vgl. z. B. Cass. civ. 3. 3. 1897, D.P. 1898. 1. 118; Cass. req. 18. 5. 1915, S. 1917. 1. 38; Cass. civ. 16. 5. 1922, S. 1922. 1. 358; Planiol et Ripert (Radouant) VII n°. 859, N. 2.

[4]) Planiol II n°. 249.

[5]) Vgl. die Nachweisungen bei Planiol et Ripert (Radouant) VII n°. 860, N. 1.

[6]) D.P. 1927. 1. 101 mit Note von Rouast.

Ursachen bereits im Zeitpunkt der Vertragsverletzung gegeben waren; indirekte seien dagegen solche, deren Ursachen erst nach der Vertragsverletzung eingegriffen haben. Ganz ähnlich wird in der Literatur gelehrt: Wirken neue Ursachen ein, so sei die Kausalkette unterbrochen und die weiteren Auswirkungen seien nicht mehr zu berücksichtigen [1]. Demogue VI n°. 271 will darauf abstellen, ob der Schaden eine suite normale der Nichterfüllung sei.

Dommage prévu, prévisible.

Die zweite Begrenzung erfolgt bei geringerem Verschulden. Wenn die Nichterfüllung nicht auf „dol" des Schuldners beruht, was hier soviel bedeutet wie „fraude", d. h. wenn dem Schuldner weder mauvaise foi noch intention de nuire zur Last fällt [2], so hat er nur denjenigen Schaden zu ersetzen, „der bei Abschluß des Vertrags vorausgesehen wurde oder vorausgesehen werden konnte" (C. civ. franç. Art. 1150, C. civ. it. Art. 1228). Über die Auslegung der Bestimmung bestehen zwei verschiedene Ansichten. Nach der einen ist der Schuldner zum Schadenersatz bis zur Höhe der Summe verpflichtet, die er bei Vertragsschluß als mögliche Folge eines Vertragsbruchs voraussehen mußte. Nach der anderen Ansicht, die in der älteren Lehre herrschend war [3], muß die Ursache oder besondere Art des Schadens vorhersehbar gewesen sein; für den aus vorhersehbaren Ursachen sich entwickelnden Schaden haftet der Schuldner dann, auch wenn er mit der Höhe des aus ihr tatsächlich entstandenen Schadens nicht rechnen konnte. Die Rechtsprechung hat lange geschwankt. Neuerdings hat sich der französische Kassationshof mit Entschiedenheit dafür ausgesprochen, daß die Höhe des Schadens vorhersehbar gewesen sein muß [4]. Dem stimmt das neuere Schrifttum zu [5]. Natürlich genügt es, wenn mit der Höhe des Schadens annäherungsweise zu rechnen war. Dabei kommt es nicht nur auf das an, was der Schuldner tatsächlich vorausgesehen hat, sondern auch auf das, was er bei genügender Sorgfalt mit Rücksicht

---

[1] Planiol et Ripert (Radouant) VII n°. 859; vgl. Polacco, Obbligazioni I n°. 128; Giorgi, II n°. 98.

[2] Planiol et Ripert (Radouant) VII n°. 863 mit Nachweisungen.

[3] Vgl. die Nachweisungen bei Planiol et Ripert (Radouant) VII n°. 864 p. 169 N. 3 und für *Italien* Chironi, Colpa contrattuale, II n°. 257.

[4] Cass. civ. 7. 7. 1924, S. 1925. 1. 321 mit zustimmender Note von Lescot; Cass. Civ. 27. 6. 1928 Gaz. Pal. 1928. 2. 520. Ebenso für *Belgien* Cass. 23. 2. 1928 Pasicr. 1928. 1. 85 unsere Z. 4, 647.

[5] Planiol II n°. 250, Demogue VI n°. 281, Planiol et Ripert (Radouant) VII n°. 864, Colin et Capitant II n°. 105, für *Italien* ebenso Giorgi II n°. 123.

auf die in seinem Beruf vorauszusetzenden Kenntnisse normalerweise vorhersehen mußte [1]).

b) pouvoir discrétionnaire des Richters in Frankreich.

b) Wenn der Ersatzbetrag nicht durch Vertragsstrafe ausgemacht ist (C. civ. franç. Art. 1152, 1229, C. civ. it. Art. 1230, 1212), gegen die nicht geprüft werden darf, ob mehr oder weniger oder überhaupt ein Schaden entstanden ist, so bestimmt in *Frankreich* der Richter in den angegebenen Grenzen den Betrag des Schadens in freier, häufig auch Billigkeitsmomente berücksichtigender Schätzung, die vom Kassationshof nicht oder nur darauf geprüft wird, ob sie in sich widerspruchsvoll ist [2]).

c) Abstrakte Berechnung in Frankreich.

c) Dem Ermessen der Gerichte ist es daher auch überlassen, ob die Parteien abstrakte Berechnung des Schadenersatzes wegen Nichterfüllung verlangen können. Der Kassationshof spricht unter Beifall des Schrifttums [3]) mit Entschiedenheit aus, daß „keine gesetzliche Bestimmung den Richter verpflichte, den Schadenersatz gleich der Differenz zwischen dem Vertragspreis und dem Marktpreis des Zeitpunktes, zu dem die Lieferung zu erfolgen hatte, festzusetzen", so daß der Gläubiger sich nicht darüber beschweren kann, wenn ihm ein geringerer Betrag zugesprochen ist [4]) und ebensowenig der Schuldner, wenn zum Ersatz entgangenen Gewinns auf eine höhere Ersatzsumme erkannt ist [5]). Auf der anderen Seite steht natürlich dem Richter frei, diese Kursdifferenz zugrunde zu legen, und der Kassationshof weist hiergegen vorgebrachte Einwände als in das freie Ermessen des Richters eingreifend zurück [6]).

Tatsächlich spielt die abstrakte Schadensberechnung in der Praxis besonders der Handelsgerichte eine große Rolle. Diese billigen grundsätzlich die Differenz zwischen Vertragspreis und Marktpreis zu [7]). Dies sei der normal voraussehbare Schaden nach Art. 1150 C. civ. [8]). Crémieu a. a. O. hält dies für eine règle coutumière und

---

[1]) Planiol et Ripert (Radouant) VII n°. 864 p. 171; Demogue VI n°. 274.

[2]) Vgl. etwa Cass. req. 16. 6. 1926. S. 1927. 1. 221; Cass. req. 29. 6. 1926; D. H. 1926, 420; Demogue VI n°. 282; Planiol et Ripert (Esmein) VI n°. 388; Planiol et Ripert (Radouant) VII n°. 855; Baudry-Lacantinerie et Barde XII n°. 489.

[3]) Vgl. Planiol et Ripert (Esmein) VI n°. 388; Planiol et Ripert (Radouant) VII n°. 855.

[4]) Cass. req. 16. 6. 1926; S. 1927. 1. 221.

[5]) Cass. req. 25. 6. 1928; S. 1928. 1. 350.

[6]) Cass. req. 7. 12. 1926. S. 1927. 1. 106. Vgl. auch für die abstrakte Berechnung des Verkäuferschadens Cass. req. 6. 2. 1922. S. 1922. 1. 375.

[7]) Vgl. die umfangreichen Nachweisungen bei Demogue VI n°. 301, p. 335 N. 1, 2 und bei Crémieu, Note zu Rennes 28. 5. 1926. D. P. 1928. 2. 161.

[8]) Trib. com. Havre 3. 11. 1930. Gaz. Pal. 1931. 1. 43.

die Gerichte berufen sich vielfach einfach auf ihre ständige Rechtsprechung [1]).

Maßgebend ist die Kursdifferenz am Liefertermin oder zu dem Zeitpunkt, wo der Käufer erfolglos gemahnt hat oder der Verkäufer erklärt, nicht liefern zu können, oder sich endgültig weigert zu liefern, so daß der Käufer die Gewißheit hatte, daß die Lieferung nicht erfolgen werde, und sich demnach, Deckungspflicht vorausgesetzt, eindecken mußte [2]). Beim Überseekauf soll der Käufer zwischen dem äußersten Termin für die Abladung, dem Zeitpunkt der wahrscheinlichen Ankunft im Bestimmungshafen und dem der Inverzugsetzung des Verkäufers wählen können [3]). Der maßgebende Zeitpunkt soll vom Belieben des Käufers unabhängig sein, deshalb wird ein späterer Zeitpunkt, etwa der einer hinausgezögerten Vertragsauflösung, überwiegend abgelehnt, um Spekulationen des Käufers zu verhindern [4]).

Wird ein Kurs nicht offiziell notiert, so wird zur Feststellung des Marktpreises auf Auskünfte der vereidigten Makler oder auf sonst am Platze getätigte Geschäfte Rücksicht genommen, oder es wird die Ermittlung des Wertes der Ware bei ganz speziellen Gütern einem sachverständigen Schiedsgutachter überwiesen [5]). Läßt sich ein Preis nicht feststellen, so muß der Schaden konkret („conformément au droit commun") berechnet werden [6]).

Neben dieser Kursdifferenz können die Kosten, die ein Deckungsgeschäft mit sich gebracht hätte [7]), oder eine Summe als Ersatz für „trouble commercial" zugebilligt werden [8]).

Hat der Käufer nachweislich weiterverkauft, so wird bisweilen

---

[1]) Vgl. etwa Trib. com. Marseille 8. 11. 1928. Rev. Ventes et Transports 1928, 380. Trib. com. Marseille 19. 11. 1930. Rev. Ventes et Transports 1930, 295.

[2]) Vgl. Trib. com. Havre 8. 7. 1929. Gaz. Pal. 1929. 2. 580. Rennes 28. 5. 1926. D.P. 1928. 2. 161 und die zahlreichen bei Demogue und Crémieu a. a. O. zitierten Entscheidungen.

[3]) Ch. Arb. Marseille 14. 3. 1933. Rev. Dr. Fr. 1933, 94. Trib. com. Marseille 11. 4. 1930. Rev. Dr. Fr. 1930, 72, weitere Entscheidungen bei Crémieu a. a. O. p. 162, Demogue a. a. O. p. 337 N. 3.

[4]) Rouen 18. 12. 1931. Rec. Somm. 1932 n°. 3441. Trib. com. Marseille 4. 6. 1931. Rec. Somm. 1933 n°. 367. Weitere Belege bei Crémieu a. a. O.

[5]) Rouen 19. 6. 1929. Rev. Ventes et Transports 1929, 313. Trib. com. Havre 9. 12. 1929 Rev. Ventes et Transports 1929, 400. Crémieu a. a. O.

[6]) Trib. com. Marseille 19. 11. 1930. Rev. Ventes et Transports 1930, 295.

[7]) Cass. req. 7. 12. 1926. S. 1927. 1. 106. Trib. com. Havre 9. 12. 1929. Rev. Ventes et Transports 1929, 400.

[8]) Rennes 28. 5. 1926. D. P. 1928. 2. 161.

der Weiterverkaufspreis zugrundegelegt [1]). Sonst gilt die Kursdifferenz zur Lieferungszeit, die dem Käufer den tatsächlichen Wert der Ware verschaffe, als ausreichende, ihm alle Gewinnmöglichkeiten offenhaltende Entschädigung [2]). Der Schaden aus einem bereits abgeschlossenen, über dem Marktpreis liegenden Weiterverkauf, von dem der Verkäufer nicht unterrichtet worden ist, kann als imprévu (C. civ. Art. 1150) abgelehnt werden [3]).

Im übrigen behalten sich die Gerichte die Freiheit vor, in außergewöhnlichen Fällen, bei krisenmäßigen Preisschwankungen oder bei reinen Spekulationsgeschäften nicht die Kursdifferenz, sondern einen ex aequo et bono bestimmten niedrigeren Betrag zuzusprechen [4]).

d) Italien: Schadensfeststellung.

d) Der *italienische* Kassationshof überläßt die Feststellung der Schadenshöhe nicht wie der französische dem pouvoir souverain des Richters. Nur dann, wenn der genaue Nachweis des Schadens auf Schwierigkeiten stößt, darf der Richter durch Schätzung ex aequo et bono helfen [5]). Dementsprechend prüft der Kassationshof die Entscheidungen der Untergerichte auch in weiterem Maße nach und kommt selbst zur Aufstellung von Grundsätzen über die Schadensberechnung.

Abstrakte Berechnung.

Die abstrakte Berechnung dės Schadens nach der Differenz zwischen dem Vertragspreis und dem Preis der Ware am Ort und zur Zeit, da die Lieferung erfolgen sollte, wird vom Kassationshof in ständiger Rechtsprechung [6]) unter Beifall des Schrifttums [7]) anerkannt. Diese Berechnung soll dem Käufer anstelle der ausgebliebenen Ware deren Wert gewähren [8]), den Preis,, zu dem er sie sich anderwärts hätte verschaffen können [9]).

---

[1]) Grenoble 8. 5. 1917, Gaz. Pal. 1916/17, 943.

[2]) Grenoble 8. 5. 1917, Gaz. Pal. 1916/17, 943. Besançon 5. 11. 1925, D. H. 1925, 657. Trib. com. Havre 3. 11. 1930. Gaz. Pal. 1931. 1. 43.

[3]) Trib. com. Havre 3. 11. 1930. Gaz. Pal. 1931. 1. 43.

[4]) Crémieu a. a. O. Rennes 8. 7. 1932. Rec. Somm. 1933 n°. 1477.

[5]) Cass. 13. 2. 1932, Giur. It. 1932 I 1. 411; Cass. 18. 1. 1933, Rep. Foro It. 1933. Danni per inadempimento di contratto n°. 18; Cass. 24. 6. 1931, Rep. Foro It. 1931. Danni per inadempimento di contratto n°. 24.

[6]) Vgl. Cass. 27. 7. 1933, Giur. It. 1933 I 1 1341; Cass. 25. 4. 1933, Foro It. 1933 I 630; Cass. 3. 12. 1932, Giur. It. 1933 I 1 84; Cass. 19. 2. 1932, Riv. Dir. Com. 1932 II 365; Cass. 27. 5. 1931, Giur. It. 1931 I 1 1038; Cass. 13. 12. 1930, Mon. Trib. 1931, 161; und weitere Nachweisungen Rep. Foro It. Vendita 1930 n°. 270 ff.; 1931 n°. 280 ff.; 1933 n°. 287 ff.

[7]) Vivante IV n°. 1702; Tartufari n°. 441.

[8]) Cass. 25. 4. 1933, Foro It. 1933 I 630.

[9]) Cass. 27. 7. 1933, Giur. It. 1933 I 1 1341; Cass. 27. 5. 1931, Giur. It. 1931 I 1 1038.

Als maßgebender Zeitpunkt wird hierbei im allgemeinen der Ablauf der vertraglichen Lieferfrist bezeichnet. Bisweilen ist auf das Ende einer vom Richter gewährten oder vertraglich vereinbarten Nachfrist [1]) oder auf den Zeitpunkt einer Verurteilung zur Erfüllung Rücksicht genommen worden [2]). Dem stehen jedoch Entscheidungen gegenüber, die, um der abstrakten Berechnung ihre Sicherheit und leichte Handhabbarkeit zu erhalten, den Verzugseintritt zugrunde legen und die Beachtung von Nachfristen ablehnen [3]).

Als Ort entscheidet „il luogo della consegna". Aber was darunter verstanden wird, ist nicht immer deutlich, da seine Feststellung Tatfrage ist [4]). Bisweilen scheint nicht auf den Absendungs-, sondern auf den Bestimmungsort abgehoben zu werden [5]).

Der Marktpreis kann, wenn die Ware keinen offiziellen Kurs hat, in jeder anderen Weise bewiesen werden [6]). Ist ein Marktpreis, z. B. bei nur von einer Fabrik hergestellter Ware nicht zu ermitteln, so bleibt nur die konkrete Berechnung [7]).

Die abstrakte Berechnung ergibt nur das Normalmaß des Schadens, der Verkäufer kann nachweisen, daß der Schaden geringer, der Käufer, daß er höher ist [8]). Als Beispiel niedrigeren Schadens nennt Vivante den Fall, daß der Käufer sich tatsächlich zu geringerem Preise eingedeckt hat. Fälle höheren Schadens nehmen die angegebenen Entscheidungen an, wenn der Käufer sich aus besonderen Gründen überhaupt nicht oder nur zu höheren Preisen eindecken konnte. Der höhere Preis eines Weiterverkaufs ist nach Vivante stets zuzubilligen, die Praxis prüft jedoch, ob der Schaden durch anderweitige Eindeckung hätte vermieden werden können [9]). Nicht der Verkaufswert, sondern nur die Gebrauchsnutzungen sind

---

[1]) Cass. 23. 4. 1930, Mon. Trib. 1930, 524 und unsere Z. 5, 818.

[2]) Cass. 16. 7. 1932, Giur. It. 1933 I 1 82.

[3]) Cass. 25. 4. 1933, Foro It. 1933 I 630; Cass. 30. 7. 1930, Mass. Foro It. 1930, 596; Cass. 22. 12. 1928, Mon. Trib. 1929, 288 und unsere Z. 4, 1000. App. Milano 16. 12. 1930, Riv. Dir. Com. 1931 II 310, unsere Z. 6, 1005.

[4]) Cass. 19. 2. 1932, Riv. Dir. Com. 1932 II 365.

[5]) So offenbar in Cass. 24. 2. 1930, Rep. Foro It. 1930, Vendita n°. 271.

[6]) Cass. 30. 7. 1931, Rep. Foro It. 1931, Vendita n°. 290. Trib. Busto Arsizio 24. 3. 1933, Foro Lomb. 1933, 798.

[7]) Cass. 22. 3. 1933, Temi Lomb. 1933, 457.

[8]) Vgl. Cass. 27. 5. 1931, Giur. It. 1931 I 1 1038; Cass. 19. 2. 1932, Riv. Dir. Com. 1932 II 365; Cass. 3. 12. 1932, Giur. It. 1933 I 1 84; Cass. 27. 7. 1933, Giur. It. 1933 I 1, 1341; Vivante IV n°. 1702; Tartufari n°. 441; uns. Z. 3, 306.

[9]) Cass. 14. 1. 1931, Rep. Foro It. 1931, Vendita n°. 285/6; Cass. 24. 6. 1931 eodem n°. 297; Cass. 2. 4. 1930, Rep. Foro It. 1930, Vendita n°. 275; Cass. 12. 7. 1926, Mon. Trib. 1926, 805, unsere Z. 1, 622.

zu ersetzen, wenn der Kaufgegenstand nicht zur Weiterveräußerung bestimmt war [1]).

Der Handelsgesetzentwurf von 1925 will den abstrakt berechneten Differenzschaden als gesetzliches Mindestmaß festlegen, daneben soll der Beweis höheren Schadens offenbleiben (Art. 331).

e) Deckungskauf.

e) Ein Deckungskauf wird als Grundlage der Berechnung anerkannt, wenn ein Selbsthilfekauf mit gerichtlicher Ermächtigung gemäß Art. 1144 C. civ. franç., Art. 1220 C. civ. it. — im ***italienischen*** Handelsrecht außergerichtlich nach den Vorschriften des Art. 68 C. com. — vorgenommen wurde (wie unten § 31, 2 darzulegen, von Haus aus nicht eine Schadensberechnung, sondern Ersatzvornahme), im übrigen nach Ermessen des Gerichts. Dieses billigt den Kauf in aller Regel, wenn er den Vertragsbedingungen entspricht und unverzüglich, nachdem die Nichtlieferung des Käufers feststand, erfolgte [2]). Für Handelsgeschäfte ist das droit de remplacement wohl durch Handelsbrauch anerkannt [3]). In *Italien* wird vielfach ausgesprochen, daß der Käufer nicht gehalten ist zu beweisen, daß er die Ware tasächlich brauchte und durch ihr Fehlen sonstigen Schaden erlitten habe [4]).

Kaufpreisrückforderung.

Neben dem Schadenersatz kann der Käufer kraft der Auflösung des Vertrages Rückerstattung des etwa schon gezahlten Kaufpreises nebst Zinsen verlangen [5]).

§ 31.

IV. Sonstige Rechtsbehelfe des Käufers.

1. Einrede des nichterfüllten Vertrages.

1. Die „Einrede des nichterfüllten Vertrages" (exceptio non adimpleti contractus) ist als allgemeiner Rechtsbehelf in den Code civil und entsprechend in den italienischen Codice nicht aufgenommen worden. Einzelne Bestimmungen enthalten jedoch ihre Anerkennung. So ist die Einrede für den Kaufvertrag dem Verkäufer ausdrücklich zuerkannt (Art. 1612 C. civ. franç., Art. 1469 Abs. 1 C. civ. it.), und

---

[1]) Cass. 8. 4. 1933, Rep. Foro It. 1933, Vendita n°. 297.

[2]) Baudry-Lacantinerie et Saignat XIX n°. 310, Planiol et Ripert (Hamel) X n°. 81; Rouen 18. 12. 1931, Rec. Somm. 1932 n°. 3441.

[3]) Delayen, Homburg et Chotiau n°. 169; Lyon-Caen et Renault III n°. 109; aus der Rechtsprechung vgl. etwa Trib. Com. Marseille 8. 11. 1928, Rev. Ventes et Transports 1928, 380.

[4]) Cass. 31. 3. 1930, Rep. Giur. It. 1930, Vendita n°. 225/7; Cass. 27. 2. 1933, Rep. Foro It. 1933, Vendita n°. 146/147.

[5]) Planiol et Ripert (Hamel) X n°. 81 p. 75; Cass. req. 8. 7. 1925, Gaz. Pal. 1925. 2. 606.

Art. 1653 C. civ. franç., Art. 1510 C. civ. it. geben sie auch dem Käufer, freilich nur für den beschränkten Fall, daß die Sache mit Rechtsmängeln behaftet ist und der Käufer eine Eviktion befürchten muß (exceptio evictionis imminentis, C. 8, 44, 24).

Dennoch wird in der Praxis auch über diese beschränkten Fälle hinaus das Recht einer Partei eines gegenseitigen Vertrages, ihre eigene Leistung bis zur Erbringung der Gegenleistung zu verweigern, kaum jemals verneint, wobei die verschiedensten Begründungen herangezogen werden, so die compensation und vor allem das droit de rétention, unter das auch die Literatur die Einrede noch oft einreiht. Seit den Ausführungen von Saleilles[1]) und vor allem seit dem grundlegenden Werk von Cassin[2]) wird aber in der Theorie das Bestehen einer allgemeinen Einrede des nicht erfüllten Vertrages in steigendem Maße anerkannt[3]). In *Italien* hat sich die Maxime „inadimplenti non est adimplendum" nicht nur im Schrifttum[4]), sondern auch in der Rechtsprechung durchgesetzt[5]). Der italienisch-französische Obligationenrechts*entwurf* Art. 48 will die Einrede in allgemeiner Form einführen[6]).

Da die gesetzliche Regelung fehlt, sind manche Einzelheiten ungeklärt. Die neuere Literatur versucht die Lücken auszufüllen, so gibt z. B. Esmein[7]) ein ganzes System der Durchführung. Sie soll durch Verurteilung Zug um Zug geschehen. Inverzugsetzung des anderen Teils oder Anrufung des Gerichts ist zur Geltendmachung der Einrede nicht erforderlich. Hatte der Kläger die Leistung ernsthaft angeboten, so sei die Einrede ausgeschlossen. Begehrt ein selbst nicht

---

[1]) Essai d'une théorie générale de l'obligation d'après le projet de Code civil allemand (1890) n°. 168 ff. und Les théories allemandes du refus de paiement pour inexécution de contrat, Ann. de droit com. 1892 p. 287 ff., 1893 p. 24 ff., p. 97 ff., p. 175 ff.

[2]) L'exception tirée de l'inexécution dans les rapports synallagmatiques, Thèse Paris 1914.

[3]) Vgl. die eingehende Darstellung des Standes der Lehre und Praxis bei Planiol-Ripert (Esmein) VI n°. 438 ff.

[4]) Vgl. Lessona, Legittimità della massima „inadimplenti non adimplendum", Riv. Dir Comm. 1918 I 383 ff.; De Ruggiero III 286; Scaduto, L'exceptio non adimpleti contractus nel diritto civile italiano, Annali Sem. Giur. Univ. Palermo 8 (1921) 75 ff.; Brugi, Presupposti dell' exceptio non adimpleti contractus, Riv. Dir. Comm. 1929 II 226 ff.

[5]) Vgl. etwa die umfangreichen Nachweisungen im Rep. Foro It. Obbligazioni 1930 n°. 266 ff., 1931 n°. 256 ff., 1932 n°. 218 ff., 1933 n°. 254 ff.

[6]) Maroi, Il progetto italo-francese sulle obbl. I (Pubbl. Fac. Un. Modena 27) 25.

[7]) Planiol et Ripert (Esmein) VI n°. 455 ff.

erfüllungsbereiter Kläger Vertragsauflösung, so wird die Klage auf die Einrede hin abgewiesen [1]).

Die Einrede ist ausgeschlossen, wenn ihre Geltendmachung gegen Treu und Glauben verstoßen würde. Das ist, wie auch der italienisch-französische Obligationenrechtsentwurf (Art. 48 Abs. 2) hervorhebt, insbesondere dann der Fall, wenn der Gegner nur mit einem verhältnismäßig geringfügigen Teil der Leistung oder mit unwesentlichen Nebenleistungen im Rückstande ist [2]). Durch Sicherheitsleistung kann die Einrede grundsätzlich nicht ausgeschaltet werden; anderes wird vertreten, wenn die Ablehnung der Sicherheit ihrerseits gegen Treu und Glauben verstößt, was aber nur in Ausnahmefällen anzunehmen sein soll [3]).

Einrede der Unsicherheit.

Die Abwendung durch Sicherheitsleistung ist dagegen vom Gesetz zugelassen gegenüber dem durch Art. 1613 C. civ. franç., Art. 1469 Abs. 2 C. civ. it. auch dem vorleistungspflichtigen Verkäufer gewährten Recht, die Leistung zu verweigern, wenn der Käufer in Konkurs gerät oder zahlungsunfähig wird. Darüber hinaus ist die Einrede der Unsicherheit nicht gewährt; nur bei Konkurs oder Zahlungsunfähigkeit greift die Bestimmung ein; nicht schon bei Vermögensverfall, auch wenn er die Erbringung der Gegenleistung ernsthaft gefährdet [4]). Für den vorleistungspflichtigen Käufer soll sich ein gleiches Recht, die Zahlung bei Konkurs und Zahlungsunfähigkeit des Verkäufers zu verweigern, nach Cassin [5]) und Esmein [6]) aus der allgemeinen Vorschrift des Art. 1188 C. civ. ergeben, da nach ihr die Leistung des Verkäufers mit Konkurs oder Zahlungsunfähigkeit sofort fällig wird.

2. Selbsthilfekauf.

2. Bei Gattungskäufen kann der Käufer auf Grund der Art. 1144 C. civ. franç., 1220 C. civ. it. auf Ermächtigung zur Vornahme eines Selbsthilfekaufs auf Kosten des Verkäufers klagen und daneben gegebenenfalls einen Anspruch auf Schadenersatz, etwa wegen Verspätung, geltend machen. Der Selbsthilfekauf (droit de remplacement)

---

[1]) Cass. req. 30. 7. 1928, D. H. 1928, 493; Cass. req. 12. 6. 1929, D. H. 1929, 445; Planiol et Ripert (Esmein) VI n°. 431, 454.

[2]) Planiol et Ripert (Esmein) VI n°. 454 und für Italien Cass. 18. 6. 1928, Riv. Dir. Comm. 1928 II 467, 1929 II 226 und die Rep. Foro It. 1933 Obbl. n°. 247, 257 ff. genannten Entscheidungen. Vgl. auch unsere Z. 3, 281 n°. 7.

[3]) Planiol et Ripert (Esmein) VI n°. 461.

[4]) Planiol et Ripert (Hamel) X n°. 157 N. 5, Trib. Com. St. Etienne 8. 3. 1932, Gaz. Pal. 1932. 1. 672.

[5]) A. a. O. p. 543.

[6]) Planiol et Ripert (Esmein) VI n°. 453, N. 4.

wird als Durchsetzung des Anspruchs auf Naturalerfüllung, als exécution directe, esecuzione coattiva angesehen [1]). Das Gericht ist aber nicht gezwungen, einem derartigen Anspruch stattzugeben, es kann statt dessen auch sofort Schadenersatz in Geld gewähren, wenn es meint, daß die „exécution en nature" den Schuldner zu sehr belaste [2]).

Wie bereits erwähnt, kann der Käufer auch ohne gerichtliche Ermächtigung zu einem Deckungskauf schreiten und die Differenz zwischen Vertragspreis und Preis des Deckungsgeschäfts als Schadenersatz wegen Nichterfüllung verlangen, wobei es freilich im Ermessen des Gerichts liegt, ob es den Deckungskauf der Schadensberechnung zugrunde legen will, was aber bei Handelsgeschäften durchaus Brauch ist (vgl. oben S. 233).

Der *italienische* Codice di commercio gestattet dem Käufer, auch ohne gerichtliche Ermächtigung zur esecuzione coattiva durch Selbsthilfekauf zu schreiten. Der Käufer kann die Ware durch einen öffentlichen Makler auf Rechnung des Verkäufers anschaffen lassen und hat daneben Recht auf Schadenersatz (Art. 68 Abs. 3). Er muß den Verkäufer unverzüglich von dem Selbsthilfekauf benachrichtigen (Art. 68 Abs. 4). Der Kauf darf nicht ungerechtfertigt verzögert werden [3]), bei Fixgeschäften muß er, vorbehaltlich abweichenden Handelsbrauchs, einen Tag nachdem der Käufer (binnen 24 Stunden nach Ablauf der Lieferfrist) erklärt hat, daß er auf der Erfüllung bestehe, erfolgen (C. com. Art. 69 Abs. 2). Der Käufer braucht sich, wie ständig ausgesprochen wird, der Möglichkeit des Art. 68 nicht zu bedienen. Er kann, ohne zu einer solchen Eindeckung geschritten zu sein, seinen Schaden nach der Differenz zwischen Vertragspreis und laufendem Preis oder in anderer Weise berechnen und geltend machen [4]). Der Handelsgesetzentwurf von 1925 will in Art. 332 nur noch den Selbsthilfeverkauf des Verkäufers, den Selbsthilfekauf des Käufers aber überhaupt nicht mehr regeln, da dieser neben der abstrakten Schadensberechnung (Art. 331) für den Käufer keine praktische Bedeutung habe [5]).

---

[1]) Planiol et Ripert (Hamel) X no. 81, Planiol et Ripert (Radouant) VII no. 782 ff., 822; Ramella I no. 146.

[2]) Planiol et Ripert (Radouant) VII no. 783 mit Nachweisungen.

[3]) Tartufari no. 455; Vivante IV no. 1710; Cass. 20. 3. 1933 Rep. Foro It. 1933, Vendita no. 299, 300; Cass. 10. 3. 1931 Sett. Cass. 1931, 573.

[4]) Vgl. Cass. 9. 12. 1930 Giur. Tor. 1931, 161; Cass. 8. 2. 1930 Rep. Foro It. 1930, Vendita no. 278; Tartufari no. 458.

[5]) Relazione sul progetto p. 135.

3. Art. 1303 C. civ. franç. gibt dem Gläubiger ein Recht auf das stellvertetende commodum. Ist die Sache ohne Verschulden des Schuldners untergegangen, außer Verkehr gesetzt oder verloren gegangen, so muß dieser dem Gläubiger etwaige Rechte und Ansprüche auf Entschädigung in bezug auf die Sache abtreten. Die Bestimmung wird allgemein für bedeutungslos gehalten, da infolge des sofortigen Eigentumsübergangs bei Vertragsabschluß die Ersatzansprüche ohnehin schon dem Gläubiger und nicht dem Schuldner zustehen, höchstens wenn der Eigentumsübergang vertraglich hinausgeschoben sei, könne sie Bedeutung gewinnen [1]). Ob Versicherungsansprüche abzutreten sind, bezeichnet Demogue (VI n°. 621 bis) als äußerst zweifelhaft. Der italienische Codice (Art. 1299) hat die Pflicht zur Abtretung in einen Übergang kraft Gesetzes umgewandelt, während der italienisch-französische Obligationenrechtsentwurf in Art. 90 den Art. 1303 C. civ. franç. widergibt. *3 Stellvertretendes commodum.*

§ 32.

Die spanisch-portugiesischen Länder.

Im folgenden wird der Darstellung der französisch-italienischen Gruppe eine Übersicht über die Stellungnahme *Spaniens, Portugals* und ihrer *amerikanischen* Tochterrechte angefügt. Um dem Leser die Verwertung dieses Stoffes zu erleichtern, werden die einzelnen Punkte hier mit fortlaufenden Nummern versehen, auf die in der Folge verwiesen wird.

(1) Entsprechend Art. 1603 des Code civil werden als die zwei Hauptpflichten des Verkäufers die Pflicht, die Sache zu liefern und für sie Gewähr zu leisten, genannt. *1. Die Verpflichtungen des Verkäufers.*

Spanien C. civ. Art. 1461;
Portugal C. civ. Art. 1568;
Argentinien vgl. C. civ. Art. 1443 (1409), 1448 (1414);
Brasilien vgl. C. civ. Art. 1122, 1101, 1107;
Chile C. civ. Art. 1824;
Bolivien C. civ. Art. 1022;
Columbien C. civ. Art. 1880;
Ecuador C. civ. Art. 1815;
Mexico C. civ. Art. 2283;
Peru C. civ. Art. 1361;
Uruguay C. civ. Art. 1686;

[1]) Colin et Capitant II n°. 356; Planiol II n°. 628; Planiol et Ripert (Radouant) VII n°. 1319; Josserand II n°. 964. Die Repertorien nennen keine Entscheidung zu Art. 1303.

Venezuela C. civ. Art. 1528;
Honduras C. civ. Art. 1620;
Nicaragua C. civ. Art. 2582;
Panama C. civ. Art. 1231;
Salvador C. civ. Art. 1627[1]).

(2) Weitere Pflichten des Verkäufers ergeben sich daraus, daß er nach allgemeiner Regel den Vertrag nach Treu und Glauben zu erfüllen hat und dem entsprechend, auch wenn das nicht ausdrücklich vereinbart ist, zu allem verpflichtet ist, was sich nach der Natur des Schuldverhältnisses entsprechend Brauch und Gesetz als Folge des Vertrages ergibt.

Spanien C. civ. Art. 1258; C. com. Art. 57;
Portugal C. civ. Art. 704;
Argentinien vgl. C. civ. Art. 1232 (1198);
Chile C. civ. Art. 1546;
Bolivien C. civ. Art. 725, 726;
Columbien C. civ. Art. 1603;
Ecuador C. civ. Art. 1536;
Peru C. civ. Art. 1257;
Uruguay C. civ. Art. 1291 Abs. 2; C. com. Art. 209 Abs. 3;
Venezuela C. civ. Art. 1199;
Costa Rica C. civ. Art. 1023;
Guatemala C. com. Art. 181;
Honduras C. civ. Art. 1546;
Salvador C. civ. Art. 1417.

a) Lieferung (Entrega).

(3) Der Verkäufer hat die Sache in dem Zustand zu liefern, in dem sie sich zur Zeit des Vertragsabschlusses befand,

Spanien C. civ. Art. 1468;
Portugal C. civ. Art. 1575;
Argentinien C. civ. Art. 1442 (1408);
Bolivien C. civ. Art. 1033;
Mexico C. civ. Art. 2288;
Peru C. civ. Art. 1366;
Uruguay C. civ. Art. 1689;
Venezuela C. civ. Art. 1536;
Honduras C. civ. Art. 1625;
Nicaragua C. civ. Art. 2583;
Panama C. civ. Art. 1238.

(4) Im Zweifel ist auch das Zubehör zu liefern,

Spanien C. civ. Art. 1097; Manresa X p. 136/7 zu C. civ. Art. 1468;
Portugal C. civ. Art. 1575;
Argentinien C. civ. Art. 1443 (1409), auch Art. 609 (575);
Brasilien C. civ. Art. 864;
Chile Alessandri I nº. 941 ff.;
Bolivien C. civ. Art. 1034;
Mexico C. civ. Art. 2013;
Peru C. civ. Art. 1367;
Uruguay C. civ. Art. 1690;

[1]) *Costa Rica* nimmt die Sachmängelhaftung aus, C. civ. Art. 1082.

Venezuela C. civ. Art. 1537;
Costa Rica C. civ. Art. 1074;
Nicaragua C. civ. Art. 2584.

(5) Bis zur Lieferung hat der Verkäufer die Kaufsache mit der Sorgfalt eines ordentlichen Familienvaters zu verwahren,

Spanien C. civ. Art. 1094;
Argentinien C. civ. Art. 1442 (1408), vgl. Art. 610 (576);
Brasilien vgl. C. civ. Art. 865;
Chile C. civ. Art. 1548, 1549;
Bolivien C. civ. Art. 727, vgl. Art. 1041;
Columbien C. civ. Art. 1605;
Ecuador C. civ. Art. 1538;
Mexico vgl. C. civ. Art. 2017;
Peru C. civ. Art. 1262;
Uruguay C. civ. Art. 1334;
Guatemala C. com. Art. 210 Abs. 2, 211;
Honduras C. civ. Art. 1351;
Nicaragua C. civ. Art. 2583, 2494, 1845;
Panama C. civ. Art. 979;
Salvador C. civ. Art. 1419, 1420.

(6) Die L i e f e r u n g wird als Überführung der verkauften Sache in Macht und Besitz des Käufers umschrieben,

Spanien C. civ. Art. 1462 Abs. 1;
Portugal C. civ. Art. 1569;
Bolivien C. civ. Art. 1023;
Mexico C. civ. Art. 2284 Abs. 2;
Peru C. civ. Art. 1362;
Venezuela C. civ. Art. 1529;
Panama C. civ. Art. 1232 Abs. 1.

Andere Rechte verweisen auf den sachenrechtlichen Begriff der Tradition,

Argentinien C. civ. Art. 1451 (1417),
Brasilien C. civ. Art. 1122, 620;
Chile C. civ. Art. 1824 Abs. 2, 670[1]);
Columbien C. civ. Art. 1880 Abs. 2, 740;
Ecuador C. civ. Art. 1815 Abs. 2, 659;
Uruguay C. civ. Art. 1686 Abs. 2, 758;
Costa Rica C. civ. Art. 1070, 481/2;
Honduras C. civ. Art. 1621, 697;
Salvador C. civ. Art. 1627 Abs. 2, 651.

(7) Die verschiedenen möglichen Arten der Übergabe werden in den Zivil- und Handelsgesetzen meist einzeln aufgezählt: so z. B. die Übergabe der Schlüssel zum Warenlager, wobei man dies in einigen

[1]) Vgl. A l e s s a n d r i I no. 825 p. 846; instruktiv C.S. 16. 3. 1929, Rev. de Der. 27 II 1, 190.

Länder als traditio ficta [1], in anderen als Realübergabe ansieht [2], ferner die Übergabe von Dispositionspapieren über die Ware, wie Konnossement oder Lagerschein [3]. In *Spanien* gilt im Anschluß an leg. 8 Tit. 30 der Partida 3 nach Art. 1462 Abs. 2 C. civ. auch die öffentliche Beurkundung des Kaufvertrags als Lieferung der Sache, ebenso in *Panama,* Art. 1232 Abs. 2 C. civ.; wenn auch die Vorschrift ihr Hauptanwendungsgebiet bei Grundstückskäufen [4] findet, so wird die Wirkung der Beurkundung als Besitzverschaffung auch für bewegliche Sachen betont [5]. In *Chile* gilt es als Lieferung, wenn der Käufer im öffentlich beurkundeten oder beglaubigten Kaufvertrag den Empfang der Ware bescheinigt, ohne daß weiter Erfüllungshandlungen vorgenommen werden [6].

(8) Unter den handelsrechtlich anerkannten Lieferarten findet sich vielfach die Anbringung von Zeichen des Käufers an der beim Verkäufer befindlichen Ware,

Argentinien C. com. Art. 463 n°. 2;
Brasilien C. com. Art. 200 n°. 2;
Chile C. com. Art. 149 n°. 2;
Columbien C. com. Art. 239 n°. 2;
Ecuador C. com. Art. 193 n°. 3;
Uruguay C. com. Art. 529 n°. 2;
Venezuela C. com. Art. 157 n°. 3;
Guatemala C. com. Art. 216 n°. 2;
Nicaragua C. com. Art. 355 n°. 2;
Panama C. com. Art. 763 n°. 3.

Das gleiche soll in Portugal gelten [7], während man sich in Spanien dagegen ausspricht [8].

(9) Ferner gilt es nach der ausdrücklichen Vorschrift mehrerer Rechte als Lieferung, wenn der Verkäufer die Ware an den Käufer absendet, es sei denn, daß ein gegenteiliger Wille des Verkäufers, z. B. durch Absendung an den eigenen Agenten am Ablieferungsort, erkennbar ist,

---

[1] So das spanische T. S. 8. 4. 1926, Sent. **170**, 576 (584 f.).

[2] So in *Argentinien* Malagarriga III p. 35, in *Brasilien* Da Cunha Gonçalves n°. 112 p. 326; Carvalho de Mendonça VI 2, n°. 660 p. 72.

[3] Zur Fakturenübersendung als Lieferung in *Argentinien* (C. com. Art. 463 n°. 3), *Brasilien* (C. com. Art. 200 n°. 3) und *Chile* (C. com. Art. 149 n°. 1) vgl. Malagarriga III p. 35, Carvalho de Mendonça VI 2 p. 70 f., Alessandri I n°. 864; ablehnend für *Portugal* Cunha Gonçalves VIII p. 519.

[4] Z. B. T. S. 23. 11. 1917, Sent. **141**, 793.

[5] Manresa X, p. 123. In *Costa Rica* lehnt die Rspr. dies ausdrücklich ab, C. Cass. 11. 5. 1933, Sentencias 1933 I 533 (555 f.).

[6] Vgl. Alessandri I n°. 870/1 p. 884 ff. mit Rspr.

[7] Cunha Gonçalves VIII n°. 1205 p. 519 f.

[8] Gay de Montella IV, p. 240.

Chile C. com. Art. 148[1]);
Columbien C. com. Art. 238;
Ecuador C. com. Art. 193 n°. 1;
Venezuela C. com. Art. 157 n°. 1;
Guatemala C. com. Art. 215;
Nicaragua C. com. Art. 354;
Panama C. com. Art. 762.

(**10**) Soll der Verkäufer die Ware dem Käufer „zur Verfügung halten", — hierzu ist er nach den meisten Handelsgesetzen im Zweifel binnen 24 Stunden seit Kaufabschluß verpflichtet — so gilt nach der ausdrücklichen Vorschrift einiger Rechte die Ware als geliefert, wenn er sie mit Billigung des Käufers diesem zur Verfügung hält. Den Verkäufer trifft dann zwar noch eine Obhutspflicht, aber nicht mehr wie sonst[2]) als Nebenpflicht aus dem Kaufvertrag. Er gilt vielmehr als bloßer Verwahrer der Ware, der nur noch nach den Vorschriften des depositum haftet[3]), und dies, wenngleich er die Herausgabe verweigern kann, weil der Kaufpreis nicht bezahlt ist,

Spanien C. com. Art. 339 Abs. 2;
Argentinien C. com. Art. 465;
Chile vgl. C. com. Art. 150;
Columbien vgl. C. com. Art. 240;
Costa Rica C. com. Art. 321;
Ecuador C. com. Art. 194, 195;
Guatemala vgl. C. com. Art. 211, 217;
Honduras C. com. Art. 111;
Mexico C. com. Art. 378;
Peru C. com. Art. 334;
Uruguay C. com. Art. 531.

Die Billigung des Käufers wird regelmäßig durch gerichtliche Hinterlegung ersetzt.

(**11**) Ist im Vertrag besonders vereinbart, daß der Verkäufer die Ware dem Käufer an einem bestimmten Ort „zur Verfügung halten solle", so nimmt die *spanische* Rechtsprechung stets dann eine Lieferung an, wenn der Verkäufer solche Handlungen vornimmt, ohne daß es der besonderen Billigung des Käufers oder einer gerichtlichen Ermächtigung bedarf[4]). Die vertraglich vorgeschriebene Art und Weise dieser Lieferung ist aber strikt einzuhalten[5]).

(**12**) Endlich finden sich in verschiedenen Handelsgesetzen Generalklauseln, die jede handelsübliche Lieferart anerkennen, so in:

---

[1]) Dazu S.C. 9. 5. 1921, Rev. de Der. **20** II 1, 238.
[2]) Manresa VIII p. 36, 37 zu C. civ. Art. 1094.
[3]) Vgl. für *Spanien* T.S. 17. 2. 1925, Sent. **165**, 532.
[4]) T.S. 1. 5. 1903, Sent. **95**, 699; 10. 6. 1925, Sent. **167**, 114.
[5]) T.S. 4. 6. 1925, Sent. **167**, 493.

Argentinien C. com. Art. 461;
Brasilien C. com. Art. 199;
Chile C. com. Art. 149 nº. 3;
Columbien C. com. Art. 239 nº. 3;
Uruguay C. com. Art. 527;
Nicaragua C. com. Art. 355 nº. 3;
Panama C. com. Art. 763 nº. 6.

b) Ort der Lieferung.

(13) Über den Ort der Lieferung entscheidet in erster Linie die Abrede der Parteien.

Spanien C. civ. Art. 1171 Abs. 1;
Portugal C. civ. Art. 739;
Argentinien C. civ. Art. 781 (747) S. 1, 1444 (1410);
Chile C. civ. Art. 1587, C. com. Art. 144 Abs. 2;
Bolivien C. civ. Art. 837;
Columbien C. civ. Art. 1645, C. com. Art. 234;
Ecuador C. civ. Art. 1577, C. com. Art. 188;
Mexico C. civ. Art. 2291;
Peru C. civ. Art. 2229 Abs. 1, 1364;
Uruguay C. civ. Art. 1465 Abs. 1, 1687 Abs. 1;
Venezuela C. civ. Art. 1316 Abs. 1 S. 1, 1534;
Costa Rica C. civ. Art. 778;
Honduras C. civ. Art. 1436 Abs. 1;
Nicaragua C. civ. Art. 2030, 2585 Abs. 1;
Panama C. civ. Art. 1058 Abs. 1;
Salvador C. civ. Art. 1457.

(14) Ist nichts vereinbart, so ist der Ort maßgebend, an dem sich die verkaufte Sache zur Zeit des Vertragsabschlusses befand.

Spanien C. civ. Art. 1171 Abs. 2;
Portugal C. civ. Art. 744 S. 1;
Argentinien C. civ. Art. 1444 (1410)[1]);
Brasilien C. com. (Handelskauf) Art. 199[2]);
Chile C. civ. Art. 1588, C. com. Art. 144 Abs. 2;
Bolivien C. civ. Art. 1028;
Columbien C. civ. Art. 1646 Abs. 1, C. com. Art. 234 Abs. 3;
Ecuador C. civ. Art. 1578 Abs. 1, C. com. Art. 188 Abs. 3;
Mexico C. civ. Art. 2291;
Peru C. civ. Art. 1364;
Uruguay C. civ. Art. 1465 Abs. 2, 1687, C. com. Art. 527[3]).

(15) Im übrigen, also besonders bei Gattungsschulden ist am Wohnsitz des Schuldners zu erfüllen.

---

[1]) Gleichlautend allgemein C. civ. Art. 781 (747), C. com. Art. 461; aus C. com. Art. 462 folgert Malagarriga III p. 32/3, daß stets auch am Wohnsitz des Käufers geliefert werden dürfe.

[2]) Für den Zivilkauf wird das gleiche angenommen, Guimarães nº. 144 p. 159.

[3]) Ebenso die Zivilgesetze in *Venezuela* (Art. 1316 Abs. 1 S. 2), *Costa Rica* (Art. 778), *Honduras* (Art. 1436 Abs. 2), *Nicaragua* (Art. 2031 Abs. 1, 2585 Abs. 2), *Panama* (Art. 1058 Abs. 2) und *Salvador* (Art. 1458 Abs. 1).

Spanien C. civ. Art. 1171 Abs. 3;
Portugal C. civ. Art. 744 S. 2;
Argentinien C. civ. Art. 781 (747) S. 2;
Brasilien C. civ. Art. 950;
Chile C. civ. Art. 1588 Abs. 2;
Bolivien C. civ. Art. 837;
Columbien C. civ. Art. 1646 Abs. 2;
Ecuador C. civ. Art. 1578 Abs. 2;
Mexico C. civ. Art. 2082;
Peru C. civ. Art. 2229 Abs. 1;
Uruguay C. civ. Art. 1465 Abs. 3;
Venezuela C. civ. Art. 1316 Abs. 2;
Costa Rica C. civ. Art. 778;
Honduras C. civ. Art. 1436 Abs. 3;
Nicaragua C. civ. Art. 2031 Abs. 2;
Panama C. civ. Art. 1058 Abs. 3;
Salvador C. civ. Art. 1458 Abs. 2.

(16) Einige Rechte erklären den Wohnsitz zur Zeit des Vertragsschlusses,

Chile C. civ. Art. 1589;
Columbien C. civ. Art. 1647;
Ecuador C. civ. Art. 1579;
Costa Rica C. civ. Art. 778;
Nicaragua C. civ. Art. 2032;
Salvador C. civ. Art. 1459.

andere in Übereinstimmung mit der französischen Lehre denjenigen zur Zeit der Erfüllung für maßgebend,

Portugal C. civ. Art. 744 S. 2;
Mexico C. civ. Art. 2082, 2085 S. 1;
Uruguay C. civ. Art. 1465 Abs. 3 [1]).

c) Zeit der Lieferung.

(17) Im Zivilkauf ist nach den allgemeinen Grundsätzen für die Erfüllung von Verbindlichkeiten nach den Gesetzen der meisten Staaten im Zweifel sofort (imediatamente),

Brasilien C. civ. Art. 952;
Chile C. civ. Art. 1826 Abs. 1;
Columbien C. civ. Art. 1882 Abs. 1;
Costa Rica C. civ. Art. 774;
Ecuador C. civ. Art. 1817 Abs. 1;
Nicaragua C. civ. Art. 1900;
Panama C. civ. Art. 1013;
Peru C. civ. Art. 1365;
Salvador C. civ. Art. 1629;
Uruguay C. civ. Art. 1688 Abs. 1;
Venezuela C. civ. Art. 1239 Abs. 1.

nach einigen „auf Verlangen des Gläubigers" zu erfüllen,

---

[1]) Weiteres hierzu § 42, 5 a.

Portugal C. civ. Art. 743;
Argentinien C. civ. Art. 1443 (1409); aber der Verkäufer darf auch sofort liefern, C. civ. Art. 1461 (1427), Machado IV 124 f.; Llerena V 135 nº. 8 zu Art. 1443 (1409);
Bolivien C. civ. Art. 1028.

Doch können sich aus den Umständen und der Natur des Vertrags sowie aus dem Ortsbrauch Abweichung ergeben [1]), wie vielfach besonders hervorgehoben wird.

Spanien C. civ. Art. 1128;
Portugal C. civ. Art. 743;
Argentinien vgl. C. civ. Art. 1461 (1427);
Bolivien C. civ. Art. 1028;
Nicaragua C. civ. Art. 1900:
Venezuela C. civ. Art. 1239.

In einem solchen Falle oder wenn dem Schuldner die Fristbestimmung überlassen ist, soll in

Spanien C. civ. Art. 1128 Abs. 2;
Bolivien C. civ. Art. 1028;
Venezuela C. civ. Art. 1239 Abs. 2;
Honduras C. civ. Art. 1390;
Nicaragua C. civ. Art. 1900

im Streitfall der Richter die Frist bestimmen.

(18) Einer besonderen Mahnung des Gläubigers mit 30 Tagen Frist bedarf es in *Mexico,* C. civ. Art. 2080. In ***Portugal*** muß der Gläubiger die Leistungsfähigkeit des Schuldners nachweisen, wenn dieser liefern sollte, sobald er dazu in der Lage sei, C. civ. Art. 743 § único.

(19) Im Handelskaufrecht hat der Verkäufer im Zweifel binnen 24 Stunden seit Vertragsschluß zu liefern:

Spanien C. com. Art. 337;
Portugal C. com. (Kauf a vista) Art. 473;
Argentinien C. com. Art. 464 Abs. 1;
Chile C. com. Art. 144 Abs. 2;
Bolivien C. com. Art. 314 S. 2;
Columbien C. com. Art. 234 Abs. 2;
Ecuador C. com. Art. 188 Abs. 2;
Mexico C. com. Art. 379;
Peru C. com. Art. 332;
Uruguay C. com. Art. 530;
Costa Rica C. com. Art. 319 Abs. 1;
Guatemala C. com. Art. 211 Abs. 2;
Honduras C. com. Art. 109;
Nicaragua C. com. Art. 352;

---

[1]) Für *Chile* vgl. Alessandri nº. 898 p. 900 f.

Panama C. com. Art. 758 Abs. 2;
Salvador C. com. Art. 86,

während in *Brasilien* der Verkäufer 10 Tage Frist hat, C. com. Art. 137. In *Portugal* kann der Käufer vom Gericht einen Liefertermin festsetzen lassen und den Beschluß dem Verkäufer nach Art. 645 C. proc. civ. zustellen (C. com. Art. 473 § único) [1].

d) Erfüllungsklage.

(20) Der Käufer kann überall den Lieferungsanspruch im Klagewege verfolgen, wie sich aus den den Art. 1184 und 1610 des Code civil nachgebildeten Bestimmungen der meisten Rechte ergibt.

Spanien C. civ. Art. 1096 Abs. 1, 2, 1124 Abs. 2; C. com. Art. 329;
Portugal C. civ. Art. 709, 1572;
Argentinien C. civ. Art. 505, C. com. Art. 467;
Brasilien vgl. C. civ. Art. 1092, C. com. Art. 202;
Chile C. civ. Art. 1489 Abs. 2, 1826 Abs. 2; C. com. Art. 156;
Bolivien C. civ. Art. 775 S. 2 Halbs. 2, 1029, vgl. C. com. Art. 322;
Columbien C. civ. Art. 1546 Abs. 2, 1882 Abs. 2, C. com. Art. 248;
Ecuador C. civ. Art. 1479 Abs. 2, 1817 Abs. 2, C. com. Art. 198;
Mexico C. civ. Art. 1949 Abs. 2, C. com. Art. 376;
Peru C. civ. Art. 1368, C. com. Art. 324;
Uruguay C. civ. Art. 1431 Abs. 2 S. 2, 1688 Abs. 2, C. com. Art. 534;
Venezuela C. civ. Art. 1231 Abs. 2, C. com. vgl. Art. 149, 151;
Costa Rica C. civ. Art. 692 S. 2, 694, 1071, C. com. Art. 101;
Guatemala C. com. Art. 223;
Honduras C. civ. Art. 1386 Abs. 2 S. 1; C. com. Art. 101;
Nicaragua C. civ. Art. 1847, 1885 Abs. 2, 2586;
Panama C. civ. Art. 1009 Abs. 2; C. com. Art. 754;
Salvador C. civ. Art. 1360 Abs. 2, 1629 Abs. 2.

(21) Die Vollstreckung des Erfüllungsanspruchs geschieht durch Wegnahme der beim Schuldner vorhandenen Spezies- oder Genussachen. Werden sie nicht vorgefunden, so wird wegen des Werts und Schadenersatzes, den der Gläubiger im Vollstreckungsverfahren — häufig eidlich — angibt, vollstreckt

Spanien C. enj. civ. Art. 919, 926, 928;
Portugal C. pr. civ. Art. 899, 808, 900;
Argentinien C. pr. civ. de la cap. Art. 556;
Brasilien C. do pr. civ. e com. do dist. fed. Art. 1070;
Chile C. pr. civ. Art. 237, 455 n°. 1, 459 n°. 1, 2;
Columbien C. judicial Art. 870, Ges. 40 v. 1907 Art. 46, Ges. 105 v. 1890 Art. 182;
Ecuador C. enj. civ. Art. 505, 524;
Uruguay (Schätzung in juicio summario) C. pr. civ. Art. 509;
Costa Rica C. pr. civ. Art. 1029, 1031, 1038, 1039 Abs. 2;
Venezuela C. pr. civ. Art. 792;
Honduras C. pr. civ. Art. 224, 233 Abs. 2, 452;
Nicaragua C. pr. civ. Art. 510, 519, 520 Abs. 2, 3.

---

[1] Tribunal Pleno 18. Juli 1930 Col. Off. XXIX p. 172, zit. bei Cunha Gonçalves VIII n°. 2111 a. E.; ders. compra e venda [2] p. 604/6.

Uruguay und Venezuela kennen ein beschleunigtes Verfahren ohne Urteil für Lieferansprüche:

Uruguay C. pr. civ. Art. 1310, 1311 [1];
Venezuela C. pr. civ. Art. 792.

(22) Die Ersatzbeschaffung auf Kosten des Verkäufers im Fall, daß sich bei ihm keine Waren vorfinden und die sofortige Zwangsvollstreckung wegen ihrer Kosten wird dem Käufer in einigen Rechten gestattet, muß ihm aber schon im Urteil auf die Lieferklage zugesprochen sein,

Portugal C. pr. civ. Art. 900, 909 [2] (entrega por substituição);
Argentinien C. com. Art. 467 [3];
Brasilien Gonçalves p. 357/8.

(23) Der Erfüllungsanspruch ist nach allgemeiner Regel ausgeschlossen, wenn dem Verkäufer ohne sein Verschulden die Lieferung durch den Untergang der Sache unmöglich wird,

Spanien C. civ. Art. 1182;
Argentinien C. civ. Art. 612 (578), 922 (888), C. com. Art. 467 Abs. 2;
Brasilien C. civ. Art. 865, 879;
Bolivien C. civ. Art. 896, C. com. Art. 324;
Chile C. civ. Art. 1670;
Columbien C. civ. Art. 1729, C. com. 243;
Ecuador C. civ. Art. 1660;
Mexico C. civ. Art. 2017 n°. 5;
Peru C. civ. Art. 2274;
Uruguay C. civ. Art. 1549, C. com. Art. 1009;
Venezuela C. civ. Art. 1366;
Costa Rica C. civ. Art. 830, 831, C. com. Art. 312;
Honduras C. civ. Art. 1460;
Nicaragua C. civ. Art. 2164;
Panama C. civ. Art. 1068, C. com. Art. 767;
Salvador C. civ. Art. 1540.

Dasselbe wird ausdrücklich zum Lieferanspruch in Bolivien (C. civ. Art. 775 S. 2 Halbs. 2) und Venezuela (C. civ. Art. 1231 Abs. 2) bemerkt.

(24) Ist eine vertretbare Speziessache gekauft, und hat sie der Verkäufer nach Vertragschluß veräußert, verbraucht oder verschlechtert, so kann der Käufer auch die Lieferung einer Sache der gleichen Art und Güte verlangen,

Argentinien C. com. Art. 471, C. civ. Art. 613 (579), 615 (581), 1455 (1421), vgl. 644 (610);
Brasilien C. com. Art. 209;

---

[1]) Vgl. Alejandro Lagarmilla, Estudios sobre el Código de procedimientos civiles, 1915, p. 227/8.

[2]) Cunha Gonçalves[2] p. 634.

[3]) Malagarriga III p. 45/6; Art. 505 n°. 2 C. pr. civ. de la Cap.

Chile C. com. Art. 152;
Bolivien C. com. Art. 315;
Columbien C. com. Art. 242;
Ecuador C. com. Art. 196;
Uruguay C. com. Art. 544;
Costa Rica C. com. Art. 316;
Guatemala C. com. Art. 219;
Nicaragua C. com. Art. 356;
Panama C. com. Art. 766.

2. Vertragsauflösung. a) Stillschweigende und ausdrückliche auflösende Bedingung.

(25) Die ibero-amerikanischen Rechte enthalten durchweg im Anschluß an Art. 1184 des franz. Code civil und Art. 1124 des spanischen C. civ. eine entsprechende Bestimmung, nach der jeder gegenseitige Vertrag eine stillschweigende auflösende Bedingung für den Fall der Nichterfüllung enthält, zu deren Geltendmachung die Partei sich des Klageweges bedienen muß.

Portugal C. civ. Art. 709 [1]);
Brasilien C. civ. Art. 1092, § unico, C. com. Art. 119;
Chile C. civ. Art. 1489;
Bolivien C. civ. Art. 775;
Columbien C. civ. Art. 1546;
Ecuador C. civ. Art. 1479;
Mexico C. civ. Art. 1949;
Peru C. civ. Art. 1286 [2]);
Uruguay C. civ. Art. 1431;
Venezuela C. civ. Art. 1231;
Costa Rica C. civ. Art. 692;
Honduras C. civ. Art. 1386;
Nicaragua C. civ. Art. 1885;
Panama C. civ. Art. 1009;
Salvador C. civ. Art. 1360 [3]).

(26) Die Regel wird ebenso wie im Code civil (Art. 1610) in der Regel für den Kaufvertrag noch einmal wiederholt.

Spanien C. civ. Art. 1506;
Portugal C. civ. Art. 1572;
Chile C. civ. Art. 1826 Abs. 2, 1877 Abs. 2 [4]);
Bolivien C. civ. Art. 1029 [5]);

---

[1]) Bestritten ist, ob in allen Fällen richterliches Eingreifen zur Vertragsauflösung erforderlich ist, vgl. Cunha Gonçalves IV n°. 567 p. 550, 553 mit Rechtsprechung; für den Kauf sieht es C. civ. Art. 1572 ausdrücklich vor.

[2]) Nach dem Wortlaut Auflösung ipso iure, Ricardo Ortiz de Zevallos y Vidaurre, Derecho Civil Peruano, 1906, n°. 57 p. 84 f.; für den Kauf ist Klage vorgeschrieben, Art. 1368.

[3]) Notwendigkeit richterlicher Auflösung: Miguel Aryel Zambrano, Rev. Jud. (San Salvador) **39**, (1934) 246 ff.

[4]) Darüber, daß es sich nur um eine Wiederholung der allgemeinen Regel handelt, vgl. C. S. 1. 11. 1917, Rev. de Der. **16**, II 1, 34.

[5]) Das Gesetz spricht von nulidad de la venta, es wird aber i. S. von resolución verstanden, Rspr. bei Zapata Jurispr. Nac. en el Quinquenio 1918—1922, La Paz 1924, n°. 164, 202.

Columbien C. civ. Art. 1882 Abs. 2;
Ecuador C. civ. Art. 1817 Abs. 2;
Peru C. civ. Art. 1368;
Uruguay C. civ. Art. 1688;
Costa Rica C. civ. Art. 1071;
Nicaragua C. civ. Art. 2586, 2595;
Salvador C. civ. Art. 1629.

Vielfach wird sie auch in den Handelsgesetzbüchern für den Handelskauf noch einmal wiederholt;

Spanien C. com. Art. 329;
Brasilien C. com. Art. 202;
Chile C. com. Art. 156;
Bolivien C. com. Art. 323;
Columbien C. com. Art. 248;
Ecuador C. com. Art. 198;
Mexico C. com. Art. 376;
Peru C. com. Art. 324;
Uruguay C. com. Art. 534;
Venezuela C. com. Art. 149;
Costa Rica C. com. Art. 310;
Guatemala C. com. Art. 223;
Honduras C. com. Art. 101;
Panama C. com. Art. 754.

Auch wo eine solche Übertragung nicht stattgefunden hat, besteht an der Anwendbarkeit der allgemeinen Normen auf Zivil- und Handelskauf kein Zweifel [1]).

(27) Eine Sonderstellung nimmt das *argentinische* Zivilrecht ein. Es verwirft den Grundsatz der stillschweigend vereinbarten Vertragsauflösung ausdrücklich, C. civ. Art. 1238 (1204). Doch schließt Art. 1446 (1412) diese allgemeine Norm für das Kaufrecht aus [2]). Seine Regel wird für bewegliche Sachen in Art. 1454 (1420) wiederholt. Daß sie nur für den Spezieskauf gelte, folgert Machado [3]) daraus, daß der Käufer einer fungiblen Sache nach Art. 1455 (1421) eine Sache gleicher Art geliefert verlangen kann, wenn der Verkäufer die verkaufte Sache anderweit verkauft; gegenteilig mit Recht Llerena [4]) und Malagarriga [5]). Im Handelsrecht gilt aber die stillschweigende

[1]) Vgl. für *Spanien* T.S. 3. 3. 1928, Sent. **182**, 47; 29. 12. 1928 Sent. **186**, 879; *Brasilien* App. Rio de J. 3. 7. 1925, Rev. de Dir. **80**, 579.

[2]) Im Liegenschaftskauf wird das häufig übersehen und zur Auflösungsklage des Käufers ein besonderes pactum commissorium verlangt. Cám. civ. 2a de la cap. 21. 5. 1919 Jur. Arg. **3**, 373; Cám. civ. 1a de la cap. 1. 6. 1921, Jur. Arg. **6**, 618; besonders deutlich S.C. de Buenos Aires 28. 9. 1926, Jur. Arg. **22**, 572. Dagegen ausdrücklich Cám. civ. 2a de la cap. 4. 4. 1927, Jur. Arg. **19**, 815.

In der älteren Literatur zog man zum Ausschluß des C. civ. Art. 1446 (1412) — offensichtlich zu Unrecht — C. civ. Art. 1456 (1422) heran; darüber Llerena V, 149. — Wie Art. 1446 auch Art. 639 (605), Machado II p. 316 a. E.

[3]) IV, 140 f. [4]) V, 148. [5]) III, 45.

auflösende Bedingung, wenn auch mit Einschränkungen, schon allgemein (C. com. Art. 216 Abs. 1 Satz 1)[1]. Für den Kaufvertrag wird sie dem Käufer in Art. 467 C. com. ausdrücklich gegeben[2].

(**28**) Die ausdrücklich auflösende Bedingung kann im *argentinischen* Zivilrecht nicht für Mobilien[3] vereinbart werden, C. civ. Art. 1408 (1374), im Handelsrecht dagegen hält man sie für wirksam und nimmt an, daß sie das Erfordernis gerichtlichen Eingreifens ausschließe[4]. Diese Bedeutung scheint ihr in den übrigen Rechten überwiegend beigelegt zu werden. Zwar wird dies meist nur für die Auflösung wegen Nichtzahlung des Kaufpreises ausgesprochen, doch läßt sich ihre Wirksamkeit, soweit sie dort bejaht wird, auch für den Fall der Nichtlieferung annehmen[5].

Noch weiter geht *Venezuela,* das in Art. 151 C. com. die italienische Norm für Fixgeschäfte und in Art. 149 die Regel des Art. 67 des italienischen Handelsgesetzbuchs über die ipso-iure-Auflösung beim Handelskauf übernommen hat.

(**29**) Bei der gerichtlichen Auflösung kann der Richter grundsätzlich dem Verkäufer eine Gnadenfrist gewähren. Im Handelsrecht sind aber Gnadenfristen meist ausgeschlossen. *b) Richterliches Ermessen, Nachfrist.*

Spanien C. com. Art. 61; Gay de Montellá I p. 212;
Bolivien C. com. Art. 219;
Chile C. com. Art. 112;
Columbien C. com. Art. 201;
Ecuador C. com. Art. 153;
Mexico C. com. Art. 84;
Peru C. com. Art. 61;
Costa Rica C. com. Art. 206;

---

[1] Cám. com. de la cap. 19. 9. 1930, Gac. del Foro **88**, 177. Ob der ganze Vertrag nach einer Teillieferung aufgelöst werden kann, bleibt angesichts Art. 216 Abs. 1 S. 2 zweifelhaft; vgl. Cám. com. de la Cap. 23. 5. 1930 Gac. del Foro **86**, 264; Cám. com. de la Cap. 3. 6. 1921 Jur. Arg. **6**, 645.

[2] Cám. com. de la cap. 22. 11. 1926, Jur. Arg. **23**, 438 mit Note; 23. 3. 1928, Jur. Arg. **27**, 374.

[3] Für Liegenschaften ist sie zugelassen, doch macht sie hier entsprechend der älteren französischen Auffassung (oben § 29, 4 c Note) die Auflösungsklage nicht überflüssig, sondern befreit nur von dem Erfordernis der Mahnung, C. civ. Art. 2700 (2666). C. civ. Cám. de la cap. 12. 7. 1926, Jur. Arg. **21**, 121, bes. 124 Llerena IV, p. 307/8 N. 2 und 3.

[4] Cám. crim. y corr. de la cap. v. 10. 7. 1925, Jur. Arg. **16**, 812 nur obiter.

[5] Vgl. für *Spanien* Manresa VIII, 155; vgl. auch T.S. 19. 6. 1913 Sent. **127**, 835; *Portugal* Cunha Gonçalves IV p. 551 f.; *Brasilien* C. civ. Art. 119 § unico; App. Rio 25. 1. 1927, Rev. de Dir. **84**, 549; C. civ. Art. 1163 gilt nur für den Verkäufer.

Guatemala C. com. Art. 193;
Honduras C. com. Art. 94;
Nicaragua C. com. Art. 138.

Auch für den Zivilkauf wird die Zulässigkeit einer Nachfrist in *Chile* verneint, da diese nach Art. 1494 Abs. 2 C. civ. nur in den gesetzlich besonders bezeichneten Fällen zulässig ist und die kaufrechtlichen Bestimmungen darüber schweigen[1]). Eine Nachfrist ist dann nicht möglich, wenn der Entschluß des Verkäufers, nicht zu liefern, feststeht, wie für *Spanien* Manresa VIII p. 157 hervorhebt. Daß der Richter, abgesehen von der Möglichkeit einer Nachfristgewährung, auch die Auflösung ganz ablehnen kann, nimmt man nur vereinzelt an[2]).

c) Klageberechtigung.

(30) Nur zugunsten der vertragstreuen Partei ist die auflösende Bedingung bestimmt[3]). Dabei verlangt man von dem Käufer natürlich nur Bereitschaft zur Zahlung[4]), obwohl die Gesetze bisweilen einen weitergehenden Wortlaut haben,

Brasilien C. civ. Art. 1092[5]);
Chile C. civ. Art. 1826 Abs. 3 (pronto a pagar)[6]);
Bolivien C. civ. Art. 1031[7]);
Costa Rica vgl. C. civ. Art. 1072.

d) Wahlrecht.

(31) Der Käufer hat die Wahl, ob er Erfüllung oder Vertragsauflösung verlangen will, er kann in *Portugal* jedenfalls auch ein alternatives Urteil erzielen[8]); in *Chile* kann er, wie in Frankreich, jeder-

[1]) Vgl. Alessandri I n°. 1043 p. 1012; ähnlich für *Argentinien* Llerena V, p. 140 n°. 6; anders Malagarriga I p. 434.

[2]) Vgl. für *Spanien* T. S. 2. 3. 1921. Sent. **152**, 462, für *Argentinien* Cám. com. de la cap. 30. 3. 1925, Jur. Arg. **15**, 387, bes. 395 unter Hinweis auf Demolombe; a. A. Malagarriga III, 46.

[3]) So für *Spanien* Manresa VIII, 155/6; T. S. 24. 4. 1918, Sent. **143**, 148; *Portugal* Cunha Gonçalves IV n°. 567 p. 547 f. *Argentinien* Llerena V, 141 Anm. 7 zu C. civ. Art. 1446 (1412); vgl. Sup. C. nacional 2. 12. 1925, Jur. Arg. **18**, 792. *Chile* Alessandri I n°. 1030 p. 1004.

[4]) *Spanien* vgl. Manresa VIII, 155; T.S. 9. 7. 1904, Sent. **98**, 825; *Portugal* Cunha Gonçalves[2] n°. 207 p. 630 ff. zu C. civ. Art. 676 § 1 gegen Dias Ferreira, *Argentinien* Machado IV, 129; Llerena II, 410/1; IV, 302/3; zu den C. civ. Art. 1452 (1418), 544 (510), 1235 (1201).

[5]) Dazu Cunha Gonçalves n°. 120 p. 365.

[6]) Gleichlautend *Columbien* C. civ. Art. 1882 Abs. 3, *Ecuador* C. civ. Art. 1817 Abs. 3, *Uruguay* C. civ. Art. 1688 Abs. 3 und *Salvador* C. civ. Art. 1629 Abs. 3.

[7]) Vgl. C.S. n°. 29 v. 21. 8. 1929 Gac. Jud. n°. 1067 p. 37.

[8]) Cunha Gonçalves[2] p. 637/8 Relação de Coimbra 24. 3. 1923, Gaz. da Rel. de Lisboa **37**, 283.

zeit von dem einen zum anderen Rechtsbehelf übergehen [1]. Dagegen schließt man in *Spanien, Portugal, Argentinien* und *Brasilien* den Erfüllungsanspruch mit Erhebung der Auflösungsklage aus [2]. Von der Erfüllungs- zur Auflösungsklage kann er jedenfalls dann übergehen, wenn die Leistung unmöglich geworden ist, so ausdrücklich

Spanien C. civ. Art. 1124 Abs. 2 S. 2 [3];
Mexico C. civ. Art. 1949 Abs. 2 S. 2;
Honduras C. civ. Art. 1386 Abs. 2 S. 2;
Panama C. civ. Art. 1009 Abs. 3.

Dem Verkäufer wird wie in Frankreich die Möglichkeit, bis zur Rechtskraft des Auflösungsurteils Lieferung nachzuholen, in *Chile* zugebilligt [4], während man in *Brasilien* auf dem Standpunkt steht, daß dem Verkäufer die Nachlieferungsmöglichkeit durch die Inverzugsetzung im Wege gerichtlicher Interpellation abgeschnitten werde [5].

e) Nichterfüllung als Voraussetzung der Auflösung.

(32) Die Erhebung der Auflösungsklage setzt nach der Auffassung mancher Rechte eine vorherige gerichtliche Einmahnung der Lieferung voraus [6]. In anderen ist die Frage jedenfalls damit erledigt, daß die Erhebung der Auflösungsklage selbst eine genügende Mahnung enthält [7].

(33) Die Frage, ob die Nichterfüllung dem Schuldner zurechenbar sein muß, damit sie zur Auflösung führen kann, ist wenig geklärt.

---

[1] Alessandri I nº. 1047/3 p. 1013/4.

[2] *Spanien* Manresa VIII, 156; *Portugal* Cunha Gonçalves [2] p. 636/7, die alternative Klage ist aber zulässig. *Brasilien* Cunha Gonçalves nº. 121 p. 359 (weil der Verkäufer ein prozessuales direito adquirido habe); *Argentinien* Machado IV, 139/40.

[3] Vgl. dazu T. S. 29. 12. 1928, Sent. **186**, 879 bes. 887 mit Hinweis auf 1. 38 tit. 5 part. 5.

[4] Alessandri I nº. 1041 p 1010. Ebenso *Peru*, Ortiz de Zevallos nº. 74 p. 132.

[5] App. Rio 15. 6. 1928 Rev. de Dir. **89**, 147; hierüber eingehend Sup. Trib. Fed. 20. 4. 1932, Rev. de Dir. **106**, 173; Carvalho de Mendonça VI 2, nº. 792 p. 190 f.

[6] So für das Handelsrecht *Brasilien* C. com. Art. 205; App. Rio 26. 1. 1922, Rev. de Dir. **69**, 508 (Auflösungsklage des Verk.); die Mahnung dient aber nur dazu, dem säumigen Schuldner zu zeigen, daß der Gläubiger sein Recht nicht aufgibt. Anders das Zivilrecht: Sup. Trib. Fed. 20. 4. 1932, Rev. de Dir. **106**, 173 (174).

[7] *Argentinien*, vgl. Felipe A. Espil zu Cám. fed. de Parana v. 27. 9. 1918, Jur. Arg. **2**, 406 bes. 409 mit Hinweis auf die franz. Lehre und Angabe von Rspr.; für *Chile* Alessandri I nº. 1028 p. 998 a. E. zu S. C. 18. 10. 1908, Rev. de Der. **6** (1909) II 1, 86 (Klage des Verkäufers).

Für den Grundfall der zufälligen Unmöglichkeit, nämlich durch Untergang der Sache tritt die Frage nicht auf, wenn der Käufer die Gefahr seit Vertragsschluß trägt, wie im Zivilrecht *Spaniens*, in *Portugal, Chile, Bolivien, Columbien, Ecuador, Uruguay, Venezuela* und *Nicaragua*. Trägt dagegen der Verkäufer die Gefahr, so fällt in vielen Ländern der Vertrag mit dem Untergang der Sache ipso iure dahin,

Argentinien C. civ. Art. 612 (578); 922 (888); 929 (895); C. com. Art. 467 Abs. 2[1]);
Brasilien C. civ. Art. 865[2]);
Bolivien C. com. Art. 324;
Columbien C. com. Art. 243[3]);
Uruguay C. com. Art. 542[4]);
Costa Rica C. com. Art. 312;
Panama C. com. Art. 767.

andere geben dem Käufer auch für diesen Fall ausdrücklich ein Auflösungsrecht,

Spanien C. com. Art. 331;
Peru C. com. Art. 326;
Honduras C. com. Art. 103.

(34) Allgemein bei unverschuldeter Unmöglichkeit versagen die Auflösungsklage:

Brasilien C. com. Art. 202;
Costa Rica C. civ. Art. 1071 Abs. 2;
Nicaragua C. civ. Art. 2588.

Auch die Bestimmungen, die die Regelung der auflösenden Bedingung auf den Kaufvertrag übertragen, sind vielfach so gefaßt, als ob die Zurechenbarkeit nicht nur Voraussetzung des Schadenersatzanspruchs, sondern auch der Auflösungsklage sei,

Chile C. civ. Art. 1826;
Bolivien Art. 1029;
Columbien Art. 1882;
Ecuador Art. 1817 Abs. 2;
Peru Art. 1368;
Uruguay Art. 1688 Abs. 2;
Nicaragua Art. 2588;
Salvador Art. 1629 Abs. 2.

Auf Grund dessen wird in *Chile*, anders als in Frankreich, die Auf-

---

[1]) Llerena V p. 140 n°. 6; Malagarriga III p. 46.
[2]) Carvalho de Mendonça VI 1 n°. 323, 1 a p. 273; VI 2 n°. 795 a. E. p. 195.
[3]) Eingeschränkt durch C. com. Art. 232 über den Gefahrübergang.
[4]) Gegenteilig aber die Gefahrverteilung in C. com. Art. 212 Abs. 2.

lösungsklage stets abgewiesen, wenn dem Verkäufer die Nichtlieferung nicht zuzurechnen ist [1]).

Ist es nach dem Vertragszweck dem Käufer nicht zuzumuten, daß er die Behebung einer zeitweiligen Unmöglichkeit abwarte, so wird ihm die Klage auf Auflösung bewilligt in:

Portugal C. civ. Art. 709 § unico (Dec. lei 19126 v. 16. 12. 1930), trotz Streit, s. oben S. 247 N. 1.
Argentinien Llerena V p. 140 n°. 6 zu Art. 1446 (1412), p. 141 n°. 1 zu Art. 1447 (1413)
[wohl auch *Spanien*: Urteil (über Grundstückspacht) T.S. 14. 1. 1936, Boletin Col. Abogados 1936 p. 144 [2]).]

Selbstverständlich ist Verschulden erforderlich, damit neben der Auflösung Schadenersatz verlangt werden kann.

f) Wirkung der Auflösung.

(35) Wird der Vertrag aufgelöst, so hat das rückwirkende Kraft. Die Parteien sind zur Rückgewähr der bereits erbrachten Leistung verpflichtet, was für die Pflicht zur Rückzahlung des Kaufpreises vielfach noch ausdrücklich hervorgehoben wird.

Spanien C. civ. Art. 1124, 1123 [3]);
Argentinien C. civ. Art. 1447 (1413), 1454 (1420) [4]);
Brasilien Art. 119, 1092 § unico 964 ff.;
Chile Alessandri I u. 1051/2 p. 1015 mit Rechtspr.;
Bolivien C. civ. Art. 1038 [5]);
Mexico C. civ. Art. 2107;
Peru C. civ. Art. 1373 [6]);
Venezuela C. civ. Art. 1541;
Costa Rica C. Cass. 22. 6. 1928 Sent. 1928 I, 505 (515);
Nicaragua C. civ. Art. 2587.

3. Schadenersatz.

(36) Überall ist der Schuldner zum Ersatz des Verspätungsschadens und des Nichterfüllungsschadens verpflichtet,

Spanien C. civ. Art. 1101, 1124 Abs. 2; C. com. Art. 329;
Portugal C. civ. Art. 705, 709, 1572;
Argentinien C. civ. Art. 539 (505) n°. 3, 613 (579), 933 (889), 1454 (1420), 1455 (1421); C. com. Art. 467;
Brasilien C. civ. Art. 956, 1056, 1092 § unico; C. com. Art. 197; 202;
Chile C. civ. Art. 1547, 1548, 1489 Abs. 2, 1672, 1826 Abs. 2; C. com. Art. 156;

---

[1]) Alessandri I n°. 1028 p. 999 f. mit Rechtsprechung.

[2]) Bisher las man als Voraussetzung gewöhnlich: incumplimiento de las obligaciones del deudor por causas imputables al mismo, T. S. 24. 10. 1899, Sent. 88, 171.

[3]) T. S. 3. 3. 1928, Sent. 182, 47.

[4]) Llerena V, 141; vgl. Cám. com. de la Cap. 9. 5. 1930, Gac. del Foro 86, 128 mit Verweisung auf C. civ. Art. 1086 (1052).

[5]) Vgl. C. S. n°. 44 v. 27. 7. 1931, G. J. n°. 1090 p. 72.

[6]) Zinsen seit Empfang: C. S. 25. 8. 1928, Anales Judiciales 24, 141 (148).

Bolivien C. civ. Art. 739, 740, 775 S. 2, 1030; C. com. Art. 323;
Columbien C. civ. Art. 1604, 1605, 1546 Abs. 2, 1731, 1882 Abs. 2; C. com. Art. 248;
Ecuador C. civ. Art. 1537, 1538, 1479 Abs. 2, 1662, 1817 Abs. 2;
Mexico C. civ. Art. 2104, 1949 Abs. 2; C. com. Art. 376;
Peru C. civ. Art. 1265, 1369 Abs. 1, 1371; C. com. Art. 324;
Uruguay C. civ. Art. 1341, 1342, 1431 Abs. 2, 1551, 1688 Abs. 2; C. com. Art. 218, 246 Abs. 2, 526, 534, 1009 Abs. 2;
Venezuela C. civ. Art. 1284 S. 2, 1231 Abs. 2; C. com. Art. 149 Abs. 3;
Costa Rica C. civ. Art. 701, 702, 692 S. 2, 832; C. com. Art. 310;
Guatemala C. com. Art. 223;
Honduras C. civ. Art. 1351, 1386 Abs. 2 S. 2; C. com. Art. 101;
Nicaragua C. civ. Art. 1860, 1885 Abs. 2 S. 2, 2166;
Panama C. civ. Art. 986, 1009 Abs. 2; C. com. Art. 233, 754;
Salvador C. civ. Art. 1418, 1419, 1360 Abs. 2, 1542, 1629 Abs. 2.

In einigen Gesetzen ist die Schadenersatzpflicht nicht ausdrücklich für den Fall der Vertragsauflösung ausgesprochen, aber in Rechtsprechung und Schrifttum bejaht worden,

Portugal C. civ. Art. 1572 [1];
Argentinien C. com. Art. 467 [2];
Brasilien C. com. Art. 202 [3];
Bolivien C. com. Art. 323.

a) Verzug. (37) Grundsätzlich wird für die Schadenersatzpflicht vorausgesetzt, daß der Schuldner durch Mahnung (interpelación) in Verzug gesetzt ist,

Spanien Art. 1101, 1100 Abs. 1;
Portugal C. civ. Art. 711, 732; Cunha Gonçalves IV n°. 588 p. 498 ff.;
Argentinien C. civ. Art. 542 (508), 543 (509), 1457 (1423);
Brasilien Handelsrecht C. com. Art. 138, 205 [4]; im Zivilrecht nur, wenn keine Frist bestimmt war, C. civ. Art. 960;
Chile C. civ. Art. 1551 n°. 3, 1557;
Bolivien C. civ. Art. 730 [5];
Columbien C. civ. Art. 1608 n°. 3, 1615;
Ecuador C. civ. Art. 1541 n°. 3, 1547;

---

[1] Cunha Gonçalves[2] n°. 208 p. 626; VIII n°. 1213 p. 543, abw. z. T. die frühere Literatur und Rechtsprechung.

[2] Rafael Gramajo Machado zu Cám. com. de la Cap. vom 18. 7. 1919, Jur. Arg. **3**, 659 mit Hinweis auf C. com. Art. 216 und die Rechtsprechung. Ausdrücklich C. civ. Art. 1454 (1420).

[3] Carvalho de Mendonça VI 2, n°. 798 p. 196; Sup. Trib. Fed. 4. 8. 1923, Rev. de Dir. **73**, 345; anders Bento de Faria, Codigo Commercial Brasileiro (1902) I n°. 213 zu C. com. Art. 202 p. 267. Ausdrücklich C. civ. Art. 1092 § unico.

[4] App. Rio 21. 11. 1905, Rev. de Dir. **1**, 175 (wenn nichts anderes vereinbart); 14. 12. 1920, Rev. de Dir. **75**, 577; 18. 6. 1925, Rev. de Dir. **80**, 120; Sup. Trib. Fed. 20. 4. 1932, Rev. de Dir. **106**, 173 (177).

[5] Dazu vgl. C. S. n°. 8 v. 4. 5. 1929 G. J. n°. 1064 p. 11; n°. 14 v. 10. 9. 1929, G. J. n°. 1068 p. 16.

Mexico C. civ. Art. 2105 Abs. 2, 2080;
Uruguay C. civ. Art. 1341, 1336; C. com. Art. 218, 213, 536;
Venezuela C. civ. Art. 1289 Abs. 3;
Costa Rica C. com. Art. 208;
Honduras C. civ. Art. 1355 n°. 3, 1364; C. com. Art. 96 n°. 2;
Nicaragua C. civ. Art. 1860, 1859 Abs. 1;
Panama C. civ. Art. 986, 985 Abs. 1;
Salvador C. civ. Art. 1422 n°. 3, 1428.

(38) Erst von diesem Zeitpunkt an wird Verspätungsschaden geschuldet, so

Chile C. civ. Art. 1557;
Columbien C. civ. Art. 1615;
Ecuador C. civ. Art. 1547;
Salvador C. civ. Art. 1428;
Honduras C. civ. Art. 1364;
Brasilien Sup. Trib. Fed. 1. 12. 1933, Rev. Jur. Bras. **27**, 45.

Die Erhebung der Lieferungs- oder Auflösungsklage reicht regelmäßig zur Inverzugsetzung aus; anders das Handelsrecht in Brasilien, C. com. Art. 209 [1]), vgl. darüber oben n°. (33). Einige Gesetze erwähnen ausdrücklich, daß die Mahnung dem Gläubiger im voraus erlassen werden kann,

Spanien C. civ. Art. 1100 Abs. 2 n°. 1;
Argentinien C. civ. Art. 543 (509) n°. 1;
Bolivien C. civ. Art. 730;
Peru C. civ. Art. 1264;
Uruguay C. civ. Art. 1336; C. com. Art. 213;
Nicaragua C. civ. Art. 1859 Abs. 2 n°. 1;
Panama C. civ. Art. 985 Abs. 2 n°. 2.

(39) In vielen Ländern wird der Grundsatz durch die Regel „dies interpellat pro homine" durchbrochen, wenn eine feste Lieferzeit vereinbart war,

Spanien C. com. Art. 63;
Portugal C. civ. Art. 711 n°. 1, 732 [2]);
Argentinien C. com. Art. 467 [3]);
Brasilien C. civ. Art. 960 [4]);
Chile C. civ. Art. 1551 n°. 1 [5]);
Columbien C. civ. Art. 1608 n°. 1;
Ecuador C. civ. Art. 1541 n°. 1;
Mexico C. civ. Art. 2105 Abs. 1, 2104 Abs. 1 n°. 1;
Venezuela C. civ. Art. 1289 Abs. 1;

---

[1]) Ebenso *Columbien* C.S. 19. 5. 1928, Gaceta Judicial **35**, 265 (276).

[2]) Cunha Gonçalves IV p. 499/500.

[3]) Cám. com. de la Cap. 23. 3. 1928, Jur. Arg. **27**, 374 (Verstreichen der Lieferfrist); 11. 10. 1922, Jur. Arg. **9**, 649 und Cám. de apel. de Tucuman 6. 3. 1926, Jur. Arg. **19**, 619 (24-Stundenfrist).

[4]) Sup. Trib. Fed. 20. 4. 1932, Rev. de Dir. **106**, 173; vgl. C. com. Art. 138.

[5]) S. C. 26. 11. 1931, Rev. de Der. **29** II 1, 195 (handelsübliche Frist).

Honduras C. civ. Art. 1355 n°. 1; C. com. Art. 96 n°. 1;
Guatemala C. com. Art. 194 [1];
Panama C. civ. Art. 985 Abs. 2 n°. 1;
Salvador C. civ. Art. 1422 n°. 1.

(40) Eine Mahnung ist endlich überall dann für unnötig erklärt, wenn die Lieferzeit wesentlich war,

Spanien C. civ. Art. 1100 Abs. 2 n°. 2;
Argentinien C. civ. Art. 543 (509) n°. 2;
Chile C. civ. Art. 1551 n°. 2;
Columbien C. civ. Art. 1608 n°. 2;
Ecuador C. civ. Art. 1541 n°. 2;
Peru C. civ. Art. 1264;
Uruguay C. civ. Art. 1336; C. com Art. 213;
Honduras C. civ. Art. 1355 n°. 2;
Nicaragua C. civ. Art. 1859 Abs. 2 n°. 2;
Panama C. civ. Art. 985 Abs. 2 n°. 3;
Salvador C. civ. Art. 1422 n°. 2.

b) Zurechenbarkeit.

(41) Der Verkäufer haftet grundsätzlich für sein Verschulden,

Spanien C. civ. Art. 1101—1104 [2];
Portugal arg. Art. 717 § 2 [3];
Argentinien C. civ. Art. 540 (506), 542 (508), 545 (511);
Brasilien C. civ. Art. 963, 1057 Abs. 2 [4];
Chile C. civ. Art. 1547 Abs. 1, 1826 Abs. 2;
Bolivien vgl. C. civ. Art. 739, 740;
Columbien C. civ. Art. 1604 Abs. 1, 1882;
Ecuador C. civ. Art. 1557, 1817 Abs. 2;
Peru C. civ. Art. 1265;
Uruguay C. civ. Art. 1341, 1688 Abs. 2;
Honduras C. civ. Art. 1360;
Nicaragua C. civ. Art. 1860;
Panama C. civ. Art. 986;
Salvador C. civ. Art. 1418, 1629.

Die *chilenische* Bestimmung und ihr folgend die Bestimmungen in Columbien, Ecuador, Uruguay und Salvador sprechen von hecho o culpa des Verkäufers; dies wird aber im Schrifttum nur als Verschuldensprinzip aufgefaßt, vgl. Alessandri I p. 997 ff.

In *Brasilien* schließt Art. 963 C. civ. den Verzug aus, wenn keine dem Schuldner zurechenbare Handlung oder Unterlassung vorliegt, ebenso *Chile* C. civ. Art. 1558 Abs. 2 und die ihm folgenden Rechte.

(42) Der Ausschluß der Schuldnerhaftung durch Zufall (caso fortuito) oder höhere Gewalt (fuerza maior) findet sich in allen Gesetzen, teils anstelle des Verschuldensprinzips, teils neben ihm, ausgesprochen:

[1] Vgl. Informe de la Comisión codificadora vom Juli 1897 zu Buch 2.
[2] Vgl. T. S. 6. 5. 1911, Sent. **121**, 362.
[3] Cunha Gonçalves IV p. 505.
[4] Sup. Trib. Fed. 4. 8. 1923, Rev. de Dir. **73**, 345.

Spanien C. civ. Art. 1105[1]);
Portugal C. civ. Art. 705;
Argentinien C. civ. Art. 547 (513), 548 (514);
Brasilien C. civ. Art. 1058; C. com. Art. 202;
Chile C. civ. Art. 1547 Abs. 2, 1558 Abs. 2;
Bolivien C. civ. Art. 741;
Columbien C. civ. Art. 1604 Abs. 2, 1616 Abs. 2;
Ecuador C. civ. Art. 1537 Abs. 2, 1548 Abs. 2;
Mexico C. civ. Art. 2111;
Uruguay C. civ. Art. 1343; C. com. Art. 220;
Venezuela C. civ. Art. 1292;
Costa Rica C. civ. Art. 702;
Honduras C. civ. Art. 1363 Abs. 2;
Nicaragua C. civ. Art. 1864;
Panama C. civ. Art. 990;
Salvador C. civ. Art. 1418 Abs. 2, 1429 Abs. 2.

(43) Die Ausdrücke höhere Gewalt und Zufall werden in diesem Zusammenhang ohne Unterscheidung, meist nebeneinander verwendet; die spanischen und die gleichlautenden panamenischen Bestimmungen gebrauchen sie überhaupt nicht. In der Begriffsbestimmung schließen sich die Zivilgesetze an die Formulierung des casus fortuitus bei Vinnius[2]) an: omne quod humano captu praevideri non potest, nec cui praeviso potest resisti. Wörtlich ist sie in *Spanien* (C. civ. Art. 1105), *Argentinien* (C. civ. Art. 548 [514]) und *Panama* (C. civ. Art. 990), ähnlich in *Chile* (C. civ. Art. 45) übernommen; statt von Unvorhersehbarkeit spricht man in Brasilien von Unvermeidbarkeit (C. civ. Art. 1058 einziger Paragraph). Die *chilenische* Begriffsbestimmung führt als Beispiele Erdbeben, feindliche Angriffe und Verfügungen von hoher Hand auf; sie gilt auch in

Columbien C. civ. Art. 64;
Ecuador C. civ. Art. 40;
Salvador C. civ. Art. 43.

Im *venezolanischen* Handelsrecht wird die höhere Gewalt für die Frachtführerhaftung als Ereignis definiert, das sich weder mit der Umsicht von Leuten dieses Berufes voraussehen, noch mit ihren Mitteln verhindern ließ (C. com. Art. 179 Abs. 2).

Von einer causa extraña que no puede imputarsele spricht das Gesetz in

Bolivien C. civ. Art. 740;
Uruguay C. civ. Art. 1342; C. com. Art. 219;
Venezuela C. civ. Art. 1291.

c) Umfang des Schadens.

(44) Der Verkäufer hat damnum emergens und lucrum cessans (daños y perjuicios) zu ersetzen,

[1]) T. S. 14. 1. 1936, Bol. Colegio Abogados 1936 p. 142: Unvorhersehbare Gesetzesänderung (Pacht).

[2]) Inst. Lib. II Tit. XV, 2. Aufl. Amsterdam (1655) p. 586.

Spanien C. civ. Art. 1106;
Portugal C. civ. Art. 706;
Argentinien C. civ. Art. 553 (519);
Brasilien C. civ. Art. 1059;
Chile C. civ. Art. 1556;
Bolivien C. civ. Art. 742;
Columbien C. civ. Art. 1613;
Ecuador C. civ. Art. 1546;
Mexico C. civ. Art. 2107—2109;
Peru C. civ. Art. 1272;
Uruguay C. civ. Art. 1345; C. com. Art. 222;
Venezuela C. civ. Art. 1293;
Costa Rica C. civ. Art. 702;
Honduras C. civ. Art. 1365;
Nicaragua C. civ. Art. 1865;
Panama C. civ. Art. 991:
Salvador C. civ. Art. 1427.

(45) Die Ersatzpflicht umfaßt aber auch bei vorsätzlicher Vertragsverletzung nur den Schaden, der die unmittelbare und direkte Folge der Nichterfüllung bildet,

Portugal C. civ. Art. 707;
Argentinien C. civ. Art. 554 (520), 555 (521)[1];
Brasilien C. civ. Art. 1060;
Chile C. civ. Art. 1558 Abs. 1;
Bolivien C. civ. Art. 744;
Columbien C. civ. Art. 1616 Abs. 1;
Ecuador C. civ. Art. 1548 Abs. 1 S. 2;
Peru C. civ. Art. 1265;
Uruguay C. civ. Art. 1346 Abs. 2; C. com. Art. 223 Abs. 2;
Venezuela C. civ. Art. 1295;
Costa Rica C. civ. Art. 704;
Nicaragua vgl. C. civ. Art. 1876, aber 1866 Abs. 2;
Salvador C. civ. Art. 1429 Abs. 1.

Andere Rechte führen an, der Schaden müsse eine notwendige Folge der Vertragsverletzung sein, so

Portugal C. civ. Art. 707;
Argentinien C. civ. Art. 554 (520).

Ähnliche Bedeutung kommt wohl auch dem Art. 2110 des *mexikanischen* Código civil zu, der nur den Schaden als ersatzfähig ansieht, welcher aus der Nichterfüllung unmittelbar und direkt folgt, „sei es, daß er durch sie verursacht ist oder notwendigerweise verursacht werden muß".

Dagegen ist aller Schaden, der sich nachweislich (conocidamente) aus der Nichterfüllung herleitet, zu ersetzen in

---

[1]) Art. 555 (521) wiederholt nur den Sinn von Art. 554 (520): Llerena II p. 448 f.

Spanien C. civ. Art. 1107 Abs. 2[1]);
Honduras C. civ. Art. 1366 Abs. 2;
Nicaragua vgl. C. civ. Art. 1866 Abs. 2, aber Art. 1876;
Panama C. civ. Art. 992 Abs. 2.

(**46**) Fällt dem Schuldner kein Vorsatz zur Last, so beschränkt sich seine Haftung auf den Schaden, der bei Vertragsschluß vorhergesehen wurde oder vorhersehbar war,

Spanien C. civ. Art. 1107 Abs. 1;
Brasilien C. civ. Art. 1059 einziger §;
Chile C. civ. Art. 1558 Abs. 1;
Bolivien C. civ. Art. 743;
Columbien C. civ. Art. 1616 Abs. 1;
Ecuador C. civ. Art. 1548 Abs. 1 S. 1;
Uruguay C. civ. Art. 1346 Abs. 1; C. com. Art. 223 Abs. 1;
Venezuela C. civ. Art. 1294;
Honduras C. civ. Art. 1366 Abs. 1;
Nicaragua C. civ. Art. 1866 Abs. 1;
Panama C. civ. Art. 992 Abs. 1;
Salvador C. civ. Art. 1429 Abs. 1.

(**47**) Der Verzugsschaden berechnet sich vom Tag der Mahnung ab; dem Schadenersatz wegen Nichtlieferung wird in der Praxis häufig die Differenz zwischen dem Kaufpreis und dem Preis der Ware zur Lieferzeit zugrunde gelegt,

Argentinien Cám. com. de la Cap. vom 30. 12. 1924, Jur. Arg. **14**, 1243;
Brasilien Sub. Trib. Fed. 4. 8. 1932, Rev. de Dir. **73**, 345 (350), mit Belegen; Cunha Gonçalves n°. 120 p. 354.

Nach der ***argentinischen*** Rechtsprechung wird der Gewinn eines Weiterverkaufs ohne näheren Nachweis in Rechnung gezogen, wenn der Weiterverkauf bezweckt war,

Cám. com. de la Cap. 22. 11. 1926, Jur. Arg. **23**, 438; vgl. für *Brasilien* App. Rio 2. 7. 1927, Rev. de Dir. **84**, 561.

4. Sonstige Rechtsbehelfe des Käufers. a) Einrede des nichterfüllten Vertrages.

(**48**) Die Einrede des nicht erfüllten Vertrags wird in den Gesetzen nur dem Verkäufer ausdrücklich gewährt,

Spanien C. civ. Art. 1466;
Portugal C. civ. Art. 1574;
Argentinien C. civ. Art. 1452 (1418), 1462 (1428);
Brasilien C. civ. Art. 1130;
Chile C. civ. Art. 1826 Abs. 3;
Bolivien C. civ. Art. 1031;
Columbien C. civ. Art. 1882 Abs. 3;

[1]) Die *spanische* Rechtsprechung legt Gewicht darauf, daß der Schaden genau nachgewiesen wird, vgl. T. S. 5. 3. 1924. Sent. **162**, 113 und die p. 123 erwähnte frühere Rspr.; T. S. 30. 5. 1925, Sent. **166**, 562; 25. 1. 1929, Sent. **187**, 379, vgl. Manresa VIII p. 103/4. Häufig wird im Auflösungsprozeß zum Schadenersatz „in genere“ verurteilt und die Schadensfeststellung einem weiteren Verfahren vorbehalten: *Chile* C. S. 3. 6. 1921, Rev. de Der. **20** II 1, 388; *Columbien* C. S. 22. 11. 1928, G. J. **36**, 103; 8. 10. 1929, G. J. **37**, 253.

Ecuador C. civ. Art. 1817 Abs. 3;
Mexico C. civ. Art. 2286;
Peru C. civ. Art. 1378, 1388 [1]);
Uruguay C. civ. Art. 1688 Abs. 3; C. com. Art. 530 Abs. 2;
Venezuela C. civ. Art. 1535 Abs. 1;
Costa Rica C. civ. Art. 1072 [2]);
Honduras C. civ. Art. 1623;
Nicaragua C. civ. Art. 2593;
Panama C. civ. Art. 1236;
Salvador C. civ. Art. 1629 Abs. 3.

Allgemein für gegenseitige Verträge geben das ***argentinische*** und ***brasilianische*** Zivilrecht sowie das ***panamenische*** Handelsrecht die Einrede.

Argentinien C. civ. Art. 1235 (1201);
Brasilien C. civ. Art. 1092;
Panama C. com. Art. 236.

In den übrigen Rechten spricht für die Einrede des Käufers nur noch die allgemeine Regel, daß bei gegenseitigen Verträgen keine Partei in Verzug kommt, solange nicht der Gegner wenigstens seine Leistung vertragsmäßig anbietet,

Spanien C. civ. Art. 1100 Abs. 3;
Argentinien C. civ. Art. 544 (510);
Chile C. civ. Art. 1552;
Columbien C. civ. Art. 1609 [3]);
Ecuador C. civ. Art. 1542;
Honduras C. civ. Art. 1356;
Nicaragua C. civ. Art. 1859 Abs. 3;
Panama C. civ. Art. 985 Abs. 3;
Salvador C. civ. Art. 1423.

Einrede der Unsicherheit.

(49) Die Einrede der Unsicherheit bis zur Sicherstellung des Kaufpreises hat der Verkäufer jedenfalls gegenüber dem Käufer, der in Konkurs oder Zahlungsunfähigkeit geraten ist,

Spanien C. civ. Art. 1467;
Portugal Cunha Gonçalves VIII p. 553/4; C. com. Art. 468;
Argentinien C. civ. Art. 1453 (1419);
Brasilien C. civ. Art. 1131; C. com. Art. 198;
Chile C. civ. Art. 1826 Abs. 4; C. com. Art. 147;
Bolivien C. civ. Art. 1032;
Columbien C. civ. Art. 1882 Abs. 4; C. com. Art. 237;
Ecuador C. civ. Art. 1817 Abs. 4;
Peru C. civ. Art. 1381;
Mexico C. civ. Art. 2287;
Uruguay C. civ. Art. 1688 Abs. 4, C. com. Art. 526 Abs. 2;
Venezuela C. civ. Art. 1535 Abs. 2;
Costa Rica C. civ. Art. 1073;

---

[1]) C. S. 23. 11. 1897, Anales Judiciales 6, 415.
[2]) Allgemein zu C. civ. Art. 692 C. Cass. 20. 8. 1931, Sent. 1931 II 153 (166); 27. 7. 1932, Sent. 1932 II 195.
[3]) C. S. 29. 9. 1927, G. J. 35, 3; 10. 2. 1930, G. J. 37, 401.

Honduras C. civ. Art. 1624;
Nicaragua C. civ. Art. 2594;
Panama C. civ. Art. 1237; C. com. Art. 761;
Salvador C. civ. Art. 1629 Abs. 4.

Dabei reicht es in Spanien, Mexiko, Costa Rica, Honduras und im Handelsrecht Panamas aus, daß sich die Zahlungsunfähigkeit des Käufers nach Vertragsschluß herausstellt, während der Verkäufer die Einrede nach den übrigen Rechten nur dann hat, wenn die Zahlungsunfähigkeit des Käufers nach Vertragsschluß eingetreten ist.

(50) Nach einigen Gesetzen ist nicht die Zahlungsunfähigkeit des Käufers Voraussetzung der Einrede, sondern es genügt, wenn sich die Vermögensverhältnisse des Käufers nach Vertragsschluß so verschlechtern, daß der Kaufpreis gefährdet ist, so

Chile C. civ. Art. 1826 Abs. 4, C. com. Art. 147;
Columbien C. civ. Art. 1882 Abs. 4, C. com. Art. 237;
Ecuador C. civ. Art. 817 Abs. 4;
Peru C. civ. Art. 1381;
Uruguay C. civ. Art. 1688 Abs. 4, C. com. Art. 526 Abs. 2;
Panama C. com. Art. 761;
Salvador C. civ. Art. 1629 Abs. 4.

Entsprechende Vorschriften zugunsten des Käufers beim Pränumerationskauf fehlen.

b) Selbsthilfekauf und Dekkungskauf.

(51) In einigen Rechten kann sich der Käufer gerichtlich zum Selbsthilfekauf ermächtigen lassen. In Argentinien sieht Art. 467 C. com. diese Möglichkeit ausdrücklich vor. Sie soll auch in Chile bestehen [1]).

Diese Art der Eindeckung ist für die Schadensberechnung des Käufers sicherer, da der Verkäufer hier keine Einwendung gegen die Schadenshöhe erheben kann, während das Gericht bei einem Dekkungskauf ohne diese Ermächtigung nicht an die Schadensberechnung des Käufers gebunden ist. Meist wird allerdings auch dann der Dekkungskauf einer Schadensberechnung zugrunde gelegt; das gilt besonders, wenn der Verkäufer endgültig die Leistung verweigert oder die Lieferfrist abgelaufen ist,

Spanien Manresa VIII, 155; T. S. 3. 3. 1919, Sent. **145**, 426;
Argentinien Cám. com. de la Cap. 23. 3. 1928, Jur. Arg. **27**, 374; Cám. com. de la Cap. 23. 5. 1930, Gac. del Foro **86**, 264.
Brasilien Trib. Superior de Just. do Rio Grande de Norte 26. 1. 1927, Rev. de Dir. **84**, 154.

Der Regelung des italienischen Handelsrechts folgen die Art. 149 ff. des *venezolanischen* Handelsgesetzbuchs.

c) Stellvertretendes Commodum

(52) In den meisten Rechten gebührt dem Käufer nach allgemeiner Regel das stellvertretende Commodum, wenn der Verkäufer durch Untergang der Ware von seiner Lieferpflicht frei wird,

---

[1]) Alessandri I n°. 1055 p. 1020/1.

Spanien C. civ. Art. 1186;
Argentinien C. civ. Art. 929 (895);
Bolivien C. civ. Art. 897;
Chile C. civ. Art. 1677;
Columbien C. civ. Art. 1736;
Ecuador Ç. civ. Art. 1667;
Mexico C. civ. Art. 2020;
Peru C. civ. Art. 2277;
Uruguay C. civ. Art. 1556; C. com. Art. 1011;
Venezuela C. civ. Art. 1367;
Honduras C. civ. Art. 1464;
Nicaragua C. civ. Art. 2173;
Panama C. civ. Art. 1072;
Salvador C. civ. Art. 1547.

In Spanien stehen die Ansprüche des Schuldners dem Gläubiger nach dem Gesetz unmittelbar zu[1]). Dasselbe bestimmen die Gesetze in Uruguay, Venezuela, Honduras, Nicaragua und Panama. In den übrigen Ländern kann der Gläubiger nur die Abtretung verlangen.

Die anglo-amerikanischen Rechte.

Der Darstellung werden im allgemeinen das englische und das amerikanische Kaufgesetz zugrunde gelegt; sie können für das common law, das sie grundsätzlich nicht ändern, sondern wiedergeben wollen (Chalmers, p. VIII), als repräsentativ gelten. Besonderheiten der Gesetze gegenüber dem common law werden vermerkt.

Das britische Gesetz gilt auch in Schottland, hat also das Kaufrecht zweier Länder vereinheitlicht, deren Rechtsordnungen im allgemeinen auf verschiedenen Grundlagen beruhen.

§ 33.

A. Verpflichtungen des Verkäufers im allgemeinen.

I. Einzelne Obliegenheiten des Verkäufers.

I. An einzelnen Obliegenheiten des Verkäufers nennen die beiden Kaufgesetze außer der Pflicht zur Lieferung der Ware (S. G. A. sect. 27, Unif. S. A. sect. 41):

1. Der Verkäufer hat die Kosten zu tragen, die damit zusammenhängen, die Ware in lieferbaren Zustand zu setzen, S. G. A. sect. 29 (5), Unif. S. A. sect. 43 (5).

2. Versendet der Verkäufer die Ware auf Grund des Vertrags für Rechnung des Käufers, so hat er mit dem Frachtführer für den Käufer einen Vertrag abzuschließen, der mit Rücksicht auf die Natur der Waren und die sonstigen Umstände angemessen

[1]) Ebenso Manresa VIII p. 362 zu Art. 1286, vgl. T. S. 6. 7. 1918, Sent. 144, 102 (108) obiter. *Peru*: Barreto in C. S. 26. 5. 1924 A. J. 20, 50 (55).

(reasonable) erscheint. Verletzt der Verkäufer diese Pflicht, so kann der Käufer nach seiner Wahl die Lieferung zurückweisen und die Rechte geltend machen, die ihm bei Nichtlieferung zustehen, oder die Ware abnehmen und Ersatz des Schadens verlangen, der ihm durch den Abschluß des unangemessenen Beförderungsvertrags erwachsen ist. S. G. A. sect. 32 (2), Unif. S. A. sect. 46 (2).

3. Wird die Ware über See versendet, und zwar unter solchen Umständen, daß der Verkäufer weiß oder wissen muß, daß eine Transportversicherung üblich ist, so muß er dem Käufer die zum Abschluß eines Transportversicherungsvertrags notwendigen Angaben machen. Versäumt er dies, so reist die Ware auf seine Gefahr, S. G. A. sect. 32 (3). Unif. S. A. sect. 46 (3) erweitert diese Angabepflicht auf alle Transporte, bei denen eine Versicherung üblich ist.

4. Wenn der Verkäufer dem Käufer die Waren zur Lieferung anbietet, so muß er ihm auf Wunsch eine angemessene Gelegenheit geben, vor Preiszahlung die Ware auf ihre Vertragsgemäßheit zu untersuchen. S. G. A. sect. 34 (2); Unif. S. A. sect. 47 (2). Nach Unif. S. A. sect. 47 (3) ist dieses Recht des Käufers im Zweifel aber dann ausgeschlossen, wenn die Ware im Einverständnis mit dem Käufer gegen Nachnahme übersandt wird. Hier muß also der Käufer zahlen, bevor er Gelegenheit zur Untersuchung der Ware erhält.

II. Natur der vertraglichen Ansprüche. 1. Garantie.

II. 1. Abweichend von den kontinentalen Systemen geht das common law von dem Gedanken aus, daß durch einen schuldrechtlichen Vertrag keine Ansprüche auf Erfüllung begründet werden, sondern nur Ansprüche auf Schadenersatz wegen Verletzung der vertraglich übernommenen Obliegenheiten, also wegen Vertragsbruchs (breach of contract). So bedeutet der Vertrag im common law rechtlich ein Garantieversprechen: der Schuldner verspricht Schadenersatz für den Fall, daß er die vertraglich versprochenen Leistungen nicht oder nicht richtig erfüllt. Jede vertraglich übernommene Obliegenheit stellt sich dar als Garantie, warranty[1]). Nur das begrifflich auch heute noch selbständig neben dem common law stehende System der Equity kennt Erfüllungsansprüche. Dieses System greift aber nur in besonderen Fällen subsidiär hinter dem common law ein.

Warranty.

Condition.

Neben den Begriff der warranty tritt als zweiter Grundbegriff der der condition. So nennt das common law die vertraglichen Verpflichtungen, die so wesentlich sind, daß ihre Nichterfüllung dem

[1]) Warranty im weiteren Sinne, vgl. unten S. 264. Über die Natur des Vertrags im einzelnen vgl. Rheinstein, Die Struktur der vertraglichen Schuldverhältnisse im anglo-amerikanischen Recht, insbesondere S. 122 ff.

anderen Teil das Recht gibt, ebenfalls seine Verpflichtungen nicht zu erfüllen. Zu diesen wesentlichen Verpflichtungen gehört immer die Verpflichtung des Verkäufers zur Lieferung. S. G. A. sect. 28; Unif. S. A. sect. 42. Andere Obliegenheiten, die sich auf die Zeit oder den Ort der Lieferung beziehen oder auf die Kostentragung, die Sacheigenschaften u. dgl., sind im einzelnen Fall daraufhin zu beurteilen, ob sie wesentlich sind.

Beim Zuwiderhandeln gegen eine condition kann der andere Teil sich von seiner eigenen Leistungspflicht frei betrachten. Ist dagegen eine sonstige Vertragsverpflichtung (warranty) verletzt [1], so ist der durch die Verletzung entstehende Schaden zu ersetzen, während der Vertrag aufrecht bleibt. Jede condition kann aber zugleich auch als warranty behandelt werden, d. h. der Gläubiger — oder um den dem System des common law besser entsprechenden angloamerikanischen Ausdruck zu gebrauchen — der Versprechensempfänger, Promissar, kann wählen, ob er bei Verletzung der condition den Vertrag als aufgelöst betrachten und die entsprechenden Folgerungen ziehen oder ob er den Vertrag aufrecht erhalten und unter Anerkennung seiner eigenen Leistungspflicht nur Schadenersatz verlangen will, sect. 11 (1) S. G. A. und Unif. S. A.[2]).

[1]) Das Wort warranty hat also einen doppelten Sinn: Warranty im weiteren Sinne ist jedes vertragliche Versprechen, da sein Bruch stets zum Schadenersatz führt. Warranty im engeren Sinne ist dasjenige vertragliche Versprechen, dessen Bruch dem anderen Teil nur den Schadenersatzanspruch gibt, dagegen nicht auch das Recht, den Vertrag im ganzen als erledigt zu betrachten; so die Legaldefinition in S.G.A. sect. 62. In diesem letzteren Sinne steht es im Gegensatz zu condition. In einem noch spezielleren Sinne bezeichnet der Ausdruck Gewährleistung wegen Sach- und wegen Rechtsmangels.

[2]) Das Wort Bedingung (condition) hat in der Terminologie des Vertragsrechts des common law also eine andere Bedeutung als im deutschen oder allgemein in den kontinentalen Rechten. Vgl. auch A. Schwarz, Bedingung, Rvgl. Hwb. II S. 400 (III 5). Werden beiderseitige Leistungen derart miteinander verknüpft, daß die Leistung des einen Teils (A) aufschiebende Bedingung für die Entstehung einer Leistungspflicht des anderen Teils (B) sein soll, so ist die Leistung des A nicht in obligatione. Wird sie erbracht, so geschieht dies nicht in Erfüllung einer Verpflichtung, nicht solvendi sondern conditionis implendae causa. Die Nichterbringung hindert zwar die Entstehung der Leistungspflicht des B, sie führt aber zu keiner Schadenersatzpflicht. Auch dem common law ist eine Bedingung in diesem Sinne bekannt. In der Lehre von den obligatorischen beiderseitigen Verträgen werden aber als conditions solche beiderseitige Leistungspflichten bezeichnet, die im Verhältnis des funktionellen Synallagmas stehen, concurrent conditions S.G.A. sect. 28, Unif.S.A. sect. 42. Der amerikanische Sales Act nennt sie, im Gegensatz zu den „reinen" Bedingungen "conditions the happening or performance of which the other party has promised" (Bedingungen, deren Eintritt oder deren Erfüllung die andere Partei versprochen

2. Systematische Folgen für Mängelhaftung

2. Da zwischen wesentlichen und unwesentlichen Vertragsbestimmungen, nicht aber zwischen Vertragspflichten und Garantien unterschieden wird, bildet im common law die Garantie für die Freiheit der Sache von rechtlichen oder sachlichen Mängeln und für das Vorhandensein gewisser Eigenschaften nur einen Unterfall der allgemeinen vertraglichen Garantien. Nur weil für den kontinentalen Juristen die Sonderbetrachtung der Mängelansprüche üblich geworden ist und die Rechtsvergleichung davon nicht absehen kann, werden im folgenden (Teil VI) auch für das common law die auf die Mängelfreiheit bezüglichen Garantiepflichten des Verkäufers gesondert behandelt werden.

und „Verzug"

Die einfachen Kategorien Garantie und Vertragsbruch führen auch zu einer einfachen Einordnung des Verzugs in das System. Für das common law ist die zeitliche Bestimmung der Lieferung eine Vertragsbestimmung wie jede andere. Einen Begriff des Verzugs gibt es daher gar nicht. Die Folgen verspäteter Leistung hängen gemäß dem allgemeinen Prinzip davon ab, ob die Zeitbestimmung im gegebenen Fall für den Vertrag „wesentlich" ist oder nicht, englisch ausgedrückt "whether time is of the essence of the contract or not" S. G. A. sect. 10 (1).

3. Condition oder warranty?

3. Ob eine einzelne vertragliche Obliegenheit „wesentlich" oder „unwesentlich", condition oder warranty ist, hängt von der Natur des Vertrages und von der Parteiabsicht ab. Für einzelne Fälle geben auch Gesetze oder Präjudizienrecht allgemeine Regeln, die aber natürlich durch Parteivereinbarung jederzeit abgeändert werden können. Solche Regeln stellen die Kaufgesetze insbesondere bezüglich der Bedeutung von Rechts- und Sachmängeln auf, wobei das englische und das amerikanische Recht insofern voneinander abweichen, als letzteres allen derartigen Mängeln „wesentliche" Bedeutung beilegt, sie terminologisch aber, anders als der Sprachgebrauch des common law, warranty of title oder of quality nennt. Hinsichtlich der übrigen Pflichten hat auch das amerikanische Recht den Unterschied zwischen der Verletzung wesentlicher und unwesentlicher Pflichten beibehalten, was insbesondere für die Verletzung der Lieferzeit und für die Verletzung vertraglicher Nebenobliegenheiten von Bedeutung ist.

---

hat (sect. 11 [1]). Das englische Gesetz ist weniger korrekt. Dem allgemeinen Sprachgebrauch des common law folgend, spricht es einfach von conditions to be fulfilled by the seller (sect. 11 [1]).

Zur Beurteilung, ob eine Vertragsbestimmung oder eine Pflichtverletzung wesentlich ist, wird gefragt, welche Bedeutung die Parteien der Verletzung bei Vertragsabschluß beigelegt haben würden; auf diesem Wege kommt man über den Parteiwillen zu einer Bewertung der einzelnen Vertragspflicht beim Vertragsschluß, aber offenbar gleichzeitig auch zur Bewertung des Vertragsbruchs zur Zeit seiner Begehung [1]).

III. Modalitäten der Lieferung. 1. Ort.

III. 1. „Beim Mangel einer Vereinbarung — Unif. S. A. sect. 43 (1) fügt hinzu: „oder eines gegenteiligen Handelsbrauchs" — ist Ort der Lieferung (delivery) der Geschäftsort des Verkäufers oder, wenn er keinen solchen hat, sein Wohnsitz (residence). Betrifft aber der Vertrag bestimmte Sachen, die sich unter Kenntnis beider Teile im Zeitpunkt des Vertragsabschlusses an einem anderen Platz befinden, so ist dieser Platz der Lieferungsort (S. G. A. sect. 29 (1); Unif. S. A. sect. 43 (1)). Die Kaufgesetze folgen hier in Ermangelung von Präjudizien praktischen Erwägungen [2]).

2. „Lieferung".

2. Lieferung (delivery) ist in der wichtigsten Bedeutung des vielverwendeten Wortes die Übertragung des Besitzes von einer Person auf eine andere (S. G. A. sect. 62; Unif. S. A. sect. 76). Wenn nach dem Inhalt des Vertrags der Verkäufer die Waren dem Käufer zu senden hat oder an ihn zu senden ermächtigt ist, so gilt die Übergabe an die Transportperson als Lieferung, es sei denn, daß im Vertrag Lieferung beim Käufer oder an einem bestimmten Platz vereinbart ist (S. G. A. sect. 32 (1); Unif. S. A. sect. 46 (1)).

Liegt die Ware bei einem Dritten, z. B. in einem Lagerhaus, so ist im Verhältnis zwischen Käufer und Verkäufer die Ware erst dann geliefert, wenn der Dritte anerkennt, daß er die Ware nunmehr für den Käufer in Besitz halte. Das gilt aber nur unbeschadet der besonderen Bestimmungen über Traditionspapiere (S. G. A. sect. 29 (3); Unif. S. A. sect. 43 (3)).

Sofern nicht Abweichendes vereinbart ist, braucht der Käufer sich Teillieferung nicht gefallen zu lassen (S. G. A. sect. 31 (1), Unif. S. A. sect. 45 (1)).

Lieferungsverlangen und Angebot können als unwirksam behandelt werden, wenn sie nicht zu einer angemessenen Tageszeit erfolgen. Im Gegensatz zu dem früheren Recht [3]) bestimmt das Ge-

---

[1]) Noch schärfer Rheinstein a. a. O. 201 f.

[2]) Vgl. Chalmers, p. 92.

[3]) Chalmers p. 93.

setz, daß die Frage, was eine angemessene Tageszeit ist, Tatfrage sei, S. G. A. sect. 29 (4); Unif. S. A. sect. 43 (4).

3. In Ermanglung einer ausdrücklich oder stillschweigend vereinbarten Lieferzeit (und eines Handelsbrauchs) hat in dem Fall, daß der Verkäufer die Ware dem Käufer zu senden hat, die Absendung innerhalb „einer angemessenen Frist" (reasonable time) zu erfolgen. S. G. A. sect. 29 (2), Unif. S. A. sect. 43 (2). Was darunter zu verstehen sei, ist Tatfrage des Einzelfalls, S. G. A. sect. 56[1]). *3. Lieferzeit.*

§ 34.

B. Die Folgen der Nichtlieferung.

I. 1. Wird die Ware nicht geliefert, so ist der zentrale Rechtsbehelf des common law der Anspruch des Käufers auf Schadenersatz wegen Nichterfüllung, action for damages for non-delivery (S. G. A. sect. 51; Unif. S. A. sect. 67). *I. Die Rechtsbehelfe. 1. Schadenersatz wegen Nichterfüllung.*

2. a) Wann das Eigentum an der Sache bereits auf den Käufer übergegangen ist, entscheidet die Parteiabsicht, über deren Ermittlung S. G. A. sect. 18 und Unif. S. A. sect. 19 Regeln aufstellen. Danach vollzieht sich der Eigentumsübergang beim Spezieskauf grundsätzlich mit Vertragsabschluß, beim Genus-Versendungskauf mit Aussonderung und Auslieferung an den Beförderer, beim Genus-Fernkauf mit der Übergabe an den Käufer. Hat dieser das Eigentum erhalten, so kann er an Stelle des Schadenersatzanspruchs aus dem obligatorischen Vertrag die Ansprüche des nicht besitzenden Eigentümers gegen den besitzenden Nichteigentümer geltend machen[2]). Auf eine solche dingliche Klage, die sog. action of detinue, die im common law die Stelle der rei vindicatio einnimmt, wird der Beklagte alternativ zur Herausgabe der Sache oder zur Zahlung ihres Wertes verurteilt; in England kann der Kläger jedoch beantragen, daß dem Beklagten untersagt wird, von der Befugnis, den Wert statt die Sache selbst herauszugeben, Gebrauch zu machen (Rules of the Supreme Court, Order 48)[3]). *2. Eigentumsansprüche. a) Dinglicher Art.*

b) Neben der Herausgabeklage stehen die deliktischen Klagen wegen unbefugter — nicht notwendig schuldhafter — Verfügung über fremdes Eigentum (trover and conversion). Sie können vor *b) Deliktischer Art.*

[1]) Vgl. im einzelnen die bei Williston § 451 und Benjamin p. 718 angeführten Entscheidungen.

[2]) So ausdrücklich Unif.S.A. sect. 66; das gleiche gilt auch ohne Erwähnung im Gesetz in England, vgl. Benjamin p. 1024 f., Chalmers p. 136.

[3]) Über *Ver. Staaten* s. 9 R.C.L. 153 s.; N.Y.C.P.A. §§ 1089 s.

allem dann Platz greifen, wenn der Verkäufer die ins Eigentum des Käufers übergegangene Sache anderweitig noch einmal verkauft [1]). Der Anspruch richtet sich gegen den Verkäufer oder den Dritten oder beide auf Ersatz des Wertes, den die Sache im Zeitpunkt der conversion, hier der Lieferung an den Dritten, hatte. Dieser Wert kann höher sein als zur Zeit, wo die Ware hätte geliefert werden sollen, dem maßgeblichen Zeitpunkt für den Schadenersatz wegen Vertragsbruchs [2]).

3. Kaufpreis-rückforderung.

3. Hat der Käufer den Kaufpreis (ganz oder teilweise) gezahlt, so kann er ihn, wenn die Ware nicht geliefert wird, zurückverlangen (restitution of money paid) wegen Ausfalls (failure) der consideration. Der Käufer hat die Wahl zwischen diesem Anspruch und dem Nichterfüllungsschaden. Dieser Anspruch auf restitution hat seine Grundlage im common law, die Kaufgesetze regeln ihn nicht näher, sie erkennen ihn lediglich als bestehend an [3]).

4. Recht, den Kauf als erledigt zu betrachten.

4. Hat der Käufer noch nicht gezahlt, so kann er, wenn die Ware nicht geliefert wird, den Vertrag als erledigt betrachten. Er kann daher Abweisung einer Klage des Verkäufers wegen Nichtzahlung verlangen. Theoretisch wird diese Befugnis entweder darauf gestützt, daß die für Entstehung der Verpflichtung zur Kaufpreiszahlung notwendige aufschiebende Bedingung der Warenlieferung nicht eingetreten sei oder daß der Käufer das Recht habe, den Vertrag aufzulösen (to rescind). Für die praktische Durchführung hat der Unterschied der konstruktiven Begründungen keine Bedeutung [4]).

5. Einrede des nicht erfüllten Vertrags.

5. Ist die Vorausbezahlung des Kaufpreises nicht ausdrücklich vereinbart, so braucht ihn der Käufer nicht zu zahlen und der Verkäufer kann nicht Ansprüche wegen der Nichtzahlung geltend machen, wenn er, der Verkäufer, nicht seinerseits zur Lieferung der

---

[1]) Mc Gregor v. Whalen (1914) 20 D.L.R. 489; Benjamin p. 986 N. h.

[2]) Vgl. Aronson v. Mologa Holzindustrie A.G. (1927) 32 Com. Cas. 276, unsere Z. 4, 362: Eigentumserwerb durch den Käufer im Dezember, Lieferung vertragsmäßig verlangt im Juni. Unberechtigter Verkauf in der Zwischenzeit. Zwischen Dezember und Juni fallen die Preise. Der Käufer kann den Wert verlangen, den die Ware zur Zeit des unberechtigten Verkaufs hatte. Die vielfach wiederkehrende Formel, der Käufer könne in tort keinen höheren Schadenersatz erlangen als mit der Vertragsklage, ist nur eine mißverständliche Formulierung des Gedankens, daß der Käufer, der den Kaufpreis noch nicht bezahlt hat, natürlich nicht den vollen Wert der Ware verlangen kann, sondern nur die Differenz zwischen dem Wert im Zeitpunkt der conversion und dem Kaufpreis.

[3]) S.G.A. sect. 54, Unif.S.A. sect. 70. Vgl. Woodward, Quasi Contracts p. 412 ff.

[4]) Vgl. dazu Williston, § 448 c; Rheinstein S. 192 ff.

Ware „bereit und willens ist" (ready and willing). Lieferung der Ware und Zahlung des Kaufpreises sind „korrespondierende Bedingungen" (concurrent conditions)[1]).

Nach heutigem englischen Prozeßrecht braucht der Verkäufer seine eigene Leistungsbereitschaft nicht in der Klage zu behaupten; auf Rüge des Käufers muß er sie aber beweisen (Rules of the Supreme Court, Order 19 Rule 14).

Grundsätzlich kann der Verkäufer den Kaufpreis nicht verlangen, ehe der Käufer die Ware besichtigen konnte. So kann der Verkäufer beim Versendungskauf den Kaufpreis nicht schon mit der Übergabe der Ware an die Transportperson verlangen, sondern erst, wenn die Ware am Bestimmungsort angekommen ist und der Käufer Gelegenheit zu ihrer Besichtigung gehabt hat[2]). Diese „Einrede" des Käufers entfällt dann, wenn die auf seine Gefahr reisende Ware untergeht[3]). Dagegen darf der Käufer bei der Klausel „Kasse gegen Dokumente" die Zahlung nicht bis zur Besichtigung aufschieben[4]), denn bei dieser Klausel ist gegen Aushändigung der Dokumente zu zahlen, auch wenn die Ware noch nicht am Bestimmungsort angekommen ist. Diese Regelung wird auch, wenigstens in England, für den cif-Kauf angenommen, in den man die Klausel „Kasse gegen Dokumente" hineininterpretiert hat[5]).

Die gegenseitige Abhängigkeit der Kaufpreiszahlung von der Lieferung gilt natürlich nur, wenn nichts anderes vereinbart ist.

6. Specific performance.

6. Eine besondere Stellung unter den Rechtsbehelfen des Käufers nimmt der Antrag auf Anordnung der Lieferung der Ware in Natur (specific performance) ein. Bis zu den großen Gerichtsreformen (in England 1873/75, in New-York bis 1846) konnte ein solches Begehren nur vor dem Equity-Gericht des Kanzlers und nur in den besonderen Fällen gestellt werden, in denen das common lâw keinen der Sachlage angemessenen Rechtsbehelf gab, in denen also der Schadenersatzanspruch ungenügend und unangemessen erschien. Die subsidiäre und ausnahmsweise Natur hat der Rechtsbehelf auch

---

[1]) S.G.A. sect. 28, Unif.S.A. sect. 42. Vgl. schon Rawson v. Johnson (1801) 1 East. 203; 102 E.R. 79.

[2]) Rolfe B. in Startup v. Macdonald (oben S. 129); Imperial Products Co. v. Capitol Chemical Co. (1920) 126 N.E. 911 (N.Y.).

[3]) Williston § 448 a, p. 1108 f.

[4]) *Ver. Staaten*: Ausdrücklich Unif. S. A. sect 47 (3) für Verträge C.O.D. (cash on delivery oder collect on delivery); Mariash § 281 in fine.

[5]) E. Clemens Horst Co. v. Biddell [1912] A.C. 18, H.L., bes. auch Kennedy, L.J. in der Unterinstanz, L.R. [1911] 1 K.B. 956 f.

heute noch [1]). Die Gerichte sind in seiner Anwendung auf Kaufverträge über bewegliche Sachen zurückhaltend. Eine genauere Betrachtung der Entscheidungen zeigt aber, daß er in Fällen, in denen ein dringendes Bedürfnis besteht, kaum je versagt wird.

Nach dem Wortlaut der Kaufgesetze ist erforderlich, daß die Verpflichtung des Verkäufers auf Lieferung von „specific" oder „ascertained goods" geht, d. h. auf Lieferung von Speziessachen einschließlich eines ganzen Vorrats [2]). Wie sich dieser gesetzliche Wortlaut zur früheren Praxis verhält, wird erörtert [3]), für normale Gattungsschulden wird jedenfalls Naturalerfüllung niemals angeordnet.

Die Fälle der specific performance betreffen meist Sachen, an denen der Käufer ein besonderes Affektionsinteresse hat [4]), Schiffe und andere Fahrzeuge, die durch ihre individuellen Qualitäten für den Erwerber keinen vertretbaren Charakter haben [5]), Waren, für deren Herstellung der Verkäufer ein Monopol besitzt [6]). Naturalerfüllung ist ferner erzwungen worden in Fällen, in denen der Bezug der Ware gerade vom Beklagten für den Käufer besondere Vorteile bot, z. B. wo der Käufer zur Aufrechterhaltung seines Betriebes völlig auf den beklagten Verkäufer angewiesen war [7]). Auch eine besondere Schwierigkeit der Berechnung des Nichterfüllungsschadens kann zur Anordnung führen [8]). Umgekehrt findet diese nicht statt, wenn sich der Käufer die Ware anderweit verschaffen kann, so daß Geldersatz ausreicht [9]).

Die Vollstreckung geschieht im Wege indirekten Erfüllungszwanges. Wer der Anordnung der Erfüllung nicht nachkommt, macht sich eines strafbaren contempt of Court schuldig und wandert

---

[1]) S.G.A. sect. 52, Unif.S.A. sect. 68.

[2]) Eastern Rolling Mill Co. v. Michlovitz (1929) 157 Md. 51; 145 Atl. 378.

[3]) Vgl. Llewellyn, p. 473 und Williston §§ 601, 602.

[4]) Z. B. Stein von der alten Westminster Brücke (Thorn v. Commissioners of Public Works (1863), 32 Beav. 490; 55 E.R. 192.

[5]) Behnke v. Bede [1927] 1 K.B. 649, unsere Z. 3, 125.

[6]) Vgl. Gloucester Glue v. Russia Cement Co. (1891) 154 Mass. 92; 27 N.E. 1005, Monopol für Fischhäute, von Williston § 602 N. 27 verallgemeinert.

[7]) Konservenfabrik hat die Saison durch Erntenaufkauf bei den benachbarten Landwirten sorgfältig vorbereitet. Ausfall eines Großlieferanten unmittelbar vor Saisonbeginn würde den Betrieb lahmlegen, Curtice Bros. Co. v. Catts (1907) 72 N.J. Eq. 831, 66 A. 935.

[8]) Z. B. Eastern Rolling Mill Co. v. Michlovitz a. a. O. Langjähriger Sukzessivlieferungsvertrag. Folgen des Vertragsbruchs noch nicht zu überblicken.

[9]) Vgl. Cohen v. Roche [1927] 1 K.B. 169 (180), unsere Z. 2, 237.

gegebenenfalls ins Gefängnis. Durch Einfügung von Bedingungen kann das Gericht die Verurteilung zur Erfüllung von der Zug um Zug zu erbringenden Gegenleistung des Käufers abhängig machen.

II. Haftungsfälle.

II. Wird die Ware nicht rechtzeitig geliefert, d. h. nicht zur vertraglich vereinbarten Zeit oder, wenn eine solche Vereinbarung fehlt, innerhalb einer „angemessenen Frist“, so kann der Käufer die Konsequenzen — Schadenersatz wegen Nichterfüllung unter Zurückweisung eines nachträglichen Lieferungsangebots, Kaufpreisrückforderung, endgültige Verweigerung der Kaufpreiszahlung — grundsätzlich sofort ziehen, doch wird dieses strenge Prinzip in praxi vielfach gemildert. Im einzelnen ergibt sich folgendes Bild:

1. Unmöglichkeit.

1. Ist die Lieferung der Ware unmöglich, sei es, weil die zu liefernde Speziessache untergegangen ist, sei es aus sonstigem Grunde, so kann der Käufer die Folgen sofort geltend machen.

2. Verzögerung der Lieferung.

2. Wann im übrigen der Käufer die Nichtlieferungsfolgen geltend machen, ob er insbesondere eine verspätete Lieferung zurückweisen und Schadenersatz wegen Nichtlieferung verlangen kann, ist gesondert zu untersuchen für den Fall, daß über die Lieferungszeit eine Vereinbarung getroffen war oder nicht.

a) Vertrag enthält eine Zeitvereinbarung.

a) Enthält der Vertrag eine Vereinbarung über die Lieferungszeit, so ist durch Auslegung zu ermitteln, ob sie für den Vertrag „wesentlich“ (of the essence of the contract) ist oder nicht, mit anderen Worten, ob die Zeitvereinbarung die Bedeutung einer condition hat oder die einer bloßen warranty.

Time of the essence of the contract or not?

Im ersteren Falle kann der Käufer eine verspätete Lieferung zurückweisen und sofort Schadenersatz wegen Nichterfüllung oder Kaufpreisrückzahlung verlangen. Im zweiten Falle muß er noch eine den Umständen des Falles angemessene Frist (reasonable time) zuwarten; wird innerhalb der Frist geliefert, so muß er die Ware noch annehmen, kann aber Ersatz des Verzögerungsschadens verlangen. Eine Mahnung ist nicht erforderlich, ebensowenig die Setzung irgendeiner Nachfrist oder die Androhung, daß nach Ablauf bestimmter Zeit die Annahme der Ware abgelehnt und die Folgen der Nichtlieferung geltend gemacht würden. Jedoch können die allgemeinen Grundsätze über „waiver“ zur Anwendung kommen, wonach aus dem Verhalten des Käufers je nach den Umständen gefolgert wird, daß er auf seine Rechte aus der Fristversäumnis verzichtet hat[1]).

---

[1]) King v. Wilson (1843) 6 Beav. 124; 49 E.R. 772; vgl. auch King v. Radeke (1898) 175 Ill. 72; 51 N.E. 698.

Der Käufer kann natürlich auch die verspätet gelieferte Ware noch annehmen. — Bestimmungen wie § 376 Abs. 1 S. 2 HGB., daß bei einem Fixgeschäft der Käufer nachträgliche Lieferung nur dann verlangen kann, wenn er sofort nach Ablauf der Zeit oder Frist dem Verkäufer anzeigt, daß er auf Erfüllung bestehe, erübrigen sich im common law, da es einen Erfüllungsanspruch grundsätzlich nicht gibt.

Auslegung. Ob eine vertragliche Bestimmung der Lieferungszeit „wesentliche" Bedeutung hat oder nicht, ist Auslegungsfrage des Einzelfalls [1]), wobei Handelsbräuche in erster Linie maßgebend sind. In gewöhnlichen kaufmännischen Kaufverträgen über Waren geht die Regel dahin, daß die Vereinbarung einer Lieferungszeit prima facie wesentlich ist [2]). Das darf aber nicht mechanisch verstanden werden. Alles kommt auf die Umstände des Einzelfalls an. Die allgemeine Tendenz der Entscheidungen — der englischen wie der amerikanischen — geht allerdings dahin, kaufmännische Zeitvereinbarungen im Sinne des Fixgeschäfts zu verstehen.

Diese Bedeutung der Zeitvereinbarung gilt nicht nur bei Vereinbarungen über die Zeit der Ablieferung der Ware, sondern grundsätzlich auch für sonstige Zeitvereinbarungen im Überseekauf, mit denen sich die Handbücher in diesem Zusammenhang vielfach beschäftigen, vgl. darüber auch Großmann-Doerth Überseekauf, S. 62 f. unter dem Stichwort „Überformalismus". Hat sich z. B. in einem sog. "contract to arrive" der Verkäufer schwimmender Ware verpflichtet, dem Käufer unverzüglich das die Ware führende Schiff zu benennen, sobald er es selbst erfährt, so berechtigt eine Verzögerung dieser Anzeige den Käufer, den Vertrag als vollständig gebrochen zu behandeln: Vgl. Reuter v. Sala (1879) 48 L.J.Q.B. 492, 496; Busk v. Spence (1815) 4 Camp. 329, 171 E.R. 105. Ebenso streng werden Vereinbarungen über die Zeit der Abladung oder Verschiffung der Ware genommen; der Zeitvereinbarung wird hier häufig der Charakter einer Qualitätsbezeichnung beigelegt: Ist z. B. im Reishandel März/Aprilverschiffung vereinbart, so braucht der Käufer eine im Februar verschiffte Ware nicht anzunehmen: Bowes v. Shand (1877) 2 A.C. 455 = Llewellyn p. 496; vgl. auch Aron v. Comptoir Wegimont [1921] 3. K.B. 435, 90 L.J.K.B. 1233 (Kakao Oktoberverschiffung vereinbart, Ware erst im November verschifft); Foreman & Ellams v. Blackburn [1928] 2 K.B. 60, unsere Z. 4, 372 (Gefrierfleisch, Augustverladung, Verschiffung im Juni); Finlay v. Kwik Hoo Tong [1929] 1 K.B. 400, unsere Z. 4, 372 (Zucker Septemberverladung, Verschiffung am 1. Oktober. Käufer kann Ware zurückweisen).

---

[1]) S.G.A. sect. 10 (1). Im amerikanischen Gesetz ist dieser Satz als selbstverständlich nicht ausgesprochen. — Über die Bedeutung der Vereinbarung einer Lieferzeit vgl. im einzelnen bes. Benjamin p. 616; Williston §§ 452 ff. (hier insbesondere auch über die Auslegung der einzelnen Klauseln).

[2]) Reuter, Hufeland & Co. v. Sala & Co. (1879), 4 C.P.D. 239, 246, 249, 48 L.J.Q.B. 492; Hartley v. Hymand [1920] 3 K.B. 475, 90 L.J.K.B. 14, 18.

b) Vertrag enthält keine Zeitvereinbarung.

b) Enthält der Vertrag keine Vereinbarung über die Lieferzeit, so kann der Käufer die ihm wegen Nichtlieferung zustehenden Rechtsbehelfe nach Ablauf einer „angemessenen Frist" (reasonable time) geltend machen. Ihre Dauer bestimmt sich nach den Umständen des Einzelfalles, Handelsbräuche spielen eine maßgebende Rolle[1]). Mahnung ist grundsätzlich auch hier nicht erforderlich, der Ablauf der Frist genügt, um die Nichterfüllungsfolgen eintreten zu lassen[2]). Doch wird — wie sich aus den Entscheidungen ergibt, mit Recht — darauf hingewiesen, daß eine Mahnung oder Fristsetzung erforderlich oder mindestens doch ratsam sei, um zu bestimmen, wann die „angemessene Frist" ablaufe, oder um dem Einwand des Verzichts (waiver) auf die Fristeinhaltung zu begegnen[3]). Auch das Gesetz vertritt diesen Standpunkt an zwei Stellen, in denen die „angemessene Frist" in anderen Zusammenhängen bedeutsam ist: in sect. 60 (3) Unif. S. A. und sect. 48 (3) S. G. A. bezüglich der Befugnis des Verkäufers, bei Annahmeverzug des Käufers nach angemessener Frist zum Selbsthilfeverkauf zu schreiten, und in sect. 61 (2) Unif. S. A. bezüglich des Rechts des Verkäufers im gleichen Fall nach Ablauf einer angemessenen Frist durch Willenserklärung den Übergang des Eigentums auf den Käufer wieder aufzuheben (rescission of title). Daher ist die vom Käufer durch freiwillige Setzung einer Frist näher bestimmte angemessene Frist gegen ihn für die abstrakte Schadensberechnung bindend[4]).

3. Antizipierter Vertragsbruch.

3. Aus einer Nichterfüllung der Lieferungspflicht stehen dem Käufer grundsätzlich die Rechte nicht vor Fälligkeit der Lieferung zu. Doch kann er sie schon früher ausüben, wenn der Verkäufer bereits vor Fälligkeit ernstlich und unzweideutig zu verstehen gibt, daß er nicht leisten werde; er verwirft damit den Vertrag (repudiation of the contract). Dasselbe gilt, wenn der Verkäufer sich die Erfül-

---

[1]) Ob die Frist gewahrt ist, ist Tatfrage. So ausdrücklich S.G.A. sect. 56; im Unif.S.A. fehlt eine entsprechende Bestimmung, vgl. aber eine gleiche Bestimmung über die "reasonable hour", sect. 43 (4) Unif.S.A. und ebenso zur "reasonable time": Murray Co. Inc. v. Lidgerwood Mfg. Co. (1926) 241 N.Y. 455; 150 N.E. 514; Lipps v. Lang (1925) 214 App.Div. 235; 212 N.Y.S. 79; Barban v. David Kaufmann & Sons (1922) 117 A. 597, vgl. noch Williston § 451 a. E.

[2]) Lipps v. Lang (1925) a. a. O.; Jaslow v. Waterbury Co. (1924) 296 Fed. 363.

[3]) Vgl. Williston § 451; Metrop. Woolen Co. v. Nemcof (1919) 174 N.Y.S. 649; Remington Arms Union Metallic Cartridge Co. v. Gaynor Mfg. Co. (1923) 98 Conn. 721; 120 A. 572 und die in der vor. Anm. zit. Entscheidungen.

[4]) Shaw v. Holland (1846) 15 M. & W. 136, 153 E.R. 794; s. Mayne, Treatise on Damages, 10. Aufl. 1927, p. 170.

lung seiner Verpflichtung unmöglich macht; auch hierin liegt ein „vorweggenommener“ Vertragsbruch (anticipatory breach of contract).

In solchem Falle kann der Käufer sofort, schon vor Fälligkeit, Schadenersatz wegen Nichterfüllung oder Rückzahlung des Kaufpreises verlangen. Außerdem erwächst ihm das Recht, die eigene Leistung dauernd zu verweigern, auch wenn Vorauszahlung vereinbart war. Der Käufer ist aber nicht genötigt, diese Konsequenzen sofort oder überhaupt zu ziehen, er kann auch beim Vertrag stehen bleiben und bis zur Fälligkeit zuwarten. Solange er freilich die Repudiation nicht angenommen hat, trägt er das Risiko, seine etwaigen Rechte zu verlieren, wenn nunmehr ein Hindernis eintreten sollte, das den Käufer von seiner Lieferungspflicht befreit[1]). Theoretisch konstruiert man den Fall so, daß die Erfüllungsverweigerung als Angebot zum Abschluß eines Vertragsauflösungsvertrags betrachtet wird, den der Käufer durch seine Erklärung annimmt[2]).

4. Sukzessivlieferungsvertrag.

4. In Anwendung derselben Begriffe bestimmt für Sukzessivlieferungsverträge[3]) (contract for delivery by instalments) S. G. A. sect. 31 (2): „Ist die Ware in bestimmten Raten[4]) zu liefern, die gesondert zu bezahlen sind und liefert der Verkäufer eine oder mehrere Raten mangelhaft“ — oder, wie über den Wortlaut des Gesetzes hinaus allgemein angenommen wird: überhaupt nicht oder mit Verzögerung — „so hängt es jeweils von den Klauseln des Vertrags und den Umständen des Falles ab, ob der Vertragsbruch eine Erfüllungsweigerung (repudiation) des ganzen Vertrags darstellt oder ob er eine abtrennbare Vertragsverletzung bildet, die nur einen Anspruch auf Schadenersatz gibt, nicht aber auch ein Recht, den Vertrag als im ganzen gebrochen zu behandeln“. Nach sect. 45 (2) Unif. S. A. ist im gleichen Falle zu prüfen, ob der Vertragsbruch „so wesentlich ist, daß er als Weigerung der verletzten Partei erscheint, mit dem Vertrag weiter fortzufahren und ein Verlangen von Schadenersatz

---

[1]) Vgl. zu allem: Hochster v. De La Tour (1853) 2 El. & Bl. 678, 118 E.R. 922; 22 L.J.Q.B. 455; Goldfarb v. Campe Corp. (1917) 164 N.Y.S. 583; John Dimon Corp. v. Fed. Sugar Ref. Co. (1925) 213 N.Y.S. 106 und jetzt besonders *Amer.* Restatement §§ 318—323, 457; *amer.* Abweichungen betont Williston, Contracts §§ 1298 ss., 1333 s.

[2]) Vgl. Williston § 585; Rheinstein S. 210; Benjamin p. 1008.

[3]) Vgl. zum Sukzessivlieferungsvertrag insbesondere Benjamin p. 756 ff.; Llewellyn S. 543 ff.

[4]) Die gesetzliche, das common law wiedergebende Regel gilt auch dann, wenn die Raten der Quantität nach nicht fest geregelt sind. Vgl. Chalmers p. 97 und Reuter, Hufeland & Co. v. Sala & Co. (1879) 4 C.P.D. 239; 48 L.J.Q.B. 492.

wegen Nichterfüllung des ganzen Vertrags rechtfertigt", oder ob der Vertragsbruch abtrennbar ist und nur einen Anspruch auf Schadenersatz wegen der einzelnen Rate gibt. Das ist nicht lediglich eine abweichende Formulierung des Gedankens, den auch das englische Gesetz ausdrückt, sondern eine Abweichung in der Sache. Das englische Gesetz stellt wenigstens anscheinend darauf ab, ob das Verhalten des Verkäufers als eine repudiation aufzufassen ist (subjektiv), während die Amerikaner objektiv prüfen, ob der Verstoß des Verkäufers so schwer ist, daß er als Bruch des ganzen Vertrages behandelt werden muß [1]; aber die englische Rechtsprechung gelangt zum selben Prinzip [2].

5. Ersatz des Verzögerungsschadens neben Lieferung.

5. Will oder kann der Käufer wegen der Verzögerung nicht den Vertrag als im ganzen gebrochen behandeln, so kann er Ersatz des durch die Verzögerung erlittenen Schadens verlangen. Nur unter Umständen könnte seine Annahme der verspäteten Lieferung einen Verzicht (waiver) auf den Verzögerungsschaden bedeuten [3].

III. Befreiende Lieferungshindernisse.

1. Historische Entwicklung.

III. 1. Aus welchem Grunde die Lieferung nicht oder nicht richtig erfolgt, ist im anglo-amerikanischen Recht grundsätzlich gleichgültig. Der aus der mangelhaften Nichtlieferung entstehende Schadenersatzanspruch hat seinen Grund in der übernommenen Garantie, nicht in einem Verschulden. Der Schadenersatz wegen Vertragsverletzung ist daher grundsätzlich auch dann zu leisten, wenn den Schuldner kein Verschulden trifft. Der Schuldner kann aber seine Garantie beschränken, er kann sich für gewisse Fälle freizeichnen. Ursprünglich ging man davon aus, daß von der allgemeinen Garantie des Schuldners nur solche Leistungshindernisse ausgenommen sind, bei denen die Ersatzpflicht im Vertrag ausdrücklich ausgeschlossen worden ist [4]. Im 18. Jahrhundert erscheint der neue Gedanke, daß in bestimmten Fällen eine solche Freizeichnung als stillschweigend erfolgt anzusehen sei, in der zweiten Hälfte des 19. Jahrhunderts gibt Richter Blackburn den bis dahin in verschiedenen Präjudizketten getrennt behandelten Fällen eine allgemeinere Fassung [5]. Die an

[1] Helgar Corp. v. Warner's Features (1918), 222 N.Y. 449, 119 N.E. 113; vgl. Williston §§ 465 b, 467 a—§ 467 c.

[2] Millar's Karri v. Weddel (1908) 100 L.T. 128; Munro v. Meyer [1930] 2 K.B. 312, unsere Z. 5, 412; näheres unten § 66, 1.

[3] Buick Motor Co. v. Reid Mfg. Co. (1907) 150 Mich. 118; 113 N.W. 591; Lord Construction Co. v. Edison Portland Cement Co. (1923) 234 N.Y. 411, 138 N.E. 39.

[4] Vgl. Paradine v. Jane (1648) Aleyn 26; 82 E.R. 897.

[5] Insbesondere im Falle Taylor v. Caldwell (1863) 3 B. & S. 826; 122 E.R. 309; 32 L.J.Q.B. 164; 8 L.T.R. 356; für das *amerikanische* Recht s. Kinzer Constr. Co. v. State, 125 N.Y.S. 46 (1910).

die plötzliche Absage der Krönung König Eduards VII. anschließenden sog. „Krönungsfälle" (Coronation-Cases) und die Ereignisse des Weltkrieges geben der Lehre dann ihre heutige, noch keineswegs fertige Gestalt [1], in der der Ausschluß der Haftung immer noch auf den Parteiwillen zurückgeführt wird, der in gewissen Fällen stereotyp angenommen wird, aber grundsätzlich einen bestimmten Anhalt im Vertragstext, möglichst in einer Freizeichnungsklausel, verlangt.

2. Dauernde Leistungshindernisse. a) Unmöglichkeit.

2. a) Auch nur auf der Grundlage, daß die Parteien beim Vertragsschluß zwar im allgemeinen die Garantie des Versprechenden, aber doch nicht für alle Fälle schlechthin im Auge haben oder verständiger- und anständigerweise haben können, ist erst die Unmöglichkeit als Befreiungsgrund allgemein eingeführt worden. Die erste große Entscheidung des Richters Blackburn in Taylor v. Caldwell (1863) besagt darüber: "where, from the nature of the contract, it appears that the parties must from the beginning have known that it could not be fulfilled, unless when the time for the fulfilment of the contract arrived, some particular specified thing continued to exist, (hier: die music-hall) so that, when entering into the contract they must have contemplated such continued existence as the foundation of what was to be done; there, in the absence of any express or implied warranty that the thing shall exist, the contract is not to be construed as a positive contract, but as subject to an implied condition that the parties shall be excused in case, before breach, performance becomes impossible from the perishing of the thing, without default of the contractor."

Auf Grund dieses Prinzips wird der Verkäufer für haftungsfrei erklärt, wenn die Leistung durch ein von seinem Willen unabhängiges Ereignis unmöglich geworden ist.

Das ist vor allem dann der Fall, wenn nach Kaufabschluß, aber vor Gefahrübergang, die verkaufte Speziessache ohne Verschulden des Verkäufers zugrunde geht. Für diesen Fall sehen nunmehr auch die Kaufgesetze ausdrücklich eine Befreiung vor. S. G. A. sect. 7, Unif. S. A. sect. 8 (1). Die Bestimmung ist auch auf beschränkte Gattungsschulden zu beziehen, aber natürlich nicht auf reine Gattungssachen [2]. Der Verkäufer ist ebenso befreit, wenn die Lieferung aus

---

[1] Über den Gang der Entwicklung vgl. Pollock, Contracts, p. VIII und Kap. 7; Salmond u. Winfield, Kap. 12; Williston § 661; Rheinstein, S. 160 ff. (ausführliche deutsche Darstellung).

[2] McMillan v. Fox (1895) 90 Wis. 173; 62 N.W. 1052; Cohen v. Morneault (1921) 120 Me. 385; 114 A. 307. Beim Verschwinden der Gattung (z. B. Kansas-Gras) besondere Strenge der *amer.* Bundesgerichte: Berg v. Erickson (1916) 234 Fed. 817, L.R.A. 1917 A. 648.

anderen, von seinem Willen unabhängigen Gründen unmöglich geworden ist, z. B. weil die Ware von hoher Hand beschlagnahmt [1]), oder weil die Erfüllung verboten worden (Ausfuhrverbot) oder sonst aus Rechtsgründen unmöglich geworden ist [2]), oder weil durch den Untergang einer Sache, z. B. des Schiffs, auf dem die Ware befördert werden sollte, die Lieferung vereitelt ist [3]), oder weil der Schuldner, der in eigener Person zu erfüllen hatte (Werklieferungsvertrag), gestorben oder krank geworden ist [4]).

b) Sonstige Veränderung der Umstände.

b) Auf derselben Grundlage konnte man ohne weiteres andere Leistungshindernisse als die Unmöglichkeit in Rücksicht ziehen. Dies geschah namentlich in den erwähnten Krönungsfällen. Die Inhaber von Wohnungen an den für den Krönungszug in Aussicht genommenen Straßen hatten ihre Fensterfronten an Unternehmer vermietet, die sie an einzelne Zuschauer weitervermieten wollten. Infolge plötzlicher Erkrankung des Königs wurde die Krönung abgesagt. Die Richter untersuchten sehr sorgfältig die verschieden geschlossenen Verträge daraufhin, ob das Stattfinden der Krönung Vertragsgrundlage war und bejahten diese nur in einem Teil der Fälle. In der Entscheidung Krell v. Henry [1903] 2 K. B. 740 werden, wie die Kopfnote im Law Journal [5]) auseinandersetzt, drei Fragen für maßgebend erklärt: „1. Was war mit Rücksicht auf alle Umstände die Grundlage des Vertrages (foundation of the contract)? [6]) 2. Wurde die Vertragserfüllung vereitelt? und 3. war das die Erfüllung verhindernde Hindernis von solcher Natur, daß man von ihm nicht vernünftigerweise sagen kann, es sei in der Vorstellung der Parteien zur Zeit des Vertragsschlusses vorhanden gewesen? Wenn die letzten beiden Fragen bejaht werden, sind beide

---

[1]) Re Shipton, Anderson & Co. [1915] 3 K.B. 676; Roxford Knitting Co. v. Moore & Tierney (1920) 265 Fed. 177; 11 A.L.R. 1415 mit Note p. 1429 ff.

[2]) Vgl. allgemein Baily v. De Crespigny (1869) L.R. 4 Q.B. 180; Berthoud v. Schweder (1915) 31 T.L.R. 404; Page, 18 Mich. L. Rev. 600; Superior Water Light & Power Co. v. City of Superior (1921) 174 Wis. 257; 181 N.W. 113 (125). Vgl. auch Philadelphia Works v. Foundation Co., 190 N.Y.S. 696 (1921).

[3]) Orlando-Fall, Nickoll & Knight v. Ashton, Edridge & Co. [1900] 2 Q.B. 298; [1901] 2 K.B. 126 (C.A.); The Tornado, 108 U.S. 342, 2 S.Ct. 746 (1883).

[4]) Williston § 661, 2 p. 1653; vgl. Lorillard v. Clyde (1894) 142 N.Y. 456, 37 N.E. 489 (Auflösung der verpflichteten Gesellschaft).

[5]) 72 L.J.K.B. 794.

[6]) Oder auch "basis of the contract", wie in der Regel von Lord Shaw in Horlock v. Beale (1916) 1 A.C. 486, 512; 85 L.J.K.B. 602, 617: "failure of something which was at the basis of the contract in the mind and intention of the contracting parties."

Teile von weiterer Erfüllung des Vertrages befreit." Zugunsten des Gläubigers entschied denn auch gleichzeitig Herne Bay Steam Boat Co. v. Hutton [1903] 2. K. B. 683[1]). Die ausgefallene Flottenschau habe für die Miete eines Dampfers, der die Zuschauer zur Parade bringen sollte, nicht die Vertragsgrundlage gebildet, sondern sei bloß „motive, inducement" gewesen.

Die Kriegsereignisse brachten neue Erwägungen der Frage: bewirkt eine von beiden Parteien nicht verschuldete Änderung von Umständen eine Auflösung des Vertrags? Man bezeichnete die Lehre als zweifellos im Fluß[2]), und die Gerichtsberatungen ließen einen Kampf der Prinzipien verspüren. Es ergab sich dann auch eine Reihe von Entscheidungen gegen die Vertragsgültigkeit, die sich aber verschieden erklären lassen. Auf einen Gattungskauf hat man niemals den Grundsatz Krell v. Henry angewendet, sondern wenn der Vertrag nicht infolge einer behördlichen Maßnahme oder infolge des Verbots des Verkehrs mit dem Feinde ungültig wurde, wurde er für aufrecht erklärt, „selbst wenn eine so schwere und unvorhergesehene Änderung der Umstände eingetreten ist, daß er es dem Verkäufer unmöglich macht, das Geschäft zu erfüllen"[3]). Eine Ausnahme soll nur gelten, wenn „most special facts" dazu zwingen. Daher wurde, unter Billigung des Court of Appeal, ein anfangs 1914 geschlossener Vertrag auf Lieferung von finnischem Birkenholz trotz der Unbrauchbarkeit des in Friedenszeiten einzig benutzten direkten Seewegs im Kriege für aufrecht erachtet und der Verkäufer haftbar gemacht. Der Käufer braucht sich nicht um die Mittel zu kümmern, mit denen der Verkäufer die Erfüllung zu beschaffen gedenkt (Blackburn Bobbin Co. v. Allen cit.).

---

[1]) 72 L.J.K.B. 879.

[2]) Atkin, J., in Lloyd Royal Belge Société Anonyme v. Stathatos (1917) 33 T.L.R. 390; Pickford, L.J., in Hulton & Co. v. Chadwick & Taylor Lim. (1918) 34 T.L.R. 230 (231 in fine); die *amerikanische* Rechtsprechung zeigt überhaupt nur gelegentliches Entgegenkommen gegenüber dem Schuldner; eine stillschweigende Klausel zu seinen Gunsten ist z. B. in Alfred Marx Realty Co. v. Churchills, 153 N.Y.S. 264 (1915) angenommen worden.

[3]) Über alles das s. den anschaulichen Rückblick von MacCardie, J., in Blackburn Bobbin Ltd. Co. v. Allen & Sons Ltd. [1918] 2 K.B. 467; 87 L.J.K.B. 1085. Bestätigt vom C.A. daselbst. Nachmals hat in Sachen Thornett & Fehr v. Yuill's Arbitration [1921] 1 K.B. 219 (228) Lord Reading sogar die Formel geprägt, die Lehre von der frustration finde auf Gattungssachen überhaupt keine Anwendung. Daß diese Behauptung zu starr sei, deutet Lord Russell in Re Badische [1921] 2 Ch. 331, 382 an, vgl. 378 ff.

Der Grundsatz ist auch seither derselbe geblieben: Der Schuldner haftet für alle Hindernisse mit Ausnahme derjenigen, von denen vernünftigerweise angenommen werden muß, daß die Parteien nach ihrer Absicht (mind, intention) die Gefahr nicht dem Schuldner aufbürden wollten. In dieser Art drückt sich auch noch neuerdings Lord Romer in Walton Harvey, Ltd. v. Walker & Homphrays, Ltd. [1931] 1 Ch. 274 [1]) aus, wo es sich um ein behördliches Verbot auf Grund eines schon beim Vertragsschluß bestehenden Gesetzes handelte. Er gibt den Schadenersatz, weil er sich nicht überzeugen konnte, daß das Hindernis, nämlich die Wirkung des Verbotsgesetzes, "can not reasonably be supposed to have been in the contemplation of the contracting parties when the contract was made. It seems to me rather that the exercise of those compulsory powers was an event which might have been anticipated and guarded against in the contract." Feststeht, daß eine bloße Preissteigerung keinesfalls von der Leistung befreit [2]). Insbesondere ist die durch die amerikanische Wirtschaftskrise herbeigeführte Änderung der wirtschaftlichen Zustände in ständiger Rechtsprechung nicht als befreiendes Leistungshindernis anerkannt worden [3]).

In Vergleich zu den gangbarsten deutschen Lehren von der clausula rebus sic stantibus und vom Wegfall der Vertragsgrundlage ergibt sich die sehr wesentliche Einschränkung, daß dem Gericht im Einzelfall eine Richtung der Parteiabsicht bewiesen werden muß, nach der die vom Schuldner übernommene Garantie nicht die nachträglich überraschend aufgetretene Gefahr decken sollte. Das Ergebnis ist bisher eine sehr große Zurückhaltung in der Anwendung. Obwohl in allen Urteilen die Möglichkeit einer Befreiung in besonders gelegenen Fällen zugegeben wird, ist sie tatsächlich selten

---

[1]) Unsere Z. 6, 597 nº. 3.

[2]) Instone & Co. v. Speeding Marshall & Co. (1915) 85 L.J.K.B. 1423; 32 T.L.R. 202 (langfristiger Kohlenverkauf); Greenway Brothers Ltd. v. Jones & Co. (1915) 32 T.L.R. 184 (Zink, bisher aus Deutschland bezogen).

[3]) So haftet eine Bank wegen eines versprochenen Darlehns weiter: Westesen v. Olathe State Bank, 225 Pac. 837 (Colo. 1924, change of business conditions does not excuse); Slaughter v. C.J.T. Corp., 157 So. 463 (Mo. 1934): Beklagter schuldete am 1. 4. 33 eine Monatsrate. Dieser Tag war auf Grund der Bankenzusammenbrüche zum Bankfeiertag erklärt worden. Der Beklagte war daher nicht in der Lage, an diesem Tage Zahlung zu leisten. Er wurde wegen nicht pünktlicher Ratenzahlung zur Herausgabe des von ihm auf Abzahlung erworbenen Autos verurteilt. Begründung: Banksperre sei kein Obligationsmoratorium.

gewährt worden[1]). Ja es scheint, daß gerade im Kaufrecht eine Befreiung wegen anderer Umstände als der wirklichen Unmöglichkeit der Leistung nur dann zugestanden wird, wenn der Vertrag eine Freizeichnungsklausel enthält, deren Auslegung genügt, um jene Parteiabsicht darzutun. In diesem Sinne äußert sich in der Tat sehr klar die neue kurze Darstellung von Goitein[2]). Er kennt als nachträglichen Befreiungsgrund bei Gattungsschulden überhaupt nur ein Verbot der Erfüllung durch das Recht des Erfüllungsortes und die ausdrückliche Stipulation im Vertrag zum Schutze gegen ein die Leistung vereitelndes Ereignis. Er bemerkt übrigens, daß die Auslegung dieser Klausel sehr unsicher ist[3]).

Aus der Erwägung, wieweit im Einzelfall der Schuldner das Risiko auf sich genommen hat, folgern die *amerikanischen* Gerichte, daß ein Verkäufer, der infolge zufälliger Ereignisse nicht imstande ist, mehrere gleichartige Abschlüsse voll zu befriedigen, berechtigt und verpflichtet ist, sämtlichen Kaufern pro rata zu liefern[4]) — so wie es das deutsche Reichsgericht aus Treu und Glauben folgerte[5]).

c) Unerheblichkeit des Verschuldens.

c) Während in den kontinentalen Rechten der Schuldner grundsätzlich nur für die Ereignisse haftet, die er verschuldet, haftet er nach dem Prinzip des englischen Rechts danach für alle Ereignisse, mit denen die Parteien beim Vertragsschluß „vernünftigerweise" rechnen konnten[6]). Denn man meint, der Schuldner hätte gegen ihre Einwirkung Vorkehrungen treffen können oder er hätte sich ausdrücklich freizeichnen sollen.

So gesund diese Gedanken sind, nach denen die Rücksicht auf die Voraussehbarkeit, das Stehen zum Wort und die Gefahrenverteilung die Regelung der Leistungshindernisse beherrschen, so fragt es sich doch, ob die Haltung des Schuldners bei der Entstehung des Ereignisses gleichgültig bleiben kann. Einen sehr bezeichnenden Schritt macht in der Tat das amerikanische Restatement, § 457, indem es allgemeiner als die Kaufgesetze die Befreiung durch nach-

[1]) Vgl. etwa noch Jackson v. Union Marine Insurance Co. L.R. 8 C.P. 572; bestätigt L.R. 10 C.P. 125 (1874).

[2]) In Smith-Gutteridge, 648—651.

[3]) Für die Auslegung von force majeure zitiert er ausschließlich das Diktum von MacCardie, J., in Lebeaupin v. Crispin [1920] 2 K.B. 714 (719); 89 L.J. K.B. 1024.

[4]) Jessup v. Piper (1902) 133 Fed. 108; Acme Mfg. Co. v. Arminius (1919) 264 Fed. 27; Consolidation Coal v. Peninsular Portld. (1921) 272 Fed. 625.

[5]) RGZ. 84, 125; 94, 19; oben S. 152; ebenso *Ungarn* E. II § 1137.

[6]) Außer den schon angeführten Entscheidungen s. bes. auch Scrutton, L.J., in Metropolitan Water Board v. Dick, Kerr & Co. [1917] 2 K.B. 1, bestätigt [1918] A.C. 119.

folgende Unmöglichkeit ausspricht und dabei wie sect. 7 S. G. A., 8 Unif. S. A. das Erfordernis aufstellt, das den Begriff der fault einführt:

... where after the formation of the contract facts that a promisor had no reason to anticipate and for the occurrence of which he is not in contributing fault, render performance of the promise impossible, the duty of the promisor is discharged, unless a contrary intention has been manifested...

3. Vorübergehende Leistungshindernisse.

3. Ist ein — an sich befreiendes — Leistungshindernis nur vorübergehender Art, so entschuldigt es grundsätzlich nur das Unterbleiben der Leistung während der Dauer seines Bestehens, befreit also den Verkäufer nur vom Verzugsschaden [1]. Die zeitweilige Unmöglichkeit bewirkt aber dann eine dauernde Befreiung des Schuldners, wenn entweder nach ihrer Behebung die Leistung wirtschaftlich derart verändert wäre, daß sie nicht mehr als die im Vertrag übernommene Leistung erscheint (sog. Lehre von der commercial frustration) [2], oder wenn die Leistungsbehinderung von ungewisser Dauer ist und dem Schuldner oder dem Gläubiger ein Abwarten nach der Natur des Vertrages nicht zugemutet werden kann, z. B. Krieg, Blockade, Ein- und Ausfuhrsperren und ähnliches [3].

4. Einfluß der Befreiung des Verkäufers auf die Zahlungspflicht des Käufers.

4. Welche Wirkungen die Befreiung des Verkäufers von der Lieferpflicht auf die Pflicht des Käufers zur Kaufpreiszahlung hat, ist gesetzlich nur für den Fall geregelt, daß die Befreiung des Verkäufers auf dem zufälligen Untergang oder der zufälligen Verschlechterung der Kaufsache beruht.

Der Käufer ist befreit, wenn diese Ereignisse eintreten, „bevor die Gefahr auf ihn übergegangen ist". Die Gesetze drücken dies dahin aus, daß durch solche Ereignisse der Vertrag vereitelt (avoided) wird [4]. In der Regel ist der Gefahrübergang an den Eigentumsübergang geknüpft, doch können diese beiden Rechtswirkungen auch auseinanderfallen [5] (s. unten Teil VII).

---

[1] Millar v. Taylor [1916] 1 K.B. 402; 85 L.J.K.B. 346; United States Trading Corp. v. Newmark Grain Co. (1922) 205 Pac. 29 (Cal.).

[2] Besonders ausgebildet bei Charterverträgen, aber auch auf Kaufverträge anwendbar. Vgl. Salmond-Winfield p. 290 ff.; Rheinstein S. 173, 176, 181; Williston § 661 a, b. Führende *englische* Fälle: Metropolitan Water Board v. Dick, Kerr & Co. [1918] A.C. 119; Geipel v. Smith (1872) 41 L.J.Q.B. 153; L.R. 7 Q.B. 404; The Penelope [1928] P. 180; unsere Z. 4, 371.

[3] Black and Yates v. Negros Philippine Lumber Co., 231 Pac. 398, 37 A.L.R. 1487 ff. (Wyo. 1924).

[4] S.G.A. sect. 7, Unif.S.A. sect. 8.

[5] S.G.A. sect. 20, Unif.S.A. sect. 22.

Über die gesetzlich nicht geregelten Folgen der Befreiung des Verkäufers aus anderem Grunde gehen in der Rechtsprechung die englische und die amerikanische Auffassung auseinander. Beruht die Befreiung des Verkäufers auf dem Wegfall der Vertragsgrundlage, so wird in *England* angenommen, daß bis dahin der Vertrag gültig bestanden habe und erst in diesem Augenblick, mit Wirkung ex nunc, aufgelöst sei. Pflichten, die vor dem Zeitpunkt der Auflösung fällig wurden, bleiben unberührt [1]; beim Pränumerationskauf muß also der Käufer den Kaufpreis zahlen, der vor dem die Befreiung des Verkäufers bewirkenden Ereignis fällig war. Keinesfalls kann auch der Käufer den vor diesem Zeitpunkt bezahlten Kaufpreis zurückverlangen, selbst wenn er ihn, ohne dazu verpflichtet zu sein, vor Fälligkeit gezahlt hat. Diese Regel wird auch auf den Fall angewendet, daß der Vertrag durch Untergang der Kaufsache aufgelöst wird, d. h. ein solcher Untergang befreit den Käufer nicht immer dann, wenn er vor Gefahrübergang eintritt, sondern nur dann, wenn er vor dem Zeitpunkt eintritt, in dem der Kaufpreis fällig wurde [2]. Die *Vereinigten Staaten* haben, soweit ersichtlich, diese eigenartige Modifizierung des Gefahrübergangs nicht mitgemacht. Geht die Sache vor Gefahrübergang unter, so ist der Käufer auf jeden Fall befreit, einen bereits vorausbezahlten Kaufpreis kann er aus dem Gesichtspunkt der failure of consideration zurückfordern und Gleiches gilt, wenn der Verkäufer aus anderem Grunde von der Lieferungspflicht befreit ist [3].

§ 35.

C. Berechnung und Begrenzung des Schadenersatzes.

Die wichtigsten Besonderheiten, abgesehen von der strengen Beurteilung der verzögerten Leistung und dem Fehlen des Erfüllungsanspruchs, zeigt das anglo-amerikanische Recht heute bei der Schadensberechnung.

I. Leitende Gesichtspunkte.

I. In der Lehre vom vertraglichen Schadenersatz wird zwischen dem sog. „allgemeinen Schaden" (general damage) und dem

---

[1] Sog. Regel in Chandler v. Webster [1904] 1 K.B. 493; 73 L.J.K.B. 401; Hirji Mulji v. Cheong Yue Steamship Co. [1926] A.C. 497 (507 ff.) [P.C.]; Benjamin p. 157.

[2] Vgl. Blakeley v. Muller; Hobson v. Pattenden (1903) 88 L.T.R. 90; Benjamin-Kennedy p. 157, 424, 442.

[3] Baker v. Brown & Thomas Auto Co. (1924) 101 Conn. 575; 126 A. 703; vgl. Williston, Contracts § 885; Woodward p. 199.

„besonderen Schaden" (special damage) unterschieden. „General" ist der Schaden, der sich für den Gläubiger als normale Folge der Nichterfüllung eines Vertrags der in Frage stehenden Art darstellt, beim Kauf die Differenz zwischen dem Wert, den die Ware in dem Zeitpunkt gehabt hätte, in dem sie zu liefern gewesen wäre (should have been delivered) und dem Vertragspreis. Darüber hinausgehende Einbußen des Käufers — entgangener höherer Weiterverkaufsgewinn, an dritte Abkäufer zu zahlende Ersatzsummen, Vertragsstrafen und Prozeßkosten, entgangene Gebrauchsnutzungen usw. — sind besonderer Schaden.

Der allgemeine Schaden ist vom ersatzpflichtigen Schuldner grundsätzlich stets und unter allen Umständen zu leisten und darum in den Kaufgesetzen geregelt, S. G. A. sect. 51 (für den Verkäufer sect. 50); Unif. S. A. sect. 67 (bezw. sect. 64).

S.G.A. sect. 51 (1): Where the seller wrongfully neglects or refuses to deliver the goods to the buyer, the buyer may maintain an action against the seller for damages for nondelivery.

(2) The measure of damages is the estimated loss directly and naturally resulting, in the ordinary course of events, from the seller's breach of contract.

(3) Where there is an available market for the goods in question the measure of damages is prima facie to be ascertained by the difference between the contract price and the market or current price of the goods at the time or times when they ought to have been delivered, or, if no time was fixed, then at the time of the refusal to deliver.

Der besondere Schaden ist nur unter besonderen Voraussetzungen zu ersetzen; die Kaufgesetze begnügen sich mit der Feststellung, daß die Ersatzpflicht für diesen Schaden unberührt bleibt, S. G. A. sect. 54, Unif. S. A. sect. 70.

Führendes Präjudiz über die Voraussetzungen zum Ersatz des besonderen Schadens ist auch für die Vereinigten Staaten von Amerika die englische Entscheidung Hadley v. Baxendale [1]), aus der die folgenden Sätze abgeleitet werden:

Der Verkäufer haftet in jedem Falle immer nur auf Ersatz des Schadens, mit dem die Parteien bei Abschluß des Vertrages als „natürliche, angemessene Folge" seines etwaigen Vertragsbruchs gerechnet haben würden, wenn sie an den Fall des Vertragsbruchs gedacht hätten (*knowledge* oder *contemplation* of the parties)[2]).

---

[1]) (1854) 9 Ex. 341; 156 E.R. 145; in den *Ver. Staaten* sichtlich verwertet von Selden J. in Griffin v. Colver 16 N.Y. 489 (1858), 69 Am. Dec. 718 (722), heute längst vollinhaltlich angenommen.

[2]) Z. B. Hammond & Co. v. Bussey (1887) 20 Q.B.D. 79 (100).

1. Beruht ein derartiger Schaden auf Umständen, wie sie bei Verträgen der betreffenden Art, hier also bei Warenkäufen nach üblichem Wissen (general knowledge) vorliegen, so ist er vom Schuldner ohne weiteres zu ersetzen („allgemeiner Schaden"). Auf die Kenntnis der konkreten Parteien von diesen Umständen kommt nichts an [1]).

2. Beruht der „natürliche, angemessene Schaden" dagegen auf besonderen Umständen des einzelnen Falles, so hat der Schuldner diesen „besonderen Schaden" nur zu ersetzen, wenn er bei Vertragsabschluß dieses besondere Risiko übernommen hat.

Diese Lehre ist die Folge der dem obligatorischen Vertrag im common law zukommenden Natur einer Risikoübernahme. Der Schuldner übernimmt mit dem Vertragsschluß ein Risiko, dessen Begrenzung sich aus dem typischen oder individuellen Vertragsinhalt ergibt.

Bestritten ist, ob die Übernahme des besonderen Risikos eigens vereinbart sein, insbesondere, ob sie in der Preisgestaltung einen Ausdruck gefunden haben muß [2]), oder ob der bloße Vertragsabschluß in Kenntnis der besonderen Umstände genügt. Die herrschende Meinung läßt sich wohl dahin auffassen, daß aus einem Vertragsschluß in Kenntnis besonderer Umstände das besondere Risiko als übernommen gilt [3]).

II. Schadenersatz wegen Nichterfüllung. 1. Allgemeiner Schaden. a) Ware mit Markt- oder Börsenpreis.

II. Für den Schadenersatz wegen Nichterfüllung gilt folgendes:

1. a) Besteht für die Ware ein „zugänglicher" (available) Markt, so ist der Berechnung des generellen Schadens (entsprechend unserer abstrakten Schadensberechnung) der Marktpreis oder laufende Preis zugrunde zu legen und zwar des Zeitpunkts, der für die Lieferung vereinbart war. Enthält der Vertrag keine solche Zeitvereinbarung, so ist maßgebend der Zeitpunkt, in dem der Verkäufer den Vertrag „gebrochen" hat, genauer der Zeitpunkt, in dem der Vertragsbruch (z. B. Zerstörung der Sache) dem Käufer bekannt wird.

Vereinzelte amerikanische Entscheidungen gestatten dem Käufer, den höchsten Marktpreis zu fordern, der zwischen diesem Zeit-

---

[1]) Bruce J. in Bostock v. Nicholson [1904] 1 K.B. 725 (736), zu sect. 53 (2); Goitein p. 662 N. o.

[2]) So Bundesrichter O. W. Holmes Jr. in Globe Refining Co. v. Landa Cotton Oil Co. (1903) 190 U.S. 540 (544 f.); 23 S. Ct. 754, 756.

[3]) In diesem Sinne ist wohl auch das dictum von Alderson, B. in Hadley v. Baxendale zu verstehen. Vgl. Grébert-Borgnis v. Nugent (1885) 15 Q.B.D. 85 und insbesondere Hammond v. Bussey (1887) 20 Q.B.D. 79.

punkt und einem für einen Deckungskauf angemessenen späteren Zeitpunkt notiert worden ist, sog. „New York Rule". Diese Frist wird gelegentlich bis zum Prozeßbeginn ausgedehnt.

Bei einem „antizipierten Vertragsbruch" durch Erfüllungsverweigerung des Verkäufers [1]), wo der Käufer vor dem Eintritt der vereinbarten Lieferzeit auf Schadenersatz wegen Nichterfüllung klagen darf [2]), richtet sich die Berechnung nach dem zu schätzenden Wert des Fälligkeitstages [3]); demnach entscheidet ein von ihm sofort zur Deckung vorgenommener Terminkauf. Ist keine Lieferungszeit vereinbart, so wird vom Zeitpunkt des Vertragsbruchs ausgegangen und gewöhnlich darauf abgestellt, wann der Käufer einen angemessenen Deckungskauf vornehmen konnte [3]).

Maßgebender Zeitpunkt für die Berechnung des Differenzschadens ist gemäß sect. 51 Ziff. 3 S.G.A., 67 Ziff. 3 Unif. S.A. der Zeitpunkt der Erfüllung durch den Verkäufer (at the time when the goods ought to have been delivered). Falls kein Zeitpunkt bestimmt war, ist der Zeitpunkt der Erfüllungsverweigerung maßgeblich. Aus dieser Vorschrift wird in Übereinstimmung mit der Rechtsprechung gefolgert, daß auch der maßgebliche Ort für die Berechnung des Differenzschadens grundsätzlich der Lieferungsort (place of delivery) ist [4]). In beiden Beziehungen macht sich die Vieldeutigkeit des angloamerikanischen delivery-Begriffs bemerkbar [5]). Es gehört übrigens nicht hierher, daß bei mangelhafter Lieferung der die Transport-

---

[1]) Siehe oben § 34, II 3 S. 273.

[2]) In Frost v. Knight (1872) L. R. 7 Ex. 111 (Verlöbnisbruch) allgemein ausgesprochen.

[3]) Millett v. van Heek and Co. (1921) 2 K.B. 369 (C.A.); *amer.* Goldfarb v. Campe Corp. (1917) 164 N.Y.S. 583.

[4]) Chalmers 135, Benjamin 999, Leake p. 796 Note m; s. a. 35 Cyc. 633, 638. — Entscheidungen: Rodocanachi v. Milburn (1886) 18 Q.B. 67, 76 f. — Ström Aktiebolag v. Hutchinson (1905) A.C. 515, 529.

[5]) Für den cif-Kauf will die englische Entscheidung Sharpe v. Nosawa [1917] 2 K.B. 814 den Zeitpunkt entscheiden lassen, zu dem die Dokumente dem Käufer zu übergeben waren. Vgl. auch Benjamin p. 998. Die amerikanischen Gerichte machen diese Ausnahme nicht mit, vgl. Williston § 599 f. Ob sie in England weiter aufrecht erhalten bleiben wird, erscheint zweifelhaft, da sie einer überholten Auffassung des cif-Geschäfts als eines Kaufs der Dokumente entspricht, die auch in anderer Beziehung abgelehnt worden ist. Vgl. Arnhold Karberg & Co. v. Blythe, Green, Jourdain & Co.; Schneider & Co. v. Burgett & Newsam [1916] 1 K.B. 495; vgl. auch Chalmers, p. 102, der allerdings das Präjudiz Sharpe v. Nosawa nicht mißbilligt (a. a. O. und p. 132 Note q). — Hinsichtlich des Marktortes s. Varagnola v. Portola Co. (1919) 178 N.Y.S. 428; Seaver v. Lindsay (1920) 182 N.Y.S. 30; Maddalon Olive Co. v. Aquino (1920) 180 N.Y.S. 724; Standard Casing Co. v. California Casing Co. (1921) 188 N.Y.S. 358.

kosten des Käufers enthaltende Preis am Bestimmungsort maßgebend ist, wenn der Käufer oder sein Abkäufer erst dort die Ware zu besichtigen hat [1]). Falls am Lieferungsort kein Markt besteht, so wird der Marktpreis des nächsten [2]), des beherrschenden [3]) oder des Bestimmungsortes [4]) herangezogen. Die Umstände des Einzelfalls werden genau berücksichtigt, besonders auch je nach den Verhältnissen die Transportkosten dem Marktpreis ab- oder zugerechnet [5]).

b) Ware ohne Markt- oder Börsenpreis.

b) Hat die Ware keinen Marktpreis, so muß man zum Grundsatz zurückkehren, daß die direkte natürliche Einbuße des Käufers (actual damage) zu finden ist [6]), S. G. A. sect. 51 (2); Unif. S. A. sect. 67 (2), und diese nach konkreten Maßstäben ermitteln [7]). In erster Reihe hält man sich, um den allgemeinen Schaden zu finden, wohl an den Wert, den die Ware am letzten Tage der Lieferfrist oder ihrer einverständlichen Erstreckung hatte. Die Rechtsprechung berücksichtigt dafür den erschließbaren Preis der Ware [8]), die Kosten der anderweitigen Beschaffung der Ware [9]), gegebenenfalls auch die Anschaffungskosten einer qualitativ besseren Ware [10]). Bei dieser individualisierenden Erörterung gerät man naturgemäß bisweilen rasch in den Bereich des „speziellen" Schadens [11]), insbesondere wo es sich um die Rücksicht auf den entgangenen Gewinn aus Weiterverkauf oder Gebrauch handelt. Die Beurteilung ist aber strenge; mangels sicherer Anhaltspunkte wird nur auf nominal damages verurteilt.

---

[1]) Van den Hurk v. Martens (1920) 89 L.J.K.B. 545; als Zuschlag zum Marktpreis des Absendungsorts gefaßt: Hanson & Parker v. Wittenberg (Mass. 1910) 91 N.E. 383.

[2]) Grand Tower Co. v. Philipps (1874) 90 U.S. 471; Fowler v. Gress Co. (1916) 158 N.Y.Suppl. 524.

[3]) Sloan v. Linten (Pa. 1918) 103 A. 1011.

[4]) Wertheim v. Chicoutimi Pulp Co. (1911) A.C. 301; McCauly v. Horgan (1925) 2 Ir.R. 1.

[5]) Vgl. Wertheim v. Chicoutimi a. a. O. p. 316; Grand Tower Co. v. Philipps (1874) 90 U.S. 471; Sloan v. Linten (Pa. 1918) 103 A. 1011; Seaver v. Lindsay (1920) 182 N.Y.S. 30; Standard Casing Co. v. California Casing Co. (1921) 188 N.Y.S. 358.

[6]) Seward v. Pennsylvania Salt Co. (Pa. 1920) 109 A. 617. Einzelanwendungen meist negativ. Birdsong v. Marty (Minn. 1916) 158 N.W. 289; Wettingfeld v. Neller (1921) 186 N.Y.S. 604.

[7]) Vgl. Chalmers p. 136.

[8]) Mit flüssigem Übergang zum „laufenden" Preis, der noch unter sect. 51 (3) S.G.A. gerechnet wird, vgl. Marshall v. Nicoll (1919) S.C. 244, besonders Clerk L.J., p. 250.

[9]) Rhode Island Iron Works v. Nutlock Co. (1918) 103 A. 1036; Verhasselt v. National Wholesale Grocery Co. (R.I. 1919) 105 Atl. 367.

[10]) Hinde v. Liddell (1875) 44 L.J.Q.B. 105.

[11]) Chalmers p. 136.

2. Abstrakter Differenzschaden als Normalmaß.

2. Der abstrakt oder durch Wertschätzung berechnete Differenzschaden (allgemeiner Schaden) ist das Normalmaß des Schadenersatzes vorbehaltlich der Ausnahmen in besonderen Fällen; dies will der Ausdruck „prima facie" und im amerikanischen Gesetz "in the absence of special circumstances showing proximate damages" besagen. So geht dieser Regel die Pauschalierung des Schadens durch eine Vertragsklausel vor, insofern sie nicht eine unklagbare Vertragsstrafe enthält, sondern eben Schadenliquidierung [1]). Auch wird Besonderes für den Fall behauptet, daß der Käufer den Preis vorausbezahlt hat [2]), weil der Käufer nicht nochmals das Geld zur Verfügung zu haben brauche, um einen Deckungskauf vorzunehmen und der Verkäufer das Geld des Käufers nutze. Wo solche Besonderheiten nicht eingreifen, ist aber der abstrakte Schaden wohl auch, verglichen mit dem konkret berechneten, nach der heutigen Haltung der Rechtsprechung, das Mindestmaß des Schadens [3]), mit der alleinigen Ausnahme des schon erwähnten antizipierten Vertragsbruchs des Verkäufers, falls nach diesem dem Käufer ein Deckungsgeschäft zu geringerem Preis zumutbar ist.

[1]) Über den Stand dieser Lehre s., obwohl auf Verspätungsschaden bezüglich, Widnes Foundry (1925) Ltd. v. Cellulose Acetate Silk Co. Ltd. (1931) 2 K.B. 393; 100 L.J.K.B. 746; 101 L.J.K.B. 694 H.L.; auch unsere Z. 6, 599; 7, 325.

[2]) Daran wurden Erwägungen in verschiedenem Sinn geknüpft; es dürfe der Preis zur Zeit des Urteils oder sogar der höchste Preis zwischen dem Lieferzeitpunkt und dem Urteil oder doch der nicht verzögerten Klageerhebung gefordert werden, dazu bes. Clark v. Pinney (1827) 7 Cowen 681 = 9 N.Y. Com.L.Rep. 263; Elliot v. Hughes (1863) 3 F. & F. 387, 176 E.R. 173; Benjamin 999/1000; Sedgwick Damages 9. Aufl. II § 744 f.; Atkin L.J. in Aronson v. Mologa Holzindustrie A.G. Leningrad (1928) 32 Com. Cas. 276' (287 ff.). (Bei richtiger Betrachtung ist keine wirkliche Ausnahme am Platz.)

[3]) In *Amerika* finden sich allerdings einzelne Entscheidungen, die ein geringeres Interesse des Käufers als schadenmindernd berücksichtigen wollen, z. B. wenn er die Ware unter dem Marktpreis weiterverkauft hat (z. B. Kaye v. Eddystone Ammunition Co. (1918) 250 Fed. 654). Hiergegen vgl. Williston § 599 i. Das Restatement of Contracts, sect. 335 will auch die Vorteilsausgleichung berücksichtigen. In *England* hat die lehrreiche Oberhausentscheidung Williams Brothers v. Agius [1914] A.C. 510 die Berücksichtigung des auf einem ungünstigen Weiterverkauf beruhenden Minderinteresses ausdrücklich ausgeschlossen, ebenso schon Rodocanachi v. Milburn Brothers (1886) 18 Q.B.D. 67. Auch das Privy-Council-Urteil Wertheim v. Chicoutimi Pulp Co. [1911] A.C. 301 steht für den Nichterfüllungsschaden auf diesem Standpunkt. Es entscheidet jedoch für den Verspätungsschaden abweichend, was in Slater v. Hoyle & Smith Ltd. [1920] 2 K.B. 11 scharf kritisiert worden ist. Lordrichter Scrutton, der hervorhebt, daß es als common-law-Präjudiz unverbindlich sei, bezeichnet es (p. 24) ausdrücklich als „erroneous". Der Wertheim-Fall wäre übrigens nach dem französischen Recht der Provinz Quebec zu entscheiden gewesen.

Der abstrakte Differenzschaden bildet auch — wenigstens in England — das regelmäßige Höchstmaß. Die englischen Gerichte sind wenig geneigt, für überschießenden konkreten Schaden Ersatz zu gewähren. „Die Regel (der abstrakten Differenzschadensberechnung) ist so bequem und naheliegend, daß englische Gerichte sie soweit als nur irgend möglich anwenden, selbst wenn sie in einzelnen Fällen zu Härten führt“ [1]). Die amerikanischen Gerichte sind der konkreten Schadensberechnung nicht ganz so abgeneigt, bevorzugen aber sichtlich auch die abstrakte Methode.

3. Besonderer Schaden.

3. Soweit überschießender („besonderer“) Schaden überhaupt gewährt wird, ist er auf denjenigen Schaden begrenzt, mit dem der Schuldner bei Eingehung des Vertrags als Folge eines möglichen Vertragsbruchs infolge seines Wissens zu rechnen hatte (Voraussehbarkeitsregel) [2]).

Im einzelnen ergibt sich:

Hatte der Käufer die Ware mit Vorteil weiter verkauft, so steht ihm nach alter Regel des Common Law Anrechnung des Gewinnentgangs nicht zu, weil er sich auf dem Markt einzudecken hat. Eine Ausnahme ist aber anerkannt für den Fall, daß dem Verkäufer der Abschluß des besonders günstigen Vertrags bereits bei Vertragsabschluß bekannt war. Die bloße Kenntnis, daß die Ware überhaupt zum Weiterverkauf bestimmt sei, genügt nach der alten Regel nicht [3]). Die Regel ist aber für England durch die Oberhausentscheidung Hall v. Pim (Junior) Ltd. (1927) mindestens eingeschränkt [4]). Bereitwilliger erlaubt man, entgangenen Weiterverkaufsgewinn der Schadensberechnung zugrunde zu legen, wenn sich hieraus gute und

---

[1]) Chalmers, p. 134.

[2]) Das ist in neuester Zeit im Anschluß an die englische Entscheidung In re Polemis [1921] 3 K.B. 560, (C.A.) verschiedentlich in Zweifel gezogen worden, aber nach dem Stand der Präjudizien zu unrecht. Vgl. dazu insbesondere Winfield in Salmond-Winfield p. 506; Pollock, Torts p. 37, R.S. Bauer, Consequential damages in contract, 80 Univ. of Pennsylvania Law Rev. (1932) 687 ff. — Bei Warenkommissionskaufverträgen wird der Weiterverkaufsgewinn grundsätzlich als vorausgesehen und daher als einklagbar angesehen, vgl. Emerson v. Pacific Cost & Norway Packing Co. (Minn. 1905) 104 N.W. 573 (576), 1 L.R.A. (N.S.) 445.

[3]) *England* vgl. Williams v. Agius [1914] A.C. 510 (H.L.); *amer.* Entsch. Seward v. Pennsylvania Salt Mfg. Co. (1920) 266 Pa.St. 457; 109 A. 617.

[4]) 139 L.T.Rep. 50, 33 Com.Cas. 324; dazu und zu weiteren Entsch., die noch eine Rolle spielen, s. unsere Z. 3, 123. Die C.A. sucht sie in Finlay v. Kwik Hoo Tong [1929] 1 K.B. 400, unsere Z. 4, 372, dadurch einzuschränken und mit der alten Regel in Einklang zu bringen, daß sie sie aus besonderen Umständen des Einzelfalls ("string contracts" — Formular der London Corn Trade Association) erklärt.

sonst keine Anhaltspunkte für die Ermittlung des general damage ergeben [1]). Unter den gleichen Voraussetzungen kann Ersatz verlangt werden für Entschädigungen, Vertragsstrafen oder Prozeßkosten, die der Käufer aus Anlaß der Nichterfüllung seinem Abkäufer oder anderen Dritten leisten mußte [2]).

Ersatz für entgangene eigene Nutzung der Ware (z. B. von Maschinen) kann nur verlangt werden, wenn der Verkäufer bei Vertragsabschluß wußte, zu welcher Art von eignem Gebrauch der Käufer die Ware bestellte, und wenn er daraus ersehen konnte, daß aus einer Nichtlieferung Verlust entstehen konnte. Die englischen Entscheidungen scheinen hierbei weiter zu gehen als die amerikanischen [3]).

4. Minderungspflicht des Gläubigers.

4. Aus dem Common Law ist die Regel überliefert, daß der Gläubiger den Schaden zu mindern hat (to minimize, mitigate). Beim vorzeitigen wie bei dem gewöhnlichen Vertragsbruch gilt daher im Prinzip immer noch: es dürfe der Gläubiger nicht untätig zusehen, wie sein Schaden sich vergrößert. Er habe keinen Anspruch auf Ersatz des Schadens, den er sogleich nach dem Vertragsbruch durch eine ihm zumutbare Handlung — etwa durch einen angemessenen Deckungskauf — hätte abwenden können [4]). Besonders hervorgehoben wird, daß der Käufer nicht alles, wozu er berechtigt ist, zur Schadensminderung zu tun verpflichtet ist; z. B. braucht er nicht auf Kosten seines guten Namens gegen Unterabnehmer Prozesse zu führen [5]), natürlich auch nicht ein andersartiges Deckungsgeschäft

---

Auf einen solchen Kettenverkauf in 6. Hand bezieht sich auch Kasler Cohen v. Slavonski (1928) 1 K.B. 78. Der erste Pelzhändler haftet dem zweiten für den Schaden aus einem Hautausschlag der letzten Käuferin des fertigen Pelzkragens zuzüglich aller im Regreßweg entstandenen Kosten, schon weil er wußte, daß die Bälge letzten Endes zu Pelzkragen verarbeitet werden würden.

[1]) Waters v. Towers (1853) 22 L.J. Ex. 186; Patrick v. Russo-British Grain Export Co [1927] 2 K.B. 535; [Greer L.J. in The Arpad (1934) 103 L.J. p. 135 C.A.].

[2]) Grébert Borgnis v. Nugent (1885) 15 Q.B.D. 85; vgl. auch Elbinger A.-G. v. Armstrong (1874) L.R. 9 Q.B.D. 473.

[3]) Smeed v. Foord (1859) 28 L.J.Q.B. 178; Cory v. Thames Ironworks (1868) 37 L.J.Q.B. 68; Wilson v. Iron Screw Colliery (1877) 47 L.J.Q.B. 239; Fletcher v. Tayleur (1855) 25 L.J.C.P. 65; Lukens v. Hartmann (Wisc. 1919) 172 N.W. 894; Arizona Power v. Racine (Ariz. 1911) 114 P. 558; Raby v. Ward Mechan. Co. (Pa. 1918) 104 A. 750.

[4]) Vgl. Chalmers p. 134 f.; Benjamin p. 998 ff.; Williston §§ 599 ff.; Nickoll & Knight v. Ashton Edridge & Co. [1900] 2 Q.B. 298 (305); Melachrino v. Nickoll & Knight (1920) 1 K.B. 693 (1919). *Amer.* Restatement of Contracts sect. 336. *Schottland* Gloag p. 688.

[5]) Finlay & Co. Ltd. v. N.V. Kwik Hoo Tong Handels Maatschappij [1929] 1 K.B. 400.

zu machen [1]). Aber mit der Auffassung des abstrakten Schadens als Mindestschadens in den Kaufgesetzen, S. G. A. sect. 51 (3), Unif. S. A. sect. 64 (3), verträgt sich so wenig wie die Herabsetzung wegen eines billigen Deckungskaufs (oben 2) auch eine Minderung wegen eines versäumten Deckungskaufs. Daher wird sie gegenüber der abstrakten Berechnung in *Amerika* nur beim vorzeitigen Vertragsbruch und im übrigen nur in den Staaten, die das Kaufgesetz nicht eingeführt haben, angewendet. So wenigstens muß der Außenstehende die nicht ganz klare Lage der Präjudizien beurteilen [2]).

III. Schadenersatz wegen mangelhafter und nicht rechtzeitiger Lieferung.

III. Nach den gleichen Grundsätzen ist neben der Lieferung bei breach of warranty of quality der Schaden zu ersetzen, der dessen normale Folge ist, prima facie der Wertunterschied zwischen mangelhafter und mangelfreier Ware, vorbehaltlich des Ersatzes von special damage [3]). Bei verspäteter Lieferung wird vor allem in *amerikanischen* Entscheidungen [4]), wenn die Ware einen Marktpreis hat, der Unterschied ihres Wertes im Zeitpunkt, in dem sie hätte geliefert werden sollen und in dem sie tatsächlich geliefert worden ist, gewährt. *Englische* Entscheidungen haben dies als „prima-facie-rule" wenigstens theoretisch anerkannt [5]). Ob es den Schadenersatz mindert, wenn der Käufer die verspätet erhaltene Sache doch teurer weiterverkauft, als der Marktpreis zur Zeit der tatsächlichen Lieferung beträgt, ist offen (oben S. 287 N. 3). Durch die verspätete Lieferung entstandener besonderer Schaden: Entgang von Gebrauchsnutzung oder günstiger Verwertungsmöglichkeit (Saisonverlust), Schadenersatz oder Vertragsstrafen, die der Käufer zahlen mußte, und dergl. sind nur zu ersetzen, wenn sie nach dem oben II, 3 Gesagten in der contemplation of the parties waren [6]).

---

[1]) Ehrenworth v. Stuhmer (1920) 128 N.E. 108; 13 A.L.R. 556.

[2]) So offenbar auch Williston § 599 g, p. 1497.

[3]) S.G.A. sect. 53 (2) (3), 54; Unif.S.A. sect. 69 (6) (7), 70; unten Teil VI.

[4]) Vgl. vorläufig Sedgwick § 735 c, Sutherland, Damages 4. Aufl. (1916) § 664; näheres unten § 62, 1.

[5]) Vgl. Chalmers p. 136; Borries v. Hutchinson (1865) 18 C.B.N.S. 445, 144 E.R. 518; 34 L.J. (C.P.) 169 (172); Elbinger A.G. v. Armstrong (1874) L.R. 9 Q.B. 473 (477); Wertheim v. Chicoutimi Pulp Co. [1911] A.C. 301 (P.C.); Slater v. Hoyle & Smith Co. Ltd. [1920] 2 K.B. 11 (C.A.) und die unten § 62, 1 genannten frachtrechtlichen Entscheidungen.

[6]) Vgl. Smeed v. Foord (1859) 1 El. & El. 602; 120 E.R. 1035; 28 L.J.Q.B. 178; Borries v. Hutchinson; Elbinger v. Armstrong; *Ver. Staaten*: Sedgwick § 742 p. 1552.

Skandinavien.

§ 36.

I. Pflichten des Verkäufers.

1. Verkäuferpflichten.

1. Darüber, welche Verpflichtungen sich außer der Hauptpflicht, die Sache zu liefern, für den Verkäufer aus dem Kaufvertrag ergeben, enthält das *skandinavische* Kaufgesetz [1]) kaum Bestimmungen. Zur Ergänzung des ausdrücklich Vereinbarten verweist § 1 auf das, was „sonst als verabredet anzusehen ist oder aus Handelsbrauch oder anderer Gewohnheit folgt".

Das Gesetz ist überhaupt knapp gehalten. So sagt es ausdrücklich nichts über die in wohl allen sonstigen Rechten besonders geregelte Frage der Lieferungskosten. Eine solche Bestimmung erschien im Hinblick auf § 10 überflüssig, nach welchem beim Versendungskauf die Ware dann als geliefert anzusehen ist, wenn sie an dem Ort, an dem die Lieferung zu geschehen hat, dem Beförderer übergeben ist, und weiter im Hinblick auf § 11, nach welchem beim Platzkauf das Gut als geliefert gilt, wenn es in den Besitz des Käufers kommt. Die Kosten, die bis zu dem so bestimmten Zeitpunkt der „Lieferung" entstehen, fallen dem Verkäufer zur Last, die nachher entstandenen dem Käufer (Almén [3] 124).

Ausdrückliche Bestimmungen finden sich nur in den gesetzlichen Klauseldefinitionen der §§ 62 ff. Danach hat beim Fob-Kauf der Verkäufer auf eigene Kosten das Gut nach dem Ladungsort zu versenden, sowie die Maßnahmen bezüglich der Einladung zu treffen, die nach Gesetz oder Herkommen daselbst Sache des Abladers sind. Dagegen ist es Sache des Käufers, das Schiff zu befrachten oder den Schiffsraum zu mieten.

Wird die Ware „frachtfrei" („cost and freight", „c&f", „cf") unter Angabe eines festen Bestimmungsortes verkauft, so obliegt dem Verkäufer, auf eigene Kosten die Ware nach diesem Ort zu versenden (§ 63). Gleiches gilt beim cif-Kauf, bei welchem außerdem der Verkäufer die Ware in üblicher Weise gegen Gefahren zu versichern hat, welchen sie unterwegs ausgesetzt ist. „Wird dies unterlassen und wird nicht infolgedessen der Kauf aufgehoben, so ist dem Käufer der Schaden zu ersetzen, der infolge der Unterlassung ent-

---

[1]) Paragraphenziffern ohne nähere Angabe bezeichnen im folgenden das skandinavische Kaufgesetz.

steht; er ist auch berechtigt, selbst Versicherung zu nehmen und die Kosten dafür vom Kaufpreis abzuziehen" (§ 64).

Dem Verkäufer liegt es ob, bis zur Lieferung für die Ware in angemessener Weise zu sorgen. Das ergibt sich auch mittelbar aus der in § 33 für den Fall des Annahmeverzugs des Käufers getroffenen Regelung [1]). Er trägt die dadurch entstehenden Kosten bis zu dem Zeitpunkt, in dem der Käufer in Verzug mit der Abnahme der Ware gerät (§ 36).

„Wird von dem Gut eine Ausbeute gewonnen, ehe es geliefert werden soll, so fällt sie dem Verkäufer zu; doch ist der Käufer auf die Ausbeute berechtigt, wenn er mit Fug erwarten konnte, daß sie erst nach der genannten Zeit gewonnen werden würde. Ausbeute, die gewonnen wird, nachdem das Gut geliefert werden sollte, fällt dem Käufer zu, wenn nicht mit Fug erwartet werden konnte, daß sie früher gewonnen werden würde" (§ 18).

2. Lieferung. 2. Die Hauptpflicht des Verkäufers, die Lieferung der Kaufsache, definiert Almén [2]) als „die Handlung, durch die der Verkäufer vollzieht, was ihm nach dem Vertrage obliegt, damit der Käufer in den wirklichen Besitz des Gutes komme".

Ort. Mangels besonderer Vereinbarungen über den Lieferungsort ist nach § 9 die Ware da zu liefern, wo der Verkäufer im Zeitpunkt des Vertragsabschlusses seinen Wohnsitz hatte oder, wenn er Handel oder ein Geschäft betrieb und der Kauf damit Zusammenhang hatte, wo das Geschäft betrieben wurde. Befand sich das Gut mit Kenntnis beider Kontrahenten anderswo, so hat die Lieferung dort stattzufinden, wo es sich befand. Letztere Bestimmung ist nicht auf Spezieskäufe beschränkt, wenn sie auch auf reine Gattungskäufe kaum zur Anwendung gelangen wird [3]).

Klar geregelt ist die Frage, wann und an welchem Ort die Lieferung als abgeschlossen anzusehen ist. „Hat der Verkäufer die Beförderung des Gutes zum Käufer zu besorgen, ohne daß eine Versendung von einem Ort nach einem anderen in Frage kommt, so ist das Gut nicht als geliefert anzusehen, ehe es in den Besitz des Käufers gekommen ist" (§ 11).

Anders beim Versendungskauf [4]). Hier ist die Ware dann als

---

[1]) Vgl. Almén I 202; [3] 193 und I 511; [3] 487. [2]) I 105; [3] 101.

[3]) Almén I 118; [3] 114.

[4]) „Försändningsköp" heißt in Skandinavien jeder Distanzkauf. Nur wenn Besonderes vereinbart ist, ist die Lieferung erst später vollendet, liegt also ein Versendungskauf nach im Text verwendeter deutscher Terminologie (Skandin.: „einfacher Versendungskauf" Almén I 123; [3] 119) nicht vor.

geliefert anzusehen, wenn sie von demjenigen entgegengenommen worden ist, der ihre Beförderung von dem Ort übernommen hat, von dem aus die Versendung geschehen soll [1]. Soll die Versendung mit Schiff erfolgen, so ist geliefert, wenn die Ware an Bord des Schiffes verbracht ist (§ 10). Dasselbe gilt beim Fob-Kauf (§ 62 Abs. 3).

Ist „frachtfrei" verkauft („cost and freight", „c&f", „cf") unter Angabe eines festen Bestimmungsortes, so ist das Gut geliefert, wenn es, wie in § 10 bestimmt, zur Beförderung in Empfang genommen ist (§ 63 Abs. 2). Gleiches gilt beim cif- oder caf-Kauf unter Angabe eines festgesetzten Bestimmungsortes (§ 64 Abs. 1). „Ist die Ware, die von einem Ort nach einem anderen versendet werden soll, „frei" („franco") oder „geliefert" oder „freigeliefert" nach einem angegebenen Ort verkauft, so ist die Ware als geliefert anzusehen, wenn sie an dem besagten Ort angekommen ist" (§ 65 Abs. 1).

Zeit.

Für die Zeit der Lieferung ist zunächst die Parteivereinbarung maßgebend. Ist ein gewisser Zeitraum festgesetzt worden, innerhalb dessen die Ware zu liefern ist, so steht das Recht, die Lieferungszeit näher zu bestimmen, dem Verkäufer zu, wenn nicht aus den Umständen hervorgeht, daß die genauere Festlegung der Zeit mit Rücksicht auf den Käufer unterlassen wurde (§ 13). Verschiedene Auslegungsregeln gibt § 68: Ist als Lieferungszeit der „Anfang" (primo) eines Monats bestimmt, so ist spätestens am zehnten Tag des Monats zu liefern. Unter der „Mitte" („medio") eines Monats wird der elfte bis einschließlich zwanzigste Tag des Monats und unter dem „Ende" („ultimo") des Monats werden dessen übrigen Tage verstanden.

„Hat sich der Verkäufer zur „Verschiffung" oder „Abladung" binnen bestimmter Frist verpflichtet, so ist diese Verpflichtung als erfüllt anzusehen, wenn die Ware vor Ablauf der festgesetzten Frist eingeladen worden ist" (§ 69 Abs. 1).

Ist keine Lieferzeit vereinbart und geht aus den Umständen auch nicht hervor, daß „ohne Aufschub" zu liefern ist, so hat der Verkäufer auf Anfordern des Käufers zu liefern (§ 12). Mahnung ist also nur erforderlich, wenn der Vertrag überhaupt keine Zeitbestimmung für die Lieferung enthält, nicht schon dann, wenn nur eine kalendermäßige Zeitbestimmung fehlt. Daher ist z. B. ohne Mahnung zu erfüllen, wenn vereinbart ist, daß „beim ersten offenen

---

[1]) Das ist der Frachtführer; die Übergabe an den Spediteur genügt nicht: Entscheidung d. schwed. höchsten Gerichts vom 7. März 1924 in Nytt Juridiskt Arkiv 1924, 119.

Wasser" zu liefern ist oder „bis zum Schluß der Schiffahrt" oder „während der Schiffahrtszeit", „innerhalb sechs Wochen nach Eintritt der Schlittenbahn", „im Laufe des Frühjahrs" oder Ähnliches [1]).

3. Zug um Zugleistung.

3. Der Verkäufer braucht nur gegen Zahlung des Kaufpreises zu liefern (§ 14). Im Zweifel ist der Vertrag also „Kauf auf Barzahlung" im Sinne des § 70 des Gesetzes. Beim Versendungskauf darf der Verkäufer aber nicht die Absendung der Ware von der Kaufpreiszahlung abhängig machen, sondern nur ihre Auslieferung an den Käufer am Bestimmungsort (§ 15). Wird für die Versendung der Ware bis zum Bestimmungsort ein Dokument (Konnossement oder Frachtbrief) ausgestellt, das so eingerichtet ist, daß der Verkäufer nach seiner Übergabe an den Käufer nicht mehr über die Ware verfügen kann, und ist der Kauf zu den Handelskäufen zu zählen, so besteht das Abhängigkeitsverhältnis der Zug-um-Zug-Leistung zwischen der Übergabe des Papiers und der Kaufpreiszahlung (§§ 16, 71).

4. Einrede der Unsicherheit.

4. Auch beim Kreditkauf darf der Verkäufer (bis zu genügender Sicherheitsleistung) die Ware zurückbehalten oder bei Versendung ihre Herausgabe an den Käufer hindern, wenn sich herausstellt, daß der Käufer sich in einem Zustand der Zahlungsunfähigkeit befindet, der die Annahme rechtfertigt, daß der Kaufpreis nicht richtig erlegt wird. Das wird ohne weiteres angenommen bei Konkurs, fruchtloser Pfändung oder, bei Kaufleuten, Zahlungseinstellung des Käufers (§ 39)[2]).

§ 37.

II. Verzug des Verkäufers. Erfüllungsanspruch. Aufhebung des Kaufes.

1. Objektiver Verzugsbegriff.

1. Verletzt der Verkäufer eine seiner Verpflichtungen, so begeht er einen Vertragsbruch. Als Hauptgruppen behandeln die Kaufgesetze den „Verzug des Verkäufers", die „Fehlerhaftigkeit und Mangelhaftigkeit des Gutes" und schließlich den Rechtsmangel. Der letztere Fall soll hier nicht näher behandelt werden, über die Lieferung fehlerhafter oder mangelhafter Ware siehe unten Teil VI.

Unter „Verzug auf seiten des Verkäufers" verstehen die Kaufgesetze den objektiven Tatbestand der Nichtlieferung der Ware zur rechten Zeit. Auf welchem Grunde die Nichtlieferung oder die

---

[1]) Vgl. Almén I 137 f.; [2] 131 f. (mit Angabe von Judikatur).

[2]) Über die Möglichkeit des Käufers, antizipiert den Vertrag aufzuheben, vgl. unten § 40, 1 a. E.

nicht rechtzeitige Lieferung beruht, ist gleichgültig [1]. Verzug liegt nur dann nicht vor, wenn die Nichtlieferung oder die nicht rechtzeitige Lieferung auf dem Käufer oder auf einem Ereignis beruht, für das der Käufer die Gefahr trägt (§ 21 Abs. 1). Verantwortlichkeit des Verkäufers oder Verschulden gehört danach nicht zum Begriff des Verzugs. Der vom Verkäufer zu vertretende Verzug bildet vielmehr nur einen mit besonderen Rechtsfolgen ausgestatteten Unterfall des weiteren Begriffs des Verzugs.

Ebensowenig wie ein Verschulden des Verkäufers ist zum Verzugseintritt begrifflich eine Mahnung erforderlich. Die Anforderung ist aber insofern von Bedeutung, als von ihr dann, wenn eine vertragliche Bestimmung der Lieferzeit fehlt, der Zeitpunkt abhängt, zu dem die Ware zu liefern ist (§ 12; oben S. 293); bis zu dieser Mahnung kann also nicht von „nicht rechtzeitiger Lieferung" gesprochen werden.

Eine Abweichung vom deutschen Sprachgebrauch liegt auch darin, daß der Verzugsbegriff der nordischen Rechte die Unmöglichkeit der Lieferung mit umfaßt. Wird die Ware nicht rechtzeitig geliefert, so liegt Verzug vor, gleichgültig, ob die spätere Lieferung noch möglich ist oder nicht [2].

Rechtsbehelfe.

Bei Verzug des Verkäufers können dem Käufer folgende Rechtsbehelfe zur Verfügung stehen: Anspruch auf Lieferung, Vertragsaufhebung und Anspruch auf Schadenersatz.

2. Verlangen der Lieferung.

2. Grundsätzlich liegt es beim Käufer, ob er die Lieferung der Ware verlangen oder den Kauf aufheben will (§ 21 Abs. 1).

a) Durchführung.

a) Das Verlangen der Lieferung führt bei Spezieskäufen über die Klage zur Vollstreckung durch Wegnahme der Sache durch den Vollstreckungsbeamten (schwedisches Vollstreckungsgesetz [Utsökningslag v. 10. 8. 1877] § 37 n°. 2, dänisches Prozeßgesetz [Lov von Rettens Pleje vom 11. 4. 1916] § 495; norwegisches Vollstreckungsgesetz [Lov om tvangsfuldbyrdelse v. 13. 8. 1915] § 235).

Ist die Wegnahme der Sache unmöglich, so kann in Dänemark anderes Vermögen in entsprechendem Wert gepfändet werden (§ 493), in Schweden und Norwegen ist eine Vollstreckung des Erfüllungsanspruchs dann ausgeschlossen. Es bleibt nur eine Klage auf Schadenersatz. Befindet sich die Sache nicht im Besitz des Verkäufers, ist aber die Erfüllung nicht unmöglich, so kann in

---

[1] Vgl. Almén I 250 ff., insbesondere 263 ff.; [3] 238 ff., 249 ff.

[2] Almén I 265 f.; [3] 252.

Norwegen die Leistung durch Auferlegung einer Buße erzwungen werden (§ 236).

Bei der Vollstreckung eines Anspruchs auf Lieferung von Genuswaren kann in Norwegen beim Verkäufer die im Urteil nach Menge und Beschaffenheit angegebene Ware weggenommen werden. In Schweden und Dänemark kann die Vollstreckungsbehörde das nach ihrem Ermessen im einzelnen Fall am besten geeignete Mittel anwenden. Zur Verfügung stehen ihr dabei die Wegnahme entsprechender Ware (Schweden § 38, Dänemark § 493), Pfändung von Geld oder anderem Vermögen in entsprechendem Wert (Dänemark § 495, Schweden § 38). Darüber hinaus besteht in Schweden noch die Möglichkeit, die Leistung durch Auferlegung einer Buße zu erzwingen, wenn der Schuldner die Erfüllung ohne Grund verweigert, oder den Käufer zu ermächtigen, entsprechende Ware auf Kosten des Verkäufers anzuschaffen.

b) Ausschluß des Erfüllungsanspruchs.

b) Der Erfüllungsanspruch ist ausgeschlossen bei Unmöglichkeit der Lieferung. Das wird zwar im Gesetz nirgends gesagt, gilt aber als selbstverständlich [1]). Man spricht hier selbst bei unverschuldeter Unmöglichkeit nicht davon, daß der Kauf ipso iure aufgelöst sei. Wegen des Anspruchs auf Surrogatleistung behält auch in diesem Fall der Käufer die Wahl, ob er den Vertrag aufheben will oder nicht (Almén I 325 Anm. 44; [2]305).

Der Erfüllungsanspruch ist ferner ausgeschlossen, wenn der im Verzug befindliche Verkäufer beim Käufer angefragt hat, ob er trotz des Verzugs die Ware annehmen wolle und der Käufer nicht unverzüglich („ohne unbegründeten Aufenthalt") bejahend antwortet (§ 26 S. 1). Stellt der Verkäufer keine solche Anfrage, so erlischt der Erfüllungsanspruch, wenn der Käufer nicht binnen angemessener Frist dem Verkäufer mitteilt, daß er auf Erfüllung bestehe (§ 26 S. 2). Der Käufer soll nicht auf Kosten des Verkäufers spekulieren können und den Verkäufer nicht unangemessen lange darüber im unklaren lassen, ob er trotz der Verspätung die Ware noch abnehmen will.

Vorübergehende Unmöglichkeit.

Die umfassende allgemeine Bedeutung des Verzugsbegriffs führt zur Anwendung dieser Regeln auch auf den Fall der zeitweiligen Unmöglichkeit der Leistung.

Auf alle Fälle, also auch trotz eines binnen angemessener Frist gestellten Lieferungsverlangens, verliert der Käufer den Lieferungsanspruch, wenn die „Unmöglichkeit" so lange dauert, daß eine Lie-

---

[1]) Almén I 283 f.; [2] 267; Entsch. d. schwed. höchst. Gerichts vom 10. Mai 1929: N.J.A. 1929 A n°. 283.

ferung nach Ablauf dieser Zeit für eine natürliche Auffassung ökonomisch gesehen etwas ganz anderes als eine Erfüllung des ursprünglichen Vertrages darstellt“ [1]).

3. Aufhebung des Kaufs.

3. Statt Erfüllung zu verlangen, kann der Käufer nach seiner Wahl bei Verzug des Verkäufers den Kauf aufheben.

a) Bedeutung.

a) Das Gesetz versteht darunter, anders als das deutsche BGB. unter „Rücktritt vom Vertrag“, nicht die rückwirkende Rückgängigmachung des abgeschlossenen Vertrags mit allen seinen Folgen, sondern nur die Beseitigung der beiderseitigen Leistungspflichten unter Aufrechterhaltung etwaiger Ansprüche auf Schadenersatz. Während das deutsche Recht Vertragsauflösung (Rücktritt) und Schadenersatz als einander ausschließende Rechtsbehelfe betrachtet (BGB. §§ 325, 326), kann im skandinavischen Recht ein Anspruch auf Ersatz des Erfüllungsinteresses (Schadenersatz wegen Nichterfüllung) auch gegeben sein, wenn der Käufer den Vertrag „aufhebt“. Gegenüber den romanischen Rechten liegt der Unterschied darin, daß die Vertragsauflösung nicht des Richterspruchs bedarf, sondern, wie in Deutschland und in den angelsächsischen Rechten durch einfache Willenserklärung des Käufers erfolgt.

Die „Aufhebung des Vertrags“ durch den Käufer hat zur Folge, daß der Käufer den Kaufpreis nicht mehr zu zahlen braucht. Hat er ihn bereits ganz oder teilweise geleistet, so kann er ihn zurückverlangen [2]). Hat er die Ware (etwa verspätet) erhalten, so kann er die Rückgabe des bezahlten Kaufpreises nur erzwingen, wenn er die Ware im wesentlichen unverändert und unvermindert zurückgibt. § 57 Abs. 1. Diese Beschränkung entfällt: 1. wenn die Ware durch Zufall zerstört, verschlechtert oder vermindert ist; 2. wenn sie die Veränderung nur durch ihre eigene Beschaffenheit erfahren hat oder infolge einer Maßnahme, die zu ihrer Untersuchung nötig war (der, was in anderen Zusammenhang gehört, eine Maßnahme gleichsteht, die vom Käufer vorgenommen wurde, ehe der Fehler oder Mangel, auf Grund dessen er den Kauf aufheben will, bemerkt wurde oder bemerkt werden mußte). § 58.

b) Voraussetzungen. Objektiver Verzug.

b) Voraussetzung der Vertragsaufhebung als solcher im Gegensatz zum Anspruch auf Schadenersatz ist lediglich der „Verzug“ des Verkäufers im erwähnten objektiven Sinne.

Wesentlichkeit des Verzugs.

Ist der Verkäufer im Verzug, so wird unterschieden, ob der Ver-

---

[1]) Almén I 286, [3] 270 im Anschluß an deutsche Literatur; Lassen-Ussing p. 157.

[2]) Almén I 278 f., [3] 265 f.

zug wesentlich ist oder nicht. War, wie § 21 Abs. 2 sagt, der Verzug für den Käufer nur von geringer Bedeutung, so kann der Käufer den Vertrag nicht aufheben. Bei Wesentlichkeit des Verzugs kann er dagegen — grundsätzlich wenigstens — sofort den Vertrag aufheben. Er braucht keine Nachfrist zu setzen und da, sofern der Vertrag eine Zeitbestimmung über die Lieferung enthält, auch keine Mahnung verlangt wird, kann es vorkommen, daß der Käufer ohne Mahnung und Fristsetzung sofort mit Ablauf des Fälligkeitstages den Vertrag aufgibt. Der Beweis für die Wesentlichkeit des Verzuges liegt dem Käufer ob [1]).

Auch wenn faktisch der Verzug für den Käufer von wesentlicher Bedeutung war, ist die Aufhebung doch ausgeschlossen, solange der Verkäufer bei der Verzögerung begründeten Anlaß zu der Annahme hat, der Verzug werde für den Käufer nur von geringer Bedeutung sein. Darin liegt keine Unbilligkeit für den Käufer, da er es ja in der Hand hat, bei Vertragsschluß oder später den Verkäufer auf die Folgen eines etwaigen Verzugs aufmerksam zu machen.

Fixgeschäft.

Erörterungen über die Wesentlichkeit des Verzugs für den Käufer können dadurch ausgeschaltet werden, daß der Käufer im Vertrag sich die genaue Einhaltung der Lieferzeit ausbedingt, was nicht unbedingt ausdrücklich zu geschehen braucht. Bei einem derartigen Fixgeschäft kann der Käufer stets den Vertrag aufheben, sobald der Verkäufer in Verzug ist. Bei „Handelskäufen" gilt auch der geringfügigste Verzug als wesentlich und gibt das Recht zur Vertragsaufhebung, es sei denn, daß der Verkäufer lediglich mit der Lieferung eines „geringen Teils" der Ware in Verzug ist (§ 21 Abs. 2 a. E.).

Rüge bei Erhalt verspäteter Lieferung.

Hat der Käufer die Ware erhalten und stellt sich dabei heraus, daß verspätet geliefert worden war, so kann er aus der Verspätung der Lieferung Rechte nur dann herleiten, wenn er die Verspätung rügt, d. h. erklärt, daß er es beim Verzuge nicht bewenden lassen wolle. Bei Handelskäufen hat dies „sofort" nach Empfang der Ware zu geschehen, bei anderen Käufen „ohne unbegründeten Aufenthalt". Hat beim Versendungskauf oder Distanzkauf der Verkäufer den Käufer über die Absendung der Ware unterrichtet, so gilt eine entsprechende Rügepflicht schon vom Empfang der Benachrichtigung an (§ 27).

Versäumt der Käufer die rechtzeitige Rüge, so geht er aller aus

---

[1]) Almén I 291; [3] 274; Hallager-Aubert, p. 248.

dem Verzug ihm erwachsenen Rechte verlustig. Will der Käufer den Vertrag aufheben, so darf er sich nicht mit einer einfachen Rüge begnügen, muß vielmehr seine Absicht dem Verkäufer „ohne unbegründeten Aufenthalt" (auch bei Handelskäufen) mitteilen.

c) Antizipierter Verzug.

c). Vor Fälligkeit kann grundsätzlich der Käufer den Vertrag nicht aufheben. Steht aber bereits früher mit Sicherheit oder doch mit einer an Sicherheit grenzenden Wahrscheinlichkeit fest [1]), daß nicht rechtzeitig geliefert wird, so kann der Käufer auch schon vor Fälligkeit den Vertrag aufheben, sog. antizipierter Verzug. So z. B., wenn die verkaufte Speziessache vor Fälligkeit des Lieferungsanspruchs untergeht oder wenn die Fabrik, in der allein die Ware hergestellt werden kann, abbrennt oder wenn der Verkäufer vor Fälligkeit ernstlich und bestimmt zu erkennen gibt, daß er nicht oder nicht rechtzeitig erfüllen wolle oder könne. Ähnlich wie bei antizipiertem Vertragsbruch im englischen Recht hat auch nach den nordischen Gesetzen der Käufer ein Wahlrecht, ob er sofort den Vertrag aufheben oder beim Vertrag verharren will. Damit der Käufer nicht auf Kosten des Verkäufers spekuliere, muß er unverzüglich antworten; als Folge seines Schweigens lehrt Almén [2]) auf Grund des Interpellationssystems des § 26 (vgl. oben S. 296), daß der Vertrag als aufgehoben gilt [3]). Wolle der Käufer den Verkäufer an der Erfüllung festhalten, so müsse er ihm dies mitteilen.

d) Sukzessivlieferungsvertrag.

d) Besonders geregelt hat § 22 den Lieferungsverzug bei Sukzessivlieferungsverträgen [4]). „Soll die Ware nach und nach in einzelnen Posten geliefert werden und wird einer von ihnen verzögert, so ist der Käufer nicht . . . berechtigt, den Kauf in weiterem Maße aufzuheben, als soweit er besagte Posten betrifft" (S. 1). In zwei Ausnahmefällen wird aber die Befugnis zur Vertragsaufhebung erweitert:

a) Besteht begründete Gefahr, daß auch die noch ausstehenden Raten nicht oder nicht rechtzeitig geliefert werden, so kann der Käufer den Vertrag sofort auch wegen dieser künftigen Raten aufheben (S. 2).

b) Stehen die Posten in solchem Zusammenhang, daß es dem Käufer zum Nachteil gereichen würde, teilweise beim Kauf zu blei-

[1]) Almén I 252; [3] 238 ff.; so auch Lassen, § 42 V und Lassen-Ussing p. 137.

[2]) I 410 ff; [3] 386 ff. Ebenso *Norwegen*, N. R. 1924 p. 1056.

[3]) Über Schadenersatz vgl. unten § 39, 1 S. 304.

[4]) Über die entsprechende Regelung bei Lieferung mangelhafter Ware vgl. § 46, bei Verzug des Käufers § 29.

ben, so kann dieser im ganzen aufgehoben werden, d. h. auch unter Zurückgabe der bereits empfangenen Raten (S. 3). Wiederholungsgefahr ist in diesem letzteren Falle nicht erforderlich. Almén[1]) nennt als Beispiele: Bezug eines Buches in Lieferungen, Bezug einer kompletten Wohnungseinrichtung, die in mehreren Raten geliefert werden soll.

§ 38.

III. Anspruch auf Schadenersatz. Voraussetzungen.

Sowohl neben dem Anspruch auf Erfüllung wie neben der Aufhebung des Kaufes kann der Käufer beim Vorliegen besonderer Voraussetzungen Schadenersatz verlangen. Die Voraussetzungen sind verschieden geregelt für den Spezieskauf und für den Gattungskauf, den das Gesetz „Lieferungsvertrag" nennt. Allgemein ist aber daran zu erinnern, daß die Geltendmachung von Schadenersatzansprüchen wegen verspäteter Lieferung unter Umständen an eine Rügepflicht geknüpft ist (vgl. oben S. 298).

1. Spezieskauf. Verschuldensprinzip.

1. Für den Spezieskauf stellt § 23 das Verschuldensprinzip auf: Die Schadenersatzpflicht trifft den Verkäufer, sofern er nicht den Entlastungsbeweis erbringt, d. h. nachweist, daß er alles getan hat, was man billigerweise von ihm zur Überwindung von Hindernissen und Schwierigkeiten verlangen konnte[2]). Verschulden seiner Erfüllungsgehilfen wird dem Käufer zugerechnet[3]). Unvermögen, die zur Erfüllung erforderlichen Mittel aufzubringen, z. B. die Transportkosten oder die Anschaffungskosten für die noch einem Dritten gehörige verkaufte Speziessache, ist niemals Entlastungsgrund[4]).

Verspätungsschaden.

Diese Voraussetzungen gelten gleichermaßen für die Pflicht zum Ersatz des aus einer vollständigen Nichterfüllung dem Käufer entstandenen Schadens, wie für den Ersatz von Verspätungsschaden.

2. Gattungskauf.

2. Strenger ist die Schadenersatzhaftung beim „Lieferungsvertrag" (§ 24).

a) Haftung bis zum höheren Zufall.

a) der Gattungsverkäufer haftet wegen verzögerter Lieferung grundsätzlich stets auf Ersatz des Verspätungsschadens, gleichgültig, auf welchen Ursachen der Verzug beruht. Das Gesetz sagt aus-

---

[1]) I 308; [3] 289.

[2]) Almén I 317; [3] 298.

[3]) Almén I 318 f.; [3] 299 f.; Lassen, § 44 IV; Platou, Privatrettens Allmindelige Del, Christiania 1914, § 38 B 2.

[4]) Almén I 322 f.; [3] 303 f.

drücklich, daß die Schadenersatzpflicht auch dann eintritt, „wenn der Verzug dem Verkäufer nicht als Fahrlässigkeit zugerechnet werden kann".

Nur dann entfällt die gesetzliche Schadenersatzpflicht, wenn „die Möglichkeit, den Vertrag zu erfüllen, infolge eines Umstandes als ausgeschlossen anzusehen ist, der vom Verkäufer bei Abschluß des Vertrages nicht in Rechnung gezogen werden mußte, wie Zerstörung allen Gutes der Gattung oder der Partie, die der Kauf betrifft, oder Krieg, Einfuhrverbote oder damit vergleichbare Ereignisse".

Damit die Schadenersatzpflicht entfällt, müssen also zwei Voraussetzungen vorliegen. Einmal muß die Möglichkeit, den Vertrag zu erfüllen, als ausgeschlossen anzusehen sein. Zweitens darf das Ereignis, das hierzu geführt hat, vom Verkäufer bei Vertragsabschluß nicht haben in Rechnung gezogen werden können.

Wenn man für die erste Voraussetzung davon spricht, daß die Lieferung „objektiv unmöglich" geworden ist (Almén I *332*; [3] 312 f.), so ist das noch ein viel zu weiter Ausdruck. Wie viel verlangt wird, ergibt folgendes von Almén (I *333*; [3] 312 f.) gegebene Beispiel. Eine Schiffsladung Südfrüchte ist, lieferbar im Mai in Stockholm, verkauft worden. Das Schiff, mit dessen Ladung der Verkäufer erfüllen wollte, geht am 30. Mai durch Auffahren auf eine unbekannte Sandbank unter. Da Südfrüchte zu dieser Zeit nicht am Stockholmer Markt sind, kann niemand am 31. Mai den Vertrag erfüllen. Dennoch ist der Verkäufer schadenersatzpflichtig; denn der Untergang dieses Schiffes, vom Zeitpunkt des Vertragsabschlusses aus gesehen, mußte die Erfüllung des Vertrags nicht notwendig unmöglich machen, da auch ein anderes Transportmittel hätte gewählt werden können. Anders wäre das Ereignis zu beurteilen, wenn Lieferung gerade auf jenem nachher untergegangenen Schiff vertragswesentlich vereinbart war. Der Grund der Unmöglichkeit muß also für die nachträgliche Beurteilung als unvermeidliches Hindernis erscheinen.

Die Vereitlung der Lieferung muß ferner, damit sie den Verkäufer von seiner Schadenersatzpflicht befreit, offenbar die Eigenschaften einer höheren Gewalt aufweisen; sie muß auf Ereignissen beruhen, die bei Vertragsabschluß nicht in Rechnung zu ziehen waren. Das Ereignis darf nicht öfter wiederkehren, mit seinem Eingreifen darf im normalen Lauf der Dinge nicht zu rechnen sein. So muß der Verkäufer nach der Rechtsprechung im allgemeinen vom

Witterungswechsel abhängige Umstände in Rechnung ziehen, z. B. eine allgemeine Verhinderung der Schiffahrt durch Eisgang.

Als Ereignisse, welche die Vertragserfüllung als ausgeschlossen erscheinen lassen, andererseits aber nicht vom Verkäufer in Rechnung zu ziehen sind, werden neben den vom Gesetz genannten Beispielen Aufruhr, Blockade und Ausfuhrverbot genannt[1]).

b) Die Voraussetzungen der Befreiung des Schuldners im einzelnen. „Unmöglichkeit"

b) Im einzelnen gilt:

Unmöglichkeit im oben geschilderten Sinn ist bei Verträgen über gängige Waren nur verhältnismäßig selten anzunehmen. Sind besondere Bestimmungen über Produktionsort und Transportmittel, die die Erfüllungsmöglichkeiten einengen, nicht getroffen, so werden nur Ereignisse von außergewöhnlicher Tragweite hierher gerechnet werden können[2]).

insbesondere die wirtschaftliche Unmöglichkeit.

Aus dem Wortlaut des Gesetzes, das nicht darauf abstellt, ob die Leistung unmöglich i s t, sondern darauf, ob sie „a l s u n m ö g l i c h a n z u s e h e n" ist, wird gefolgert[3]), daß nicht nur die physische oder die juristische Unmöglichkeit der Erfüllung den Verkäufer haftfrei sein läßt, sondern daß die Schadenersatzpflicht auch dann entfällt, wenn die Leistung zwar erlaubt und physisch möglich ist, aber nur unter so unverhältnismäßigen Aufwendungen, daß sie dem Verkäufer nicht mehr zugemutet werden kann. Wenn sie die Unerschwinglichkeit der physischen Unmöglichkeit gleichstellt, entspricht die skandinavische Rechtslehre und Praxis der der anderen Länder. Die Gleichstellung greift aber nur ein, „wenn die Erfüllung ökonomische Opfer fordern würde, die ganz und gar außerhalb der Voraussetzungen der Kontrahenten liegen. Ob dem so ist, haben die Gerichte nach den Umständen in jedem einzelnen Fall zu entscheiden"[4]). In der Rechtsprechung der nordischen Staaten ist grundsätzlich anerkannt, daß eine abnorm hohe Preissteigerung die Lieferung für den Verkäufer unzumutbar machen kann[5]).

---

[1]) A l m é n I 341; [3] 322.

[2]) A l m é n I 340 f.; [3] 322.

[3]) Vgl. A l m é n I 334 ff.; [3] 315 ff.; L a s s e n - U s s i n g p. 154 f.; G r u n d t v i g, Lov om Køb § 24 N. 6.

[4]) A l m é n I 335; [3] 315. *Norwegen* vgl. N. R. 1923 p. 40 und 137.

[5]) Beruhte diese Unzumutbarkeit auf Krieg oder ähnlichem Ereignis, das nicht in Rechnung zu ziehen war, so ist der Verkäufer nicht schadenersatzpflichtig; vgl. Entscheidungen des *schwedischen* höchsten Gerichts in N.J.A. 1918, S. 20; des *norwegischen* höchsten Gerichts in Norsk Retstidende 1919, 167; 1922, 562; des *dänischen* höchsten Gerichts in Ugeskrift for Retsvaesen 1917, 1, 430; diese Entscheidungen haben allerdings in concreto eine Befreiung verneint.

Wie überall, hat auch in den skandinavischen Ländern der Krieg den Ausbau dieser Probleme gefördert. Dabei tauchen die gleichen Gedankengänge auf wie in Deutschland: Überobligationsmäßige Kraftanstrengung, Wegfall der Vertragsgrundlage, clausula rebus sic stantibus, Verstoß des die Leistung zum alten Preis verlangenden Käufers gegen Treu und Glauben. Das Ergebnis ist aber vorsichtige Zurückhaltung, der Grundsatz der Vertragstreue soll nur in besonderen krassen Ausnahmefällen durchbrochen werden.

Voraussehbarkeit.

Ein strenger Maßstab wird auch in der Frage angelegt, ob der Verkäufer mit dem Ereignis, das die Leistung unmöglich oder unzumutbar gemacht hat, bei Vertragsabschluß rechnen mußte. Almén[1]) folgert aus der beispielhaften Erwähnung von Krieg und Einfuhrverbot, daß nur außergewöhnliche Ereignisse befreien könnten. Öfter wiederkehrende Begebenheiten wie Sturm, Schnee- und Eishindernisse, starke Niederschläge, anhaltende Dürre und dadurch verursachter Wassermangel oder schneelose Winter sollten in der Regel nicht ohne besondere Freizeichnung vom Verkäufer eingewendet werden können. Solche vom Witterungswechsel abhängige Umstände dürften nämlich im allgemeinen von einem vorsichtigen Verkäufer in Rechnung zu stellen sein, wenigstens wo sie nicht geradezu die Ursache von Überschwemmung, Erdrutsch oder anderen Naturrevolutionen bilden, durch die der allgemeine Verkehr unterbrochen wird[2]).

c) Freizeichnungsklausel.

c) Will der Verkäufer die Schadenersatzpflicht in weiterem Umfange ausschließen, als dies auf Grund des Gesetzes der Fall ist, so muß er entsprechende Freizeichnungsklauseln in den Vertrag aufnehmen. In der Auslegung solcher Klauseln ist die skandinavische Praxis streng[3]). Hat der Verkäufer für bestimmte Ereignisse (z. B. Streik) die Schadenersatzpflicht ausgeschlossen, so ist er nur befreit, wenn das Ereignis wahre Unmöglichkeit der Leistung zur Folge hat[4]). Will der Schuldner schon dann befreit sein, wenn infolge des Ereignisses die Leistung nur erschwert worden ist, so muß dies in erkennbarer Weise besonders vereinbart sein[5]).

---

[1]) I 340; [2] 321.

[2]) Almén I 331 N. 8 nimmt an, daß auch BGB. § 279 Gattungskäufe ebenso streng beurteile. Dagegen s. unten S. 340 f. und oben S. 150.

[3]) Vgl. die Beispiele bei Almén I 355 f.; [2] 331 ff.

[4]) Vgl. die Entscheidungen in N.J.A. 1918 p. 20 und p. 35, 1919 p. 427; U. f. R. 1917 p. 1 und 307, 1918 p. 63 und 359; N.R 1919 p. 167.

[5]) Bei unzureichendem Fischzug befreit nur die sog. Fischklausel: N.R. 1918 p. 471; über diese N.R. 1919 p. 803.

d) Verspätungsschaden.

d) Für den Anspruch auf Ersatz des Verspätungsschadens neben verspäteter Lieferung gelten dieselben Voraussetzungen wie für den Anspruch auf Schadenersatz wegen Nichterfüllung, der neben der Aufhebung des Kaufes steht.

§ 39.

IV. Berechnung des Schadenersatzes. Begrenzung des ersatzfähigen Schadens.

1. Abstrakte Schadensberechnung.

1. Über die Berechnung und Begrenzung des Schadenersatzes enthält das Kaufgesetz als Spezialgesetz nur die eine Bestimmung in § 25, daß der Schadenersatz wegen Nichterfüllung mangels eines Beweises bezüglich des Schadens abstrakt berechnet wird.

Diese Bestimmung findet in allen Fällen Anwendung, in denen „ein Kauf aufgehoben und nach dem § 23 oder § 24 Schadenersatz zu leisten ist". Sie gilt also nicht nur bei Handelskäufen, sondern auch bei Zivilkäufen und sogar bei Spezieskäufen, wenngleich hier der Anwendungsbereich eng ist, weil die Ware im allgemeinen keinen Marktpreis haben wird. Ist der Kaufpreis schon bezahlt, so kann der Käufer daneben auf Grund der Aufhebung des Kaufvertrags den Kaufpreis zurückverlangen[1]).

Der Ersatz wird „auf den Betrag festgesetzt, um den der Preis der Ware zur Zeit, zu der die Lieferung erfolgen mußte, den Kaufpreis überstieg". Wenn die Lieferung während eines Zeitraums erfolgen soll, so ist dessen Ende maßgebend[2]). Bei antizipiertem Vertragsbruch kommt es auf den Preisstand im Zeitpunkt an, in dem der Käufer vom Vertragsbruch Kenntnis erhält, insofern der Käufer darauf sofort den Vertrag aufgehoben hat[3]). Für den maßgeblichen Ort hält die überwiegende Meinung den Lieferungsort, da es unsinnig wäre, bei der Bestimmung des Zeitpunkts auf die Lieferung, bei der Bestimmung des Ortes aber auf die Ablieferung abzustellen[4]). Immerhin ist die Frage für die Distanzkäufe nicht ganz unbestritten. Sowohl in der Judikatur als auch in der Literatur geht man bisweilen vom Bestimmungsort aus.

Nur Preise gleicher Art dürfen miteinander verglichen werden:

---

[1]) Almén I 383; [3] 360.

[2]) Almén I 385; [3] 362. *Schwedisches* Höchstes Gericht in N.J.A. 1912 A no. 450; 1913 A no. 137.

[3]) Almén 386/87; [3] 363. Lassen-Ussing I 387 f. p. 162/63.

[4]) Almén I 387; [3] 364; Lassen-Ussing p. 163; Grundtvig, Lov om Køb p. 43. N.R. 1923 II 336.

beim gewöhnlichen Versendungskauf ist maßgebend der Lokalpreis, beim fob-Kauf der Preis für fob-Käufe nach dem gleichen Hafen, bei cif-Käufen der Preis für cif-Käufe nach dem gleichen überseeischen Hafen. Ist ein solcher Kaufpreis nicht zu ermitteln, z. B. der nach einem überseeischen Hafen, nach welchem Verschiffungen nicht regelmäßig stattfinden, so sind dem reinen Marktpreis des Lieferungsortes die Frachtraten und Versicherungsprämien der Lieferzeit hinzuzurechnen und hiervon ist der cif berechnete Vertragspreis abzuziehen, der aber um den gewöhnlichen Diskontsatz zu mindern ist, wenn dem Käufer ein Recht auf zinsfreien Kredit zustand [1]).

Diese Schadensberechnung unterscheidet sich grundsätzlich von der deutschen Praxis, die den Verkäuflichkeitswert der Ware für den Käufer zu ermitteln sucht [2]) und demgemäß den Preisstand am Ort und zur Zeit der Ablieferung an den Käufer maßgebend sein läßt. Die skandinavischen Rechte gehen vielmehr davon aus, daß der Käufer sich am Lieferungsort zur Lieferungszeit hätte eindecken können und sollen, und stellen das Äquivalent für das Unterbleiben dieser Lieferung fest. Beide Begriffe fallen natürlich bei Börsenkäufen zusammen, ihr Unterschied zeigt sich beim Distanzkauf. Ferner darf der Kleinhändler gegenüber dem Großhändler als Verkäufer in der Regel nur den niedrigeren Großhandelspreis in Rechnung stellen oder muß wenigstens vom Kleinhandelspreis die Kosten für Empfang und Fürsorge und die Verluste aus Verschlechterung und Verliegen der Ware abziehen [3]). Im abstrakten Schaden ist also niemals eine „normale Verdienstspanne" des Käufers enthalten, sondern nur der Gewinn aus einem nachträglichen Steigen der Anschaffungspreise, der natürlich, wenn der Weiterverkaufspreis in concreto nicht ebenfalls gestiegen ist, jene Gewinnspanne unter Umständen einmal decken kann.

Wahl des Zeitpunkts.

Daß der Käufer sich bei Nichterfüllung anderweit eindecken soll, trifft nicht zu, wenn der Käufer, wozu er das Recht hat, an der Erfüllung festhalten will. Weist er nach, daß dies seine Absicht war, so kann er, wenn er jetzt aufhebt und Schadenersatz verlangt, seinen Schaden, obwohl dies im Gesetz nicht geregelt ist, abstrakt so berechnen, daß er die Differenz zwischen dem Kaufpreis und dem Preis am Lieferungsort zur Zeit der Vertragsaufhebung verlangt. Haben sich also die Anschaffungspreise zwischen Lieferungszeit und

---

1) Almén I 388 ff.; ³ 365 ff.

2) Oben S. 170.

3) Almén I 375; ³ 352.

Zeit der Aufhebung des Vertrags verändert, so kann der Käufer sich auf den für ihn günstigeren Standpunkt stellen: er kann entweder gemäß § 25 die Differenz zwischen Kaufpreis und Preis der Lieferungszeit oder die Differenz zwischen Kaufpreis und Preis zur Zeit der Aufhebung des Vertrags fordern[1]).

Ebenso ergibt sich für die Berechnung des im Gesetz nicht geregelten Verspätungsschadens, daß ein Käufer, der mit der Ware Handel treibt, dann, wenn die Preise inzwischen gefallen sind, die Differenz zwischen dem Wert zur Zeit der tatsächlichen Lieferung und dem Preis zur Lieferungszeit verlangen kann[2]). Es soll ihm nicht zum Nachteil gereichen, daß er an der Lieferung festgehalten hat.

2. Konkrete Berechnung.

2. Außer dem abstrakten Schaden oder statt seiner kann der Käufer das Erfüllungsinteresse verlangen, muß es aber genau nachweisen. Es scheint, daß wegen der Strenge des Beweises in der Regel der abstrakte Schaden verlangt wird. Zum konkreten Schaden rechnet man in der Praxis: die für den Kaufabschluß und für die erwartete Ware vom Käufer aufgewendeten Kosten wie Fracht, Abholung und andere Kosten[3]), daneben weiter den Handelsgewinn, der dem Käufer durch einen Weiterverkauf über den Beschaffungspreis hinaus am Stichtag zugefallen wäre[4]), ebenso entgangenen Gebrauchsgewinn[5]), Verluste, weil durch das Ausbleiben von Maschinen oder Rohstoffen Stockungen im Betrieb des Käufers entstanden sind. Ebenso kann Ersatz verlangt werden für Schadenersatz und Vertragsstrafe[6]), die der Käufer seinerseits seinem Abkäufer zu leisten hat; der Rückgriff auf den Verkäufer ist hier jedoch dann ausgeschlossen, wenn es sich um außergewöhnlich hohe Beträge handelt und der Verkäufer bei Vertragsabschluß oder sofern verschuldeter Verzug vorliegt, im Zeitpunkt des Verzuges keinen Anlaß hatte, mit dem Entstehen derartiger Umstände zu rechnen (vgl. unten 4).

In allen diesen Fällen kann kein Ersatz verlangt werden, wenn

---

[1]) Almén I 393 ff.; [3] 369 ff.; Lassen-Ussing, p. 166 ff.; Grundtvig, Lov om Køb p. 43 f.

[2]) Almén I 398 ff.; [3] 375 ff.; Lassen-Ussing p. 169.

[3]) Judikatur bei Almén I 373; [3] 350 N. 44 a—49 und Lassen § 43 N. 86.

[4]) Judikatur bei Almén I 374; [3] 361 N. 56; Lassen § 41 N. 21; Lassen-Ussing § 83 N. 108.

[5]) Judikatur bei Almén I 375; [3] 353 N. 61; Lassen § 41 N. 41—44.

[6]) Judikatur bei Almén I 369, 372; [3] 346, 351 N. 14 a und 52; Lassen § 41 N. 41; Lassen-Ussing § 83 N. 109.

die Verluste oder der Gewinnentgang durch eine anderweitig mögliche angemessene Eindeckung vermeidbar gewesen wären [1]).

Die theoretische Kritik hat an diesem Rechtszustand die Vermengung von positivem und negativem Interesse gerügt, zweifellos mit Recht. Almén glaubt es dagegen gerechtfertigt, daß der Käufer als positives Interesse die ihm aus Anlaß des Kaufs entstandenen Kosten, z. B. für Abholung der Sache, liquidiere, weil sie für ihn unnütz seien [2]). Dies ist seltsam [3]). Sehr beachtlich aber ist Alméns entschiedene Abneigung gegen die ganze Unterscheidung von positivem und negativem Interesse.

Will der Käufer den Verkäuflichkeitswert, den die Ware für ihn gehabt hätte, ersetzt verlangen, so muß er den entgangenen Handelsgewinn nachweisen und an diesen Beweis werden strenge Anforderungen gestellt, jedenfalls dann, wenn ein Deckungskauf möglich gewesen wäre [4]).

Zulässig ist aber die konkrete Schadensberechnung in jedem Fall, da § 25 nur gelten will, wenn „Beweis bezüglich des Schadens nicht erbracht wird". Daraus folgt andererseits, daß der Käufer kein Recht auf abstrakte Schadensberechnung hat; diese ergibt also nicht die Mindestsumme des zu leistenden Schadenersatzes, dem Verkäufer steht vielmehr der Beweis offen, daß der Käufer geringeren Schaden erlitten habe [5]).

3. Die geschilderten Grundsätze der abstrakten Berechnung nach § 25 gehen davon aus, daß der Käufer sich bei Nichtlieferung anderweit am Lieferungsort hätte eindecken können und sollen. Der nächstliegende Fall konkreter Berechnung eines höheren Schadens ist daher der, daß der Käufer sich eingedeckt hat und dabei einen höheren Preis hat aufwenden müssen [6]). Bei Waren ohne Marktpreis, *3. Deckungskauf.*

---

[1]) Almén I 374 ff.; [3] 351 ff.; Lassen-Ussing p. 160.

[2]) I 379; [3] 357.

[3]) Es beruht vielleicht auf Erwägungen, wie sie in Deutschland RGZ. 127, 248 f. angestellt hat, das solche Kosten als ersten handgreiflichen positiven Schaden angesehen hat, davon ausgehend, daß der Käufer sie bei seiner Erfüllung wieder herausgeholt, verdient hätte. Wäre das aber nicht der Fall gewesen, so versagt auch Almén den Ersatz der Kosten, ebenso das Urteil des Svea HovR v. 2. 2. 1917 Sv. J. T. 1917, 197 f.

[4]) Almén I 374 f.; [3] 351 f.

[5]) Almén I 392; [3] 368.

[6]) Der Nachweis, daß der Käufer sich unter Marktpreis hätte eindecken können, genügt nur, wenn dies dem Käufer unter den gegebenen Umständen auch zumutbar war, was besonders dann zweifelhaft sein kann, wenn das Deckungsangebot von dem in Verzug befindlichen Verkäufer ausgeht. Vor allem aber muß

bei denen nur die konkrete Berechnung möglich ist, ist das Ausgehen vom Deckungskauf die typische Form der Schadensberechnung. Das *dänische* Gesetz sieht eine besondere Erleichterung der konkreten Schadensberechnung vor. Nimmt der Käufer unverzüglich durch einen autorisierten Makler, der über die Art des Kaufes unterrichtet ist, einen Deckungskauf vor, so kann der Verkäufer keine Einwendung dagegen erheben, daß der Kaufpreis für die so eingekaufte Ware als Preis des Gegenstandes betrachtet wird (§ 25 S. 2). Im *schwedischen* und *norwegischen* Gesetz fehlen entsprechende Bestimmungen, man hält es aber auch hier für selbstverständlich, daß der Verkäufer gegen ein entsprechendes Verfahren praktisch keine Einwendungen erheben kann[1]).

4. Begrenzung des Ersatzes.

4. Bei der konkreten Schadensberechnung sucht man den Schaden mittelst Formeln zu begrenzen, die eine lebhafte Erörterung abschließen.

Lassen[2]) und nach ihm Almén[3]) lehren in Übereinstimmung mit der Rechtsprechung[4]), daß der Verkäufer nicht für einen dem Käufer entstandenen Schaden verantwortlich gemacht werden kann, der eine so ungewöhnliche und unwahrscheinliche Folge des Vertragsbruchs ist, daß sie vom Verkäufer vernünftigerweise nicht in Rechnung gestellt werden konnte. Dies soll sowohl gelten, wenn die Schadenersatzpflicht aus einer Garantieübernahme des Verkäufers entspringt, als auch, wenn sie auf schuldhaftem Verzug des Verkäufers beruht, mit dem einzigen Unterschied, daß ersterenfalls nur solche Schadensfolgen ersatzfähig sind, deren etwaiges Entstehen der Verkäufer bei Vertrags**abschluß** in Rechnung ziehen mußte, letzterenfalls die Folgen, mit denen im Zeitpunkt des **Vertragsbruchs** gerechnet werden mußte.

perpetuatio obligationis.

Die Anwendung dieser Grundsätze auf die sog. perpetuatio obligationis beim Spezieskauf führt Almén[5]) zu dem Schluß, daß der im Verzug befindliche Verkäufer mangels ausdrücklicher gesetz-

---

angenommen werden, daß bei Waren, für die ein allgemeiner Markt besteht, der Käufer von der besonders günstigen Deckungsmöglichkeit auch ohne Rücksicht auf den zwischen ihm und dem Verkäufer bestehenden Vertrag Gebrauch gemacht, also einen zusätzlichen Umsatz erzielt hätte (Almén I 392 f., ³ 368 f. unter Hinweis auf Staub Exk. zu § 374 Anm. 60).

¹) Almén I 391; ³ 368.

²) Obligationsretten Almindelig del p. 407 f.

³) I 368 ff.; ³ 345 ff.

⁴) Vgl. Urteile des *Schwed.* höchst. Gerichts in N.J.A. 1913, 276; 1919, 486.

⁵) I 222 ff.; ³ 211 ff.

licher Bestimmung für durch einen Zufall eingetretenen Verlust oder Beschädigung der Kaufsache nicht hafte. Es befindet sich damit im Widerspruch zu der in *Dänemark* und *Norwegen* herrschenden Lehre und Gerichtspraxis [1]). Diese läuft darauf hinaus, den im Verzug befindlichen Verkäufer auch zum Ersatz des durch Zufall entstandenen Schadens zu verpflichten, es sei denn, daß dieser auch bei rechtzeitiger Leistung eingetreten sein würde (vgl. § 287 BGB.). Dies ist heute wohl auch Auffassung des *schwedischen* höchsten Gerichts [2]).

§ 40.

V. Sonstige Rechtsbehelfe des Käufers.

1. Einrede des nicht erfüllten Vertrags.

1. Sofern nicht anderes vereinbart, braucht der Käufer den Kaufpreis nur zu zahlen, wenn die Ware ihm „bereit gehalten wird" (§ 14. Einrede des nicht erfüllten Vertrags). Für den Versendungskauf wird dies vom Gesetz dahin erläutert, daß der Verkäufer die Ware versenden und am Bestimmungsort bereit halten muß (§ 15) [3]). Beim Kauf „Zahlung gegen Konnossemente", „Kasse gegen Dokumente" oder ähnlichem treten an die Stelle der Ware die nach dem Vertragsinhalt dem Käufer zu übergebenden Dokumente (§ 71). Ferner verordnet für Versendungs-Handelskauf § 16: „Wird ... für die Versendung des Gutes bis zum Bestimmungsort ein Konnossement oder ein Frachtbrief ausgestellt, der so eingerichtet ist, daß der Verkäufer nach seiner Herausgabe an den Käufer nicht über das Gut verfügen kann, ... so soll das Gut als so verkauft angesehen werden, daß es gegen genannte Urkunde nach dem, was in § 71

---

[1]) Stang, Erstatningsansvar, Oslo 1919, p. 89 f.; Lassen p. 440; *dänische* Entscheidungen in Ugeskrift for Retsvaesen 1915, 369 und 956; 1916, 533; *Norwegisches* höchstes Gericht in Norsk Retstidende 1918, 680.

[2]) N.J.A. 1923, 266.

[3]) Auch ohne Bereithaltung der Ware muß der Käufer natürlich zahlen, wenn das Gut nach Gefahrübergang untergegangen ist. Ferner kann er, da es für die Frage der Rechtzeitigkeit der Leistung auf die „Lieferung" ankommt, bei Verzögerung des Transports vom Lieferungsort weg zur Zahlung auch gehalten sein, wenn die Ware ihm noch nicht am Bestimmungsort bereit gehalten wird. Nur muß in diesem Fall der Verkäufer, der grundsätzlich über die reisende Sache disponieren kann, wenn er Zahlung erhalten will, das Gut dem Käufer in einer Weise zur Verfügung stellen, die ihn gegen anderweitige Verfügung sichert (Almén I 177; [3] 168 f.).

bestimmt wird, bezahlt werden soll". Der Verkäufer kann also beim Handelskauf dem Käufer die Abwicklung „Kasse gegen Dokumente" einseitig aufzwingen. Voraussetzung ist nur, daß ein Versendungskauf vorliegt, daß also nicht Lieferung am Ort des Empfängers vereinbart ist.

Der Grundsatz, daß der Käufer nur gegen Bereithaltung der Ware zu zahlen braucht, gilt nach Almén regelmäßig auch beim Annahmeverzug [1]).

Prozessual wirkt sich die Einrede dahin aus, daß der Käufer zur Zahlung gegen Bereithaltung der Ware zu verurteilen ist. Für die Vollstreckung braucht sich der Gerichtsvollzieher demgemäß nur davon zu überzeugen, daß das Gut für den Käufer bereitgehalten wird, ein Tätigwerden, um den Käufer in den Besitz der Ware zu setzen, liegt ihm nicht ob.

Einrede der Unsicherheit.

Während für den Verkäufer in § 39 der deutschen „Einrede der Unsicherheit" (BGB. § 321) entsprechende Rechte eingehend geregelt sind (vgl. oben § 36, 4), fehlt es an derartigen Bestimmungen zugunsten des Käufers. Man ist jedoch der Meinung, daß eine analoge Anwendung zugunsten des Käufers so lange geboten ist, als dieser noch kein gegenüber den Gläubigern des Verkäufers auch im Konkurs gesichertes Recht am Gut erlangt hat [2]).

Wird hiernach Sicherheit nicht geleistet, so kann der Käufer in entsprechender Anwendung von § 39, vielleicht auch schon nach den allgemeinen Grundsätzen über den antizipierten Verzug, den Vertrag aufheben [3]).

2. Stellvertretendes Commodum.

2. Über einen Anspruch auf das stellvertretende commodum enthält das Kaufgesetz keine Bestimmungen. Die skandinavische Doktrin erkennt jedoch ein solches Recht des Käufers allgemein an. Über die Abgrenzung im einzelnen, so Einbeziehung rechtsgeschäftlicher Surrogate, des Anspruchs auf die Versicherungssumme, und den Bereich des Anspruchs angesichts etwaiger direkter Ansprüche des Käufers gegen Dritte bestehen mancherlei Zweifel [4]).

---

[1]) Almén I 161 f.; [3] 155 f.

[2]) Almén I 579 ff.; [3] 552 ff.; Lassen § 65 p. 802; Lassen-Ussing p. 189 f.; Hagerup, Konkurs p. 95.

[3]) Vgl. Almén a. a. O.

[4]) Vgl. Almén I 224 ff.; [3] 213 ff.; Hagerup, Om Kjøb og Salg p. 27 f.; Lassen p. 823; Lassen-Ussing p. 92.

VI. Gesamtwürdigung.

Die skandinavischen Kaufgesetze zeigen ein einfaches System und eine einfache, klare Begriffsbildung. Der Begriff des objektiven Verzuges ermöglicht es, die Voraussetzungen der in der Tat recht verschiedenen Rechtsbehelfe des Lieferungsanspruchs, der „Aufhebung des Kaufs" und des Schadenersatzanspruchs klar voneinander zu scheiden.

Die begriffliche Einfachheit des gesetzlichen Aufbaus zeigt sich auch darin, daß der Rechtsbehelf der Zurückweisung einer verspäteten Lieferung und der Befreiung vom Kaufpreisanspruch zwar als „Aufhebung des Kaufes" bezeichnet wird, daß daraus aber keine doktrinären Folgerungen über Rückwirkung und Unvereinbarkeit mit Schadenersatzansprüchen gezogen werden.

Das Kaufgesetz ist strenge gegen den Schuldner: sofort mit dem Verzug kann der Käufer seine Konsequenzen ziehen, er braucht weder zu mahnen noch Nachfristen zu setzen, noch gar mit richterlichen Gnadenfristen zu rechnen. Der nicht rechtzeitig liefernde Verkäufer verliert nicht nur seine Rechte aus dem Kauf, er macht sich auch schadenersatzpflichtig, wenn er nicht beim Spezieskauf sein mangelndes Verschulden, beim Gattungskauf ein außerordentliches Leistungshindernis nachweist.

Bei der Beurteilung dieser weitgehenden Garantiehaftung bei „Lieferungsverträgen" muß man sich aber die zentrale Bedeutung der Lieferung vor Augen halten: alle nach der konkretisierenden Lieferung eintretenden Hindernisse werden dem Käufer aufgebürdet und die Lieferung ist auch für die Rechtzeitigkeit der Leistung maßgebend. Im Normalfall des Versendungskaufs ist der Verkäufer frei, sobald er die Ware dem Transporteur rechtzeitig übergeben hat, auch wenn der Transport nunmehr z. B. durch Eisgang aufgehalten und die Ablieferung um Monate verzögert wird. Die Garantiehaftung greift also nur in Fällen ein, wo die Schuld noch nicht konkretisiert ist (liegt die Konkretisierung ausnahmsweise vor der Lieferung, so gelten die Normen über den Spezieskauf). Hier wird aber auch in den kontinentalen Rechten dem Verkäufer zugemutet, daß er außergewöhnliche Schwierigkeiten, die sich der von ihm in Aussicht genommenen Beschaffung der Ware, etwa durch Streik, Transportschwierigkeiten, Feuersbrunst u. dergl. entgegenstellen, durch Aufsuchung anderer Beschaffungsmöglichkeiten überwindet. Der Unterschied liegt also im wesentlichen darin, daß eine hierdurch eintretende Verzögerung vom Verkäufer zu vertreten ist, während er nach deutschem Recht Verzögerungsschaden nicht zu erstatten hätte und unter Umständen, wenn der Lieferungszeitpunkt so wesentlich ist, daß eine spätere Lieferung eine völlig andere wäre, sogar von seiner Lieferungspflicht befreit ist.

Der sofortige Eintritt der Verzugsfolgen ermöglicht eine einfache, klare Abwicklung. Die skandinavische Regelung geht von den kaufmännischen Geschäften aus, ja von den Geschäften des Großhandels mit ihren strengen Anschauungen und ihrem Bedürfnis nach rascher, klarer Abwicklung. Die zweckmäßigen Bestimmungen der §§ 26 und 27 ermöglichen aber auch eine angemessene Behandlung der nicht handelsmäßigen Kaufgeschäfte: der Verkäufer, der nicht rechtzeitig geliefert hat, kann fragen, ob der Käufer die Ware noch haben wolle und sich so Klarheit über seine eigene Lage verschaffen. Der Käufer, der mit seinem Lieferungsverlangen übermäßig lange wartet, verwirkt seinen Lieferungsanspruch und kann nur noch die aus einer Nichterfülung sich ergebenden Ansprüche geltend machen. Der Käufer, der die Ware oder eine Versandanzeige erhalten hat, muß unverzüglich rügen, wenn er aus einer Verspätung Rechte herleiten will. Treu und Glauben sind durch diese einfachen, leicht zu erfüllenden, kaufmännischem Empfinden entsprechenden Anforderungen gut gewahrt.

Die Kürze des Gesetzes überläßt vieles dem richterlichen Ermessen, auch die Behandlung von Vertragsbrüchen anderer Art als Nicht- und nicht rechtzeitige Lieferung und Schlechtlieferung, die im Mängelrecht geregelt ist (§§ 42, 43). Über die Behandlung der sonstigen Fälle, der „positiven Vertragsverletzungen“ deutscher Terminologie, gibt Almén[1]) eine ausführliche Übersicht.

---

[1]) I 426—440; ³ 403—419.

2. Abschnitt: Rechtsvergleichung.

1. Kapitel. Die Pflicht zur Lieferung der Ware.

§ 41.

I. Übersicht über die Hauptverpflichtungen des Verkäufers.

1. Die Hauptverpflichtungen.

1. Die Verpflichtungen des Verkäufers verstehen sich in dem gewöhnlichen und auch hier verwendeten Sinne des Wortes mit Ausschluß der Gewährleistung wegen Sachmangels, da diese eine besondere systematische Grundlage als Garantie zu haben pflegt. In einer Reihe von Ländern ist auch die Haftung des Verkäufers wegen Rechtsmangels noch in der alten Art der Gewährleistung („garantie") selbständig geartet und abseits gestellt. Beziehen wir dennoch diese Haftung hier für einen Augenblick ein, um rasch einen allgemein gültigen Überblick über die Hauptverpflichtungen des Verkäufers zu erhalten.

Die Hauptverbindlichkeiten zielen darauf hin, dem Käufer die Sache zu verschaffen. Sie müssen näher unterschieden werden, um einerseits der Verschiedenheit der Auffassungen zu genügen und um andererseits das Mindestmaß des Gegenstands zu gewinnen, der eine Vereinheitlichung erhalten muß.

Es bestehen nebeneinander die Verpflichtungen

1. den Besitz an der Sache zu übertragen,
2. den Akt vorzunehmen, der zur Übertragung des Eigentums sachenrechtlich vorgeschrieben ist,
3. a) das Eigentum an der Sache zu verschaffen, oder
   b) nur das geschützte Haben zu garantieren.

Zur Vereinheitlichung aber wird es sich empfehlen, aus alledem einen Sonderbegriff herauszunehmen, nämlich:

4. die Verpflichtung, soweit tätig zu werden, daß Besitz- und Eigentumsübertragung vor sich gehen können.

Auf die nähere Umschreibung dieser Pflichten haben in den nationalen Rechten vor allem die Sachenrechtssätze über die Übertragung von Besitz und Eigentum Einfluß. Häufig fehlt begreiflicherweise die Unterscheidung der für unsere Aufgabe zu trennenden beiden Fragen, was zu einer solchen Übertragung notwendig ist und wozu der Verkäufer schuldrechtlich verpflichtet ist.

2. Pflicht, freies Eigentum zu verschaffen.

2. Auszuscheiden ist im weiteren die an dritter Stelle aufgeführte Haftung wegen Rechtsmangels. Sie findet sich noch verschieden geordnet [1]). Viele Gesetze sind beim römisch-rechtlichen System stehen geblieben: Der Verkäufer garantiert einen von Rechten Dritter ungestörten Besitz und Genuß der Sache, seine Haftung wird grundsätzlich erst durch eine Eviktion ausgelöst (Eviktions- oder Habere-licere-System). Ja viele stellen dieses System in der unter deutschrechtlichem Einfluß zurückgebildeten Form dar: Die Haftung geht in erster Reihe auf Prozeßverteidigung des Käufers (Defensionssystem). Dagegen ist namentlich das deutsche BGB. §§ 433—440 zum System der Eigentumsverschaffung vorgeschritten: Der Verkäufer ist von vornherein verpflichtet, das Eigentum dem Käufer frei und unbelastet von Rechten Dritter zu verschaffen; er haftet andernfalls wegen Nichterfüllung. Aber auch der französische C. civ. Art. 1599 (La vente de la chose d'autrui est nulle) macht es in seinem Ergebnis dem Käufer möglich, sich sofort auf den Mangel des Eigentums des Verkäufers zu berufen [2]).

Auf einen Versuch zur Vereinheitlichung kann leicht verzichtet werden. Sie träfe auf grundlegende theoretische und prozessuale Unterschiede, während die praktische Bedeutung infolge der gegenseitigen Zugeständnisse der Systeme und wegen des weitverbreiteten gutgläubigen Erwerbs an beweglichen Sachen sehr gering ist.

3. Pflicht zur formellen Übereignung.

3. Nicht zu verwechseln mit dieser als Eigentumsverschaffungspflicht oder als Garantie des geschützten Habens ausgestalteten Haftung wegen Rechtsmangels ist die oben an zweiter Stelle erwähnte Verpflichtung. Sie besteht in allen Systemen. Schon die Römer erkannten sie an (Gaius IV 131 a). Der Verkäufer hat die zur Übereignung nach dem maßgeblichen Sachenrecht erforderlichen Formen — z. B. die Übergabe mit Übereignungskonsens, ein constitutum possessorium, die Konkretisierung usw. — zu erfüllen, ist er Eigentümer, so überträgt er damit das Eigentum, „facit et emptorem dominum" Ulp. D. 19, 1, 11, 2. Ist er es nicht und erwirbt der

[1]) Rabel, Haftung des Verkäufers wegen Mangels im Recht, Bd. 1, 1902, 256 ff., 315 ff.

[2]) Colin et Capitant II n°. 535 p. 492. Von Haus aus waren moralische Erwägungen maßgebend; das Naturrecht, von wo der Satz übernommen wurde, strebte aber schon zur Pflicht der Eigentumsverschaffung. Vgl. Haftung zit. S. 279 ff.

Käufer auch in gutem Glauben nicht Eigentum, so entsteht die Haftung wegen Entwehrung oder wegen nicht verschafften Eigentums.

Wenn wir in Gesetzen aller Gruppen geradezu erklärt finden, daß der Verkäufer das Eigentum zu übertragen hat,

Deutschland BGB. § 433
Schweiz OR. Art. 184
England S.G.A. sect. 1 (1); *amer.* Un.S.A. sect. 1
Franz.-ital. Entw. Art. 323
Argentinien C. civ. Art. 1357 (1323), C. com. Art. 450
Brasilien C. civ. Art. 1122

so kann sich das zum Teil nur auf jene formelle Übertragungspflicht beziehen. Man kann sagen, daß diese Verpflichtung selbstverständlich ist, obwohl sie oft verkannt, nämlich entweder übersehen oder fälschlich als Eigentumsverschaffungspflicht angesehen wurde.

4. Pflicht zur Besitzverschaffung.

4. Wenn es demnach rasch erhellt, daß im Weltkaufgesetz nicht notwendig vom Eigentum gesprochen werden muß, weder in sachenrechtlicher noch in schuldrechtlicher Hinsicht, so ist das Verhältnis des Schuldrechts zum Besitz weniger einfach.

Die Sachenrechte des Traditionssystems, d. h. die, welche zur Übertragung des Eigentums die Übertragung des Besitzes verlangen, unterscheiden gleichzeitig klar Eigentum und Besitz. Aber sie wählen wechselnde Ausdrücke für den Gegenstand der auf den Besitz bezüglichen Verkäuferpflicht; der Verkäufer hat

Deutschland BGB. § 433: zu übergeben
Schweiz OR. Art. 184 ebenso
Österreich aBGB. §§ 1061, 1047: zu freiem Besitz zu übergeben
Niederlande BW. Art. 1510: levering
Spanien C. civ. Art. 1461 f.: entrega, vgl. Art. 609: tradición
Chile C. civ. Art. 1824: entrega o tradición.

In der anglo-amerikanischen Gruppe, wo sich der Zeitpunkt des Eigentumsübergangs nach dem Willen der Parteien richtet und grundsätzlich früher eintritt als bei Ablieferung der Sache, erwirbt der Käufer vor diesem Zeitpunkt unter mannigfachen Unterscheidungen auch eine Besitzstellung, die an den bei der altdeutschen Gewere und auch sonst in alten Rechten häufigen Begriff des berechtigten teilweisen Habens erinnert. Diese constructive possession setzt ein right to possess voraus [1]), sei es das Eigentum, wie im Normalfall, sei es ein anderes Recht. Eine Pflicht des Verkäufers besteht, so lange er noch allein oder neben dem Käufer ebenfalls Besitzer ist.

---

[1]) Pollock-Wright, Possession in the Common Law, Oxford 1888, 27, 145, 187.

Im Grundsatz wird seine possession so lange als fortdauernd angesehen, als er eine Möglichkeit der Verfügung über die Sache hat, er also die Ware nicht in den unkontrollierten Besitz des Käufers oder des agent des Käufers gelangen läßt (S.G.A. sect. 43 (1) (b); Unif. S.A. sect. 56 (1) (b); Benjamin p. 712, 894). Mit der Absendung ist dies regelmäßig geschehen, da der carrier im Grundsatz agent des Käufers ist. Anders, wenn der Verkäufer die Ware für den Käufer verwahrt [1]).

Die Verpflichtung wird nun dahin formuliert, daß der Verkäufer imstande und bereit sein muß, den Besitz gegen Preiszahlung zu übertragen. Er hat demnach diejenige Besitzstellung, die ihm noch verblieben ist, zugunsten des Käufers auszuüben und im übrigen aufzugeben; insbesondere gilt das von der Verfügungsmöglichkeit (right of disposal).

Im *französischen* Recht und in seinen Tochterrechten, wo das Eigentum unter den Parteien in dem Augenblick übergeht, in dem die Ware genügend bestimmt ist, sei es mit dem Kaufvertrag, sei es mit der Konzentration, bleibt natürlich ebenfalls die körperliche Übertragung besonders geschuldet, falls sie nicht schon beim Kauf erfolgt.

Der Gegenstand dieser Verpflichtung heißt nun in England delivery, in Frankreich (C. civ. Art. 1603; cf. Art. 1604, 1606) délivrance, während Italien (C. civ. Art. 1463) von consegna redet. Insofern handelt es sich also bei diesen Ausdrücken um die endgültige Abwicklung des Geschäfts hinsichtlich der physischen Übertragung der Ware. Dieselben Ausdrücke kehren aber in anderer Bedeutung wieder [2]).

So bezeichnen sie gelegentlich die Übereignung [3]).

Sie dienen aber auch zur Bezeichnung des oben (n°. 1) aufgestellten 4. Begriffs. Dieser entspricht dem handelsüblichen, seinerzeit im allg. HGB. zugrunde gelegten und in Skandinavien gesetzlich aufgenommenen Begriff der Lieferung. Dieser wichtige, ja für eine internationale Ordnung m. E. unentbehrliche Grundbegriff ist näher zu betrachten.

---

[1]) Darüber, daß er nunmehr auch in diesem Fall ein lien hat, S.G.A. sect. 41 (2); Unif.S.A. sect. 54 (2), wird später gehandelt werden (Teil VIII).

[2]) Vgl. zum folgenden überhaupt: Rabel und Raiser, unsere Z. 3, 70 ff.; Großmann-Doerth, Überseekauf S. 111 N. 37.

[3]) Benjamin p. 711 f.; franz. C. civ. Art. 1138 und dazu Colin et Capitant I n°. 908. Entsprechend besteht in Deutschland die Streitfrage, ob „Übergabe" in § 446 BGB. nur Übergabe zwecks Übereignung bedeutet, vgl. Planck-Knoke, Kommentar § 446, 2 b α.

5. Nach dem *skandinavischen* Kaufgesetz § 10 ist beim Versendungskauf das Gut mit Aushändigung an die Transportperson als „geliefert“ anzusehen. Der Besitz geht dagegen wie im deutschen Recht noch nicht über. Almén [1]) führt auch beim Platzkauf (§ 11 des Gesetzes) die Unterscheidung durch: Eine vor einer Baustelle abgeladene Fuhre Ziegel ist geliefert, auch wenn der Käufer noch nicht Besitz ergriffen hat. Wenn ein Bauer einem anderen einen Wagen verkauft hat und den Wagen in einen dritten Hof zu fahren und der Käufer ihn dort abzuholen hat, ist der Wagen mit der Ankunft auf dem Hof geliefert, dagegen wird mit der Abholung der Besitz erworben. Lieferung, schwed. aflämnade, bedeutet also die „Handlung, durch die der Verkäufer vollzieht, was ihm nach dem Vertrage obliegt, damit der Käufer in den wirklichen Besitz des Gutes komme“. Damit tritt die Pflicht zur Lieferung als eine zweite Hauptpflicht neben die zur Übereignung, unabhängig von der Besitzübertragung. *5. Begriff der „Lieferung“.*

Nach demselben Begriff drängt in jedem Recht das Bedürfnis, Ort (allg. HGB. Art. 345 Abs. 2: „Lieferort“) und Zeit für die vom Verkäufer einseitig zu vollziehende Abwicklung festzustellen, bei Gattungsschulden den gewöhnlichen Zeitpunkt der Konzentration und beim Versendungskauf den Gefahrübergang anzuknüpfen. Wir finden daher überall Ansätze zu diesem Begriff, obwohl er entweder gar nicht herausgearbeitet ist oder in unsicherer Terminologie verschwimmt.

In den Kommissionsberatungen zum *Allgemeinen Deutschen Handelsgesetzbuch* unterschied man bereits sehr klar zwischen der sachenrechtlichen Tradition einschließlich des Besitzerwerbs des Käufers und dem für Art. 345 maßgebenden Zeitpunkt, in dem der Verkäufer vorher seinerseits alles getan habe, um dem Käufer zur Erlangung des Besitzes zu verhelfen. Es wurde bemerkt, daß dieser Begriff den Anschauungen der Handelskreise entspricht. An ihn müsse für den Gefahrübergang angeknüpft werden, ebenso für die Frage, ob der Verkäufer rechtzeitig geleistet habe, ganz unabhängig von sachenrechtlichen Gesichtspunkten des vollendeten Besitzübergangs oder des Eigentumsübergangs [2]). Heute erklärt in *Deutschland* BGB. § 243 Abs. 2: „Hat der Schuldner das zur Leistung einer (der Gattung nach bestimmten) Sache seinerseits Erforderliche getan, so beschränkt sich das Schuldverhältnis auf diese Sache.“ Daher ist der Verkäufer durch den zufälligen Untergang der gehörig ausge-

---

[1]) I 104 ff., 119, 132.

[2]) Vgl. Protokolle zum Allg. Deutschen HGB. S. 632 ff., 1375 ff.

schiedenen Stücke befreit. Beim Versendungskauf knüpft sich an die Absendung auch der Übergang der „Gefahr" (Vergütungsgefahr) (§ 447). Es wird auch überwiegend und richtig der Ausschluß der Haftung des Verkäufers für das Verschulden der unabhängigen Transportperson auf den Gedanken zurückgeführt, daß die Obliegenheiten des Verkäufers nicht weitergehen, als einen geeigneten Frachtführer mit der Beförderung zu betrauen, nicht aber den Transport auszuführen[1]). Einen allgemeinen schuldrechtlichen Lieferungsbegriff hat die Doktrin freilich doch noch nicht entwickelt; den Versendungskauf bringt sie vielmehr unter die Sonderfigur der zwischen Hol- und Bringschulden eingereihten „Schickschuld", bei welcher „Erfüllungstätigkeit" und „Erfüllungserfolg" auseinanderfallen[2]). Gerade im deutschen Recht wäre aber die klare Unterscheidung zwischen der „Lieferung" und der Besitz- und Eigentumsübertragung besonders wichtig, da die letztere sich erst bei Ankunft vollziehen kann, dann also erst in dem Sinn „erfüllt" ist, daß der Käufer alles erhalten hat. Bis dahin muß die Willenserklärung des Übertragenden fortdauern; bis dahin gibt die herrschende Meinung konsequent auch die Einrede des nicht erfüllten Vertrags (was nicht immer befriedigen kann)[3]).

In *Frankreich* wird notwendig die Handlung des Gattungsschuldners herausgehoben, durch die die Sachen individualisiert werden und gemäß der theoretischen Regel das Eigentum und die Gefahr übergehen (livrer, livraison), aber noch nicht der unmittelbare Besitz verschafft wird. So hat der Verkäufer nach C. civ. Art. 1247 im Zweifel an seinem Wohnort zu erfüllen; daraus wird geschlossen, daß mit Absendung der Ware délivrance und tradition vollendet seien, wobei der Transporteur für den Käufer Besitz erwerbe[4]). In diesem selben Sinn spricht man im Verkehr von „délivrance". Dagegen erfolgt „délivrance" im Sinne von C. civ. Art. 1612, C. com. Art. 577 erst, sobald der Käufer an der Ware „ait la possession

[1]) Material bei Großmann-Doerth, Überseekauf 118 ff., der zwar mit Recht dagegen polemisiert, daß viele dazu neigen, Gefahrübergang und (vieldeutigen) „Erfüllungsort" einzumischen, mit Unrecht aber sich begnügt, den Grund des Rechtssatzes im „Rechtsgefühl" zu sehen und dieses auf den Gesichtspunkt zurückzuführen, daß die Ausführung des Transports aus dem Kaufverhältnis herausfällt. Aber das folgt ja gerade erst aus der Bemessung der Verkäuferpflicht.

[2]) Planck-Siber § 269, 1 α, γ; Siber, Grundriß S. 72 f.

[3]) Rabel und Raiser a. a. O. S. 75 ff.

[4]) Lacour et Bouteron I n°. 791; Thaller et Percerou I n°. 1024, 1016.

apparente et réelle et puisse en faire un élément de son crédit" [1]; dies bedeutet, daß das Zurückbehaltungsrecht des Verkäufers wegen mangelnder Preiszahlung endet.

Klarer unterscheiden *italienische* Schriftsteller die consegna als Tätigkeit des Verkäufers und die tradizione als gesamten Vorgang der Besitzübertragung, der sich aus consegna und ricevimento zusammensetzt. Die consegna des Verkäufers ist mit der Absendung der Waren beendet; an seinem Wohnort ist auch der Gerichtsstand des Erfüllungsorts (Cod. proc. civ. Art. 91 Abs. 2). Dagegen vollzieht sich die tradizione, was für das Zurückbehaltungs- und Verfolgungsrecht des Verkäufers wichtig ist, erst mit Empfang der Ware durch den Käufer. Zwar mag auch während des Transportes eine der beiden Parteien an der Ware Besitz haben, in aller Regel aber entspricht dieses Vertretungsverhältnis nicht der selbständigen Stellung des Transportunternehmers [2]. — In den *Niederlanden* neigt man jetzt dazu, „levering" (wie délivrance im B. W. übersetzt ist) geradezu „im tatsächlichen Sinn" zu verstehen [3].

Der *englische* Ausdruck delivery ist so vieldeutig und „confusing" (Benjamin p. 711), daß er alle erdenklichen Bedeutungen annimmt. Immerhin ist S.G.A. sect. 32 (1) — Unif. S.A. sect. 46 (1) —, wonach beim Versendungskauf im Zweifel die Übergabe an die Transportperson als delivery zu gelten hat: delivery of the goods to a carrier ... prima facie deemed to be a delivery of the goods to the buyer — das Vorbild des skandinavischen Gesetzes. In dem besonderen Fall des right of stoppage in transitu bei Konkurs des Käufers (S.G.A. sect. 44 ff.) tritt dieser Begriff in scharfen Gegensatz zur Ankunft beim Käufer; dieses Recht steht dem Verkäufer während des Transports der Waren zu [4], d. h. "from the time when they are delivered to a carrier ... for the purpose of transmission to the buyer, until the buyer, or his agent in that behalf, takes delivery of them from such carrier . . ." (S.G.A sect. 45 [1]). Hier ist die delivery im Sinne von Lieferung regelmäßig mit Aushändigung an den carrier beendet, aber erst die unmittelbare Sachherrschaft des Käufers oder seines Vertreters im Empfang ist stark genug, das Verfolgungsrecht auszuschließen.

[1] del Marmol, Ann. Droit Comm. 43 (1934) p. 194 f.

[2] So besonders Vivante III n°. 919, Navarrini, Foro It. 1913 I 766 und Trattato comm. (1920) II n°. 540 (besonders p. 253 Anm. 1); Tartufari, n°. 322. — Dagegen ist nach Ramella I n°. 99 die consegna erst mit Empfang der Ware durch den Käufer beendet.

[3] Polak p. 218, s. auch Land V p. 42.

[4] Vgl. dazu Benjamin p. 1013 ff.

Sehr wahrscheinlich hat auch der Versailler Vertrag, Anlage zu Art. 299, § 2 a, die Ausdrücke franz. livrer und engl. deliver als Absendung der Ware begriffen [1]).

Wir werden im folgenden Ausdruck und Begriff der Lieferung in diesem Sinn verwenden, darunter also verstehen: die Beendigung der Tätigkeit, die dem Verkäufer obliegt, damit der Besitz an der Ware auf den Käufer übergehen kann. Diese Tätigkeit als Gegenstand der schuldrechtlichen Pflicht soll rein tatsächlich verstanden werden, also ohne alle Rücksicht darauf, welche Handlungen nach dem jeweiligen Sachenrecht zur Besitz- und Eigentumsübertragung erforderlich sind. So gedacht ist diese Tätigkeit durchaus einer einheitlichen Regelung fähig. Zu ihr hinzu gehört nur noch eine anschließende Unterlassungspflicht des Verkäufers hinsichtlich aller Störungen des Erfüllungserfolgs; z. B. ist der Verkäufer gegenüber dem vertragstreuen Käufer verpflichtet, die ihm nach kontinentalem Frachtrecht zustehende Verfügung über die abgeschickte Ware nicht vertragswidrig zu benützen, also die Ware etwa an einen Dritten umzuadressieren. So ist es auch zumal im deutschen System von Bedeutung, daß der Verkäufer die Traditionserklärung nicht vor dem Besitzerwerb des Käufers widerrufe. Er gibt sie beim Versendungskauf schon mit der Versendung an den Käufer ab (sog. gestreckte Tradition), nicht erst mit dem Zugang der Ware, wo es daher keiner aktiven Mitwirkung des Verkäufers mehr bedarf. Die Lieferung durch Absendung bedarf demnach im Normalfall zur Vollendung der Erfüllung, zur Vollerfüllung, nur noch der Mitwirkung des Käufers und der Enthaltung des Verkäufers von Störung des vollwirksamen Empfangs [2]). Diese schuldrechtlichen Verpflichtungen heben sich also deutlich von der Verpflichtung zur Eigentumsverschaffung und von den sachenrechtlichen Vorgängen des Eigentums- und des Besitzerwerbs ab, die sämtlich nicht schon vereinheitlicht werden sollen. Schwierigkeiten bereitet dabei ausschließlich die Einordnung der geltenden Rechtssätze über das Angebot in unseren Überblick. Insofern es aber nicht nur sachenrechtliche Bedeutung als Traditionsofferte hat, zerfallen seine Wirkungen in Wahrheit in mehrere Bedeutungen, die einzeln zu betrachten sein werden,

[1]) Rabel und Raiser; zustimmend Großmann-Doerth a. a. O.

[2]) Anders Großmann-Doerth S. 107, unter 1, der außer der Lieferung, wie sie hier verstanden wird, auch noch ein Besitzangebot beim Gläubiger verlangt. Daß dort der Schuldner „erfüllt“, ist nur in einem Sinne richtig, im andern erfüllt er wirklich durch die Absendung.

insbesondere anläßlich der Verweigerung der Annahme oder Abnahme durch den Käufer.

Worin die Lieferung im einzelnen zu bestehen hat, ist so verschieden je nach der Natur der Ware, den Bedingungen des Vertrags und den Handelsgewohnheiten, daß in Gesetzen nur wenige allgemeine Regeln formuliert werden können. Die wichtigsten Unterschiede sind die zwischen Spezies- und Gattungssachen und hinsichtlich des Ortes.

§ 42.

II. Ort der Lieferung.

1. Die Lehre vom Erfüllungsort.

1. Die Lehre vom „Erfüllungsort" ist durch irreführenden Sprachgebrauch der Gesetze und der Literatur bis in unser Jahrhundert hinein stark verwirrt geblieben. Eine Klärung ist durch eine Schrift von Franz Leonhard, Erfüllungsort und Schuldort, (1907) begonnen worden; neuerdings hat das Werk von Großmann-Doerth, Der Überseekauf, I, 106 ff. (1930) kritische Beiträge aus der Praxis des internationalen Handels zu dem Gegenstand geliefert. Aus diesen und anderen deutschen Forschungen ist nach meiner Auffassung die Erkenntnis zu gewinnen, daß ein Schuldverhältnis zu mehreren Orten zugleich Beziehungen haben kann und daß diese Beziehungen wiederum nach verschiedenen Richtungen rechtliche Bedeutung haben können. Indem der terminus „Erfüllungsort" den Anschein erweckt, als ob jede Obligation nur eine einzige örtliche Beziehung haben könne, ist er schief. Die Gesetzbücher fügen weitere Ausdrucksfehler hinzu, indem sie entweder dem scheinbar einheitlichen örtlichen Schwerpunkt des Schuldverhältnisses einheitliche rechtliche Bedeutung beizulegen scheinen oder in wichtigen Fällen darauf hinauskommen, daß Erfüllungshandlungen, ja gerade die Hauptleistungen des Verkäufers nicht an dem „Erfüllungsort" zu erfolgen haben. In Wirklichkeit dürfte freilich fast jedes Gesetzbuch eine sachgemäße Ausdeutung zulassen. Aber Großmann-Doerth hat nachgewiesen, daß die Gerichte der wichtigsten Staaten in der Tat sich irreführen ließen und sich die den Anschauungen des Handels gemäßen Entscheidungen nur auf allerlei Umwegen schwer und zögernd abrangen.

2. Die verschiedenen Orte der Tätigkeit des Verkäufers.

2. Beim Kaufvertrag über bewegliche Sachen kommen auf der Seite des Verkäufers unter noch vielen anderen Möglichkeiten in Betracht: der Ort oder die Orte, wo die Sache herzustellen ist; wo die

der Gattung nach bestimmte Sache auszuscheiden ist; wo die Sache aufzubewahren ist; wo sie für die Übergabe an den Käufer bereitzuhalten ist; wo sie erstmals einer Transportperson auszuhändigen ist; wo sie späterhin in die Eisenbahn, auf ein Schiff, Luftfahrzeug usw. zu verladen oder umzuladen ist; wo sie zu entladen ist, wobei ein weiterer Transport sich anschließen kann. Sodann hebt sich der Ort ab, wo die Sache in die physische Gewalt des Käufers oder seines Vertreters oder des vom Käufer bestimmten Dritten (z. B. eines Käufers vom Käufer) zu übergeben ist und wo sie ins Eigentum zu übertragen ist. Eine weitere Reihe von örtlichen Beziehungen betrifft die Dokumente (Frachtpapiere, Versicherungspolice, Rechnung).

Eine wichtige Unterscheidung macht man, indem man den Ort, an dem der Schuldner tätig werden soll (auch Erfüllungsort oder Leistungsort, von Leonhard Schuldort genannt), gegenüberstellt dem Ort, wo der Gläubiger die geschuldete Leistung bekommen soll; ihn kann man, sagt Titze, Recht der Schuldverhältnisse, 4. Aufl. S. 39, „je nachdem man ihn vom Standpunkt der Ware, des Schuldners oder des Gläubigers betrachtet, als Bestimmungsort, Ablieferungsort oder Annahmeort bezeichnen (Leonhard: Vollzugsort)". Nur ist sofort ersichtlich, daß die vielen verschiedenen Tätigkeiten des Schuldners, hier: des Verkäufers sich nicht an nur zwei Orten abzuspielen brauchen. Diese Unterscheidung, die glücklicher ist als andere, die man gemacht hat, genügt also ebenfalls für sich allein noch nicht zur Ordnung unserer Materie.

3. Die verschiedene rechtliche Bedeutung der Orte.

3. Die rechtliche Bedeutung der in die Obligation eingesetzten Orte ist ebenfalls vielgestaltig. Am meisten beachtet der Handel die Fragen, von welchem Orte ab der Käufer die Gefahr und von wo ab er die Kosten eines Transports trägt. Der Ort, wo die Gattungsware individualisiert wird, hat außer für die Gefahr auch für die etwaige Nachlieferungspflicht des Verkäufers Bedeutung. Ferner bildet der „Erfüllungsort" nach dem Zivilprozeßrecht vieler Staaten eine Gerichtszuständigkeit für Klagen gegen den Schuldner; ebenso nach dem internationalen Privatrecht Deutschlands und der Schweiz, in bestimmtem Maß auch Englands, die subsidiäre Anknüpfung für die anzuwendende Rechtsordnung (lex loci solutionis). Eine Rolle kommt dem „Erfüllungsort" auch insofern zu, als gewisse Meinungen die dort geltenden Geschäftsgebräuche und Verkehrssitten für maßgeblich halten.

Da nun grundsätzlich das Zivilprozeßrecht und das internationale

Privatrecht ihre eigenen Begriffe zu bilden haben, übrigens durchaus nicht in allen Staaten dem Erfüllungsort die erwähnte Stellung einräumen, da außerdem sowohl Gefahr als Kosten jeweils in besonderer Weise geregelt sein können, ist die Frage nicht unangebracht, ob es überhaupt einen hinreichenden Zweck hat, in der abstrakten Weise der geltenden Gesetzbücher den „Erfüllungsort" zu regeln.

4. Ort der Lieferung als Modalität der Erfüllung.

4. Zur Beantwortung dient die Erwägung, daß für jede einzelne vom Verkäufer zu erbringende Leistung (ebenso wie für jede erforderliche Mitwirkung des Käufers) in Ermanglung des Einverständnisses der Parteien ein Ort vorgeschrieben sein muß. Er ist als Modalität der Verpflichtung zu beobachten, so daß widrigenfalls der Verkäufer seine betreffende Pflicht nicht völlig erfüllt. Die Bestimmung des Ortes ist also jedenfalls für die Frage bedeutsam, ob der Käufer die Folgen der Nichterfüllung geltend machen, z. B. Schadenersatz wegen Verspätung oder wegen Nichterfüllung verlangen kann. Schon aus diesem Grund ist es gerechtfertigt, daß die heutigen Gesetze den Erfüllungsort regeln, und wird auch künftig irgendeine derartige Regelung nicht gut fehlen dürfen. Daß hierdurch zugleich die vortrefflichste Grundlage für die oben zu 3. genannten Probleme geliefert wird, kommt unterstützend hinzu.

Diese Regelung wird sich aber passenderweise nicht für sämtliche Verpflichtungen des Verkäufers treffen lassen, sondern nur für seine Hauptverpflichtung, die auf Überlassung der Sache an den Käufer hingeht, und nicht einmal für diese im ganzen, sondern nur den Teil, den wir als Verpflichtung zur Lieferung gekennzeichnet haben. Die vorgängigen und nachgängigen Tätigkeiten können wichtig sein; so ist der Abladeort als solcher Gegenstand vieler Verträge. Aber wenn in die Handelsgewohnheiten nicht unnötig eingegriffen werden soll, so ist eine gesetzliche Festlegung ebenso zu vermeiden wie in den heutigen Gesetzen.

Bei Bringschulden fällt dieser Ort der Lieferung mit dem Ort der Vollerfüllung zusammen.

Bei den sogenannten Schickschulden, — Hauptbeispiel der Versendungskauf — hat der Verkäufer am Ort der Versendung zu liefern; es bedarf nicht mehr der Fiktion wie im englischen und skandinavischen Gesetz, daß es so gelte, als ob er hier zu liefern habe.

Bei Holschulden besteht die Lieferung im Bereithalten der Ware, bei Gattungssachen grundsätzlich nach Ausscheidung und Kennzeichnung für den Käufer; vorbehaltlich besonderer Fälle wird man den Verkäufer zur Mitteilung von der Bereitschaft oder zur Aufforderung, die Ware abzuholen, für verpflichtet halten.

Im folgenden überschauen wir kurz die heutigen Regeln der Gesetze über den „Erfüllungsort". Sie ergeben leicht die uniforme Ordnung des Lieferungsorts, die subsidiär hinter allen ausdrücklichen und stillschweigenden Abreden, Handelsklauseln und Gebräuchen zu gelten hat.

5. Rechtsvergleichendes über den Erfüllungsort.

5. Überall sind für die Bestimmung des Lieferungsortes zunächst die ausdrücklichen oder stillschweigenden Parteivereinbarungen und die Handelsbräuche maßgebend. Welchen Sinn in Verträgen die Ausdrücke „Lieferungsort" oder „Erfüllungsort" haben, ist jeweils Frage sorgfältiger Auslegung. Subsidiär treffen die Gesetze selbst Bestimmungen, wobei sich mehrere Systeme unterscheiden lassen.

a) Sitz des Schuldners bei der Erfüllung.

a) Nach *französischem* Recht hat ein Schuldner an seinem Wohnsitz zu erfüllen (C. civ. 1247 Abs. 2), und zwar, wie die Auslegung des Gesetzes hinzufügt, an dem Wohnsitz, den er im Zeitpunkt der Erfüllung hat. Diese Regel ist vielfach übernommen worden, so in

Italien C. civ. Art. 1249 Abs. 2
Portugal C. civ. Art. 744 S. 2
Spanien C. civ. Art. 1171 Abs. 3
Rumänien C. civ. Art. 1104 Abs. 3
Polen OR. Art. 190 § 2
Lateinamerikanische Gesetze: oben § 32 (n°. **15—16**).

Wenn der Schuldner seinen bei Vertragsabschluß bestehenden Wohnsitz nach einem anderen Ort verlegt, so können dem Gläubiger Mehrkosten erwachsen. Ob der Schuldner sie zu ersetzen hat, ist in Frankreich bestritten, bejaht in

Portugal C. civ. Art. 744 § único, Fassung des Dekrets n°. 19126 vom 6. 12. 1930
Mexico C. civ. Art. 2085 S. 1
Nicaragua C. civ. Art. 2033.

Argentinien, C. civ. Art. 781 (747) S. 3; 782 (748), gibt bei Wohnsitzwechsel dem Gläubiger das Recht, zwischen der Erfüllung am jetzigen oder am früheren Wohnsitz des Schuldners zu wählen, *Portugal* (Satz 2) läßt den Wohnsitz des Gläubigers dann entscheiden, wenn der Schuldner nach Vertragsschluß außerhalb des kontinentalen portugiesischen Gebiets verzieht [1]).

In den *angelsächsischen* Gesetzen ist ausdrücklich gesagt, daß zunächst der Ort der geschäftlichen Niederlassung des Verkäufers maßgebend ist und nur in Ermangelung einer solchen sein Wohnsitz

[1]) Cunha Gonçalves IV n°. 599 p. 704/5.

(residence). Zu welchem Zeitpunkt, wird nicht ausdrücklich erwähnt.

England S.G.A. sect. 29 (1)
Ver. Staaten Unif. S.A. sect. 43 (1).

b) Sitz beim Vertragsschluß.

b) Eine andere Gruppe von Rechten spricht dagegen, falls nicht die Umstände einen andern Ort ergeben, von dem Ort, an dem der Schuldner (Verkäufer) seinen Wohnsitz (Wohnort) oder seine gewerbliche Niederlassung im Zeitpunkt des Vertragsschlusses hatte. Spätere Verlegungen des Wohnsitzes oder der Niederlassung lassen den Erfüllungsort unberührt. So

Deutschland BGB. § 269
Österreich aBGB. § 905, allg. HGB. Art. 324 Abs. 2 S. 1, 342 Abs. 2 S. 1
Schweiz OR. Art. 74 Abs. 2 n°. 3
Skandinavien Kaufges. § 9
tschechoslowakischer Entw. I § 833, Entw. II § 818
ungarischer Entw. I §§ 859 I, 861, Entw. II § 1088 Abs. 1
Sowjetrußland Art. 113 d
Türkei OR. Art. 73 Abs. 2 n°. 3; vgl. HGB. Art. 655
Chile C. civ. Art. 1589
Columbien C. civ. Art. 1647
Ecuador C. civ. Art. 1579
Costa Rica C. civ. Art. 778
Nicaragua C. civ. Art. 2032
Salvador C. civ. Art. 1459.

c) Sitz des Gläubigers

c) Im Gegensatz zu allen anderen Gesetzen, die auf die Verhältnisse des Schuldners abstellen, läßt das niederländische Gesetzbuch (B.W. Art. 1429) beim Mangel sonstiger Anhaltspunkte den Wohnsitz des Gläubigers entscheiden; verzieht dieser allerdings, so wird auf den Wohnsitz des Schuldners zurückgegriffen.

d) Ort der Sache.

d) Für den Spezieskauf besteht im *Code civil* die Sonderbestimmung, daß im Zweifel die Lieferung an dem Ort zu geschehen hat, an dem sich die Sache im Zeitpunkt des Kaufes befindet (Art. 1609). Dem folgen

Niederlande B.W. Art. 1429 Abs. 1; 1513
Italien C. civ. Art. 1468
Spanien C. civ. Art. 1171 Abs. 2
Portugal C. civ. Art. 744 Abs. 1 S. 1
Rumänien C. civ. Art. 1319
Lateinamerikanische Gesetze, oben § 32 (n°. 14).

Ebenso:

Schweiz OR. Art 74 Abs. 2 n°. 2
Türkei OR. Art. 73 Abs. 2 n°. 2
Polen OR. Art. 190 § 3.

Das *allg. deutsche* HGB. stellt auf den Ort ab, wo das verkaufte Stück sich mit Wissen der Kontrahenten befand. Damit stimmen die *angelsächsischen* und *skandinavischen* Rechte überein.

England S.G.A. sect. 29 (1)
Vereinigte Staaten Unif. S.A. sect. 43 (1)
Skandinavien Kaufges. § 9 (Almén I, 118).

Nach dem *deutschen* BGB. § 269 kann sich diese Lösung aus dem allgemeinen Hinweis auf die Umstände und Natur des Schuldverhältnisses ergeben.

e) Bemerkung.

e) Die erste auf die Verhältnisse im Zeitpunkt der Erfüllung abstellende Lösung ist veraltet. Die der neueren Gesetze läßt den Zeitpunkt des Vertragsschlusses entscheiden. Am zweckmäßigsten erscheint unter diesen Gesetzen die Formulierung des allgemeinen deutschen Handelsgesetzbuches, die mit der anglo-amerikanischen fast wörtlich übereinstimmt:

> „Die Übergabe der Ware geschieht ... an dem Ort, wo der Verkäufer zur Zeit des Vertragsabschlusses seine Handelsniederlassung oder in deren Ermangelung seinen Wohnort hatte. Wenn jedoch eine bestimmte Sache verkauft ist, welche sich zur Zeit des Vertragsschlusses mit Wissen der Kontrahenten an einem anderen Ort befindet, so geschieht die Übergabe an diesem Ort."

An dieser Formulierung erscheint auch empfehlenswert, daß statt des nach den verschiedenen Landesrechten verschieden ausgestalteten Wohnsitzbegriffs der einfache Begriff des „Wohnortes" verwendet wird. Auch den neueren internationalen Konventionen entspricht es, statt vom domicile von der résidence habituelle auszugehen, übrigens auch statt der Handels- oder gewerblichen Niederlassung nur von Niederlassung zu sprechen.

Zur Auslegung unklarer Vereinbarungen bestimmt richtig § 269 Abs. 3 des deutschen BGB., ebenso die ungarischen Entwürfe: Aus dem Umstand allein, daß der Schuldner die Kosten einer Versendung übernommen hat, ist nicht zu entnehmen, daß der Ort, nach dem die Versendung zu erfolgen hat, der Lieferungsort sein soll.

Ist ausdrücklich Lieferung am Wohnort des Gläubigers vereinbart, so fragt es sich, ob darunter der Wohnort des Gläubigers im Zeitpunkt des Vertragsschlusses oder im Zeitpunkt der Erfüllung verstanden ist. Den vorgeschlagenen allgemeinen Vorschriften entspricht die erstere Lösung.

6. Insbesondere der Versendungsort.

6. Der Versendungsort ist nicht „der" Erfüllungsort. Nach dem Gesagten steht jedoch nichts im Wege, ihn im Normalfall, vorbehalt-

lich aller Klauseln, als Lieferungsort anzusehen. Für die Versendung der Ware kommt häufig ein anderer Ort in Betracht als der Ort der Niederlassung des Verkäufers. Daß die Gefahr und die nicht anderweit geregelten Kosten auch dann bei der Absendung übergehen, steht für den Fall fest, daß der dritte Ort durch Vertrag oder Handelsbrauch bestimmt ist. In Deutschland ist diese Lösung durch BGB. § 447 nicht gehindert [1]).

Ist kein Versendungsort vereinbart, so entsteht die meines Wissens nirgends geradezu erörterte Frage, wie es zu behandeln ist, wenn der Verkäufer statt vom Ort seiner Niederlassung von einem anderen Platz aus versenden läßt, ohne daß er geradezu vertragswidrig handelt. Daß er dadurch nicht Gefahr und Kosten zu Lasten des Käufers erhöhen kann, ist klar. Geliefert wird im allgemeinen sein. Ob aber die Gefahr überhaupt übergeht? In Frankreich und England wird man, wie ich gehört habe, es wohl verneinen. Ich möchte es analog BGB. § 270 Abs. 3 bejahen, wenn der Absendeort bei der Transportversicherung ebenso eingestuft wird wie der Ort der Niederlassung.

§ 43.

III. Zeit der Lieferung.

Die Frage, wann der Käufer die Lieferung verlangen kann, wird nicht in allen Rechten richtig von der anderen Frage begrifflich getrennt, wann den Verkäufer wegen Nichterfüllung Rechtsnachteile treffen. Die praktischen Folgen berühren sich allerdings zum Teil sehr enge, wie z. B. die Fälle zeigen, in denen die Lieferzeit bis zu einer Handlung des Gläubigers andauert.

Der Zeitpunkt, zu dem der Käufer die Lieferung „verlangen" kann [2]), bestimmt sich zunächst nach der Vereinbarung der Parteien und, wenn eine solche fehlt, nach den Umständen. Läßt sich auch aus ihnen nichts über die Zeit der Fälligkeit entnehmen, so kann der Käufer nach den meisten kontinentalen Rechten die Lieferung sofort

[1]) Leonhard, Erfüllungsort 64 ff.; Großmann-Doerth, 109.

[2]) Bevor dieser Tag gekommen ist, kann der Käufer nach den meisten Prozeßordnungen eine Feststellungsklage erheben, wenn er an der Feststellung des Rechtsverhältnisses ein Interesse hat. Vgl. E. Borchard, Declaratory Judgments. Cleveland 1934, 374. Nach der deutschen ZPO. § 259 kann er auch auf künftige Lieferung allgemein klagen, wenn nach den Umständen die Besorgnis gerechtfertigt ist, daß der Verkäufer sich der rechtzeitigen Lieferung entziehen werde.

mit dem Abschluß des Kaufes verlangen, der Verkäufer sie sofort zu diesem Zeitpunkt bewirken.

Deutschland BGB. § 271 Abs. 1
Österreich aBGB. § 904
allg. HGB. Art. 326
Schweiz OR. Art. 75
Polen OR. Art. 192 § 2
Frankreich: oben § 28, 2 c
Italien C. civ. Art. 1173
Lateinamerikanische Rechte: oben § 32 (n°. **17**); nach einigen aber „auf Verlangen des Gläubigers".

Ergänzend greift der das ganze Recht beherrschende Grundsatz von Treu und Glauben ein: der Käufer darf die Leistung nicht zur Unzeit (inopportuno tempore) verlangen, der Verkäufer sie nicht zur Unzeit bewirken.

Nach den ***anglo-amerikanischen*** Kaufgesetzen (S.G.A. sect. 29 (2), Unif. S.A. sect. 43 (2)) ist mangels einer Vertragsbestimmung die „Absendung innerhalb angemessener Frist" (reasonable time) zu bewirken, eine für die delivery allgemein geltende, äußerst brauchbare, knappe und schmiegsame Bestimmung, deren praktische Bedeutung sich von den kontinentalen Gesichtspunkten nicht unterscheiden dürfte.

Bemerkenswert ist die ***skandinavische*** Regelung. § 12 läßt hintereinander entscheiden: die Festsetzung im Vertrag; die Umstände, aus denen hervorgeht, daß die Erfüllung ohne Aufschub bewerkstelligt werden soll; die „Anforderung" des Käufers (die also nur, wenn sich aus dem Vertrag keinerlei Zeitbestimmung ergibt, einzugreifen braucht, während nach ***deutschem*** Recht die Mahnung in der Regel nur bei kalendermäßiger Bestimmbarkeit der Leistungszeit entfällt). § 13 ordnet den Fall, daß ein Zeitraum festgesetzt ist, innerhalb dessen das Gut zu liefern ist; falls die Zeit aus Rücksicht auf den Käufer nicht näher bestimmt worden ist, soll der Käufer, sonst der Verkäufer, berechtigt sein, den Zeitpunkt zu wählen. Es ist z. B. daran gedacht, daß der eine oder andere Teil Zeit braucht, um eine Schiffsgelegenheit zu beschaffen, wie beim cif-Kauf der Verkäufer, beim fob-Kauf der Käufer.

Folgerung. Um den Handelsgebräuchen entgegenzukommen, bestimmen die Handelsgesetze der ***spanisch-portugiesischen*** Gruppe, daß im Zweifel binnen 24 Stunden zu liefern sei (vgl. oben § 32 n°. **19**).

In aller Regel wird in internationalen Käufen die Zeit durch Vertrag und Handelsbrauch genau bestimmt oder bestimmbar gemacht. Für die subsidiäre Regel empfiehlt sich für den internationalen Gebrauch der elastische Maßstab der "reasonable time", der sich im ganzen Empire und in Amerika als brauchbar erwiesen hat. Die Anwendung kann allerdings im Einzelfall zu Meinungsverschiedenheiten über den Endpunkt führen, aber die Handelsgewohnheiten und die Gerichtsbräuche geben die ebenfalls vorbildliche objektive Richtschnur für die einzelnen Tatbestände. Im Geschäftsleben pflegen überdies Verhandlungen die Lücke zu füllen. Eine gesetzliche Abhilfe für die seltenen Fälle, wo dies alles nicht befriedigt, ist am ehesten anläßlich der Erwägung zu suchen, ob und wann der Käufer eine Nachfrist zu setzen hat (unten S. 406).

Die wichtigste Frage ist die nach der Strenge der Beobachtung der Lieferzeit (unten 4. Kapitel).

2. Kapitel. Die Grundsätze der Zurechnung der Leistungshindernisse und die Befreiung des Verkäufers.

§ 44.

I. Die Grundsätze der Zurechnung.

Die Rechtsordnungen stehen in prinzipiellem Gegensatz, je nachdem ob sie vom Verschuldensprinzip beherrscht sind — Mustertyp: das deutsche BGB. — oder ob sie den Schuldner aus der Nichterfüllung als solcher haften lassen und nur in bestimmten Ausnahmen befreien, — wie das englische Recht, wo der Schuldner von jeher als Garant des Versprechens aufgefaßt wird, und das skandinavische Recht des Gattungskaufs, wo die objektive Nichterfüllung grundsätzlich haftbar macht. Der Gegensatz wird sehr stark gemildert durch die Beweislast, die überall, wenngleich nicht in völlig identischer Weise, den Schuldner trifft; durch Ausnahmen, die auf der einen Seite vom Verschuldensprinzip bei der Gattungsschuld gemacht werden; und auf Seite der anderen Rechtsordnungen durch die Ausnahmen von der Haftung. Außerdem darf behauptet werden, daß der verbleibende Gegensatz hinsichtlich des Kreises der zu vertretenden Umstände sich auf einige Fälle der unverschuldeten Nichterfüllung beschränkt. Denn überall verantwortet der Schuldner alle Hindernisse, an denen er Schuld hat, und dem steht gleich, daß eine seiner Hifspersonen die nicht vertragsmäßige Erfüllung verhindert. Daher ist vor allem dieser engere identische Bereich der Verantwortung kurz zu umschreiben.

1. Das Verschuldensprinzip.

1. Der Begriff des Verschuldens ist namentlich in der *deutschen* Lehre nach den erdenklichsten Richtungen durchge-

arbeitet. Der Begriff ist aber, wo er aus der römischen Wurzel her Fuß gefaßt hat, im wesentlichen überall derselbe. Der Schuldner haftet für Vorsatz, d. i. (nach der besseren, sog. Willenstheorie) ein gewolltes Verhalten mit der unbedingten oder bedingten Absicht einer Schadenszufügung, und für Fahrlässigkeit, auf das kürzeste definiert: ein sonstiges Verhalten, das Vorwurf verdient. Ein solches Verhalten des Schuldners ist Tun oder Unterlassen. Es wird mit Rücksicht auf das Wissen und Wollen oder anders ausgedrückt auf Kenntnisse, Umsicht und Kraftanstrengung nach einem Mustermaß beurteilt. Abmilderungen, so daß nur für gröbere Vorwürfe (culpa lata, culpa levis in concreto) gehaftet würde, gelten für die Lieferungspflicht nicht. Der Maßstab, an dem das Verhalten des Verkäufers gemessen wird, ist daher der strengste, die diligentia diligentissimi patris familias, das Verhalten des abstrakten Typs des sorgfältigen Mannes, oder wie das *deutsche* BGB. § 276 es besser ausdrückt „die im Verkehr erforderliche Sorgfalt", beim Handelskauf „die Sorgfalt eines ordentlichen Kaufmannes" (HGB. § 347). Wenn das *spanische* (C. civ. Art. 1104) und das *argentinische* Gesetzbuch (C. civ. Art. 546 [512]) sagen „die Sorgfalt, welche die Natur der Obligation erfordert und die den Umständen der Person, der Zeit und des Ortes entspricht", so hat eingehender die deutsche Lehre Unterscheidungen der Sorgfaltspflichten herausgearbeitet und ist überwiegend der Ansicht, daß der Maßstab ein relativ-objektiver ist, d. h. man beurteilt den Schuldner einerseits nicht subjektiv nach der individuellen Beschaffenheit seiner Person, andererseits auch nicht alle Schuldner überhaupt schablonenhaft nach einem einzigen abstrakten Typ, sondern objektiv nach den Anforderungen, die der Verkehr an Angehörige eben seines Berufs oder seiner noch weiter differenzierten Berufsgruppe stellt. Ist das Schuldprinzip milder als die Erfolgshaftung, so wird es doch durch diese Ausgestaltung vor einer verkehrsfeindlichen Weichlichkeit bewahrt. Der Schuldner muß die verkehrsgemäße Sorgfalt seiner Klasse unbedingt aufbringen. Dies macht sich besonders beim Verzuge geltend, der nach dem hier besprochenen System zur Voraussetzung hat, daß der Schuldner schuldhaft nicht erfüllt. Das deutsche Reichsgericht hat erklärt, daß eine unrichtige Rechtsauffassung des Schuldners, derzufolge er nicht erfüllt, nur unter besonderen Umständen entschuldigt wird (RGZ. **141,** 275 mit Zitaten [1]). Es gibt übrigens Neigungen, in mancherlei Beziehung diesen Schuldbegriff zu dehnen, ähnlich wie die römischen Juristen die Haftung

[1]) Neuestens RGZ. **146,** 144 etwas abmildernd.

erweiterten, indem sie dolus annahmen, wo früher keiner gesehen wurde. So ist in Deutschland bisweilen geradezu gelehrt worden, wer auf Mahnung nicht zahle, sei immer im Verschulden [1]). Die außerkontraktliche Haftung verschärft sich in der deutschen Rechtsprechung, indem man als Verschulden schon ein verkehrswidriges Verhalten oder die Aufrechterhaltung eines verkehrswidrigen Zustands ansieht [2]) u. dgl. m. Der Gegensatz der Prinzipien mildert sich also im Rechtsleben.

Diesem System gehören außer Deutschland in der Hauptsache zweifellos an *Österreich*, die *Schweiz* und für den Spezieskauf *Skandinavien* (Kaufges. § 23). Bekanntlich liegt das Verschuldensprinzip auch allen romanischen Rechten zugrunde. Die führenden *französischen* und *italienischen* usw. Schriftsteller drücken sich über die Bedeutung des Verschuldens und seine Begriffsmerkmale in demselben Sinne aus wie die deutschen. Allerdings gibt es hier besondere Erscheinungen.

So kennt das französische Recht inmitten seiner Grundsätze einen Begriff des fait du débiteur. Er hat Schwierigkeiten hervorgerufen, ist aber unschwer zu erklären. Er stammt nämlich von dem altrömischen factum debitoris, einem Begriff des Stipulationsrechts, der durch die bonae fidei-Lehren in der Kaiserzeit überholt wurde, in Verkennung dessen aber von den pandektistischen Vorläufern des Code civil verallgemeinert wurde. Es fehlt ihm nicht eine gewisse Brauchbarkeit [3]). Aber daß nach C. civ. Art. 1245 der Schuldner einer Speziessache für Verschlechterungen nicht bloß gemäß dem Prinzip (C. civ. Art. 1302) aus seinem Verschulden (faute) haftet, sondern ebenso auch aus seiner Tat (fait), was nach den historischen Grundlagen eine schuldlose positive Handlung bedeuten müßte, hat keine große praktische Bedeutung [4]). Immerhin blieb es für den Aufbau der Haftungslehre bis heute von Belang, daß man gewohnt ist, der culpa oder sogar immer noch dem fait du débiteur den fait du tiers als Repräsentanten des Zufalls und den fait du prince als Beispiel der höheren Gewalt gegenüberzustellen. *eigene Handlung*

[1]) Staub aHGB. § 354, § 9.

[2]) Darüber trefflich Riezler, unsere Z. 5, 572.

[3]) Zu alledem vgl. des Näheren meine Abhandlung: Die eigene Handlung des Schuldners und des Verkäufers, Rhein. Zeitschr. 1 (1909) 187—226; ebendort S. 195 ff. über die vielerlei Gesichtspunkte, die sich in der Lehre vom fait personnel du vendeur verbergen.

[4]) Nach der gegenwärtigen Theorie überhaupt keine. Dagegen läßt sich der Begriff in anderen Anwendungen verwerten, besonders bei dem Ausschluß der Vertragsaufhebung durch eigene Handlung des Käufers.

Wichtigere Zweifel darüber, ob und inwieweit es in den romanischen Rechten wirklich beim Grundsatz der Haftung für Verschulden und nur für Verschulden verbleibt, erwachsen aus den Formulierungen, mit denen man die Grenze zwischen Haftung und Befreiung zu ziehen pflegt. Darüber ist sogleich weiter unten zu sprechen.

2. Verschulden von Hilfspersonen.

2. Die sämtlichen Systeme stimmen der Sache nach darin überein, daß der Schuldner für ein Verschulden der Personen, deren er sich zur Erfüllung seiner Verbindlichkeit bedient, ebenso einzustehen hat, wie für sein eigenes Verschulden, weil wie die Motive zum deutschen BGB. sagten, der Schuldner sich der Hilfe der Dritten im eigenen Interesse und daher auch auf seine eigene Gefahr bediene:

Schweiz altes OR. Art. 115 Abs. 1: „Der Schuldner ist verantwortlich für das Verschulden der seiner Autorität untergeordneten Familienmitglieder, seiner Angestellten und Arbeiter. Ebenso sind juristische Personen, wenn sie ein Gewerbe betreiben, verantwortlich für das Verschulden ihrer Vertreter, Angestellten oder Arbeiter bei deren geschäftlichen Verrichtungen."

Deutschland BGB. § 278: „Der Schuldner hat ein Verschulden seines gesetzlichen Vertreters und der Personen, deren er sich zur Erfüllung seiner Verbindlichkeit bedient, in gleichem Umfange zu vertreten wie eigenes Verschulden."

Österreich aBGB. neue Fassung § 1313a: „Wer einem anderen zu einer Leistung verpflichtet ist, haftet ihm für das Verschulden seines gesetzlichen Vertreters sowie der Personen, deren er sich zur Erfüllung bedient, wie für sein eigenes."

Polen OR. Art. 241.

Ebenso in ***Frankreich*** der aus einzelnen Vorschriften, C. civ. Art. 1245, 1735, 1797 abgeleitete Grundsatz:

„Le débiteur répond de tous ceux qu'il a laissé pénétrer dans son domaine d'activité ou qu'il a admis à collaborer avec lui, de façon plus ou moins permanente et plus ou moins complète, à l'exécution de ces obligations .... dans la mesure, où, accomplis par le débiteur, ces actes auraient engagé sa responsabilité directe: actes dolosifs, actes fautifs par commission ou par omission"[1]).

Der Streit im Pandektenrecht über die Frage, ob der Schuldner nicht nur für eigenes Verschulden hafte, ist also überholt. Aber auf der anderen Seite bestehen Erörterungen darüber, ob und inwiefern überhaupt ein Verschulden der Hilfsperson für die Haftung nötig ist.

Das *schweizerische* rev. OR. Art. 101 Abs. 1 läßt den Schaden er-

---

[1]) Planiol et Ripert (Radouant) VII no. 845: „vgl. Cass. req. 24. 1. 1883 D.P. 83. 1. 153; 3. 3. 1884 D.P. 85. 1. 463. Der Schuldner kann sich also nicht damit entschuldigen, er habe das schuldhafte Handeln der betreffenden Person nicht vorhersehen oder hindern können, Cass. civ. 13. 12. 1927 D.P. 1928. 1. 99 zu Art. 1735 C. civ."

setzen, „den die Hilfsperson in Ausübung ihrer Verrichtungen verursacht". Ob diese weite Ausdrucksweise als eine „redaktionelle Entgleisung" [1]) zu berichtigen ist oder ob im Gegensatz zum früheren Gesetzestext Verschulden nicht verlangt wird [2]), ist bestritten. Daß aber das Benehmen der Hilfsperson nicht schuldhaft zu sein braucht, darf bei Geltung des Verschuldensprinzips für den Schuldner selber füglich nur in dem Sinne gemeint sein, wie Ehrenzweig [3]) im österreichischen Recht lehrt: es genüge zur Haftung, wenn der Gehilfe „jene Sorgfalt — wenn auch schuldlos — unterlassen hat, zu deren Anwendung der Schuldner verpflichtet war".

Nach Almén [4]) haftet der *nordische* Verkäufer für das Tun und Lassen aller in seinem Dienst angestellten Personen, dagegen nur für Fahrlässigkeit der von ihm beauftragten selbständigen Transportpersonen.

Auch in *England,* wo die Haftung des master für den servant und die des principal aus Handlungen des agent nicht zu dogmatischer Ausprägung der Frage führen, bedeutet gerade schuldhaftes Verhalten einer Hilfsperson — wie wenn z. B. der Frachtführer (entgegen der Regel) als Gehilfe des Verkäufers handelt und in den Räumen des Käufers schuldhaft an einen unbefugten Empfänger abliefert — sicher einen Vertragsbruch [5]). Aber nach dem System des englischen Rechts wird der Verkäufer immer als vertragsbrüchig angesehen, wenn er sich nicht durch ausnahmsweise Ereignisse entlasten kann. Also ist ein Verkäufer, der für die Ablieferung am Bestimmungsort zu sorgen hat, offenbar schon grundsätzlich schadenersatzpflichtig, wenn die Sache beim carrier untergeht [6]), vorbehaltlich der jeweils anerkannten Befreiungsgrundsätze.

Es ist also schon darin noch merkwürdig viel in den Landesrechten unklar. Aber der Grundgedanke ist offensichtlich überall, daß die Haftungsgrundsätze gegen den Vertragsschuldner im selben Sinn

---

[1]) So v. Tuhr OR. S. 526; s. auch schon Fick-Schneider, OR. (1911) Art. 101, Bem. 17.

[2]) So bes. Oser OR. Art. 101, Bem. 12; Hans Auer, Die Haftung für Hilfspersonen (Abh. Gmür-Guhl Heft 88 1933) 18; auch Becker OR. Art. 101, Bem. 9, vgl. aber Bem. 7; BGE. 46 II 129 enthält sich der Stellungnahme.

[3]) II 1 § 337 S. 297/8. Dagegen Klang-Wolff aBGB. § 1313 a, Bem. 5.

[4]) 318 f.; [5] 299 f.

[5]) S. besonders Galbraith v. Grant & Block, [1922] 2 K.B. 155; 91 L.J. K.B. 649.

[6]) So Benjamin p. 422 f. mit Berufung auf Lord Cottenham in Dunlop v. Lambert (1838) 6 Cl. & Fin. 600 (621); 7 E.R. 824 (832). — H.L., zu allgemein und ohne Beachtung von S.G.A. sect. 7 und seiner eigenen p. 154 ss.

auch dann gelten sollen, wenn er, wie üblich und erlaubt, Teile seiner Obliegenheiten durch andere Personen verrichten läßt. Das Verhalten der Hilfsperson wird daher insofern mit demselben Maßstab bemessen wie das des Schuldners, als alles was vom Schuldner selber getan schuldhaft wäre, als schuldhaft gilt, auch wenn vom Gehilfen nicht mehr verlangt werden konnte; andererseits gilt es ebenso als schuldhaft, wenn der Gehilfe nicht die erforderliche Spezialbefähigung bewährt, die vom Schuldner persönlich nicht erwartet wird, weil der Schuldner für die Erbringung aller erforderlichen Fähigkeiten und die richtige Personalverwendung in seinem Betriebe aufkommt. Daher ist das Verhalten des Gehilfen „Verschulden", wenn das entsprechende Verhalten des Meisters, der die Verrichtung selbst vornähme, schuldhaft wäre [1]) — davon soll ja nicht irgendeine Haftung des Gehilfen, sondern die Vertragshaftung des Prinzipals gegenüber seinem Gläubiger abhängen. Nur Rechtsordnungen, die vom Verschulden des Vertragsschuldners absehen, haben füglich dasselbe auch hier zu tun.

Auch hinsichtlich des Begriffs der Hilfspersonen sind in den nationalen Rechten manche Streitfragen aufgetaucht. Sie können zweifellos sowohl Erfüllungsvertreter wie Substituten sein. Erörtert wird im deutschen Recht, ob ein Schuldner, der sich zur Erfüllung seiner Verbindlichkeit der Hilfe größerer Unternehmungen und Anstalten bedient, auf deren Betrieb und Organisation er keinerlei Einfluß hat (große Transportunternehmungen, insbesondere Eisenbahn), für das Verschulden eines solchen Unternehmens einzustehen hat; die Frage ist nach besserer Ansicht zu bejahen, wenn die Ware am Ort des Käufers zu liefern ist (Fernkauf), also die gesamte Beförderung der Ware als Vorbereitung der Lieferung zu den Verkäuferpflichten gehört.

Das deutsche BGB. stellt im § 278 neben die Hilfsperson des

---

[1]) Umgekehrt formuliert Oertmann, Komm. [5] I § 278, 4 b und β S. 171 als Voraussetzung der Haftung: „Ein Verhalten des Gehilfen, das, eigene Verbindlichkeit unterstellt, ein schuldhaftes sein würde, wirkt dem — selbst schuldlosen — Schuldner gegenüber wie dessen eigenes". Soweit es aber auf die Person ankommt — hier von Belang etwa bei vertragsmäßiger Einschränkung der Haftung auf „grobe Fahrlässigkeit" (für wen also muß das Verschulden grob sein?) oder wenn es sich fragt, ob der Erfüllungsgehülfe des Gläubigers durch seine Betrauung des ungeeigneten Schuldners selbst ein mitwirkendes Verschulden begangen hat — richtet sich die Vertragshaftung nicht nach der Person des Gehülfen, sondern nach der des Prinzipals. Ebenso der Sache nach die wohl herrschende Meinung in Deutschland, s. Titze, Unmöglichkeit 90; Enneccerus-Lehmann, § 44 bei N. 8.

Schuldners noch dessen „gesetzlichen Vertreter“, d. h. Vater, Vormund, Pfleger, Vorstand einer juristischen Person usw. Auch für deren Verschulden hat der Schuldner wie für eigenes Verschulden einzustehen. Der Begriff des „gesetzlichen Vertreters“ fehlt der Rechtssprache anderer Systeme weitgehend; die Entscheidung ist selbstverständlich dieselbe.

Endlich verdient Erwähnung, daß die herrschende Meinung in *Deutschland* die unbedingte Haftung aus Vertrag (BGB. § 278) von der empfindlich bedingten deliktischen Haftung (§ 831) für Hilfspersonen scharf abzugrenzen sucht; unter die Vertragshaftung rechnet sie nur das Verhalten einer Hilfsperson „in der Erfüllung der Verbindlichkeit“, nicht aber ein nur bei „Gelegenheit der Erfüllung“ vorkommendes Verschulden. Zur vertragsmäßigen „Verbindlichkeit“ gehört freilich auch jede Obhuts- oder Erhaltungspflicht, und zwar auch insofern als der Schuldner die Sache zu seinem Nutzen verwendet; wenn z. B. der Verkäufer seines Autos dieses noch einen Monat benutzen darf und sein Chauffeur es durch Fahrlässigkeit beschädigt, so haftet er natürlich. Die neue *schweizerische* Bestimmung erzielt dieses Ergebnis in volkstümlicherer Fassung, indem sie wie die Erfüllung einer Schuldpflicht auch „die Ausübung eines Rechts aus einem Schuldverhältnis“ behandelt. Dieser Umfang der Haftung versteht sich. Dagegen läßt sich der Ausschluß der schädigenden Handlungen, die eine zur Erfüllung des Vertrags beigezogene Person „bei Gelegenheit“ dieser Erfüllung begeht, nicht allen Rechten zuschreiben. Namentlich weicht die *französische* Praxis der responsabilité civile (der außervertraglichen Haftung) ab [1]).

3. Zurechnung beim Spezieskauf.

3. Da das typische Leistungshindernis, das zu einer Befreiung des Schuldners oder Verkäufers führen kann, die Unmöglichkeit der genauen vertraglichen Leistung ist — Untergang der Sache, Aufschub ihrer Ankunft durch Sturm, Brand, Krieg —, so kommen die Grundsätze der Zurechnung bei der Behandlung der Unmöglichkeit zum Ausdruck. Sie finden sich aber natürlich jeweils auch in den speziellen Lehren vom Verzug und in den allgemeinen Lehren vom Vertragsbruch oder von der Nichterfüllung, je nach den landesrechtlichen Systemen.

a) Mitteleuropäische Gruppe.

a) Vom romanistischen Verschuldensbegriff aus haftet der Verkäufer für alle Ereignisse, die er verschuldet hat. Inwieweit er auch

[1]) Wieviel dabei gemeinsam ist, bedarf einer Untersuchung in besonderem Rahmen mit einer solchen Sorgfalt, wie J. Wolff, unsere Z. 6, 531, die Haftung des Geschäftsherrn für unerlaubte Handlungen von Hilfspersonen allein für die Rechtsprechung des Staates New York untersucht hat.

für das Verschulden der von ihm verwendeten Hilfspersonen haftet, haben wir soeben gesehen.

Deutschland BGB. § 275: „Der Schuldner wird von der Verpflichtung zur Leistung frei, soweit die Leistung infolge eines nach der Entstehung des Schuldverhältnisses eintretenden Umstandes, den er nicht zu vertreten hat, unmöglich wird.

Einer nach der Entstehung des Schuldverhältnisses eintretenden Unmöglichkeit steht das nachträglich eintretende Unvermögen des Schuldners zur Leistung gleich."

b) Romanische Rechte.

b) Dem romanischen Rechtskreis liegt dasselbe aus dem römischen Recht stammende Prinzip zugrunde. Es ist in den Gesetzbüchern unter Führung des französischen Code civil Art. 1148 zumeist so formuliert, daß vom Schadenersatz der Fall von force majeure oder cas fortuit ausgenommen wird.

Frankreich C. civ. Art. 1148: „Il n'y a lieu à aucuns dommages et intérêts lorsque, par suite d'une force majeure ou d'un cas fortuit, le débiteur a été empêché de donner ou de faire ce à quoi il était obligé, ou a fait ce qui lui était interdit."
Italien C. civ. Art. 1226 (ebenso).
Niederlande BW. Art. 1281 (ebenso).

In der spanischen und portugiesischen Gruppe werden caso fortuito und fuerza maior zum Teil ebenso als Ausnahmen genannt, zum Teil aber auch dem Verschulden gegenübergestellt und in Spanien und Panama nicht genannt, aber umschrieben.

Spanien C. civ. Art. 1105
Portugal C. civ. Art. 705
Argentinien C. civ. Art. 547 (513), 548 (514)
Brasilien C. civ. Art. 1058, C. com. Art. 202
Chile C. civ. Art. 1547 Abs. 2, 1558 Abs. 2
Panama C. civ. Art. 990
andere lateinamerikanische Rechte oben § 32 n°. 42.

Die Ausdrücke höhere Gewalt und Zufall werden in diesem Zusammenhang ohne ersichtliche Unterscheidung verwendet. In der Begriffsbestimmung schließen sich die Zivilgesetze an die Formulierung des casus fortuitus bei Vinnius [1]) an: omne quod humano captu praevideri non potest, aut cui praeviso non potest resisti. Wörtlich ist sie in

Spanien C. civ. Art. 1105: „Fuera de los casos expresamente mencionados en la ley, y de los en que así lo declare la obligación, nadie responderá de aquellos sucesos que no hubieran podido preverse, o que, previstos, fueran inevitables".
Argentinien C. civ. Art. 548 (514)
Chile C. civ. Art. 45
Panama C. civ. Art. 990

[1]) Inst. Lib. II Tit. XV, 2. Aufl. Amsterdam (1655) p. 586.

übernommen; die Unvorhersehbarkeit wird nicht erwähnt in

Brasilien C. civ. Art. 1058 einziger §.

Die *chilenische* Begriffsbestimmung führt als Beispiel Erdbeben, feindliche Angriffe und Verfügungen von hoher Hand auf; sie gilt auch in

Columbien C. civ. Art. 64
Ecuador C. civ. Art. 40
Salvador C. civ. Art. 43.

Ein Teil der *französischen* Lehre hat anders als die Rechtsprechung zwischen der höheren Gewalt und dem gewöhnlichen Zufall zu unterscheiden gesucht, ähnlich wie man es in Deutschland tut; im gesetzlichen Kaufrecht hat aber der Unterschied keinesfalls Bedeutung. Beeinflußt von der vis maior, dem casus cui resisti non potest fordert man von jedem befreienden Hindernis in einer herkömmlichen allgemeinen Formel, daß das Hindernis „unüberwindlich und unvoraussehbar" (insurmontable et imprévisible) sei. Da die Rechtsprechung ständig diese Formel zugrunde legt, entsteht der Anschein, daß nur eine Unmöglichkeit befreit, die der Verkäufer beim Vertragsschluß gar nicht für denkbar halten konnte. Diese Annahme geht aber viel zu weit. Die Voraussehbarkeit muß immer eine vernünftige (raisonnable) sein. Dazu tritt eine für den Schuldner günstige Auslegung des Vertrags und außerdem eine tatsächliche Anwendung der beiden Begriffe: „insurmontable" und „imprévisible" derart, daß die Haftung des Schuldners billig beschränkt wird. Die letzten Untersuchungen, auch unsere eigene, führen zu der Annahme, daß grundsätzlich Schadenersatz nur gewährt wird, wenn der Schuldner ein Verschulden (faute) hat. Aber allerdings wird mit der Haftung für die „voraussehbaren" Ereignisse ein Punkt berührt, der im amerikanischen Recht im Vordergrund steht und in den anderen Systemen nicht vergessen werden darf: Der Schuldner haftet auch für unverschuldete Ereignisse, für die er nach dem Sinn des Vertrags die Garantie übernommen hat [1]).

Wenn als Voraussetzung der Befreiung gefordert wird, die Nichterfüllung des Schuldners müsse herkommen d'une cause étrangère qui ne peut lui être imputée (Art. 1147), so bringt dies nach herrschender und richtiger Meinung zum Begriff nichts Wesentliches hinzu. Man stützt sich darauf u. a., um die selbstverständliche Haftung zu betonen, falls das fragliche Ereignis erst infolge eines schuldhaften Verhaltens auf die Leistung eingewirkt hat, z. B. infolge Verzugs des Schuldners, die zu liefernde Sache

[1]) So für die *Niederlande* Suijling n°. 183 bes. p. 304.

einem zufällig ausgebrochenen Brand zum Opfer fiel (C. civ. Art. 1138 Abs. 2; BGB. § 287 Satz 2).

c) angloamerikanischer Rechtskreis.

c) Das neuere *englische* Recht[1]) nahm den entgegengesetzten Ausgangspunkt. Am Anfang stand die Garantie des Schuldners für die Erfüllung des Vertrags schlechthin. Ausnahmen kamen und kommen viel als ausdrückliche Freizeichnungsabreden vor. Ohne solche fügte sich erst allmählich eine Ausnahme von der Haftung an die andere, sie sind alle bis auf den heutigen Tag Ausnahmen vom Prinzip geblieben, sie haben sich an manchen Stellen, wie beim reinen Gattungskauf auch überhaupt nicht geltend gemacht, und alle zugelassenen Ausnahmen werden bis heute als stillschweigend vereinbarte Freizeichnungsklauseln juristisch gerechtfertigt. Man folgert aus dem Vorstellungskreis (mind), der Absicht (intention) der Parteien, ihrer gemeinsamen Auffassung vom Geschäft (contemplation), objektiver gewendet aus der Natur (nature) und aus dem Zweck (scope) des Vertrags die Ausschaltung der Haftung in gegebenen Fällen nachträglicher Ereignisse. Für Hindernisse, die unter der „Kontrolle" des Schuldners stehen, d. h. deren Überwindung von seinem Willen abhängt, kommt solche Befreiung von vornherein nicht in Betracht. Nur auf diesem Wege gelangte die Rechtsprechung allmählich zur Befreiung des Speziesverkäufers durch den Untergang der Sache — dies griffen die Kaufgesetze auf, S. G. A. sect. 7; Unif. S. A. sect. 8 (1) —, durch behördliche Beschlagnahme, durch Ausfuhrverbot, durch sonstige rechtliche Hindernisse, durch Untergang der Sache, mit Hilfe deren geliefert werden sollte (subject matter); des Werklieferungsunternehmers durch Krankheit und Tod. Daran knüpft sich ohne jede Zäsur die Möglichkeit, auch Behinderungen, die die Leistung nicht unmöglich, sondern nur übermäßig schwierig gestalten, als Befreiungsgründe anzuerkennen, insofern auch sie nach dem Sinn des Vertrags nicht unter die Garantie des Schuldners fallen. Doch ist eben dies nur in seltenen, sparsam ausgewählten Fällen bejaht worden.

Beschränkte Gattungsschuld.

Was vom Spezieskauf gilt, erstreckt sich auf den Vertrag über sogenannte g e m i s c h t g e n e r i s c h e Sachen, den Verkauf einer nach Maß oder Gewicht bestimmten Menge aus einem Vorrat (stock), sofern dieser Vorrat untergeht oder aus sonstigen Gründen zur Lieferung aus ihm nicht zur Verfügung steht.

---

[1]) Oben § 34 III S. 275 ff.

d) Verschulden des Käufers und seiner Hilfspersonen.

d) Es ist nirgends zweifelhaft, daß Leistungshindernisse, an denen der Gläubiger oder eine seiner Hilfspersonen Schuld trägt, vom Schuldner nicht zu verantworten sind (vgl. z. B. BGB. § 275 mit § 324). Das Verschulden des Gläubigers selbst ist eine cause étrangère, die dem Schuldner nicht zugerechnet werden kann [1]. Dies gilt sowohl, wenn die Leistung infolge des schuldhaften Benehmens des Gläubigers ganz oder teilweise vereitelt ist, als wenn dadurch bloß ihre rechtzeitige Erbringung verhindert wird: Die praktischen Anwendungen im Verhältnis der Parteien eines Kaufvertrags kommen in der Regel nur so vor, daß entweder der Käufer an der Lieferung mitzuwirken hat, was bei der Abnahmepflicht des Käufers zu erörtern sein wird, oder daß Nebenpflichten des Verkäufers, z. B. auf Alleinbelieferung der Betriebe des Käufers, infolge des Eingreifens der eigenen Angestellten des Käufers verletzt werden.

4. Zurechnung beim Gattungskauf. a) Konkretisierung.

4. a) Die Gattungsschuld wird in allen Systemen besonders behandelt, weil zunächst keine konkreten Sachen vorhanden sind, auf die sich die Haftung und die Befreiung des Schuldners beziehen können. Überall steht daher im Mittelpunkt der rechtlichen Ordnung der Gattungsschuld der Akt oder die Verbindung von Akten, womit sich die Rechtsbeziehungen der Parteien auf bestimmte Stücke hinlenken: Konkretisierung, Konzentrierung, Individualisierung, Beschränkung, Vereinfachung. Hierzu gehört immer die Ausscheidung von einzelnen Sachen aus der Gesamtgattung. Aber es gehört mehr hierzu als die bloße Ausscheidung, nämlich das, was je nach dem Fall der Verkäufer an Tätigkeit zu entfalten hat, oder im Sinne des skandinavischen Gesetzes und des hier beobachteten Sprachgebrauchs ausgedrückt: je nachdem worin die vertragsmäßige Lieferung besteht. Eine entsprechende elastische Formel hat das deutsche BGB. § 243 Abs. 2: Die Konzentration erfolgt, sobald der Schuldner alles „zur Leistung seinerseits Erforderliche getan hat". Diese Formel verlangt bewußt nicht (wie frühere Theorien des gemeinen Rechts) nur die einseitige Ausscheidung oder die Ankunft oder den Empfang der einzelnen Stücke. Beim gewöhnlichen Versendungskauf entscheidet die Absendung in gesonderter Ladung mit Bestimmung für den Käufer; beim Fernkauf die Lieferung am Bestimmungsort usw. Freilich beobachten wir eine Reihe von Fällen, in denen der Zeitpunkt der Konkretisierung zweifelhaft ist oder in den Landes-

[1] Vgl. Req. 5. 2. 1929 S. 1929. 1. 247. Colin et Capitant II n°. 80. Planiol et Ripert (Esmein) VI n°. 390.

rechten nicht gleichmäßig beurteilt wird, so z. B., wenn der Käufer die Ware nur bereitzustellen hat, sei es in seinem Lager oder im Lagerhaus, auf der Kohlenrutsche, im Öltank; wenn der Verkäufer im Überseekauf das Konnossement zurückbehält; wenn ungesonderte Mengen für verschiedene Empfänger zusammen auf einem Schiff oder in einem Waggon verladen werden (Sammelsendung) usw. Die hier auftretenden Fragen, ob eine unwiderrufliche Zuteilung der Ware auf den Kontrakt und ob eine Verständigung des Käufers notwendig sind, liegen gleich mit den Problemen, wie sie bei der Beurteilung des Gefahrübergangs in denselben Fällen auftreten. Daher werden sie meistens mit ihnen zugleich besprochen. Um Wiederholungen zu vermeiden, müssen wir sie deshalb ebenfalls dorthin verweisen.

Auch daß der Verkäufer durch besondere Abmachung von der Nachlieferung befreit werden kann, ehe er geliefert hat und ehe die Gefahr übergeht, wird uns bei der Darstellung des Gefahrübergangs begegnen. Die wichtigste derartige Ausnahme ist der Vorbehalt der glücklichen Ankunft bei Ankunftsverträgen.

b) Haftung für persönliche Fähigkeit der Beschaffung.

b) Für die Gattungsschuld vor der Konzentration ist Ausgangspunkt der ***kontinentalen*** Behandlung[1]) der Satz „genus perire non censetur". Hat der Verkäufer nicht einen individuellen Gegenstand zu liefern, sondern eine „nur der Gattung nach bestimmte Sache", so liegt Unmöglichkeit der Leistung nicht schon dann vor, wenn ein einzelnes Stück der Gattung, mit dem zu erfüllen der Verkäufer beabsichtigt hat, untergeht, sondern erst dann, wenn die Gattung nicht mehr vorhanden ist oder so gut wie nicht mehr, weil nur noch Stücke vorhanden sind, deren Hergabe dem Verkäufer nicht zuzumuten ist (vgl. RGZ. **57**, 118). Daß der Verkäufer selbst subjektiv unvermögend ist, Stücke aus der Gattung zu beschaffen, ist in allen Systemen gleichgültig. Der Schuldner hat für seine Fähigkeit, insbesondere für seine finanzielle Leistungsfähigkeit, aber nicht bloß diese, unter allen Umständen einzustehen; also auch die nicht auf Geldmangel beruhende Unfähigkeit zur Beschaffung der irgendwo vorhandenen Gattungssachen befreit einen Gattungsverkäufer nirgends.

Ganz unbeschränkt ist deshalb aber die Haftung des Verkäufers doch nicht. Obwohl die Fassung des ***deutschen*** BGB. § 279 diesen Anschein erweckt, betont die herrschende Lehre mit Recht, daß Er-

[1]) Über die wechselvolle Geschichte und die neuere Tendenz zur Strenge s. die grundlegende Darstellung von E. Heymann, Verschulden beim Erfüllungsverzug.

eignisse, die mit der Eigenart der Gattungsschuld nichts zu tun haben, nach dem allgemeinen Verschuldensmaßstab zu beurteilen sind. Dahin rechnet das RG. den „unvorhergesehenen Eintritt höherer Gewalt oder ähnlicher Umstände, welche das Verlangen der Erfüllung als unbillig und ungerechtfertigt erscheinen lassen", wie Flucht vor dem Feind (RGZ. **99**, 1), unverschuldete Krankheit oder Tod des Schuldners. § 279 bezieht sich auch gar nicht auf objektive Unmöglichkeit, wie Verschwinden der Ware vom Markte infolge von Einfuhrverboten oder Kriegsbeschlagnahme. Entsprechendes gilt für die ebenfalls zu weite Fassung von Art. 61 des *italienischen* C. com. (darüber schon oben § 30, 3 a) und § 1136 Abs. 2 *ung.* E. II.

c) Haftung für den Leistungserfolg.

c) Weiter aber geht allerdings das *skandinavische* Recht und wohl auch die *angelsächsische* Praxis, obwohl sich ihre Haltung nicht erschöpfend feststellen läßt. Nach § 24 der *skandinavischen* Gesetze und seiner radikalen Auslegung unter Führung Alméns, die in scharfem Widerspruch zur sonstigen Herrschaft des Verschuldensprinzips in den skandinavischen Rechten steht, ist ein nicht liefernder Gattungsverkäufer schadenersatzpflichtig, auch wenn die Verzögerung ihm nicht als Fahrlässigkeit zugerechnet werden kann, außer wenn er auf Grund eines Vorbehalts beim Kauf von Ersatzpflicht befreit ist oder wenn die Erfüllung durch ein unvorhersehbares, außergewöhnliches und vom Verkäufer nicht vermeidbares Ereignis vereitelt wird; als solches gilt „Krieg, Einfuhrverbot oder damit vergleichbares Ereignis", wie Blockade und Ausfuhrverbot. Das steht im bewußten Gegensatz zu dem den Spezieskauf behandelnden § 23, der bei mangelnder culpa jede Schadenersatzpflicht ausschließt. Nach der wohl herrschenden Meinung wird der Verkäufer von Gattungssachen als Garant dafür angesehen, daß der Gläubiger Sachen dieser Art bekommen werde und sie rechtzeitig bekommen werde. Bekommt er sie zur vereinbarten Zeit nicht, so ist der Garantiefall gegeben, der Verkäufer ist schadenersatzpflichtig, es sei denn, daß er sich durch den Nachweis ungewöhnlichen Zufalls, einer streng begrenzten höheren Gewalt exkulpieren kann. Der praktische Unterschied gegenüber den kontinentalen Rechten ist immerhin von Belang. Wenn z. B. der Verkäufer beim Käufer zu liefern (Fernkauf) und die Sendung richtig und rechtzeitig an den Lieferungsort abgeschickt hat, das Schiff untergeht und der Verkäufer am Lieferort nicht etwa ein Magazin unterhält oder neue Ware beschaffen kann, so haftet er nach der herrschenden Auslegung von § 279 des deutschen BGB. wegen der Verzögerung keinesfalls und unter Umständen ist er ganz befreit; nach der skandinavischen Regel haftet er mit aller Strenge sogleich auf Schadenersatz; die Begründung ist, er habe auch ein anderes Verkehrsmittel nehmen können (Almén I 333; [8] 312).

Von den *englischen* und *amerikanischen* Entscheidungen, denen so scharfe Formeln fremd sind, wissen wir, daß ihr Grundgedanke, die Herrschaft des Parteiwillens und des Vertragszwecks über den Haftungskreis, dazu führt, den Gattungsverkäufer ohne Freizeichnungsklausel zwar bei Regierungseingriffen, sonst aber in aller Regel nicht von seiner Haftung zu befreien.

5. Zusammenfassung.

5. Es ist also in der Frage der Zurechenbarkeit von Ereignissen eine gewisse Kluft zwischen den Rechtsordnungen vorhanden. Die Verschuldenshaftung der deutschen Gruppe, die Garantiehaftung des englischen Rechts und deren extreme Zuspitzung für den „Lieferungsvertrag" im skandinavischen Recht, in der Mitte die romanischen Rechte — sie alle ergeben in den meisten Fällen die gleichen Resultate, aber scheiden sich doch immer noch voneinander ab. Es ist daher schwierig, den Verschuldensbegriff ohne weiteres zum gemeinsamen Nenner zu machen. Die angelsächsischen Kaufgesetze sprechen allerdings davon, daß die Bindungen eines Verkäufers dann entfallen, wenn die Kaufsache untergeht "without any f a u l t".

England S.G.A. sect. 7
Ver. Staaten Unif.S.A. sect. 8. — Restatement § 457 (unten S. 281).

In der allgemeinen Rechtssprache ist dieser Ausdruck aber wenig gebräuchlich. Eher kann der Ausdruck impossibility of performance, der üblicherweise nicht verwendet wird, wenn das Unmöglichwerden Haftungsfolgen auslöst, als terminus technicus für das befreiende Unmöglichwerden betrachtet werden. Der Sache nach darf jedenfalls als sicher gemeinsam bezeichnet werden, daß der Verkäufer von der Lieferungspflicht ersatzlos befreit wird bei zufälligem Unmöglichwerden (cas fortuit, impossibility of performance), daß ein Zufall nicht vorliegt, wenn den Verkäufer ein Verschulden trifft, und daß beim Gattungskauf auch unverschuldetes Unvermögen, Stücke zu beschaffen, nicht als Zufall gilt.

Eine allumfassende Kompromißlösung aber ist schwierig, umso mehr als über die Angemessenheit der einzelnen Prinzipien die Ansichten nicht nur infolge nationaler Gewohnheit auseinandergehen. Bei der Schaffung des deutschen BGB. fand die sogenannte „S p h ä r e n t h e o r i e" Verteidigung [1]). Sie hatte einen vorzüg-

[1]) Begründet von S t r o h a l, Iherings Jahrb. 33, 383.

lichen Kern. In ihrem Sinne könnte man etwa auf der Grundlage der hier vertretenen Unterscheidungen jedem Vertragsteil die Ereignisse zurechnen, die in seiner Sphäre — in seinem Hause, seiner Fabrik, bei seinem Personal — verschuldet oder unverschuldet ihren Ursprung haben; von Ereignissen schließlich, die von außerhalb kommen, sollte man dem Schuldner die zu tragen geben, welche er in seine Berechnung einzustellen verpflichtet war. Denn dies letztere stellt sich als die natürliche Regel dar, wenn wir die problemgequälte deutsche Praxis der Kriegszeit, wenn wir die jahrhundertlang entwickelte englische Judikatur, oder wenn wir die vielgestaltigen Formulare mit ihren Lieferort- und Freizeichnungsklauseln betrachten. Im Geschäftsleben, anders als im Alltagsleben der Gemeinschaft, entscheidet die Kalkulation, die eine klare Zuteilung der Gefahren eines nicht ordnungsmäßigen Geschäftsablaufs und erhöhter Kosten voraussetzt. Was der individuelle Vertrag und die typische Lage den Parteien an Risiko zuteilen, muß auch für die juristische Zuteilungsnorm maßgeblich sein. Eine gesunde gesetzliche Grundlage benötigt daher den Gedanken, daß der Schuldner nur durch Hindernisse, mit denen er beim Vertragsschluß nicht zu rechnen brauchte — in der Sprache des Auslandes zumeist: die er nicht vorauszusehen brauchte —, entlastet wird. Die Sphärentheorie ist aber in den geltenden Regelungen leider nicht aufgenommen worden. Auch in Frankreich hat neuerdings der verwandte Versuch von J o s s e r a n d[1]) bisher keinen Widerhall gefunden, wonach sogar *de lege lata* der Schuldner für alle Ereignisse haften soll, die nicht von außen in die Sphäre des Schuldners einwirken. Vom Stande der heutigen Regelungen aus kommt man am ehesten zu der Synthese, daß der Verkäufer durch solche Ereignisse befreit wird, mit denen er b e i m V e r t r a g s s c h l u ß n i c h t z u r e c h n e n b r a u c h t e u n d d i e e r n i c h t d u r c h i h m z u m u t b a r e M a ß n a h m e n[2]) v e r m e i d e n k o n n t e.

6. Beispiel: Die Behandlung des Streiks.

6. An dem Beispiel des S t r e i k s, der der Rechtsprechung Schwierigkeiten bereitete, zeigt sich, daß unter den mannigfaltigen Gesichtspunkten, die sich dabei geltend machen, im Grunde die erwähnte Fragestellung bewußt oder unbewußt vorhanden ist.

Eine klare Anknüpfung an die in den *kontinentalen* Systemen herrschenden Unmöglichkeitskategorien hat sich nur insofern durchführen lassen, als man einen allgemeinen Streik, der die ganze Arbei-

---

[1]) Vgl. oben § 30, 3 a S. 222.

[2]) Vgl. bes. M ü l l e r - E r z b a c h Arch. civ. Pr. **106**, 415.

terschaft der Branche ergreift, besonders einen Streik politischen Charakters unter die nicht vom Schuldner zu verantwortenden und die Leistung unmöglich machenden Ereignisse zählt.

Deutschland Heymann, Verschulden beim Erfüllungsverzug S. 162/3; Düringer-Hachenburg (Bing) § 456 Anm. 13; vgl. RGZ. **110**, 212; RG. SeuffArch. 80 S. 251 (252 a. E.), Warn. 1908 Nr. 132;
Österreich OGH. 13. 3. 1901, GlUNF. n°. 1325; ähnlich OGH. 24. 12. 1905, GlUNF. 8, n°. 3248 zu § 1104 aBGB. Ehrenzweig II § 338 N. 27 a.
Schweiz BGE. **28**, II 254.
Frankreich Planiol et Ripert (Esmein) VI Nr. 383 N. 5; Planiol et Ripert (Radouant) VII n°. 842; Cass. req. 20. 10. 1907 S. 1908. 1. 32; Rouen 8. 8. 1900, Poitiers 18. 1. 1903, S. 1904. 2. 42; weitere Entscheidungen bei Wigny, Rev. trim. 1935 p. 60.
Portugal Cunha Gonçalves[2] p. 623 a. E.
Italien vgl. Trib. Genova 6. 11. 1923, Dir. Maritt. 1923, 457. App. Milano 20. 4. 1923, Temi Lomb. 1923, 462.
Schweden Almén I, 349 N. 83.

Auf der andern Seite ist einem Streik, der sich auf den Betrieb des Schuldners beschränkt, häufig die befreiende Wirkung abgesprochen worden.

Deutschland vgl. RGZ. **104**, 150; **110**, 209 zur Eisenbahnhaftung.
Schweiz BGE. **28** II 254,
Frankreich Colin D. P. 1904. 2. 7 3 zu Paris 13. 11. 1903.
Italien vgl. App. Roma 19. 7. 1923, Dir. Com. 1923, 26; aber T. Genova 6. 11. 1923 a. a. O.

Dies versteht sich aber schon am besten unter dem Gesichtspunkt, daß der Schuldner für die Arbeitsverhältnisse in seinem Betriebe nach dem Sinne des Vertrages aufkommt. Und so pflegt es die erste Frage zu sein, die die Gerichte stellen, ob mangels einer Streikklausel die Gefahr nach dem Vertrag als vom Schuldner übernommen gilt.

Die *kontinentalen* Rechte nehmen es an, wenn der Schuldner zur Zeit des Vertragsschlusses die Möglichkeit eines Streiks voraussehen und in Rechnung stellen konnte,

Deutschland vgl. Staub-Heinichen, Anhang zu § 374 Anm. 47 d, RGZ. **28**, 222 über die Inrechnungstellung der Streikmöglichkeit als Sorgfaltspflicht des Kaufmannes.
Schweiz BGE. **28** II 253, **38** II 100, wo es bei industriellen Betrieben grundsätzlich bejaht wird.
Frankreich vgl. Colin a. a. O.
Schweden Almén I, 349.

In den *anglo-amerikanischen* Rechten fragt man, ob eine Befreiung durch einen die Lieferung behindernden Streik als implied condition des Vertrages erscheint [1]). Dies wird gewöhnlich nicht angenommen [2]), und so namentlich nicht in Entscheidungen über Lieferverträge, wohl weil sich die Lieferfirmen stets durch die Streikklausel sichern [3]).

Die Fälle, in denen über Streik als Befreiungsgrund entschieden wird, betreffen hauptsächlich die Ausladepflicht nach dem Konnossement und sonstige Transportverträge. Bei der Ausladepflicht hat die Rechtsprechung auf den Streik nur insofern Bedacht genommen, als das Ausladen mangels einer bestimmten Frist [4]) in einer reasonable time zu geschehen hat [5]) und dafür u. a. auch ein Streik berücksichtigt wird. Bei Transportverträgen wird die Hinderung des Transportes durch Streik deshalb berücksichtigt, weil der carrier ohnehin nur ordinary care and diligence schuldet [6]).

---

[1]) Für diese allgemeine Regel s. England: Earl Loreburn in F.A. Tamplins S.S. v. Anglo-Mexican Petroleum Co. [1916] 2 A.C. 397 bes. 404, 88 L.J.K.B. 1389; Vereinigte Staaten: Chicago Milwaukee and Ry. v. Hoyt (1892), 149 U.S. 1, bes. 14/5.

[2]) Vgl. auch Restatement II, p. 868 n°. 7: Weiß der Käufer nicht, daß das verkaufte Tuch erst in Verkäufers Fabrik hergestellt werden soll, so befreit diesen auch ein Streik in seiner Fabrik nicht, der zu einer organisierten Arbeitsbewegung gehört. Williston, Contracts, § 1953, befürwortet die Annahme einer implied condition, wo es sich um unvorhersehbare Ereignisse handelt.

[3]) Die Entsch. Barry v. United States (1913) 229 U.S. 47 über Behinderung der Kohlenlieferung durch Streik im Bergwerk, das verkaufte Kohle förderte, verneint die Befreiung mit dem Hinweis, daß der Vertrag darüber nichts vorsehe. In Summers v. Hibbard, Spencer, Bartlett & Co. (1894) 153 Ill. 102, 38 N.E. 899 sah das Gericht den Druckvermerk auf den Geschäftsbriefen des Verkäufers "all sales subject to strikes and accidents" nicht als Teil des Vertrags an und erörterte deshalb die Frage des implied contract, die in concreto verneint wurde.

[4]) Ist eine Frist zum Ausladen festgesetzt, so ist die Erfüllung garantiert und die Ausladepflicht gilt als „absolute", *England:* Budgett v. Binnington [1891] 1 Q.B. 35 sowie die dort p. 42 zitierten Entscheidungen.

[5]) Hick v. Raymond & Reid [1893] A.C. 22; 62 L.J.Q.B. 98; Empire Transportation Co. v. Philadelphia & R. Coal and Iron Co. (1896) 77 Fed. 919, 35 L.R.A. 623; vgl. Heymann, Verschulden beim Erfüllungsverzug S. 141 ff.

[6]) Er muß aber sowohl hinsichtlich des Streikgrundes wie der Streikabwendung und der Ersatzbeschaffung reasonably gehandelt haben (The Richland Queen (1918) 254 Fed. 668). Hat er den Streik weder provoziert noch bei Abschluß des Vertrages vorausgesehen, so haftet er nicht, wenn die Streikenden die Beschaffung anderer Arbeitskräfte unmöglich machen und wegen ihrer feindseligen Haltung auch nicht mehr als seine servants angesehen werden können, für die er als master einzustehen hätte. Diese beiden Begründungen für den Ausschluß seiner Haftung werden in der Rechtsprechung nicht klar getrennt, auch die Literatur ist nicht deutlich.

§ 45.

II. Die befreienden Hindernisse.

1. Befreiung durch nicht zu vertretendes Unmöglichwerden.

1. Den Schuldner befreit von seiner Vertragspflicht ohne Ersatz überall die nachträgliche vom Schuldner nicht zu verantwortende Unmöglichkeit der Lieferung.

a) gänzliche dauernde Unmöglichkeit.

a) In der Unmöglichkeitslehre gehen die Gesetze zum guten Teil noch von dem alten Paradigma des Untergangs der Kaufsache aus, so *Frankreich* C. civ. Art. 1302 und die dem Code nachgebildeten Gesetze, z. B.

Italien C. civ. Art. 1298
Spanien C. civ. Art. 1182
Niederlande B. W. Art. 1480
Lateinamerika oben § 32 n°. 23

ebenso aber auch

Österreich aBGB. § 1447 S. 1
England S.G.A. sect. 7
Ver. Staaten Unif. S.A. sect. 8.

Dem „Untergang" der Sache wird gleichgestellt, daß die Sache außer Verkehr gesetzt wird oder „derart verloren geht, daß man über ihre Existenz absolut nichts mehr weiß", vgl.

Frankreich C. civ. Art. 1302
Italien C. civ. Art. 1298
Niederlande B. W. Art. 1480

und die anderen romanischen Rechte.

Verallgemeinert werden diese Fälle durch den Begriff der „Unmöglichkeit" [1]) der Erfüllung, wie er schon im römischen Recht der Stipulation und heute vor allem im *deutschen* bürgerlichen Gesetzbuch (§ 275) begegnet, ebenso in

Österreich aBGB. § 1447 S. 2
Schweiz OR. Art. 119 Abs. 1, 97 Abs. 1
Polen OR. Art. 267 § 1
Argentinien C. civ. Art. 922 (888)
Brasilien C. civ. Art. 879

Aber auch die anderen Rechte kennen den Begriff der „Unmöglichkeit", so das *französische*, das die Erfüllungsklage nur gibt, wenn die Leistung möglich ist (C. civ. Art. 1184, *ital.* Art. 1165, *niederländ.*

---

[1]) Über die Problematik des Unmöglichkeitsbegriffs Titze, Unmöglichkeit der Leistung 1900; Rabel, in Festschrift für Bekker (1907); Rheinische Zeitschrift 3 (1911) 467.

B. W. Art. 1303) und allgemein einen Schuldner befreit sein läßt, wenn er — infolge „Zufalls oder höherer Gewalt" — an der Erfüllung „verhindert" ist (C. civ. Art. 1148), ebenso

Italien C. civ. Art. 1226
Niederlande B. W. Art. 1281
Portugal C. civ. Art. 705
Uruguay C. civ. Art. 1343,

der Sache nach auch das *Common Law,* das in neuerer Zeit sich eingehend mit dem Begriff der impossibility of performance beschäftigt hat (vgl. oben § 34) und das Recht *Skandinaviens* (vgl. oben § 37, 2; § 38, 2).

Unter der „nachträglichen" Unmöglichkeit, die hier in Rede steht, im Gegensatz zu der „anfänglichen" (oben § 18, 3) versteht man in der Regel eine solche, die nach dem Vertragsschluß eintritt, gleichgültig ob sie vorher schon vorbereitet war; z. B. die verkaufte Lampe explodiert infolge eines Fabrikationsfehlers. In diesem Fall zeigt es sich wiederum als zu enge, wenn ein System den Verkäufer nur für die von ihm (oder seinen Hilfspersonen) schuldhaft verursachten Ereignisse einstehen läßt und nicht mindestens auch, wenn der Verkäufer beim Abschluß einen Umstand gekannt hat oder hat kennen müssen, wegen dessen er mit der bevorstehenden Unmöglichkeit rechnen mußte. Wo diese Lücke besteht, wie im deutschen Gesetz, muß sie ausgefüllt werden, indem man auch eine solche Unmöglichkeit als eine vom Verkäufer „zu vertretende" betrachtet[1]). Der *ungarische* Entwurf (I § 908 = II § 1140) berücksichtigt diese Lücke, läßt aber nur Haftung auf das negative Interesse wie beim Kennenmüssen ursprünglicher Unmöglichkeit vergüten. Die richtige Lösung haben wiederum die Systeme, die den Schuldner grundsätzlich wegen jeder Nichterfüllung haftbar machen.

b) zeitweise Unmöglichkeit.

b) Die Befreiung wird durch Unmöglichkeit der Leistung logischerweise nur so lange bewirkt, als die Unmöglichkeit andauert; die Leistung wird also hinausgeschoben.

Deutschland BGB. § 275: Der Schuldner wird frei, „soweit die Leistung unmöglich wird";
Frankreich: „l'exécution de l'obligation est seulement suspendue jusqu'au moment où la force majeure vient à cesser", (oben § 28, 3 c) usw.

Dem kann die Strenge des Lieferungstermins ein Ende setzen; das liegt aber dann an der Wesentlichkeit des Zeitpunkts, und wir sollten

[1]) Meine Ausführung Rhein. Z. 3, 488, wodurch Prof. von Szaszy-Schwarz, der am Ungar. Entw. I beteiligt war, sich angeregt erklärte.

dabei nicht von einer Gleichstellung der zeitweiligen mit der dauernden Unmöglichkeit sprechen. Ein eigenes Problem bietet dagegen die Unmöglichkeit von ungewisser Dauer — wie bei Krieg, Einfuhrverbot oder Hafenstreik, da beide Teile in ihren Verfügungen gehemmt sind und da zudem die späteren Verhältnisse unübersehbar sein können.

Die *deutsche* Praxis hat entschieden, daß eine Unmöglichkeit von ungewisser Dauer nach den konkreten Verhältnissen wie eine dauernde zu behandeln ist. Insbesondere tat dies die ständige Rechtsprechung des Reichsgerichts (Jur. Woch. 1916, 1017) in der ersten Kriegszeit (so wie es schon lange französische [1]) und andere Gerichte gewohnt sind), wenn durch den Aufschub infolge der Absperrung Deutschlands die Leistung zu einer „andersartigen" zu werden schien; später erachtete das Reichsgericht RGZ. **94**, 68 (1918) aber auch bei einem nach Kriegsbeginn für das Ende des Kriegszustandes abgeschlossenen Liefervertrag den Vertragszwang schon darum nicht mehr für zumutbar, weil man, auch wenn der Krieg bald zu Ende ginge, die Wiederkehr normaler Wirtschaftsverhältnisse nicht absehen könnte.

Jetzt ist allgemein anerkannt: „Der Handel, namentlich der Warenhandel ist nicht auf unbegrenzte Lieferpflichten eingestellt. Der Käufer bestellt in der Regel nur, wenn er die Ware nötig hat, und er deckt sich anderweit ein, wenn er sie nicht sogleich erhalten kann. Der Verkäufer kann sich nicht in seinen Dispositionen für unbestimmte Zeit binden lassen . . . . ." (RGZ. **107**, 158).

In *Österreich* erkennt man ebenfalls, daß die ungewisse Dauer der Unmöglichkeit oder die Unberechenbarkeit der Folgen des Aufschubs die Bindung an die Lieferpflicht unzumutbar machen kann [2]).

Insofern im *angelsächsischen* und *skandinavischen* Recht die Versäumung der Leistungszeit ohne Verschulden des Verkäufers den Käufer schon zum Abgehen von der Lieferung berechtigt, steht die Frage anders [3]). Der Käufer muß sich den Aufschub nicht gefallen lassen. Dazu gehört aber, daß die Zeitbestimmung oder die Verzögerung als wesentlich für den Vertrag anzusehen ist; und es ist nur sein Recht. Davon unabhängig kann der Verkäufer sich auf Befreiung ganz ebenso wie im deutschen Recht berufen. In England gilt die Leistung in solchen Fällen als wirtschaftlich unmöglich, com-

---

[1]) Cass. civ. 24. 3. 1874 S. 1874. 1. 428, oben § 28, 3 c.

[2]) Oben S. 179.

[3]) Vgl. Almén I 285 f.

mercially frustrated[1]). Das Restatement sect. 462 formuliert: "Temporary impossibility of such character that if permanent it would discharge a promisor's entire contractual duty, has that operation, if rendering performance after the impossibility ceases would impose a burden on the promiser substantially greater than would have been imposed upon him, had there been no impossibility; but otherwise such temporary impossibility suspends the duty of the promisor to render the performance promised only while the impossibility exists".

Wenn dem Käufer Rücktritt oder Vertragsauflösung auf Grund objektiver Verzögerung verstattet wird, kann er, wie in *Österreich* allerdings nicht ganz unstreitig ist, auch bei zeitweiliger Unmöglichkeit wegen der Versäumung der Lieferfrist vom Vertrage abgehen, selbstverständlich ohne Schadenersatz fordern zu können, die *französischen* Gerichte sprechen hier von „résolution pure et simple".

Bemerkung.

Im Grunde ist es die Anschauung aller Gerichte: bei wesentlicher Frist muß der Käufer sofort die Lieferung abschneiden dürfen; bei Ungewißheit sollen beide Teile sich auf eine Unzumutbarkeit des Abwartens berufen dürfen.

c) teilweise Unmöglichkeit.

c) Bei nicht zu vertretender Teilunmöglichkeit ist selbstverständlich der Verkäufer von der Leistung des unmöglich gewordenen Teils ohne Schadenersatzpflicht befreit. Ob der Vertrag hinsichtlich des Restes aufrecht bleibt, entscheidet sich nach einem Teil der Gesetze nach objektiven Kriterien, nach einem anderen Teil durch freie Wahl des Käufers.

Restgültigkeit des Vertrages.

α) wenn die Restleistung brauchbar ist.

α) Zu dem ersteren Ergebnis kommen die folgenden Rechte.

Nach *deutschem* Recht ist grundsätzlich der übriggebliebene Teil vom Verkäufer zu liefern und vom Käufer anteilsmäßig zu bezahlen (BGB. § 323 Abs. 1 S. 2). Der Käufer könnte danach anscheinend nie vom Vertrag loskommen. Jedoch wird ihm dadurch geholfen, daß der Begriff der teilweisen Unmöglichkeit eingeengt wird. Ist nur ein Teil der Kaufsache untergegangen und entspricht die Lieferung des noch möglichen Teils nicht mehr dem vom Käufer bezweckten Erfolg des Kaufvertrages, so wird nicht teilweise sondern gänzliche Unmöglichkeit angenommen[2]). Dies läuft im Groben gesehen auf ein gleiches Rücktrittsrecht des Käufers hinaus, wie

---

[1]) Rheinstein, 173, 176.

[2]) Vgl. Motive II S. 208; Planck IV B 2, Vorbemerkung zu § 275, dieser unter Berufung auf den Rechtsgedanken des § 281; Kisch, Unmöglichkeit S. 165; RGR.-Komm. § 275 Bemerkung 4; Leonhard S. 303.

wenn der Verkäufer die Teilunmöglichkeit zu vertreten und der Käufer kein Interesse am Rest hat.

Auch im *österreichischen* Recht wird der Begriff der Teilunmöglichkeit enge verstanden. Ist die Leistung infolge des teilweisen Untergangs ihrem Wesen nach eine andere geworden, so liegt nicht teilweise, sondern gänzliche Unmöglichkeit vor. Ebenso wenn der Käufer an der geminderten Leistung kein Interesse hat. Jedoch mußte dieser Mangel des Interesses dem Verkäufer beim Vertragsschluß bekannt oder doch erkennbar gewesen sein [1]). Eigentümlich ist dem österreichischen Recht, daß der Kaufvertrag im ganzen nichtig ist, wenn die Kaufsache durch den zufälligen Untergang über die Hälfte an Wert verliert (aBGB. §§ 1064, 1048). Im übrigen führt die Teilunmöglichkeit nur zur teilweisen Befreiung des Verkäufers bei entsprechender Minderung des Entgelts. Von diesen Besonderheiten abgesehen, folgt dem österreichischen Vorbild der *ungarische* Entwurf II § 1141. *Polen* faßt die Rechtslage am besten zusammen; nach OR. Art. 267 § 3 kann der Käufer vom Vertrage zurücktreten, wenn aus der Natur der Verpflichtung oder aus dem Zweck, der von den Parteien beabsichtigt ist, hervorgeht, daß die teilweise Erfüllung für ihn keine Bedeutung hat.

In *Frankreich* und *Italien* wird der Verkäufer bei zufälligem Untergang eines Teils und bei Verschlechterung der Kaufsache insoweit befreit, als diese Ereignisse reichen, arg.

Frankreich C. civ. Art. 1302, 1245
Italien C. civ. Art. 1298, 1247.

Der Käufer muß jedoch seine Befreiung von der Gegenleistung nach der Praxis und auch der überwiegenden Lehrmeinung im Wege der Auflösungsklage geltend machen. Dabei ist es in das Ermessen des Richters gestellt, ob der Vertrag ganz oder nur teilweise aufzulösen ist, was in ergänzender Vertragsauslegung entschieden wird. Eine Ausnahme gilt in Frankreich im Falle der clause expresse de résolution, die auch bei teilweiser Nichterfüllung stets zu völliger Vertragsauflösung führt [2]).

Wie in der *Schweiz*, wo Teilunmöglichkeit grundsätzlich nur zu teilweiser Befreiung des Käufers führt,

Schweiz OR. Art. 119, 185; BGE. **43**, II 233; Oser OR. Art. 119 Bem. 20 und 11 ff.,

---

[1]) Vgl. Klang-Pisko zu § 1447 aBGB. E II 2.

[2]) Planiol et Ripert (Esmein) VI n°. 416, 430; Capitant, Cause n°. 154; oben § 29, 2b S. 205/6 und § 29, 4c S. 211.

ist auch in Frankreich und Italien das Problem der Teilunmöglichkeit vor Gefahrübergang nicht sehr praktisch, da die Gefahr beim Kauf von Speziessachen grundsätzlich bereits mit dem Abschluß des Vertrages übergeht; allenfalls kann es bei beschränkten Gattungsschulden auftreten, wenn die Gattung bis auf einen Rest untergeht, mit dem sich der Vertrag nicht voll erfüllen läßt. Bleibt aber die Gefahr aus dem Grund beim Verkäufer, weil der Kaufvertrag aufschiebend bedingt abgeschlossen war, so gelten Besonderheiten. Der Käufer hat die Wahl, den Vertrag aufzulösen oder die Kaufsache in dem Zustand zu fordern, in dem sie sich nach dem Ereignis befindet, letztere jedoch nur gegen Zahlung des ungeminderten Kaufpreises, vgl. C. civ. franç. Art. 1182 Abs. 3. Im *italienischen* Recht gilt nur das letztere, es wird also sogar beim bedingten Kauf die Beschädigung und der teilweise Untergang vom Käufer getragen (vgl. Pacifici-Mazzoni XII p. 319). Während diese Lehre, daß der Käufer beim bedingten Kauf nicht den gänzlichen Untergang, aber den teilweisen Verderb trägt, im deutschen Recht sehr umstritten ist und man sie mit der „Logik" vergeblich begründet, hat sie im französisch-italienischen Recht allerdings eine Stütze in der Rückwirkung der aufschiebenden Bedingung (Italien C. civ. Art. 1170), so daß beim Eintritt der Bedingung das Eigentum rückwirkend als beim Kaufabschluß übergegangen gilt [1]), falls die Sache noch existiert. *Bedingter Kauf.*

Geht die Kaufsache nach dem Gefahrübergang durch Zufall zum Teil unter, so hat der Verkäufer die Sachen in dem Zustand zu liefern, in dem sie sich zur Zeit des Lieferungstermins befinden. Ausdrücklich erwähnt ist diese Rechtsfolge in

Frankreich C. civ. Art. 1138, 1245
Italien C. civ. Art. 1125, 1247.

β) nach Wahl des Käufers.

β) Nach dem *amerikanischen* Gesetz (sect. 8 [2]) dagegen steht es allein im Belieben des Käufers, ob der noch mögliche Teil zu leisten ist oder ob der Vertrag im ganzen hinfällig sein soll. Fordert der Käufer Teilleistung, so ist er zur Zahlung des entsprechend geminderten Kaufpreises verpflichtet. Ist jedoch der Kaufvertrag „indivisible", d. h., läßt sich nicht sagen, wie aus dem Vertragspreis der Preis der Teilleistung zu berechnen wäre, sect. 76 (1), so muß er den ganzen Kaufpreis bezahlen, sect. 8 (2).

Das *englische* Gesetz hat für diesen Fall keine Bestimmung getroffen. Fest steht nur, daß die Parteien jedenfalls hinsichtlich des

---

[1]) In der Schweiz erzeugt dagegen der Eintritt der Bedingung nur Wirkungen ex nunc, vgl. Oser OR. Art. 151, Bem. 5.

nicht mehr möglichen Teils der Leistung frei werden [1]). Daß der Verkäufer im übrigen gebunden bleibt, wird von Benjamin (p. 157) grundsätzlich befürwortet. Ob der Käufer andererseits gezwungen werden kann, den noch möglichen Teil abzunehmen, läßt sich nicht eindeutig erkennen. Die starke Tendenz, den Vertrag im Zweifel als unteilbar anzusehen, wird im allgemeinen dazu führen, daß er die Erfüllung zurückweisen kann.

Das Recht, den ganzen Vertrag aufzuheben, steht dem Käufer auch in *Skandinavien* zu. Eine Einschränkung erfährt dieses Recht jedoch — wie auch in den anglo-amerikanischen Ländern — für den Fall, daß der untergegangene Teil für den Käufer von unwesentlicher Bedeutung ist.

Die *Formulare* beschäftigen sich selten mit der Teilunmöglichkeit [2]).

Folgerung. Bei der starren Regel, daß der Vertrag sich auf die „möglich" gebliebene Restleistung, d. h. auf jede Leistung, die nicht im strengen Sinne unmöglich geworden ist, zusammenzieht, kommt man zweifellos nicht aus, so daß die Praxis mit Selbstverständlichkeit die allgemeinen Vorstellungen heranzieht, um die wirtschaftliche Brauchbarkeit des Restes zu überprüfen. Der Vertrag ist also auch dann ganz hinfällig, wenn der Verlust einen typisch wesentlichen Teil der Sache getroffen hat. Es fragt sich, wer das geltend machen darf, nur der Käufer oder zur schnelleren Abwicklung auch der Verkäufer; und ob ein Widerruf des Käufers aus von ihm bewiesenem subjektiven Interessenmangel erlaubt werden muß. In diesen Fragen fehlt, da es sich hier um Ereignisse handelt, für die der Verkäufer so wenig verantwortlich ist wie der Käufer, ein innerer Grund, den Warengläubiger vor dem Schuldner zu begünstigen. Dies hat das deutsche BGB. wohl erkannt. Dennoch ist allgemein zu beobachten, daß man weit überwiegend nur die Interessen des Käufers (Gläubigers) wahrt und an ein Rücktrittsrecht des Verkäufers vom Restvertrag z. B. wegen nicht mehr lohnender Transportkosten nicht denkt. Geht diese Tendenz bis zu einem freien Wahlrecht des Käufers, so ist sie sicherlich zu verwerfen. Ein Wahlrecht aber für den Fall, daß die Restleistung dem typischen Vertragszweck nicht genügt, wird sich danach am ehesten allgemein durchsetzen lassen.

---

[1]) Howell v. Coupland (1874) 43 L.J.Q.B. 201; affd. (1876) 46 L.J.Q.B. 147 (C.A.).

[2]) Verein Deutscher Maschinenbau-Anstalten, Lieferungen an Exporteure, Müllereisert n°. 7, VII: „bei teilweiser Unmöglichkeit angemessene Minderung des Preises".

2. Beachtet man, daß die nachträgliche zufällige Unmöglichkeit der Leistung nur deshalb den Schuldner befreit, weil sie in der schärfsten Weise seine Leistung behindert, — nicht weil sie aus logischen Gründen das Obligationsband zerschneidet, so fällt die hohe Schranke, die in den Gesetzen zwischen der Unmöglichkeit und der übergroßen Schwierigkeit der Leistung besteht, nieder.

2. Sonstige befreiende Leistungshindernisse.

In der Tat wird fast in allen Gesetzen die Befreiung des Schuldners nur bei nicht zu verantwortender Unmöglichkeit ausgesprochen, also für den Fall, daß die Leistung schlechtweg nicht mehr erbracht werden kann. Dennoch sind in allen Rechten Tendenzen lebendig, diese Regel zu erweitern.

Die wirklich maßgebenden Fragen sind diese. Bleibt ein Verkäufer an seine Lieferungspflicht gebunden, auch wenn die Erfüllung ihm zwar nicht unmöglich geworden, aber für ihn sehr viel drückender oder schwieriger geworden ist als bei Vertragsabschluß und demgemäß bei der Entgeltberechnung angenommen wurde? Besonders bedeutsam ist das Problem bei den Gattungsschulden: Bleibt der Verkäufer zur Lieferung der Ware gebunden, wenn er sie sich zwar noch beschaffen kann, aber nur unter Schwierigkeiten oder Vermögensopfern von einem Ausmaß, mit dem bei Vertragsabschluß weder gerechnet wurde noch im Rahmen des Vertragstypus gerechnet werden mußte? Der das ganze Vertragsrecht tragende Grundsatz pacta sunt servanda spricht für die Festhaltung des Verkäufers an der einmal eingegangenen Verpflichtung. Der gleichfalls in allen Rechten das Vertragsrecht durchziehende Grundsatz von Treu und Glauben verhindert dagegen den Gläubiger, auch von einem Vertragsschuldner etwas zu verlangen, was diesem nicht zuzumuten ist. Der Krieg und seine Folgeerscheinungen haben die Gerichte der meisten Länder gezwungen, sich mit diesem zu allen Zeiten erörterten Problem aufs neue auseinanderzusetzen.

Bei den einzelnen Systemen haben wir den folgenden Stand kennen gelernt.

a) In den *kontinentalen* Rechten, insbesondere in *Frankreich* und *Deutschland* ist seit langem der Schuldner in einzelnen Fällen vom Vertrag losgesprochen worden, wenn ein höheres Interesse wie Gefahr für das Vaterland, für Leib und Leben, Pietät für nahe Angehörige, Aufrechterhaltung des notdürftigen Betriebs das Festhalten an der vertragsmäßigen Bindung als unzumutbar erscheinen läßt[1]).

[1]) Vgl. für *Deutschland* oben § 22, 3; für *Frankreich* oben § 30, 3 b; für die *Schweiz* Oser, OR. Art. 119, Bem. 6, 7, v. Tuhr OR. § 68 Note 10.

Auch beim Kaufvertrag spielt dieser Gesichtspunkt gelegentlich eine Rolle, z. B. der Verkäufer fühlt sich im Kriege ohne Zwang verpflichtet, die Ware der Landesverteidigung zur Verfügung zu stellen [1]; die Gattung schmilzt auf wenige Stücke zusammen, die der Verkäufer dringend braucht (Kohle zur Inganghaltung der Wasserhaltungsmaschinen des Kohlenbergwerks. Das gleiche gilt jetzt wohl überall [2]).

b) In den Ländern, in denen man sich nicht enge an die Unmöglichkeit der Leistung als Befreiungsgrund hält, sondern einen weiteren Leitbegriff aufstellt wie in *England, Amerika* und *Skandinavien,* lautet selbstverständlich die Fragestellung von vornherein anders, und es ist in diesen Ländern nicht ausgeschlossen, eine Befreiung wegen bloßer Erschwerung der Leistung anzuerkennen, allerdings aber nur, wenn das neu hinzukommende und die Leistung behindernde Ereignis den gerade in diesen Ländern besonders strengen Voraussetzungen an die Entlastung entspricht. Es muß also ein gewichtiges und unvorhergesehenes Ereignis von besonderer entschuldigender Natur sein, aber es ist nicht nötig, daß es die Erfüllung „geradezu unmöglich" gemacht hat.

In den anderen Ländern muß erst eine Analogiebildung Platz greifen. Dies ist in *Deutschland, Österreich, Schweiz,* wohl auch in den *Niederlanden* [3]), geschehen, in *Frankreich, Italien* und anderen *romanischen* Rechten von den ordentlichen Gerichten auf das strengste abgelehnt worden.

Die Gründe für diese abweisende Haltung liegen ebenso klar wie die schuldnerfreundlichen Erwägungen. Der römische Kassationshof hat es einmal in der kritischen Nachkriegszeit ausgesprochen, wie sehr er befürchten würde, zu einem Recht des Schuldners zu geraten, „die Verträge auszuführen, solange sie vorteilhaft sind, und sie zu kündigen, so oft sie mit Verlust ausgehen. Es wäre schlechtgläubigen Kontrahenten möglich, sich von ihren Verpflichtungen zu lösen, und daher würden Unsicherheit, Spitzfindigkeit und Mißtrauen das Vertragsgebiet beherrschen" [4]). Es gab genug Befürworter der Klausellehre, deren extreme Behauptungen das Privatrecht aufzulösen imstande waren. Auf der anderen Seite findet die

[1]) In Frankreich übliches Beispiel.

[2]) S. z. B. Bundesrichter Holmes in The Kronprinzessin Cäcilie 244 U.S. 12.

[3]) Suijling n°. 192, s. aber auch H.R. 8. 1. 1926 W. 11464, unsere Z. 3, 526.

[4]) Cass. Roma, Riv. Dir. Com. 1921 II 6 mit umfassender Note von Segrè, von mir schon in einer meiner Warnungen, Jur. Woch. 1922, 433 zitiert.

starre Gegnerschaft der französisch-italienischen Gerichte gegen alle Billigkeitserwägungen zugunsten des Schuldners neuerdings eine heilsame Gegenwirkung. So befürworten Esmein [1]) und Demogue (VI n°. 640) auch für das Zivilrecht eine Lösung, die dem Richter in Analogie zur théorie de l'imprévision des französischen Conseil d'Etat gestatten soll, die Verträge den veränderten Umständen anzupassen.

c) Die praktisch wichtigen Fälle betreffen den Gattungskauf, bei dem die Haftung auch schon hinsichtlich der Einwirkung wahrer physischer oder juristischer Unmöglichkeit überall strenge gefaßt ist. Beim Gattungskauf gibt es nun Befreiung durch höhere Gewalt in *Skandinavien* auch dann, wenn sie bloß eine übergroße Erschwerung mit sich bringt, in *Deutschland* eine solche nach der Kriegsrechtsprechung der clausula rebus sic stantibus und auch im Friedensrecht gemäß mancherlei Lehrmeinungen angesehener Schriftsteller, die aber bisher nicht zur Geltung in der Praxis oder zur Herrschaft in der Literatur gelangt sind.

Insbesondere sind Fälle von abnormer Preissteigerung von den deutschen Gerichten bis tief in den Krieg hinein nicht als Befreiungsgrund anerkannt worden, am längsten nicht bei den Verkäufen von Großhändlern. In England und Amerika steht von der Preissteigerung am sichersten fest, daß sie an der Vertragsbindung nichts ändern kann, in Skandinavien lehrt man zwar, daß die Preissteigerung für gewöhnlich nichts bedeutet, hält sie aber doch, wenn sie sehr hohen Grades wird und auf höherer Gewalt beruht, für einen Rücktrittsgrund.

d) Die Fragen der Haftung haben ein anderes Gesicht je nachdem, ob der Käufer erst von der Tradition ab die Gefahr trägt oder schon mit dem Kaufabschluß oder von der Versendung ab. Daraus ist es zu erklären, daß in den romanischen Ländern beim Spezieskauf, da der Käufer Eigentümer von Anfang an ist und die Gefahr trägt, der Verkäufer einen besonderen Schutz gegen hinzukommende Ereignisse in der Regel nicht braucht. Im übrigen ist wohl überall beim Spezieskauf in Ausnahmefällen eine gewisse Neigung vorhanden, völlig unerwartete Ereignisse, die noch den Verkäufer treffen und ihn an der Erfüllung seiner Verbindlichkeit verhindern, zu entschuldigen.

e) Der stärkste Bestand in der ganzen Gruppe von Befreiungs-

[1]) Planiol et Ripert (Esmein) VI n°. 398. Vgl. auch den Vorschlag von Hamed Zaki, L'imprévision en droit anglais, Paris 1931 p. 124 f.

theorien, die hier in Frage steht, kommt einem Kreise von Anschauungen zu, die vom Gesichtspunkte der Vertragsauslegung ausgehen. Entweder der Vertrag wird geradezu dahin ausgelegt, daß die Parteien bei der grundstürzenden Veränderung der Umstände, die inzwischen eingetreten ist, nicht gebunden sein wollten, oder die Betrachtung steht wenigstens der eigentlichen Auslegung nahe: Die Parteien würden die Bindung nicht gewollt haben, falls man sie bei Vertragsschluß befragt haben würde. Dies sind beliebte Wendungen, seit Jahrhunderten und noch in den verschiedensten Ländern gebraucht. Die deutsche Dogmatik und zuweilen auch die Gerichte ziehen es heute vor, statt von dem mutmaßlichen Willen der Parteien zu sprechen oder diesen Willen zu fingieren, vielmehr den Vertrag nach Treu und Glauben zu ergänzen. Das deutsche Reichsgericht ist aber während des Krieges erst von einer Auslegung des Vertrages (BGB. § 157) her allmählich zur Ableitung der clausula rebus sic stantibus aus dem allgemeinen Prinzip von Treu und Glauben (§ 242) übergegangen, und die englischen und amerikanischen Gerichte stellen heute noch auch die Befreiung durch impossibility selber auf die Erwägung der Intentionen der Parteien und insbesondere der vermutlichen Absicht des Schuldners ab. Auf dieser Grundlage erwächst in der Praxis am ehesten die Neigung, Haftung und Befreiung im Fall überraschender und tiefgreifender Veränderung der Umstände von der Stellungnahme der Parteien im Augenblick des Vertragschlusses aus zu beurteilen. Eben dies ist der Ausgangspunkt für die verschiedenen Doktrinen von der Geschäftsgrundlage. In der Tat findet man in Deutschland, England und Amerika und weit darüber hinaus insofern gleichartige Vorstellungen: wenn eine unvorhersehbare und grundlegende Umwälzung der äußeren Verhältnisse die Leistung so sehr erschwert hat, daß ihre Erbringung nicht mehr im Rahmen der Gefahrenverteilung liegt, wie sie nach dem Sinn und Zweck des Vertrages vernünftigerweise anzunehmen ist — so wird eine Lossprechung des Schuldners wenigstens in Betracht gezogen.

(Sehr freundlich stellen sich zu diesem Gedanken, wenn auch unter vorsichtiger Fassung der Voraussetzungen das *polnische* OR. Art. 269 und der *ungarische* Entwurf II § 1150, die beide das Vertragsrisiko zugrunde legen. Sie gehen soweit wie eine Entscheidung des 3. Senats des Reichsgerichts [1]) und der Conseil d'Etat, indem sie dem Richter die Befugnis geben, nach Billigkeit den Vertrag zu ändern

[1]) RGZ. **100**, 131, vgl. unten § 46, 1 b S. 367 N. 3.

oder einer Partei ein Rücktrittsrecht nach Umständen unter Auferlegung einer Entschädigungspflicht zu gewähren.)

Auf dem Gebiete des Kaufs aber finden sich in Friedenszeiten von solchen Erwägungen nur geringe Anzeichen in der Rechtsprechung. Die Praxis hält, und zwar wie mit Nachdruck zu betonen ist, bisher auch in Deutschland die Verpflichtung des Verkäufers zur Lieferung mit grundsätzlicher Strenge fest. Es ist offenbar ein Bedürfnis der Wirtschaft, das sich in dieser Beurteilung übereinstimmend kundgibt. Namentlich kehrt in den Urteilen überall in der Welt die Anschauung wieder, daß der Verkäufer durch Preissteigerung wenigstens in der Regel nicht befreit wird, und ein Leitmotiv ist es auch, daß es Sache des Verkäufers ist, die Ware an den Lieferort zu bringen und der Käufer sich um die Mittel der Verbringung nicht zu kümmern braucht. Die größte Aushilfe muß sich überall, besonders streng in England, der Verkäufer durch die Freizeichnungsklauseln schon im Vertrage selbst suchen; und daran fehlt es ja, wie wir schon bemerkt haben, im organisierten Handel durchaus nicht.

Zusammenfassend glaube ich behaupten zu dürfen, daß auf dem Gebiete des Kaufrechts die Einwirkung von Hinderungen, die nicht Unmöglichkeit, sondern nur große Erschwerung bedeuten, von der eigentlichen Unmöglichkeit nicht getrennt zu werden verdienen, daß aber hier wie dort die Befreiung nur in spärlichen Ausnahmefällen von einsichtigen Richtern gegeben wird. Als Prinzip, nach dem der Schuldner für befreit gehalten werden kann, hat sich kein einziger der da und dort geltend gemachten theoretischen Gesichtspunkte eine breitere und dauernde Wirkung verschafft. Das von der englischen Lehre der frustration herausgestellte Prinzip der Gefahrenverteilung nach der vermutlichen oder besser der durchschnittlichen Absicht der Parteien liegt den englischen und den deutschen Entscheidungen, die den Gesichtspunkt der Geschäftsgrundlage verwenden, in Wahrheit zugrunde und ist wie allgemein so auch hier bis jetzt der einzige verläßliche Leitstern geblieben [1]).

Fände eine Formel etwa im oben § 44, 5 angedeuteten Sinne Anklang, daß der Verkäufer durch ein Ereignis befreit wird, mit dem er nicht zu rechnen brauchte und das er nicht durch ihm zumutbare Maßnahmen vermeiden konnte, — so wäre ein für allemal der Umkreis seiner Befreiung und seiner Haftung einschließlich der Unerschwinglichkeit zwar noch in etwas weicher Fassung, aber einheit-

[1]) In diesem Sinn schon Festschrift für Bekker 37, 59, Rhein, Zschr. 3, 476.

licher geregelt. Ist kein Kompromiß erreichbar, so müßte außer der Grenze zwischen befreiender und zu vertretender Unmöglichkeit auch noch die Befreiungswirkung anderer Leistungshindernisse den nationalen Rechten überlassen werden. Ein Unglück ist das nicht, weil die Freizeichnungsklauseln seit dem Weltkrieg eine große Verbreitung genommen haben und recht allgemein zu lauten pflegen.

3. Freizeichnung.

3. In fast allen Geschäftsbedingungen finden sich Freizeichnungsklauseln für die wichtigsten Hindernisse der Lieferung.

a) Klauseltypen.

a) Regelmäßig enthalten die Bedingungen Aufzählungen von Krieg, Mobilmachung, Unruhen, Aufruhr, Blockade, Beschlagnahme, Ausfuhrsperre, Erdbeben, Brand, Überschwemmungen und Seuchen und der Hindernisse, mit denen in der Branche und nach Art des Transports besonders gerechnet wird. Daran schließt sich eine Generalklausel an, die den Kreis der Hindernisse allgemein umgrenzt oder alle die Fälle einschließt, die den einzeln aufgezählten ähnlich sind. Neben der häufigen Freizeichnung bei „höherer Gewalt" finden sich hierfür in *Deutschland* die Ausdrücke „sonstige nicht zu vertretende Umstände" oder „alle außer der Macht des Verkäufers liegenden Ereignisse und Umstände sowie deren Folgen", in *Frankreich* „tous les autres cas empêchant l'exécution du contrat", im *anglo-amerikanischen* Rechtskreis „any cause beyond control", „unavoidable causes" und „hinderances".

In der Regel werden, wortdeutlich oder stillschweigend, dauernde und vorübergehende Hinderung geschieden. Unter den Fällen der dauernden Unmöglichkeit betrachten die Überseekaufverträge die Havarie eigens und legen sie ausdrücklich dem einen oder anderen Teil auf [1]). Die Rohzuckerbedingungen [2]) behandeln die Mißernte in besonderer Weise. Die zeitweisen Verhinderungen sind der wichtigste Gegenstand der Freizeichnungsklauseln. Außer den Hindernissen wie Krieg, Aufruhr usw. werden bei Überseekäufen z. B. Sperrung der Wasserwege, Eis, niedriger Wasserstand, Quarantäne genannt; Verzögerungen bei der Beförderung, Betriebsstörungen, Ausstände und Aussperrungen sowie eine nicht vom Lieferer selbst verschuldete verspätete Anlieferung wesentlicher Roh- und Baustoffe, dies alles manchmal auch noch, wenn es in den Werken der Lieferanten des Verkäufers begegnet; in den Verkaufsbedingungen der Maschinenindustrie das Ausschußwerden eines wichtigen Arbeitsstücks oder

---

[1]) Genueser Getreide- und Saathändlerkontrakt n°. 5, Handbuch des Landesproduktenhandels 1929, S. 923 (927).

[2]) Hellauer n°. 10.

andere unverschuldete Verzögerungen in der Fertigstellung wesentlicher Lieferteile. Der Streikfall wird stets vorgesehen. Die Formulare der London Corn Trade Association unterscheiden den Streik nur im Hafen vom Streik auch im Hinterland.

Die Klauseln der Nichtfixgeschäfte lösen ferner das Problem, wann die einstweilige Verhinderung wie eine dauernde gelten soll, auf einfache Weise. Die Lieferfrist gilt zunächst als um die Dauer des Hindernisses oder noch z. B. zwei Wochen seit seiner Beendigung verlängert. Überschreitet die Verzögerung eine gewisse Dauer, so hat der Verkäufer [1]) oder der Käufer [2]) die Wahl, ob er dann den Vertrag noch aufrecht erhalten will; bisweilen haben beide Teile das Rücktrittsrecht [3]).

b) Auslegung.

b) In der Auslegung der Klauseln begegnen zwei Auffassungen. Die eine zu beobachtende Richtung geht dahin, daß der Verkäufer durch das benannte Ereignis als eine Veränderung der Umstände ohne weiteres befreit sein solle. So hat man in *Deutschland* die Befreiung des Gattungsverkäufers durch Betriebsstörungen u. a. auch dann für wirksam gehalten, wenn er sich die Ware auf eine andere Weise als durch seinen Betrieb verschaffen konnte. Er braucht also nach der deutschen Rechtsprechung [4]) keine Ersatzware [5]), und zwar nicht einmal aus seinen Beständen [6]) zu liefern.

Eine andere, in *Frankreich* auftretende Tendenz der Auslegung versteht die Benennung der vorbehaltenen Ereignisse einschränkend so, daß sie nur gelten sollen, wenn durch sie force majeure bewirkt wird [7]). Die Klausel hat dann also keinen weiter reichenden Umfang als der gesetzliche Befreiungsgrund und macht nur zweifelsfrei, daß das betreffende Ereignis nicht vom Schuldner zu verantworten ist. Entsprechend wird in *Skandinavien* eine Befreiung nur angenommen, wenn das Ereignis wahre Unmöglichkeit zur Folge hat [8]).

---

[1]) Hellauer n° 6, 56.

[2]) Z. B. Dänischer Getreideschlußschein, Handbuch S. 1022, § 7; Art. 32 der allg. franz. Getreidebedingungen, Handbuch S. 961.

[3]) Z. B. nach 3 Monaten bei Baumwollgarn, Hellauer n°. 31, nach 6 Wochen bei Tuchen, Hellauer n°. 37.

[4]) Instruktiv RGZ. **87**, 92; **109**, 28.

[5]) RG. Recht 1918 n°. 300 (Betriebsstörung), so ausdrücklich die Lieferbedingungen der Thomasphosphatfabriken, Hellauer n°. 67, und der Großmühlenschlußschein Süddeutschlands, Hellauer n°. 6.

[6]) RGZ. **87**, 92 (Kriegsausbruch).

[7]) Durand, Des conventions d'irresponsabilité (1932) n°. 75 mit Nachweisen.

[8]) Almén I 355 f., oben § 38, 2 c.

Für die Behandlung von Freizeichnungsklauseln in Frankreich charakteristisch sind eine Reihe von Entscheidungen zu einer Klausel der Firma Citroën [1]):

„ Dans le cas où M. André Citroën ne pourrait livrer une voiture à l'époque prévue, l'acheteur aurait le droit, deux mois au plus tôt après cette date, d'annuler cette commande et M. N. (der Vertreter der Firma) lui rembourserait la garantie déposée avec un intérêt de 6 pour cent l'an; le retard ou défaut de livraison ne peut en aucun cas constituer un motif de dommages-intérêts d'aucune sorte."

Gestützt auf diese Klausel verweigerte Citroën die Lieferung wegen Streiks, Lohnerhöhungen im Zusammenhang mit gesetzlicher Arbeitszeitverkürzung und Steigen der Rohstoffpreise. Die Gerichte haben einmal erwogen, ob der vertragliche Ausschluß des Schadenersatzes als Wegbedingung auch des Anspruchs auf Naturalerfüllung auszulegen sei dergestalt, daß der Käufer auf die résiliation pure et simple beschränkt wäre. Sie haben aber in einer derartig gefaßten Klausel überwiegend entweder eine unzulässige „condition potestative" gesehen, Art. 1170, 1174 C. civ. [2]) oder die Wirksamkeit der Freizeichnung auf Fälle wirklicher force majeure eingeschränkt, deren Vorliegen hier verneint worden ist. Nur das Handelsgericht von Rouen ging weiter und gestattete Citroën die Berufung auf eine derartige Freizeichnung schon bei jeder Behinderung der Lieferung, deren Geltendmachung als berechtigt anzusehen sei: „cette clause doit avoir cet effet de permettre à Citroën d'établir le motif légitime de son refus, à supposer même que cette preuve lui incombe; que ce refus, il en trouve la raison dans les modifications profondes apportées par les événéments au prix de revient par lui prévu, tant du fait de la main d'oeuvre que du côté des matières premières, des fournitures nécessaires à son industrie". Ripert schließt sich dieser Auffassung an.

Kriegsklausel. Verschiedenheiten haben sich vornehmlich in der Auslegung der Kriegsklauseln im Weltkrieg ergeben. Das *deutsche* Reichsgericht ging davon aus, daß zwar nicht jeder beliebige Kriegsausbruch den Verkäufer befreie, sondern nur ein Kriegsausbruch, der auf Betriebe, von denen der Verkäufer für seine Lieferung abhinge, wesentlich

---

[1]) Trib. com. de la Seine 16. 12. 1919; Trib. com. de Rouen 18. 12. 1919; Trib. com. de Marseille 3. 2. 1920; Trib. civ. de Perpignan 10. 2. 1920; Trib. com. de la Seine 7. 5. 1920 — in D. P. 1920. 2. 33, Note von Ripert; vgl. Josserand II n°. 624.

[2]) Ebenso das *schweiz.* BG. vom 5. 4. 1922, BGE. 48 II 242, das dem Käufer bei Lieferungsstörungen den Erfüllungsanspruch beläßt, da sonst eine Potestativbedingung zugunsten des Verkäufers vereinbart sei, soumettant l'une des parties à la volonté arbitraire de l'autre. Auch Almén I, 364 beschäftigt sich mit dieser Frage.

störend einwirke [1]). Für den Ausbruch des Weltkriegs ist aber die Befreiung des Verkäufers schlechthin bejaht worden [2]). Auch der *österreichische* OGH. hat diesen Standpunkt eingenommen und keinen Gegenbeweis verstattet, daß der Verkäufer noch habe liefern können,

OGH. 8. 6. 1915 Rv VI 127/25 GlUNF. 7481; 18. 12. 1917, Rv I 506/17 Fuchs, Zivilr. Kriegsentsch. 1919 S. 126. Weitere Nachweise bei Fuchs, Der Einfluß des Krieges auf bestehende Lieferungsverträge S. 10.

Dagegen verlangt die *englische* Rechtsprechung, daß der Krieg im Einzelfall auf die Leistungsmöglichkeit von Einfluß sei. Wird die Leistung nicht physisch oder rechtlich unmöglich, sondern nur durch eine Preissteigerung economically unprofitable, so ist der Verkäufer nicht befreit [3]); nach einigen Entscheidungen befreit ihn immerhin eine erhebliche Preissteigerung [4]).

Von der force-majeure-Klausel im *englischen* Recht wird gelehrt, *Generalklauseln.* daß man sie nicht schlechthin wie die besonders eng gefaßten Begriffe „act of God" und „vis maior" [5]) verstehe [6]). Diese sehr üblich gewordene Klausel reicht weiter und bedeutet ein Ereignis, das unkontrollierbar ist (not in one's power to control). Es muß aber die proximate cause der Nichterfüllung bilden [7]).

In der Rechtsprechung der *Vereinigten Staaten* hat die Eigenart der Freizeichnungsklauseln, an die Aufzählung einzelner Befreiungsgründe eine Generalklausel anzuschließen, häufig zu einer besonders einschränkenden Auslegung geführt. Die Generalklausel erfaßt nach der rule eiusdem generis nur Befreiungsgründe "of the same kind or nature" wie die einzeln aufgezählten [8]). So befreite z. B. die Freizeich-

[1]) RGZ. 87, 92. [2]) RG. Warn. 1916 n°. 4, 38, 39, 122, 241 und ständig.

[3]) Produce Brokers v. Weiß & Co. (1918) 118 L.T. 111; Blythe & Co. v. Richards T. & Co. (1916) 85 L.J.K.B. 1425; Tennants Ltd. v. C.S. Wilson & Co. [1917] A.C. 495; S. Instone & Co. v. Speeding Marshall & Co. (1915) 32 L.T.R. 202.

[4]) Ford & Sons v. Henry Latham & Sons (1915) 84 L.J.K.B. 2101; Peter Dixon & Sons v. Henderson C. & Co. (1918) 87 L.J.K.B. 683 (C.A.). Zu alledem vgl. Campbell, Law of war and contract, 1918.

[5]) Dazu v. Caemmerer „Höhere Gewalt" Rvgl. HWB. IV, 252 ff.

[6]) Bailhache, J. in Matsoukis v. Priestman [1915] 1 K.B. 681, zust. Goitein bei Smith-Gutteridge p. 651 Anm. d.; Lebeaupin v. Crispin [1920] 2 K.B. 714.

[7]) Greenway Bros. v. S. F. Jones & Co. (1915) 32 T.L.R. 184. *Ver. Staaten:* Swift v. Columbia R. Gas & E. Co. (1927) 17 Fed. (2d) 46; 51 A.L.R.

[8]) Hickman v. Cabot (1910) 106 C.C.A. 183, 183 Fed. 747; Swift & Co. v. Columbia R. Gas & E. Co. (1927) 17 Fed. (2d) 46; Thaddeus Davids Co. v. Hoffmann-La Roche Chemical Works (1917) 178 App. Div. 855, 166 N.Y.S. 179; weitere Belege 51 A.L.R. 995. Kritisch dazu Note in 20 Col. L. Rev. 776 (778).

nung von "strikes, accidents and other causes beyond control" nicht im Falle, daß die Lieferung durch Witterungsverhältnisse (Frost) verhindert wurde [1]).

Freizeichnung vom Verschulden?

Im Zweifel sollen die Freizeichnungsklauseln den Verkäufer nicht auch vom Verschulden befreien,

Deutschland Staub-Heinichen, Anhang zu § 374 Anm. 49 b [2]).
Schweiz vgl. Siegwart, Der Einfluß veränderter Verhältnisse auf laufende Verträge, in Festgabe der Universität Freiburg zur 59. Jahresversammlung des Schweizer Juristenvereins 1924 S. 102/3 mit Beispielen.

Wegen Verschuldens haftet daher der Verkäufer, obwohl er mit der Klausel „Liefermöglichkeit vorbehalten" verkaufte, weil er fahrlässig mit einem Lieferanten abgeschlossen hatte, der nicht zur Lieferung imstande war [3]). In *Frankreich* sieht man in der willkürlichen Berufung des Verkäufers einen abus de droit [4]). Auch im *anglo-amerikanischen* Rechtskreis kann sich der Verkäufer nicht willkürlich auf Ereignisse berufen, von denen er sich freigezeichnet hat; sein Verhalten muß vielmehr stets reasonable gewesen sein [5]).

c) Gesetzliche Schranken.

c) Die Anerkennung der Freizeichnung des Verkäufers findet verschiedentlich Schranken, wo sich der Verkäufer vor den Folgen eines vertragswidrigen Verhaltens schützen will. Die Klauseln gelten nach ausdrücklicher Vorschrift nicht für Arglist oder Vorsatz in

Deutsches BGB. § 276 Abs. 2,
Schweizer OR. Art. 100,
Polen OR. Art. 240 § 2,
baltische Randstaaten Art. 3292 (Lettlands BGB.),
Spanien C. civ. Art. 1102 S. 2,
Argentinien C. civ. Art. 541 (507),
Mexiko C. civ. Art. 2106 S. 2,

---

[1]) Scullin Steel Co. v. Mississippi Valley Iron Co. (1925) 308 Mo. 273 S.W. 95.

[2]) Der Schuldner haftet auch, wenn das Lieferhindernis erst während seines Verzugs eintritt, RG. LZ. 1918, 1215; Dresden LZ. 1917, 487 [6]; verschiedene Lieferbedingungen sprechen daher auch für diesen Fall ausdrücklich die Befreiung aus, Hellauer n°. 83, 95, 105.

[3]) RGZ. **105**, 371; **132**, 305 (310); Bundesgericht vom 16. 7. 1919, Bl. Zür. Rspr. 18, 350.

[4]) Josserand II n°. 624 p. 343/4.

[5]) *England*: vgl. Calico Printers Association v. Barclays Bank 145 L.T. Rep. 51, unsere Z. 6, 597 n°. 4; *Ver. Staaten*: Fried, M. & Co. v. Mayer Shirt Co. (1922) 225 Ill. App. 464; Meade v. Poppenberg (1915) 167 App. Div. 411, 143 N.Y.S. 182; Sparks v. B. Brown (1920) 184 N.Y.S. 557. Mc. Govern v. New York (1923) 138 N.E. 26; 25 A.L.R. 1442 (Streik).

Costa Rica C. civ. Art. 701,
Honduras C. civ. Art. 1361 S. 2,
Nicaragua C. civ. Art. 1861 S. 2,
Panama C. civ. Art. 987 S. 2.

Zum gleichen Ergebnis kommen aber auch Lehre und Rechtsprechung in den übrigen Rechten, z. B. in *Österreich* [1]) und *Frankreich* [2]) und im *anglo-amerikanischen* Rechtskreis.

Haftung für Fahrlässigkeit

Wie weit die Haftung für Fahrlässigkeit abdingbar ist [3]), wird verschieden beantwortet.

Grobe Fahrlässigkeit.

In verschiedenen Rechten wird die Abdingbarkeit grober Fahrlässigkeit verneint, so ausdrücklich in der *Schweiz* [4]) (OR. Art. 100) [5]), ferner in *Frankreich* [6]) und im *anglo-amerikanischen* Rechtssystem [7]). Dagegen ist sie zulässig in *Deutschland* BGB. § 276 [8]). In *Österreich* stellt die Rechtsprechung unter Zustimmung des Schrifttums [9]) darauf ab, ob die Abdingung sittenwidrig ist (aBGB. § 879). Der Wiener Oberste Gerichtshof verneint die Abdingbarkeit unter diesem Gesichtspunkt nicht schlechthin für „auffallende Sorglosigkeiten", sondern nur für eine „besonders schwere, auffallende Sorglosigkeit" [10]) („sehr grobe Fahrlässigkeit"). Dabei spielt auch die

---

[1]) Vgl. Ehrenzweig § 337 II; Staub-Pisko, 3. Aufl. 1934 zu Art. 281 § 11 und zu Art. 282 § 4; OGH. Wien E. v. 14. 10. 1919 SZ. 2, 92, SpR. 2; v. 5. 10. 1920 SZ. 2, 104; v. 2. 5. 1923 SZ. 5, 112.

[2]) Vgl. Planiol et Ripert (Radouant) VII n°. 850.

[3]) Eine andere Frage ist die Beschränkung der Haftung auf eine bestimmte Summe, die z. B. auch in *Frankreich* gültig ist, vgl. Planiol et Ripert (Esmein) VI n°. 406 p. 559 N. 1 mit Rechtsprechung.

[4]) Ebenso Art. 105 franz.-it. Obligationenrechtsentwurf.

[5]) Vgl. dazu A. Siegwart, Der Einfluß veränderter Verhältnisse auf laufende Verträge, in Festgabe der Universität Freiburg zur 59. Jahresversammlung des Schweizer Juristenvereins 1924 S. 102 N. 2. — Ehrenzweig § 337 Anm. 4 kritisiert die Bestimmung, welche nach Ansicht des Oser-Schönenbergerschen Kommentars wohl eingefügt war, um „schwierige Untersuchungen zu vermeiden": die Abgrenzung von leichter und grober Fahrlässigkeit bleibe vorzunehmen.

[6]) Planiol et Ripert (Esmein, Radouant, Gabolde) VII n°. 851 p. 156 mit Rechsprechung N. 1; VI n°. 400; faute lourde; Cass. req. 27. 11. 1934 unsere Z. 9, 145 f.

[7]) Z. B. Worlds Columbian Exhibition v. Republic of France 1899, 96 Fed. 687, 38 C.C.A. 483; vgl. „Contracts" § 437, 13 C.J. 491 mit Rechtsprechung: gross negligence.

[8]) RG. Gruchot 46, 900 f.

[9]) Vgl. Ehrenzweig § 337 II.

[10]) OGH. Wien E. v. 5. 10. 1920 SZ. 2, 104 (Fall von Verwahrung der Eisenbahn).

wirtschaftliche Überlegenheit des Schuldners (Monopolstellung) eine maßgebende Rolle [1]).

Leichte Fahrlässigkeit.

Die Abdingbarkeit leichter Fahrlässigkeit ist im *anglo-amerikanischen* und im *französischen* Recht zweifelhaft. Der amerikanischen public policy widerspricht eine Abdingbarkeit der negligence nicht [2]). Die Rechtsprechung läßt aber dort, wo sie besondere Grundsätze herausgearbeitet hat, wie für die Haftung des carrier, u. U. den Schuldner gleichwohl haften [3]). In *Frankreich* hat sich gegenüber vereinzelten Entscheidungen, welche auch die Abdingung der faute légère für nichtig hielten, in neuerer Zeit die Auffassung durchgesetzt, daß die Parteien hierdurch wenigstens die Beweislast umkehren, so daß der Gläubiger die faute des Schuldners beweisen muß [4]). Die Theorie versucht das Ergebnis mit der Abdingbarkeit der faute contractuelle im Gegensatz zur faute délictuelle [5]) und mit der Beweispflicht des Gläubigers für die letztere zu begründen [6]). Praktisch führt die Beweislast des Gläubigers wohl meist dazu, daß der Schuldner nicht schadenersatzpflichtig wird [7]). Die Lehre geht zum Teil weiter und bejaht die Abdingbarkeit jeder faute légère [8]). Auf diesem Standpunkt steht die *belgische* [9]) Rechtsprechung und die Rechtsprechung der *ägyptischen* Gemischten Gerichte [10]).

---

[1]) Vgl. Ehrenzweig § 337 II; OGH. Wien E. v. 14. 10. 1919 SZ. 1, 92 (Waschanstalt); „die besonderen Zwangsverhältnisse, unter welchen derzeit das Publikum steht".

[2]) 13 C.J. 491 N. 98 mit Rechtsprechung.

[3]) Vgl. Williston Contracts II § 1109; Raiser unsere Z. 8, 17 ff.

[4]) Planiol et Ripert (Esmein) VI n°. 400, Planiol et Ripert (Radouant) VII n°. 851; Durand n°. 132; unsere Z. 8, 555 n°. 15.

[5]) Das *deutsche* Reichsgericht läßt bei Annahme einer stillschweigenden Freizeichnung die deliktische Haftung offenbar im Zweifel unberührt; so RGR. Komm. Vorb. 4 b zu § 823 S. 595.

[6]) Baudry-Lacantinerie (Guyot) II n°. 153, vgl. darüber Durand, Des conventions d'irresponsabilité (1932) p. 374 ff., mit Kritik p. 406 ff.; ferner gegen diese Lehre Esmein bei Planiol et Ripert VI n°. 400; die Rechtsprechung gibt keinerlei Begründung.

[7]) So Esmein, Rev. Trim. 1926, p. 316.

[8]) Baudry-Lacantinerie II n°. 152; eingehend Durand n°. 165 ff.; sogar für eine Anerkennung bei faute lourde aber mit anderer Beweislast, n°. 172; umgekehrt befürwortet Esmein bei Planiol et Ripert VI n°. 401 eine strengere Behandlung von Klauseln, wonach der Schuldner nur zum Nachweis zugelassen wird, daß ihn keine faute treffe.

[9]) Cass. 23. 11. 1907, Pasicr. 1907. 1. 296; 23. 11. 1911, Pas. 1911. 1. 556; 13. 11. 1924, Pas. 1925. 1. 183; B.J. 1925, 122; App. Bruxelles 14. 11. 1925. J. Port. Anvers 1925, 453. Ebenso *Portugal,* Cunha Gonçalves IV p. 535.

[10]) App. Mixte Alexandria 30. 1. 1924, Dor. 6, 273; 1. 3. 1926, Dor. 15, 320.

Verschulden von Hilfspersonen

Das *deutsche* (BGB. § 276 S. 2), *österreichische*[1]) und *schweizerische* Recht (OR. Art. 101 Abs. 2) gestatten dem Schuldner, sich durch Vertragsbestimmungen von der Haftung für jedes Verschulden von Hilfspersonen, auch für Vorsatz zu befreien. Nach *schweizerischem* Recht kann jedoch der Schuldner, der ein obrigkeitlich konzessioniertes Gewerbe ausübt, nur die Haftung für leichtes Verschulden von Hilfspersonen wegbedingen (OR. Art. 101 Abs. 3). Eine gewisse Einschränkung macht auch das *deutsche* Reichsgericht; hat der Schuldner eine Monopolstellung, so kann ihm in allgemeinen Geschäftsbedingungen die Haftung für eigenes Verschulden und für das Verschulden leitender Angestellter nicht erlassen werden (RGZ. **106**, 386).

In *Frankreich* wird dagegen der Ausschluß der Haftung für das Verschulden von Hilfspersonen ebensowenig gestattet, wie der der Haftung für eigenes Verschulden[2]). Die Freizeichnung hat auch hier nur die Wirkung, daß die Beweislast umgekehrt wird, der Gläubiger also das Verschulden der Hilfsperson nachzuweisen hat. Doch kritisiert die Lehre diese Haltung der Rechtsprechung, weil die Haftung für fremdes Verschulden nicht mit dem gleichen Maß gemessen werden dürfe wie die für eigenes[3]).

§ 46.

III. Die technische Gestalt der Befreiung.

1. Hauptwirkung. a) Dahinfallen des Vertrages bei Unmöglichkeit.

1. a) Die Gesetze pflegen als Rechtsfolge der zufälligen Unmöglichkeit das Dahinfallen des Kaufvertrags auszusprechen. Beide Teile sind also ipso iure, ohne daß es einer Willenserklärung bedarf, ihrer Verpflichtungen enthoben, auch der Käufer, vorausgesetzt, daß der Verkäufer noch die Gefahr trug.

Deutschland BGB. §§ 275, 323
Österreich aBGB. § 1447
Schweiz OR. Art. 119 Abs. 1
Argentinien C. civ. Art. 922 (888), 929 (895), C. com. Art. 467 Abs. 2
Brasilien C. civ. Art. 865.

In *Frankreich* C. civ. Art. 1302 ist das ausdrücklich nur für den Untergang der Sache ausgesprochen; hier wird auch nur die Be-

---

1) Ehrenzweig § 337 bei N. 27.
2) Planiol et Ripert (Esmein) VI n°. 404.
3) Planiol et Ripert (Radouant) VII n°. 852.

freiung des Schuldners festgelegt, sodaß die weiteren Folgen etwas zweifelhaft sind, vgl. oben, § 29, 2 c und 4 a. Ebenso:

Niederlande B. W. Art. 1480
Italien C. civ. Art. 1298
Franz.-ital. Entw. arg. Art. 89
Spanien C. civ. Art. 1182
Lateinamerikanische Rechte: vgl. oben § 32 n°. 34[1]).

Ferner sprechen

England S.G.A. sect. 7
Ver. Staaten Unif. S.A. sect. 8 (1),

auch diese beiden nur bezüglich des Untergangs der Kaufsache[2]), aus, daß der Vertrag „void" wird. Dies gilt, solange nicht die Gefahr übergegangen ist[3]).

Dagegen ist in *Skandinavien* § 21 nur von Aufhebung gesprochen, und Almén[4]) verlangt tatsächlich immer eine Willenserklärung zur Aufhebung.

Ist die Kaufsache zum Teil untergegangen, so gilt das Gesagte entsprechend je nach der Ordnung der Teilunmöglichkeit (oben S. 349 ff.) für die teilweise oder gänzliche Aufhebung des Vertrages.

b) Rechtsfolgen bei Befreiung durch sonstige Leistungshindernisse.

b) Als es in Deutschland in der Praxis der Kriegszeit und Nachkriegszeit über die Unmöglichkeit hinaus zur Befreiung des Schuldners wegen Unzumutbarkeit der Leistung kam, erörterte man die Frage, ob auch da wie bei echter Unmöglichkeit der Schuldner ipso iure befreit sein soll, oder ob sie ihm lediglich eine Einrede verschafft oder das Recht, durch seine Willenserklärung (Rücktritt, besser Kündigung) den Vertrag aufzuheben. Diese letztere Lösung verdient den Vorzug. Bei der Regelung der echten Unmöglichkeit gehen die Gesetze davon aus, daß der Eintritt eines die Erfüllung unmöglich machenden Ereignisses, insbes. der Untergang der Kaufsache klar erkennbar und feststellbar sei. Bei der bloßen Nichtzumutbarkeit der Leistung wird das nicht immer der Fall sein, vor allem wird bei einer länger dauernden, zu stets steigenden wirtschaftlichen Erschwerungen führenden Entwicklung (Krieg, Geldentwertung) die genaue Feststellung des Zeitpunkts der Vertragsauflösung zu Schwierigkeiten führen. Überdies kann man einem trotz aller Leistungserschwerungen leistungsbereiten Schuldner die Befreiung nicht

[1]) Vgl. *Ägypten* C. civ. mixte Art. 240/242: Dahinfallen des ganzen Verhältnisses durch „Unmöglichkeit".

[2]) Vgl. aber über die impossibility im übrigen Chalmers p. 35; Benjamin p. 592; Williston, §§ 660 ff.

[3]) Vgl. Leake, On Contracts p. 532; Benjamin p. 154, 412.

[4]) 324 f. besonders Note 44; [3] 283—285.

aufzwingen. Es empfiehlt sich also, eine so rasch als möglich abzugebende Erklärung des Verkäufers zu fordern.

Schließlich versteht es sich gar nicht von selbst, daß der Schuldner wegen höherer Interessen oder übergroßer Schwierigkeit, wenn überhaupt, so vollkommen entschuldigt werden muß. Es liegt vielmehr nach den Umständen nahe, den Schaden auf die beiden Parteien in irgendeiner Weise zu verteilen. Wird der Schuldner wegen nicht vermögensmäßiger Interessen, z. B. der Menschlichkeit, von der Erbringung der Leistung in Natur befreit, so sollte er doch nach Billigkeit den Gläubiger wegen dessen Kostenerhöhung zu entschädigen haben [1]) oder, mit Absehen von der Naturalerfüllung ausgedrückt: nicht Erlöschen, sondern nur eine Herabsetzung seiner Entschädigungspflicht erhalten [2]). Das deutsche Reichsgericht hat in seiner Lehre von der clausula rebus sic stantibus im Krieg dem Käufer gestattet, seine Gegenleistung soweit zu erhöhen, daß das Mißverhältnis der Leistungen, welches die Befreiung des Verkäufers rechtfertigt, verschwindet, also der Erfüllungszwang nicht mehr gegen Treu und Glauben verstößt [3]).

Technisch bezeichnet man das Hilfsmittel des Schuldners in *Deutschland* als Einrede gegenüber der Klage und als „Rücktritt vom Vertrag in der Funktion einer Kündigung". In *Österreich* wird es ebenso dem Schuldner überlassen, seine Befreiung geltend zu machen. Wenn er es tut, falle das Schuldverhältnis von selbst dahin. Abgesehen von diesen technischen Ausgestaltungen ist es demnach die Grundauffassung, daß auf die Unmöglichkeit der Leistung im eigentlichen Sinn sich beide Teile berufen dürfen, auf die Unerschwinglichkeit nur der Schuldner.

---

[1]) Vgl. meine Ausführungen Rhein. Zeitschr. 3, 485; Eckstein Arch. Bürg. Recht 37, 443; Krückmann, Arch. ziv. Prax. 116, 454 (gegen seine eigene Polemik, Iher. Jahrb. 59, 280), diese beiden freilich für „Vertrauensschaden". Schadenersatz in *Österreich* oben S. 180.

[2]) *Schweiz* BG. Prax. 10 n°. 185; v. Tuhr, OR. § 68 N. 21. *Französische* Gerichte haben bisweilen die starre Ablehnung befreiender Unerschwinglichkeit dadurch gemildert, daß sie den Betrag des geschuldeten Schadenersatzes unter Berufung auf C. civ. Art. 1150 herabsetzten (Planiol et Ripert [Radouant] VII n°. 840 p. 146 N. 2).

[3]) RGZ. **100**, 131; **106**, 83; **107**, 21; **111**, 157. Das erste dieser Urteile, vom 3. Senat des Reichsgerichts, versuchte sogar eine richterliche Korrektur des Vertrages in der Art, wie in den meisten Ländern die Sondergesetze, in Frankreich der Conseil d'Etat im Kriege bei Tarifbindungen vorgingen. Vgl. zum Urteil die einschränkende Erläuterung von Titze, Richtermacht und Vertragsinhalt, Tübingen 1921.

Auflösungsklage.

c) Umgekehrt erhebt sich die Frage, ob — außerhalb *Skandinaviens*, wo zur Aufhebung immer eine Aufhebungserklärung nötig sein soll — der Gläubiger, statt sich auf das automatische Dahinfallen des Vertrages zu stützen, den Rechtsbehelf gebrauchen darf, der ihm in anderen Fällen das Abgehen von der Leistung verschafft. Die Frage hat für die ***romanischen*** Rechte Bedeutung. Bei Teilunmöglichkeit und zeitweiser Unmöglichkeit wird dort tatsächlich auf Grund der Auflösungsklage vom Gericht nach freiem Ermessen über das Schicksal des Vertrages entschieden. Darum erscheint dort die Auflösungsklage als das richtigere Mittel. Aber auch bei vollständiger und dauernder zufälliger Unmöglichkeit wird in ***Frankreich***[1]) und in anderen Staaten, nämlich

Portugal C. civ. Art. 709 vom Jahre 1930
Spanien C. com. Art. 331
Peru C. com. Art. 326
Honduras C. com. Art. 103
sonst die Praxis,

die Auflösung gerichtlich ausgesprochen; sie wird ja auch dem Schuldner selber unbefangen gewährt. Nur ist, falls es sich um zufälligen Untergang der Sache handelt, der Käufer in der Regel nicht berechtigt, die Auflösung zu verlangen, weil er die Gefahr trägt[2]). In ***Brasilien*** C. com. Art. 202, ***Costa Rica*** C. civ. Art. 1071 Abs. 2 gibt das Gesetz, in ***Italien*** jetzt der Kassationshof die Auflösungsklage nur bei Verschulden des Schuldners; es verbleibt also bei der Wirkung der Unmöglichkeit ipso iure. Ebenso ***Chile*** (oben § 32 n°. **34**).

d) Rückforderung.

d) Wegen der Rückforderung der schon gemachten Leistungen bei Vertragsaufhebung bestehen nicht unerhebliche Verschiedenheiten. Daß eine Bereicherung herausverlangt wird, die ungerechtfertigt ist, weil der sie veranlassende Vertrag aufgehoben ist, also im Sinne der Pandektendoktrin eine condictio ob causam finitam geltend gemacht wird, tritt vielenorts, wenn auch nicht überall, hervor[3]). Nicht häufig aber wird so, wie in ***Deutschland***, wo Lehre und Begriff der Bereicherung am stärksten entwickelt sind, der Gegenstand der Rückforderung auf das beschränkt, was von den erlangten

---

[1]) Vgl. Colin et Capitant II n°. 153.

[2]) Oben § 29, 2 c.

[3]) Sogar in ***England***. Die Entsch. House of Lords in Cantiare San Rocco v. Clyde Shipbuilding Co. [1924] A.C. 226 (H.L. 105 ff.) spricht in diesem nach schottischem Recht zu entscheidenden Falle auch für das englische Recht von condictio causa data causa non secuta, vgl. Friedmann, Bereicherungshaftung 88.

Gegenständen oder Werten bei Rechtshängigkeit der Klage übrig ist (BGB. § 818 Abs. 3) [1]).

Besonders eigentümlich hat sich die *englische* Praxis seit den Coronationfällen gestaltet. Vor dem Kaufgesetz bewirkte der Untergang der verkauften Speziessache während der Gefahrtragung des Verkäufers die unbedingte Befreiung des Käufers vom Kaufpreis [2]). Dies gilt in der *amerikanischen* Rechtsprechung weiter mit Erweiterung auf jedes den Verkäufer befreiende Leistungshindernis [3]). Dagegen wurde aus der Entscheidung Taylor v. Caldwell mit ihrer Wendung, infolge des Brandes seien „beide Parteien (eines Mietvertrags) entschuldigt", in den Krönungsprozessen [4]) die Grundanschauung abgeleitet, daß durch das Leistungshindernis der Vertrag nur von jetzt ab aufgehoben werde und die bis dahin fällig werdenden Ansprüche aufrecht bleiben. Der Käufer hat also keinen Anspruch auf den von ihm vorausgezahlten Kaufpreis und muß auch die noch nicht berichtigten, vor der Vereitlung der Lieferung fällig gewordenen Beträge zahlen. Das letztere soll verhindern, daß er aus seinem Verzug einen Vorteil erhalte. Das Hauptprinzip aber: "loss lies where it falls" wird in einer nicht verständlichen Weise begründet [5]). Für das *schottische* Recht ist es abgelehnt worden [6]).

2. An die Stelle der weggefallenen Verpflichtung zur Lieferung kann aber die Verpflichtung des Verkäufers treten, das „stellvertretende Commodum" herauszugeben. *2. Stellvertretendes Commodum.*

Dieser Anspruch wird dem Gläubiger ausdrücklich und allgemein gewährt in

---

[1]) In den Vereinigten Staaten gibt es einzelne Ansätze hierzu, aber im allgemeinen wollen die Gerichte in Equity den Vertrag nur aufheben, wenn volle Rückerstattung möglich ist, Friedmann a. a. O. 96 ff.

[2]) Logan v. Le Mesurier (P.C. 1847) 13 E.R. 628.

[3]) Vgl. Williston, Contracts, p. 1693; Sales § 164; vgl. oben S. 282 N. 3 und Tulsa Opera House v. Mitchell (1933) 24 Pac. (2 d) 997 (1001) Okla.

[4]) Besonders Krell v. Henry, s. oben § 34, III S. 277.

[5]) Als Grund wird in der erwähnten Entscheidung Cantiare S. R. v. Clyde Ship Building Co. (1924) angegeben, auch der Verkäufer behalte trotz Befreiung von der Leistung die Lasten ihrer Vorbereitung; damit entfalle die totale Vereitlung der consideration. Danach wäre die ungeschickte Regel aus der unglücklichen Consideration-Lehre zu erklären. Richter Collins in Chandler v. Webster behauptet, die Regel sei nicht willkürlicher als eine andere, da eine vollständige Wiederherstellung der Rechte undurchführbar sei, was Pollock, Contract 324 billigt. Die Rechtsvergleichung widerlegt dies entschieden. Die Lordrichter des Oberhauses fühlten sich über die englische Lösung weniger beruhigt. Vgl. Friedmann 87.

[6]) Cantiare S. R. v. Clyde Ship Building Co. zit.; Watson v. Shankland (1871) 10. M. 142; Gloag, Contracts p. 353; Gloag and Henderson 97, 332.

Deutschland BGB. §§ 281, 323 Abs. 2
Frankreich C. civ. Art. 1303
Niederlande B. W. Art. 1481
ital.-franz. Entwurf Art. 90
Chile C. civ. Art. 1677
Mexiko C. civ. Art. 2020.

Weiter gehen

Italien C. civ. Art. 1299
Spanien C. civ. Art. 1186
und einige lateinamerikanische Rechte (oben § 32 n°. 52),

diese lassen die Ersatzansprüche sogar ipso iure durch cessio legis auf den Gläubiger übergehen. In *Österreich,* der *Schweiz* und in *Skandinavien* fehlen ausdrückliche Bestimmungen, die Praxis gewährt aber dem Käufer den Anspruch [1]). Nur das *angelsächsische* System gibt mangels eines Erfüllungsanspruchs auch kein an Stelle eines solchen tretendes Surrogat [2]).

Kritik. In der *französischen* Literatur sind Stimmen laut geworden, die den Anspruch für überflüssig und unpraktisch erklären, da aus Art. 1382 C. civ. der Käufer ohnehin schon Ersatzansprüche gegen einen dritten Schuldner geltend machen könne. Aber abgesehen davon, daß das Deliktsrecht anderer Länder, z. B. Deutschlands, dem Käufer solche unmittelbaren Ansprüche nicht gewährt, kommen als stellvertretendes Commodum auch nicht-deliktische Ansprüche in Betracht, insbesondere Ansprüche aus Versicherungs- und aus Beförderungsvertrag; die Ansprüche gegen den Dritten können auf höheren Wert gehen als der Kaufpreis; auch kann die Rückforderung eines schon gezahlten Kaufpreises vom Verkäufer schwierig sein. Überflüssig wäre eine solcher Anspruch nicht [3]) und er stellt einen bedeutsamen Gedanken der Übertragung eines nicht verdienten Zuwachses dar (oben S. 149).

Sofern der Käufer noch nicht die Gefahr trug, also durch die Unmöglichkeit der Lieferung von seiner Kaufpreispflicht befreit ist und nun doch das Surrogat erhält, muß seine Verpflichtung auf den Kaufpreis wieder in Kraft gesetzt werden. Es ist deshalb richtiger, ihm die Wahl zu lassen. Deutschland gibt ihm diese und erlaubt ihm zudem, den Kaufpreis in dem Verhältnis herabzusetzen, in dem der

---

[1]) Vgl. österreichischer OGH. in JBl. 1916, 274; Ehrenzweig, § 352 IV 3; von Thur OR. 528 f.; Almén I 224 ff., 284 N. 164 a.

[2]) Williston Contracts III § 1978 [vgl. Reu, Unmöglichkeit S. 65 f.].

[3]) Er ist im Kaufrechtsausschuß vorläufig fallen gelassen worden, weil er dem englischen Recht fremd ist. Williston a. a. O. hatte sich für ihn geäußert.

Wert des stellvertretenden Commodums hinter demjenigen Wert zurückbleibt, den die Kaufsache gehabt hätte (§ 323 Abs. 2 BGB.). Diese Wahl deckt also alle Interessen des Käufers; der gesetzliche Übergang der Rechte auf ihn ist weniger brauchbar. Muß der Käufer dagegen, weil er die Gefahr trug, trotz des Untergangs der Kaufsache den Preis zahlen, so hat er aus dem Ersatzanspruch stets Vorteil; in diesem Fall kommen das Recht auf Abtretung und die gesetzliche Surrogation auf das gleiche Ergebnis hinaus.

3. Beweislast.

3. Klagt der Käufer auf Erfüllung oder wegen Nichtlieferung, so hat der Verkäufer seine Befreiung nachzuweisen. Denn da er durch den Vertrag verpflichtet ist, hat er sich zu rechtfertigen, wenn er nicht vertragsgemäß leistet. Der Satz des *deutschen* BGB. § 282: „Ist streitig, ob die Unmöglichkeit der Leistung die Folge eines von dem Schuldner zu vertretenden Umstandes ist, so trifft die Beweislast den Schuldner" — ist also nur der Ausfluß eines allgemeinen Prinzips, und der Verkäufer hat nicht etwa bloß zu beweisen, daß die Leistung unmöglich ist und durch welche Umstände die Unmöglichkeit eingetreten ist, sondern selbstverständlich auch, daß er diese Umstände nicht zu vertreten hat [1], d. h. daß weder ihn noch einen seiner Erfüllungsgehilfen ein Verschulden trifft (RGZ. **101**, 153). Dasselbe Prinzip gilt mutatis mutandis in jedem Rechtssystem.

Es gibt aber verschiedene Strenge im Thema dieses Nachweises. So genügt in *Deutschland* der Schuldner seiner Beweislast, wenn er dartut, daß er alle Sorgfalt angewendet hat, so daß die Unmöglichkeit prima facie auf Zufall zurückzuführen ist [2]. Dies ist m. E. so zu verstehen: Er wird frei, auch wenn nicht aufgeklärt ist, wo die Sache geblieben ist, sofern nur feststeht, daß sie auf die eine oder andere Weise, die er nicht zu vertreten hat, in Verlust geraten ist; und prima facie beweist er sogar genug, wenn er sein regelrechtes Verhalten bei der Abwicklung des Kaufvertrags oder auch nur seine sonst bei gleichen Tätigkeiten bisher bewährte Sorgfalt dartut, worauf aber der Gläubiger einen Fehler beweisen kann. Dagegen geht die *französische* [3] — ähnlich, wenn auch vielleicht nicht ganz so scharf, für die *Niederlande* Suijling n°. 197 —, wohl auch die *englische* Praxis davon aus, daß der Schuldner beweisen muß, durch

[1] Dies ist verkannt vom RGRKomm. § 282 Anm. 1 a. E., und öfter wird der allgemeine Grundsatz, der über BGB. §§ 282, 285 steht, geleugnet.

[2] Mot. 2, 47; RGZ. **74**, 344; **78**, 434; Rosenberg, Beweislast² 399.

[3] Oben § 30, 3c.

welches konkrete Ereignis die Leistung unmöglich wurde. Aber sicherlich führt im Einzelfall in Frankreich die billige Ermessensbeurteilung, in England der prima facie-Beweis zu Berichtigungen.

Andererseits kann aber auch der Käufer in einem Prozeß sich auf die eingetretene Unmöglichkeit berufen. Dann hat er sie darzutun, der Verkäufer, daß er sie nicht zu verantworten hat [1]).

3. Kapitel. Die Folgen der zurechenbaren Nichtlieferung im allgemeinen und das Recht des Käufers auf Erfüllung.

§ 47.

I. Gegensätze der Regelungen.

Wir haben im Vorstehenden die Fälle erledigt, in denen die Lieferungspflicht ersatzlos fortfällt. In allen anderen Fällen haftet der Verkäufer, wenn er die Ware nicht, nicht rechtzeitig, nicht vollständig oder nicht in vertragsmäßiger Beschaffenheit liefert.

Nun wird die Gesamtheit dieser Fälle in den Landesrechten in mannigfaltiger Weise dargestellt.

1. Eine einheitliche Betrachtung aller Leistungshindernisse (sowie auch der Verletzung aller Pflichten) bewirken die romanistische Verschuldenstheorie, die angelsächsische Haftung wegen Vertragsbruchs und die skandinavische wegen „Verzugs", d. h. jeder Nichterfüllung zur Leistungszeit. Dagegen regelt das BGB. getrennt die vom Schuldner zu vertretende Unmöglichkeit der Leistung (§§ 280, 325) und den „Verzug", d. i. die zu vertretende Nichterbringung der noch möglichen Leistung (§§ 284, 326). Diese Gruppenbildung hat empfindliche Schwächen, da sie weder geeignet ist alle Pflichten noch alle Leistungshindernisse zu decken, sondern vielmehr große Lücken entstehen läßt [2]), und da sie die ganze Ordnung unnötig zerklüftet und verwickelt. Doch ist die besondere Regelung [3]) nicht etwa ganz

[1]) *Deutschland:* RGZ. 95, 267; Leonhard, Beweislast S. 328; *Österreich* Ehrenzweig § 337 N. 30; ausdrücklich so *Chile* C. civ. Art. 1547 Abs. 3.

[2]) Vgl. unten 9. Kap. über die Nebenpflichten.

[3]) Die eingehende Sonderregelung war veranlaßt durch das Bestreben, die Streitfrage des französischen Rechts zu entscheiden, wann der Anspruch auf Schadenersatz wegen Nichterfüllung entsteht. Solange die Leistung möglich ist, soll der Anspruch auf Erfüllung andauern. Himmelschein, Arch. ziv. Prax. 135 S. 258, 274. Stoll in ders. Zschr. 136 S. 273.

ungerechtfertigt; ein genau gearbeitetes Gesetz wird immer bei den beiden Kategorien Unmöglichkeit und Verzögerung einzelne Eigentümlichkeiten anzuerkennen haben. Die Unmöglichkeit bewirkt das endgültige Ausscheiden der betroffenen Leistung aus dem Bereiche der praktischen Obligationswirkungen. Hinsichtlich ihrer treten daher insbesondere eigenartige Prozeßfragen auf. Materiellrechtlich finden wir Besonderheiten der Unmöglichkeit in den meisten Systemen namentlich bei der teilweisen Unmöglichkeit, freilich übertriebene. Darum ist es zu verstehen, daß man die verschuldete Unmöglichkeit besonders würdigt, als eine unmittelbare Verletzung des Schuldbandes, die sich nur höchstens in Geld wiedergutmachen läßt. Der Fall hinwieder, daß die Leistung zwar noch möglich ist oder als möglich gilt, weil die Unmöglichkeit nicht bewiesen ist, aber dennoch nicht erbracht wird, tritt als Grund des neben der Erfüllung geschuldeten Verspätungsschadens auf; im übrigen läßt er die beiden scharf zu sondernden Fragen entstehen: Wann kann der Gläubiger die ursprüngliche Leistung ablehnen und zu den Rechtsbehelfen übergehen, die ihm wegen endgültiger Nichterfüllung zustehen? Und wann kann der Schuldner seinerseits sich von der ursprünglichen Leistung frei halten, mag er auch an ihrer Stelle anderes zu leisten haben? Mit diesen Fragen hängen zahlreiche weitere zusammen, so die grundlegende Frage nach der Wirkung des Erfüllungstermins, ferner die Frage, ob eine Mahnung erfordert wird usw. Es ist also unter allen Umständen unumgänglich, die Leistungsverzögerung hier besonders zu betrachten.

2. Aus dem Gegensatz der Haftungsprinzipien folgen Differenzen terminologischer Art. So wird der „Verzug" im Pandektenrecht und im deutschen BGB. als schuldhafte Verzögerung gefaßt, in Skandinavien als Verzögerung schlechthin. Dazu kommen aus derselben Quelle die schon oben § 45, 2 berührten sachlichen Differenzen in der Umgrenzung der zu vertretenden Ereignisse; sie äußern sich im Aufbau der Systeme natürlich auch insofern, als dem Schadenersatzanspruch eine andere Stellung gegeben wird, je nachdem ob er nur wegen Verschuldens gegeben wird (aber freilich ohne daß der Gläubiger dieses zu beweisen braucht) oder wegen der Nichterfüllung als solcher.

3. Von großer Wichtigkeit ist auch die technische Ausgestaltung der Rechtsbehelfe, die nach mehreren Richtungen verschieden ausgefallen ist, und von noch größerer die verschiedene Strenge, mit der der Schuldner behandelt wird.

4. Einen grundlegenden Strukturgegensatz verursacht die Ablehnung der Erfüllungsklage im Common Law.

5. Nichtsdestoweniger wird sich eine sehr weitreichende Verwandtschaft der Lösungen ergeben. Vor allem gilt das von den Hauptbehelfen des vertragstreuen Teils.

Die allgemeine Rechtsfolge der vom Verkäufer zu vertretenden Nichtlieferung ist die jeder vom Schuldner zu vertretenden Vertragsverletzung, die Pflicht zum Ersatz des infolge der Vertragsverletzung dem Gläubiger entstandenen Schadens; neben der verspäteten Erfüllung ist Schadenersatz wegen der Verspätung, statt der Erfüllung „Schadenersatz wegen Nichterfüllung" zu leisten. Diese Rechtsfolge tritt gleichmäßig in allen Systemen ein. Daß die Schadenersatzpflicht in den kontinentalen Systemen als Ersatz der untergehenden Erfüllungspflicht gilt, im angelsächsischen System als der grundsätzlich allein aus einem schuldrechtlichen Vertrag entstehende Anspruch, hat insofern keine Bedeutung.

Der Anspruch auf Schadenersatz wegen Nichterfüllung ist aber nicht der einzige Rechtsbehelf des Käufers gegenüber vertragsverletzender Nichtlieferung, der Käufer hat vielmehr auch die Möglichkeit, bei Vertragsuntreue des Verkäufers sich selbst von seinen eigenen Vertragspflichten zu befreien oder befreien zu lassen. Er kann dann die noch nicht erbrachte Leistung einbehalten oder die bereits erbrachte Leistung zurückfordern. Darin stimmen heute mit der Ausnahme des römisch-byzantinischen Gewohnheitsrechts[1]) alle Systeme überein. Fast allgemein hat der Käufer auch die Einrede des nicht erfüllten Vertrags.

Übersicht über die Rechtsbehelfe.

6. Die neuere Entwicklung hat die Rechtsbehelfe zusehends gehäuft, in einzelnen Ländern vielleicht in unnötigem Maß. Sammelt man die vorhandenen Behelfe aus den Systemen, so kann man sie in eine Liste stellen. Es sind, abgesehen von der schon erörterten Einrede des nicht erfüllten Vertrags und von den abgesondert zu besprechenden Ansprüchen wegen Sachmangels die folgenden:

1. Klage auf Erfüllung; daneben auf Ersatz des Verspätungsschadens.

2. Dahinfallen des Vertrags mit der Folge der Befreiung beider Teile vom ganzen Vertrag, bewirkt

[1]) Vgl. Triantaphyllopoulos in Schedion (1935) p. 195. Aber auch in Griechenland wird beim Handelskauf kraft Handelsgewohnheitsrecht das gesetzliche Rücktrittsrecht anerkannt; nach Joh. D. Zepos, *Κώδιξ 'Αστικοῦ Δικαίου* (1930) no. 1782, 1999, 2142 sogar allgemein, wenn der Gläubiger infolge des Verzugs kein Interesse mehr an der Leistung hat.

a) ipso iure,
b) durch eine einseitige Rücktrittserklärung des Käufers,
c) durch ein gestaltendes Gerichtsurteil.
3. Schadenersatz wegen Nichterfüllung.
4. Aufhebung der Lieferung und der Preiszahlung, kombiniert mit Schadenersatz wegen Nichterfüllung.
5. Anspruch auf das „Commodum", das der Verkäufer an Stelle der Sache erhalten hat.
6. Selbsthilfekauf.
7. Die Ansprüche aus dem Eigentum.

§ 48.

II. Die Erfüllungsklage.

1. Specific performance.

1. Die ***kontinentalen*** Rechte betrachten den Erfüllungsanspruch als das primäre, aus jedem normalen schuldrechtlichen Vertrag entspringende Recht des Gläubigers. Das ältere ***Pandektenrecht*** kannte grundsätzlich überhaupt nur diesen Anspruch, und ebenso verhielt sich das ***österreichische*** aBGB. § 919 bis zur Reform von 1917 [1]). Die kontinentale Doktrin ist gewohnt, in diesem Anspruch geradezu das Rückgrat der Obligation zu sehen. Dagegen ist er dem Rechtssystem des ***Common Law*** grundsätzlich fremd. Dort ist die aus dem Vertragsabschluß entstehende Pflicht ("duty"), die an sich nicht geleugnet werden darf, weder Gegenstand der Realvollstreckung noch auch nur eines Leistungsurteils. Nur der Schadenersatzanspruch wegen ihrer Verletzung ist klagbar und erzwingbar. Einen Erfüllungszwang nach Ermessen des Gerichts kennt aber das neben dem Common Law selbständig entwickelte System der Equity. Hinsichtlich der Vertragspflicht auf Leistung bestimmter Sachen oder schon konzentrierter Gattungssachen legt das Kaufgesetz diese Befugnis des Gerichts fest (S.G.A. sect. 52; Unif. S.A. sect. 68). Die englischen Gerichte machen davon verhältnismäßig selten Gebrauch [2]), schon mit Rücksicht auf die Folgen des Ungehorsams des Verurteilten, da er ins Gefängnis wandern muß. In den Vereinigten Staaten wird dagegen specific performance regelmäßig gewährt, wenn die Geldentschädigung den Interessen des Klägers nicht genügt [3]). In

---

[1]) Über ***Argentinien*** oben § 32, n°. 27.
[2]) Über einen solchen Fall (ein einzigartiges Schiff zu besonders billigem Preise verkauft) unsere Z. 3, 125 n°. 7.
[3]) Bowman v. Adams (1927) 45 Idaho 217, 261 Pac. 679.

Connecticut ist sogar im Gesetz die Betonung der diskretionären Bewilligung "if it thinks fit" gestrichen und in Pennsylvanien statt dessen gesagt: "if the remedy at law be inadequate" [1]).

Diese Verschiedenheit der Ausgangspunkte bedingt äußerst weitgehende Verschiedenheiten im systematischen Aufbau und in der Begriffsbildung des Obligationenrechts. In der praktischen Durchführung des Kaufrechts jedoch sind die Unterschiede zwischen dem angelsächsischen und dem kontinentalen System nicht so groß, wie man denken könnte. Der Erfüllungsanspruch unserer Gesetze ist in den Vollstreckungsordnungen gar nicht immer praktisch gesichert, obwohl dem Käufer die Realexekution jetzt auch in den Niederlanden zugesprochen ist [2]) und nur mehr in wenigen Gebieten fehlen dürfte. Ein unfragliches Bedürfnis erfüllt er nur, wenn der Kaufsache ein rein individueller Gebrauchs- oder Liebhaberwert zukommt [3]), oder wenn an der Ware, z. B. chemischen Produkten, Maschinen, der Verkäufer ein tatsächliches Monopol besitzt. Das sind gerade die Fälle, in denen in England und in weiterem Umfange in den Vereinigten Staaten, der Rechtsbehelf der Equity am ehesten eingreift. Llewellyn teilte mir mit, daß in den Vereinigten Staaten in solchen Fällen auf die specific performance gerechnet werden könne. Bei gewöhnlichen Gattungskäufen, wie sie im Handel, besonders im internationalen, die überwiegende Mehrheit bilden, kommt auch auf dem Kontinent erfahrungsgemäß eine Erfüllungsklage nicht so sehr häufig vor; der langjährige Präsident des Pariser Handelsgerichts Troullier bekundete im Ausschuß, daß auch dort die Klagen auf Schadenersatz in Geld durchaus das Feld beherrschen. Ja, es läßt sich, wenn sie angestrengt wird, zumeist das wirtschaftliche Interesse des Käufers an der Erfüllung bezweifeln und eher der prozeßtechnische Vorteil, zuweilen die Gewohnheit des Rechtsanwalts und bisweilen eine Spekulation vermuten. Oft geht der Kläger im Prozeß selbst zu anderen Behelfen über. Daß die Erfüllungsklage den Beweis der Schadenshöhe erspart, nützt natürlich nichts, wenn der Schuldner danach nicht leistet. Mit alledem erklärt sich rational, wie die englischen Rechte ohne den regelmäßigen Erfüllungszwang recht wohl auskommen. Es wird für das klassische römische Recht nicht anders gelegen haben. Geschichtlich ist da wie dort die condemnatio pecuniaria aus der Lösungssumme und Buße wegen des Vertrags-

---

[1]) Uniform Laws Annotated I, Northport 1922, Uniform Sales Act, p. 262.

[2]) So in *Schottland* Voraussetzung des specific implement, Enc. Laws of Scotl. 13, p. 117.

[3]) Oben § 28, 3, d S. 202.

bruchs hervorgekommen; in der Prozeßökonomie gerade des schon entwickelten Verfahrens aber bedeutet die Geldverurteilung, daß die Zwangsvollstreckung, wie sie zugunsten der Geldforderungen erfolgt, bereit steht — eine sofortige Vollstreckung ohne weitere Verwicklungen und in das ganze haftende Vermögen. Die Auflösung der Obligation in die Geldliquidierung ist in einem auf hartnäckigen Kampf eingerichteten Gerichtsverfahren trotz des Aufenthalts, den die Geldschätzung (litis aestimatio) verursacht, der schleunigste Weg zum letzten Ende. Doch ist die Klage auf Erfüllung seit dem nachklassischen Verfahren eben der legitime Weg des ersten Angriffs und im Rahmen der romanistischen Rechtsordnungen der richtige, um ohne Rücksicht darauf, ob die Leistung noch möglich ist und ob für eine Unmöglichkeit der Schuldner verantwortlich ist, vorzugehen, also den Schuldner zum Beweise seiner Entlastung zu nötigen. Das deutsche BGB. hat dieser Weise der prozessualen Durchsetzung, die mit der Leistungsklage beginnt, besondere Sorgfalt zugewendet (vgl. BGB. § 283). Zudem lassen sich die Fälle, in denen die Naturalerfüllung schutzwürdigen Interessen des Käufers dient, nicht erschöpfend voraussehen und aufführen. Unbillig ist es schließlich, vom Käufer den Beweis solchen besonderen Interesses zu verlangen.

Die Vergleichung stellt noch eine weitere Seite der Ordnungen ins Licht. Solange nach der Fälligkeit der Forderung der klagbare Erfüllungsanspruch fortbesteht, ist es unsicher, was der Käufer schließlich zu erhalten haben wird, die Ware oder den Geldersatz; solange kann der Schaden noch nicht fixiert werden. Daher läßt die deutsche Praxis bei der abstrakten Berechnung des Schadens dem Käufer die Wahl zwischen dem Tag der Fälligkeit und dem des Endes des Erfüllungsanspruchs als Stichtagen, deren Preise maßgeblich sind. Das englische System ist in diesem Punkt durch die schleunige Auflösung des Anspruchs in einen Geldanspruch stark überlegen.

Daran ließe sich hüben und drüben allerlei ändern. Jedoch ein Verzicht auf das Grundprinzip würde die tiefsten Wurzeln der Systeme zu stark treffen, als daß er ernstlich zugemutet werden könnte. Man kann auch nicht das Erfüllungsurteil überall in das Ermessen des Richters stellen, da den kontinentalen Richtern die Traditionen fehlen, die in den angelsächsischen Ländern seit Jahrhunderten den Gerichten aufzeigen, wann die spezifische Erfüllung anzuordnen ist. Unübertragbar ist ebenso die Sanktion einer solchen Anordnung, die Inhaftnahme des Schuldners.

Die englische Lösung, auf historischen Gründen beruhend, hat aber zugleich für das kaufmännische Leben den Vorzug außerordentlich rascher Abwicklung. Sie verdient daher wesentliche Zugeständnisse in den Fällen, wo solche am leichtesten gewährt werden können, namentlich: wenn die Ware leicht anderweitig zu beschaffen und der Schaden kursmäßig zu liquidieren ist. Hat also die Ware einen laufenden Markt- oder Börsenpreis und steht sie tatsächlich anderweitig zur Verfügung, so braucht man den Käufer nicht mit dem Anspruch auf Erfüllung und wegen mangelhafter Lieferung auf Nachlieferung auszustatten.

Andere sehr wichtige Fälle, in denen auch auf dem Kontinent der Erfüllungsanspruch entfällt, ergeben sich aus dem *Formularrecht*. In einem großen Teile der Geschäftsbedingungen und Bräuche im Handel mit Massenartikeln, namentlich Getreide, wird der Anspruch auf Erfüllung ausdrücklich ausgeschlossen [1]). Öfter ist die Stellungnahme der Verfasser des Formulars nicht deutlich, aber offenbar eine unbewußte Beeinflussung durch das englische Recht anzunehmen. Endlich gibt es auch eine Anzahl von Formularen, die in absichtlichem Gegensatz zu den erwähnten das Recht, auf Erfüllung zu bestehen, betonen; doch wird davon „verhältnismäßig selten Gebrauch gemacht" [2]). Ob Anerkennungen dieses Rechts wie im Donaukontrakt und in den Wiener Börsenusancen im Gegensatz z. B. zu den deutsch-niederländischen Verträgen sich etwa aus der Unabhängigkeit von englischen Vorbildern erklären?

In noch anderen Fällen scheidet der Erfüllungsanspruch durch passives Verhalten des Gläubigers aus [3]). Endlich ergeben sich im Mängelrecht Rechtslagen, in denen der Gattungskäufer die ihm nach dem Grundsatz zustehenden Ansprüche auf Nachlieferung fehlerhafter Sachen nicht zur Verfügung hat.

---

[1]) Einheitsbedingungen im deutschen Getreidehandel § 27; Rostocker Getreideschlußschein § 10; deutsch-niederländische Verträge und viele andere; vgl. Handbuch des Landesproduktenhandels 1929.

[2]) So Herker, Syndikus der Getreidebörse zu Duisburg, in Erläuterung der Rheinisch-westfälischen Handelsgebräuche, Handbuch des Landesproduktenhandels 1929 S. 108 mit folgenden in diesem Zusammenhang interessanten Bemerkungen: „Die Durchführung im Wege des Zwangsverfahrens ist zwar möglich, aber recht schwierig. Immerhin sind die hiesigen Handelsgebräuche nicht dem Beispiel anderer Bezirke gefolgt, die auf den Erfüllungsanspruch überhaupt verzichtet haben. Es muß ein falsches Licht auf Gebräuche werfen, die das, was recht und billig ist, berücksichtigen sollen, wenn sie auf ein natürliches Grundrecht verzichten würden."

[3]) Unten §§ 55 und 57, 3.

2. Einen abgewandelten Erfüllungsanspruch kennen zahlreiche lateinamerikanische Handelsgesetzbücher (oben § 32 nº. **24**): Wenn eine Speziessache verkauft ist, die aber eine vertretbare Sache ist, und der Verkäufer die Sache veräußert, verbraucht oder verschlechtert, so hat er auf Verlangen des Käufers eine Sache gleicher Art und Güte zu liefern. Dies läuft auf eine Naturalrestitution hinaus und ist beim Schadenersatz zu besprechen.

2. Anspruch auf Lieferung einer gleichen Sache.

§ 49.

III. Der Anspruch auf den Verspätungsschaden.

Ein solcher Anspruch steht in allen Rechten neben der Erfüllung zu, auch in den angelsächsischen Rechten für den Fall der verspätet aber doch erbrachten Lieferung

Deutschland BGB. § 286 Abs. 1
Argentinien C. civ. Art. 1454 (1420), 639 (605), 610 (576), C. com. 467
Brasilien C civ. Art. 956
England Chalmers p. 136 zu S.G.A. sect. 51 (1)
Frankreich C. civ. Art. 1610, 1611, 1147
Italien C. civ. Art. 1165 Abs. 2, 1225
Niederlande B.W. Art. 1280
Österreich aBGB. § 918 Abs. 1, allg. HGB. Art. 355
Polen OR. Art. 244
Schweiz OR. Art. 107 Abs. 2, 103 Abs. 1
Skandinavien §§ 23, 24
Spanien C. civ. Art. 1101, 1124 Abs. 2 S. 1
Ver. Staaten Williston II § 487.

Unterschiede liegen freilich in den Voraussetzungen der Pflicht zum Ersatz. So wird auf dem Kontinent in der Regel eine Mahnung erfordert, um den Käufer „in Verzug zu setzen" (unten S. 396).

In den *angelsächsischen* Ländern macht sich die überall eingreifende Verwirkung durch vorbehaltlose Annahme der Ware geltend. Man war früher in den Vereinigten Staaten in dieser Richtung sehr streng. Im *amerikanischen* Unif.S.A. sect. 49 ist davon übrig geblieben, daß der Käufer binnen angemessener Zeit nach Empfang der Ware jeden Vertragsbruch rügen muß. Dies bezieht sich auch auf Verspätung [1]).

Ebenso *Skandinavien* Kaufges. § 27.

---

[1]) Mechem § 1388 f.; Commissioners note to sect. 49; Williston §§ 484 a, 487.

4. Kapitel. Ende des Rechts des Verkäufers, die Ware zu liefern.

§ 50.

I. Rechtsfolgen unmittelbar auf Grund der Vertragsverletzung.

1. Übersicht.

1. Es ist hier von dem Zeitpunkt oder Ereignis die Rede, von dem ab dem Käufer die Rechtsbehelfe, die ihm anstelle der Lieferung gewährt werden, zustehen. Das heißt, es ist zu erörtern, unter welchen Voraussetzungen das Recht des Verkäufers, die Ware zu liefern, mit oder ohne Zutun des Käufers endet. Nicht hier zu erledigen ist die andere Frage, wodurch der Vertrag im ganzen sein Ende findet. Geht der Käufer z. B. im deutschen Recht durch Nachfristsetzung und Ablauf der Nachfrist von der Lieferung ab, so bleibt ihm noch die Wahl zwischen Rücktritt und Schadenersatz wegen Nichterfüllung; erst durch die Rücktrittserklärung vernichtet er den Vertrag.

Diese Rechtsbehelfe stehen zu: wenn die Leistung unmöglich geworden ist, ohne daß der Verkäufer befreit ist (unten 2); wenn der Verkäufer sich ernstlich und endgültig weigert zu liefern (3); unter Umständen nach Vermögensverfall des Verkäufers (4); im übrigen wegen Verzögerung, nachdem der Liefertermin gekommen ist und insofern die mannigfach verschiedenen weiteren Voraussetzungen erfüllt sind. Die abweichenden Vorstellungen hinsichtlich der Wirkung der Lieferzeit selbst kann man dahin zusammenfassen, daß es auf die Wesentlichkeit der Lieferzeit für den Vertrag ankommt. Soweit der Zeitpunkt der Lieferung für wesentlich gehalten wird, löst er sogleich die Rechtsbehelfe wegen Nichterfüllung aus (unten § 51). In der Frage, wann er wesentlich ist, ferner für die Voraussetzungen im Fall der nicht wesentlichen Lieferfrist gehen die Gesetze auseinander.

2. Nachträgliche zu vertretende Unmöglichkeit der Leistung. a) dauernde.

2. a) Die nachträgliche, vom Schulder zu vertretende Unmöglichkeit beseitigt nach einer vielfach verbreiteten, aber anfechtbaren Lehre das Recht auf die Naturalerfüllung, wobei noch gestritten wird, ob dies nur von der objektiven (= für jedermann) oder auch von der subjektiven (= für den Schuldner bestehenden) Unmöglichkeit gelte [1]). Der Zweifel geht praktisch dahin, ob die Klage auf Erfüllung

[1]) Übersicht der deutschen Meinungen bei Oertmann § 275, 4. — Almén I 283 f. — Klang-Pisko zu aBGB. § 1447 S. 570. — Vgl. auch v. Thur OR. 501, jedoch ohne Rechtsprechung (auch in der französ. Ausgabe 1934).

durch die prozeßmäßige Feststellung der Unmöglichkeit ausgeschlossen ist, ja ob, wie manche behaupten, ein auf eine unmögliche Leistung gerichtetes Urteil sogar nichtig sei[1]), oder ob auf Wunsch des Klägers die Nachprüfung der Möglichkeit in das Zwangsvollstrekkungsverfahren verwiesen werden kann. Wie immer man darüber denken mag, so ist zweierlei sicher. Einmal darf der Käufer seinerseits den Beweis führen, daß der Verkäufer die Leistung nicht mehr erbringen kann und daraufhin die Rechtsbehelfe wegen Nichterfüllung ohne weiteres geltend machen

Deutschland BGB. § 280 Abs. 1 verbunden mit §§ 275 Abs. 2, 325; RGZ. **109**, 236.

Andererseits kann bei notorischer oder von beiden Parteien zugegebener Unmöglichkeit der Verkäufer nicht auf Lieferung verurteilt werden. Insofern gilt allerdings der Satz: debitor speciei liberatur interitu rei und seine Erweiterung auf sonstiges Unmöglichwerden, wie Beschlagnahme, Veräußerung an einen Dritten, der die Sache nicht wiedergibt, usw.

Frankreich C. civ. Art. 1184 Abs. 2, 1302;
Italien C. civ. Art. 1165 Abs. 2, 1298; Cass. 27. 11. 1925, unsere Z. 1, 104 n°. 5;
Deutschland RGZ. **88**, 76; **107**, 15; **109**, 235 bei jeder „feststehenden Unmöglichkeit" [2]);
Österreich OGH. GlUNF. 5999; JBl. 1915, 21; JBl. 1923, 28 [3]);
Tschechoslowakei OG. Rspr. 1922/23, S. 358.

Ohne Zweifel auch darf der Käufer, solange die Unmöglichkeit nicht bewiesen ist, so vorgehen, als ob sie nicht bestände, also — falls vorgeschrieben, nach Mahnung — den Verkäufer als im Verzuge befindlich behandeln.

Auch in Frankreich verlangen die Gerichte nicht die herkömmlich geforderte formelle Interpellation, wenn die endgültige Nichterfüllung sicher ist, so wenn die Leistung dauernd unmöglich geworden ist oder nur binnen bestimmter Zeit erbracht werden konnte (oben § 30, 2).

b) zeitweilige.

b) Über zeitweilige Unmöglichkeit gilt das oben S. 352 Gesagte. S. 348 ist auch von den Fällen gesprochen, in denen ein

[1]) Wach, Rhein. Zeitschr. 3, 373 ff.; dagegen O. Fischer in seinen Abhandlungen Bd. 23 Heft 2 (1912); OGH. Wien, E. v. 21. 3. 1916, ZBl. 1916, 230.

[2]) Ständige Rechtsprechung mit einigen Schwankungen. Meine Ansicht hierzu in Festschrift für Bekker (1907) 14; Jur. Woch. 1924, 293.

[3]) OGH. Wien betont ständig, daß auch subjektive Unmöglichkeit die Verurteilung hindert, hilft sich aber selbst dagegen überwiegend dadurch, daß er bei Doppelveräußerung die dauernde Unmöglichkeit leugnet: GlUNF. 5449; 6138; Rechtspr. 1922/3 S. 5; 1928 n°. 140.

zeitweilig die Erfüllung verhinderndes Ereignis wie eine endgültige Vereitlung wirkt. Es darf sich aber fragen, ob die Folge hier dieselbe sein soll.

3. „Vorzeitiger Vertragsbruch" des Verkäufers.

3. Wenn vor Fälligkeit der Leistung der Verkäufer unberechtigt, ernstlich und endgültig erklärt, daß er nicht liefern werde, — z. B. er annulliere den Vertrag, er trete zurück, der Vertrag sei ungültig — so darf der Käufer auf die Abwicklung der Naturalerfüllung verzichten und seinerseits die Lieferung als vereitelt betrachten. Dies ist von der ***englischen*** Rechtsprechung unter dem Stichwort des anticipatory breach of contract anerkannt worden [1], gleicherweise in der ***deutschen*** Gerichtspraxis [2] und in der ***skandinavischen*** Lehre [3] entwickelt worden [4]. In der ***Schweiz*** hatte man das Bedenken, daß der Schuldner seine vor dem Verzugseintritt geäußerte Weigerung leicht wieder zurücknehmen dürfe, gibt aber doch Schadenersatz [5]. In ***Frankreich*** [6] und den ***Niederlanden*** [7] verneint man herkömmlich nur die Notwendigkeit der Mahnung, wenn der Schuldner dem Gläubiger erklärt hat, nicht leisten zu wollen; ein solcher Fall ist es auch, daß der Schuldner selbst auf Vertragsauflösung geklagt hat. Neuerdings wird darüber hinaus gelehrt, daß in solchem Fall der Gläubiger sich auch ohne Auflösungsklage als von den Vertragspflichten entbunden betrachten darf [8]. Die Folgen sind aber bisher in der Literatur noch nicht deutlich wahrnehmbar, besonders ob solche überhaupt schon vor Fälligkeit geltend gemacht werden dürfen. In ***Italien*** haben mehrere Entscheidungen [9] noch neuerdings dem Gläubiger aufgegeben, bis zur Fälligkeit zu warten und dann erst noch auf Auflösung zu klagen, der

---

[1]) Hochster v. Delatour (1853) 2 E. & B. 678, 118 E. R. 922; Frost v. Knight (1872) L.R. 7 Ex. 111; Johnstone v. Milling (1886) 16 Q.B.D. (C.A.) 460.

[2]) RGZ. **57**, 106; **66**, 421, 431; **102**, 266; **104**, 277. Über die Entwicklung der Lehre seit RGZ. **4**, 69; **7**, 44 zugleich über die verschiedenen Konstruktionen Fritz, Arch. ziv. Prax. 134, 198. Stoll, Arch. ziv. Prax. 136, 305. Es gibt auch in der deutschen Literatur, freilich nur vereinzelt, Stimmen, daß Mahnung (s. darüber unten S. 398 N. 2) und Nachfrist (Planck-Siber § 326, 2d) nicht zu erlassen seien.

[3]) Almén I, 251.

[4]) Vgl. für *Deutschland* oben § 24, 4; *England* § 34; *Skandinavien* § 37, 3c.

[5]) Vgl. Oser OR. Art. 108 Bem. 3.

[6]) Vgl. Planiol et Ripert (Esmein) VI n°. 426 N. 1, ebenda Radouant VII n°. 828; Colin et Capitant II n°. 99, oben § 30, 2.

[7]) Vgl. insbesondere H.R. vom 28. 2. 1913 W.v.h.R. n°. 9482 und H.R. vom 24. 4. 1931 W.v.h.R. n°. 12344, N.J. 1931 S. 1321 und Suijling, II 2 n°. 179 p. 266; Goudoever p. 157; Hofmann 1932 p. 50; Polak p. 20.

[8]) Esmein ebenda VI n°. 428.

[9]) App. Bologna 8. 6. 1931, Temi Emil. 1931 I 1, 354 mit Nachweis früherer Entscheidungen; unsere Z. 6, 1005.

Kassationshof [1]) hat nun jedoch den Satz aufgestellt: L'inadempienza ad una obbligazione può verificarsi anche prima della scadenza del termine, e può importare la risoluzione del contratto, quando il contraente con fatti positivi abbia manifestato il fermo proposito di non adempiere. Ebenso ist in den *Niederlanden* der Gläubiger auf die gewöhnliche Klage auf Auflösung und Schadenersatz nach Ablauf des Termins verwiesen [2]) worden und jetzt ist man anscheinend geneigt, die Verzugsfolgen gegebenen Falls früher eintreten zu lassen [3]).

Der Erklärung wird zumeist mit Recht der aus der tatsächlichen Handlungsweise des Verkäufers erschließbare Wille, den Vertrag nicht auszuführen, gleichgesetzt: engl. anticipatory breach by conduct, z. B. seine Untätigkeit, indem er versäumt, Bäume zur Abholzung anzuweisen, einen zeitraubenden Transport zu beginnen [4]), ein Schiff zu besorgen. Es versteht sich außerdem dabei im modernen Recht von selbst, daß es mehr auf das objektive Benehmen als auf den inneren Willen ankommt; das Verhalten des Schuldners wird so ausgelegt, wie es der Verkehr verstehen muß. Auch in Deutschland sind solche Fälle als Erfüllungsweigerung aufgefaßt worden (RGZ. **93**, 285, nicht rechtzeitige Beschaffung des Filztuchs für Flaschenüberzüge) und ihre praktische Gleichstellung mit der ausdrücklichen Weigerung dürfte sich durchsetzen [5]), obwohl gerade

[1]) 27. 7. 1933, nur der Leitsatz ist veröffentlicht; Rep. Foro It. 1933 Obbl. nº. 250.

[2]) Vgl. Hof Haag 29. 3. 1904, Weekbl. nº. 8867, bestätigt vom H.R. 28. 1. 1910, Weekbl. nº. 8971.

[3]) Im Falle H.R. 7. 5. 1925 N.J. 1925 p. 997 ist es ausdrücklich offen gelassen, wie zu entscheiden ist, wenn der Käufer der „Annullierungs"-Erklärung des Verkäufers unter Vorbehalt seines Schadenersatzanspruchs zustimmt. In H.R. 22. 11. 1918, Weekbl. nº. 10 366 wird bloß ausgesprochen, daß der Verkäufer Schadenersatz nach dem höheren Preis zur Zeit der Fälligkeit und nicht nur nach dem niedrigeren früheren bei der Erfüllungsweigerung schulde. Im Schrifttum finden sich zwei widersprechende Meinungen: Nach Suijling a. a. O. p. 331 Anm. 3 kommt der Schuldner, der die Lieferung verweigert, mit dem Tage der Erfüllungsverweigerung in Verzug und wird schadenersatzpflichtig, selbst wenn die Leistung noch nicht fällig ist. Der Gläubiger sei von diesem Tage an berechtigt und verpflichtet, die Maßnahmen zu treffen, die der Widerstand seines Schuldners erforderlich mache. Andererseits meint Hofmann, Verbintenissenrecht I 1 49, selbst wenn der Schuldner ausdrücklich seine Absicht nicht zu leisten zu erkennen gegeben habe, so könne er doch seine Haltung immer noch ändern. Eine solche Erklärung sei daher nicht ohne weiteres eine Vertragsverletzung.

[4]) So für *Skandinavien* Almén I 252.

[5]) Stoll a. a. O. tritt unter anderen Gesichtspunkten dafür ein, verlangt aber noch eine Aufforderung an den Verkäufer zur Erklärung.

da das Bedenken auftritt, daß nur eine Vorbereitungspflicht unerfüllt geblieben sei, die Hauptpflicht aber vor der Fälligkeit nicht unerfüllt, sondern nur gefährdet sein könne [1]).

Nicht einmischen darf man andererseits die Erledigung der Hauptpflicht durch Unmöglichkeit oder Unvermögen. Der Urfall der englischen Lehre [2]), daß nämlich der Verkäufer die Sache an einen Dritten veräußert hat, gehört daher nur insofern hierher, als der Dritte zur Wiederherausgabe bereit ist, trotzdem aber dem Käufer erlaubt sein soll, schon wegen der Veräußerung vom Kauf abzugehen.

In Deutschland wird der Schutz dann am bereitwilligsten gegeben, wenn der Käufer sich zu einer anderweitigen Eindeckung genötigt sieht (RGZ. **93**, *286*; **96**, *342*). Die Deckung spielt auch in England eine Rolle; denn das Eingehen des Käufers auf die Erfüllungsweigerung ist einer der klarsten Fälle, wo der Käufer zur Dekkung verpflichtet sein kann. Wenn eine feste Lieferzeit vereinbart ist, so muß der vorherige Deckungskauf auf denselben Termin gestellt werden. Dies ist englische Praxis.

Im einzelnen ergeben sich freilich überall Unsicherheiten und auch Verschiedenheiten, da der Ausgangspunkt im System verschieden ist.

Alle Regelungen sind darin einig, daß der Käufer, solange die Leistung möglich bleibt, beim Vertrag stehen bleiben, auf die Fälligkeit warten und dann in normaler Weise vorgehen kann. Die englische Praxis betont, daß der Käufer einstweilen untätig bleiben kann und dann einstweilen die Erfüllungsweigerung ohne alle Folgen ist, was bedeutet, daß der Verkäufer noch liefern darf und daß alle ihn befreienden Ereignisse auf die Lieferungspflicht, den Schadenersatzanspruch und die Vertragsstrafe ihre volle normale Wirkung ausüben (Avery v. Bowden (1856) 5 El. & Bl. 714, 726) [3]). Geht dagegen der Käufer auf die repudiation des Vertrags vor solchen Ereignissen ein, so hat er den Schadenersatzanspruch glatt wie bei Nichtlieferung, der Anspruch ist perpetuiert; der Schaden wird in bestimmter Weise berechnet (unten § 59, 6). Hierbei entsteht also ein Zeitraum der Schwebe: der Käufer kann in beliebigem Zeitpunkt auf die repudiation zurückkommen und schneidet damit erst dem Verkäufer die Lieferung ab. Bis zum Zeitpunkt aber, wo der Käufer die Ablehnung der Lieferung sich zu eigen macht, kann sich die ganze Lage ändern.

---

[1]) Fritz a. a. O. 209.

[2]) Year Books 21 Edward IV fol. 55 a. (Choke, J.).

[3]) 119 E.R. 647 (652) best. 6 El. & Bl. 953 (975), 119 E.R. 1119 (1127).

Das deutsche Reichsgericht unterstreicht seinerseits, daß der Käufer die volle Wahl zwischen allen Mitteln behält und daher sogar durch die Anstellung der Erfüllungsklage nach allgemeinen Regeln die spätere Berufung auf die Erfüllungsweigerung nicht verliert (RGZ. **102**, *265*). Ob der Gläubiger noch, nachdem der Schuldner seine Weigerung widerrufen hat, die Leistung ablehnen darf, ist bestritten [1]). Zugleich erkennt das Reichsgericht die Erfüllungsweigerung nur dann als endgültig an, wenn es als ausgeschlossen erscheint, daß der Verkäufer sich doch noch anders besinnen könnte, sobald ihm eine Nachfrist gesetzt und mit einer Schadenersatzforderung gedroht würde.

Dies alles sind unpassend gestellte Regeln und Fragen. Das durch die Praxis begründete Institut ist eben noch nicht das ganz angemessen ausgestaltete. Ein Grund dafür liegt wohl darin, daß die theoretische Grundlage noch nicht sicher erkannt ist. Mehrere bemühte Versuche hierzu innerhalb der deutschen Doktrin erweisen sich als unzureichend, wenn man die gleiche Erscheinung unabhängig vom System des BGB. betrachtet. Gewöhnlich spricht man von einer positiven Vertragsverletzung, um die Folge der Nichterfüllung anzurufen; über das Wesen der Erscheinung ist damit nicht genug gesagt. Keine Erklärung, sondern nur eine Formulierung des gewünschten Ergebnisses ist es auch, daß die Leistung unmöglich sei oder wie eine solche behandelt werden solle. Der leitende Gedanke kann es aber auch nicht sein, daß die Erfüllungsweigerung durch Erklärung im Käufer Ungewißheit erregt, ob er die Leistung erhalten werde. Im Gegenteil, er erhält die Gewißheit, daß er die Leistung nicht bekommen wird, und unter den obwaltenden Umständen kann es ihm nur nützlich sein, daß er schleunig von der festen Absicht des Schuldners erfährt, den Vertrag nicht zu halten. Man sollte auch nicht sagen, daß das Interesse des Gläubigers an der Leistung gefährdet werde. Vielmehr sehen wir einerseits, daß der Schuldner durch sein Verhalten das Obligationsband verletzt, so wie wenn ein Servitutenbelasteter die Servitut durch schuldhafte Ableugnung verletzt und dadurch die actio negatoria und Schadenersatzansprüche gegen sich hervorruft; und andererseits, daß der Gläubiger nun weiß: soviel es auf die Absicht des Schuldners ankommt, wird das Interesse, das er, der Gläubiger, an der Leistung hat, nicht erfüllt werden. Nicht unbeachtlich sind die Gedanken, die sich den deutschen

[1]) Dagegen Staudinger-Werner § *326* II 2, Fritz a. a. O. 213; dafür RGRKomm. § *326* 1 b, bb.

und englischen Gerichten, als sie noch ganz unbefangen waren, aufdrängten [1]), daß der Schuldner auf Mahnung und Nachfrist, also auf seinen Schutz durch die gesetzlichen den Gläubiger aufhaltenden Vorschriften verzichte oder daß eine neue Vereinbarung der Parteien zur Aufhebung der Verpflichtung auf Ware und Preis vorliege. In der Tat fehlt auf seiten des die Erfüllung verweigernden Schuldners jegliche Verzichtsabsicht; in der Regel erklärt der Schuldner geradezu, daß er den ganzen Vertrag nicht anerkenne; auch bleiben die Parteien uneinig über die Schadenersatzpflicht des Schuldners. Aber wenn der Schuldner auch keinen Vertragsantrag abgegeben hat, so hat er doch eine einseitige Willenserklärung oder ein dieser gleichwertiges Verhalten betätigt. Dies muß er gegen sich gelten lassen als factum proprium, gegen das er nicht auftreten darf [2]). Obwohl die englische Lehre sich diesen Fall des estoppel anscheinend entgehen läßt, gibt dessen Grundidee den Ausschlag. Der Gläubiger darf den vertragsungetreuen Schuldner beim Wort nehmen, um sich auf die von diesem angedrohte Situation sofort nach Möglichkeit einzurichten. So ist der Sachverhalt ein interessantes Gegenstück zu einem Vertrag. Die einseitige Erklärung des Schuldners wird durch die einseitige Erklärung des Gläubigers gebunden. Auf dieser Grundlage nun kann das Interesse beider Teile an einer endgültigen Klärung besser als bisher gewahrt werden, indem man vorschreibt, daß der Käufer seine eigene Annahme der Weigerung unverzüglich [3]) erkläre; vielleicht wäre auch vorzuschreiben, daß er sich dabei ausdrücklich die Rechtsbehelfe wegen Nichterfüllung vorbehalte. Schweigt der Käufer, so wird er passender auf seine normale Stellung gewiesen.

In *Schweden* fordert man wirklich die sofortige Antwort des

---

[1]) RGZ. **4**, 69; besonders **7**, 44 meinten, nach der im kaufmännischen Verkehr herrschenden Anschauung enthalte die Erfüllungsweigerung einen Verzicht auf die Mahnung und die Fristsetzung. Dies wurde später fallen gelassen, weil man glaubte, nur mit der Annahme einer positiven Vertragsverletzung dem Gläubiger die Rechte wegen Nichterfüllung verschaffen und sogar nur so die Unwiderruflichkeit der vorzeitigen Erfüllungsweigerung festhalten zu können, nachdem sie in der abwegigen Entscheidung RGZ. **52**, 152 bestritten worden war. — Die *englischen* Richter konstruieren so: Der Gläubiger habe die Wahl: den Vertrag unverändert aufrecht zu halten oder "to accept the repudiation"; "to treat the repudiation as an offer to rescind the contract" (hinsichtlich der Lieferung, vorbehaltlich des Schadenersatzes).

[2]) So schon Krückmann Arch. civ. Prax. 116, 245; Fritz ebenda 134, 213, nur daß sie unpassend von einer exceptio doli generalis gegen den Schuldner, der nachträglich noch erfüllen will, sprechen.

[3]) Leake p. 675 fordert schon heute reasonable dispatch.

Käufers und unterstellt sogar beim Schweigen des Käufers dessen restlosen Verzicht auf die Lieferung (oben S. 299).

In den *Formularen* ist für alles Gesagte die Bestätigung zu finden. Vor allem unterscheiden sie zwischen der hier allein herausgehobenen vorzeitigen Erfüllungsweigerung und dem Fall, daß der Verkäufer nach Fälligkeit oder innerhalb einer Lieferfrist erklärt, den Vertrag nicht zu erfüllen — zwei Fällen, die von manchen Schriftstellern unpassend zusammengeworfen werden. Für den vorzeitigen Vertragsbruch ist folgende Bestimmung häufig: Der Gläubiger ist berechtigt aber nicht verpflichtet, unverzüglich zu erklären, daß er Schadenersatz fordern will, und ohne Stellung einer Nachfrist entweder Preisfestsetzung oder Selbsthilfekauf bezw. -verkauf vorzunehmen. Macht der vertragstreue Teil von diesen Rechten keinen Gebrauch, so kann er innerhalb einer Woche nach Eingang der Erfüllungsweigerung anzeigen, daß er auf Erfüllung des Vertrages bestehe, widrigenfalls er auf seine Rechte aus dem Vertrag überhaupt verzichtet [1]). Nach einer anderen Gruppe von Geschäftsbedingungen muß der Käufer nach der Erfüllungsweigerung unverzüglich erklären, ob er vom Vertrage zurücktritt, zum Deckungskauf schreitet oder den Schaden abstrakt berechnet; tut er dies nicht, so kann er nach einer Anzahl der Formulare wegen der Erfüllung noch zuwarten, nach anderen ist der Erfüllungsanspruch sofort ausgeschlossen [2]). Niemals darf der Käufer auf eine Erfüllungsweigerung späterhin zurückkommen oder hinterdrein zwischen mehreren Stichtagen der Schadensberechnung wählen [3]).

4. Vermögensverfall des Verkäufers.

4. Endlich kann der Käufer zum Abstehen von der Lieferung in der näheren oder weiteren Folge dessen berechtigt sein, daß der Verkäufer die Zahlungen einstellt oder sich sonst kreditunwürdig erweist, wie wenn er bei seinen Gläubigern um ein Moratorium ansucht oder mit ihnen wegen eines Nachlasses verhandelt. In den Gesetzen und Handbüchern tritt dieser Fall stark zurück hinter dem, daß derlei Ereignisse bei dem Käufer auftreten. Die meisten *Formulare*, die diesen Punkt ordnen, behandeln dagegen beide Teile gleich.

---

[1]) So § 29 Abs. 2 der Einheitsbedingungen des deutschen Produktenhandels; Rheinisch-westfälische Handelsgebräuche § 41; Danziger Geschäftsbedingungen § 41; französische Produktenhandelsbedingungen Art. 31; Handbuch des Landesproduktenhandels 1929.

[2]) Vgl. Kieler Schlußschein § 31, 32; Königsberger Samenhandelsbedingungen § 13; Bremer Schlußschein der Getreideimporteure § 10; Bedingungen für den Handel in Trockenkartoffeln § 6 n°. 17 usw.

[3]) Vgl. noch unten § 59, 6, S. 465.

Sie begünstigen eine schleunige Abwicklung des Vertrages: Der Anspruch auf Erfüllung entfällt für beide Teile, der solvente Teil darf oder muß sogar binnen weniger Tage seit der Zahlungseinstellung oder allenfalls seit der glaubhaft gemachten späteren Nachfrist davon ein Deckungsgeschäft vornehmen oder den Preis feststellen lassen [1]).

Diese Klauseln sind auch im Konkurs gültig [2]). In ihrer Ermanglung nehmen die Gesetze den Vermögensverfall noch nicht zum Rücktrittsgrund. Aber im Anschluß an die Einrede wegen Unsicherheit, die dem solventen Teil bis zur Sicherstellung gewährt wird, gibt ihm das *schweizerische* OR. Art. 83 Abs. 2, wenn er innerhalb einer angemessenen Frist nicht sichergestellt wird, auch das Rücktrittsrecht. Ähnliches wird für das *skandinavische* Recht vertreten [3]). Im Konkursfall muß in der Regel der solvente Teil, wenn der Konkursverwalter sich über die Aufrechterhaltung des Vertrages nicht äußert, ihm eine Frist zur Äußerung setzen. Schweigt der Verwalter, so ist der Käufer zur Aufhebung berechtigt — so *Skandinavien:* analog § 40 Kaufges. — oder der Konkursverwalter hat damit den Vertrag aufrechterhalten — so *England,* Bankruptcy Act, sect. 54, 4 — oder kann nicht auf der Erfüllung bestehen, so *deutsche* Konkursordnung § 17 Abs. 2. Natürlich wird im weiteren Verlauf die Nichterfüllung einen Rücktrittsgrund schaffen.

Schon die Anzeige des Schuldners selber aber, daß er die Zahlungen eingestellt hat, ist als Handlung zu werten, die seine Unfähigkeit zur Erfüllung beweist. So behandelt die *englische* Praxis mit Recht den Fall, daß der Schuldner seine Zahlungsunfähigkeit anzeigt, ohne seine weitere Erfüllungsbereitschaft zu erklären, nach Analogie des vorzeitigen Vertragsbruchs. Daraus wird entnommen, daß der Gläubiger nach seiner Wahl auf Erfüllung bestehen oder von ihr abgehen kann [4]).

Daß der solvente Käufer gegenüber der Konkursmasse mangels Ausführung des Vertrages Schadenersatz wegen Nichterfüllung verlangen kann, ist sicher, und zwar auch in *Frankreich* [5]), obwohl die

[1]) Einheitsbedingungen des deutschen Getreidehandels § 32; Bremer Schlußschein § 18; u. a. In den Bedingungen der Wiener Produktenbörse wird klargestellt, daß der solvente Teil einen Überschuß des bisher für den anderen gewinnbringenden Geschäfts an die Konkursmasse abzuführen hat; ebenso London Corn Trade Assoc. (bei fakultativem schleunigem Deckungsgeschäft nach Anzeige).

[2]) Vgl. RGZ. **86**, 251; E. Jaeger KO. § 17 Anm. 55 b.

[3]) Almén I 530 analog dem § 39 des Kaufgesetzes.

[4]) Halsbury, Contracts n°. 315. Vgl. *am.* Restatement §§ 318, a; 324.

[5]) Cass. 15. 1. 1900, S. 1900. 1. 433; D.P. 1901. 1. 25.

Judikatur den entsprechenden Anspruch gegenüber der Konkursmasse des Käufers bis zum Gesetze vom 20. 3. 1928 nicht anerkannte [1]). Es wird auch zumeist nicht gezweifelt, daß der Schadenersatzanspruch eine gewöhnliche Konkursforderung ist [2]).

§ 51.

Fortsetzung. Wesentliche Leistungszeit.

Wir kommen nun zu den Gestaltungen, die den Liefertermin oder das Ende der Lieferfrist mit den strengsten Wirkungen versehen.

1. Fixgeschäfte.

1. In den Gruppen der romanistischen Rechte ist es die Ausnahme, daß die Versäumung der rechtzeitigen Lieferung unmittelbar die schwersten Folgen herbeiführt. Eine solche Ausnahme wird vor allem dann gemacht, wenn der Vertrag eine besondere Pünktlichkeit verlangt (Fixgeschäft).

a) Fixgeschäftsklausel.

a) Die Parteien können eigens vereinbaren, daß die Sache genau in einem bestimmten Zeitpunkt oder binnen einer bestimmten Zeitspanne geliefert werden muß — z. B. „genau", „fix", „präzis", „spätestens bis" — so daß es klar wird, sie dürfe später nicht mehr mit Erfüllungsfolge geliefert werden. Als die Folge des erklärten Parteiwillens also geschieht es hier, daß das Geschäft mit der Einhaltung oder Nichtbeobachtung der Lieferzeit „steht und fällt", wie das Reichsgericht es zu bezeichnen pflegt. Dies ist das Fixgeschäft im eigentlichsten Sinn. Es wird im deutschen Gesetzesrecht herausgehoben, weil erstens der Zeitpunkt „bestimmt" angegeben ist, also beiden Teilen von Anfang an klar und sicher vor Augen steht, und zweitens im Vertrag die „genaue" Einhaltung vorgeschrieben, also die entscheidende Bedeutung der Zeit von den Parteien einverständlich klargestellt ist. Hierdurch ist beim Verstreichen der Lieferfrist größte Strenge ohne weiteres gerechtfertigt. *Deutschland* gestattet nun im bürgerlichen Recht (BGB. § 361) dem Käufer, sofort den Rücktritt zu erklären, ohne daß es auf ein Verschulden des Verkäufers ankommt. Beim Handelskauf lehnt er schon durch sein Schweigen die Erfüllung ab; er darf nur durch rasche Erklärung auf der Lieferung bestehen,

---

[1]) Unsere Z. 4, 125 f.; Thaller et Percerou nº. 1989.

[2]) Anders Almén I 530 in Analogie zu § 41 Kaufgesetz: Wenn der Kaufpreis in die Masse geflossen und diese nicht zur Erfüllung bereit ist, so sei der Kaufpreis auszusondern.

Allg. HGB. Art. 357 Abs. 1
Deutschland HGB. § 376
Polen HGB. Art. 551 § 1
Japan HGB. § 287.

Die Vereinbarung in der bisher erörterten Bedeutung muß „ausdrücklich" im gewöhnlichen Sinn dieses Wortes erfolgen, d. h. nicht notwendig mit bestimmten Worten, aber so deutlich, daß sich die Eigenschaft des Termins wenigstens aus dem Zusammenhang ergibt. Dagegen verlangt *Österreich* im bürgerlichen Recht § 919 S. 1 die Vereinbarung eines Rücktrittsrechts, ebenso *Polen* OR. Art. 251 § 1.

b) Vertragsmäßig bestimmte Frist mit auszulegender strenger Bedeutung.

b) Einen Schritt weiter gelangt man zu den Verträgen, wo nicht durch besondere Vertragsklauseln, aber aus den Handels- oder Börsenbräuchen oder aus den „Umständen", der „Natur" des Vertrags sich ergibt, daß die vertragsmäßig bestimmte Frist in einem strengen Sinn gemeint ist.

Von solchen Fixgeschäften in einem erweiterten Sinn sprechen

Schweiz OR. Art. 108 n° 3: „wenn sich aus dem Vertrag die Absicht der Parteien ergibt, daß die Leistung genau zu einer bestimmten oder bis zu einer bestimmten Zeit erfolgen soll";
Italien C. com. Art. 69 Abs. 1 Entw. Art. 307: „wenn der vereinbarte Zeitpunkt für die Natur des Geschäfts w e s e n t l i c h ist";
Argentinien C. civ. Art. 543 (509) n°. 2 und
Spanien C. civ. Art. 1100 Abs. 2 n°. 2: wenn aus der Natur der Obligation oder den Umständen hervorgeht, daß die Bestimmung der Leistungsfrist (*Argentinien:* für den Gläubiger) ein entscheidendes Motiv gewesen ist.

Dasselbe folgert man seit jeher aus dem *deutschen* HGB.: Ist die Zeit fest bestimmt, so liegt ein Fixgeschäft auch dann vor, „wenn aus dem Inhalt des Vertrages oder aus besonderen Umständen (Natur und Zweck des Geschäfts, Beschaffenheit der Ware usw.) klar hervorgeht, daß die Zeitbestimmung einen w e s e n t l i c h e n (ausdrücklichen oder stillschweigenden) Bestandteil des Vertrages bilden, mit der Einhaltung oder Verabsäumung der Frist das Geschäft stehen oder fallen, die nachträgliche Leistung nicht mehr als Erfüllung gelten soll" (Heymann-Mosse § 376, 3 mit Zit.) [1]).

Der Käufer kann also zwischen der Erfüllung und den verschiedenen Rechtsbehelfen wegen Nichterfüllung wählen, ohne daß er zu mahnen und zu warten braucht. Die Präsumption außerdem, daß er die Erfüllung ablehnt, wie im deutschen HGB., besteht auch in den anderen Ländern zumeist (unten § 55, 3 a).

[1]) In den Auftragsbedingungen des Verbandes Deutscher Exporteure (1928) 1 a und b werden „Fixgeschäfte" nur solche Geschäfte genannt, die „ausdrücklich als Fixgeschäfte abgeschlossen werden". Damit ist aber bloß der Ausschluß der Nachfrist gemeint, L e o, Geschäftsbedingungen (1929) 24.

c) Französisches Recht.

c) In *Frankreich* entscheidet das Gericht, der Liefertermin sei nach dem Willen der Parteien wesentlich gewesen (terme essentiel, condition essentielle du contrat) oder, was dasselbe ist, die Leistung habe nur zum vereinbarten Zeitpunkt und danach nicht mehr gemacht werden können [1]). Die Gründe werden vom Kassationshof nicht nachgeprüft und werden in den gedruckten Veröffentlichungen meistens nicht näher angegeben. Bei Waren, deren Preis häufig starken Schwankungen unterliegt, soll der Liefertermin regelmäßig als wesentlich in diesem Sinne gemeint sein [2]).

In solchem Fall kann der Käufer sofort ohne Mahnung auf Auflösung und Schadenersatz klagen [3]); der Schuldner erhält keine Gnadenfrist [4]) und hat kein Recht zur Nachlieferung [5]).

Die *niederländische* Praxis hat ganz entsprechende Grundsätze aufgestellt [6]).

Bei der clause expresse de résolution, in der man ein außergerichtliches Auflösungsrecht sieht, wird dem Verkäufer das Lieferungsrecht durch die Aufhebungserklärung des Käufers abgeschnitten. Esmein lehrt, daß dies, wenn die Klausel lautet, der Vertrag solle bei Nichterfüllung de plein droit aufgelöst sein, schon mit der Inverzugsetzung des Verkäufers geschieht [7]).

Der Käufer hat auch bei diesem französischen Fixgeschäft Anlaß, es ohne Verzug zu erklären, wenn er noch auf Erfüllung bestehen will. Doch besteht keine gesetzliche Präsumption dagegen [8]).

2. Die vertragliche Fristbestimmung als grundsätzlich wesentlich.

2. Weiter geht der *englische* Rechtssatz. Der Käufer kann nach Verstreichen des im Vertrag bestimmten Zeitpunkts die Lieferung ablehnen, wenn die Zeitbestimmung für den Vertrag wesent-

---

[1]) Cass. req. 9. 12. 1919, Gaz. Pal. 1920. 1. 87; Cass. civ. 3. 6. 1929, Gaz. Pal. 1929. 2. 227; Cass. req. 16. 2. 1921, D. P. 1922. 1. 102; Cass. civ. 18. 10. 1927, D.H. 1927, 510, S. 1928. 1. 22.

[2]) Paris 30. 1. 1873, D. P. 1874. 2. 143; Besançon 24. 6. 1919, D. P. 1921. 2. 115; Cass. req. 14. 5. 1872, S. 1873. 1. 224.

[3]) Cass. req. 16. 2. 1921, D. P. 1922. 1. 102; Cass. civ. 18. 10. 1927. D. H. 1927, 510, 1928. 1. 22.

[4]) Delayen-Homburg et Chotiau no. 163.

[5]) Paris 30. 1. 1873, D. P. 1874. 2. 143; im Falle Cass. civ. 18. 10. 1927 D. H. 1927, 510, S. 1928. 1. 22 hatte bei einer Lieferung, die am 10. 12. für den Weihnachtsverkauf erfolgen sollte, der Käufer eine spätere Lieferung abgelehnt. Die Kaufpreisklage des Verkäufers ist abgewiesen worden, da der Käufer nach Art. 1146 C. civ. ohne Mahnung sofortige Auflösung und Schadenersatz verlangen könnte.

[6]) Suijling no. 288 p. 460 ff. (461 N. 1), no. 320 p. 508 f.

[7]) Planiol et Ripert (Esmein) VI no. 436.

[8]) S. unten § 55, 4 S. 419.

lich (time of the essence of the contract) ist; sie ist dann eine condition. Ob sie es ist, ist im allgemeinen Tatfrage (S.G.A. sect. 10 [1]). Bei Geschäften unter Kaufleuten aber wird die Wesentlichkeit im Zweifel vermutet (Reuter v. Sala [1879] 4 CPD. 239)[1]). Der Gegenbeweis ist immer zulässig.

Das *amerikanische* Kaufgesetz sieht scheinbar von dieser Unterscheidung ab; doch ist in Wirklichkeit der Rechtszustand derselbe (vgl. oben S. 272). Ähnlich, eher noch strenger gibt das *skandinavische* Kaufrecht § 21 dem Käufer das Recht zur Aufhebung des Kaufes ohne weiteres, wenn die Sache nicht zu der im Vertrag gesetzten Frist[2]) geliefert wird, und zwar mit den bloßen Ausnahmen im bürgerlichen Kauf, daß die Verzögerung „geringe Bedeutung für den Käufer hat" oder der Verkäufer begründeten Anlaß hatte, solches anzunehmen, bei Handelskäufen, daß „nur ein geringer Teil des Gutes" nicht geliefert wurde.

Im *schweizerischen* Kaufrecht, OR. Art. 190, gilt „im kaufmännischen Verkehr" die Verabredung eines „bestimmten Lieferungstermins" allgemein als Fixgeschäftsklausel (oben § 27, II 2 b).

Zu diesen Regelungen tritt als weitere Verschärfung gegenüber dem Fixgeschäft deutscher Prägung noch hinzu, daß bisweilen die vertragsmäßige Festsetzung einer bestimmten Zeit sehr weit verstanden wird. So genügt nach *skandinavischem* Recht als ein Zeitraum, „innerhalb dessen das Gut zu liefern ist" (§ 13) und dessen Ablauf daher zur Vertragsaufhebung ohne Anforderung berechtigt, die Wendung „nächste Woche", „während des Herbstes", „ein Monat nach Eröffnung der Schiffahrt"[3]) — aus der Erwägung, daß beide Teile den Eintritt der Zeitpunkte zu kontrollieren imstande sind. Dagegen hat die deutsche Rechtsprechung die Festbestimmung der Leistungszeit, als Erfordernis des Fixgeschäfts, verneint bei Klauseln „sofort", „lieferbar prompt", „täglich", „bei offener Schiffahrt"; und „in den Monaten April, Mai, Juni", „im Mai" nur je nach den Branchen (RGZ. **101**, 363 in Zuckergeschäften) für genügend gehalten[4]). Die Klausel „sofort per Eilgut" genügt in der Schweiz[5]). Es ergeben sich also auch in dieser Hinsicht flüssige Grenzen und Abweichungen der Ansichten.

---

[1]) Chalmers p. 41.

[2]) Sonst ist noch Anforderung nach § 12 nötig, Almén I 250.

[3]) Almén I 137, 146.

[4]) Heymann-Mosse § 376, 3.

[5]) Oser OR. Art. 108 Bem. 8.

3. Wegfall des Interesses als Grund von der Lieferung abzugehen.

3. Aber durch anderweitige, mehr auf den einzelnen Fall gestellte Bestimmungen gewähren auch die kontinentalen Gesetze dem Gläubiger das sofortige Abgehen von der Naturalleistung. Inwiefern dabei allerdings auch von einer Mahnung abgesehen wird, richtet sich nach anderen Grundsätzen (unten § 52, 1).

So ist in *Deutschland* BGB. § *326* Abs. *2* keine Nachfrist nötig, „wenn die Erfüllung des Vertrags kein Interesse für ihn hat". Das ist der Fall, wenn der Käufer die Ware für den Zweck, für den er sie verwenden wollte, nachweislich nicht mehr verwenden kann, und zwar gerade infolge des Verzugs; Beispiel: Saisonwaren; Notwendigkeit, sich einzudecken (v. Tuhr, OR. S. 547). Nicht ausreichend ist also, daß die Lieferung infolge anderweitiger Eindeckung des Käufers für diesen kein Interesse mehr hat; denn hier beruht der Wegfall des Interesses nicht auf dem Verzug, sondern auf der voreiligen Eindeckung [1]). Gleichgültig ist dagegen, ob der Verkäufer im Zeitpunkt des Vertragsschlusses oder des Verzugseintritts mit dem Interessewegfall des Käufers rechnen mußte oder nicht. Auch wenn der Verkäufer davon nichts wußte und auch nichts wissen konnte, kann der Käufer, für den die nachträgliche Lieferung ohne Interesse ist, sie ohne Nachfristsetzung zurückweisen, ein mit den allgemeinen Grundgedanken der deutschen Regelung nicht recht zu vereinbarender Satz.

In diesem Punkt besser:

Österreich aBGB. § 919: wenn die Natur des Geschäfts oder der dem Verpflichteten bekannte Zweck der Leistung entnehmen läßt, daß die verspätete Leistung .... für den Empfänger kein Interesse (hat).

Sonst verwandt:

Schweiz OR. Art. 108, n°. *2*: wenn infolge des Verzuges des Schuldners die Leistung für den Gläubiger nutzlos geworden ist.

Polen OR. Art. 251 § *2*: wenn die Erfüllung der Verpflichtung ... für die andere Partei keine Bedeutung hat, sei es mit Rücksicht auf die Natur der Verpflichtung, sei es mit Rücksicht auf die Unmöglichkeit der Erreichung des Zweckes, zu dem der Vertrag geschlossen wurde.

Brasilien C. civ. Art. 956 § unico: wenn die Leistung infolge des Verzugs für den Gläubiger nutzlos geworden ist.

---

[1]) RGZ. **96**, *129*; über Beispiele des Interessewegfalls vgl. etwa die Entscheidungen RG. Jur. Woch. 1916, 258; 1920, 47; RGZ. **96**, 341; **104**, 375.

Hier wird ausdrücklich festgelegt, daß es genügt, wenn es erst während des Verlaufs der Verzögerung sich herausstellt, daß die Leistung dem Vertragszweck nicht mehr entspricht.

Zu entsprechenden Ergebnissen kann in *Frankreich* und den ihm folgenden Rechten die Ausübung des richterlichen Ermessens bei der Vertragsauflösung führen [1]).

Daran schließen sich in den Ländern, wo in der Regel der Käufer eine ergänzende Frist (Nachfrist) setzen muß, weitere Ausnahmen von diesem Erfordernis, die nicht durch die Wesentlichkeit des Termins, sondern durch die Nutzlosigkeit eines Entgegenkommens an den Verkäufer motiviert sind. Darüber ist im Zusammenhang mit der Nachfrist zu sprechen.

4. Unmöglichkeit „der Zeit nach"?

4. Endlich äußert sich der schon erwähnte Gedanke, daß gewisse Verspätungen den Vertragszweck offenkundig vereiteln; man betrachtet daher die Leistung als unmöglich geworden. Das Schulbeispiel ist die Lieferung eines Hochzeitsfracks nach der Hochzeit [2]). Diese Konstruktion ist aber theoretisch bedenklich. Es handelt sich um Verzug, nicht um Unmöglichkeit. Nach dem deutschen System hat sich der Gläubiger m. E. auf ein Fixgeschäft (§ 361 BGB.) oder mangelndes Interesse gemäß § 326 Abs. 2 BGB. zu berufen.

Vor allem aber ist die praktische Folge unpassend. Konsequent dürfte der Gläubiger die Leistung gar nicht mehr verlangen. Dies kommt mindestens für die Bedürfnisse eines internationalen Kaufrechts nur in Frage, wenn Vertrag oder Usancen die „kassatorische Klausel" verwenden, etwa: „falls die Lieferung nicht bis zu diesem Zeitpunkt erfolgt, so soll der Vertrag als aufgehoben gelten." Unter Umständen kann aber sogar eine solche Klausel in kontinentaler Anwendung nur die Fixgeschäftsregelung beabsichtigen [3]).

Von Gesetzes wegen ist sicherlich dem Käufer das Recht auf Erfüllung zu belassen, soweit er es überhaupt prozeßmäßig durchsetzen kann.

5. Zusammenfassung.

5. Gemeinsam ist der Praxis aller Länder der Gedanke, daß der Käufer verspätet die Lieferung nicht anzunehmen braucht, wenn ihm die Annahme in Anbetracht des von ihm mit dem Kauf erkennbar verfolgten Zwecks nicht mehr zugemutet werden kann oder wenn die Pünktlichkeit zum Lebenselement des Geschäftszweigs der

---

[1]) Vgl. oben § 29 1 c, 2 b.

[2]) Oder Miete einer Droschke zur Fahrt zu einem bestimmten Eisenbahnzug. Von deutschen Autoren unechtes oder absolutes Fixgeschäft genannt.

[3]) Anscheinend so Oser OR. Art. 108 Bem. 8.

beiden Teile gehört. Wie es sich versteht, bedarf der Handel umso mehr der genauen Einhaltung der Termine, je höher der spekulative Charakter der Ware ausgeprägt ist. Danach ergibt sich auch in den einzelnen Rechtsordnungen eine Abstufung der Strenge. Nicht nur in den kontinentalen Ländern ist das Handelsrecht strenger als das Zivilrecht; auch England hält nur unter Kaufleuten die Terminbestimmung für regelmäßig wesentlich, auch dies aber nur im Zweifel, so daß den Umständen und den Warengattungen gegenüber eine elastische Beurteilung verbleibt. Das skandinavische Recht formalisiert den Lieferungstermin am stärksten, aber am schroffsten ebenfalls unter Kaufleuten. Die Rechtsprechung sucht wenigstens zum Teil weitere Gradunterschiede bei der Auslegung der Verträge je nach dem Geschäftszweig zu machen, und die Branchen selbst drücken in ihren Formularen ebenfalls solche aus, z. B. durch kassatorische und Fixklauseln, Bestimmung ganz kurzer oder längerer Nachfristen.

Daraus ist auch de lege ferenda zu lernen. Einer internationalen gesetzlichen Durchschnittsregelung ist gewiß mindestens die Strenge der kontinentalen Handelsrechte angemessen. Die englische Lösung verlockt durch den Vorteil der schnellen Abwicklung. Aber auch sie, vollends die skandinavische, widerstreitet den Gewohnheiten des Kontinents empfindlich. Am ehesten würde man sich mit ihr in der Anwendung auf die Händlergeschäfte über Waren befreunden, die den größten Preischwankungen unterliegen und einen laufenden internationalen Warenkurs haben. Am wenigsten würde sie den Industriellen annehmbar erscheinen, vollends in Fällen, wo sie ihre Anlagen für einzelne Aufträge einstellen müssen, oder für ländliche Produzenten, die eine Ernte verkauft haben [1]). Soweit Geschäftsbedingungen bestehen, ist die Abschwächung der Lieferfristen ersichtlich („ohne Verpflichtung für die genaue Einhaltung", „circa", „nach Möglichkeit" usw.). Eine Kompromißlösung ist möglich, wenn sie auf diese grundsätzlichen Verschiedenheiten Bedacht nimmt [2]).

§ 52.

II. Nachsichtigere Behandlung des säumigen Verkäufers.

Der allgemeinen Strenge des englischen, amerikanischen, schweizerischen und skandinavischen Handelsverkehrsrechts und den rigorosen Regeln anderer Ordnungen für besondere Fälle stehen die kontinentalen milderen Hauptregeln über die Leistungsverzöge-

[1]) Information durch die Industrie- und Handelskammer in Berlin.

[2]) Entwurf Art. 26 ff. wählt einen von mehreren möglichen Kompromissen.

rungen gegenüber. Am mildesten wird der Schuldner im französischen Recht und seinen Tochterrechten behandelt. Ehe der Käufer auf Grund der Verzögerung die Lieferung ablehnen kann, wird ihm da oder dort vorgeschrieben: eine Mahnung an den Verkäufer; die Setzung einer Nachfrist; Klage und Urteil. Diese letzteren prozessualen Erfordernisse gehören zu den später zu besprechenden Ausgestaltungen der Rechtsbehelfe selbst. Hier sind Mahnung und Nachfrist zu erörtern.

1. Mahnung.
a) Kontinentale Rechte.

1. Die älteste dieser Voraussetzungen ist die Mahnung.

a) Die ***kontinentalen*** Rechte knüpfen nach dem Vorbild des Justinianischen Rechts grundsätzlich den „Verzug" an das Erfordernis der Mahnung.

Dies bedeutet überall eine Voraussetzung für den Verspätungsschaden, nach dem deutschen System und grundsätzlich ebenso nach der herkömmlichen französisch-italienischen Rechtsprechung auch für den Schadenersatz wegen Nichterfüllung und den Rücktritt.

Die Mahnung ist von selbst enthalten in der Erhebung der Klage oder Widerklage auf die gegenwärtige Leistung [1]) und in der Zustellung einer Ladung zum Sühnetermin oder eines Zahlungsauftrags. Uneinheitlich ist aber in den Gebieten der Auflösungsklage die Frage beantwortet, ob dieser Klage eine Mahnung vorausgehen muß (dafür Brasilien C. com. Art. 209) [2]).

Die Mahnung soll nach der Absicht dieser Gesetzgeber dem Schuldner zum Bewußtsein bringen, daß er zu leisten verpflichtet ist und der Gläubiger willens ist, Rechtsfolgen aus der Säumnis abzuleiten; sie ist also eine Aufforderung mit wenigstens stillschweigender Drohung, um Zweifel des Schuldners hinsichtlich des Bestands oder Umfangs der Schuld und an dem Ernst des Gläubigers abzuschneiden. Nach der französischen Vorstellung zeigt der untätige Gläubiger sogar, daß er auf den Termin keinen Wert legt und willigt daher in dessen Hinausschiebung. Deswegen scheidet sich ***Frankreich*** in dem wichtigsten Falle ab, in dem das Pandektenrecht eine Ausnahme vom Erfordernis der Mahnung angenommen hat: dies interpellat pro homine. Dieser Satz fehlt in

dies interpellat pro homine.

Frankreich C. civ. Art. 1139
Niederlande B.W. Art. 1274
Spanien C. civ. Art. 1100
Argentinien C. civ. Art. 543 (509).

---

[1]) Siehe Hellwig, Lehrbuch des deutschen Zivilprozeßrechts, III 297.

[2]) Oben § 29, 2 b S. 205 N. 5, 6 (*Frankreich, Italien*); § 32 n°. 32 (*spanisch-portugiesische* Rechte).

Die Verfasser des *BGB.* übernahmen den Satz, weil er, abgesehen von seiner bestrittenen Geltung im Corpus iuris, „auf der Natur der Sache und lang und fest gewurzelter Rechtsüberzeugung" beruhe; die nötige Aufforderung liege schon in einem Termin, der ein Kalenderdatum trägt oder doch nach dem Kalender derart festgesetzt ist, daß für den Schuldner klar vorliegt, wann spätestens geleistet werden muß [1]). Derselbe Grundsatz gilt in der *Schweiz* [2]). Bis in die Einzelheiten reicht aber die Gleichförmigkeit der Regel nicht. Vielmehr nehmen ihre Ausprägungen in

Österreich aBGB. § 1334
Schweiz OR. Art. 102 Abs. 2
Polen OR. Art. 243 § 1
Italien C. civ. Art. 1223 Abs. 1
Spanien C. com. Art. 63
Portugal C. civ. Art. 732, 711 n°. 1
Argentinien C. com. Art. 467
Brasilien C. civ. Art. 960
Chile C. civ. Art. 1551 n°. 1
Mexico C. civ. Art. 2105 Abs. 1
andere lateinamerikanische Gesetze oben § 32 n°. **39**

verschiedenen Umfang an. Die bisherige Praxis des *deutschen* Reichsgerichts selber ging hinter die eben erwähnte Auffassung der Gesetzesverfasser und der partikularen Vorlagen zurück und ließ nur die nach dem Kalender „bestimmte" Leistungszeit, nicht auch die nach dem Kalender „berechnete" gelten, z. B. lieferbar April (RGZ. **106**, 89), neun Tage nach heute (RGZ. **103**, 33), nicht aber 30 Tage nach Lieferung oder Bestellung oder Abruf (RG. JW. 1933, 1112). Viel weiter geht umgekehrt *Italien*, wo jede bestimmbare Leistungszeit hinreicht, z. B. „Wiederaufnahme des Handelsverkehrs mit einem Land nach Kriegsende" und der Termin sich auch aus der Natur des Geschäfts ergeben kann (Nachweise oben § 30 S. 216), und *Skandinavien* § 12: eine Mahnung ist schon dann entbehrlich, wenn irgend eine Zeit angegeben ist, wie „bei Eröffnung der Schiffahrt", „innerhalb von sechs Wochen nach Eintritt der Schlittenbahn", „auf den Winter"; und sogar dann, wenn eine Zeit nicht gesetzt ist, aber aus den Umständen hervorgeht, daß die Lieferung „ohne Aufschub bewerkstelligt werden soll" [3]). Ähnlich verlangt *Polen* eine Aufforderung durch den Gläubiger nur, wenn die Frist nicht im Vertrage bestimmt ist.

---

[1]) Motive z. Entw. II, 56, 57.
[2]) Oser OR. Art. 102 Bem. 21.
[3]) Almén I 137 f.

Der *französisch-italienische* Obligationenrechtsentwurf (Art. 95) jedoch will wieder ganz zum französischen System zurückkehren: „Die Regel des Art. 1223 Abs. 1 des italienischen Gesetzes, die mehrfach zu einer Quelle von Ungewißheiten geworden ist, wurde nicht angenommen, vielmehr wurde der entgegengesetzten Regel des Art. 1139 des französischen Gesetzbuchs der Vorzug gegeben, nach welchem zum Verzugseintritt eine formelle Mahnung erforderlich ist." Freilich ist diese Regel ja auch im Ursprungsland nicht ausnahmslos. Denn in *Frankreich* „interpelliert" der bestimmte Leistungstag zwar nicht aus eigener Kraft, aber doch dann, wenn die Parteien ihm diese Wirkung durch Vereinbarung beigelegt haben (C. civ. Art. 1139); ebenso *Spanien* C. civ. Art. 1100 Abs. 2 n°. 1 u. a. (oben § 32, n°. 38 a. E.). Als solche Vereinbarung, der Termin solle den Verzug ohne Mahnung herbeiführen, gilt auch die ausdrückliche Auflösungsklausel und die Klausel der sofortigen Lieferung. Diese Ausnahmen läßt auch der franz.-ital. OR.-Entwurf zu. Ein stillschweigender Erlaß wird öfter, wie auch in anderen Ländern unter Umständen angenommen [1]). Eine Ausnahme gilt ferner bei ernstlicher und endgültiger Erfüllungsweigerung durch den Schuldner in Deutschland, Österreich, Frankreich, den Niederlanden u. a. [2]). Dasselbe nehmen deutsche Schriftsteller an, wenn der Schuldner schon selbst die Leistung angekündigt hat („Selbstmahnung") [3]).

Die wichtigste Schranke des ganzen Erfordernisses aber liegt in der wesentlichen Leistungszeit. Bei Fixgeschäften jeder Art, auch bei dem von der französischen Rechtsprechung geschaffenen terme essentiel ist Mahnung sinnwidrig und überall [4]) für unnötig erklärt. Wie aber von daher die engen Auslegungen der Regel dies interpellat pro homine eine Ergänzung erfahren, wird von neuen deutschen Entscheidungen beleuchtet. Wenn z. B. Lieferung von

---

[1]) Für *Deutschland* bes. von Siber-Planck § 284, 6a, β und γ, als „reichlich weitgehend" von Oertmann, § 284, 3b kritisiert. Für *Frankreich* kritisch Josserand II n°. 619, vgl. oben S. 215 N. 3.

[2]) *Deutschland*: RG. 53, 11; 57, 106; 63, 103 u. a. und herrschende Meinung, dagegen aber H. Lehmann, Unterlassungspflicht 287; Oertmann, § 284 Bem. 3f. — *Frankreich*: Cass. civ. 4. 1. 1927, S. 1927. 1. 188. — *Italien*: Cass. 22. 3. 1931 Rep. Foro It. 1931 Obbl. n°. 207; oben § 30, 2 S. 216f. — *Niederlande*, ständige Rechtsprechung des H.R. vgl. Suijling n°. 284 p. 457 N. 2.

[3]) Zitelmann, Selbstmahnung in Festschrift für Paul Krüger 288; vgl. Heymann, Erfüllungsverzug 148; Oertmann § 284 Bem. 3h; a. M. Planck-Siber § 284, 6a γ; Titze, Schuldverh. S. 75.

[4]) Vgl. *Frankreich* C. civ. Art. 1146, *franz.-ital. OR.-Entwurf* Art. 94 Abs. 2 oben § 30, 2 S. 216; *Niederlande* B.W. 1279; *spanisch-portugiesische* Rechte, oben § 32 n°. 40. S. schon oben S. 391.

Teilmengen Ende jeden Monats versprochen wird, so ist nach dem Reichsgericht der Termin nicht kalendermäßig im Sinne des § 284 Abs. 2 BGB. bestimmt; aber derselbe Gerichtshof hat in einem gleichen Fall die Mahnung entbehrlich erklärt, weil hier die Zeitangabe nach der Absicht der Parteien wesentlich gewesen sein müßte (Jur. Woch. 1933 III 2204, 3) [1]).

b) anglo-amerikanisches Recht.

b) Die *angelsächsischen* Rechte haben das ganze Erfordernis nicht. Der Verkäufer hat zu der im Vertrag vereinbarten Zeit zu liefern oder, wenn eine solche Vereinbarung nicht getroffen ist, innerhalb eines Zeitraums, der unter Heranziehung aller Umstände des jeweiligen Falls angemessen erscheint (reasonable time). Ist der vereinbarte Zeitpunkt oder die angemessene Frist verstrichen, so treffen den Verkäufer die Folgen des Vertragsbruchs.

S.G.A. sect. 29 (2).
Unif. S.A. sect. 43 (2).

Denn der Vertragsschuldner hat selbst die Initiative zur Erfüllung zu nehmen: Der Schuldner muß den Gläubiger aufsuchen. Dieser darf also, entgegengesetzt dem französischen Gedanken, rein passiv bleiben. Die Mahnung wäre „eine nutzlose Formalität" [2]). Ihrer bedarf es also nach formellem Recht in keinem Fall, und hierbei verbleibt es wohl bei jeder vertraglichen Zeitvereinbarung, obwohl man oft vom Gläubiger erwarten darf, daß er sich beim Schuldner erkundigt, ehe er den Vertrag aufhebt. Fehlt aber eine Zeitvereinbarung, so daß der Verkäufer während einer reasonable time zu leisten hat, so ist es „allgemeine Übung in Geschäftskreisen" [3]), daß der Käufer als anständiger Mann, ehe er zu seinem Anwalt geht, brieflich den Verkäufer zur Lieferung auffordert. In dem verwandten Fall, daß der Käufer den Abruf der Ware während der dafür angemessenen Frist unterläßt, äußert sich Lord Chief Justice Baron Pollock in Jones v. Gibbons (1853) 8 Exch. 920 [4]) p. 922: "No doubt where a contract is silent as to time, the law implies that it is to be performed within a reasonable time; but there is another maxim of law, viz. that every reasonable condition is also implied, and it seems to me reasonable that the party who seeks to put an end to a contract, because the other party has not, within a reasonable time, required him to deliver the goods, should in the first instance inquire of the

[1]) Vgl. E. Wahl daselbst; RG. Recht 1925 n°. 965; Jur. Woch. 1925, 1748.

[2]) Gutteridge im ungedruckten Dokument n°. 26 p. 5; auch Brit. Year Book of Int. Law 1933, 86 f.

[3]) Gutteridge, Brit. Year Book of Int. L. 1933, 86 f.

[4]) 155 E. R. 1626; 22 L. J. Ex. 347.

latter whether he means to have them." Dies läßt sich vielleicht sogar dahin verstehen, daß die angemessene Frist erst als abgelaufen angesehen werden soll, wenn im Einzelfall nach Treu und Glauben (fair dealing) eine Erkundigung erfolgt ist. Eine solche Bedeutung hat die Mahnung für die Berechnung der "reasonable time" im amerikanischen Gesetz in sect. 60 (3) bezüglich des Rechts des Verkäufers zum Selbsthilfeverkauf, wenn der Käufer die Kaufpreiszahlung über eine „angemessene Frist" hinaus verzögert und in sect. 61 (2) bezüglich des Rechts des unbezahlten Verkäufers vom Vertrag zurückzutreten und damit den Eigentumsübergang auf den Käufer wieder rückgängig zu machen.

Sehr bezeichnend unterlassen es die Lieferungsbedingungen sogar in Deutschland, von Mahnung zu sprechen, sondern sie knüpfen ohne Mahnung an die Überschreitung der bestimmten Lieferfrist oder der Nachfrist sowohl den Verzögerungsschaden (oder in der Maschinenindustrie die stark begrenzte „Verzugsentschädigung"), als den Rücktritt und, soweit er gestattet wird, den Schadenersatz wegen Nichterfüllung.

c) Form der Mahnung.

c) Eine Form der Mahnung ist in der ***deutschen*** Gruppe nicht vorgeschrieben: Es genügt eine mündliche oder schriftliche deutliche Aufforderung zu leisten. In ***Frankreich*** dagegen muß grundsätzlich ein formelles Mahnschreiben oder eine Klage durch den Gerichtsvollzieher zugestellt werden. Aber in Handelssachen genügt ein einfacher Brief, Telegramm oder selbst mündliche Mitteilung; ein einfacher Brief auch in Zivilsachen nach ***italienischer*** überwiegender Praxis [1]), nach der ***niederländischen*** Rechtsprechung [2]) und nach ***brasil.*** C. civ. Art. 960. Bei der einfachen Briefform läßt es auch der französisch-italienische Entwurf Art. 95 bewenden.

d) Folgerung.

d) Die Mahnung ist von den ***römischen*** Juristen in Wahrheit nur in den Ausnahmefällen erfordert worden, wo füglich der Schuldner über seine Leistungspflicht oder deren Zeit im unklaren sein kann. Die ***Byzantiner*** haben dieses Erfordernis unangemessen formalisiert [3]). In der ***modernen*** Praxis haben sich zumeist bedeutende Ausnahmen über das Gesetz hinaus durchgesetzt. Wo immer die Mahnung zwecklos ist, kann man sie nicht erfordern; die Rechtsprechung sieht dies früher oder später ein. Als zweiter Ausnahmegrund macht sich die schon vom Pandektenrecht eingebürgerte Regel dies

---

1) Cass. 20. 11. 1930, Giur. ital. 1931, I, 1, 114.

2) Suijling, no. 290 p. 464 N. 2.

3) Siber, Zeitschrift der Savigny-Stiftung, Rom. Abt. 29 (1908) 47.

interpellat pro homine geltend; sie ist heute das Allermindeste, das dem Gläubiger zuzugestehen ist. Die in der Begründung zum italienisch-französischen Obligationenrechtsentwurf erwähnten Unklarheiten, zu denen die vom französischen Recht abweichende italienische Regel geführt haben soll, dürften sich nicht aus der Regel herleiten, daß bei kalendermäßiger Zeitbestimmung eine Mahnung überflüssig ist, sondern aus der unklaren Fassung der Bestimmung über die Form, in der beim Fehlen einer Zeitbestimmung die Mahnung zu erfolgen hat. Die Streitfrage, ob Zustellung erforderlich sei oder nicht, hat die italienischen Gerichte ständig beschäftigt und scheint auch durch den erst seit 1924 bestehenden einheitlichen Kassationshof noch nicht ganz beseitigt. Daß der kalendermäßig bestimmte Termin ohne weiteres die Verzugsfolgen auslöst, entspricht so sehr dem allgemeinen Empfinden, daß die Begründung zum Obligationenrechtsentwurf selber erwartet, das Wegbedingen der Mahnung werde bei einem solchen Termin zur typischen Vertragsklausel werden. Schließlich durchlöchern die Fälle, daß die Mahnung durch Vereinbarung als im voraus erlassen gilt und daß die Leistungsfrist der Natur des Geschäfts wegen wesentlich ist, derartig das System, daß sowohl bei einer Unifizierung mit England und den Vereinigten Staaten als bei einem Gesetz für Kaufleute der Mahnung kaum ein Raum gebührt. Es fragt sich wohl höchstens, ob sie für den Verspätungsschaden zu verlangen ist. Praktisch würde das Erfordernis der Mahnung beim Fehlen einer bestimmten Zeitangabe für die angelsächsischen Länder keine allzu einschneidende Neuerung bedeuten, da sie üblich ist. Aber sie wird wohl der kaum entbehrlichen Nachfrist Raum geben müssen.

Soweit Mahnung etwa doch für erforderlich gehalten wird, muß sie allerdings von aller Förmlichkeit befreit werden. Von der Zustellung durch einen Gerichtsbeamten hat selbst Frankreich für den Handelsverkehr längst abgesehen.

2. Nachfrist und Gnadenfrist.

2. Das zweite Milderungsmittel ist die Verlängerung der Leistungsfrist.

a) Romanische Rechte.

a) Das weiteste Entgegenkommen gegenüber dem säumigen Verkäufer zeigt wieder das *französische* System. Sofern nicht pünktliche Lieferung von den Parteien ausdrücklich oder konkludent als für den Vertrag wesentlich vereinbart ist, muß der Käufer eine nachträgliche Lieferung bis zur Rechtskraft des gerichtlichen Vertragsaufhebungsurteils annehmen, ja wenn der Richter dem Verkäufer eine Gnadenfrist (délai de grâce) bewilligt hat, sogar bis zum Ende dieser Frist. Erst darauf kann er unter Ablehnung der Lieferung die Nichterfüllungsfolgen geltend machen. Nur dann entfällt diese Begünstigung des säumigen Verkäufers, wenn die Parteien vereinbart haben, daß die bloße Nichterfüllung als stillschweigende auflösende Bedingung außergerichtlich wirken soll, was im Zweifel dahin ausgelegt wird, daß der Käufer bei Säumnis des Verkäufers durch seine Willenserklärung den Vertrag aufheben kann. Daß ohne eine solche Willenserklärung der Vertrag ipso iure mit dem „Verzug" des Verkäufers oder gar mit dem bloßen Vorübergang der Leistungszeit beendet sei, bedarf einer weiteren besonderen Vereinbarung.

b) Besonderheiten einiger romanischer Rechte.

b) Dieses französische System gilt grundsätzlich auch in *Italien, Spanien*, den *Niederlanden* usw., jedoch mit nicht unwichtigen Ausnahmen. In Handelssachen sind richterliche Gnadenfristen grundsätzlich ausgeschlossen in *Italien* C. com. Art. 42, *Spanien* C. com. Art. 61; *Chile* C. com. Art. 112 und anderen und in *Chile* sogar für den Zivilkauf (vgl. oben § 32 n°. **29**). Später als bis zur Rechtskraft des Auflösungsurteils braucht also der Käufer keinesfalls die Ware entgegenzunehmen. In *Italien* faßt man das Verbot der Nachfristgewährung sogar dahin auf, daß der Richter eine nach Erhebung der Auflösungsklage angebotene Leistung nicht mehr als Erfüllung gelten lassen dürfe [1]), was der Handelsgesetzentwurf von 1925, der in Art. 306 Abs. 1 die Gnadenfrist ebenfalls verbietet, in Art. 306 Abs. 3 noch ausdrücklich verordnet. Der *französisch-italienische* Entwurf freilich hält an der richterlichen Gnadenfrist fest (Art. 47).

c) Deutsche Gruppe.

c) Auch in *Deutschland* darf der Käufer grundsätzlich eine unpünktliche Lieferung nicht ohne weiteres zurückweisen. Vielmehr muß er dem im Verzug befindlichen Verkäufer eine angemessene Nachfrist setzen mit der deutlichen Erklärung, daß er die Annahme der Leistung nach dem Ablaufe der Frist ablehne (BGB. § 326 Abs. 1). Ebenso

Japan BGB. § 541,
China BGB. § 254,
Polen OR. Art. 250 § 1 [2]),
Griechenland Vorentwurf Art. 88, Entw. Art. 86.

Ähnlich gibt das *österreichische* aBGB. in der Fassung der 3. Teilnovelle in § 918 Abs. 1 dem Käufer das Recht, „unter Festsetzung einer angemessenen Frist den Rücktritt vom Vertrag zu

---

[1]) Oben § 29, 5 a.

[2]) Nach Art. 250 § 3 muß die Nachfrist schriftlich gesetzt werden, wenn der Wert des Vertragsgegenstandes 1000 Zloty übersteigt.

erklären". Diese Formulierung weist auf einen Unterschied gegenüber der deutschen Regelung: Nach BGB. § 326 Abs. 1 braucht der Käufer bei Setzung der Nachfrist nur anzudrohen, daß er nach ihrem fruchtlosen Ablauf die Lieferung nicht mehr annehmen wird und hat dann nach ihrem Ablauf noch die Wahl zwischen Rücktritt und Schadenersatz frei. In Österreich muß er die Rücktrittserklärung schon mit der Nachfristsetzung verbinden. Praktisch besteht dennoch kein Unterschied, denn der österreichische Rücktritt ist mit dem Schadenersatzanspruch verbunden.

Gemeinsame Quelle der deutschen wie der österreichischen Bestimmung ist der für das österreichische Handelsrecht heute noch geltende Art. 356 des *allgemeinen deutschen Handelsgesetzbuchs:* „Will ein Kontrahent . . . statt der Erfüllung Schadenersatz wegen Nichterfüllung fordern oder von dem Vertrag abgehen, so muß er dies dem anderen Kontrahenten anzeigen und ihm dabei, wenn die Natur des Geschäfts dies zuläßt, noch eine den Umständen angemessene Frist zur Nachholung des Versäumten gewähren". Aus dem Worte „gewähren" folgert man so, wie schon das Reichsoberhandelsgericht es tat [1], daß der Käufer nicht bei der Wahlerklärung eine Nachfrist setzen, sondern nur nach der Erklärung während einer angemessenen Frist die nachträgliche Leistung, vermehrt um den Ersatz des Verspätungsschadens, entgegennehmen müsse. Die Rechtsprechung wendet dies auch auf das bürgerliche Recht an [2].

Daß der Verspätungsschaden zu ersetzen ist, ergibt sich daraus, daß nicht nur Fälligkeit, sondern Verzug vorausgesetzt ist, jedoch die Wahlerklärung schon eine Mahnung in sich enthält und daher spätestens mit ihr der Schuldner in Verzug kommt. Es versteht sich also für das ältere wie neuere deutsche und österreichische Recht, daß die Nachfrist nur eine purgatio morae gestattet, nicht den Beginn der mora an das Ende der Frist verlegt.

Diese Bestimmung war auch maßgebendes Vorbild für Art. 107 (und 108) des *schweizerischen* Obligationenrechts, wo bei der Nachfristsetzung noch die Wahl zwischen allen Rechten vorbehalten werden kann: „Wenn sich ein Schuldner bei zweiseitigen Verträgen im Verzug befindet, so ist der Gläubiger berechtigt, ihm eine angemessene Frist zur nachträglichen Erfüllung anzusetzen oder durch die zuständige Behörde ansetzen zu lassen. Wird auch bis zum Ab-

[1] ROHG., Plenarentsch. 8 n°. 30 S. 125; Puchelt, Komm. z. allg. HGB. Art. 355, 2 g. Vgl. oben § 20, II S. 142.

[2] Vgl. oben § 26, III 2 S. 181.

lauf dieser Frist nicht erfüllt, so kann der Gläubiger immer noch auf Erfüllung nebst Schadenersatz wegen Verspätung klagen, statt dessen aber auch, wenn er es unverzüglich erklärt, auf die nachträgliche Erfüllung Verzicht leisten und entweder Ersatz des aus der Nichterfüllung entstandenen Schadens verlangen oder vom Vertrag zurücktreten." Der Gläubiger kann also nach Ablauf der Nachfrist doch noch auf der nachträglichen Erfüllung bestehen und eine neue Nachfrist setzen [1]).

Die Nachfristsetzung ist aber in allen diesen Rechten nicht erforderlich, wenn sie nutzlos ist; so OR. Art. 108 Z. 1: „wenn aus dem Verhalten des Schuldners hervorgeht, daß sie sich als unnütz erweisen werde" [2]). So wenn der Verkäufer sich bei Fälligkeit ernstlich und endgültig weigert, zu erfüllen (RGZ. **90**, 317; **102**, 262 mit strenger Prüfung, vgl. RGZ. **104**, 275; tschechosl. OG. Brünn 26. 1. 1922 Gans-Kafka I n°. 513). So auch, wenn der Verkäufer noch gar nicht mit den nötigen Vorbereitungen begonnen hat (Pisko, Lehrbuch 193). Ebenso entfällt ihre Notwendigkeit kraft Vereinbarung, RGZ. **71**, 308; ihr Ausschluß kann sich auch aus der Natur des Geschäfts ergeben (RGZ. **96**, 255; **104**, 41). Endlich kann, wie bemerkt, in Österreich die Nachfrist auch statt durch vorherige Bestimmung bloß tatsächlich durch Abwarten gewährt werden.

Angemessenheit der Frist.

Die Frist muß gemäß der übereinstimmenden Praxis der drei Länder „angemessen" sein nach Zeit, Umständen und Interessen beider Teile. Selbstverständlich hat ein Käufer nach dreimonatlicher Lieferfrist für eine überseeische Ware nicht nochmals 3 Monate Nachfrist zu geben; falls sie dem Verkäufer nötig wäre, wäre sie „unnütz" (Schweiz. BG. Prax. 6 n°. 101, 1; Ehrenzweig II § 320 bei N. 4 b). Wird die Frist unabsichtlich zu kurz bemessen, so ist sie nicht unwirksam gesetzt, sondern verlängert sich von selbst auf die angemessene Dauer, die der Richter hinterher nachprüft (RGZ. **106**, 89).

Neuerdings ist der *italienische* HGB.-Entwurf dem System der Nachfrist beigetreten. Neben der bereits (oben b) erwähnten richterlichen Vertragsauflösung, bei der eine Gnadenfrist nicht gewährt werden darf, gestattet er den einfachen Rücktritt nach Setzung einer angemessenen Frist (Art. 307 Abs. 2).

Geschäftsbedingungen.

In den *deutschen* Geschäftsbedingungen wird in der Regel dem Käufer vorgeschrieben, daß er, um bei Überschreitung der Liefer-

[1]) Becker OR. Art. 107 Bem. 20.

[2]) Ebenso *griechischer* Entwurf Art. 88 n°. 1.

frist (ohne Mahnung) von der Ware abzugehen, eine Nachfrist setze. Sie ist meist als „angemessen“ bezeichnet, genauer z. B. im Baumwollkontrakt mit 4 Wochen und in den Einheitsbedingungen für den Getreidehandel § 26 abgestuft nach der Lieferfrist (bei „sofort“ 2, bei einwöchiger Lieferfrist 4, bei einmonatiger Lieferzeit 6 Tage). Die Befreiung von der Nachfrist wegen Erfüllungsweigerung des Verkäufers nach Eintritt der Lieferzeit kennen die genannten Einheitsbedingungen §§ 25, 29 Abs. 1[1]). Die Maschinenindustrie vollends, wo Schadenersatz wegen Nichterfüllung in der Regel überhaupt wegbedungen ist, erlaubt den Rücktritt nur bei schuldhaftem Überschreiten einer angemessenen, mit Rücktrittsdrohung gesetzten Nachfrist. Keine Nachfristen haben im Getreidehandel die Formulare der London Corn Trade Association, die deutsch-niederländischen Verträge und bei Cif-Geschäften die Hamburger Schlußscheine.

Nachfristen werden auch in *französischen* Verträgen mit mehr oder weniger weitgehender Dauer zugelassen (Delayen, Homburg et Chotiau n°. 164). Daran hält sich das Gericht bei der Entscheidung über eine Gnadenfrist.

d) Angelsächsischer Rechtskreis.

d) Im *angelsächsischen* Rechtskreis bedarf es so wie keiner Mahnung auch keiner Nachfrist, wenn die vertragliche oder „angemessene“ Frist abgelaufen ist. Ist die vereinbarte Lieferfrist nicht wesentlich, so ergibt dieser Begriff selber, daß der Verkäufer noch innerhalb angemessener Zeit, also binnen einer selbst laufenden Nachfrist liefern darf. Außerdem haben wir schon gesehen, daß ein anständiger Käufer nach allgemeiner Handelsauffassung vor gerichtlichen Schritten dem Verkäufer seine Meinung über das Ende der Frist mitteilt.

Ebensowenig kennt das *skandinavische* Recht eine Nachfrist.

e) Bemerkung.

e) Die lex ferenda hat nur zu wählen zwischen dem Institut der Nachfrist (Deutschland, Schweiz Zivilkauf, Österreich, italienischer Handelsgesetzentwurf) und der Auflösung ohne Nachfristsetzung (Skandinavien, angelsächsisches System, Schweiz Handelskauf[2])). Daß das Recht zur sofortigen Aufhebung überall am Platz ist, wo die Zeit für wesentlich zu halten ist, liegt auf der Hand und

[1]) Vgl. Rheinisch-westfälische Handelsbräuche § 39; Danziger Geschäftsbedingungen § 37; Hallische Geschäftsbedingungen § 25 u. a., Handbuch des Landesproduktenhandels 1929.

[2]) Genauer Guhl, Festgabe f. Wieland 141 ff.; er befürwortet (für das Landesrecht) die Beibehaltung des Unterschieds zwischen bürgerlichem und Handelsrecht.

ist oben rechtsvergleichend dargetan. Haben aber die Parteien der Zeitvereinbarung keine entscheidende Bedeutung beigemessen oder gar eine feste Zeit nicht vereinbart — was selten vorkommt — und ist das Interesse des Käufers an der Ware auch bei der Fälligkeit seines Anspruchs noch vorhanden, so braucht das Gesetz nicht strenger zu sein, als die Parteien es auf dem Kontinent gewohnt sind und sicherlich auch in der englischen und amerikanischen Handelswelt in fairem Geschäft zu üben pflegen.

Aber auch gegenüber dem englischen Rechtszustand ist beim Mangel einer vertraglichen Bestimmung der Leistungszeit — wofür dann auch die Handelsbräuche die nähere Regel geben — der Unterschied nicht groß. Der deutsche Verkäufer muß s o f o r t liefern (oben § 43), erhält aber eine Nachfrist. Der englische Verkäufer hat erst nach der angemessenen Wartefrist — reasonable time — zu liefern. Falls aber die "reasonable time" mangels einer Vertragsfrist Lieferzeit ist, so kann der Ablauf der „angemessenen Frist" zu Meinungsverschiedenheiten führen, mehr noch und empfindlicher als die Angemessenheit der vom Käufer gesetzten Nachfrist. Daher wird aus England selbst bezeugt, daß vor gerichtlichen Schritten eine Verständigung unter den Parteien als anständig gilt und hier ein Kompromiß zugunsten der Nachfrist nicht für unmöglich gehalten [1]). Vielleicht empfiehlt sich eine sinngemäße Kombination derart, daß der Käufer die Frist v o r Ablauf der nach seiner Meinung angemessenen Lieferzeit setzen darf.

Nach deutschem Recht sind, wenn der Vertrag keine kalendermäßige Bestimmung über die Zeit der Lieferung enthält, zwei Erklärungen des Käufers erforderlich: eine „Mahnung", um den Verkäufer in „Verzug" zu setzen, und eine „Nachfristsetzung", um nach deren vergeblichem Ablauf die Nichterfüllungsfolgen geltend zu machen. Das ist sicher zu viel! So erlaubt die deutsche Praxis bereits seit langem, Mahnung und Nachfristsetzung miteinander zu verbinden: eine einmalige Erklärung genügt, wenn der Käufer nur deutlich gemacht hat, daß er die Lieferung der Ware innerhalb angemessener Frist verlange und daß er nach deren Ablauf die Lieferung ablehnen werde. Diese praktische, mit dem geltenden skandinavischen und angelsächsischen System vereinbare Regelung kann in das Einheitsgesetz allenfalls übernommen werden [2]).

---

[1]) G u t t e r i d g e, Brit. Year Book 1933, 87 (schon oben S. 399 zitiert).

[2]) Der Entwurf läßt aber, noch besser, die Mahnung ganz fallen.

Zweifelhaft kann sein, ob die Nachfristsetzung auch dann entfallen soll, wenn eine nachträgliche Lieferung „infolge des Verzugs für den Verkäufer ohne Interesse wäre" (Deutschland BGB. § 326), ohne daß der Verkäufer dies spätestens am Fälligkeitstage wußte oder wissen mußte. Das gegen den säumigen Verkäufer im allgemeinen strengere skandinavische Recht ist hier weniger rücksichtslos: sofortige Zurückweisung verspäteter Lieferung, die dort die Regel bildet, ist ausgeschlossen, wenn der Verzug nur von geringer Bedeutung für den Käufer war oder „wenn der Verkäufer begründeten Anlaß hatte, solches anzunehmen". Diese Regelung bleibt im Rahmen der Interessenwertung, die in der generellen Anordnung einer Nachfrist zum Ausdruck kommt. Man könnte formulieren: der Ansetzung einer Nachfrist bedarf es nicht, wenn infolge der Verzögerung die Lieferung für den Käufer ohne Interesse ist, es sei denn, daß der Verkäufer dies in dem Zeitpunkt, in dem er hätte liefern sollen, weder wußte noch wissen mußte.

3. Verspätete Lieferung ohne Rüge.

3. Nach Handelssitte verfügt das ***skandinavische*** Kaufgesetz § 27, daß eine verspätete Lieferung oder Zusendung den Käufer zwingt, sobald er von der Verspätung erfährt, den Vertrag unverzüglich aufzuheben, widrigenfalls er die Ware annehmen oder behalten muß. Der Käufer verliert also nachträglich durch Schweigen das schon durch die Fälligkeit erworbene Aufhebungsrecht und wird wieder an die Lieferung gebunden. Eine verdienstliche Vorschrift[1]).

§ 53.

III. Objektive Leistungsverzögerung.

Im Gegensatz zum heutigen ***deutschen*** Rechtszustand ist fast überall sonst der Käufer berechtigt, auf Grund der objektiven Verzögerung der Leistung (oben § 18, 5) den Vertrag aufzuheben. Der Ablauf der Leistungszeit also für sich allein, wenn sie wesentlich ist, oder nach Mahnung und zufolge Nachfrist oder Gnadenfrist, gibt dem Käufer das Recht, die Lieferung auszuschließen. Das ***deutsche*** Recht gestattet ihm den Rücktritt nur, wenn der Verkäufer die Verzögerung zu vertreten hat — beim subjektiven Verzug — und beim Fixgeschäft. Ein beträchtlicher praktischer Unterschied ergibt sich daher bei der vorübergehenden Leistungsunmöglichkeit, an der der Verkäufer schuldlos ist, wenn sie im einzelnen Fall nicht wie eine dauernde behandelt werden kann,

[1]) Entwurf Art. 28.

z. B. Feuerschaden, Krieg, Fabrikunfall, Streik, Ausfuhrverbot. Hier kann der Käufer nach BGB. § 326 die Nachfrist nicht mit Wirkung setzen; in den meisten Ländern kann er je nach der Regelung dies tun oder den Vertrag als dahingefallen betrachten oder das Gericht kann das Auflösungsurteil — freilich nach seinem Ermessen — gewähren. Nur beschränkt sich der Gegensatz stark beim Gattungskauf, da bei diesem die Haftung strenger ist und ein Aufschub auch in Deutschland nur in seltenen Fällen gerechtfertigt wird.

An die objektive Leistungsverzögerung, die zur Aufhebung genügen soll, ist aber eine wichtige Voraussetzung zu stellen. Sie muß ungerechtfertigt oder wie man in der *Schweiz* sagt, „rechtswidrig" sein [1]). Daher kann der Gläubiger, wie heute auch in *Frankreich* richtig gesehen wird [2]), den Vertrag nicht aufheben, wenn der andere Teil kraft Einrede des nichterfüllten Vertrages zur Zurückhaltung der Leistung berechtigt ist. Einige gesetzliche Ausprägungen dieses allgemein anerkannten Satzes wurden bereits oben § 19, 1 berührt. Weiter nimmt das *skandinavische* Kaufrecht (§ 21 Abs. 1) vom Verzuge die Fälle aus, in denen es „auf dem Käufer beruht", daß nicht rechtzeitig geliefert wurde. Entsprechend versagt man in diesem Fall beim Fixgeschäft in *Deutschland* den Rücktritt [3]) und schließt in *Frankreich* die Auflösungsklage aus, wenn das Erfüllungshindernis auf „fait de l'acheteur" beruht [4]). In *England* zieht man den Begriff des waiver heran, um zu begründen, daß der Käufer, der seinerseits die Lieferung verhindert hat (prevention of performance by promisee), nicht auflösen kann und zur Zahlung des Kaufpreises verpflichtet bleibt [5]). Dies ist der Fall, wenn der Käufer die Handlungen unterläßt, ohne welche die Lieferung nicht stattfinden kann [6]) (Annahmeverzug) [7]) oder wenn er das Erfüllungshindernis zu vertreten hat [6]). Im ersteren Fall verneint man natürlich auch in der *Schweiz* [8]) und *Österreich* [9]) den Schuldnerverzug und damit das

---

[1]) Oser OR. S. 554.

[2]) Vgl. Planiol et Ripert (Esmein) VI n°. 431, 454.

[3]) Staub-Heinichen HGB. § 376 Anm. 9; RG. Recht 1927 n°. 2441.

[4]) Oben § 30, 3a S. 224.

[5]) Mackay v. Dick (1881) 6 A.C. 251; vgl. Chitty, Contracts p. 840 ss.; Benjamin p. 585, 796, 865.

[6]) Almen I 254 ff.; Benjamin a. a. O.

[7]) Teil V (Verpflichtungen des Käufers), Kap. 2.

[8]) von Tuhr, OR. S. 539.

[9]) aBGB. § 1419, Klang-Weiß zu aBGB. § 1334 S. 173; vgl. Klang-Pisko zu aBGB. § 1447 S. 575.

Rücktrittsrecht; für das Fixgeschäft in *Deutschland* wird man diese Entscheidung [1]) aus dem Gedanken des § *324* Abs. *2* BGB. ableiten können. Im zweiten Fall, daß der Gläubiger die Verhinderung der Lieferung zu vertreten hat, bleibt der Anspruch des Schuldners auf die Vergütung unberührt, so § *324* Abs. 1 des *deutschen* BGB., dessen Regel in der *Schweiz* [2]) und *Österreich* [3]) ohne besonderen gesetzlichen Anhalt übernommen wird.

§ 54.

IV. Teilweise Nichterfüllung.

1. Rechtsbehelfe für nichterfüllten Teil.

1. Wird bloß teilweise erfüllt, so **kann** der Käufer es stets hierbei bewenden lassen; unter Umständen muß er die Teilerfüllung hinnehmen (unten 2). Dann stehen ihm überall die Rechtsbehelfe, die er bei Nichterbringung der ganzen Leistung hat, mit Beschränkung auf den nicht gelieferten Teil zu: Schadenersatz, Rücktritt oder Vertragsauflösung, stellvertretendes Commodum, Zurückhaltung des Kaufpreises. Für die bewirkte Teilleistung muß er einen entsprechend geminderten Teil des Kaufpreises zahlen. Das ist jetzt auch in *England* und den *Vereinigten Staaten* im Gesetz ausdrücklich ausgesprochen, S.G.A. sect. 30 (1); Unif. S.A. sect 44 (1), wo man früher, da die Leistung nicht dem Vertrag entsprach, nur einen quasikontraktlichen Anspruch auf den Wert geben zu können glaubte (Oxendale v. Wetherell (1829) 9 B & C 386; 109 E. R. 143; und später mit der Fiktion eines in der acceptance liegenden neuen Vertragsschlusses half. Der volle Preis ist in den Vereinigten Staaten dann zu zahlen, wenn es sich um einen lump price handelt, so daß der Preis für die Teilleistung nicht ohne weiteres aus dem Vertrage errechenbar ist (Williston II § 460).

2. Ablehnung der ganzen Leistung.

2. Verschieden wird die Frage beantwortet, wann der Käufer eine Teilerfüllung mit der Wirkung ablehnen kann, daß der ganze Vertrag als nicht erfüllt gilt. Er kann es aber überall natürlich dann nicht, wenn es sich nur um eine geringfügige Minderleistung handelt,

---

[1]) Vgl. RG. Recht 1927 n°. 2441.

[2]) Oser OR. S. 623.

[3]) Ehrenzweig § 320 IV bei N. 30; Klang-Pisko zu aBGB. § 1447 S. 575; Klang-Weiß zu aBGB. § 1334 S. 173.

vgl. z. B. für *Deutschland* Staub-Heinichen HGB., Anh. zu § 374 Anm. 127
Skandinavien § 21 Abs. 2, dazu Almén I 311
Frankreich arg. C. civ. Art. 1244 Abs. 2.

α) Ablehnung eines Teilangebots.

a) Andererseits kann er es in einem Fall nach allen Rechten: Bietet der Verkäufer anstatt der möglichen ganzen Leistung nur einen Teil an, so kann sie der Käufer nach dem Grundsatz zurückweisen, daß er sich eine Teilleistung nicht aufdrängen zu lassen braucht,

Deutschland BGB. § 266
Schweiz OR. Art. 69 Abs. 1
Österreich aBGB. § 1415
Polen OR. Art. 206 § 1
Frankreich C. civ. Art. 1244 Abs. 1
Italien C. civ. Art. 1246
England S.G.A. sect. 31 (1)
Ver. Staaten Unif. S.A. sect. 45 (1)
Skandinavien vgl. Almén I 164.

Weist der Käufer eine solche Teilleistung zurück, so hat der Verkäufer die Gesamtleistung noch nicht erbracht und dem Käufer stehen die Rechtsbehelfe wegen vollständiger Nichterfüllung zu, wenn die Leistung nicht rechtzeitig nachgeholt wird.

b) Ablehnung eines Teilangebots bei Teilunmöglichkeit.

b) Unterschiedlich wird die Ablehnungsmöglichkeit jedoch dann beurteilt, wenn das Teilangebot darauf beruht, daß der übrige Teil der Leistung — durch Verschulden des Verkäufers — unmöglich geworden ist.

α) Wahlrecht.

Die eine Gruppe von Rechten gestattet auch hier dem Käufer, die Teilleistung abzulehnen („rejection") und den ganzen Vertrag als nicht erfüllt zu behandeln und aufzulösen. Das ist der Standpunkt des *englischen* (S.G.A. sect. 30 (1)), des *amerikanischen* (Unif. S.A. sect. 44 (1)) und des *skandinavischen* (Almén I S. 312) Rechts.

β) bei Unbrauchbarkeit der Teilleistung.

Dagegen darf der Käufer in *Deutschland* (BGB. §§ 325 Abs. 1 Satz 2, 280 Abs. 2), *Österreich* (aBGB. §§ 920 Satz 2, 921) und *Polen* OR. Art. 252 S. 2 die Teilleistung in diesem Fall nur dann ablehnen, wenn sie für ihn ohne Interesse ist. Man geht davon aus, daß sich die primäre Verpflichtung des Schuldners auf den noch möglichen Teil beschränkt habe, so daß dieser zu leisten ist, soweit er zu einer Befriedigung des Gläubigers noch geeignet ist. In den *romanischen* Rechten kommt man zu entsprechenden Ergebnissen, da es hier in das Ermessen des Richters gestellt ist, ob die Nichterfüllung zur Vertragsauflösung führt. Dieser kann die Auflösung ablehnen, wenn das Interesse des Käufers durch Gewährung von Schadenersatz wegen des unterbliebenen Teils der Leistung ausreichend gewahrt werden kann.

Frankreich C. civ. Art. 1610, 1184 Abs. 3; Planiol et Ripert (Esmein) VI n°. 430
Italien C. civ. Art. 1165 Abs. 3[1])
Niederlande vgl. Suijling n°. 316 p. 499 ff., Goudoever p. 148 (Frage der Vertragsauslegung).

Streitig ist die Frage in der *Schweiz*, wo das Gesetz (OR. Art. 97) an der Frage vorübergeht und die Rechtsprechung sie anscheinend noch nicht geklärt hat. Hier wollen die einen die Ablehnung der allein möglichen Leistung als Teilleistung unbedingt gestatten (Oser Art. 97 Anm. 4), während v. Tuhr (S. 497) und Becker Art. 97 Anm. 12 dieselbe Lösung wie in Deutschland verfechten.

c) Zurückweisung eines bereits empfangenen Teils wegen Ausfalls der Restleistung.

c) Die gleichen Unterschiede wie bei der Entscheidung der eben besprochenen Frage bestehen dann, wenn ein Teil bereits geleistet ist (weil zunächst nur ein Teil fällig geworden war oder weil der Gläubiger von seinem Recht zur Zurückweisung keinen Gebrauch gemacht hat) und nunmehr der Rest nicht geleistet wird. Dabei ist es gleichgültig, ob das Ausbleiben der Restleistung auf einem Unmöglichwerden beruht oder nicht.

α) nach freier Wahl.

Eine Ablehnung („rejection") der Teilerfüllung dergestalt, daß die bereits erbrachte Leistung zurückgesendet und der Vertrag wegen vollständiger Nichterfüllung aufgelöst werden kann, wird von den *anglo-amerikanischen* und *skandinavischen* Rechten zugelassen,

England S.G.A. sect 30 (1), vgl. dazu Benjamin p. 730, bes. Parke J. in Oxendale v. Wetherell (1829) 9 B & C 386; 109 E.R. 143; 7 L.J.K.B. 264
Ver. Staaten Unif. S.A. sect. 44 (1)
Skandinavien vgl. Almén I 312 f.

β) wenn die Teilleistung unbrauchbar ist.

Von objektiven Gesichtspunkten wird dagegen die Frage, ob die Teilleistung abgelehnt werden kann, im *deutschen* und *romanischen* Rechtskreis abhängig gemacht. Das *allgemeine Handelsgesetzbuch* (Art. 359) läßt die Unteilbarkeit der Leistung entscheiden. Darauf, ob das Interesse an der Teilleistung entfallen ist, wird in *Deutschland* und im *österreichischen* bürgerl. Recht abgestellt.

Deutschland BGB. §§ 325 Abs. 1 Satz 2, 280 Abs. 2 für teilweise Unmöglichkeit und § 326 Abs. 1 Satz 3 und Abs. 2 (dazu RGZ. **50**, 138) für den Verzug.

---

[1]) Im Fall der „clause expresse de résolution" ist nach französischer Auffassung — nicht so in Italien — dem Käufer ein unbedingtes Recht zur Ablehnung gewährt.

Österreich aBGB. §§ 920 Satz 2, 921 für Unmöglichkeit der Restleistung; nach Ehrenzweig § 320 II 2 S. 206 auf Verzug mit der Restleistung entsprechend anwendbar, etwas abweichend Klang-Pisko B II zu § 918 aBGB.

Polen OR. Art. 252 S. 2 (Unmöglichkeit der Restleistung), bei Verzug jedoch auf die Teilbarkeit der Leistung abstellend (Art. 250 § 2).

Auf dem Wege über das richterliche Ermessen ist das Interesse in den *romanischen* Rechten maßgebend. Der Richter entscheidet, ob die teilweise Nichterfüllung zur völligen Auflösung des Vertrages führt; oder ob die Interessen des Käufers genügend gewahrt sind, indem der noch nicht erbrachte Teil der Leistung, wenn er noch möglich ist, innerhalb eines délai de grâce nachgeliefert wird; oder ob unter sonstiger Aufrechterhaltung des Vertrages für den unterbliebenen Teil Schadenersatz geleistet wird. Bei „clause expresse de résolution" hat der Käufer in *Frankreich* anders als in *Italien* ein unbeschränktes Wahlrecht.

Frankreich Planiol et Ripert (Esmein) VI n°. 430.
Italien Assisi n°. 29.
Näheres oben S. 211 f.

Aber auch in der *Schweiz* stimmt man darin überein, daß nur bei mangelndem Interesse eine Zurückweisung des bereits Geleisteten möglich ist.

Schweiz Oser OR. Art. 107 Anm. 38, Art. 97 Anm. 5; Becker Art. 107 Anm. 23; von Tuhr S. 497.

Wo die freie Ablehnung einer Teilleistung nicht gestattet, sondern vom Wegfall des Interesses an der Leistung abhängig gemacht wird, kommt es nicht nur darauf an, ob der Käufer die Teilleistung überhaupt brauchen kann, sondern auch darauf, ob ein Interesse an dem Austausch der geminderten Leistungen besteht,

Deutschland: RGZ. **50**, 143
Österreich: Klang-Pisko B I 1 zu aBGB. § 919.

Dieses Interesse wird verschieden bestimmt. In *Deutschland* stellt man auf den Vertragszweck und die Verhältnisse des Käufers zur Zeit der Erfüllung ab. In *Österreich* und *Polen* dagegen ist „die Natur des Geschäfts oder der dem Verpflichteten bekannte Zweck der Leistung" maßgebend, so daß anders als in *Deutschland* besonders dem Verkäufer nicht erkennbare Verhältnisse des Käufers nicht zu berücksichtigen sind. Fehlt aber auf Seiten des Käufers nicht nur das Interesse am Austausch der Leistung, sondern am Gegenstand der noch möglichen Restleistung überhaupt, so will Pisko (zu § 920 B II 2 a) im Hinblick auf die Berücksichtigung des subjektiven Interesses des Käufers im Schadenersatzrecht eine Ablehnung der Leistung ganz allgemein zulassen. Auch das *Allgemeine Deutsche Handelsgesetzbuch* Art. 359 stellt auf den erkennbaren Geschäftszweck ab, in dem es ein Abgehen vom ganzen Vertrag dann ausschließt, wenn „sich aus den Umständen, insbesondere aus der Natur des Vertrages, aus der Absicht der Kontrahenten oder aus der Beschaffenheit des zu leistenden Gegenstandes ergibt, daß die Erfüllung des Vertrages von beiden Seiten teilbar ist". Die *romanischen* Rechte dürften im Ergebnis der deutschen Auffassung nahekommen, insofern der nach Ermessen entscheidende Richter auf den Vertragszweck und die Umstände des einzelnen Falles abstellt.

3. Bedeutung der Annahme einer Teilleistung.

3. Daß der Käufer eine Teilleistung, obwohl nach dem Vertrag nicht in Teilen geleistet werden sollte, entgegengenommen hat, benimmt ihm die Befugnis zur Ablehnung grundsätzlich noch nicht, solange man sein Verhalten dahin deuten kann, daß er noch die Restleistung erwartet. Welches Verhalten zur gegenteiligen Annahme erforderlich ist, bleibt vielfach unklar,

vgl. z. B. für *Skandinavien* Almén I 313,
Schweiz Oser OR. Art. 107 Anm. 38.

Das *anglo-amerikanische* Recht schließt das Recht, die Ware wegen Nichtlieferung des Restes zurückzuschicken, aus, wenn eine acceptance vorliegt. Diese kann ausdrücklich sein oder by conduct durch Weiterveräußerung oder Ingebrauchnahme der gelieferten Ware zum Ausdruck gebracht werden, vgl. S.G.A. sect. 35, Unif. S.A. sect. 48. In den *Vereinigten Staaten* wird in Unif. S.A. sect. 44 (1) klargestellt, daß in einem Behalten der Teilleistung oder in ihrer Verwendung und Weiterveräußerung eine solche acceptance nur dann liegt, wenn der Käufer erkannt hat, daß der Verkäufer den Vertrag nicht vollständig erfüllen werde. Sonst ist er, wenn die Rückgabe der Ware wegen Veräußerung oder Verarbeitung unmöglich wird, nur zum Wertersatz verpflichtet (vgl. dazu Williston II § 460).

4. Verhältnis zum Sukzessivlieferungsvertrag.

4. Der Fall, daß der Verkäufer mit einem Teil der Leistung in Verzug ist, ein weiterer Teil aber noch gar nicht fällig ist, führt zu der Frage, ob dies den Käufer auch zum Rücktritt wegen der noch nicht fälligen Leistung berechtigt. Diese Frage wird in den *skandinavischen* Rechten (KaufGes. § 22) einfach unter die für den Sukzessivlieferungsvertrag gegebenen Normen gerechnet. In *Frankreich* scheidet man diese Fälle ebenfalls nicht. In *Deutschland* wird zwar ein selbständiger Fall angenommen, aber die vom

Handelskauf herkommende Praxis ist dieselbe wie beim Sukzessivlieferungskauf; sie gibt auch wegen der noch nicht fälligen Leistungen Schadenersatz wegen Nichterfüllung oder Rücktritt [1]. Siber, Grundriß S. 200 billigt dies, wenn der Umfang der noch nicht fälligen Leistungen im voraus feststeht, wie beim Spezifikationskauf, im Gegensatz zu den Sukzessivlieferungsverträgen für einen dem Umfang nach noch nicht feststehenden Bedarf. Für *Österreich* will Pisko (bei Klang, B II 2 b zu § 918) den § 918 Abs. 2 aBGB., der den Rücktritt für alle noch ausstehenden Leistungen zuläßt, wenn die Erfüllung für beide Seiten teilbar ist, nur auf Sukzessivlieferungsverträge beziehen und bei Verträgen, bei denen sich nicht korrespondierende Teilleistungen gegenüberstehen, den Rücktritt für noch nicht fällige Raten ausschließen. In *England,* S.G.A. sect. 31 (2), und in den *Vereinigten Staaten,* Unif. S.A. sect. 45 (2), wird ein Sukzessivlieferungsvertrag nur dann angenommen, wenn auch der Preis nach den einzelnen Raten berechnet und fällig wird. Doch führen hier die Grundsätze des Common Law darüber, ob in dem teilweisen breach of contract eine repudiation des ganzen Vertrages liegt, zu einem den Regeln für Sukzessivlieferungsverträge entsprechenden Ergebnis (vgl. Benjamin p. 756).

5. Kapitel. Ende des Rechts des Käufers auf die Lieferung.

§ 55.

1. Durch den Ablauf der Lieferzeit.

1. Wir sprachen bisher von dem Zeitpunkt, in dem der Käufer berechtigt wird, statt der Erfüllung etwas anderes zu verlangen und haben es nunmehr mit dem Zeitpunkt zu tun, in dem er nicht mehr berechtigt ist, die Erfüllung zu verlangen, der Verkäufer seinerseits also von der Naturalerfüllung endgültig befreit wird und die Ware nicht mehr zur Verfügung zu halten braucht. Diese Frage hat natürlich in den angelsächsischen Gebieten mangels einer regelmäßigen Klage auf Erfüllung keinen rechten Raum.

Daß der Käufer so den Anspruch auf Erfüllung verliert, wird schon durch den fruchtlosen Ablauf der Leistungszeit bewirkt:

a) wenn die rechtzeitige Erfüllung geradezu zu einer echten Bedingung erhoben ist (lex commissoria). Derartiges findet sich z. B. in manchen Bedingungen des Rohproduktenhandels, wonach der Vertrag als aufgehoben gilt, wenn binnen einer gewissen Frist noch

[1] ROHG. **2**, 84; **16**, 193; RGZ. **61**, 130; Spezifikationskauf: HGB. § 365 Satz 9, RGZ. **58**, 420; **67**, 314.

kein Teil erfüllt hat. — In *Frankreich* wird aber eine Vertragsbedingung, daß der Vertrag aufgelöst sein solle, wenn ein Teil nicht rechtzeitig erfüllt, im Zweifel nur als Rücktrittsrecht verstanden [1]).

b) nach einer Ansicht durch den Eintritt einer objektiven Unmöglichkeit der Leistung.

Hiervon abgesehen ist es Sache des Käufers, sich zu entscheiden, und der vertragsuntreue Verkäufer hat zu warten, bis der Käufer wählt. So der Grundsatz.

2. Durch Wahlerklärung.

2. In der Regel vollzieht sich die Wahl des Käufers durch eine Handlung, die er vorzunehmen hat. Seine eigene Handlung also ist es, die ihm das Recht auf die Leistung benimmt: die Erklärung des Rücktritts; das Verlangen des Schadenersatzes wegen Nichterfüllung; die Nachfristsetzung mit Androhung, von der Naturalerfüllung abzugehen (*Deutschland* nach rechtskräftiger Verurteilung auf Erfüllung BGB. § 283, nach Verzugseintritt BGB. § 326; *Österreich* aBGB. § 918 Abs. 1, allg. HGB. Art. 356); oder eine solche Erklärung nach Ablauf der Nachfrist (*Schweiz* OR. Art. 107 Abs. 2); in *romanischen* Rechten die Erhebung der Auflösungsklage [1a]).

Diese Wahlerklärungen sind im modernen Recht im allgemeinen endgültig, ohne ein ius variandi zu hinterlassen, über das im gemeinen Recht gestritten wurde und das in *Frankreich* (ebenso *Chile*) sogar heute (im Gegensatz zum ancien droit, vgl. Pothier, Vente n°. 461) angenommen wird, weil erst die Rechtskraft des Auflösungsurteils die Lieferungspflicht beseitige [2]). Doch finden sich auch hier bei den Untergerichten schon Ansätze zur gegenteiligen Meinung [3]). In *Italien* [4]) und zahlreichen anderen romanischen Rechten (so *Spanien, Portugal, Argentinien, Brasilien*) [5]) ist diese durchgedrungen und der Käufer durch die Erhebung der Auflösungsklage gebunden, so auch ausdrücklich der *italienische* HGB.-Entwurf Art. 306 [6]).

---

[1]) Oben § 29, 4 c; ebenso in den anderen romanischen Rechten, vgl. *Italien*, ebenda; *Niederlande* Suijling n°. 320 p. 509 mit Nachweisungen aus der Rechtsprechung.

[1a]) Wir sprechen nicht von der Verfügung über die Natural-Zwangsvollstreckung.

[2]) Vgl. Planiol II n°. 1315 und die weiteren Nachweisungen oben § 28, 3 b; § 32 n°. **31**.

[3]) Trib. Havre 24. 11. 1924, zitiert oben § 28, 3 b.

[4]) Oben § 28, 3 b.

[5]) Oben § 32 n°. **31**.

[6]) Das Umgekehrte gilt nicht. Man kann von der Erfüllungsklage stets zur Auflösungsklage übergehen. *Frankreich*: Cass. civ. 6. 1. 1932, D.H. 1932, 114;

Sobald danach der Käufer von seinem Recht, die Lieferung abzusagen, Gebrauch macht, ist der Verkäufer seinerseits von der Lieferungspflicht befreit. Hierfür genügt in den Gebieten der privaten Willenserklärung der formlose Ausspruch. In *Italien, Spanien* usw. genügt es, daß der Gläubiger die Klage auf Vertragsauflösung erhebt. Bis zu diesem Zeitpunkt einer aktiven Geltendmachung des Wahlrechts bleibt also der Regel nach der Verkäufer zur Lieferung der Ware verpflichtet.

3. Durch Schweigen des Käufers.

a) Fixgeschäft oder wesentliche Frist.

3. Ausnahmsweise aber wirkt schon das Schweigen des Käufers nach dem Ablauf der Lieferfrist als ein Verzicht auf die Lieferung.

a) Diese Ausnahme gilt beim Fixgeschäft in den Ländern, die darüber ausdrückliche Bestimmungen haben. Hier vermutet man, daß der Käufer nach Ablauf der Lieferzeit nicht mehr die Erfüllung wünscht, wenn er dies nicht alsbald wissen läßt; daher wird der Verlust seines Rechts auf die Lieferung angeordnet:

Deutschland HGB. § 376 Abs. 1 S. 2 für das Handelsfixgeschäft, die Anzeige muß „sofort" abgehen und zugehen

Japan HGB. § 287 ebenso

Österreich aBGB. § 919 S. 1, allg. HGB. Art. 357 Abs. 1, unverzüglich

Polen HGB. Art. 551 § 1 ebenso

Italien C. com. Art. 69, binnen 24 Stunden

und bei jedem bestimmten Liefertermin eines Handelskaufs:

Schweiz OR. Art. 190,

über *Frankreich* vgl. oben § 28, 3 c, § 51, 1 c.

Man kann sagen, hier gilt die Wesentlichkeit der Zeit auch gegenüber dem Gläubiger. Die Gesetze gehen zwar nicht soweit, deshalb weil der Vertrag mit der rechtzeitigen Lieferung „steht und fällt", ihm das Recht auf die Ware zwingend zu nehmen, aber er muß es doch ausdrücklich und baldigst ausüben.

In *Frankreich* finden sich Entscheidungen, die bei wesentlicher Frist den Anspruch des Käufers auf Lieferung scheinbar schlechtweg für ausgeschlossen erklären. Aber in die entschiedenen Fälle spielt der Gedanke der Verschweigung [1]) oder der der „zeitlichen Unmöglichkeit" [2]) hinein.

Rennes 28. 5. 1926, D.P. 1928. 2. 161, Note Crémieu mit weiteren Nachweisungen; *Niederlande*: H.R. 6. 1. 1888 W. 550, Wijnveldt p. 547 ff.; HG. v. Niederl.-Indien 15. 12. 1927, Ind. Tijdschr. **127**, 101; *Italien*: Cass. 11. 12. 1931, Riv. Dir. Com. 1932 II 172; HGB.-Entw. 1925 Art. 306; ferner unsere Z. 3, 282 nº. 8; über die *ibero-amerikanischen* Rechte oben § 32, nº. **32**. Der Käufer kann auch alternativ klagen, und entsprechend kann das Urteil auf Lieferung binnen bestimmter Frist, evtl. Auflösung ergehen (oben § 29, 1 c).

[1]) Besancon 24. 6. 1919, D.P. 1921. 2. 115.

[2]) Paris 30. 1. 1873, D.P. 1874. 2. 143.

b) Eine verwandte, sehr beachtliche Einrichtung, um die Ungewißheit des Verkäufers über seine Pflicht zu beenden, haben die *skandinavischen* Kaufgesetze für alle Käufe. In der Annahme, daß die Streichung des Lieferungsanspruchs aus den dem Käufer zustehenden Befugnissen dem Interesse des Verkäufers dient, wird sie in Skandinavien auch an eine Handlung des Verkäufers geknüpft: „Ist das Gut nicht geliefert, obschon die Zeit, da solches geschehen sollte, verstrichen ist, und wird der Käufer vom Verkäufer gefragt, ob er trotz des Verzuges das Gut annehmen wolle, so gebe er ohne unbegründeten Aufenthalt dem Verkäufer Nachricht darüber, oder er habe sein Recht verloren, Lieferung des Gutes zu fordern (Kaufges. § 26 S. 1). Es ist dasselbe Mittel, die Ungewißheit über die Ausübung einer Wahlbefugnis zu beenden, das das *deutsche* BGB. an vielen Stellen gebraucht und so auch zur Aufklärung darüber, ob ein Rücktrittsrecht ausgeübt wird (§ 355). *b) auf Interpellation.*

4. Im übrigen bleibt es in allen Gesetzen wiederum mit Ausnahme Skandinaviens den Vorschriften über die Verjährung überlassen, das fortdauernde Recht des Käufers auf die Erfüllung zu beenden. Das *skandinavische* Gesetz § 26 S. 2 besagt: „Hat der Verkäufer die eben erwähnte Anfrage nicht gestellt, so sei der Käufer gleichwohl des Rechtes verlustig, Lieferung des Gutes zu fordern, wenn er nicht binnen nicht übermäßiger Frist dem Verkäufer mitgeteilt hat, daß er dieses Recht ausüben wolle." *4. Verwirkung.*

In anderen Ländern tritt der gleiche Satz als eine Anwendung der allgemeinen Rücksicht auf Treu und Glauben in der Rechtsprechung hervor. Wenn ein Käufer mit der Geltendmachung des Rechts auf Erfüllung lange zögert und dadurch den Verkäufer in den Glauben versetzt, die Ware werde gar nicht mehr verlangt, so wird es ihm unter Umständen nicht mehr erlaubt, sie noch einzufordern. In der Regel besteht gegen ein solches Verhalten des Käufers der Verdacht, daß er die Entwicklung der Preise abwarten und auf Kosten des Verkäufers spekulieren wollte. Durch längere Zeit fortgesetzt wird dies als Unlauterkeit betrachtet; aber auch abgesehen von einer solchen hält man es für möglich, wegen der Untätigkeit des Käufers, allgemeiner wegen des passiven Verhaltens eines Rechtsinhabers, ihm die spätere Ausübung des Rechts zu verwehren.

So nimmt eine alte Praxis der *deutschen* Gerichte[1]) bei „illoyaler

[1]) Die ältesten Fälle beschäftigen sich mit der Verspätung des Selbsthilfeverkaufs (ROHG. **9**, 411; **14**, 395 u. a.). Über verspätete Geltendmachung der Kriegsklausel oder einer sonstigen Befreiungsklausel: RGZ. **88**, 143. 262; **91**, 108;

Verspätung" den Verlust von Rechten an, und daher wurde in dem langen Schweigen des vertragstreuen Gläubigers dessen Einverständnis mit dem Unterbleiben der Erfüllung gesehen. Als Verstoß gegen Treu und Glauben gilt dabei der Versuch verspäteter Geltendmachung, vielleicht aber mehr noch als dies die Hinausschiebung der Wahl selbst. Ein Verstoß gegen die guten Sitten wird nicht vorausgesetzt. Andererseits müssen besondere Umstände dazukommen, um einen solchen Verlust infolge illoyaler Verspätung zu bejahen, wie eine große Erschütterung der allgemeinen Verhältnisse, starke Veränderungen des Gegenstands oder der Preise, das Schweigen gerade der Partei, die in der Lage wäre, eine Klärung herbeizuführen usw. Es wurde gleichzeitig darauf hingewiesen, daß es keine Arglist, sondern zulässige Wahrung der kaufmännischen Interessen sei, wenn der Käufer mit seinem Anspruch auf Lieferung erst nach dem Steigen der Ware im Preis hervortritt; der Verkäufer habe ja dem Schwebezustand durch Angebot der Ware ein Ende machen können [1]).

Neuerdings ist das Reichsgericht aber überhaupt bemüht, den Gedanken „Verwirkung der Rechte" auf das Aufwertungsrecht und „einige Sondergebiete" einzuschränken [2]). Die jüngste Literatur freilich hält im Gegenteil den Gedanken für sehr wertvoll und gründet ihn im Einklang mit der bisherigen Rechtsprechung nicht auf einen stillschweigenden Verzicht, der einen Willen der Partei voraussetzen würde, sondern auf eine selbständige Wirkung von Treu und Glauben, so daß die Kenntnis der Partei von dem verlorengegangenen Recht gar nicht wesentlich ist [3]). Auch ein Verschulden wird derzeit in der Literatur nicht für nötig erachtet.

Das weitaus wichtigste Gegenstück liefern die *englischen* und *amerikanischen* Institute des estoppel und waiver [4]). Zu einer glei-

---

100, 258. Recht, die Nachfrist noch zu setzen: RGZ. **60,** 348. Bestimmung der Nachfrist wider Treu und Glauben: RGZ. **90,** 425. Verspätung des Lieferungsanspruchs auf Aktien von stark schwankendem Kurs: RG. Jur. Woch. 1929, 2143; von Aktien nach wesentlichen Veränderungen: ROHG. **20,** 335. Verzögerter Abruf: RGZ. **95,** 310 und oft. Weitere Urteile bei Staub-Heinichen, Anhang zu § 374 Anm. 147.

[1]) ROHG. **21,** 159; RGZ. **32,** 65; **36,** 86. Staub-Heinichen l. c. 148.

[2]) RGZ. **135,** 376; **144,** 22.

[3]) Riezler, Venire contra factum proprium, 153 ff.; Planck-Siber § 355, 2; Hamburger, Treu und Glauben im Verkehre (1930) 97; Siebert, Verwirkung und Unzulässigkeit der Rechtsausübung (1934); [Ruth, Jur. Woch. 1935, 227]; mit verschiedener Fassung der Voraussetzungen.

[4]) Über laches, acquiescence, estoppel siehe Siebert l. c. 43 ff.

chen Folgerung wie in Deutschland neigt man in der *Schweiz* [1]) und besonders in *Frankreich*. Wenn hier der Käufer die Wahl zwischen Erfüllung und Auflösung (C. civ. Art. 1610, 1184; oben § 28, 3) ungewöhnlich lange verzögert, so verliert er die Erfüllungsklage und zur Bekämpfung seines Spekulierens wird sein Schadenersatzanspruch nach dem Preisstand am Liefertermin berechnet [2]). Die Länge der Überlegungsfrist bestimmt sich nach Handelsbrauch [3]) oder Umständen. Bei längerem Schweigen unterstellt man aber auch öfter, besonders wenn die Ware einen schwankenden Preis hat, das Geschäft also schnell abgewickelt zu werden pflegt, eine „résolution amiable“ [4]), Auflösung durch Vereinbarung, wo der Vertrag bald als stillschweigend aufgelöst gilt, bald Auflösung mit Schadenersatz gewährt wird, wenn der Käufer mit einer Äußerung ungebührlich lange wartet, insbesondere bei Waren mit laufendem Preis, der schnelle Schwankungen erleidet.

5. Der Grundgedanke aller dieser Regelungen ist: Der Verkäufer soll nicht übermäßig lange gehalten sein, die Ware für einen Käufer bereit zu halten, der in der Geltendmachung seiner Rechte lässig ist. Er soll auch nach angemessener Frist erfahren, mit welchen Ansprüchen des Käufers er zu rechnen hat. Soweit die Zeit als wesentlich gelten wird, könnte man daran denken, die deutsche Fixgeschäftsregel zu verallgemeinern, daß Schweigen als Abgehen von der Lieferung gilt. Das wäre jedoch insofern bedenklich, als die Parteien zwar, wenn sie mit einer eigenen Klausel eine feste Zeitangabe als nicht überschreitbar gekennzeichnet haben, nicht aber in anderen Fällen wissen oder wissen müssen, wann die Frist zu Ende geht und zumal als sie ohne Fixklausel über die Wesentlichkeit der Zeitbestimmung verschiedener Meinung sein können. Das skandinavische Interpellationssystem empfiehlt sich für alle Fälle, die nicht mit dem Charakter eines Fixgeschäfts ausgestattet werden. Ob der sehr allgemeine und sehr elastische Gedanke der gegen Treu und Glauben verstoßenden Verspätung sich heute schon für eine internatio- *5. Bemerkung.*

---

[1]) v. Tuhr, OR. S. 549. Guhl, Festgabe f. Wieland 1934 S. 134 ff.

[2]) Besançon 24. 6. 1919, D.P. 1921. 2. 115.

[3]) Delayen, Homburg et Chotiau n°. 166, N. 110.

[4]) Douai 22. 1. 1925, Rec. Douai 1925, 88; Trib. com. Le Havre 25. 7. 1923, Rec. du Havre 1923/24. 1. 212 zitiert nach Juris-Classeur Civil Art. 1610/11 n°. 46 bis 48. Delayen, Homburg et Chotiau n°. 344 N. 19, 20. Eine solche résolution amiable ist ferner auf Grund längeren Untätigbleibens der Parteien angenommen worden, nachdem die Erfüllung längere Zeit hindurch durch force majeure verhindert gewesen war (Paris 5. 2. 1874 D.P. 1877. 2. 11.).

nale Regelung und namentlich eine spezielle Festlegung im Kaufrecht eignet, dürfte zu bezweifeln sein; wo er bis jetzt gilt, hat nur eine sehr taktvolle Handhabung ihn gerechtfertigt. Das System der Anfrage mit formalisierter Wirkung ist ihm überlegen.

6. Kapitel: „Vertragsaufhebung" und Schadenersatz wegen Nichterfüllung.

§ 56.

I. Vertragsaufhebung. Form und Folgen.

Wann der Käufer die Nichtlieferung als endgültig behandeln darf, ist im Vorstehenden (4. Kap.) erörtert worden. In allen Fällen, wo er in dieser Lage ist und wo nicht schon der Vertrag ipso iure erloschen ist — nachträgliche zufällige Unmöglichkeit der Leistung, Eintritt einer echten Bedingung —, hat er heute in allen Staaten das Recht, seine eigene Befreiung von der Preiszahlungspflicht zu bewirken. So nahe sich die Regelungen der Länder in ihren Grundgedanken stehen, ist die Ausgestaltung doch so mannigfaltig, daß wir nur die Hauptfragen einzeln herausheben können [1].

1. Die Geltendmachung. a) Auflösungsklage.

1. a) Der Code Napoléon hat bekanntlich das Verdienst, daß er erstmals unter den Gesetzbüchern dem vertragstreuen Teil neben der Klage auf Erfüllung ein umfassendes Mittel zum Abgehen von der Vertragsdurchführung zur Verfügung stellte. Obwohl er dazu die Denkform der stillschweigenden auflösenden Bedingung wählte, machte er deren Geltendmachung von Klage und Urteil abhängig. Man betrachtete es als eine unzulässige Selbsthilfe, sich eigenmächtig von der eigenen Verpflichtung loszusagen, und glaubte, diesen Eingriff in den Vertrag nicht der privaten Willenserklärung, sondern nur dem Gericht als staatlichem Organ zugestehen zu dürfen. Auf die Klage ergeht nach Ermessen des Gerichts, das auch eine Gnadenfrist einschalten kann, ein Auflösungsurteil. Mit der heutigen Prozeßlehre ist es als gestaltendes Urteil zu kennzeichnen.

Die Regelung gilt in allen Tochterrechten ebenfalls für Zivil- und Handelskauf.

Frankreich C. civ. Art. 1184, 1610
Niederlande B.W. Art. 1302, 1303, 1516
Italien C. civ. Art. 1165, C. com. Art. 67 Abs. 2

---

[1]) Rechtsvergleichende Ausführungen geben neuerdings Stoll, Arch. ziv. Prax. 131, 154 und Dikoff, Archivio giuridico 103, 3 ff. Zur Vorgeschichte seit dem 13. Jahrh. H. Mitteis, Rechtsfolgen des Leistungsverzugs beim Kaufvertrag nach niederländischen Quellen des Mittelalters, 1913, bes. 78 ff.

Spanien C. civ. Art. 1124, ebenso im Handelsrecht T.S. 29. 12. 1928, Sent. **186**, 879
Portugal C. civ. Art. 709, 1572
Rumänien C. civ. Art. 1020, 1021, 1320
Griechenland
Jonische Inseln C. civ. Art. 1048, 1411, 1412
Samos C. civ. Art. 1222, 1423
Kreta C. civ. Art. 852, 837.
Ägypten C. civ. mixte Art. 173, 177, (231), 347, 349
Argentinien C. civ. Art. 1454 (1420), C. com. Art. 216
Brasilien C. civ. Art. 1092 § unico in Verbindung mit Art. 119
Chile C. civ. Art. 1489, 1826 Abs. 2, 1877 Abs. 2; C. com. Art. 156
Mexiko C. civ. Art. 1949, C. com. Art. 376
Andere lateinamerik. Gesetze und Lehre: oben § 32 n°. 25/27
Franz.-ital. Entwurf Art. 47 Abs. 1.

b) Das *allgemeine* HGB. verwandelte den französischen Rechtsbehelf, indem es an die Stelle von Klage und Urteil eine außergerichtliche Erklärung des Rücktritts setzte [1]). Dem folgen *b) Rücktritt.*

Deutschland BGB. §§ 325, 326, 327, 349 und alle Lieferbedingungen mit Auflösungsklausel
Österreich aBGB. §§ 918, 920, allg. HGB. Art. 355
Schweiz OR. Art. 107
Polen OR. Art. 250, 252, 77
Skandinavien Kaufges. § 21.

Zu a) und b)

Der innere Grund, weshalb die Rechte des *französischen* Systems die Befreiung des Käufers grundsätzlich von einem gerichtlichen Ausspruch abhängig machen, kann längst nicht mehr die Regel: nul ne peut se faire justice à soi-même sein [2]), sondern liegt gegenwärtig in dem Gedanken, einen säumigen Verkäufer nicht sofort der Vertragsauflösung auszusetzen, vielmehr je nach Lage des Falles ihm noch die Möglichkeit zu geben, durch Nachholung der verspäteten Lieferung — richterliche Gnadenfrist! — den Vertrag zu retten. Liegt Teilunmöglichkeit oder zeitweilige Verhinderung vor, so löst das Gericht die wichtige Ermessensfrage, ob darum der ganze Vertrag sofort beseitigt werden soll oder nur teilweise oder gar nicht. Endlich spielt die praktische Erwägung mit, daß bei einem Streit der Parteien letzten Endes doch der Richter angegangen würde. Steht fest, daß die Lieferung nicht mehr erfolgen kann, so entfällt die erstere Erwägung. Dementsprechend betrachtet die französische Praxis in solchem Falle Auflösungsklage und Auflösungsurteil als

[1]) Über die Beweggründe zugunsten des Auflösungsrechts und gegen die Verkleidung als auflösende Bedingung sowie gegen die Notwendigkeit des Gerichtsweges s. Prot. z. Allg. D. HGB. S. 592 ff.

[2]) Demogue Rev. trim de droit civil 1907, 245; Cassin p. 354.

unnötig. So verläßt die Praxis bei Unmöglichkeit, ernstlicher Erfüllungsweigerung, schlechthin wesentlicher Leistungszeit das herkömmliche Prinzip des Auflösungsprozesses [1]). Praktisch noch viel häufiger gilt außergerichtliche Rücktrittserklärung auf Grund einer Vertragsklausel (clause expresse de résolution), die die ganze Ordnung der Auflösungsklage beseitigt.

Diese Ausnahmen gelten in den anderen zu a) genannten Ländern mit Abweichungen [2]).

Endlich entfällt nach dem *italienischen* Handelsgesetzbuch in einem besonderen Falle die Notwendigkeit richterlicher Vertragsauflösung. Wenn in einem Handelskauf die Leistungen beider Parteien gleichzeitig fällig werden und die eine Partei vor dem Fälligkeitstermin ihre Leistung ordnungsgemäß angeboten hat, während die andere Partei darauf ihre Verpflichtung nicht erfüllt, so ist der Vertrag ipso iure aufgelöst (C. com. Art. 67). Die Bestimmung ist in Italien selbst so umstritten, daß ihr Verständnis uns unmöglich ist.

Übernommen in
Venezuela C. com. Art. 149.

Offenbar ist sie einer der Versuche, über die veraltete gerichtliche Prozedur hinwegzukommen. In Italien sind diese Tendenzen heute sehr lebendig [3]); sie setzten schon im Entwurf des HGB. (1925) Art. 307 die Rücktrittserklärung — in ebenfalls nicht leicht begreiflicher Konkurrenz — neben die Auflösungsklage als zulässigen Behelf.

Schon die notwendige Beseitigung der Gnadenfrist führt daher zum Wegfall des rechtsgestaltenden Urteils. Das andere Motiv hat seine Geltung verloren, seitdem die ordentlichen Gerichte in weitem Ausmaß durch Schiedsgerichte ersetzt werden, und widerspricht heute den Anschauungen des internationalen Handels in entschiedener Weise. Als schwere Nachteile, die der Zwang zur gerichtlichen Auflösung mit sich bringt, beklagt man die Verzögerung und die unnötigen Prozeßkosten [4]). Diese selben Gründe gegen das französische

[1]) Oben § 29, 4 a.

[2]) Oben § 29, 5 b (*Italien*); § 32 n°. 28 (*spanisch-portugiesische* Rechte). In den *Niederlanden*, BWB. Art. 1302 Abs. 3, ist nach dem Gesetz — entsprechend älterer französischer Lehre (vgl. oben S. 211 N. 3) — auch bei ausdrücklicher auflösender Bedingung ein Angehen des Gerichts erforderlich. Im Vertrag kann aber — ausdrücklich oder auch stillschweigend — das Erfordernis der Klage ausgeschlossen sein, siehe z. B. Suijling n°. 319 p. 508, Hofmann p. 101 mit Nachweisungen aus der Rechtsprechung des H. R.

[3]) Vgl. unsere Z. 5, 817 n°. 2.

[4]) Lebret, Revue critique 1924, 611 ff., 618; Dikoff, Arch. giur. 103 (1930) 40.

System sind schon in den Beratungen zum Allg. Deutschen HGB. mit Erfolg geltend gemacht worden[1]). International-prozeßrechtliche Schwierigkeiten, die die Fällung eines Auflösungsurteils in den Ländern macht, die ein völlig gleiches Gestaltungsurteil nicht kennen, lassen sich überwinden. Es genügt, daß die modernen Rechte andere Gestaltungsurteile vorsehen[2]).

c) Die *englische* Auffassung, daß, sofern nichts anderes vereinbart ist, die Obliegenheiten zur Lieferung der Ware und zur Zahlung des Kaufpreises gegenseitig bedingt seien (concurrent conditions; vgl. S.G.A. sect. 28), führt sogar dazu, daß es nicht einmal einer Willenserklärung des Käufers bedarf. Ist der Verkäufer zur Lieferung nicht „bereit und willens", so ist eben der Käufer nicht zur Kaufpreiszahlung gebunden, er kann diese endgültig verweigern, ohne sich ersatzpflichtig zu machen. Der *amerikanische* Unif. S.A., der gleichfalls Lieferung der Ware und Kaufpreiszahlung als concurrent conditions bezeichnet (sect. 42), sagt ausdrücklich: „Wenn die Verpflichtung eines Teils eines Kaufvertrags abhängig ist von einer Bedingung, die nicht erbracht wird, so kann dieser Teil davon absehen, beim Vertrag weiter stehen zu bleiben...", sect 11 (1). Aber der Käufer kann auch „rescission" erklären. Der Erfolg ist praktisch derselbe (oben § 34, I 4). *c) ipso iure.*

Das *deutsche* Recht gibt dem vertragstreuen Teil gegen den vertragsbrüchigen die gleiche Möglichkeit, sich auf einen ipso iure eingetretenen Wegfall seiner eigenen Vertragspflicht zu berufen, da er es auch bei zufälliger Unmöglichkeit der Leistung könnte (BGB. § 325 Abs. 1 S. 3 in Verbindung mit § 323 Abs. 1); dies steht ihm auch nur zur Wahl neben dem Rücktritt und es gibt gewisse feine Unterschiede zwischen den beiden Folgen (oben § 24, 6).

---

[1]) Prot. z. allg. HGB. 592 ff.

[2]) Kann z. B. auf Grund des italienischen bürgerlichen Rechts ein zuständiges deutsches Gericht ein solches Urteil fällen, obwohl es nach deutschem Prozeßrecht ein Gestaltungsurteil zur Auflösung von Verträgen nicht gibt? Nach der Lehre von Zitelmann, Internat. Privatrecht II S. 285 f. würde die Zulässigkeit eines konstitutiven Urteils von der Anerkennung durch das maßgebliche ausländische Recht abhängen. (Ähnlich das RG. **116**, 193, aber nur hinsichtlich der Aufhebung eines ausländischen Schiedsspruchs, vgl. darüber übrigens Neuner, unsere Z. 3, 54). Frankenstein, Internat. Privatrecht I 326, 330 gibt keine eigene Lösung. In Wahrheit steht in einem Land, das andere Gestaltungsurteile kennt, gar nichts entgegen. Mit Recht hat das OLG. Karlsruhe in einem obiter dictum des Urt. 15. 4. 1903 (Niemeyers Z. 13, 413) sich zur Auflösung eines französischem Recht unterstehenden Kaufvertrags bereit erklärt.

2. Folgen: Befreiung des Käufers. a) Kaufpreiseinbehaltung und -rückforderung. Zinsen.

2. a) Die Folgen des Erlöschens oder der Nichtentstehung der Kaufpreispflicht sind verschieden, je nachdem ob der Käufer den Kaufpreis bereits gezahlt hat oder nicht. Im zweiten Falle kann er gegenüber einem Zahlungsverlangen des Verkäufers unter Berufung auf seine Befreiung die Zahlung verweigern, im ersten kann er — in allen Systemen — den gezahlten Betrag wieder zurückverlangen, und zwar in

Deutschland BGB. §§ 327, 347 S. 3
Österreich aBGB. § 921 S. 2, Ehrenzweig § 320 V 1
Schweiz arg. OR. Art. 195, 208
Frankreich vgl. Cass. Req. 8. 7. 25, Gaz. Pal. 1925. 2. 606
Italien vgl. Gasca n°. 1140
Peru C. civ. Art. 1373 [1]).

mit gesetzlichen Zinsen vom Empfang ab. Dagegen galt die aus dem zinsfeindlichen alten *Common Law* überkommene Unverzinslichkeit von Bereicherungsansprüchen [2]) bisher in England, während in den Vereinigten Staaten Zinsen immer häufiger gewährt werden [3]). Der *englische* Law Reform Act 1934 hat nun dem Richter erlaubt, bei der Verurteilung zugunsten von Geldansprüchen nach Ermessen Zinsen zuzusprechen.

In Skandinavien aber hat das Kaufgesetz die Frage der Zinsen den Landesrechten überlassen. *Dänemark* und *Schweden* geben nur Prozeßzinsen, und Almén will nur den betrügerischen Verkäufer von Anfang an auf Zinsen haften lassen (II 213; [3] 202). In *Norwegen* scheint der Käufer Zinsen vom Empfang ab zu erhalten (Norsk Retstidende 1910, 417).

Das *deutsche* Recht gestaltet den Rückforderungsanspruch auf Grund des Rücktritts schärfer als bei nicht zu vertretender Unmöglichkeit. Er wird in keinem Fall durch den Wegfall der Bereicherung berührt (§ 347).

b) Negatives Interesse.

b) Noch weiter im Schutze des vertragstreuen Teils geht das neue *schweizerische* Recht. Art. 109 revid. OR. gibt demjenigen, der wegen verschuldeter Verzögerung durch den anderen Teil vom Vertrag zurücktritt, einen „Anspruch auf Ersatz des aus dem Dahinfallen des Vertrags erwachsenen Schadens", also auf das negative Interesse. Unter diesem Titel kann im Unterschied zum Erfüllungsinteresse der Ersatz der Aufwendungen verlangt werden, die in Erwartung der

---

[1]) C. S. 25. 8. 1928. Anales Judiciales **24**, 141 (148).

[2]) Vgl. Walker v. Constable (1798) B. & P. 306, 126 E. R. 919, 1, De Bernales v. Fuller (1810) 2 Campb. N.P. Cas. 426; 170 E.R. 1206.

[3]) Vgl. John A. Coveney, Money Received, in 42 Corpus Juris 72, Vanderpool v. Burkitt 113 Ore. 656, 234 Pac. 289.

Durchführung des Vertrags gemacht wurden; ebenso der *ungarische* Entw. II § 1078 und der *griechische* Entw. Art. 98 Abs. 2 [1]).

In der deutschen Literatur zeigt sich soeben eine diesem Recht günstige Meinung [2]), die sich sehr eng an den in Deutschland gewährten Vertrauensschadenersatz bei culpa in contrahendo anlehnen kann.

Im übrigen ist aber überall, wo Schadenersatz neben Rücktritt oder Vertragsauflösung gewährt wird, schon nach dem Gesetz klar, wie in

Skandinavien Kaufges. § 25
Österreich aBGB. § 921
Polen OR. Art. 253

oder doch wie in *Frankreich*, den *Niederlanden* [3]), *Italien* und in anderen *romanischen Rechten* in Lehre und Praxis unbestritten, daß damit nicht wie in der Schweiz geradezu der negative Schaden, sondern eigentlich das Erfüllungsinteresse gemeint ist.

Freilich werden in einer Anzahl von Ländern von den Gerichten tatsächlich alle Kosten des Vertrags oder der Vorbereitung zur Empfangnahme der Ware vergütet, was sehr gewiß nicht positives, sondern negatives Interesse bedeutet. So gibt die Praxis in *Skandinavien* derartige Kosten, z. B. die der Faute-Fracht, zwanglos nach Aufhebung des Vertrags. Anscheinend tut sie dies am ehesten in Fällen, wo ein positiver Schaden nicht nachgewiesen wird [4]). Auch aus *Frankreich* wird stellenweise berichtet, daß Vertragskosten ersetzt werden [5]). Das alles mag aber auf ähnliche Erwägungen zurückgehen, wie sie RGZ. **127**, 248 f. angestellt hat, das solche Kosten als ersten handgreiflichen Schaden zugebilligt hat, davon ausgehend, daß der Käufer sie wieder herausgewirtschaftet haben würde, wenn er die Ware bekommen hätte [6]). Dementsprechend billigen für

[1]) Der Vorentwurf von Triantaphyllopoulos hatte diese Bestimmung noch nicht; vgl. Schedion p. 392 N. 21.

[2]) Stoll, Arch. ziv. Prax. 131 (1929) 141 ff. Die Gesetzgebung kennt nur in dem Sonderfall des Rücktritts des Verkäufers beim Abzahlungsgeschäft einen Anspruch auf Ersatz der infolge des Vertrags gemachten Aufwendungen (Abzahlungsgesetz von 1894 § 2, Abs. 1, Satz 2).

[3]) Hofmann p. 107, Suijling n°. 374 p. 587 ff.

[4]) Es ist uns wenigstens bisher kein Fall bekannt geworden, wo beides zugleich gewährt wird. Im übrigen s. oben § 39, 2.

[5]) Vgl. Juris-Classeur Civil Art. 1610—1611 n°. 68, allerdings ohne Nachweisungen.

[6]) Dem zur Seite steht etwa der Rostocker Getreideschlußschein, der zur Ergänzung von nur 3% Gewinnvergütung die Kosten ersetzen läßt, die nachweislich erwachsen sind, „z. B. durch Befrachtung von Schiffsraum", vielleicht auch Rigaer Börsenusancen für Exportwaren § 9: „alle aus der Nichterfüllung des Vertrags entspringenden Refaktien und Kosten"; Handbuch des Landesproduktenhandels 1929.

Skandinavien Lassen[1]) und Munch-Petersen[2]) die Zusprechung solcher Kosten nur dann, wenn diese durch das positive Interesse gedeckt wären, was nach ihrer Meinung bei Geschäften, die dem Käufer einen Gewinn gebracht haben würden, stets der Fall wäre; ohne diese Voraussetzungen würden sie diese Kosten als echtes negatives Interesse ersetzen lassen, wenn sie durch rechtswidriges Tun oder Unterlassen (culpa in contrahendo) des anderen Teils veranlaßt seien. Almén zweifelt überhaupt an dem Wert der Unterscheidung zwischen positivem und negativem Interesse. Er meint — in schwer verständlichen Auseinandersetzungen — die Kosten seien zu ersetzen, weil ihre Aufwendung infolge der Nichterfüllung „nutzlos" geworden sei[3]), und will den Ersatz insoweit versagen, als der Käufer bei Erfüllung einen Verlust erlitten hätte[4]).

Andere Erscheinungen in *Frankreich* und *Italien*, wie der Zuspruch von Zinsen und Verwendungen, auch Ersatz für verbrauchte Sachen, gehören gar nicht, wie bisweilen angenommen wird, zum Schadenersatz — das wäre freilich negatives Interesse! —, sondern zu den Folgen der Vertragsauflösung[5]). In den meisten Ländern ist eben noch heute nicht wie in Deutschland der scharfe Unterschied zwischen positivem und negativem Schaden durchgedrungen. Wo das Problem erkannt ist, wird es denn auch entschieden abgelehnt[6]), aus der gesetzlichen Schadenersatzpflicht bei Vertragsauflösung einen Anspruch auf das Vertrauensinteresse herauszulesen.

Auch in *Österreich*, wo Ehrenzweig unter dem Einfluß der unglücklichen Unterscheidung zwischen lucrum cessans und damnum emergens bei geringem Verschulden neben dem Rücktritt negatives Interesse gewähren will[7]), z. B. einem Verkäufer den Ersatz des Minderwerts der zurückverlangten, beim Käufer zufällig beschädigten Ware, sowie Auslagen an Fracht, Provision und dergleichen, lehren alle andern, daß § 921 das Differenzinteresse an der Erfüllung des Vertrags gibt[8]).

[1]) Lassen, Obligationsretten § 43 II 2.

[2]) Munch-Petersen, T. f. R. 11 (1898) S. 20—31.

[3]) Solche Erwägungen begegnen auf historisch älterer Stufe, so gewährt Pothier, Vente n°. 131 dem Käufer Ersatz der Vertragskosten, weil sie „deviennent en pure perte pour lui".

[4]) Almén I 377 ff.; [3] 355 ff.; ihm folgend Svea Hov.R. 2. 2. 1917, Sv.J.T. 1917, 197 f.

[5]) Vgl. das Nähere oben § 30, 1 S. 213 f.

[6]) So Dikoff, Arch. Giur. 103 (1930) p. 18, 49.

[7]) Ehrenzweig II, 1, § 320, V, 2, S. 211. ihm folgend Stoll 159.

[8]) Vgl. Klang-Pisko zu aBGB. § 921. Der Bericht der Herrenhauskommission zur Novelle (v. Schey) S. 167 verwarf das negative Interesse ausdrücklich.

Dem *Common law* ist ein Anspruch auf den Vertrauensschaden systemfremd. Er ließe sich dort aus keinem Gesichtspunkt begründen, würde auch der vom common law im Interesse einer raschen glatten Abwicklung angestrebten Typisierung widersprechen[1].

Kritik.

Daß trotz der einem weitgehenden Vertrauensschadenersatz sehr zugeneigten deutschen Tendenz ein solcher Ersatz für den Rücktrittsfall in Deutschland weder gesetzlich angeordnet, noch — von wenigen Ausnahmen abgesehen — in der Literatur befürwortet und, wie mit Nachdruck beigefügt sei, dem Formularrecht fast völlig fremd ist, deutet an, daß ein besonderes praktisches Bedürfnis für einen solchen Anspruch nicht besteht. Seine Zubilligung würde im angelsächsischen System auf ernste Schwierigkeiten stoßen. Es müssen dagegen auch grundsätzliche Bedenken geltend gemacht werden[2]. Ehe die moderne Theorie, zuerst Ihering in seiner berühmten Abhandlung von 1873, den Begriff des negativen Interesses erfaßte, hatte man ihn gelegentlich mehr oder weniger unbewußt angewendet, eine scharfe Scheidung des negativen von dem positiven Interesse aber wohl niemals durchgeführt. Dies gilt ebensowohl von den römischen Klassikern als von Justinian und wiederum von dem preußischen Allgemeinen Landrecht und dem österreichischen Allgemeinen Bürgerlichen Gesetzbuch. Es gilt heute noch von der Praxis in Frankreich und in Skandinavien. Zugrundeliegen dürfte allen diesen Erscheinungen, die vom rein logischen Standpunkt aus anfechtbar erscheinen, die ständige alte Sorge, die in Schadenersatzprozessen Richter und Parteien erfüllt: nämlich die Frage, wie denn die Verurteilung zum Schadenersatz sich im einzelnen Fall auf bestimmte Ziffern stützen läßt. Diese Sorge ist für den praktischen Juristen sehr viel wichtiger als die Beobachtung einer untrüglichen Linie zwischen dem positiven und dem negativen Schaden. In den Fällen, wo sich ein Schadenersatz wegen Nichterfüllung schwer beweisen läßt, ist es nicht zu verwundern, daß gegenüber dem schuldhaft säumigen Schuldner und vollends gegen denjenigen, der die Leistung selbst vereitelt hat, eine Rechnung der nutzlos verausgabten Kosten

---

[1]) Auch in *England* und *Amerika* kommt es bezeichnenderweise vor, daß der vertragstreue Teil Kosten liquidiert, z. B. der Verkäufer für showing his title. Aus der Alternative, daß entweder Auflösung oder Schadenersatz gefordert werden kann, folgert man aber richtig, daß solche Kosten nicht zustehen. Fry-Northcote, Specific performance, 6. Aufl. p. 548.

[2]) Das Folgende stützt sich auf meine Auffassung vom Wesen des Vertrauensschadens, dargelegt Zeitschr. f. schweiz. Recht N.F. 27 (1908) 294 f., 316 ff.

aufgestellt wird. Mit diesen unschuldsvollen Verwechslungen fortzufahren ist aber heute nicht mehr am Platze. Hat man begriffliche Klarheit über das negative Interesse gewonnen, so erkennt man, daß es weder vom theoretischen noch vom praktischen Standpunkt zu überwältigenden Schwierigkeiten führt, wie seine Gegner immer wieder zu behaupten pflegen. Der Unterschied zwischen der Berechnung des positiven und der des negativen Interesses beruht einzig und allein in dem verschiedenen Ausgangspunkt: Positives Interesse ist der Schaden, der aus der Nichterfüllung des Vertrages hervorgeht; negatives Interesse ist der Schaden, der aus dem Vertrauen auf die Gültigkeit einer Erklärung oder auf die Gültigkeit eines Vertrages oder auf die Verläßlichkeit einer Handlung usw. folgt. Aber aus der mehr oder weniger einwandfreien Durchführbarkeit der Berechnung ergibt sich auf der anderen Seite nicht seine schrankenlose Angemessenheit. Das moderne Recht schützt in vielen Fällen das Vertrauen in eine nichtige oder unwirksame Erklärung oder Handlung durch die Sanktion des Schadenersatzes. Im heutigen deutschen Privatrecht ist auch eine berechtigte Neigung vorhanden, bei der Verletzung von Redepflichten während der Vertragsverhandlungen (culpa in contrahendo) grundsätzlich das negative Interesse zu gewähren. Dagegen ist es befremdlich, daß der vertragstreue Teil bei gültigem Vertrag, den er auch selbst aufrecht halten will, um daraus Schadenersatzfolgen zu ziehen, einfach wegen mangelhafter Erfüllung sich auf den Standpunkt stellen dürfte, er sei zu behandeln, als wenn der Vertrag nicht geschlossen worden wäre. Dies läuft darauf hinaus, daß er gegen falsche Spekulationen in den vorigen Stand versetzt werden soll.

Man mache nicht geltend, daß es doch allgemein geübte Billigkeit ist, dem vertragstreuen Teil den „Rücktritt" zu ermöglichen. Dies ist in der Tat anerkannt, seitdem der Code civil die action en résolution eingeführt hat, damals noch unter der Einkleidung einer den gegenseitigen Verträgen anhaftenden stillschweigenden gegenseitigen Bedingung; wenn nämlich der eine Teil den Vertrag nicht erfüllt, so gilt die Verpflichtung des anderen nicht. Dieser Gedanke beruht in Wahrheit auf dem voll entwickelten funktionellen Synallagma. Von ihm aus kann man aber nicht zu einer Ersatzpflicht hinsichtlich der Kosten gelangen, die der Gläubiger ein für alle Mal auf Grund seiner internen Geschäftsüberlegungen zum Abschluß oder zur Erfüllung des Vertrags aufgewendet hat.

Umgekehrt ist das Erstaunen gerechtfertigt, mit dem in der

Schweiz gefragt wird, warum der „zurücktretende" Käufer nur das negative und nicht das positive Interesse bekommen soll [1]). Damit betreten wir ein anderes Gebiet. Die ganze Frage nimmt nämlich ein völlig anderes Gesicht an, wenn das internationale Gesetz statt der wenig zweckmäßigen Wahl zwischen Rücktritt und Schadenersatz, wie dies bald im folgenden begründet wird, einen kombinierten Rechtsbehelf aufstellt, mit dem der vertragstreue Teil jedenfalls seine eigene Leistung zurückzuhalten oder wiederzuerlangen berechtigt ist und außerdem den Schadenersatz verlangen kann. Bei dieser Regelung wird, anders als bei der sonst gleichartigen vieler bisheriger Rechtsordnungen, die grundsätzliche Berechenbarkeit und sogar Durchschnittsmäßigkeit des Schadens in erster Reihe anzustreben sein. Wie im englischen Recht wird die abstrakte Berechnung die Regel zu bilden haben, auch wird im Entgegenkommen an das englische Recht die Klage auf Erfüllung einzuschränken sein. Je mehr sich das neue Gesetz hierdurch den englischen Gedankengängen anschließt, desto mehr entfällt die Grundlage der Idee, wonach das Vertrauen in die Erfüllung einen Ersatz der von dem individuellen Käufer verauslagten Kosten begründen soll. Dagegen ist die allgemeine Anordnung der Verzinsung des zurückzuzahlenden Kaufpreises, die sich bisher als möglich und zweckmäßig empfahl, durch das neue englische Gesetz selbstverständlich geworden.

§ 57.

II. Verhältnis von Aufhebung und Schadenersatz.

1. Konkurrenz: Ein oder zwei Rechtsbehelfe?

1. Das Rücktrittsrecht und der Anspruch auf Ersatz des Erfüllungsinteresses, auf Schadenersatz wegen Nichterfüllung, sind vom *deutschen* Gesetz (§§ 325, 326) als einander streng ausschließende Rechtsbehelfe geordnet. Dem vertragstreuen Teil wird die Wahl zwischen zwei Standpunkten gelassen: Entweder er stützt sich auf den gültigen Vertrag, verlangt also so gestellt zu werden, wie wenn der Vertrag richtig durchgeführt worden wäre. Oder er bringt den Vertrag zur Auflösung mit Wirkung nach rückwärts hin (ex tunc) und braucht selbst nicht zu leisten oder kann, was er schon geleistet hat, zurückverlangen. Dagegen steht ihm in diesem Fall

[1]) Boßhardt, Schweiz. Jur. Z. 30 (1930) 81 ff. Besonders aber ist auf die Kritik zu verweisen, die Simonius, Z. f. schweiz. Recht, N.F. 37 (1918) 254—262 an der Neuerung des rev. OR. Art. 109 Abs. 2 übt.

kein Ersatz für den Verlust zu, den er durch das Ausbleiben der Leistung erlitten hat.

Gleicherweise unterscheiden

allg. HGB. Art. 355, 356 [1])
Schweiz OR. Art. 107, 109 [2])
Ungarischer Entw. 1928 §§ 1147, 1155
Griechischer Entw. Art. 86, 87.

Auch im *Common Law* trennen sich die Ansprüche auf Rückforderung der eigenen Leistung und auf den Schadenersatz wegen Nichterfüllung scharf voneinander, wiewohl die beiden Institute nicht systematisch in solcher Gegensätzlichkeit wie im deutschen Recht entwickelt sind. Gerade das Bedürfnis logischer Sauberkeit veranlaßte den *amerikanischen* Uniform Sales Act, bei der Beurteilung der Nichterfüllung von Verkäuferpflichten die Lehre von der condition zu ändern. Im *englischen* Recht besteht, wenn eine wesentliche Vertragsbedingung (condition) sich nicht bewahrheitet, der anscheinende. Widerspruch, daß der Vertrag gleichzeitig als bestehend und als nicht bestehend behandelt wird. Um dies zu vermeiden, macht das amerikanische Gesetz aus der condition nur noch das Recht, den Vertrag als hinfällig zu betrachten, also eigentlich den Vertrag mit Wirkung ex tunc aufzuheben. Da dieses und das Recht auf Schadenersatz zur Wahl des Gläubigers stehen, ist das Gegenstück zum deutschen Recht ziemlich vollständig. Der vertragstreue Teil kann nicht "both affirm and rescind the contract" [3]); danach wird das Verhalten des Gläubigers vor und im Prozeß ausgelegt. Die Ausschließlichkeit der beiden Mittel steht fest nach Jessel M. R. in Henty v. Schröder 12 Ch.D. 666, und es steht in der Wahl des Käufers, ob er den Vertrag auflöst (rescind), wodurch der Vertrag vollkommen mit allen Konsequenzen (Schadenersatz, Vertragsstrafen usw.) vernichtet wird, oder ob er ihn aufrechterhält (affirm), was zum Verlangen von Schadenersatz führt [4]). Die beiden Behelfe schließen sich gegenseitig aus. Man kann also nicht behaupten, daß die logisch korrekte Auseinanderhaltung der beiden Befugnisse im *deutschen* BGB. allein besteht.

---

[1]) Vgl. oben § 20, II; § 26, IV 3.

[2]) Vgl. oben § 27, II 2.

[3]) Vgl. z. B. United Engine Co. v. Junis (1923) 195 N.W. 606 (Iowa) bei Llewellyn 426 ff.

[4]) Dies alles lehrt sehr entschieden T. Cyprian Williams, Law Journal 71 (1931) I 390, glaubwürdig, obwohl die Frage m. W. sonst kaum behandelt wird und die eigenen Belege des Verf. nicht recht beweisen. Ob in *Schottland* der Satz: „a man shall not approbate and reprobate" dasselbe Ergebnis trägt, ist nicht leicht zu ersehen.

Um solche Rücksichten kümmert sich aber das *romanische* System der Auflösungsklage nicht. Diese geht auf résolution du contrat und zugleich (bei Verschulden) auf Schadenersatz wegen Nichterfüllung.

Argentinien C. civ. Art. 1454 (1420), 639 (605), C. com. Art. 467
Brasilien C. civ. Art. 1092 § unico
Frankreich C. civ. Art. 1610, 1611, 1184, Abs. 2
Französisch-italienischer Entwurf Art. 47 Abs. 1
Niederlande B.W. Art. 1303, 1516
Italien C. civ. Art. 1165, C. com. Art. 67 Abs. 2, 3
Österreich aBGB. § 921 S. 1
Polen OR. Art. 253
Skandinavien Kaufges. §§ 21, 25
Spanien C. civ. Art. 1124, C. com. Art. 62, 329
andere latein-amerikanische Rechte oben § 32 n°. **25** f., **36**.

Sowohl die Verfasser des *skandinavischen* Kaufrechts als die der *österreichischen* Teilnovelle und ebenso die des neuen *polnischen* Gesetzbuchs haben kein Bedenken getragen, die französische Verbindung von Vertragsaufhebung und Schadenersatz in das System des außergerichtlichen Rücktritts zu verpflanzen, sodaß der Käufer auf Grund des Rücktritts auch den den Kaufpreis übersteigenden Schaden geltend machen darf.

Konstruktion und Kritik.

Die Konstruktion dieses doppelten Rechtsbehelfs ist nun allerdings in den angeführten Gesetzen zumeist recht unklar. Namentlich die französische und italienische Literatur sind von Zweifel erfüllt. Dort ist ja sogar streitig, ob auch der Rücktritt oder bloß der Schadenersatz durch Verschulden des Beklagten bedingt ist; in der französischen Rechtsprechung wird jenes verneint, in der italienischen bejaht [2]). Wer von der klaren Unterscheidung der deutschen Doktrin herkommt, ist geneigt, die Verbindung der Behelfe zu verwerfen, und in der Tat hat neuerdings der bulgarische Jurist Dikoff [1]), ein Kenner des deutschen wie des italienischen Zivilrechts, die Meinung vertreten, daß die romanischen Gesetze in Wahrheit zwei verschiedene Rechtsbehelfe vereinigen: Nach Abs. 1 des Art. 1165 C. civ. it. sei das Auflösungsurteil wirklich konstitutiv und hebe den Vertrag auf, nach Abs. 2 a. E. lasse es den Vertrag bestehen und könne deshalb Schadenersatz zubilligen. Aber die Theorie muß immer im Stande sein, ein lebendiges Gebilde zu erklären, und der Aufbau der beiden Rechtsmittel auf einer einzigen Grundlage ist keineswegs ab-

[1]) Dikoff, Arch. Giur. 103, 23.

[2]) Derselbe Gegensatz in den *spanisch-portugiesischen* Rechten oben § 32 n° **33**, **34**.

surd. Daß diese Kombination von Preisrückforderung und überschießendem Schadenersatz einer Stufe in der geschichtlichen Entwicklung des Schadenersatzes aus Vertrag entspricht, sei nur nebenbei erwähnt [1]). Im Zuge der deutschen Gesetzgebung seit den Vorarbeiten zum allgemeinen HGB. bis zum BGB. und seither hat man sich zwar immer wieder die beiden Typen der Rechtsbehelfe gegensätzlich vor Augen gestellt. Aber genau betrachtet sind die beiden nicht einmal in *Deutschland* jemals praktisch in ihrem vollen Gegensatz durchgeführt worden — hier Vernichtung des Vertrages, als ob er nie bestanden hätte, dort volle Ausführung des Vertrages mit bloßer Ersetzung der einen Leistung durch Schadenersatz.

Sonst müßte man vor allem diese Konsequenz ziehen: Wenn der Schadenersatz wegen Nichterfüllung lediglich als Surrogat der ausgebliebenen Leistung in das Vertragsgefüge eingesetzt werden soll, so muß der vertragstreue Teil seine eigene Leistung erbringen (Austauschtheorie). In der Tat hat Planck, der Redaktor des BGB., diese Theorie verteidigt, und sie ist in der Schweiz sogar noch heute die orthodoxe Lehrmeinung beim bürgerlichen Kauf. Aber das alte HGB. kannte diese Verwicklung nicht, und die Rechtsprechung hat sich seitdem, vor und nach dem Inkrafttreten des BGB., immer an die Differenztheorie gehalten, wonach der Gläubiger von seiner Pflicht befreit wird und der Schaden sich in der Differenz zwischen dem Wert der beiden Leistungen ausdrückt. Dem folgt nun auch längst die maßgebliche Theorie [2]) mit der von Strohal zum Siege gebrachten Modifizierung, daß der Gläubiger nach seiner Wahl doch die Austauschtheorie benutzen, d. h. seine eigene Leistung durchführen und den Schaden in vollem Wert der ausbleibenden Gegenleistung berechnen darf. Für einen Käufer als Gläubiger hat dies allerdings ein geringes Interesse, es kann aber für einen Verkäufer oder einen Tauschenden als Gläubiger wichtig sein. Damit zeigt sich zugleich, daß die ganze Frage, wie es mit der Gegenleistung steht, der Ausgestaltung des Schadenersatzes überlassen werden kann. Behält aber der Gläubiger seine Leistung zurück, so kommt das Ergebnis auf einen Rücktritt mit überschießendem Schadenersatz hinaus. So hat

---

[1]) Meine Haftung des Verkäufers (1902) 145 ff. (römisches Recht); 301 ff. (Urkundenpraxis im Mittelalter).

[2]) Volle Übersicht bei den Kommentaren zu § 325, besonders Oertmann Bem. 1 b. Anders neuerdings F. Leonhard, Allg. Schuldrecht 486, indem er die Differenzberechnung nur erlauben will, wenn dem Gläubiger die Erfüllung nicht zuzumuten ist.

man auch in Österreich erkannt, daß in der Differenztheorie Rücktrittswirkungen liegen [1]). Die Differenztheorie dringt auch in der Schweiz, den doktrinären Meinungen entgegen, in der Rechtsprechung und im Schrifttum vor, sicherlich unaufhaltsam [2]).

Die kunstreiche Scheidung zwischen Rücktritt und Schadenersatz hat sich aber in wichtigen Teilen des Rechtsverkehrs nicht einmal heute noch in den mitteleuropäischen Ländern durchgesetzt. Immer wieder begegnen Erklärungen von Käufern, den „Vertrag zu annullieren" oder „zurückzutreten", ohne daß der Erklärende an den Verzicht auf Schadenersatz denkt und häufig, indem er gleichzeitig auch Schadenersatz verlangt [3]). Ja in vielen Lieferungsbedingungen in Mitteleuropa selbst, um von den anderen Ländern nicht zu sprechen, ist die gesetzliche Unterscheidung unbekannt, und Rücktritt bedeutet soviel wie der populäre Ausdruck Verzicht auf die Ware, nämlich das Abgehen von der Naturalerfüllung, mit oder ohne Schadenersatz, den der Käufer wegen Nichterfüllung fordern darf [4]). Sogar in dem von dem Reichsverband der deutschen Industrie mit dem Verein Hamburger Exporteure nach sorgfältigen Verhandlungen abgeschlossenen Abkommen über Lieferbedingungen ist nur von solchem Verzicht gesprochen, so daß der Bearbeiter dieser Bedingungen Martin Leo, daraus entnahm [5]), „daß der Anschauung des Verkehrs die dem Gesetz eigene scharfe Scheidung zwischen Rücktritt und Schadenersatz nicht geläufig ist". Dies wissen aber auch, obwohl vielleicht nicht in dem vollen Umfang, die Gerichte. Daher sind sie durchaus geneigt, in Käufererklärungen wie den angeführten dem Wortlaut zuwider keine Erklärung des Rücktritts zu erblicken, sondern eine „untechnische" Ausdrucksweise anzunehmen. Dies ge-

---

[1]) Pisko, Lehrbuch S. 187 ff.; Stoll S. 159 verweist darauf mit Recht.

[2]) BGE. 54 II 312 gibt die Übersicht der Meinungen und scheint der Differenztheorie eher geneigt. Boßhardt, Schweiz. Jur. Z. 30 (1933) 80; Guhl, Festgabe für Wieland 145.

[3]) „Unter Kaufleuten ist allgemein üblich, sich des Ausdrucks ‚vom Vertrag zurücktreten' zu bedienen, wenn auf die Gegenleistung verzichtet und Schadenersatz gefordert werden soll." Entsch. Zürich, Bl. f. Zürch. Rechtspr. 18, S. 329. Praxis des BG. 5, S. 4: „ich annulliere den Auftrag und werde Sie für den ganzen aus der Nichterfüllung erwachsenen Schaden haftbar machen."

[4]) Z. B. die industriellen Lieferungsbedingungen bei Müllereisert, Allg. Lieferungsbed. geben eine Verzugsentschädigung von höchstens 5% des Lieferungsbetrages und lassen daneben den „Rücktritt" zu. In zahlreiche Bedingungen ist allerdings der gesetzliche Begriff des Rücktritts, der Schadenersatz ausschließt, eingedrungen.

[5]) M. Leo, Die neuen Geschäftsbedingungen des deutschen Außenhandels, S. 26.

schieht sowohl in Deutschland [1]) wie in der Schweiz [2]). Reichsgericht und Bundesgericht haben aber die gleichen Schwierigkeiten darin gefunden, daß ein Rechtsanwalt auf eine so untechnische Information der Partei hin dem Gegner ebenso ungenau geschrieben hat [3]). Man darf wohl mit dem schweizerischen Schriftsteller Boßhardt [4]) den Rechtszustand unbefriedigend finden und nicht mit Th. Guhl [5]) fordern, daß das Bundesgericht durch eine strenge Entscheidung den Verkehr erziehen möge.

Auch daß man die Wahl des Rücktritts nach der Wahl des Schadenersatzes noch erlaubt, entspricht jenen wohlwollenden Tendenzen; daß man das Umgekehrte glaubt ausschließen zu müssen, folgt allerdings aus der doktrinären Schärfe der Gesetze.

Schließlich läßt es sich das deutsche BGB. §§ 346 ff. selbst angelegen sein, beim Rücktritt, der doch den Vertrag glatt vernichten soll, die Rückgewähransprüche in besonderer Weise zu bestimmen, abweichend von den Vorschriften, nach denen die Erfüllung eines nichtigen Vertrages rückgängig gemacht werden kann.

„Aufhebung." Hiernach dürfte es sich auch vom Standpunkt der mitteleuropäischen Bedürfnisse aus rechtfertigen, das in der Welt so weit vorherrschende System anzunehmen, wie es schon die österreichische Teilnovelle für das bürgerliche Recht getan hat [6]). Die Kombination von Rücktritt und Schadenersatz ist dann theoretisch so zu verstehen, daß der Vertrag aufrecht bleibt, aus dem Vertrag selbst beide Teile das Recht auf Rückstellung der Leistungen haben und gegebenenfalls der vertragstreue Teil den restlichen Schadenersatz erhält. Diese Auffassung bietet in Wahrheit keine sachlichen Schwierigkeiten, freilich aber sprachliche, da unsere Rechtsausdrücke, und zwar in allen Sprachen, neben den Begriffen der Entschädigung nur solche enthalten, die auf eine Vernichtung des Vertrages hindeuten. So wird unter "rescission" regelmäßig verstanden, daß the whole contract is avoided, dafür werden die Regeln aufgestellt, und wer die Lage beim vorzeitigen Vertragsbruch des Verkäufers darzustellen wünscht, wo der Käufer die Erfüllungsweigerung annimmt, aber Schadenersatz

---

[1]) Zuletzt RGZ. **126**, 69; oben § 25, 5.

[2]) BGE. **29** II 517; **49** II 35; **54** II 311; Blätter f. Zürch. Rspr. 18 n°. 171 S. 329 („ich erkläre den Vertrag als in vollem Umfang aufgehoben"); Schweiz. Jur. Z. **16**, **372** („se départir du contratt"). Vgl. Simonius, Z. f. Schweiz. Recht N.F. 27, 261; Stoll 161.

[3]) RG. Jur. Woch. 1932, 1205, BGE. **44** II 506.

[4]) Schweiz. Jur. Z. 30 (1933) 81 ff. [5]) Festgabe für Wieland 138, 141.

[6]) Aus verwandten Gründen! Komm.-Bericht (v. Schey) 166 ff.

aus dem Vertrag begehrt, muß sich Mühe geben, diese "rescission" nicht mit der eigentlichen zu verwechseln[1]). Auch ist es den Bemühungen des Kaufkomitees nicht gelungen, den französischen Ausdruck résolution, der in den geltenden romanischen Rechten so viel Verwirrung mitbringt, durch einen passenderen zu ersetzen. Die Ausdrücke Auflösung des Vertrages und Rücktritt sind vollends für die Zerstörung des Vertrages festgelegt. In der ersten und zweiten Lesung des allgemeinen deutschen Handelsgesetzbuchs benutzte man in dem hier gemeinten Sinn sehr passend die Wendung: „Will der Verkäufer oder der Käufer vom Vertrag abgehen...", indem man darunter das Abgehen mit Schadenersatz verstand[2]).

In *Skandinavien* ist die Frage gut erkannt, indem Almén I 281 den Gesetzesausdruck häfva köpet, „den Kauf aufheben", dahin versteht, daß nur die Lieferungspflicht des Verkäufers und in deren Folge auch die Preiszahlungspflicht des Käufers aufgehoben sei. Hierdurch angeregt möchte ich mangels eines Besseren den noch nicht so stark festgelegten Ausdruck Aufhebung auch für den deutschen Sprachgebrauch empfehlen. Er hat eine reichere Wortfamilie als der Ausdruck „abgehen".

2. Der Bereich. a) Wann steht Schadenersatz zu?

2. a) Der Schadenersatzanspruch wegen endgültiger Nichterfüllung steht in allen Systemen nur und immer zu, wenn der Verkäufer die Nichterfüllung zu verantworten hat, sich also nicht durch ein in dem einzelnen System anerkanntes befreiendes Ereignis entschuldigen kann. Dies gilt auch von den Ordnungen, die den Anspruch auf Schadenersatz wegen Nichterfüllung an ein Auflösungsurteil anknüpfen,

Frankreich Planiol et Ripert (Esmein) VI n°. 413;
Italien Giorgi, II n°. 93 bis; Tartufari n°. 441;
Niederlande Suijling II 1 n°. 351 p. 548
usw.; näheres oben Abschnitt 1, §§ 29, 3; 30, 3; 32, n°. **34**;

sowie von denen, die vom objektiven Verzug ausgehen: So gehört in *Österreich* zum Schadenersatz Verschulden des Schuldners, aBGB. §§ 920, 921; Ehrenzweig § 320 II 1, ebenso in der *Schweiz* OR. Art. 109. Ebenso ist in *Skandinavien* die — für Spezies- und Gattungskauf verschieden geregelte — Verantwortlichkeit des Verkäufers Voraussetzung der Schadenersatzpflicht (Kaufges. §§ 23, 24).

[1]) Darum ringt Ch. B. Morison, Rescission of contracts (1916) 199. [Die Verwechslung begeht tatsächlich F. Reu, Unmöglichkeit der Leistung 1935, 87.]

[2]) Art. 301, 304 Prot. 632 g, 625 folg., d; vgl. ROHG. 8, 127; **20**, 225.

b) Wann Aufhebung?

b) Die Voraussetzung der Aufhebung ist dagegen verschieden geordnet.

α) bei subjektivem Verzug.

α) Im *deutschen* BGB. wird auch das gesetzliche Rücktrittsrecht wegen Nichterfüllung nur gegenüber dem Verkäufer gewährt, der die eingetretene Unmöglichkeit zu vertreten hat (BGB. §§ 275, 279, 280, 325) oder sich im schuldhaften Verzug befindet (BGB. §§ 285, 286, 326). Bei befreiender Unmöglichkeit zerfällt der Vertrag ipso iure (BGB. § 323). Dem hat sich das *polnische* Obligationenrecht angeschlossen: Art. 252 für zu vertretende Unmöglichkeit, Art. 250 mit 243 § 2 für zu vertretenden Verzug und Art. 267 für die ipso-iure-Wirkung der Unmöglichkeit.

β) auch bei nichtverschuldeter Verzögerung.

β) Dagegen gewährt die *französische* Rechtsprechung in Auslegung von C. civ. Art. 1184, 1610, 1611 die Auflösungsklage wegen Nichterfüllung, gleichgültig ob diese verschuldet ist oder nicht. Ebenso gewähren das *skandinavische* Kaufgesetz § 21 die Aufhebung, *Schweiz* OR. Art. 102, 103, 107; *Österreich* aBGB. § 918 n. F.[1]) den Rücktritt bei jedem „Verzug" auch ohne Verschulden. Dabei fällt die von uns schon bei den befreienden Umständen[2]) beobachtete Erscheinung auf, daß bei einem nicht zu vertretenden Hindernis doppelte, miteinander gedanklich unvereinbare Folgen eintreten können: z. B. bei einer vollständigen und dauernden, zufällig eingetretenen Unmöglichkeit der Leistung — die Sache ist von einem Dritten versehentlich zerstört — gelten in *Frankreich* die Vertragspflichten als ipso iure dahingefallen, und dennoch hat der Gläubiger das Recht, seine Pflicht erst noch durch gerichtliche Résiliation aufheben zu lassen; mit anderen Worten, ein schon zerstörter Vertrag soll nochmals zerstört werden. Dieser Widerspruch ist in *Frankreich* längst bemerkt[3]), aber die Judikatur geht an ihm vorbei. In den Fällen der teilweisen und ebenso auch der zeitweisen Unmöglichkeit liegen allerdings die Dinge in den romanischen Rechten besonders; da das Gericht die Auflösung nur nach Ermessen gewährt, wird dadurch, soviel zu sehen ist, die ipso-iure-Auflösung geradezu unpraktisch, man kann sich darauf in einem Prozeß offenbar gar nicht berufen. In *Skandinavien* wird, da der „Verzug" jede Unmöglichkeit mit einschließt, die Aufhebung auch bei jeder zufälligen Unmöglichkeit gewährt, aber

[1]) Dieser Rechtssatz wird auch im Handelsrecht angewendet mit Berufung darauf, daß allg. HGB. Art. 354, 355 den „Verzug" nicht näher umschreibe; vgl. oben § 26, III 2, § 18, 5 S. 126 N. 2.

[2]) Oben S. 368.

[3]) Vgl. oben § 29, 2c.

anscheinend eine Überschneidung dennoch vermieden: ipso iure endet offenbar die Vertragspflicht überhaupt nicht. Umgekehrt ist für die *Schweiz* und *Österreich* sicher, daß zufällige totale und dauernde Unmöglichkeit kraft Gesetzes Aufhebung bewirkt; in den anderen Fällen der zufälligen Unmöglichkeit besteht aber Doppelspurigkeit [1].

Bemerkung.

Die dadurch entstehende Lage ist etwas undurchsichtig und auch von der Literatur nicht voll aufgeklärt. In *Deutschland* mußte dieses unbedingte Rücktrittsrecht als systemwidrig abgelehnt werden, eben deshalb, weil es auf die Zurechnung der Leistungshindernisse keine Rücksicht nimmt. Sehen wir aber auf die Ergebnisse, so ist ein doppelter Unterschied zu bemerken. Der *französische* oder *schwedische* Käufer kann die erhaltene Mitteilung einer Unmöglichkeit als unverläßlich beiseite lassen und dennoch, auf die Nichtleistung allein gestützt, Aufhebung des Vertrags verlangen oder erklären; der *deutsche* muß grundsätzlich die Unmöglichkeit gegen den sie bestreitenden Verkäufer im Prozeßfall beweisen. Dieser Punkt hat aber nicht sehr viel Bedeutung, da allerlei weitere Gesichtspunkte hereinspielen. Um so bemerkenswerter ist, daß jenes breite Aufhebungsrecht dem Käufer die Möglichkeit gibt, die Leistungsverzögerung infolge zufälliger zeitweiser Hindernisse abzuschneiden. Offenbar wird diese Verschärfung der Gefahrtragung des Verkäufers im überwiegenden Teil der Welt als angemessen hingenommen. Die Seegefahren aber trägt in aller Regel der Käufer, und dann ergibt sich in der Tat eine andere Lage [2].

Aus diesem Grund empfiehlt es sich, zu der Auffassung zurückzukehren, wie sie in der *Schweiz* und in *Österreich* aufgenommen ist und der *deutschen* zivilrechtlichen Behandlung des Fixgeschäfts (BGB. § 361) entspricht. Im Vergleich zum heutigen deutschen Recht würde also zwar nicht jeder internationale Kauf mit dem Liefertermin zum Fixgeschäft werden, aber spätestens mit dem Ablauf der Nachfrist wie das zivilrechtliche Fixgeschäft behandelt werden. Dadurch wären die Unterschiede der Gesetze hinsichtlich der Strenge der Leistungszeit beträchtlich ausgeglichen. Danach ergibt sich insgesamt: Rücktritt auf Grund des Ablaufs der Lieferzeit oder der Nachfrist; Schadenersatz hinzukommend bei vertretbarer Nichterfüllung im genannten Zeitpunkt [3].

---

[1] Über *Italien* oben § 29, 2 c S. 208, *spanisch-portugiesische* Rechte § 32, n°. **33, 34.**

[2] Unten Teil VII.

[3] Entwurf Art. 26, 27, 33, 34, 36.

3. Entscheidung zwischen Aufhebung und Schadenersatz.

3. In den *romanischen* und *skandinavischen* Rechten sind Vertragsauflösung und Schadenersatz in einem Rechtsbehelf verbunden. Das Problem, durch welche Ereignisse sich die Entscheidung zwischen diesen beiden Gegenständen vollzieht, besteht daher nur in den anderen Rechten, in denen zwei getrennte Behelfe bestehen. Das sind das *allgemeine deutsche HGB.*, das *deutsche*, das *schweizerische* und die *angelsächsischen* Rechte. Eine Zwischenstellung nimmt das *österreichische bürgerliche* Recht ein. Als solche Ereignisse, durch welche sich das Recht des Käufers auf den einen oder anderen Behelf konzentriert oder durch welche er auch ohne ausdrücklichen Verzicht beide verliert, kommen in Betracht: a) seine Wahlerklärung, b) eine Fristsetzung des Verkäufers, c), d) sein Schweigen (Verwirkung), e) seine Unfähigkeit, die Sache unverändert wiederzugeben.

a) durch Wahlerklärung. Mitteleuropäische Länder.

a) Bei der Setzung der Nachfrist und Ablehnung nachträglicher Erfüllung braucht der Gläubiger nach der überwiegenden Auffassung sich noch nicht darüber zu erklären, ob er Schadenersatz oder Rücktritt wählt,

allg. HGB. Art. 356 [1])
Deutschland BGB. § 326
Schweiz OR. Art. 107.

In der *Schweiz* ist der Käufer, wenn er bei der Nachfristsetzung keine Wahl erklärt, sogar noch berechtigt, Erfüllung zu begehren; lehnt er früher oder später die Erfüllung ab, so braucht er nach herrschender Praxis sich nicht zugleich zwischen Schadenersatz und Rücktritt zu entscheiden [2]).

Der Zeitpunkt der Wahl steht also grundsätzlich im Ermessen des Käufers. Eine Ausnahme macht nur das *österreichische* Handelsrecht, für das Pisko [3]) fordert, daß die Wahl mit der Erfüllungsablehnung verbunden werde.

Die einmal ausgesprochene Wahl ist überall endgültig, wenn sie zugunsten des Rücktritts lautet.

allg. HGB. ROHG. **3**, 202, Puchelt, Kommentar Art. 356 Anm. 4 und für das
österreichische Handelsrecht OGH. Wien 18. 5. 1926 SZ. 8. 164, Pisko, Lehrbuch S. 191.
Deutschland RGRKomm. § 326, 1 c a. E.
Schweiz Oser OR. Art. 107 Anm. 36.

---

[1]) Puchelt, Kommentar Art. 356 Anm. 2e, von Hahn, Kommentar Art. 356 § 5.

[2]) So mit der Praxis Guhl, Festschrift für Wieland S. 142, gegen Oser OR. Art. 107 Anm. 34; von Tuhr OR. S. 549.

[3]) Staub-Pisko zu Art. 356 § 5, Lehrbuch S. 192.

Dagegen wird in Deutschland angenommen, daß die Forderung des Schadenersatzes den Gläubiger nicht hindert, auf den Rücktritt zurückzukommen, RGZ. **85**, 282; **107**, 346; **109**, 186, vgl. oben § 25, 5. Diese spitzfindige Folgerung aus dem Begriff macht man in der *Schweiz* und in *Österreich* nicht mit, sondern hält, ebenso wie es die deutsche Praxis zum allg. HGB. tat, den Schuldner auch an der Wahl des Schadenersatzanspruchs fest.

Schweiz Oser OR. Art. 107 Anm. 36.
allg. HGB. vgl. Puchelt, Kommentar Art. 356 Anm. 4; ROHG. **24**, 106 ff. und für das
österreichische Handelsrecht Pisko, Lehrbuch S. 191.

Im *österreichischen* Handelsrecht wie schon nach der Praxis des ROHG. hat freilich der Wegfall des Rechtes zum Rücktritt insofern keine Bedeutung, als auch bei Geltendmachung des Schadenersatzanspruchs der Kaufpreis zurückgefordert werden kann [1]).

Österreichisches aBGB.

Im *österreichischen bürgerlichen* Recht kann der Käufer stets wie im *romanischen* und *skandinavischen* System neben dem Rücktritt Schadenersatz wegen Nichterfüllung fordern und dieses Recht steht offenbar durchaus im Vordergrunde. Im Falle der Unmöglichkeit aber hat der Gläubiger die Wahl zwischen diesem Behelf und dem Schadenersatz wegen Nichterfüllung unter Aufrechterhaltung des Vertrages (aBGB. § 920), also zwischen Differenztheorie und Austauschtheorie. Dabei wird die Wahl für einen dieser Behelfe als endgültig angesehen [2]). Dagegen bleibt in Gesetz und Schrifttum unbesprochen, ob auch im Fall des Verzuges der Gläubiger das Austauschinteresse unter Erbringung seiner eigenen Leistung wählen kann. Man scheint dies zu verneinen, indem man die Erklärung des Käufers, er nehme die Lieferung nicht mehr an, nur dann beachtet, wenn die Erklärung des Rücktritts mit ihr verbunden ist [3]).

Anglo-amerikanische Gruppe.

Auch in *England* behält der Käufer die Wahl zwischen rescission und damages bis zum Prozeß, kann auch alternativ klagen, muß sich aber in der mündlichen Verhandlung entscheiden. Die einmal vollzogene Wahl ist endgültig [4]). Dasselbe gilt in den *Vereinigten Staaten.* Hier ist es auch im Gesetz, Unif.S.A. sect. 69 (2), ausgesprochen, allerdings nur bei den Behelfen wegen Bruchs der warranty, wobei auch rescission erlaubt wird: "When the buyer has claimed and been granted a remedy in anyone of these ways, no other remedy

[1]) Vgl. oben § 20 II, § 26 IV 3.
[2]) Klang-Pisko zu aBGB. § 920 S. 500; oben § 26 IV 4.
[3]) Ehrenzweig § 320 bei N. 7, Klang-Pisko zu aBGB. § 918 S. 476.
[4]) T. Cyprian Williams, Law Journal 71 I 390.

can thereafter be granted" [1]). Das gilt zweifellos auch für die Ansprüche wegen Nichtlieferung [2]). Bei vorzeitiger Erfüllungsweigerung darf der Käufer den Lieferzeitpunkt abwarten [3]); dann soll er offenbar wählen, ohne daß aber eine bestimmte Frist besteht.

Bemerkung.

Es ist schon erinnert worden (oben § 57, 1), wie nachsichtig die deutsche und die schweizerische Rechtsprechung die Rücktrittserklärungen auslegt, um den Übergang zum Schadenersatz dem Dogma entgegen zu ermöglichen. Die Unsicherheiten, die in der Schweiz bestehen und ein gewisses Dunkel, das über dem angelsächsischen Fragenkreis liegt, bestätigen nochmals die Gezwungenheit der ganzen Unterscheidung.

b) durch Fristsetzung.

b) Nach dem ***deutschen*** BGB. § 355 darf der Schuldner dem Gläubiger für die Ausübung des Rücktrittsrechts eine angemessene Frist bestimmen. „Das Rücktrittsrecht erlischt, wenn nicht der Rücktritt vor dem Ablauf der Frist erklärt wird". Es ist angenommen worden, daß ebenso für die Ausübung des Schadenersatzanspruchs eine Frist gesetzt werden kann [4]).

c) durch Schweigen.
α) beim Ablauf der Lieferfrist.

c) α) Wir sahen, daß aus der Strenge der Lieferzeit bei dem Fixgeschäft und gleichbehandelten Geschäften eine „Vermutung" gegen den Gläubiger gezogen wird, daß er bei Untätigkeit auf das Lieferungsrecht „verzichte". Das *schweizerische* Obligationenrecht Art. 190 [5]) geht beim kaufmännischen Geschäft mit festem Liefertermin so weit, auch anzunehmen, daß der passiv bleibende Gläubiger auf den Rücktritt verzichte. Läßt demnach der Käufer den festen Liefertermin schweigend vorübergehen, so bleibt ihm nur noch das Schadenersatzrecht übrig.

Im Produktenhandel ist eine ähnliche Behandlung des Käufers sehr häufig. Nach zahlreichen Geschäftsbedingungen muß er unverzüglich erklären, ob er Rücktritt, Deckungskauf, oder, soweit zugelassen, sonstige konkrete Schadensberechnung wählt, sonst ist er auf den abstrakten Differenzschaden beschränkt [6]).

---

[1]) Williston § 612.

[2]) Dieses Ergebnis lehren Vold p. 494, 497, 498, Williston p. 191 a, p. 357, 359, ferner p. 1512, 1513, 1536. Das logische Verhältnis von sect. 67 und sect. 69 des Acts wird dabei freilich nicht aufgeklärt.

[3]) Klinge v. Farris (1929) 128 Ore. 142; 273 Pac. 954.

[4]) Windscheid-Kipp II S. 336, c, wegen der Verweisung des § 325 Abs. 1 S. 2 auf § 280 Abs. 2; Oertmann, Schuldverhältnisse § 327, 1.

[5]) Guhl, Festschrift für Wieland S. 136.

[6]) Vgl. Hamburger Getreide- und Futtermittelschlußscheine, deutsch-niederländische Verträge, Donaukontrakt im Getreideverkehr, Marienburger Getreideschlußschein, Hallische Getreidehandelsbedingungen, Rauhfutter-, Kartoffel- und Gemüsehandelsbedingungen u. a. im Handbuch des Landesproduktenhandels 1929.

β) Auch wo man den Gläubiger nicht zur sofortigen Entscheidung zwingt, darf er die Wahl des Rücktritts nicht wider Treu und Glauben hinauszögern,

β) während einer gewissen Zeit nach Ablauf der Lieferfrist.

Deutschland RGZ. **60**, 348; **107**, 109, 346; Seuff. Arch. 82, 291.
Schweiz vgl. Guhl a. a. O. S. 143 f. und unsere Z. **3**, 596 f.

Zugrunde liegen die Gedanken, die als Verzicht oder Verwirkung dem zu lange hinausgezögerten Lieferungsanspruch entgegenstehen, vgl. oben § 55. Ihre Wirkung ist eben vielgestaltig, je nach den Umständen des einzelnen Falls, wobei die Praxis sowohl die vorangegangene Korrespondenz der Parteien als die Eigenart der Branche in Betracht ziehen dürfte. Man folgert also aus Treu und Glauben den Verlust einzelner oder aller Rechte des Käufers: so ist z. B. in den Vereinigten Staaten ein Verzicht (waiver) des Käufers auf das Recht zur Aufhebung angenommen worden, der auf Lieferungsverweigerung des Verkäufers einen Sukzessivlieferungsvertrag fortgesetzt hat, Talcott v. Slater Bros. etc. N.Y. (1915)[1]), und umgekehrt ein Verlust der Ansprüche des Käufers, der nach vorzeitiger Erfüllungsverweigerung nicht bloß, wie er durfte, bis zum Erfüllungstermin sondern noch nachher eine gewisse Zeit untätig bleibt[2]); so folgert man in Frankreich unter Umständen, daß die Parteien einverständlich den Vertrag stillschweigend aufgehoben haben (résolution amiable)[3]). Und ähnliches sehen vielfach auch die Geschäftsbedingungen vor, die in mannigfaltiger Weise bemüht sind, für klare und rasche Entscheidung zu sorgen. So ist typisch § 31 der Einheitsbedingungen im *deutschen* Getreidehandel: „Ein Vertrag erlischt von selbst, wenn nicht innerhalb dreier Monate nach der im Vertrage festgelegten Endlieferzeit eine schriftliche oder telegraphische Mahnung auf Abnahme oder Lieferung erfolgt. Erfolgt innerhalb der Frist eine Mahnung, macht aber der Mahnende innerhalb dreier Monate nach Mahnung von seinen vertraglichen Rechten (das ist Rücktritt, abstrakter Schaden und Deckungskauf) keinen Gebrauch, so ist der Vertrag ohne Schadensvergütung als endgültig erloschen anzusehen." Der Marienburger und der Stettiner Getreide-Schlußschein formulieren: „Ist bei Abschlüssen auf Zeit die Frist abgelaufen und hat weder der Verkäufer den Käufer zur Empfangnahme der Ware, noch der Käufer den Verkäufer zur Lieferung veranlaßt, so gilt die Frist für das Geschäft als stillschwei-

[1]) 171 App. Div. 395, 157 N.Y. S. 490.

[2]) Joannes Bros. Co. v. Czarnikow Rionda Co. (N.Y. 1923) 201 N.Y. Supp. 409 bei Llewellyn Cases 431.

[3]) Oben § 55, 4 a. E., S. 419 N. 4.

gend verlängert, bis eine Partei die andere unter Stellung einer angemessenen Nachfrist zur Empfangnahme oder Lieferung schriftlich aufgefordert hat. Haben beide Parteien zwei Monate, vom Ablauf der kontraktlichen Lieferungsfrist an gerechnet, geschwiegen, so gilt das Geschäft als aufgehoben, ohne daß Käufer oder Verkäufer Ansprüche gegeneinander herleiten können."

γ) bei verspäteter Lieferung in Skandinavien.

γ) Eine besondere Folgerung aus Treu und Glauben zieht das *skandinavische* Kaufrecht § 27 mit einer schon in anderem Zusammenhang [1]) erwähnten Vorschrift: Ist bei verspäteter Lieferung das Gut in die Hände des Käufers gelangt, oder ist er durch den Verkäufer über die Absendung des Gutes unterrichtet worden, so muß der Käufer die Verspätung rügen, wenn er sich das Recht zum Rücktritt und den Anspruch auf Verspätungsschaden wahren will. Aber von diesen beiden Folgen ist nur die erste angemessen, die zweite nicht. Denn auch der haftbare Verkäufer hat zwar ein schutzwürdiges Interesse, über die verspätete Ware zu verfügen; er hat keines, rascher zu wissen, ob der Käufer Schadenersatz verlangen wird. Was dessen Verhalten bedeutet, ist in den andern Ländern Tatfrage.

d) insbesondere nach Annahme der Ware.

d) Ein Verlust des Rücktrittsrechtes wird allgemein besonders leicht angenommen, wenn die nicht vertragsmäßige oder verspätete Lieferung in die Hände des Käufers gelangt und dieser sich nicht rührt, insbesondere den Preis bezahlt.

Dabei wird natürlich der einzelne Fall darauf geprüft, ob eine vorbehaltlose Annahme Billigung der Fehler der Lieferung bedeutet, und wenn sie dies selbst nicht tut, ob sie doch die Vertragsauflösung ausschließt.

> *Frankreich* oben § 29, 2 d und *Belgien* App. Bruxelles 28. 3. 1935, Jur. Com. Bruxelles 1935, 201.

Das *amerikanische* Kaufgesetz besagt (sect. 69, 3) für den Fall der warranty:

> "Where the goods have been delivered to the buyer, he cannot rescind the sale if he knew of the breach of warranty when he accepted the goods, or if he fails to notify the seller within a reasonable time of the election to rescind, or if he fails to return or to offer to return the goods to the seller in substantially as good condition as they were in at the time the property was transferred to the buyer. But if deterioration or injury of the goods is due to the breach of warranty, such deterioration or injury shall not prevent the buyer from returning or offering to return the goods to the seller and rescinding the sale."

[1]) Oben § 52, 3, S. 407.

Das *englische* Kaufgesetz hat keine eigene Bestimmung, doch greift in bedeutendem Maße der grundlegende Gedanke ein, daß erbrachte Leistungen möglichst nicht rückgängig zu machen sind. Nur ein Ausfluß dieses Gedankens ist es, daß es bei einem anscheinend abgewickelten Geschäft bleibt, wenn der Gläubiger, der es doch noch auflösen kann, dies nicht rasch tut. Von diesem Ausgangspunkt her ist der Begriff der Annahme (acceptance) [1]) in S. G. A. sect. 35 sehr weit gefaßt. Es gilt als Annahme der Ware durch den Käufer, wenn er dem Verkäufer mitteilt, daß er sie angenommen habe, oder wenn ihm die Waren geliefert worden sind und er in bezug auf sie eine Handlung vornimmt, die mit dem Eigentum des Verkäufers unvereinbar ist, oder wenn er nach dem Verlauf einer angemessenen Frist die Ware behält, ohne dem Verkäufer ihre Zurückweisung mitzuteilen. Diese Bestimmung ist in Unif. S. A. sect. 48 angenommen, nicht aber auch die weitergehende Vorschrift des englischen S. G. A. sect. 11 (1) (c): Wenn acceptance vorliegt, kann ein breach of condition nur noch als breach of warranty behandelt werden. Ablehnung der Ware ist also in England nicht mehr zulässig.

Was den Schadenersatz anbelangt, so begegnen allgemeine Bestimmungen, daß mangels Rüge der Anspruch verloren geht, in dem vorhin berührten § 27 des *skandinavischen* Kaufgesetzes sowie im *amerikanischen* Unif. S. A. sect. 49.

e) durch Unmöglichkeit der Rückgabe der Ware.

e) Die erwähnte *englische* sect. 35 sorgt auch schon für die Fälle wo der Käufer die erhaltene Ware nicht mehr zurückleisten kann. Die *kontinentalen* Rechte haben eigene Bestimmungen darüber, die nicht durchweg mit den Regelungen der Wandlung wegen Sachmangels gleichlauten.

Rechtsquellen.

Deutschland hat eine ausführliche, aber trotzdem problembehaftete Regelung (BGB. §§ 350—357), die *Vereinigten Staaten* Unif. S. A. sect. 69 (3) und *Skandinavien* §§ 57, 58 eine etwas dunkle. In *Italien* besteht eine feste Rechtsprechung vor allem für den Fall der Lieferung eines aliud, die als Nichtlieferung angesehen wird. In *Frankreich* lehrt Esmein das gleiche, aber ohne Rechtsprechung, wohl weil die Zulassung der résolution im weitgehenden Ermessen des Unterrichters steht. In der *Schweiz* wird die Mängelvorschrift OR. Art. 207 entsprechend angewendet. Die *österreichische* Rechtsprechung lehnt sich an das deutsche Recht an.

---

[1]) Die Hauptwirkungen der acceptance liegen bei der mangelhaften und teilweisen Lieferung, unten Teil VI, oben § 54, vor.

Deutschland oben § 25, 4 S. 174 f.
Österreich OGH. Wien 27. 5. 1930, ZBl. 48 S. 780.
Skandinavien Almén II 216 f., 229.
Italien oben § 29, 2 d.
Frankreich Planiol et Ripert (Esmein) VI n°. 432, vgl. auch 430 p. 598 bei N. 4. 5.
Schweiz Oser OR. Art. 107 N. 31; v. Tuhr OR. S. 552 bei N. 111.

Des näheren gilt folgendes:

Grundsätze. Überall verliert der Käufer das Recht zur Aufhebung, wenn er die Sache verbraucht, durch sein Verschulden ihren Untergang oder ihre wesentliche Verschlechterung herbeiführt

so z. B. *Deutschland* BGB. § 351 „wesentlich" verschlechtert
Vereinigte Staaten Unif. S.A. sect. 69 (3): . . substantially as good condition as they were in at the time the property was transferred to the buyer.
Skandinavien Kaufges. § 57 „wesentlich unverändert"

oder sie in eine Sache anderer Art umgestaltet.

Auf der anderen Seite ist überall das Recht zur Aufhebung nicht berührt, wenn der empfangene Gegenstand durch einen Zufall ohne Zutun des Käufers, causa estranea al compratore, untergeht oder verschlechtert oder vermindert wird. *Skandinavien* fügt bei: ebenso wenn das Gut sich nur durch seine eigene Beschaffenheit verändert oder infolge einer Maßnahme, welche für seine Untersuchung notwendig war (Kaufges. § 58); ähnlich Unif. S. A. sect. 69 (3) a. E.: wenn Verschlechterung oder Beschädigung die Folge des Vertragsbruchs war.

Dazwischen liegen zwei Fälle. Hat der Käufer die empfangene Sache durch seine eigene freie aber nicht schuldhafte, weil in entschuldbarer Unkenntnis vorgenommene Handlung zerstört oder beschädigt, so ist dies ein „fait", das er im Sinne des *Code civil* zu vertreten hat. Dasselbe lehrt aber die bessere Meinung auch in *Deutschland* in Analogie zu BGB. § 351 f. [1]), weil und insofern die nachträgliche Geltendmachung des Rücktrittsrechts dem früheren eigenen Verhalten widerspricht. Auch schuldlose Umgestaltung benimmt daher den Rücktritt.

Im anderen Fall sind einige Meinungen unsicher: Der Käufer hat die Ware weiterveräußert, d. h. verkauft und übergeben. Die folgerichtige Behandlung ist im *deutschen* BGB. erkannt: die Rücktrittserklärung wird nur dann unzulässig, wenn beim Erwerber durch eine

[1]) Enneccerus-Lehmann, § 39 II 1 e, S. 153. Ebenso *österreich.* OGH. Wien 27. 5. 1930, ZBl. 48 S. 780: Rückgewähr durch freie oder schuldhafte Handlung unmöglich gemacht.

jener Handlungen die Rückgabe unmöglich gemacht wird. Nach richtiger Ansicht genügen wiederum schuldlose Handlungen des Dritterwerbers. Kann dagegen der Käufer nach der Erklärung des Rücktritts die Sache nicht zurückgeben, weil er sie sich vom Dritten nicht wieder zu verschaffen vermag, so ist einer der Fälle gegeben, in denen die aus dem Rücktritt folgenden Pflichten nicht erfüllt werden. Wenn der Käufer, der die Sache schon weggegeben hat, dennoch den Rücktritt wählt, so tut er dies natürlich unter seiner Haftung (BGB. §§ 346, 347, 354).

Nach *englischer* Anschauung S. G. A. sect. 35 bedeutet dagegen schon eine Teilveräußerung der Ware eine Eigentümerhandlung des Käufers, durch die er sich der Geltendmachung des breach of condition begibt. Aus weniger klarem Grunde sagt man, daß die Weiterveräußerung den Rücktritt unzulässig macht, in *Frankreich* und *Italien,* in der *Schweiz* nach OR. Art. 207. Dasselbe gilt in *Österreich* [1], wo aber klargestellt ist, daß eine Weiterveräußerung durch den Käufer, die nach dem Inhalt des Geschäfts vorgesehen war und bei der der Käufer noch keinen Anlaß hatte, mit der künftigen Rückgewährpflicht zu rechnen, den Rücktritt nicht hindert. Der Käufer muß dann den erlangten Weiterverkaufspreis statt der Sache herausgeben [2]).

Dem eigenen Handeln des Käufers steht das seiner Hilfspersonen gleich; darüber scheint kein Zweifel zu bestehen.

Öfter wird hervorgehoben, daß dem Käufer bei Unzulässigkeit des Rücktritts das Schadenersatzrecht vorbehalten bleibt, so in *Skandinavien, England, Italien* aber auch sonst. Das versteht sich ebenfalls von selbst.

Mit der vorstehenden Übersicht ist schon der Inhalt der ratsamen Regelung zweifelsfrei gegeben [3]).

Einen besonderen Gegenstand bildet, wie wir schon am deutschen Recht sahen, die Unmöglichkeit der Erfüllung der durch den Rücktritt oder das Auflösungsurteil begründeten Rückgabepflicht. Darauf ist hier nicht näher einzugehen.

4. Verjährung.

4. Regelmäßig werden in den *Geschäftsbedingungen* des Produktenhandels auch die Verjährungsfristen abgekürzt. In *Österreich* unterliegt die Verjährung des Schadenersatzanspruchs nach der

---

[1]) OGH. Wien 5. 3. 1929, ZBl. 47 S. 869, unsere Z. 5, 956: wenn der Käufer die Ware vorbehaltlos weiterveräußert hat, so daß ein Rückerwerb zwecks Rückgewähr ausgeschlossen ist.

[2]) OGH. Wien 10. 3. 1932, österr. Richterz. 1932 S. 212, unsere Z. 8, 938.

[3]) Entwurf Art. 99 n°. 1. 3.

neuen Fassung des § 1489 aBGB. derselben Frist wie die Verjährung des Anspruchs aus unerlaubter Handlung. Die Teilnovelle hat sich damit der in der österreichischen Literatur überwiegend vertretenen Meinung angeschlossen, mit der jedoch Österreich allein dastehen dürfte. In den übrigen Rechten gilt für vertraglichen Schadenersatz die allgemeine Verjährung der Kontraktsansprüche. Dabei hat man in *Deutschland* und *Österreich* das Verhältnis zwischen den Verjährungsfristen für den Erfüllungsanspruch und für den Schadenersatzanspruch näher untersucht. In Deutschland nimmt man an, daß mit der Entstehung des kontraktlichen Schadenersatzanspruchs für diesen eine selbständige Verjährung beginnt, während der Erfüllungsanspruch früher oder später verjähren kann. RGZ. **128**, 76. In *Österreich* gilt nach aBGB. § 1489 dasselbe für den Anspruch auf Differenzschaden (aBGB. § 921), der als selbständiger neuer Anspruch aufgefaßt wird [1]; der Anspruch freilich auf den Schadenersatz nach der Austauschtheorie (§ 920) kann nach herrschender Meinung zwar einer kürzeren Verjährung, nicht aber einer längeren als der Erfüllungsanspruch, den er vertritt, unterliegen [2].

Ein innerer Grund für alle diese Feinheiten ist nicht anzuerkennen. Eine maßvolle Verjährungsfrist müßte für sämtliche erwähnten Vertragsansprüche genügen.

7. Kapitel. Der Inhalt des Schadenersatzes.

§ 58.

I. Begriff des Schadenersatzes wegen Nichterfüllung.

Im Anspruch auf Schadenersatz wegen Nichterfüllung liegt die wichtigste Garantie der Vertragserfüllung. Seine Grundlagen bedürfen daher der Einbeziehung in die einheitliche Regelung.

1. Geldersatz

1. Wer immer an Schadenersatz wegen Verletzung einer Vertragspflicht denkt, meint in aller Regel den Ersatz in Geld. Zwar hat Planck, der hervorragend an der Abfassung des *deutschen* BGB. in zweiter Lesung beteiligt war, gelehrt: Der Grundsatz des BGB. § 249, daß als Schadenersatz in erster Reihe der frühere Zustand nach Möglichkeit wiederherzustellen sei, gelte auch für die Vertragsansprüche.

---

[1]) Vgl. Klang-Pisko zu aBGB. § 921 S. 510.

[2]) Ehrenzweig § 303 IV 1 b α; Klang-Pisko zu aBGB. § 920 S. 500.

Danach würde aber auf eine Vertragsverletzung zunächst nochmals ein Anspruch auf richtige Erfüllung folgen, eine so unpraktische Meinung, daß sie meistens abgelehnt worden ist. Anders steht es mit dem Schadenersatz wegen Verspätung oder wegen einer Beschädigung, den der Gläubiger neben der Erfüllung verlangt; denn dabei kann es vorkommen, daß ähnlich wie bei Deliktsansprüchen eine Wiedergutmachung in Natur am Platze ist.

Die Literatur hat aber in *Deutschland* Ausnahmen von dem Prinzip des Geldersatzes vorbehalten, nachdem man scharfsinnig einen oder den anderen Fall eines Bedarfs entdeckt hatte. Einer dieser Fälle ist hier erheblich [1]: „Wenn jemand seinen Willen auf ein (Sach-)Individuum nur als auf einen Repräsentanten einer bestimmten Gattung richtet, ohne an dem Individuum ein selbständiges Interesse zu nehmen, z. B. die gestern besichtigte Porzellanschale", und der Verkäufer sie vor der Lieferung zerstört, so sei nicht in Geld, sondern durch Leistung einer ganz gleichen Sache Ersatz zu leisten oder doch der Schuldner zur Ersatzhingabe berechtigt. Man nimmt da de facto zwischen dem Spezieskauf und dem Gattungskauf eine dritte Art des Kaufs an. Siber bemerkt aber dazu, daß die Vertragsauslegung meist einen Gattungskauf und in dem gegebenen Fall daher gar keine Unmöglichkeit der Leistung ergebe. Das Reichsgericht kennt eine entsprechende Ausnahme in der Formel, daß statt einer geschuldeten vertretbaren Sache wegen Zerstörung oder Beschädigung eine Naturalherstellung durch Leistung einer Sache von gleicher Art und Güte verlangt werden kann [2]. Dies wird nicht nur für außervertragliche Schuldpflicht ausgesprochen. Dieser selbe Gedanke begegnet gerade beim Kauf in zehn *mittel-* und *südamerikanischen* Staaten, wo der Verkäufer einer vertretbaren Speziessache wegen ihrer Veräußerung, Zerstörung, Verschlechterung dem Käufer auf Verlangen eine Sache der gleichen Art und Güte zu liefern hat [3]. Die Konstruktion ist also etwas anders als bei Kipp. Es wird ein echter Spezieskauf angenommen, aber der Naturalersatz für richtig gehalten. Zu diesen beiden fern voneinander zutage tretenden identischen Regeln wäre es leicht, Parallelen aus der Vergangenheit zu fügen, sowohl aus dem alten Orient wie aus dem germanischen Mit-

---

[1]) Kipp, 27. deutscher Juristentag I 255; Windscheid-Kipp II § 258, Zusatz 3 g; Planck-Siber zu § 251 Bem. 2 a.

[2]) RGZ. **93**, 284; **106**, 88; **126**, 403 f.; weitere Entsch. bei Staudinger-Werner § 249 Bem. 2 e β S. 133.

[3]) Oben § 32 n°. **24**.

telalter. Sichtlich liegt überall eine ursprünglichere und zugleich billig erscheinende Gestaltung vor. Um Erfüllung handelt es sich nicht, sondern um einen subsidiären Anspruch auf einen Ersatz, der das Interesse des Gläubigers besser befriedigen soll als der Geldersatz. Der Grundsatz von Treu und Glauben könnte zu demselben Ergebnis führen; er muß auch umgekehrt den Verkäufer berechtigen, eine gleiche Sache nachzuschieben [1]). Doch schon Kipp hat selber bemerkt, daß sich der Gläubiger nicht mit einem annähernden Ausgleich zu begnügen brauche und „in den allermeisten Fällen doch die Erledigung durch eine glatte Geldsumme das Richtige sein wird". Die Ausnahme empfiehlt sich aber überhaupt wenig für ein modernes internationales Gesetzbuch. Der Unterschied zwischen Spezies- und Gattungssachen genügt für den allgemeinen Gebrauch vollständig, und seine praktische Bedeutung gipfelt darin, daß beim Spezieskauf beide Teile an die einzelne Sache gebunden sind. Daher ist, wenn man einen Spezieskauf annimmt, keiner der beiden Teile gegen den Willen des anderen befugt, die Sache durch eine andere zu ersetzen. Er braucht und vermag nicht immer zu wissen, warum der andere Teil eben diese individuelle Sache zu haben oder loszuwerden wünscht. Der Handel kennt normalerweise nur das Gattungsgeschäft, und die Besichtigung des einzelnen Stücks bedeutet in der Regel auch nur, daß es zum Muster dient.

In diesem Zusammenhang ist auch an den Art. 1144 des französischen Code civil und seine Nachahmungen zu erinnern [2]). Der Gläubiger darf die geschuldete Handlung mit gerichtlicher Ermächtigung auf Kosten des Schuldners selbst bewirken. Davon ist ursprünglich die gerichtliche Autorisierung des Deckungskaufs abgeleitet; der Käufer beschafft sich statt der geschuldeten Sache eine gleiche. Dieser Gedanke enthält einen Privatrechtssatz über die Naturalrestitution durch eine gleiche Sache und einen Prozeßrechtssatz, der für die Durchsetzung sorgt, entsprechend den Grundsätzen der Exekution durch Ersatzvornahme. Jedoch ist das droit de remplacement im Bewußtsein der Gerichte allmählich offenbar in eine bloße Berechnung des Geldschadens übergegangen und, wenn man von der vorgängigen gerichtlichen Bewilligung absieht, der Regelung des Deckungskaufs in allen anderen Ländern ganz nahe verwandt.

---

[1]) Beim Gattungskauf ist das entsprechende Recht, nach Konzentration noch andere Sachen der gleichen Gattung zu liefern, im Beginn der Anerkennung. Darüber unten Teil VI und einstweilen oben § 23, 1 b am Ende.

[2]) Oben § 31, 7, S. 235.

2. Interesse und gemeiner Wert.

2. Der Geldersatz nun hat sich in der Form des Interesses, Vermögensschadens, in der Welt verbreitet, doch hat dieser in langwieriger Entwicklung vervollkommnete Schadensbegriff nicht überall eine beherrschende Stellung. Namentlich dürfte er die englische Schadenslehre zwar einigermaßen aber nicht entscheidend beeinflußt haben. Die römischen Juristen entwickelten den Begriff des id quod interest (creditoris) als den Inhalt der litis aestimatio bei den actiones, die den Umfang der Verurteilung in das richterliche Ermessen zumal nach bona fides stellten. Paulus bildete unter ihnen den Begriff am weitesten aber noch nicht mit derartiger Abstraktion aus wie nach Justinian, den Glossatoren und Postglossatoren die neuere Pandektistik [1]). Daß der entgangene Gewinn nicht grundsätzlich ausgeschlossen wurde, gilt schon von den Römern (vgl. schon Nerat. D. 19, 1, 31, 1; Paul D. 46, 8, 13 pr. in quantum mea interfuit, id est quantum mihi abest quantumque lucrari potui).

Nach dem Endergebnis ist das Interesse die Verminderung, die das Vermögen des Gläubigers infolge der schadenstiftenden Tatsache erlitten hat. Es berechnet sich also als Differenz zwischen dem Zustand, in dem dieses Vermögen sich ohne diese Tatsache, hier die Nichtlieferung, befunden haben würde (hypothetisches Vermögen) und dem Zustand, in dem es sich tatsächlich befindet. Dieser Auffassung entspricht die „konkrete" Schadensberechnung in ihrer gewöhnlichen Gestalt. Genau genommen müßte man zu ihrer Durchführung den Wert des ganzen Vermögens des Gläubigers berechnen, so wie es zufolge der schädigenden Tatsache geworden ist und so wie es ohne diese Tatsache geworden wäre. In der Regel genügt es, das Schicksal eines Ausschnittes aus dem Vermögen zu verfolgen. Wesentlich aber ist, daß es auf das Vermögen der bestimmten Person ankommt und auf dessen tatsächliche Schicksale.

Dieser Interessebegriff herrscht heute im allgemeinen in der Welt, mit Ausnahme der angelsächsischen Länder, wo er meines Erachtens nicht prinzipiell aufgenommen ist und eine Zusammenfassung der Arten der damages fehlt. Neben dem Interesse aber gibt es in den heutigen Ordnungen noch manche Überbleibsel älterer gröberer oder weniger subjektiv gewendeter Auffassungen, die dem spätrömisch-justinianischen Recht widerstanden haben. Der frühere Klassiker geht offenbar vom gemeinen Wert aus, vgl. Pomponius D. 19, 1, 3, 3:

[1]) Letztlich Friedrich Mommsen, Beiträge zum Obligationenrecht II, Zur Lehre von dem Interesse, 1855.

Si per venditorem vini mora fuerit, quo minus traderet, condemnari eum oportet, utro tempore pluris vinum fuit, vel quo venit vel quo lis in [condemnationem] (iudicium) deducitur . . . .

Vor allem hat gerade der moderne Handelsverkehr und mit ihm das angelsächsische Common Law Schadensermittlungen ausgebildet, die sich unabhängig von den individuellen Verhältnissen des Gläubigers vollziehen lassen, sei es auf Grund des marktmäßigen Deckungskaufs, sei es ohne solchen in „abstrakter Berechnung" auf Grund der Preisnotierungen auf dem Markte. Der abstrakte Modus ist nicht nur leicht durchführbar und überprüfbar, er empfiehlt sich auch sehr durch seine Gleichmäßigkeit, während das Interesse von Person zu Person wechselt.

In dieser Objektivierung stellen sich nun die Deckungskaufrechnung und die abstrakte Rechnung den im modernen Recht wieder zahlreicher werdenden Verwendungen des „gemeinen Werts" als Ersatzgegenstandes zur Seite, ja sie entsprechen gewichtigen Bedürfnissen des Zivilrechts [1]).

Es läßt sich nämlich auf rechtsvergleichende Beobachtungen stützen, daß wir bei der Betrachtung der Schadenswirkungen nicht immer nur von den letzten Rückwirkungen auf das ganze Vermögen, und zwar das Vermögen des konkreten Gläubigers ausgehen dürfen, sondern daß bei der Verletzung von Verträgen der Leistungsgegenstand, bei Delikten das verletzte Rechtsgut, auch noch nach der Verletzung und sogar nach der Zerstörung eine wesentliche Bedeutung für den Aufbau der Obligation behält. Diese Bedeutung läßt sich nach vielerlei Richtungen herausarbeiten. Erwähnen wir hier nur ganz kurz einige Punkte: So läßt sich vertreten, daß der Vertragsgläubiger auf Leistung klagen darf, ohne sich um die eingetretene Unmöglichkeit zu kümmern. Der Schuldner hat ferner für den Schaden eines dritten Interessenten in gewissen Grenzen einzustehen, z. B. kann, woran in der Praxis nirgends jemand zweifelt, wer an einen Einkaufskommissionär eine Sache verkauft hat, von dem Kommittenten auf Schadenersatz belangt werden, und dieses Ergebnis rechtfertigt sich am besten, insofern der Ersatz (Wert- oder Scha-

[1]) Gewisse Ansätze zu dieser meiner Auffassung finden sich in den Schriften von Oertmann und Walsmann. Ich habe sie zum Teil in meinen eigenen Schriften und dann als Theorie in meinen Vorlesungen in München und Berlin entwickelt. Vgl. die Angaben darüber bei Wilburg, Iher. Jahrb. 82, 100 und 130. In einzelnen markanten Beziehungen ist diese Lehre nun durch Neuner, Arch. ziv. Prax. 133, 277 und in noch engerem Anschluß durch Wilburg, Iher. Jahrb. 82, 95 aufgenommen und fortgebildet worden.

denersatz) an die Stelle der Sache tritt [1]). Auch kann der Vertragsgläubiger den objektiven Wert der Sache ohne Nachweis seines Schadens verlangen [2]). Es ist sogar denkbar, dem Schuldner gar nicht den Gegenbeweis zu verstatten, daß der Schaden des Gläubigers aus besonderen Gründen geringer als dieser objektive Wert sei [3]). Auch dies geschieht heute in der Tat unter gewissen Voraussetzungen [4]). Ganz allgemein wird es sich meines Erachtens weder für das heutige noch das künftige Recht verteidigen lassen. Insofern aber, als wirklich der Gläubiger den gewöhnlichen Wert der Leistung beanspruchen darf, so daß der Schuldner besondere Umstände in der Sphäre des Gläubigers nicht geltend machen kann, gewinnt auch die Lehre von der Vorteilsausgleichung einen wünschenswerten Ausgangspunkt [5]).

In diesen Kreis von Erscheinungen gehören die beiden Schadensberechnungen nach dem Marktpreis [6]). Daß der Marktpreis den objektiven Wert der Leistung einfach und anschaulich darstellt, gibt dieser dem Kaufmann vertrauten Schadensliquidierung die innere Berechtigung und die gedankliche Grundlage [7]). Sobald dies verkannt wird, wie es öfter in allen Ländern geschehen ist, ergreift das Mißverständnis allerlei Einzelfragen. Hier ist es insbesondere, wie

---

[1]) Zu demselben Ergebnis gelangt im deutschen Recht nach langer Untersuchung auch Reinhardt, Der Ersatz des Drittschadens, 1933, S. 93 ff., 153 f. In anderen Rechten ist der Ersatz des Drittinteresses schon durch andere systematische Anlage der Ansprüche gesichert. — In dieser Lehre sollte im übrigen der im vorliegenden Buch aufs neue verteidigte Grundgedanke weiterhelfen, daß der Schuldner nicht mit weniger und nicht mit mehr schädlichen Folgen seiner Schuldverletzung belastet werden soll, als mit welchen er bei Eingehung der Schuld zu rechnen hatte. Z. B. muß er gewöhnlich auf Zession gefaßt sein; Besonderheiten des unbekannten dritten Interessenten oder künftigen Gläubigers gehen ihn dagegen nichts an usf.

[2]) Insofern ebenso schon Th. Kipp, bei Windscheid II S. 74, 100.

[3]) Neuner S. 293 f. Wilburg S. 132 ff.

[4]) Zumal im angelsächsichen Recht, wo es z. B. feststeht, daß der Sachwert zu ersetzen ist, auch wenn der Gläubiger die Sache nicht benützt haben würde, Sedgwick, Damages I § 243 a. The Steamship Mediana v. The Lightship Comet [1900] A.C. 113 (H.L.); Earl of Halsbury, L.C. (117): Supposing a person took away a chair out of my room... could anybody say that you had a right to diminish the damages by showing that I did not usually sit in that chair, or that there were plenty of other chairs in the room".

[5]) Wilburg S. 140.

[6]) Dies hat auch Neuner S. 280, 302 richtig erkannt.

[7]) Eine besonders interessante Brücke führt zum droit de remplacement. Es ist schon beobachtet worden, daß der Ersatz des gemeinen Werts an die Naturalrestitution erinnert; eben dasselbe gilt von der Exekution durch Beschaffung einer gleichen Sache, wie oben bemerkt.

wir sehen werden, die einzig sachgemäße Ansicht, daß der Marktpreis das Minimum des Schadens angibt.

In Frage kann nur noch sein, ob der Gläubiger über den Handelswert der Ware hinaus einen höheren Schaden nachweisen darf. Diese Frage wird im allgemeinen bejaht. Also findet die Spannung zwischen dem subjektiven und dem objektiven Begriff des Schadens heute mit Vorliebe ihre Aufhebung durch den Gedanken, daß der abstrakte Schaden als Mindestschaden gewährt wird, ein höherer, individuell dem Gläubiger erwachsener Schaden aber an besondere und strengere Bedingungen geknüpft wird. Belehrend ist aber auch die gegenteilige Entscheidung, welcher wir im Formularrecht begegnen werden: der Gläubiger erhält überhaupt nur den marktpreismäßigen, nicht den konkreten Schaden oder doch nur eine prozentuale Abgeltung dafür.

Der herrschenden Meinung entgegen stellt es sich von dieser Betrachtung aus als sicher heraus, daß im Sinne des Verkehrs und der meisten Rechtsordnungen nicht bloß drei verschiedene Berechnungen, sondern auch zwei verschiedene Schadensbegriffe vorliegen. Der normale Schadenersatz des Handels ist heute der abstrakt berechnete, dieser verdient daher die erste Stelle in unserer Betrachtung.

Hierauf wird im folgenden einzugehen sein.

3. Zusammenhang mit der Vertragslehre.

3. Vorher empfiehlt es sich noch, ein wenig bei der Theorie des Vertragsrechts zu verweilen, um das soeben Dargelegte in einen noch weiteren Zusammenhang einzufügen. Es verknüpfen sich damit auch die Anschauungen, die uns früher in anderen Beziehungen als die angemessenen erschienen und die, die uns in diesem Kapitel bei der Begrenzung des konkreten Schadenersatzes beschäftigen werden.

a) Wir haben es nämlich in sachlicher Übereinstimmung mit der angelsächsischen Lehre als die natürliche Anschauung betrachtet, daß die Rechtsfolgen des Vertrages aus dem Zweck und dem Rahmen des konkreten oder des typischen Vertrags geholt werden müssen.

Daraus ergeben sich vor allem die Grundsätze der Zurechnung von Leistungshindernissen. Ob eine Partei die Wirkungen eines unverschuldeten Ereignisses wie Sturm, Beschlagnahme, Streik auf die Vertragserfüllung trägt, richtet sich danach, ob die Parteien ihr diese Gefahr überwiesen haben und in Ermanglung eines ausdrücklich oder stillschweigend erklärten Parteiwillens danach, ob diese Gefahrtragung, wie sich englische und andere Gerichte gern ausdrücken, der mutmaßlichen Parteiabsicht entspricht, nach reinerem juristischem Ausdruck danach, ob sie einer verständigen und ehrbaren Auslegung oder Ergänzung des Vertrags (BGB.: „nach Treu und Glauben mit Rücksicht auf die Verkehrssitte") entspricht. Nicht minder beherrschen, wie wir sahen, Parteiabsicht, Zweck, Sinn des Vertrages die Frage, ob die Haftung für ein fahrlässig herbeigeführtes Hindernis ausnahmsweise entfällt.

b) Aus derselben Quelle floß soeben (unter 2) die These, daß der ursprüngliche Vertragsgegenstand auf die Struktur der Obligation dauernden Einfluß hat; wir haben es hier namentlich in der Richtung zu betonen gehabt, daß das Äquivalent der Kaufsache den greifbarsten und im Durchschnitt angemessenen Schadenersatz darstellt. Der vom Schuldner zu leistende Gegenstand bezeichnet aber den Zweck, den der Gläubiger mit dem Vertrag verfolgt und den der Schuldner zu erfüllen übernommen hat. Die Parteien kennzeichnen mit dem Gute, das der Käufer erwerben soll, das Ziel des Käufers, zu dem sie durch den Vertrag streben. Daher liegt auch hier die Vertragsidee selbst der Normenbildung zugrunde. Insofern nach dem Vertragssinn der Schuldner für die Erreichung dieses Ziels trotz eines Leistungshindernisses einsteht, kann der Gläubiger Schadenersatz als ein Surrogat des Leistungsgegenstandes beanspruchen.

c) Endlich wird sich hier (§ 61, 8) noch ein dritter Punkt anreihen. Der von den Parteien bestimmte Vertragszweck sondert gleichsam die Interessen des Gläubigers aus, die befriedigt werden sollen. Nur die Verletzung dieser vom Vertrag charakterisierten Gläubigerinteressen begründet die Haftung aus dem Vertrage. Nur der durch die Verletzung dieser Interessen im Vermögen des Gläubigers angerichtete Schaden ist zu ersetzen. Dies ist die auf das Vertragsgebiet angewendete Lehre von der Schadensbegrenzung nach dem Zweck der Norm [1]).

---

[1]) Eine derartige Lehre wurde unter Betonung einer „relativen Rechtswidrigkeit" skizziert von Armin Ehrenzweig § 301 III und drängt sich in nordamerikanischen Überlegungen öfter an den Tag. Meinen dadurch angeregten Auffassungen haben sich angeschlossen Friedrich Kessler, Fahrlässigkeit im nordamerikanischen Recht 146 N. 1 und Walter Wilburg, a. a. O. 103 f. Bewußt entwickelt findet sich eine derartige Theorie nunmehr bei Leon Green, Rationale of proximate cause, Kansas City 1927. Verwandte Anschauungen vertrat offenbar auch Theodor Kipp in seinen Vorlesungen; siehe den kurzen Bericht von Martin Wolff, Theodor Kipp, Berlin 1932, S. 20 Note 7.

§ 59.

II. Abstrakte Schadensberechnung.

Abstrakt wird der Schaden berechnet, indem man ermittelt, um wieviel der Marktwert der Kaufsache im Zeitpunkt, in dem sie zu liefern war, den Kaufpreis übersteigt.

1. Als normale Berechnungsart.

1. Diese Berechnung ist im kaufmännischen Warenverkehr die gegebene und gilt als die grundsätzlich richtige, wofern nicht als einzig zulässige. Als der normale Modus oder als die gesetzliche Regel ist sie anerkannt im *Common law* und dementsprechend in den angelsächsischen Kaufgesetzen S. G. A. sect. 51 (3); Unif. S. A. sect. 67 (3)[1], in *Skandinavien* § 25 und in sehr zahlreichen *Geschäftsbedingungen* in Deutschland und anderen Ländern. Die kontinentalen Gesetzbücher werden dieser in der kaufmännischen Überlieferung längst bestehenden Anschauung nicht genügend gerecht. So haben *allg. HGB.* Art. 357 Abs. 3 und *DHGB.* § 376 Abs. 2 die abstrakte Berechnung nur beim Fixkauf anerkannt; die Praxis ist mit Selbstverständlichkeit darüber hinausgegangen, auch sie hat aber eben zufolge der ungenügenden Gesetzesbestimmungen seit dem BGB. die grundlegende Bedeutung dieses Modus nicht mehr voll im Bewußtsein. Das *schweizerische* OR. Art. 191 Abs. 3 erlaubt die abstrakte Rechnung allgemein im kaufmännischen Verkehr. In den *romanischen Ländern* findet sich dieselbe Handelsauffassung und daher bei den Handelsgerichten überall eine weitgehende Bereitschaft ihr zu entsprechen. Nur wird es in *Frankreich* und anderen Ländern, nicht aber *Italien*, abgelehnt, einen festen Rechtsanspruch des Käufers auf die abstrakte Berechnung anzuerkennen; dies deshalb, weil dem Tatrichter jedes Ermessen gewahrt werden müsse[2]). Die Durchführung ist verhältnismäßig einfach und für internationale Käufe besonders geeignet. Während die Liquidierung des individuellen Schadens nicht nur von vielleicht schwierigen Beweisaufnahmen, sondern in hohem Maße auch von den nicht zu beseitigenden Verschiedenheiten des Verfahrens und der Gerichtsverfassung abhängt — man denke z. B. an das angelsächsische Geschworenensystem —, braucht es hier nur die Feststellung des Marktwertes.

---

[1]) Auch in *Schottland*, entgegen einem früheren Präjudiz von 1839 und einem Dictum von 1848, s. Gloag p. 692; Ströms Bruks Aktie Bolag v. Hutchinson (1905) 74 L.J.P.C. 130 (H.L.); 93 L.T.R. 562.

[2]) Oben § 30, 4c, S. 229.

2. Welche gedankliche Grundlage es hat, daß man den Differenzschaden auf Grund des Marktpreises errechnet, ist in England und vielen anderen Ländern klar und war es früher auch in Deutschland.

2. Wesen der abstrakten Berechnung.

a) Im *englischen* und *amerikanischen* Recht ist der abstrakte Schaden eine Erscheinungsform des „generellen" Schadens, d. i. des Schadens, der die normale Folge der Nichterfüllung für den typisch betrachteten Vertrag ist [1]). Der auf dem Markt notierte Warenpreis wird so gegeben, wie mangels eines Marktes der nach „allgemeinem Wissen" feststellbare Wert [2]) zugesprochen wird. Hier ist kein Zweifel: der Marktpreis am Erfüllungsort tritt an die Stelle der Ware, ist ihr Ersatz. Die Berechtigung dieser Anschauung liegt auf der Hand. Der sonst schwieriger zu ermittelnde allgemeine oder „gemeine" Wert der Ware wird durch die Preisnotierung auf der Börse oder auf einem sonstigen geordneten Markt in der verläßlichsten und deutlichsten Weise dargestellt. Dem Käufer wird also auch hier der Vermögenswert zugebilligt, den er bei Lieferung der richtigen Ware am richtigen Ort und zur richtigen Zeit bekommen haben würde. So sagt z. B. Tindal, J. in Barrow v. Arnaud (1846) 8 Q. B. 596 (609); 115 E. R. 1001 (1006): "Where a contract to deliver goods at a certain price is broken, the proper measure of damages in general is the difference between the contract price and the market price of such goods at the time when the contract is broken, because the purchaser having the money in his hands may go into the market and buy." Dieselbe Anschauung liegt in *Skandinavien* der gesetzlichen Regel der Differenzberechnung (Kaufges. § 25) zugrunde und sie wird sehr folgerichtig durchgeführt [3]).

a) Ersatz für die Ware.

Das deutsche *Reichsoberhandelsgericht* hatte dieselbe Vorstellung. Dem Käufer ist Ersatz für die Entbehrung des Vertragsgegenstandes zu leisten (ROHG. **14**, 7); also ist der Preis maßgeblich, zu dem sich der Käufer die Ware zur Erfüllungszeit am Ablieferungsort hätte verschaffen können (ROHG. **11**, 183) [4]). Dieser Gedanke wurde in *Österreich* festgehalten: Die abstrakte Berechnung soll zum Ersatz des gemeinen Werts der Ware führen und ist in einer bedeutsamen Konsequenz hiervon stets geschuldet, nicht nur wenn nach den Un-

---

[1]) Oben § 35, I und II S. 282—290.
[2]) Oben § 35, II 1 b S. 286.
[3]) Oben § 39, 1, S. 304.
[4]) Oben § 20 II S. 143.

terscheidungen des aBGB. der Schuldner zum Ersatz des entgangenen Gewinns verpflichtet ist [1]). Dieselbe Idee gilt in der *Schweiz* in der ebenso zutreffenden Wendung, daß die Preisdifferenz, die nach OR. Art. 191 Abs. 3 berechnet wird, bloß den Deckungskauf gemäß OR. Art. 191 Abs. 2 ersetzt [2]). Ganz klar wird ferner von der handelsgerichtlichen Praxis in *Frankreich* die Kursdifferenz zugrunde gelegt, die zur Lieferungszeit dem Käufer den tatsächlichen Wert der Ware verschafft, und erkannt, daß diese Entschädigung ausreicht, weil sie dem Käufer alle normalen Gewinnmöglichkeiten offen hält [3]). In *Italien* entsprechen dem die festen Grundsätze des Kassationshofes: dem Käufer wird an Stelle der ausgebliebenen Ware der Preis gewährt, zu dem er sie sich anderweitig hätte verschaffen können [4]). Von denselben Vorstellungen gehen schließlich, und zwar auch in Deutschland, die *Formulare* aus. Der Preis, nach dem die Entschädigung des Käufers vor sich geht, ist auch da der Preis, zu dem eine Eindeckung möglich ist. Es wird z. B. bestimmt, der Käufer dürfe, statt gleichartige Ware zu kaufen, den Preisunterschied fordern [5]), oder es werden der Preis eines Deckungskaufs und der Marktpreis als identisch behandelt [6]) und betont, daß der Nichterfüllende bei dieser Berechnung nicht schlechter stehen dürfe als bei einem tatsächlich durchgeführten Deckungskauf [7]); oder umgekehrt, daß der Käufer nicht schlechter stehen dürfe [8]). Ganz regelmäßig erscheinen Deckungskauf und Differenzberechnung nebeneinander als Gegensatz zum Ersatz des entgangenen Gewinns, der oft gar nicht oder nur unter besonderen Voraussetzungen gewährt wird [9]).

Verhältnis zum Deckungskauf.

Man sieht dabei in der Tat deutlich den Zusammenhang unter den beiden der individuellen Berechnung gegenüber gestellten Behelfen. Den Deckungskauf zählt die Theorie bald zum abstrakten, bald zum konkreten-individuellen Schaden. Er gehört weder da noch dorthin ganz, sondern ergibt generellen konkreten Schaden, denn der Gläubiger weist den ihn tatsächlich treffenden Schaden

---

1) Klang-Pisko zu aBGB. § 921, S. 509. Oben § 26 IV 3, S. 187 N. 4.

2) Oser-Schönenberger Art. 191, Bem. 14.

3) Trib. com. Havre 3. 11. 1930 Gaz. Pal. 1931. 1. 43. Oben § 30, 4 c. S. 231.

4) Cass. Regno 25. 6. 1933; 27. 7. 1933. Oben § 30, 4 d, S. 231 N. 8. 9.

5) Z. B. Marienburger Getreideschlußschein § 16.

6) Z. B. Rauhfutter-Handelsbedingungen § 30; Rübenhandelsbedingungen § 21.

7) Einheitsbedingungen im deutschen Getreidehandel § 27. Danziger Getreidehandelsbedingungen § 38 und viele andere.

8) Rheinisch-westfälische Handelsgebräuche § 38: deshalb sei zu berücksichtigen, welcher Handelsschicht die Parteien angehören.

9) Unten § 61, 1 S. 473.

nach, indem er sich den allgemeinen Verhältnissen und dem Verfahren des Marktes unterordnet. Da nun der Kaufmann nicht gezwungen werden soll, die ausgebliebene Ware sich anderwärts tatsächlich zu beschaffen, wird der Deckungskauf durch die Berechnung, als ob er gekauft hätte, ersetzt. Daher ist ihm bei doppelter Preisfeststellung genau genommen der Verkäufer-(Brief-, Papier-) Kurs zuzüglich der üblichen Spesen geschuldet. Meist wird der Mittelkurs bevorzugt. Aber daß Kosten wie beim Deckungskauf zugeschlagen werden sollen, betonen die Sachverständigen lebhaft [1]).

b) abstrakter Schaden als entgangener Gewinn aufgefaßt.

b) Nun ist es allerdings wiederholt vorgekommen, daß die Grenzen der abstrakten Berechnungsart anders gezogen worden sind. So wurde gelegentlich der entgangene Gewinn aus einer Weiterveräußerung nicht klar vom Differenzschaden unterschieden [2]), wie es im allgemeinen außerhalb Deutschlands doch richtig geschieht [3]).

Eine theoretische Begründung hat aber diese von der herkömmlichen abweichende Auffassung in *Deutschland* seit dem BGB. erhalten [4]). Da man in HGB. § 376 Abs. 2 nur die Zulassung der abstrakten Rechnung beim Handelsfixgeschäft fand, glaubte man sie in den übrigen Fällen auf die Vorschrift über den Ersatz des entgangenen Gewinns in § 252 BGB. stützen zu müssen. Der Marktpreis ist danach maßgeblich, nicht weil und insoweit er den Preis darstellt, um den der Käufer die Ware anderwärts kaufen kann, sondern insofern er den Preis für eine Weiterveräußerung der Ware angibt. Dies bringt eine ganze Reihe von Abbiegungen mit sich. Vor allem fühlte man sich genötigt vorauszusetzen, daß der Käufer die Ware überhaupt weiterzuveräußern gedachte und ferner offenbar auch, daß er dazu imstande war. Das Reichsgericht erspart diesen Beweis dem Kaufmann durch eine Vermutung, die schon in sich etwas unklar

---

[1]) Vgl. jedoch die Usancen der Wiener Produktenbörse § 51, die vorschreiben, daß bei der Festsetzung des Preisunterschieds „etwaige durch die unterbliebene effektive Abwicklung ersparte Spesen berücksichtigt werden".

[2]) So in *ROHG.* **11**, 104, oben § 20 S. 144; *Österreich* Entsch. oben § 26 IV 3 S. 187 N. 3. *Ital.* Cass. 14. 1. 1931. Gewisse beträchtliche Unsicherheiten zeigen sich auch in den *Ver. Staaten*, unten 3.

[3]) So die übrigen oben § 30, 4 d S. 232 N. 9 zitierten *ital.* Entscheidungen und wohl auch, trotz leicht mißverständlicher Fassung, Vivante IV n°. 1702; *Frankreich* oben § 30, 4 c S. 230 f.; *Skandinavien* oben § 39 S. 304. *Engl.-amer.* special damage, oben § 35 S. 283, aber auch S. 286 bei N. 11 und hier unten n°. 4.

[4]) Oben § 25, 3 c S. 170. Sogar Ritter, HGB. § 376, 5 c, d, Siber, Schuldrecht S. 45 und Enneccerus-Lehmann § 53 II 2 a teilen die übliche Auffassung. Dagegen Pisko, Lehrbuch des öst. Handelsrechts (1923) 188 f.; vgl. Wilburg, Iher. Jahrb. 82 (1932) 144 f., zum Teil von Pisko und mir abweichend.

ist, und muß darüber hinaus, auch wenn die Waren offenkundig nur zum eigenen Gebrauch angeschafft worden sind, immer weitergehende Zugeständnisse machen. Vom Erfordernis der Veräußerungsabsicht bleibt nicht viel mehr übrig, als daß der Privatmann nicht abstrakt rechnen darf. Dennoch ist die Aussicht des Käufers, diese Berechnung durchzuführen, immer noch ins Unsichere gestellt, weil das Reichsgericht weiter und nun nicht mehr recht verständlich betont: „Da die Zulassung dieser Berechnungsart nur auf der Vermutung beruht, daß der Käufer durch den Weiterverkauf den berechneten Gewinn hätte erzielen können, ist es dem Verkäufer im Einzelfall unbenommen, nach § 287 ZPO. frei zu würdigende Umstände darzulegen, die die Vermutung entkräften" (RGZ. **90**, *425*; **99**, *46*; **101**, *219*; **105**, *293*). „Immer bleibt es dabei, daß nur der wirkliche nachweisbare Schaden zu ersetzen ist und daß die Vertragsverletzung nicht zur Folge haben darf, daß ein ungerechtfertigter Gewinn gemacht wird" (RGZ. **100**, 113). Wenn der Verkäufer also beweist, daß der Käufer nicht imstande war, den Marktpreis zu einem Verkauf zu benützen oder sie nicht verkauft haben würde, oder wenn der Verkauf vertragsmäßig ausgeschlossen war, entfällt die abstrakte Berechnung [1]). Der Gegensatz der beiden Grundauffassungen zeigt sich außerdem darin, daß die deutsche Rechtsprechung allerlei individuellen Gewinnentgang einmischt [2]) — was neuestens zu einem Angriff auf die abstrakte Berechnung selbst geführt hat [3]) — und besonders in den nachher zu erörternden Fragen, ob der Käufer die Pflicht hat, sich billiger einzudecken, und was als Marktpreis gilt. Der Gegensatz tritt auch beim Zeitpunkt und Ort des Marktpreises auf, wo sich aber andere Erwägungen einmengen. Überhaupt ist schon die Unsicherheit der deutschen Rechtsprechung bezeichnend dafür, daß sie unbewußt den verloren gegangenen Grundgedanken der älteren und in der sonstigen Welt herrschenden Gewohnheit sucht [4]).

---

[1]) Ebenso noch die neuesten Lehrbücher, Kommentare und Monographien, so Rabinowicz, Handelsbrauch und Kaufrecht im Deutschen Reich, Wien 1935, S. 52 f.; Fritz Baur in einer rechtsvergleichenden Schrift „Entwicklung und Reform des Schadenersatzrechts" 1935, S. 51 ff.

[2]) RGZ. **101**, 240, oben S. 171.

[3]) Baur a. a. O. S. 56.

[4]) Baur a. a. O. S. 57 bemerkt schließlich mit mehr Einsicht als die bisherigen Schriftsteller, „daß nicht alle Folgerungen der abstrakten Schadensberechnung sich auf § 252 [BGB.], sondern tatsächlich nur auf ein handelsrechtliches Gewohnheitsrecht gründen lassen".

3. Dieser besseren Meinung entspricht es logisch und praktisch, daß der Käufer auf den nach dem Marktpreis kalkulierten Schaden immer Anspruch hat, daß er also mindestens diesen Schadensbetrag geltend machen kann. In England und Amerika steht dies im Grundsatz durchaus fest. Die Worte „prima facie" in S.G.A. sect. 51 (3) und "in the absence of special circumstances showing proximate damages of a greater amount" in Unif.S.A. sect. 67 (3) für die Bemessung nach der Preisdifferenz bedeuten nicht eine bloße Vermutung, daß der Schaden so groß ist wie die Preisdifferenz, sondern eine Regel, von der wieder Rechtsätze mit besonderen Tatbeständen als Ausnahmen abweichen können [1]). Die Ausnahme für Vertragsstrafen versteht sich von selbst, die für den Fall des vorausbezahlten Kaufpreises behauptete ist unklar und nicht nachahmenswert. Gerichtsurteile, die die Regel als Vermutung auffaßten, sind vereinzelt geblieben. Die richtige Meinung wurde auch zum *allg. HGB.* sowohl vom ROHG.[2]) als Staub vertreten und wird dem folgend in der *Schweiz* [3]), in *Österreich* [4]) und in *Schweden* [5]) gelehrt. *3. Als Mindestersatz.*

In *Deutschland* wird aber neuerdings behauptet, der abstrakte Schaden scheide aus, wenn der Käufer zur Schadensminderung durch einen vorherigen Deckungskauf verpflichtet war [6]); dies wird allgemein behauptet — nicht etwa nur für die vorzeitige Erfüllungsweigerung, die besondere Behandlung verlangt — und beruht auf der Folgerung: Da der Käufer den gewöhnlichen entgangenen Gewinn nach § 252 BGB. beanspruche, so erhalte er nur ersetzt, was ihm ohne seine Fahrlässigkeit entgangen ist (BGB. § 254) [7]). Auch wird bisweilen dem Verkäufer die Berufung auf eine billigere tatsächliche Eindeckung des Käufers, z. B. aus freier Hand, erlaubt [8]). Dies verwirft jedoch die deutsche Praxis zumeist selber im Zusammenhang mit der überall wohlbekannten Erwägung [9]), daß der Verkäufer keine Möglichkeit und keine Berechtigung hat, einen zweiten

---

[1]) Näheres oben § 35, 2 S. 287.

[2]) **24**, 153.

[3]) Oser-Schönenberger Art. 191 Bem. 15.

[4]) Staub-Pisko, allg. HGB. Art. 355 § 15; ebenso wohl Klang-Pisko aBGB. zu § 920 S. 499 und § 921 S. 509.

[5]) Almén I 392 verweist auf Staub, Anh. zu § 374 Bem. 60.

[6]) RGZ. **52**, 152. Weitere Rechtsprechung bei Staub-Heinichen Anh. zu § 374, Bem. 61; Rabinowicz S. 53 N. 139.

[7]) Staub-Heinichen Bem. 59; Rabinowicz S. 51.

[8]) So in Italien Vivante IV n°. 1702. Dagegen RG. JW. 1910, 613. 948 u. a., zit. oben § 25, 3c S. 171.

[9]) ROHG. **24**, 155; Staub-Heinichen Bem. 60 S. 801.

Kauf, den der Käufer tatsächlich gemacht hat, als Deckungskauf zu betrachten, der Käufer vielmehr die neu erworbene Menge neben der vom Verkäufer nicht gelieferten hätte gewinnbringend veräußern dürfen. Daß man ihm dennoch einen Deckungskauf zumutet, dafür könnte nur eine Ordnung den Anlaß bieten, die eine erhebliche Spanne Zeit zwischen dem Lieferzeitpunkt und dem maßgeblichen Markttag läßt. Solche schädlichen Spannen hat freilich die Praxis des deutschen Reichsgerichts selbst geschaffen [1]). Der Anstoß zu der ganzen Verwirrung kommt aber von der unrichtigen Heranziehung des lucrum cessans.

Auch die *italienische* Lehre (oben S. 232) und das *skandinavische* Gesetz § 25 erlauben zwar theoretisch dem Verkäufer, nachzuweisen, daß der Schaden geringer sei als die abstrakte Differenz. Ein solcher Fall ist uns aber aus Italien ebensowenig bekannt geworden, wie ihn in *Schweden* Almén I 392 für möglich hält. Der *ital. Entwurf* eines HGB. 1925 Art. 331 betrachtet diese Differenz denn auch wirklich als gesetzliches Minimum und behält nur den Nachweis höheren Schadens vor.

Über *Frankreich* läßt sich nichts weiteres als oben § 30, 4 c S. 229 f. sagen.

Bemerkung. Der ganze Gedanke, dem Verkäufer die Berufung darauf zu erlauben, daß das Interesse des Käufers hinter der abstrakt berechneten Differenz zurückbleibt, stammt aus der Idee des hier wie sonst allzu subjektiven Interesseersatzes auf dem Kontinent und setzt, wenn man ihn in das Gebiet der abstrakten Berechnung einführt, eine Prämie auf vertragsuntreues Verhalten [2]). Dem Verkäufer darf keine Möglichkeit eröffnet werden, bei Vertragsbruch günstiger zu stehen als bei Lieferung. Obwohl praktisch dem Verkäufer der Nachweis eines hinter dem abstrakten Schaden zurückbleibenden Interesses des Käufers (nach der richtigen Bemerkung Alméns) kaum jemals gelingen wird, so kann der Prozeß in viel häufigeren Fällen dadurch erschwert werden.

4. Der Begriff des Marktpreises. 4. Die abstrakte Berechnung wird nicht nur bei Waren mit börsenmäßig festgestelltem Preis angewendet. Sie reicht darüber sogar sehr erheblich hinaus.

---

[1]) Unten n°. 5. — Eine andere sachliche Begründung etwa darin zu suchen, daß bei einem Kauf eines sehr großen Postens die Eindeckung zu einem Preis unter der Marktnotiz möglich ist, wäre unnütz. Es kommt darauf an, was als Markt eben für die verkaufte Warenmenge gilt.

[2]) So auch Neuner S. 293.

Nach *englischer* Auffassung ist ein Übergang zu Surrogaten des echten Marktpreises ohne weiteres dadurch gegeben, daß man zur sonstigen Ermittlung des g e n e r e l l e n Schadens (S. G. A. sect. 51 (2), Unif. S. A. sect. 67 (2)) zurückkehrt; in erster Reihe gilt noch gleich dem M a r k t preis der l a u f e n d e Preis (ss. 3), dann gelten sonstige Anschaffungspreise, und weiterhin Wertermittlungen, die die Grenze zum „speziellen“ Schaden in der Judikatur ziemlich flüssig gestalten [1]).

Auf dem Kontinent nennt man es noch abstrakte Berechnung, wenn mangels eines amtlich oder offiziell notierten Kurses der Preis zugrundegelegt wird, den die vereidigten Makler angeben [2]) oder der sich sonstwie am Ort und zur Zeit der Lieferung ergibt [3]). Ja sogar wenn Ware nur an einer einzigen Stätte erzeugt wird, hat das ROHG. **11**, 183, vgl. RGZ. **60**, 347, den vom Produzenten gewöhnlich erzielten Preis gleichgestellt. Ähnlich hat die französische Praxis den Wert spezieller Güter durch einen Sachverständigen ermitteln lassen [2]). Dies ist offenbar auch noch die Feststellung eines objektiven Werts, wird aber anderwärts aus dem Bereich des abstrakten Schadens verwiesen. So schließt sehr beachtlich schweiz. BGE. **43** II 178, 220, falls ein „Marktpreis“ nicht aus a n d e r e n Geschäftsabschlüssen feststellbar ist, diese Art der Schadensliquidation aus. Für zahlreiche Waren werden immerhin in vielen Ländern die Preisbewegungen statistisch erfaßt, und dies genügt jedenfalls.

Vollends kommt die deutsche Praxis — durch ihren irrtümlichen Ausgangspunkt, daß entgangener Gewinn dargestellt werde, auf immer weitere Abwege verleitet — nicht nur dazu, daß bei Waren o h n e Marktpreis die Möglichkeit genügt, sie zu einem höheren Betrag als dem Vertragspreis weiter zu v e r kaufen und daß diese Möglichkeit bei allen Waren des Handelsverkehrs vermutet wird, sondern sie hat eine ganze Lehre vom „Verkäuflichkeitswert“ entwickelt, der dem Marktpreis gleichzubehandeln sei [4]).

Aufmerksamkeit hat es manchenorts gefunden, daß, wie man sagen könnte, so wie ein Deckungsgeschäft dem nicht erfüllten Kauf gleichartig sein muß, so auch der Marktpreis dem Vertragspreis

---

[1]) Oben § 35 II 1 b S. 286.

[2]) *Frankreich* oben § 30, 4 c S. 230.

[3]) ROHG. **7**, 174; **17**, 305; *Schweiz* BGE. **40** II 84; O s e r OR. Art. 191 Bem. 14; B e c k e r OR. Art. 191 Bem. 6; *Frankreich* oben § 30, 4 c S. 229 f.; *Italien* oben § 30, 4 d S. 232; *Skandinavien* Kaufges. § 25 spricht allgemein vom „Preis“.

[4]) S t a u b - H e i n i c h e n, Bem. 60 a, vgl. oben § 25, S. 172.

homogen sein muß. Bei Fob- und Cifkäufen z. B. muß es der gleiche Hafen sein, oder der Preisunterschied muß rechnungsmäßig ausgeglichen werden können. Der Kleinhändler, der vom Großhändler kauft, muß Großhandelspreise, nicht die für ihn beim Detailverkauf erzielbaren Preise zugrundelegen [1]). Dies stimmt zu dem hier vertretenen, nicht zu dem Prinzip des Reichsgerichts, ebenso wie daß bei doppeltem Börsenkurs für Ein- und Verkauf der erste, höhere Kurs anzusetzen ist. Bräuche verlangen, daß bei der Feststellung des Preises neben den vereinbarten Zahlungsbedingungen und allen sonstigen Umständen auch die „Handelsschicht der Parteien" berücksichtigt werde [2]) und dergl. mehr.

Bemerkung. Zusammenfassend ist zu sagen, daß die abstrakte Berechnung statthaben darf: wenn Kurse börsenmäßig durch amtliche Makler, oder wo diese, wie in England, fehlen, durch öffentlich dazu befugte Personen ermittelt werden; aber auch ohne dies, wenn laufende Preise im Verkehr des Geschäftszweiges als genügend sicher festgestellt anerkannt werden. Wenn dagegen nur Verkäuflichkeit der Ware oder nur ein bei dem einzelnen Verkäufer üblicher Preis feststeht, so paßt ihre Berücksichtigung nicht in den Rahmen der selbständigen abstrakten Methode, sondern bleibt besser der konkreten Berechnung überlassen, für die ein solcher objektiver Wert ein Hilfsmittel ist. Verwirren wir die Grenzen zwischen diesen beiden Schadenliquidierungen und erweitern wir den Begriff des Marktpreises übermäßig, so gefährden wir den anderen Teil und nehmen dadurch ebenso, wie wenn wir den Gewinnentgang hereinziehen, dem abstrakten Differenzschaden seine Berechtigung und Beliebtheit. Eine solche Verwischung des zugrunde liegenden Gedankens bringt es dann mit sich, daß man es dem Verkäufer nicht verweigern will, dem Käufer vorzuwerfen, er hätte besondere Gelegenheiten zur billigeren Eindeckung nicht benützt.

Die Warengattung und die Modalitäten der Geschäfte, für die der laufende Preis gilt, müssen in einem ebenfalls vom Handelsverkehr bestimmten Grade der Art des konkreten Kaufgeschäfts entsprechen.

5. Maßgeblicher Zeitpunkt. 5. Da der Marktpreis an die Stelle der Ware tritt, bezeichnen die meisten Regeln, so

England S. G. A. sect. 51 (3)
Ver. Staaten Unif. S. A. sect. 67 (3)

---

[1]) Almén I 388 ff.

[2]) Rheinisch-westfälische Handelsbräuche § 38.

Skandinavien Kaufges. § 25
allg. HGB. Art. 357 Abs. 3
Deutschland HGB. § 376 Abs. 2
Schweiz OR. Art. 191 Abs. 3,

zutreffend als den maßgeblichen Zeitpunkt den, zu dem die Ware hätte geliefert werden sollen. Davon geht man überall aus, auch die deutsche Rechtsprechung tut es trotz ihrer anderen Einstellung. Von Schwankungen abgesehen, die wir in den Länderberichten darlegten, ergeben sich aber Unterschiede aus folgendem Grunde.

Es macht sich geltend, ob der Ablauf der Lieferzeit sofort die schärfsten Folgen hat. Kann der Käufer sofort beim Ablauf der Frist von der Ware abgehen wie beim deutschen Fixgeschäft, beim schweizerischen Handelskauf mit bestimmtem Liefertermin, beim skandinavischen wesentlichen Verzug, so bietet sich das Ende der Lieferzeit als der gegebene Zeitpunkt für die abstrakte Berechnung dar. Im englischen merkantilen Kauf zumal, wo ein regulärer Erfüllungsanspruch überhaupt nicht besteht und der Vertrag mit dem fruchtlosen Ablauf der Lieferzeit als an seinem Ende angekommen betrachtet wird, versteht sich als Stichtag der Tag des Vertragsbruchs, also die Berechnung nach dem Börsen- oder Marktpreis in dem Zeitpunkt oder den Zeitpunkten, wo die Ware hätte geliefert werden sollen. Die schneidigste Ordnung führt so auch zur einfachsten Rechnung. Behält aber der Käufer noch den Erfüllungsanspruch zur Wahl oder darf der Verkäufer nach milderem System noch bis zum Ablauf einer Nachfrist, bis zur Rechtskraft eines Urteils usw. leisten, so verschiebt sich die Fragestellung. In der *deutschen* Gerichtspraxis hat man darüber am meisten, ja zu viel nachgedacht, zu viel in jedem Falle die Interessen des Gläubigers wahren wollen, indem man wiederum nicht beachtete, daß diese Schadenserledigung der durchschnittlichen Billigkeit und nur dieser zu dienen bestimmt ist. Die *deutsche* Rechtsprechung glaubte es nämlich berücksichtigen zu müssen, daß wenn der Verkäufer die Ware nachträglich liefert, solange er es noch verspätet tun darf, der Käufer neben der Ware den Verspätungsschaden verlangen kann. Ist zwischen Verzugseintritt und Nachfristende der Warenwert gesunken, z. B. wenn der Kaufpreis 100 betrug, von 120 beim Ende des Liefertermins auf 110 beim Ende der Nachfrist, so hätte der Käufer bei vertragsmäßiger Leistung zu 120 verkaufen können; er bekommt also beim Nachfristende die Ware plus 10; entsprechend soll er auch bei Nichtlieferung den Wert 120 — 100 = 20 erhalten. Ist der Preis vom Verzugsbeginn zum Nachfristende von 120 auf 125 gestiegen, so soll der Käufer den späteren höheren Wert bekommen, weil er so lange warten mußte, ob geliefert wird. Man gibt ihm also die Wahl, ob er die Differenz nach dem Verzugseintritt oder nach dem Nachfristende berechnen will. Ebenso lassen die Gerichte in den anderen Fällen einer Schwebezeit die Wahl zwischen einerseits dem Tag der Fälligkeit oder des Verzugseintritts und andererseits dem Augenblick, wo der Käufer von der Erfüllung abgeht oder den Anspruch darauf, z. B. durch eine Unmöglichkeit der Leistung bei währendem Verzuge, verliert. Damit eröffnen sie aber dem Käufer zugleich die Möglichkeit, auf Kosten des Verkäufers zu spekulieren, eine Möglichkeit, die noch weiter dadurch gesteigert wird, daß der Käufer die von ihm gewählte Grundlage der Berechnung nachträglich wechseln darf [1]). Es ist zwar ein anerkannter Gesichtspunkt, daß dem Gläubiger unter Umständen entgegengehalten werden darf, er habe durch Hinauszögerung oder auch die Bemessung der Nachfrist gegen Treu und Glauben verstoßen. Doch damit lassen sich nur besonders auffällige Mißbräuche hinterher bekämpfen und werden die Prozesse belastet. Auch nach *skandinavischer* Praxis [2]) kann der Käufer, falls er sich nicht vorher eindecken mußte, entweder den Preis der Lieferzeit oder den Preis zur Zeit seiner Aufhebung des Vertrags zugrundelegen.

Die *italienische* Praxis dagegen, die wie die deutsche daran festhält, daß der Schadenersatzanspruch im Moment der Nichterfüllung entstehe, folgert daraus in einer Reihe von Entscheidungen, denen freilich andere entgegenstehen, richtig, daß der Ablauf der vertraglichen Lieferzeit und nicht ein späterer Zeitpunkt entscheide [3]).

Wenngleich nicht ganz ohne Schwierigkeiten sucht man auch in *Frankreich* in eingehender Kasuistik die Willkür des Käufers bei der Wahl des Stichtages auszuschließen [4]).

Bemerkung. Dies ist der durchschlagende Gesichtspunkt. Ein Spekulieren des Gläubigers auf Kosten des Schuldners, auch des vertragsbrüchigen, muß möglichst vermieden werden. Wenn das Gesetz durch das Erfordernis der Nachfrist den Käufer nötigt, auf die Lieferung weiter zu warten, so verlegt es auch den Stichtag der Schadensberechnung auf den Tag, an dem durch den Nachfristablauf die Ablehnung

---

[1]) RGZ. **99**, 46; Jur. Rundschr. 1926 no. 672.

[2]) Almén I 393 ff. oben § 39 S. 305.

[3]) Oben § 30, 4 d S. 232.

[4]) Vgl. die Nachweise oben S. 230, ferner Delayen, Homburg et Chotiau p. 182 f.

der Lieferung endgültige Kraft erhält[1]). Es könnte freilich sein, daß der Käufer die Setzung der Nachfrist willkürlich verzögert; aber dann spekuliert er nur noch einseitig ohne nachträgliche Option und der Verkäufer mag liefern. Im *deutschen* Produktenhandel, wo Nachfristen üblich sind, nehmen die Geschäftsbedingungen denn auch in der Regel das Ende der Nachfrist oder ein oder zwei Tage nach dem Ende als maßgebliche Zeit der „Wertfeststellung" an. Steht es im Belieben des Käufers, mit sofortiger Wirkung von der Ware abzugehen, so muß wie im englischen Recht immer der erste Tag, an dem er dazu befugt ist, d. i. der unmittelbar auf den Vertragsbruch folgende Markttag der Stichtag sein.

Ein Mehr zu liquidieren ist Aufgabe der konkreten Berechnung und von den Voraussetzungen, denen man diese unterwerfen mag, abhängig.

Maßgeblich sollte also der Tag sein, an dem der Käufer von der Erfüllung abzugehen berechtigt ist, und der Stichtag der nächste darauf folgende Tag, an dem ein Anschaffungspreis feststellbar ist; wenn aber das Recht des Verkäufers zur Lieferung nicht oder nicht nur durch Erklärung des Käufers, sondern kraft Gesetzes beendet wird, sollte das vom Gesetz bezeichnete Ereignis entscheiden.

Allerlei Einzelheiten, die da und dort entwickelt wurden, dürfen füglich der örtlichen Gepflogenheit und dem Grundsatz von Treu und Glauben überlassen werden; z. B. muß unter Umständen zugewartet werden, bis ein maßgeblicher Preis feststellbar ist[2]).

6. Insbesondere beim vorzeitigen Vertragsbruch.

6. Die Lage, die entsteht, wenn der Verkäufer vor dem Liefertermin die Erfüllung endgültig verweigert, hat zu besonderen Erwägungen geführt.

[1]) Was sich hiernach gegenüber dem deutschen Recht ergibt, hat in Übereinstimmung mit der hier vertretenen Ansicht Ernst Heymann in einer wertvollen gutachtlichen Äußerung für den Kaufrechtsausschuß so formuliert: „Wenngleich die Nachfrist bei uns nur der purgatio morae dient und keine Verlängerung der Erfüllungsfrist ist, so trägt doch bei uns ohnehin der Käufer insofern die Gefahr, daß er durch die Erfüllung des Verkäufers innerhalb der Frist von der Geltendmachung des vollen Schadens ausgeschlossen wird, und es ist nicht einzusehen, warum er dann — im Interesse einer klaren Regelung — nicht auch das Risiko einer Schadensdifferenz zwischen Verzugs- und Ablehnungstag tragen soll. Da auch das französische Recht eine wenigstens ähnliche richterliche Fristsetzung vor Aufhebung des synallagmatischen Vertrags kennt, würde sich die hier vorgeschlagene Regelung des Zeitpunkts der Schadensberechnung bei Fristsetzung, soweit diese zugelassen wird, als Grundlage einer Vereinheitlichung mehr empfehlen als die volle Beseitigung unserer Fristsetzung aus § 326 Abs. 1, an die unser bürgerlicher Verkehr gewöhnt ist."

[2]) Z. B. *Ägypt.* Gemischter Gerichtshof, s. Palagi, La Vente p. 156 f.; *Schweiz*, vgl. Becker OR. Art. 191 Bem. 6.

In *England* hat die Praxis den Fall eingehend geregelt, wobei zumeist folgendes gilt. Enthält der Vertrag einen festen Lieferzeitpunkt und geht der Käufer auf die repudiation des Verkäufers ein, so kann er den Preis zugrunde legen, der sofort nach der Weigerung bei einem auf den vertragsmäßigen Lieferzeitpunkt gestellten Terminkauf gezahlt werden müßte. Ist ein Deckungskauf auf Termin nicht möglich, so ist die abstrakte Rechnung nur gegeben, wenn der (sofort oder später anstellbare) Prozeß erst nach dem Fälligkeitstermin zur Entscheidung kommt[1]). Mangels eines festen Vertragstermins aber wird der Preis zur Zeit der Weigerung genommen, weil die Weigerung der Vertragsbruch ist, so wie im normalen Fall die Nichtlieferung am Termin, S. G. A. sect. 51 (3) a. E.; denn dieser Moment des Vertragsbruchs ist der einzige vom Belieben des Käufers unabhängige Termin[2]).

Die *deutsche* Praxis dagegen gibt dem Käufer wiederum die Wahl, und zwar zwischen dem Tag, an dem er dem Verkäufer die Nachricht zugehen läßt, daß er Schadenersatz wegen Nichterfüllung verlange und dem Fälligkeitstag (RG. **103**, *292*; **91**, 30). Und abermals kennen die Geschäftsbedingungen des deutschen Produktenhandels, die den Fall behandeln, nur einen einzigen Stichtag, z. B.: „Stichtag für die Preisfestsetzung ist der erste Werktag nach dem Eingang der Erfüllungsweigerung“ [3]). Ebenso auch die *französischen* Produktenhandelsbedingungen Art. 31.

7. Maßgeblicher Ort.

7. Überall wird vom Ort der Lieferung ausgegangen; place of delivery, luogo della consegna usf.; aber höchstens in *Skandinavien* wird daran eine folgerichtige Lehre geschlossen. Ist in der Tat, wie das skandinavische Gesetz weiß, der Marktpreis das vom Verkäufer geschuldete Äquivalent für die unterbliebene Lieferung, so ist der maßgebliche Preis nicht der des Ortes, an dem die Ware dem Käufer zugute kommen sollte, sondern der des Ortes, wo der Verkäufer zu liefern hatte. Beim gewöhnlichen Versendungskauf ist also grundsätzlich auf den Absendungs- und nicht den Bestimmungsort zu sehen. Und dies ist offenbar auch überwiegend die

---

[1]) Bei steigenden Preisen ist aber inzwischen der Käufer deckungspflichtig, Bailhache, J. in Malachrino v. Nicoll [1920] 1 K.B. 697; zum gleichen Zwecke der Schadensmäßigung rechnet man in *Ver. Staaten* nach Williston Contracts § 1298 ss. nach dem Zeitpunkt der Erfüllungsweigerung.

[2]) Ebenso Entwurf Art. 40.

[3]) Einheitsbed. des deutschen Produktenhandels § 29 III; verwandt Rheinwestf. Handelsgebr. § 41; Danziger Geschäftsbed. § 41, auch der sonst etwas abweichende Kieler Schlußschein § 31. Der Tag des Empfangs der Weigerungserklärung ist Stichtag nach Bremer Schlußschein § 10.

Ansicht der Praxis in den verschiedenen Ländern [1]), wenn auch die Entscheidung häufig nicht deutlich ist und es an abweichenden Formulierungen nicht fehlt. Man zieht in *Österreich,* gelegentlich auch in *Italien,* auch den Bestimmungsort heran, ja selbst in den *skandinavischen* Rechten, wo Almén die richtige Ansicht eingehend begründet, wird das bisweilen vertreten. Aber auch in *England* besteht Unsicherheit im Zusammenhang mit dem vieldeutigen Begriff der delivery. Geradezu den Bestimmungsort zugrundelegen will die *deutsche* Praxis aus der abweichenden, Deutschland eigentümlichen Erwägung, daß der abstrakte Schaden den entgangenen Gewinn ersetze und daß es daher auf den Ort ankomme, wo der Käufer die Wäre hätte weiterveräußern können.

Woher diese wirkliche oder scheinbare Zwiespältigkeit rührt, läßt sich erraten. Vor allem macht sich wahrscheinlich ein historischer Grund dafür bemerkbar, daß gern vom Bestimmungsort ausgegangen wird. Mag der Absendungsort folgerichtig sein, so ist offenbar vom Deckungskauf her die Anschauung vererbt, daß der Käufer den nächsten ihm zugänglichen und zumutbaren Markt benützen mag.

Im übrigen aber löst sich der anscheinende Gegensatz dadurch auf, daß der Preis an dem dem Käufer bestzugänglichen Markt für die gleichartige cif- oder fob-Verschiffung und dgl. zugrunde gelegt oder daß entsprechend der Ortsdifferenz Abschläge gemacht werden. Diese Rechnungen vollziehen die englischen und die skandinavischen Gerichte offenbar genau, sofern die Parteien genügend Unterlagen bringen; denselben Vorgang hat aber auch das deutsche Reichsoberhandelsgericht Entsch. **11**, 422 allmählich klargestellt, indem es den „Ablieferungsort", d. i. den Ort der Lieferung im hier gebrauchten Sinn letzten Endes zugrunde legte [2]). Erst die neue deutsche Praxis ist davon abgewichen. Es ist ja selbstverständlich, daß die Kostenverteilung, wie sie im Vertrag getroffen wurde, unberührt bleiben muß, und es liegt wohl zumeist an den unvollständigen Veröffentlichungen der Urteilstatbestände, seltener an einem Fehler des Richters, daß die Fragen, welcher Lieferort bei der Preisnotierung vorausgesetzt ist und an welchem Ort die Notierung stattfindet,

[1]) Vgl. hierzu oben *allg. HGB.*, § 20 II S. 144, *Deutschland*, § 25, 3 c S. 172, *Österreich*, § 26 IV 3 S. 187, *Italien* § 30, 4 d S. 232, *anglo-amerikanisches Recht*, § 35 II, S. 285 f., *Skandinavien* § 39, 1 S. 304.

[2]) Oben § 20 II S. 144.

unzureichend getrennt werden. Jedenfalls ist damit der Weg zur einheitlichen Formulierung gegeben.

Damit stimmt es überein, daß mangels eines Marktes an dem zunächst für maßgeblich gehaltenen Ort ein naheliegender oder ein überhaupt erreichbarer Markt gewählt und das Ortsinteresse rechnungsmäßig berücksichtigt wird.

§ 60.

III. Berechnung auf Grund eines Deckungskaufs.

1. Das Wesen.

1. Älter als die abstrakte Differenzrechnung, die einen Deckungskauf fingiert, ist die Übung, den Schaden durch einen zur Deckung tatsächlich vorgenommenen Kauf in Geld erkennbar zu machen. Dem Handel scheint diese Übung noch heute besonders nahezuliegen und jedenfalls näher als die Berechnung nach individuellen Merkmalen. Von dieser, für die wir die Bezeichnung als konkrete Berechnung allein gebrauchen sollten, unterscheidet sich die Liquidierung auf Grund eines Deckungskaufs ebenso wie die abstrakte Berechnung. Der Eindeckungspreis ergibt ein objektives Merkmal im Gegensatz zu den individuellen Vermögensverhältnissen des Käufers. Eine wichtige Konsequenz sprechen die ***italienischen*** Gerichte aus, indem sie kein Hindernis des Deckungskaufs darin sehen, daß der Käufer die Ware gar nicht braucht [1]).

2. Gerichtliche Genehmigung.

2. Nach dem ***französischen*** System wird, wie in diesem Buche wiederholt dargelegt wurde, der Käufer von der Pflicht zur Abnahme und Zahlung grundsätzlich erst durch gerichtliches Gestaltungsurteil frei. Mit der Vornahme eines Deckungskaufs müßte er also bis zur Rechtskraft des Auflösungsurteils warten, eine für den Handel unerträgliche Belastung. So hat sich in der Praxis der Handelsgerichte auf Grund des Art. 1144 Code civil,

ihm folgend
Argentinien C. com. Art. 467,
Chile Alessandri I n°. 1055 p. 1020 f.

wonach der Gläubiger ermächtigt werden kann, die Obligation selbst auf Kosten des Schuldners zu erfüllen, ein besonderes d r o i t d e r e m p l a c e m e n t herausgebildet. Wir haben schon von ihm zu sprechen gehabt. Nach seinem ursprünglichen Wesen Naturalrestitution kraft eigener Vornahme ist dieses Ersatzrecht heute als Grund-

[1]) Oben S. 233 und N. 4. Die Gründe für das Vorgehen des Käufers kennen wir leider nicht, da die Tatbestände der Entscheidungen nicht veröffentlicht sind.

lage der Schadensliquidierung gedacht wie in Deutschland [1]). Aber noch in der besonders klaren Darstellung bei dem *italienischen* Gelehrten Tartufari (nº. 453) wird sogar der ohne gerichtliche Billigung zulässige Deckungskauf nach C. com. it. Art. 68 unter dem Gesichtspunkt der Zwangsvollstreckung abgehandelt. Auch daß dieser Art. 68 Abs. 3 den Deckungskauf „per conto e a spese del venditore" geschehen läßt, ist nur durch die überholte Idee zu verstehen, daß der Käufer in Ersatzvollstreckung eine andere Sache erwirbt. Wir sind gewohnt, im Gegenteile zu behaupten, daß der Käufer auf eigene Rechnung kauft. Er hat denn auch natürlich nicht eine Verbilligung des Preises, die er beim Deckungskauf erzielt, an den Verkäufer herauszugeben. Soviel zu erkennen ist, sind irgendwelche praktische Konsequenzen der Gesetzesfassung in Italien nicht aufgetreten.

Der Käufer braucht die nach Vornahme des Deckungskaufs angebotene Ware nicht mehr abzunehmen und kann die Preisdifferenz von Haus aus als die Kosten der Ersatzvornahme, heute einfach als Schadenersatz verlangen [2]).

3. Formalisierter Kauf.

3. Aus einem völlig abweichenden Gesichtspunkt gelangen andere Gesetze dazu, den Deckungskauf mit besonderer Garantie auszustatten. Der Verkäufer soll dagegen geschützt werden, daß ein unangemessener Kauf der Schadensberechnung zugrundegelegt wird. Aus diesem Grunde hat das *deutsche* Handelsgesetzbuch § 376 Abs. 3 die Vorschriften, die für den Selbsthilfeverkauf des Verkäufers bei Annahme- oder Zahlungsverzug des Käufers. bestanden, auch auf den Deckungskauf übertragen, dies jedoch nur für das Handelsfixgeschäft über Waren, die einen Markt- oder Börsenpreis haben. Im übrigen, insbesondere für Nichtkaufleute, hielt man es für eine zu große Belastung des Käufers, ihn an derartige Formen zu binden [3]). Nach § 376 kann ein Deckungskauf „falls die Ware einen Börsen- oder Marktpreis hat, dem Ersatzanspruch nur zugrundegelegt werden, wenn der Kauf sofort nach dem Ablauf der bedungenen Lei-

[1]) Vgl. die oben S 360 N. 1 zitierte Note von Ripert, der die vertragliche Abdingung von Schadenersatz ohne weiteres auch als Ausschluß des von den Gerichten dort zum Teil als Erfüllungsanspruch zugelassenen droit de remplacement ansieht.

[2]) Vgl. Delayen, Homburg et Chotiau nº. 169 und oben S. 233. Der Zeitverlust durch das Gesuch muß wenigstens durch unverzügliche Einbringung gemildert werden; es darf „nicht erst später bei Hausse angesucht werden", Palagi p. 146.

[3]) Vgl. die Denkschriften zum Entwurf eines Handelsgesetzbuchs, Berlin 1896, S. 219; 1897, S. 236.

stungszeit oder Leistungsfrist bewirkt ist. Der Kauf muß, wenn er nicht in öffentlicher Versteigerung geschieht, durch einen zu solchen Käufen öffentlich ermächtigten Handelsmäkler oder eine zur öffentlichen Versteigerung befugte Person zum laufenden Preis erfolgen." Wahrt der Käufer diese Voraussetzungen nicht, so muß er den Schaden abstrakt oder auf anderer Grundlage konkret berechnen.

Der formalisierte Deckungskauf hat aber zugleich eine andere Funktion. Durch ihn werden die Einwendungen, die der andere Vertragsteil gegen Zeit, Ort und Modalität der Vornahme erheben könnte, von vornherein abgeschnitten und demnach der Rechtsbehelf des Gläubigers erleichtert. Nur in diesem Sinne ist der formalisierte Deckungskauf vom *italienischen* C. com. Art. 68 Abs. 3 mit Beschränkung auf Handelskäufe übernommen worden. Dieses Gesetz sieht den Kauf „col mezzo di un pubblico ufficiale autorizzato a tale specie di atti" vor. Das *dänische* Gesetz § 25, 2 kennt eine derartige Deckung mittels autorisierter Personen bei jedem Kauf. Da in diesen Rechten der Käufer den formalen Deckungskauf als reine Begünstigung zur Verfügung hat, braucht er ihn nicht zu benutzen, sondern kann den Schaden anderweitig dartun, auch auf Grund eines freihändigen Kaufs, dessen Angemessenheit er dann natürlich zu beweisen hat [1]).

4. Vornahme nach Treu und Glauben.

4. Das moderne Prinzip geht aber viel weiter. Zwar gilt in romanischen Ländern der gerichtlich ermächtigte Deckungskauf nach wie vor als der sicherste aus demselben Grund, wie der soeben besprochene Deckungskauf durch besonders ermächtigte Personen den Vorzug hat, den Einwendungen des Verkäufers vorzubeugen. Aber die Praxis hat sich überall gedrängt gefühlt, dem Käufer den genehmigungslosen Kauf sowie wenigstens bei Waren ohne Marktpreis auch den Kauf außerhalb von Börsen und Märkten zuzuerkennen, ja es ist das offenbare Bestreben sowohl der Kaufmannskreise als der Handelsgerichte in allen Ländern, auf besondere Schleunigkeit des Deckungskaufs hinzuarbeiten, so daß alle zwingenden Vorschriften über die Umstände seiner Vornahme je nach Lage des Falls lästig werden können. Die französische Handelspraxis erkennt im Grunde ebenso wie der italienische Kassationshof, daß man den Käufer nicht auf den Ausgang eines Prozesses warten lassen darf, übrigens gerade das Interesse des Verkäufers verlangt, daß der Deckungskauf sogleich nach der Nichterfüllung vorgenommen, auch nicht durch ein umständliches gerichtliches Verfahren verzögert werde, „weil man nicht

[1]) Vgl. Tartufari n°. 458; Almén I, 391 N. 146.

dem Käufer den Weg zu möglichen Spekulationen eröffnen und die Wahl des Zeitpunkts in sein Belieben stellen" dürfe (Cass. 15. 11. 1923, Giur. Ital. 1923 I 1, 945).

An die Stelle der gesetzlichen näheren Bestimmung tritt vielmehr der allumfassende Grundsatz, daß der Deckungskauf nach Treu und Glauben verständig vorgenommen werden muß, in guten Treuen, wie das *schweizerische* Obligationenrecht Art. 191 Abs. 2 sagt, und in den einzelnen Geschäftszweigen enthalten die bisweilen sehr eingehenden Handelsbräuche und Geschäftsbedingungen das Nähere.

Dies ist die Grundlage für die *angelsächsischen* Rechte, deren Gesetze sich jeder Regelung enthalten, der *deutschen* Praxis, die neben § 376 ganz allgemein die Berufung auf den Deckungskauf zuläßt, der gleichgerichteten *italienischen* und sogar der *französischen* Praxis, die den ohne gerichtliche Ermächtigung vorgenommenen Deckungskauf, wenn er sich in den Regeln des Brauchs hält, nachträglich billigt.

Die einzelnen Regeln darüber, wie ein redlicher Käufer bei einem Deckungskauf vorzugehen hat, zu welcher Zeit und an welchem Orte und über welche Art von Waren er diesen Kauf vorzunehmen hat, lassen sich auch sämtlich auf die beiden Forderungen zurückführen: Der Käufer muß den Deckungskauf so schleunig vornehmen, als er nur kann, damit er nicht auf Kosten des Verkäufers spekuliert [1]), und er muß den Deckungskauf in allen Beziehungen möglichst genau so einrichten, wie der nichterfüllte Kaufvertrag eingerichtet war. Daraus ergeben sich Regeln für Zeit und Ort entsprechend denen, die für die abstrakte Berechnung gelten. Die Grundsätze dafür, was die gleiche Warengattung, die gleichen Lieferungsbedingungen, die gleiche Gruppe des Groß- oder Kleinhandels sei, ob er anzudrohen sei usw., werden gerade beim Deckungskauf meistens von Formularen und Gerichten genauer entwickelt.

5. Die vorgängige gerichtliche Genehmigung zum Deckungskauf hängt im französischen Recht so sehr mit der allgemeinen Mitwirkung des Gerichts bei der Aufhebung der Käuferpflichten zusammen, daß diese Besonderheit ebenso wegfallen muß wie das Auflösungsurteil, das durch die Rücktrittserklärung ersetzt wird. Auch der formalisierte Deckungskauf erscheint uns wohl heute als das Gebilde einer Übergangszeit, in der die abstrakte Differenzberechnung noch *5. Bemerkungen.*

[1]) Vgl. Lord President Inglis in Warin & Craven v. Forrester, 1876, 4 Rettie 190 (193); bestätigt 1877 4 Rettie (H.L.) 75. Hiergegen fehlt wieder die *deutsche* Praxis durch die zugestandene Wahl der Stichtage, aber sie achtet doch den sehr häufig nachweisbaren, auf sofortige Eindeckung dringenden Handelsbrauch, vgl. RG. **101**, 91 und die Bräuche bei Rabinowicz 155.

nicht so recht Fuß gefaßt hatte. Wird die abstrakte Berechnung mit Ausschluß aller Zweifel anerkannt, und zwar so, daß sie für den Käufer auch z. B. wegen der Kosten den gleichen Betrag liefert wie der Deckungskauf, so sind abweichende Vorschriften für diesen nicht mehr angebracht. In der Tat sind solche gesetzliche Vorschriften den angelsächsischen Ländern, in denen die abstrakte Schadensberechnung seit langem im Vordergrund steht, ohnehin unbekannt. Ja, der italienische Handelsgesetzentwurf verzichtet ganz auf eine Regelung, indem die Begründung bemerkt: „Wenn die Ware einen Markt- oder Börsenpreis hat, so gibt der Deckungskauf dem Käufer um nichts mehr, als was ihm bereits durch Art. 331 gewährt wird (abstrakter Differenzschaden). Hat aber die Ware keinen Markt- oder Börsenpreis, so kann ein Deckungskauf ruinöse Folgen haben, wenn der Verkäufer gezwungen sein sollte, eine unangemessene Preisdifferenz zu tragen“ (p. 135). Dem ist durchaus beizustimmen. Dennoch darf man nicht den Deckungskauf übergehen. Wenn die Ware einen laufenden Preis hat und die Deckung unverzüglich und sorgfältig vorgenommen wird, so liegt darin eine beruhigende Schadensliquidierung für beide Teile, die schwerlich aus dem Rechtsleben hinweggedacht werden kann. Die Anerkennung in allen Ländern kann er aber freilich nur finden, wenn bei aller Fürsorge für unumgängliche Kautelen nicht die Beteiligung amtlich bestellter Personen als notwendig erfordert wird.

Grenzen der Institution.

Eine Frage für sich bildet der Deckungskauf bei Waren ohne Marktpreis. Da sowohl in den kontinentalen Rechten wie in England und Amerika in diesem Fall die Gerichte die Grenzen zum echten konkreten Schaden nicht einzuhalten pflegen, erhalten die Entscheidungen, die in einem freihändigen anderweitigen Kauf und sogar in einer bloßen Schätzung des Verkäuflichkeitswerts eine genügende Liquidierungsgrundlage sehen, einen Zwittercharakter. Fassen wir das hier in Rede stehende Mittel der Berechnung als ein selbständiges Gegenstück zur abstrakten Kalkulation und abgesondert von der konkreten Berechnung, so kommen wir abermals zu dem Ergebnis, daß es die einzig klare und sichere Auffassung ist, wo ein Marktpreis oder deutlicher gesagt laufender Preis fehlt, ausschließlich die Interessenberechnung nach den Verhältnissen des Gläubigervermögens zuzulassen. Daher muß in solchem Fall dem Verkäufer der Gegenbeweis offenstehen, daß der Käufer sich billiger eindecken konnte [1]).

Über den Deckungskauf bei antizipiertem Vertragsbruch s. oben § 50, 3. Im übrigen gilt das Entsprechende wie für die abstrakte Berechnung, oben § 59, 6.

[1]) Entwurf Art. 37 Abs. 2, 39.

§ 61.

IV. Der konkrete Schaden (Interesse).

1. Grundsätzlich ersatzfähig.

1. Den durch die Nichtlieferung im einzelnen Fall nachweisbar zugefügten Schaden wie entgangenen Gebrauchsgewinn, entgangenen Weiterverkaufsgewinn, Vertragsstrafen an dritte Abkäufer schneidet nirgends die Rechtsordnung schlechtweg ab, auch nicht die angelsächsische, wie sehr sie auch die abstrakte Differenzrechnung bevorzugt.

Zwar ist für das deutsche Recht des Handelsfixgeschäfts behauptet worden, daß HGB. § 376 die konkrete Berechnung nicht gestatte; aber diese Meinung ist irrig [1]).

Dagegen ist es durchaus nicht selten, daß Handelsbrauch oder Geschäftsbedingungen nur die abstrakte Rechnung und den Dekkungskauf erlauben oder daß sie nur den Zuschlag einer prozentualen Summe zur Abgeltung des weiteren Schadens freistellen.

In den Bedingungen des Landesproduktenhandels [2]) wird zumeist die konkrete Berechnung ganz ausgeschlossen, z. B. deutsch-niederländische Getreideverträge; Bremer Getreideschlußschein § 8; Hallische Getreidehandelsbedingungen § 25 usf. Dasselbe gilt ganz offenbar auch von den Formularen der London Corn Trade Association, wo ausschließlich vom Selbsthilfeverkauf oder -kauf gesprochen wird [3]). Dagegen ist nach dem Bremer Schlußschein für Futtermittel und Fischmehl § 14 10% als entgangener Gewinn zu vergüten, nach dem Rostocker Getreideschlußschein 3% [4]). In anderen Gedanken, nach Wahl anstelle des konkreten Schadens, darf nach den Usancen der Wiener Produktenbörse der Käufer ohne Nachweis über den abstrakten Schaden hinaus mindestens den Ersatz eines angemessenen bürgerlichen Gewinns beanspruchen.

In einer Reihe wichtiger Formulare wird aber über den Marktpreis als Mindestschaden hinaus volle Entschädigung für den gesamten Nutzentgang und Verkaufsgewinn zugestanden [5]). Nach eini-

---

[1]) So gegen Düringer-Hachenburg-Hoeniger § 376 Anm. 21 bes. Ritter § 375 Anm. 6e, wohl auch Staub-Heinichen § 376 Anm. 15—17.

[2]) Handbuch des Landesproduktenhandels 1929.

[3]) Z. B. nº. 41, 5; § 54, 5; der Kommentar von Schwob p. 320 und sonst geht über den Punkt hinweg.

[4]) In der Maschinen- und elektrotechnischen Industrie, Müllereisert, Allgemeine Lieferungsbedingungen, tritt der prozentuale Zuschlag auf höchstens 5% des Wertes der Lieferung als einziger Schadenersatz überhaupt und nur bei Lieferungsverzug auf.

[5]) Wiener Produktenbörse § 51; Rigaer Börsenusancen für Exportwaren § 9; Zürcher Handelsbräuche § 22; Donaukontrakt im Getreideverkehr.

gen Formularen muß aber der Käufer drei Tage nach Ablauf der Nachfrist mitteilen, welche der drei Arten der Schadensberechnung er wählt, widrigenfalls er auf den abstrakten Schaden beschränkt wird[1]). Bei der Abfassung der Einheitsbedingungen des deutschen Getreidehandels war in diesem Punkt eine völlige Einigung nicht zu erzielen. Es wurde protokollarisch festgelegt, daß ein Schaden durch nachweisliche Vergütungen an Dritte sowie entgangener Gewinn nur in ganz besonderen Ausnahmefällen geltend gemacht werden dürfe, in keinem Fall sei für Verarbeitungsgewinn ein Ersatz zu leisten[2]). Die Anschauungen, die aus alledem hervorgehen, sind dieselben wie sie im englisch-amerikanischen Recht grundlegend und im skandinavischen dem Ergebnis nach aufgenommen sind. Der abstrakte Schaden ist das Mindestmaß, der konkrete kommt hinzu[3]).

2. Bedürfnis nach Begrenzung.

2. Alle Rechte sehen sich aber vor die Notwendigkeit gestellt, den ersatzfähigen Schaden abzugrenzen. Vier Systeme haben heute noch Bedeutung: a) die Unterscheidung zwischen „direktem und indirektem Schaden" (romanische und angelsächsische Rechte); b) die Voraussehbarkeitsgrenze (die angelsächsischen und auch die romanischen Rechte, wenn nicht „dol" sondern „faute" vorliegt); c) die Abstufung nach der Schwere des Verschuldens (Österreich, Schweiz), wobei Österreich positiven Schaden und entgangenen Gewinn trennt; d) das Adäquanzprinzip (Deutschland und Schweiz). Eine fünfte Theorie werden wir abzuleiten haben.

Es hat noch viel mehr Bemühungen um diesen Gegenstand und allerlei Einfälle gegeben. Ehe in der deutschen Wissenschaft die Theorie des „adäquaten Kausalzusammenhangs" siegte, versuchte sich die Straf- und zivile Doktrin in unzähligen Arten, die juristisch erhebliche Ursache abzugrenzen[4]). Den gröbsten gesetzgeberischen Versuch zur Eindämmung des Vertragsschadenersatzes machte Justinian in C. 7, 47, l. un. a. 531 mit der mechanischen Begrenzung

---

[1]) Handelsbedingungen des Rauhfutterhandels § 30; Kartoffelhandelsbed. § 29; Gemüsehandelsbed. § 21. Ähnlich Donaukontrakt im Getreideverkehr. Bisweilen wird als andere Einschränkung beigefügt, der Anspruch auf entgangenen Gewinn bestehe nur, wenn nachgewiesen wird, daß der Vertrag mit dem Dritten durch Nichterfüllung des säumigen Teils tatsächlich zur Aufhebung gekommen sei. Danziger Getreidehandelsbed. und nicht angenommener Entwurf zu den Einheitsbedingungen des deutschen Getreidehandels.

[2]) Kommentar der Redaktionskommission, Handbuch des Landesproduktenhandels 1929 S. 56 f.

[3]) Demgemäß Entwurf Art. 38.

[4]) Übersicht bei Oertmann Komm. Vorbem. vor § 249; interessante kritische Auswahl bei F. Leonhard, Allg. Schuldrecht S. 142 ff.

auf das Doppelte der Gegenleistung: hoc quod interest dupli quantitatem minime excedere. Gleichzeitig schärfte er in seiner strafrechtlich gefärbten Diktion den Richtern ein, den tatsächlich bewiesenen Schaden festzustellen und poenas, d. i. den Ersatz cum competenti moderatione zu verhängen [1]). Das Bedürfnis aber, den Umfang des Interesses zu begrenzen, hatten schon die klassischen Juristen, sobald sie zu einem verallgemeinernden Begriff des Schadens überhaupt kamen. Ihre „dubitationes in infinitum productae" sollten eben, wie Justinian a. a. O. erklärt, beseitigt werden.

3. Begrenzung auf damnum circa rem und direkten Schaden.
a) Paulus.

3. a) Im Corpus Juris, Dig. 19, 1, 23, 3 begegnet nun gerade bei dem Juristen Paulus, der am stärksten den heutigen Schadensbegriff gefördert hat, und gerade bei der Haftung des Verkäufers wegen Nichtlieferung eine Einschränkung des Ersatzes: Cum per venditorem steterit, quo minus rem tradat, omnis utilitas emptoris in aestimationem venit, quae modo circa ipsam rem consistit: neque enim si potuit ex vino puta negotiari et lucrum facere, id aestimandum est, non magis quam si triticum emerit et ob eam rem, quod non sit traditum, familia eius fame laboraverit [—] [2]) nec maior fit obligatio, quod tardius agitur, quamvis crescat, si vinum hodie pluris sit [—] [2]).

Es ist zwar neuerdings behauptet worden, daß nicht bloß die hier weggelassenen Stücke unecht, sondern auch alle die „utilitas emptoris" einschränkenden Worte von den Kompilatoren interpoliert seien [3]), doch dies hauptsächlich nur wegen des vermeintlichen Widerspruchs zu dem, was schon Paulus und vielleicht schon ein Jahrhundert früher Julian unter dem „id quod interest emptoris rem habere" verstanden haben sollen.

In Wahrheit haben aber die Juristen das „id quod interest" erst allmählich und in den verschiedenen Lehren nicht gleichmäßig entwickelt [4]); zu einem so allseitig abgerundeten allgemeinen Begriff

[1]) Davon stammt es natürlich, daß der Schadenersatz nach Pothier, Obligations I n°. 160 und dem Entwurf des Code civil vom Jahre VIII beim Fehlen von dol „avec une certaine modération" bemessen wurde und wie René David, Journal of Comparative Legislation 3. S. 17 (1935) 62 berichtet, sogar heute noch tatsächlich gern gemäßigt wird.

[2]) Spätere Glossen.

[3]) So (gegen Rabel, Grundzüge des Römischen Privatrechts 488 und Arangio Ruiz, Ist. [3] 374) Franz Haymann, Studi in onore di Bonfante (1929) II 443 ff.; demgemäß ändert Levy, Zschr. d. Savigny-Stiftg. Rom. Abt. 51, 557 den Wortlaut. Hiergegen wieder mit Recht Ratti, Bull. Ist. Dir. Rom 40, 195; (Jörs-)Kunkel, Röm. Recht (1935) 171 N. 8.

[4]) Dies zu verkennen ist auch der Grundfehler einer Polemik von Kaser, Zschr. d. Savigny-Stift. R.A. 54, 163 ff.

wie die Pandektisten sind sie nicht gelangt und vollends nicht zu einem so festen Dogma des Vollersatzes wie das deutsche BGB. Vielmehr lesen wir genug Aussprüche, die an die uns hier beschäftigenden „dubitationes" erinnern. Wenn z. B. der Verkäufer nach Eviktion des verkauften Sklaven den Mehrwert zu ersetzen hat, den der Käufer dem Sklaven durch berufliche Ausbildung verliehen hat[1], so ergibt dies überhaupt erst den gemeinen Wert des Sklaven zur Zeit der Eviktion und wird vom Juristen nur deshalb als „omne quod interest" bezeichnet, weil es in Gegensatz zur bloßen Restitution des geringeren Betrages des Kaufpreises gestellt wird. Und selbst wenn der Verkäufer die Erbschaft zu ersetzen hat, die der evinzierte Sklave ohne die Entwehrung dem Käufer eingebracht haben würde (Jul. D. *21*, *2*, 8), ist sie als ein Akzessorium des Sklaven herauszugeben wie der gleichzeitig genannte partus ancillae und der Wert des verlorenen Arbeitserwerbs (ib.; Ner. D. 19, 1, 31, 1; Jul. Marc. D. 19, 1, *23*). Unsere Stelle beweist ihrerseits, daß sogar Paulus nicht jeden Nutzen in Betracht zog. Daß er aber keinen vernünftigen Grund gehabt habe, den Gewinn aus einer Weiterveräußerung auszuschalten, wird wohl niemand mehr behaupten, der bei den heutigen englischen Richtern sogar im Handelsrecht noch immer dieselbe Tendenz beobachtet! Die Römer kannten eben wie die Engländer die hohe Bedeutung der typischen und objektiven Lagen. Was ein Sklave an Erbschaft oder sonst erwirbt, kommt jedem Dominus zustatten. Was der Käufer aus der Kaufsache zu machen weiß, ist seine persönliche Angelegenheit[2]. Daß ihm solcher Nutzen entgeht, ist spezieller Schaden, gegen dessen Ersatz man sich bald aus diesem, bald aus jenem Grund mehr oder weniger sträubt: wegen fehlenden oder unsicheren Kausalzusammenhangs[3], Unzumutbarkeit des Verlustes für den Verkäufer, vielleicht auch Abwendbarkeit: deckt sich der Käufer für den Weizen zum Marktpreis, so kann er den beabsichtigten Gewinn erzielen oder sein Gesinde vor dem Hunger bewahren. Was Paulus genau dachte, wissen wir nicht; aber etwas derartiges wird es gewesen sein und gewiß nicht ein schematischer Begriff des Interesses oder des bloß „direkten Schadens". Solcher Schaden überschreitet den Rahmen des gewöhnlichen Kaufvertrags, so wie die persönlichen Unfälle des reisenden Mandatars den Mandanten nicht treffen[4].

---

[1] Paul. D. 19, 1, 43, für Grundstücke 1. 5. § 1, C. 8, 44, 9 a. *222*.

[2] Vgl. Paul. D. 9, 2, 33, unten 8 b.

[3] Vgl. das Glossem in Paul. D. 17, 1, 26, 6 a. E., unten 8 e.

[4] Paulus selbst D. 17, 2, 26, 6.

Schön reiht sich die zweite Entscheidung des Paulus (nec maior fit . .) an: dadurch daß der Käufer die Anstellung der Klage hinauszögert, kann er nicht den Ersatzbetrag wegen weiterer schädlicher Folgen vermehren, aber erhöhte Marktpreise steigern die aestimatio allerdings [1]). Die römische Parallele zum englischen Recht ist wieder einmal schlagend.

Eine andere „differentia in condemnatione ex empto" findet sich bei Ulp. D. 19, 1, 13 pr. Ob dem Käufer eines kranken Viehstücks, das seine andere Herde ansteckt, eines morschen Holzbalkens, wegen dessen sein Haus zusammenstürzt, omnia detrimenta oder nur der Minderwert der Kaufsache zu vergüten seien, wird davon abhängig gemacht, ob der Verkäufer sciens oder ignorans war. Die Stelle ist stark überarbeitet [2]), aber der Gedanke insofern echt, als der venditor ignorans wegen des Sachmangels gar nicht Schadenersatz schuldet. Den Kausalzusammenhang bei der milderen Haftung abzuschneiden, davon ist auch hier keine Rede.

b) französische Lehre.

b) Dennoch haben die beiden Stellen zusammen im Usus modernus zu der Scheidung von „direktem" Schaden oder damnum circa rem und „indirektem" Anlaß gegeben [3]). Diese gelangte schließlich u. a. in das Preußische Allg. Landrecht I 3 § 4; 6 § 2 und über Pothier (Obl. n°. 167, Vente n°. 72) in den

> *französischen* C. civ. Art. 1151: Dans le cas même où l'inexécution de la convention résulte du dol du débiteur, les dommages et intérêts ne doivent comprendre, à l'égard de la perte éprouvée par le créancier et du gain dont il a été privé, que ce qui est une suite immédiate et directe de l'inexécution de la convention.

und von da nach

> *Italien* C. civ. Art. 1229
> *Franz.-ital.* Entw. Art. 100
> *Niederlande* B.W. Art. 1284
> *Argentinien* C. civ. Art. 554 (520)
> *Brasilien* C. civ. Art. 1060
> andere lateinamerikanische Rechte oben § 32 n°. **45**.

---

[1]) Die kurze Fassung der Stelle gibt wie gewöhnlich einen Grundsatz vorbehaltlich der bona fides im Einzelfall. Haymann 450 f. beseitigt zu Unrecht den Grundsatz und auch diesen Satz.

[2]) S. Index Interpolationum, ed. Levy et Rabel, h. l.

[3]) Über die wechselnde Bedeutung des damnum circa rem in der Geschichte der Schadenslehre seit den Glossatoren s. Friedrich Mommsen, Beiträge zum Obl.R. II (1855) 266 ff. Zu den Vertretern der Unterscheidung gehörte Hugo Grotius, De jure belli ac pacis Lib. II, cap. XXI n°. 10 (Classics of Int. Law II 2 p. 537).

Nur der Schaden müsse ersetzt werden, der „eine unmittelbare und direkte Folge" der Nichterfüllung des Vertrages ist. Das von Pothier angeführte Beispiel aus D. 19, 1, 13 pr. wird von allen Autoren wiedergegeben; der bösgläubige Verkäufer einer kranken Kuh, die das übrige Vieh des Käufers angesteckt hat, schuldet wie nach Ulp. den Wert des zugrunde gegangenen Viehs, nun damnum circa rem, dommage direct genannt [1]), nicht aber den Gewinn, der dem Käufer entgeht, weil er wegen des Viehsterbens seine Äcker nicht pflügen konnte, und nicht den daraus weiter entstehenden Schaden, daß er wegen des Gewinnausfalls seine Gläubiger nicht bezahlen konnte, so daß sein Gut unter dem Wert zur Versteigerung kam. Dies seien entferntere, nicht notwendige Folgen, die hätten vermieden werden können. Aber wenn die abgelehnte Schadensfolge keine „suite nécessaire" oder „certaine" ist, so genügt schon dies zur Entscheidung; der zu erfordernde Kausalzusammenhang zwischen der verantwortlich machenden Tatsache und dem Schaden fehlt dann eben ganz. Ob dies aber zutrifft oder ob das Rechtsgefühl sich gegen die Ausdehnung der Ersatzpflicht sträubt, wird nicht gehörig unterschieden. Ebenso steht es gewöhnlich mit dem als „indirekt" ausgeschalteten Schaden, und zumeist fehlt tatsächlich etwas an der nachgewiesenen Kette der Ereignisse [2]). Als „indirekt" wird ferner der vom Gläubiger überwiegend verursachte oder vermeidbare Schaden abgelehnt [3]). So ist auch bei den vom Kassationshof und der neueren Literatur [4]) hierher gestellten Fällen, daß nach dem Vertragsabschluß oder auch nach dem Vertragsbruch eine neue Ursache auftritt und die Schadensentwicklung begünstigt, zu bemerken, daß es richtig ist, für diese Weiterführung des Schadens den Schuldner nicht mehr verantwortlich zu machen, wenn (grundsätzlich aber nur wenn) das neue Ereignis diesen weiteren Schaden auch ohne die Vertragsverletzung ausgelöst haben würde. Dann handelt es sich um den sogenannten unterbrochenen Kausalzusammenhang. Die Tat ist gar nicht mehr conditio sine qua non, die neue Ursache, wie man in den Vereinigten Staaten sagt, eine "entirely independent collateral

---

[1]) Auch in der *amerikanischen* Rechtsprechung ist dieser Schaden ständig als proximate und zugleich voraussehbar anerkannt, vgl. z. B. Needham v. H. S. Halverson & Co. (N.D. 1912) 135 N.W. 203 (207). *Deutschland*: oben S. 162 N. 3.

[2]) *Spanien* und einige ihm folgende Rechte haben das Erfordernis des unmittelbaren und direkten Zusammenhangs durch „Nachweislichkeit" ersetzt; vgl. oben § 32 n°. 45.

[3]) Vgl. oben § 30, 4 a S. 227; unten 7 b.

[4]) Oben § 30, 4 a S. 227.

cause", wie z. B. ein Sturm oder ein Blitzschlag, der die geschuldete Sache vernichtet und auch bei obligationsmäßigem Verhalten des Schuldners zerstört haben würde. Ist dagegen das spätere Ereignis, das den Schaden vergrößert, eine bloß mitwirkende Ursache, so darf sie aus dem uns hier beschäftigenden Gesichtspunkt keinesfalls aus dem Haftungszusammenhang ausgeschieden werden, sonst wären schon alle Marktveränderungen seit dem Vertragsbruch dem Schuldner nicht mehr zuzurechnen. Erst aus den nachher zu besprechenden anderen Gesichtspunkten könnte eine solche Milde in Betracht kommen. Es ergibt sich: Einerseits sind die meisten Entscheidungen, die den sogenannten entfernten Schaden vom Ersatze ausschließen, durch andere Erwägungen gerechtfertigt; auf der anderen Seite ist es unhaltbar, den Ersatz immer zu verneinen, wenn die Nichterfüllung nicht die einzige Ursache des Schadens bildet.

Schließlich hat niemand zu lehren vermocht, wie man direkten und indirekten Schaden unterscheiden soll. In der Tat ist dieses Problem unlösbar [1]). Es muß notwendig ein fruchtloses Bestreben bleiben, den Punkt zu finden, wo man sich befugt glauben darf, den Kausalzusammenhang abzuschneiden. Die Unterscheidung ist auch im Völkerrecht, wohin sie seit dem Alabama-Fall aufgenommen wurde, gescheitert [2]). Der gesunde Kern, den sie enthält, wird ganz anders entwickelt werden müssen.

Das alte *schweizerische* OR. Art. 116 schloß sich dem französischen Vorbild mit Verbesserungen an; in der neuen Fassung ist diese Bestimmung verschwunden.

---

[1]) "It would seem impossible to formulate any exact rule as to the degree of remoteness in the chain of cause and effect which will save the perpetrator of a breach of contract from liability for a consequence of which it may be said, negatively, that it would not have happened if the contract had been duly implemented", so schreibt für das schottische und englische Recht trotz der richterlichen Versuche, eine Regel zu bilden, Gloag p. 690. Sehr kritisch gegen die herkömmlichen vagen Begriffe (probable, natural usw.) u. a. auch Scrutton L.J. in re Polemis [1921] 3 K.B. p. 576; Bingham 9 Col. L.R. 139.

[2]) Die Cour Permanente de Justice Internationale stellt denn auch (Arrêt 13, Série A no. 17, nach einem wie gewohnt sorgfältigen Vorstudium, von dem das Urteil nicht redet) den Grundsatz der vollen Entschädigung auf (p. 47) und verwendet als Einschränkung nur „la catégorie des dommages possibles mais éventuels et indéfinis dont, conformément à la jurisprudence arbitrale, il n'y a pas lieu de tenir compte" (p. 57). Aus der sonstigen internationalen Praxis ist ebenfalls zu entnehmen, daß die Begrenzung auf den direkten Schaden unhaltbar und nicht wirklich beobachtet ist. So auch Salvioli, La responsabilité des Etats et la fixation des dommages-intérêts par les tribunaux internationaux (Recueil des Cours Acad. Droit Int. 1929 III) p. 244; Anton Roth, Schadensersatz für Verletzungen Privater bei völkerrechtlichen Delikten 1934, S. 38 ff.

c) angelsächsische.

c) Mindestens ebenso ständig wird in der ***angelsächsischen*** Praxis „proximate causation" gefordert und die Ablehnung eines Schadenersatzes mit Vorliebe damit begründet, daß der Schaden „too remote" sei. Die zahllosen amerikanischen Urteile dieser Art habe ich als „ein undurchdringliches Dickicht" bezeichnet, ein Ausdruck, den ich bei Green wiederfinde. Unter dieser immer wiederkehrenden Unterscheidung verbergen sich aber die verschiedensten Erwägungen. Insbesondere in der sehr interessanten amerikanischen Praxis des Deliktsrechts wird eine eingehende Analyse vielerlei Gesichtspunkte ergeben, die die Erfordernisse des Delikts-Tatbestandes und die Erfordernisse des Schadenersatzanspruchs betreffen, nicht aber speziell den Kausalzusammenhang angehen und dennoch unter diesem Ausdruck gangbar sind [1]).

Die Ergebnisse einer kritischen Untersuchung haben jetzt schon in ***Frankreich*** und in ***Nordamerika*** übereinstimmend die Wertlosigkeit der Kategorie des direkten Schadens wohl am anschaulichsten dadurch bewiesen, daß man den direkten Schaden mit dem gewöhnlichen Schaden gleichsetzt [2]). So hat Demogue VI n°. 271 geschlossen, dommage direct sei nichts anderes als „le dommage qui est la suite normale de l'inexécution", und ebenso hat Sedgwick § 111 c seine skeptische Prüfung der proximate cause mit dem Ausspruch beendet, man möge sie als in der contemplation of the parties gelegen bezeichnen, das bedeutet aber "that the natural, probable, normal and usual consequences of any breach of contract are to be treated as having been within the potential contemplation of the parties to it". Damit kehren wir offenkundig in das Gebiet des „generellen" Schadens zurück, von dem klar ist, daß er nur das Vorfeld des „voraussehbaren" „speziellen" bildet.

Aber damit ist dem freilich dunklen Streben der Gerichte eben doch keineswegs geholfen. Es ringt in dem Erfordernis der „Voraussehbarkeit" abermals und da deutlicher um Ausdruck (unten 6).

---

[1]) In unserem Institut hat seinerzeit James Thayer eine vorläufige Skizze für eine Untersuchung verfaßt und Kessler, Fahrlässigkeit S. 29 f., 79 herausgehoben, daß man lange Zeit als entfernte Verursachung, die mangels Voraussehbarkeit des Schadens erfolgte, nichtfahrlässige Verursachung ansprach, während heute Kausalität und Fahrlässigkeit als getrennte Erfordernisse der Haftung anerkannt sind (Restatement of the law of torts §§ 166, 169). Green, Rationale of proximate causation entdeckt, ebenso wie es Thayer sah, in den Urteilen, die die proximate causation verneinen, hauptsächlich Nichtexistenz des Kausalzusammenhangs oder Nichtgeschütztheit des verletzten Interesses und sonst allerlei andere Mängel in den Voraussetzungen der Haftung.

[2]) Genau ebenso für das *Völkerrecht* Salvioli a. a. O. p. 251, 258.

4. Das bedeutsame, aber verwickelte System des Preußischen Landrechts [1]) abwandelnd, ordnet das *österreichische* aBGB. §§ 1323/24, 1331/32 an: In dem Fall eines aus böser Absicht oder aus einer auffallenden Sorglosigkeit verusachten Schadens ist dem Geschädigten volle Genugtuung zu leisten, d. i. Ersatz auch für den entgangenen Gewinn (und in anderen Fällen als sie hier in Frage stehen, die Tilgung der verursachten Beleidigung, bei strafgesetzlich verbotener oder aus Mutwillen und Schadenfreude begangener Handlung der „Wert der besonderen Vorliebe"). In den übrigen Fällen ist der Geschädigte „nur die eigentliche Schadloshaltung zu fordern berechtigt"; dies erläutert § 1323: „es muß alles in den vorigen Stand zurückversetzt, oder wenn dieses nicht tunlich ist, der Schätzungswert vergütet werden." Das Gesetz enthält demnach zwei Gedanken: Erstens: der Umfang des Ersatzes stuft sich je nach der Schwere des Verschuldens ab; zweitens: in dem Schaden wird der mittlere gemeine Wert, der entgangene Gewinn [2]) und noch weitere Genugtuung geschieden. Diese beiden Gedanken haben sich in der Folge stark voneinander getrennt. Der zweite, die Unterscheidung zwischen damnum emergens und lucrum cessans, ist in der österreichischen Literatur scharf angegriffen worden [3]), und obwohl auch in unseren Tagen immer wieder Anklänge an diese Unterscheidung vorkommen, wird dieser schon alten Kritik ohne weiteres beigestimmt werden müssen. Die Unterscheidung ist in irgendwelcher Reinlichkeit vollkommen undurchführbar. *4. auf positiven Schaden.*

5. Der andere Gedanke hingegen, daß bei schwerem Verschulden die Billigkeit eine Schadensverteilung zu stärkeren Gunsten des Geschädigten verlangt, den das Preußische Allg. Landrecht stark ausgeprägt hatte, spielt auch in den *romanischen* Rechten eine gewisse Rolle, da sie bei dol die Haftung über den voraussehbaren auf jeden direkten Schaden erweitert. Er hat in der Theorie des 19. Jahrhunderts zwar nicht zahlreiche, aber hervorragende Freunde gefunden, *5. je nach Verschulden.*

---

[1]) Vgl. I 6 §§ 10—16, 85—88, 93—95; I 16, 17; für Vertragsverletzungen besonders bemerkenswert I 5 §§ 227—291. — Öst. Entwurf Martini III 13 § 18; Urentwurf III § 428. Über die Ersatzbemessung nach Billigkeit in der österreichischen Obersten Justizstelle Bartsch, Festschrift zur Jahrhundertfeier des öst. aBGB. I 670.

[2]) Randa, Schadenersatz (3. Aufl.) S. 135 rationalisiert: Schaden nach den besonderen Verhältnissen des Geschädigten.

[3]) Vgl. insbesondere Strohal, Drei Gutachten über die beantragte Revision des 30. Hauptstücks im II. Teil des aBGB., Wien 1880, S. 163.

unter denen Ihering [1]) die Herstellung eines Gleichgewichts zwischen „Verschuldung und Vergeltung", „zwischen Schuld und Schadenersatz" in einer berühmten Auseinandersetzung befürwortete. So nahm schließlich das *schweizerische* Obligationenrecht Art. 51, 116 Abs. 3, jetzt rev. OR. Art. 43, 99 in elastischer Form den Grundsatz auf, daß der Richter bei der ihm in der Schweiz übertragenen Ermessensprüfung von Art und Größe des Ersatzes „sowohl die Umstände als die Größe des Verschuldens zu würdigen hat."

Strohal hat ungefähr um die gleiche Zeit für die Verbesserung des österreichischen Schadenersatzrechts empfohlen, in den nicht geschärften Fällen, also regelmäßig, solle der aus Verschulden Haftpflichtige nur für den Schaden haften, der von ihm vorausgesehen werden konnte oder auf dessen möglichen Eintritt er aufmerksam gemacht worden sei; er solle also nicht für mehr Schaden haften, als den er „nach der Sachlage berechtigt war zu erwarten". Wir sehen, daß bei diesem unübertroffenen Meister des Zivilrechts eine Einsicht vorhanden war, die zugleich an die älteren Gesetzbücher, an die englische Ordnung und an die sofort noch zu besprechende neuere deutsche Theorie der Adäquanz erinnert. Leider wurde diese Anregung nicht ernsthaft weiter verfolgt. Neuestens aber knüpfen Gesetzesvorschläge in Deutschland an die schweizerische Berücksichtigung der Größe des Verschuldens wie auch der Größe des Schadens, der Vermögensverhältnisse der Parteien und der sonstigen Umstände an [2]).

Eigenartig, soviel zu sehen, stellt der *ungarische* Entwurf 1928 §§ 1149, 1157 neben die Haftung des Schuldners auf Schadenersatz wegen der von ihm verschuldeten Ereignisse auch noch eine Haftung wegen schuldloser Nichterfüllung oder Verletzung seiner Verpflichtung soweit, als „es die Billigkeit mit Rücksicht auf die Umstände, insbesondere auf die Vermögensverhältnisse der Parteien, erfordert (billige Schadensverteilung)".

---

[1]) Ihering, Das Schuldmoment im Privatrecht 1867, S. 55 = Vermischte Schriften I 215; Bluntschli, Privatrechtl. Gesetzbuch f. d. Kanton Zürich III 66 zu § 997; 653 ff. zu §§ 1844 ff. Ein Nachklang in der Komm. II. Lesung des BGB.: Prot. I 292. Der Frachtführer haftet für vollen Ersatz bei Vorsatz und grober Fahrlässigkeit, HGB. § 430, allg. HGB. 396. Vgl. über Bern, Zürich und Sächs. Entwurf und im allgemeinen Hedemann, Fortschritte des Zivilrechts im 19. Jahrh. I S. 100 f. Die neuere Meinung in Österreich ist für eine schmiegsamere Regelung, wie in der Schweiz, vgl. Subkomiteebericht 1912 S. 257.

[2]) Besonders Lange, Vom alten zum neuen Schuldrecht S. 82; Baur a. a. O.

6. auf voraussehbaren Schaden.
a) angelsächsische Rechte.

6. a) Das *anglo-amerikanische* Common Law (rule of Hadley v. Baxendale) läßt einen konkreten („speziellen") Schaden nur ersetzen, wenn der Schuldner beim Vertragsschluß die besonderen Umstände kannte, die den Schaden bewirken. Einen entgangenen Gewinn aus Weiterverkauf vergütet der Verkäufer nach herrschender Regel nur dann, wenn der Verkäufer die „Wahrscheinlichkeit" des Weiterverkaufs kannte. Was aber „probable" sei, ist stark umstritten und noch immer ohne Antwort. Bedeutet es, daß der Verkäufer die Weiterverkaufsabsicht des Käufers kannte? Oder nur, daß er Umstände kannte, die den Weiterverkauf möglich erscheinen ließen? Die beiden Entscheidungen des House of Lords Williams v. Agius und Hall v. Pim verursachen vieles Raten (vgl. oben S. 288). In der Tendenz liegt wohl die Erweiterung auf alle Fälle, wo der Schuldner die Möglichkeit des Weiterverkaufs kennen mußte, obwohl die englischen Geschäftsleute in diesem Fall die Haftung ohne Vertragsstipulation lieber nicht ausgedehnt sehen möchten[1]) und in den Gerichtshöfen diese Zurückhaltung immer wieder Vertreter findet[2]). Das Kennenmüssen betreffs des Gewinnentgangs und anderer schädlicher Folgen der Nichterfüllung wird in den Entscheidungen nach der uns bekannten herkömmlichen Art als von den Parteien stillschweigend dem Verkäufer auferlegt oder nicht auferlegt betrachtet, also auf den hypothetischen Parteiwillen gegründet: Welche Kenntnis hätten die Parteien bei dem Vertragsschluß dem Schuldner zugeschoben, wenn sie gefragt worden wären?

---

[1]) Gutteridge im Kaufrechtsausschuß.

[2]) Vgl. neuerdings z. B. Simon v. Pawsons and Leafs Ltd. (1932) 38 Com. Cas. 151; 148 L.T. 154. (C.A.); unsere Z. 9, 464; und die Hinblicke auf das Kaufrecht bei den Appellrichtern Greer und Maugham in The Arpad (1934), 152 L.T. 521; 50 T.L.R. 505, woselbst aber nur die Haftung des Frachtführers für Verlust zu entscheiden war, die man doch wesentlich milder gestalten darf. — Namentlich stellt man erstaunliche Anforderungen an die Anzeige des Verwendungszwecks, die der Gläubiger beim Vertragsschluß machen soll, um die Schadensgefahr zu substanziieren; z. B. der Absender hat der Eisenbahn die Sendung eines Kolbens als höchst dringlich und für die Abfahrt eines Schiffes aus dem Hafen notwendig bezeichnet und eine hohe Fracht für die Beförderung mit Personenzug bezahlt, aber dies genügte nicht zur vollen Entschädigung wegen schuldhafter Verspätung, weil die Größe des Schiffs und die Zahl der Mannschaft nicht angegeben war, sowie, daß das Gußstück ein Kolben war und zur Schiffsmaschine gehörte: Steamship „Den' of Ogil" Co. v. Caledonian Railway Co. (1902) 5 F. 99. Ebenso wurde schon in dem leading case Hadley v. Baxendale (1854) 9 Exch. 341 die Mitteilung an die Frachtführer, daß die Dampfmühle stillstehe und die Sendung des Maschinenschaftes eilig sei, für nicht genügend gehalten, u. a. m. Solche Begründungen dienen aber vielleicht nur dazu, im Einzelfall unangemessen erscheinende Beträge zu versagen.

Oder: hat der Verkäufer contracted to sell on terms that he should be responsable for damages which might accrue from his failure to provide for anyone of certain objects?[1]). Hierzu findet sich schon eine sehr wertvolle und vielleicht nicht genug beachtete Überlegung bei Chalmers, dem Verfasser des englischen Kaufgesetzes, p. 144: Der Einwurf sei erhoben worden, wenn Parteien einen Vertrag machen, faßten sie seine Erfüllung und nicht seine Verletzung ins Auge. "But the answer is this. The liability to pay damages for breach of contract is an obligation annexed by law independently of the volition of the parties, and the criterion is necessarily an objective one. What the parties themselves may have contemplated is immaterial. The question is what a reasonable man with their common knowledge would contemplate as a probable consequence of the breach if he applied his mind to it. The same result will be arrived at if the supposed contemplation of the parties be wholly eliminated." Hier ist die unserer modernen Zivilistik gemäße Auffassung bereits durchgebrochen, daß es sich um ein objektives Kriterium handelt und daß die Beurteilung nicht von dem vermuteten, unterstellten, fingierten Parteiwillen aus erfolgt, sondern von der allgemeinen Kenntnis eines durchschnittlichen Mannes aus. Von dem nicht fertigen Zustand der englischen Präjudizien abgesehen, ist also als Leitgedanke am ehesten die abstrakte Voraussehbarkeit als wahrscheinliche Folge herauszuheben. Daraus erklärt sich, daß Williston, der *amerikanische* Hauptschriftsteller des Kaufrechts, lehrt, bei Verträgen unter Kaufleuten sei die Kenntnis des in Aussicht genommenen Weiterverkaufs im allgemeinen anzunehmen. Dies ist auch der Sinn, wenn das Restatement of the Law of Contracts (1932) sect. 320[2]) formuliert: "In awarding damages compensation is given for only those injuries that the defendant had reason to foresee as a probable result of his breach, when the contract is made. If the injury is one that follows the breach in the usual course of events, there is sufficient reason for the defendant to foresee it; otherwise, it must be shown specifically that the defendant had reason to know the facts and to foresee the injury".

b) romanische Rechte.

b) So verstanden, ist der Grundsatz mit den Lehren der ***romanischen*** Länder verwandt, die aber einen gewissen systematischen Zusammenhang mit der Verschuldenslehre verraten.

---

[1]) Hall Ltd. v. Pim (Junior) and Co. Ltd. (1928) 33 Com. Cas. 324 (327), 139 L.T. Rep. 50, unsere Z. 3, 123.

[2]) Vgl. den Kommentar dazu c.

Frankreich C. civ. Art. 1150: „... dommages et intérêts qui ont été prévus ou qu'on a pu prévoir lors du contrat, lorsque ce n'est point par son dol que l'obligation n'est point exécutee."
Italien C. civ. Art. 1228,
Franz.-ital. Entw. Art. 99,
Niederlande B.W. Art. 1283,
Lateinamerikanische Rechte oben § 32 n°. 46.

Nach der heutigen herrschenden Meinung[1]) kommt es darauf an, was der Schuldner tatsächlich vorausgesehen hat oder bei genügender Sorgfalt mit der in seinem Beruf ihm obliegenden Kenntnis normalerweise voraussehen mußte. Verneint wurde die Vorhersehbarkeit z. B. bei entgangenem Gewinn aus einem schon vorher abgeschlossenen, dem Schuldner aber nicht bekannt gegebenen über dem Marktpreis liegenden Weiterverkauf oder bei einer dem Schuldner nicht bekannten hohen Vertragsstrafe, die der Gläubiger infolge Ausbleibens der Erfüllung an Dritte zahlen mußte, sowie bei außergewöhnlichen Preisschwankungen. Allerdings betreffen diese einengenden Entscheidungen hauptsächlich die Haftung des Frachtführers[2]), die sich naturgemäß mangels "dol" und "faute lourde" nahe an den gemeinen Wert zu halten hat. Doch wird vom Kaufvertrag grundsätzlich nichts anderes ausgesagt.

Diese Ergebnisse sind erkennbar. Schwerer ist der eigentliche Leitgedanke der Praxis zu erfassen, der denn auch bestritten ist[3]). Nach einer Meinung beruht sowohl die Schadenersatzpflicht als deren Begrenzung auf den vorhersehbaren Schaden auf einer stillschweigenden Vereinbarung der Parteien; eine andere Richtung stellt auf den Verschuldensgrad ab und will bei geringem Verschulden den Schuldner schonen. Auch hier zeigt sich wie beim direkten Schaden die Neigung, den gewöhnlichen Verlust für voraussehbar zu halten oder das, was ein sorgfältiger Schuldner normalerweise vorausgesehen haben würde. Öfter erkennt man noch die Anknüpfung an das Vorbild in den Digesten 19, 1, 43, 44, und zwar einen Teil der Stelle, der nicht von Paulus, sondern von byzantinischen Juristen herrührt: l. 43. [Plane si in tantum pretium excedisse proponas, ut non sit cogitatum a venditore de tanta summa — hier enthüllt sich die Zugehörigkeit des Arguments zu allen sonstigen Billigkeitserwägungen durch die Fortsetzung: — (veluti si ponas agitatorem postea fac-

[1]) Oben § 30, 4 a.
[2]) So bes. Cass. 21. 11. 1910 D.P. 1911. 1. 208; Req. 23. 11. 1897 D.P. 1899. 1. 547.
[3]) Vgl. die Zusammenstellung der Ansichten bei Demogue VI n°. 274.

tum vel pantomimum evictum esse eum, qui minimo veniit pretio) iniquum videtur in magnam quantitatem obligari venditorem (l. 44) cum et forte idem mediocrium facultatium sit....]. Mit welcher Schadenshöhe der Verkäufer zu rechnen hatte, insbesondere mit Rücksicht auf die Höhe des Kaufpreises, wieviel ihm aus seinem beschränkten Vermögen zu tragen zugemutet werden darf, solche Erwägungen sind auch seither oft im stillen wirksam gewesen.

Neben diesen noch lebenden Rechtssätzen verdienen die Vorschriften des Preußischen Allg. Landrechts in Erinnerung gerufen zu werden. Im Zusammenhang mit der Abstufung des Ersatzumfangs je nach dem „Grad der Zurechnung" (I 7 § 14) ließ es bei Vertragsverletzungen „aus mäßigem oder geringem Versehen" in der Regel nur den wirklichen Schaden, d. h. das damnum emergens ersetzen, das volle Interesse aber von Kunst- oder Sachverständigen, ferner von dem, der „gewarnt worden, daß von seiner übernommenen Handlung besondere und ungewöhnliche Vorteile für den anderen abhängen", und bei Verletzung einer ausdrücklich übernommenen Unterlassungspflicht (I 5, 289—291). Noch wichtiger für unseren Zusammenhang war aber ein Vorschlag, den die Kommission zweiter Lesung des BGB. aufnahm[1]:

> „Die Haftung des Schuldners wegen Nichterfüllung erstreckt sich nicht auf den Ersatz desjenigen Schadens, dessen Entstehung nach der Kenntnis der Umstände, welche der Schuldner hatte oder haben mußte, außerhalb des Bereichs der Wahrscheinlichkeit lag."

Dies wäre ein trefflicher Anhaltspunkt der Lehre geworden.

c) Adäquat verursachter Schaden.

c) Obwohl das *deutsche* bürgerliche Gesetzbuch in dieser Lehre alle Unterscheidungen der früheren Kodifikationen zwischen den Arten des Schadens und den Graden des Verschuldens abgelehnt hat und sich vielmehr zum Prinzip des vollen Schadenersatzes bekannt hat (nach dem französischen Ausdruck réparation intégrale), sind Lehre[2] und Rechtsprechung einverständlich zu einer Theorie übergegangen, die den Schadenersatz für ungewöhnliche Folgen abwenden soll. Den Angriffspunkt sucht man in dem Wesen des die Haftung begründenden ursächlichen Zusammenhangs. Man begnügt sich nämlich nicht mit dem selbstverständlichen Erfordernis jeder Scha-

---

[1]) Prot. I S. 292; Entw. II 215.

[2]) Im einzelnen mit vielen Streitpunkten, die hier unberücksichtigt bleiben dürfen. Begründer der Lehre waren Max Rümelin, Arch. ziv. Prax. 90, 171; Traeger, Der Kausalbegriff im Straf- und Zivilrecht, 1904 und in Festgabe für Enneccerus, Marburg 1913.

denshaftung, daß die schädigende Tatsache sich als conditio sine qua non des zu ersetzenden Schadens darstellt (englisch genannt 'but for which' rule), sondern man fordert außerdem noch, daß die Verursachung adäquat sei. Man verlangt damit, daß die Tat nach der allgemeinen Lebenserfahrung allgemein geeignet ist, die Gefahr des Schadenserfolges, sowie er tatsächlich eingetreten ist, wesentlich zu erhöhen. Wenn also der Schaden durch Nichterfüllung ausgelöst wird und dann andere selbständige Ereignisse zur Weiterentwicklung des Schadens mitwirken, so wird die Haftung dann bejaht, wenn der Zusammenhang zwischen Nichterfüllung und Schaden adäquat ist, und im anderen Falle verneint. Inadäquat ist der Kausalzusammenhang, wenn der Eintritt dieser Ereignisse nach der Erfahrung kundiger Beurteiler nicht dem „naturgemäßen und gewöhnlichen Lauf der Dinge" entspricht und damit nicht in der allgemeinen Richtung der Wirkung liegt, die nach der Erfahrung durch das als Ursache anzusprechende Ereignis ausgelöst werden konnte, so daß — nach den Worten einer grundlegenden Reichsgerichtsentscheidung — „zur Zeit der die Verantwortung begründenden Handlung eine derartige schadenstiftende Verkettung von Umständen ebenso wahrscheinlich erscheinen mußte, wenn die Handlung unterblieb, als wenn sie erfolgte" (RGZ. 81, 361).

Im Vertragsrecht kommt es demgemäß darauf an, ob ein dritter verständiger Beurteiler zur Zeit der Nichterfüllung angenommen haben würde, daß die Vertragsverletzung zu solchen tatsächlichen Verhältnissen und demnach zu solchem Schaden führen könne, wie es tatsächlich geschehen ist.

In anderen Entscheidungen wird dieselbe Theorie näher zu den gemeinrechtlichen und französischen Lehren hin so gewendet, daß die nur „mittelbar, nämlich durch Vermittlung anderer Ereignisse eingetretene Folge nicht in einem so losen oder entfernten Zusammenhang mit den als Ursache in Anspruch genommenen Ereignissen stehen dürfe, daß dieser Zusammenhang nach der Auffassung des Lebens vernünftigerweise nicht mehr in Betracht gezogen werden könne"[1]. Hier gerät die Lehre aber schon in der Formulierung hart an die Grenze des Kausalzusammenhangs überhaupt, und wirklich hat, wie einmal festgestellt werden muß, die ganze Lehre trotz ihrer außerordentlichen Verbreitung und ihrer ständigen Benutzung durch Literatur und Praxis zu merkwürdig wenigen Ent-

[1]) RG. SeuffA. 64 n°. 7, RGZ. 78, 272 u. a.; RGRKomm. Vorbem. 3 vor § 279.

scheidungen geführt, in denen ein als solcher anerkannter Kausalzusammenhang als inadäquat bezeichnet worden wäre. Schon die Formulierung der Lehre [1]) und des Reichsgerichts verhindert eine oftmalige Anwendung, da das Wissen des Beurteilers, der über die Adäquanz entscheiden soll, höchst umfangreich gedacht wird. Es soll geurteilt werden „vom Standpunkt eines alle dem Menschen zu Gebote stehenden Erfahrungen und Kenntnisse beherrschenden Beurteilers" (RGZ. **81**, 361). Es wird also Haftung angenommen, auch wenn im einzelnen Fall der Handelnde vom subjektiven Standpunkt den Schaden nicht als Folge voraussehen oder nicht als regelmäßige Folge seiner Handlung erwarten konnte und auch wenn der Schaden ein entfernter war (RGZ. **69**, 344; **81**, 361; **110**, 214 u. a.). „Auch Folgen, die nur selten und ausnahmsweise eintreten, aber auf Grund allgemeiner Erfahrung als möglich erkennbar sind, liegen nicht jenseits aller Lebenserfahrung und Berechnung, sondern innerhalb derselben" (RG. Warn. 21 n°. 69). Adäquat ist es schließlich immer, „wenn eine Handlung oder Unterlassung im allgemeinen und nicht nur unter besonders eigenartigen, ganz unwahrscheinlichen und nach dem regelmäßigen Lauf der Dinge außer Betracht zu lassenden Umständen zur Herbeiführung des eingetretenen Erfolgs geeignet ist (RGZ. **133**, 127; **135**, 154). In der verschwindenden Anzahl von Fällen, in denen ein Schaden für inadäquat gehalten worden ist, wäre erst noch eine kritische Analyse der wirklichen Beweggründe der Entscheidung am Platze.

Die gleichen Formulierungen und die gleichen Ergebnisse weisen Lehre und Rechtsprechung in der *Schweiz* auf [2]). Das schweizerische Bundesgericht läßt danach ständig auch aus mittelbarer Verursachung für den Hinzutritt neuer mitwirkender Ursachen haften und verlangt zur Inadäquanz ein nach der allgemeinen Lebenserfahrung für die (gegebenen) Verhältnisse . . . . . . ungewöhnlich heftiges, sehr seltenes und darum nicht voraussehbares Ereignis" (BGE. **57** II 41) [3]) und kommt fast immer zur Bejahung der Adäquanz [4]). Mit den offenbar äußerst wenigen scheinbaren Ausnahmen verhält es sich auch noch besonders [5]).

---

[1]) M. Rümelin, Arch. ziv. Prax. **90**, 189 f. „das gesamte Erfahrungswissen der Menschheit"; Traeger S. 159; Rumpf, Iher. Jahrb. **49**, 345.

[2]) Literatur bei Oser OR. Art. 41 Anm. 80.

[3]) Vgl. Ziegler, unsere Z. **6**, 779.

[4]) Vgl. BGE. **42** II 363, 360; **43** II 325; **48** II 151, 477; **49** II *263* (überhaupt kein Kausalzusammenhang).

[5]) Inadäquat wird die Folge in BGE. **41** II 93 f. genannt, aber nur in einer Argumentation ad abundantiam, nach Verneinung des Verschuldens (und s. unten

In *Österreich* hat diese Lehre zwar bei einzelnen Schriftstellern Anklang gefunden, aber weder in den führenden Werken noch bei den Gerichten [1]).

Kritik.

Der Theoretiker muß die praktische Wirkungslosigkeit der Adäquanzlehre als Bestätigung ansehen, daß sie unpassend konstruiert ist; und zwar gilt dies ebenso für das Vertrags- wie für das Deliktsrecht. Ihre Begründer rühmten sich gegenüber der Bedingungstheorie, das Rechtsgefühl durchzusetzen [2]), aber von dem, was zu leisten war, ist zu wenig geleistet. Der Grund dafür liegt nach allem, was oben gesagt wurde, schon klar zutage. Diese Theorie hat keinen Bezug auf die Tragweite der konkreten Obligation und sie hat daher auch keinen tauglichen Maßstab, um unter den neuen Ereignissen, die zur Tat hinzutreten, die dem Täter mit zuzurechnenden Ursachen zu unterscheiden. Sie schwebt genau so in der Luft, wie wir dies an der üblichen Lehre von der Unmöglichkeit der Leistung zu rügen hatten. In beiden Lehren haben die Juristen von den philosophischen Begriffen nicht den rechten Gebrauch gemacht.

Damit hängt der zweite Fehler dieser Theorie zusammen, die Unsicherheit ihrer Anwendung oder eben die Unmöglichkeit, im einzelnen Fall die Adäquität zu verneinen. Z. B. bot einst eine Anregung für das Nachdenken der Fall, daß in einem Dorf in der Lüneburger Heide bei einer Messerstecherei ein Mann verwundet wurde und nach Hamburg ins Hospital gebracht, dort an Cholera angesteckt wurde

---

8 c). In BGE. **41** II 88 wird gar nicht von inadäquaten, sondern von entfernten Teilursachen gesprochen, für die teilweiser Ersatz zu geben sei. Hier herrscht der Ausgleich wegen mitwirkenden Verschuldens. — Die Entsch. Bern App. G., Z. Bern. Jur. Ver. 52 (1916) 187 verneint anscheinend die Adäquanz, aber in Wirklichkeit den Betriebsunfall, der zur Fabrikhaftpflicht führen würde — man stelle daneben Rumpf, Iher. Jahrb. 49, 370, über die elsässischen und Green a. a. O. p. 23 über die amerikanischen Entscheidungen — und nimmt zudem noch Selbstverschulden an.

[1]) Gegen sie außer Ehrenzweig § 301 Karl Wolff, Verbotenes Verhalten S. 259 und bei Klang zu § 1294 aBGB. bei N. 9. Eine Durchsicht der Entscheidungen des OGH. Wien seit 1928 lehrt, daß wie in Deutschland und in der Schweiz die mittelbare Verursachung ständig als genügend und zum Beweis Wahrscheinlichkeit als hinreichend anerkannt wird; ein einziges Mal begegnet die Ablehnung der Haftung trotz „naturwissenschaftlichen" Zusammenhangs, E. 8. 5. 1935, s. unten 8 c. Klang-Wolff zu § 1294 aBGB. S. 12 rügt aber eine Reihe von Urteilen, die den Kausalzusammenhang verneinten, als ungerechtfertigt. — Die österreichische Lehre ist reich an Gesichtspunkten, vgl. Randa, Die Schadenersatzpflicht, 3. Aufl. (1913); Mataja, Das Recht des Schadenersatzes vom Standpunkt der Nationalökonomie (1888); Mauczka, Der Rechtsgrund des Schadenersatzes außerhalb bestehender Schuldverhältnisse (1904).

[2]) Rumpf, Iher. Jahrb. 49, 353.

und verstarb. Es ist sehr zweifelhaft, ob man damals Adäquität zu bejahen oder zu verneinen gehabt hätte; kann aber nun derselbe Fall, wenn er sich noch einmal ereignet, obwohl in den Krankenhäusern alles Mögliche zur Verhütung einer solchen Übertragung geschieht, von dem mit aller menschlichen Erfahrung ausgerüsteten verständigen Beurteiler als „auf Grund allgemeiner Erfahrung unmöglich", „jenseits aller Lebenserfahrung und Berechnung liegend" bezeichnet werden? [1]). Ein ähnlicher Fall ereignete sich tatsächlich (RGZ. **105**, 264), indem ein Schußverletzter im Krankenhaus an Grippe starb. Das Berliner Kammergericht verneinte, das Reichsgericht bejahte die Adäquität. Die Gründe beider Instanzen lassen sich hören, sind aber nicht zwingend.

Statt dieser Einwände ist früher gegen die Adäquanztheorie u. a. der Vorwurf zu hören gewesen, seither aber verstummt, sie greife in die Verschuldenslehre hinüber, da beide Male Voraussehbarkeit, und zwar sogar eine solche nach einem objektiven Maßstab erfordert werde. Man hat viel Scharfsinn darauf verwendet, den Richter zu lehren, in welchem Sinn er sich nachträglich in die maßgebende Zeit zurückzudenken hat, erstens zur gewohnten verkehrsmäßigen Feststellung, ob der Täter es fahrlässig an Voraussicht fehlen ließ, und zweitens zur „nachträglichen Prognose", ob die eingetretene Folge adäquat sei. Aber eine völlige Klarheit ist auch in dieser Hinsicht nicht erzielt [2]).

So wenig diese Lehre also zum Ziele führt, so verdient dennoch ihre reiche Fragestellung mehr Beachtung als ihr außerhalb Mitteleuropas zuteil geworden ist.

Von der Adäquanztheorie aus gelangt man übrigens durch eine naheliegende Abweichung zu der wesentlich mehr besagenden Theorie zurück, daß nur die normalen Folgen zu vertreten sind. So formuliert in einem nicht leicht erkennbaren Verhältnis zu jener Theorie [3]) das *polnische* Obligationenrecht Art. 157 § 2: „Der zum Schadenersatz Verpflichtete haftet nur für die normalen Folgen der

---

[1]) Vgl. Leonhard, Allgemeines Schuldrecht S. 157.

[2]) Die Meinung Rümelins, daß die Beurteilung „ex post" geschehen müsse, scheint allgemein aufgegeben. Besonderes Gewicht wird aber weiter darauf gelegt, das außergewöhnliche Wissen des Täters selbst einzubeziehen, obwohl dies wieder in die subjektive Voraussehbarkeit übergeht; daher die oben erwähnten sehr weiten Formulierungen, die auch die durch den konkreten Fall neu „aufgedeckten" Bedingungen einschließen.

[3]) Rukser, unsere Z. 8, 359 hält dadurch die Adäquanztheorie für ausdrücklich angenommen; ob dies die Meinung der Verfasser war, ist uns zur Zeit unbekannt.

Handlung oder Unterlassung, die den Schaden verursacht hat". Ähnlich wurde, in erklärter Gegnerschaft zur Adäquanzlehre, vorgeschlagen, nur eine solche Folge zu berücksichtigen, „die durch allgemeine Regeln erklärt ist" [1]). Damit bleibt man in der fehlerhaft dem Ursachenverhältnis allein zugewandten und vom Schuldgrund absehenden Betrachtung, bringt aber immerhin abermals jenen natürlicheren, obgleich vagen Grundgedanken der suites normales, usual consequences zum Ausdruck, auf den man sich in den einzelnen Ländern angewiesen fühlte, sobald man die Begriffe des direkten Schadens, des generellen Schadens, des typisch voraussehbaren Schadens etwas näher untersuchte.

7. Rechtsvergleichende Folgerung.

7. Die Abscheidung des indirekten Schadens ist veraltet, vieldeutig und unbrauchbar, die Rücksicht auf die Schwere des Verschuldens ist in bestimmter Richtung empfehlenswert, dürfte aber gerade für ein internationales Kaufrecht schwerlich von Belang sein. Es verbleiben die verschiedenen Lehren, die sich unter abweichenden Formulierungen, auch selbst in einem und demselben Land unter wechselnden Kennwörtern mit der Voraussehbarkeit des zu ersetzenden Schadens beschäftigen.

a) Grundsätzliche Gegensätze.

a) Im groben charakterisiert verlangen die englischen und amerikanischen Gerichte für die vertragliche Haftung, daß sich die Ersatzpflicht innerhalb der contemplation of the parties befinde, oder in einem ähnlichen Sinn gewendet, daß der Schaden vom Schuldner vorausgesehen werden konnte, falls er nicht eine direkte, d. h. natürliche, normale Folge des Vertragsbruchs sei. Während diese Praktikerlehre sich offenkundig auf den Willen der Parteien oder (besser ausgedrückt) auf den Vertrag stützt, geht die deutsche Theorie der adäquaten Verursachung von dem Wesen des ursächlichen Zusammenhangs aus; unabhängig von der Quelle des Schuldverhältnisses soll der philosophische Begriff der Ursache zugrunde gelegt und verengert werden. Im Zusammenhang mit diesem Gegensatz wirkt es einschneidend, daß man dort zur Haftung eine gewisse erkennbare Wahrscheinlichkeit des schädlichen Erfolges fordert und hier sich mit der denkbaren Möglichkeit begnügt. Dadurch erklärt sich die praktisch außerordentlich viel stärkere Wirksamkeit der angelsächsischen Lehre gegenüber der deutschen. Die französische Lehre endlich hat von beiden Auffassungen etwas. Die eine Begründung für den Art. 1150, die eine convention tacite auf Ersatz des vorausseh-

[1]) F. Leonhard a. a. O. S. 166, wohl nicht mit Recht diese Auffassung der deutschen Rechtsprechung unterlegend.

baren Schadens unterlegt, nähert sich der englischen Auffassung. Die anderen Versuche, die auf Billigkeitsentscheidungen zurückgreifen, sind verwandt den eigentlichen Absichten der Urheber der Adäquanztheorie wie auch neuester deutscher Vorschläge [1]).

Eine vermittelnde Stellung, die der hier zu vertretenden nahekommen dürfte, nehmen die führenden skandinavischen Schriftsteller ein: nicht zu ersetzen sei der Schaden des Käufers, „der sich als eine so ungewöhnliche und unwahrscheinliche Folge des Vertrags darstellt, daß sie billigerweise vom Verkäufer nicht in Rechnung gestellt werden mußte“ [2]).

b) Gemeinsamkeiten.

b) Diesen verschiedenen Ausgangspunkten und Formeln gegenüber ist es von größter Wichtigkeit, sich gegenwärtig zu halten, daß offensichtlich überall noch um den Ausdruck gerungen wird und eine recht erhebliche gemeinsame Rechtsüberzeugung zugrunde liegt. Mindestens ist gemeinsam einerseits, daß eine regelmäßige Haftung für alle verursachten Folgen undurchführbar [3]) und für die exorbitanten Folgen unerwünscht ist, und auf der anderen Seite, daß jedenfalls für alle Schäden zu haften ist, mit deren Eintritt ein ordentlicher Berufsgenosse des Schuldners als Folgen des Vertragsbruchs rechnen mußte. Der "ordinary reasonable man" muß ein ordentlicher Berufsgenosse des Schuldners sein, wie man es in Deutschland ausdrückt, und auch in Frankreich hat schon Pothier gerade beim Kauf, später die Rechtsprechung dem professionellen Schuldner Kenntnis aller beruflichen Voraussicht zugeschoben [4]).

Nicht angekündigte Schadensgefahr.

Noch näher kommen sich die Ergebnisse bei sehr verschiedenen juristischen Formulierungen hinsichtlich der ungewöhnlich hohen Schadensfolgen. (Wir können diesen Punkt nur streifen, da eine erschöpfende Rechtsvergleichung weit führen müßte.) Im *deutschen* Gesetz § 254 wird es eigens ausgesprochen, daß der Gläubiger ein

---

[1]) Lange, Vom alten zum neuen Schuldrecht S. 82, bezeichnet sogar die heutige Praxis der Lehre vom adäquaten Kausalzusammenhang offenbar auf Grund eigener Beobachtungen als bloßen Deckmantel von Billigkeitsentscheidungen.

[2]) Almén I 368; oben S. 308.

[3]) Der Supr. Court von Ohio, Wells v. Cook (1865) 16 Ohio State Reports 67 (74) beendete einen Fall, wo er sehr gern Schadenersatz gewährt hätte und an einer ihm unüberwindlichen juristischen Klippe scheiterte, mit dem resignierten Trost, daß das staatliche Recht nicht jede Folge einer arglistigen Tat ersetzen lassen kann, sondern daß ein großer Teil der Wirkungen menschlichen Verhaltens "must be left to the jurisdiction of public opinion, individual conscience, and, finally, to the retributions of another world".

[4]) Demogue VI n°. 275 p. 309 N. 2.

sogenanntes mitwirkendes Verschulden begeht, wenn er unterlassen hat, den Schuldner auf die Gefahr eines ungewöhnlich hohen Schadens aufmerksam zu machen. Die Verpflichtung zum Ersatz sowie der Umfang des Ersatzes hängen dann von den Umständen ab, ebenso wie wenn der Beschädigte bei der Entstehung des Schadens mitgewirkt hätte. Eine ähnliche Theorie wie die des § 254 findet sich gelegentlich in ***Frankreich*** und auch in anderen Ländern wieder. Ungefähr dasselbe Ergebnis wird aber in Frankreich oft erzielt, indem man mangels genügender Warnung den Schaden als indirekt oder als unvoraussehbar [1]) auffaßt. Vielgestaltig sind auch die Gesichtspunkte, unter denen die englischen und amerikanischen Gerichte das Verhalten des Gläubigers in die Würdigung einbeziehen. Am schärfsten prägen sich aber unter den juristischen Behandlungen desselben Problems diese beiden aus: Nach dem grundlegenden angelsächsischen Gedanken hat der Gläubiger die von ihm verschwiegenen ungewöhnlich großen Verlustgefahren (risk of loss) auf sich genommen; aus der contemplation of the parties und daher aus der Haftung des Schuldners ist diese Gefahr von selbst ausgeschlossen. Die deutsche Gesetzesbestimmung dagegen nimmt an sich eine Haftung des Schuldners wegen seiner zu vertretenden Schuldverletzung auch für den ungewöhnlich hohen Schaden an und wägt mit dieser Haftung eine Belastung des Gläubigers mit den Folgen seines „eigenen Verschuldens" auf. Ein wirkliches Verschulden ist dieses übrigens nach herrschender Lehre nicht, da keine Verbindlichkeit im wahren Sinn, keine Pflicht gegenüber dem anderen Teil verletzt ist, sondern nur eine Pflicht gegen sich selbst, eine sogenannte Obliegenheit, ein Gebot des eigenen Interesses mißachtet ist. Aber es wird Voraussehbarkeit des schädlichen Erfolgs und Zurechnungsfähigkeit des Geschädigten grundsätzlich verlangt. Diese Konstruktion ist anfechtbarer als der naive frührömische Satz „quod quis culpa sua damnum sentit, non videtur damnum sentire" und paßt auf unseren Fall, den die Reichstagskommission in § 254 Abs. 2 hereinzog, besonders schlecht. Das Gesetz schildert diesen Fall so, daß „sich das Verschulden des Beschädigten darauf beschränkt, daß er unterlassen hat, den Schuldner auf die Gefahr eines ungewöhnlich hohen Schadens aufmerksam zu machen, die der Schuldner weder kannte noch kennen mußte." Stellt also jede Unterlassung der Warnung schon ein

[1]) Indirekt: Der Gläubiger hätte den Schaden vermeiden können: Brux. 28. 3. 1935, Jurispr. Comm. Brux. 1935 p. 201. Unvoraussehbar: Entscheidungen bei Demogue VI n°. 279 (meist transportrechtliche).

„Verschulden" dar? Das kann nicht gemeint sein und wird doch gelten müssen; wenn der Gläubiger selber den außergewöhnlich hohen Schaden nicht voraussehen konnte und deshalb den Schuldner nicht darauf aufmerksam machte, so ist es dennoch nur gerechtfertigt, ihn und nicht den Schuldner damit zu belasten. Der Umweg über das zudem nicht echte Verschulden ist unnütz. Die englische Auffassung erweist sich auch hier in gewisser Beziehung[1]) als den pandektistischen Gedankengängen überlegen.

c) Zeitpunkt des Voraussehbarkeitsurteils.

c) Wollen wir nun den Wurzeln der vorhandenen Gemeinsamkeiten und Gegensätze nachgehen, so leitet uns eine praktische Beobachtung auf den Weg.

Der Unterschied der Auffassungen, der am meisten Aufmerksamkeit verdient, liegt nämlich darin, daß die deutsche Betrachtung des adäquaten Kausalnexus vom Voraussehenmüssen beim Vertragsbruch ausgeht, die angelsächsische und ein Teil der romanischen vom Vertragsschluß: nur der Schaden, mit dem der Verkäufer als Folge seiner etwaigen Nichterfüllung bereits bei Vertragsschluß rechnen konnte und mußte oder mit dem er in diesem Zeitpunkt wirklich gerechnet hat, ist ersatzfähig. Vielleicht hängt diese Unterscheidung damit zusammen, daß dort beim Vertrag so wie beim Delikt der Zeitpunkt des schuldhaften Verhaltens betont wird, weil die Haftung auf Verschulden begründet ist, hier dagegen grundsätzlich die Nichterfüllung als solche haftbar macht. Aus solchen Gründen wohl macht Almén den Unterschied, daß der Verkäufer aus einem Garantieversprechen für den Schaden haften soll, mit dem er im Zeitpunkt des Vertragsschlusses zu rechnen hatte, während er aus seinem Verschulden für den im Zeitpunkt der Fälligkeit voraussehbaren Schaden aufkomme. Aber wenn wir von möglichen, für den internationalen Kauf kaum praktischen Verschärfungen der Haftung absehen wollen, so ist eine solche Unterscheidung zu künstlich. In der Hauptalternative läßt sich die englische Auffassung durchaus rechtfertigen und vertiefen, indem man sie in den gehörigen Zusammenhang mit der sonstigen Vertragslehre stellt. Was oben § 57, 3 dazu einleitend bemerkt worden ist, muß hier etwas näher ausgeführt werden, obwohl es leider nicht möglich ist, an diesem Ort den großen Gegenstand irgendwie zu erschöpfen.

---

[1]) Nicht etwa in allen; die Lehre von der contributory negligence könnte vom deutschen Rechtszustand Wichtiges lernen.

8. Empfohlene Theorie: Schadensverteilung gemäß dem Vertragszweck.

8. Wir gingen davon aus, daß Sinn und Zweck des Vertrags die gesamte Regelung der Leistungsstörungen beherrschen, so daß sie sich also nicht nur in der Frage auswirken, für welche Störungen der Schuldner haftet, sondern auch in der Frage, in welchem Maße der Schuldner für die Nichterfüllung einsteht.

a) Der Zusammenhang mit dem Vertrag.

a) Wie dies zu denken ist, dafür gibt die angelsächsische Lehre ein Beispiel. So unangebracht dort die unaufhörliche Berufung auf den „zu entfernten" Kausalzusammenhang ist und so viel Unsicherheit die widerspruchsvollen Fallentscheidungen mit sich bringen, so findet die junge amerikanische Rechtswissenschaft einschließlich der großen Richter ihre Aufgabe gerade auf dem Gebiet des Vertragsrechts außerordentlich erleichtert. Denn dieses ist klar auf dem Vertragsinhalt gebaut geblieben. In den Präjudizien seit Hadley v. Baxendale, in den wechselnden Formulierungen, die doch immer um die contemplation of the parties kreisen, läßt sich der systematisch zureichende Grund der Schadenersatzablehnung leichter entdecken als in den bisher in Europa herrschenden gelehrten Theorien.

Daß die übliche Formel von der contemplation of the parties der wissenschaftlichen Berichtigung bedarf, ist erkannt. Die Verfasser des Restatement of the Law of Contracts 1932 (I p. 510) leiten das Erfordernis, daß der Schadenersatz voraussehbar sein muß, nicht mehr von einem Vorausbedenken der etwaigen Forderungsverletzung oder einem stillschweigenden Versprechen der Vergütung für diese ab, sondern aus der Auslegung des Vertrages. Mit Recht. Es ist der Vertrag im Rahmen der Umstände seines Abschlusses und auf dem Hintergrund der Rechtsordnung, damit auch der guten Treue und der Verkehrssitte, der die Parteipflichten regelt. Die „Auslegung" ist übrigens auch nur in dem modernen Sinn zuständig, in dem sie eine Ergänzung des Vertrags in sich schließt.

Schwerer fällt es auszusagen, in welcher Beziehung die vertragliche Pflichtenregelung zu dem ersatzbedürftigen Schaden steht. Unter den Wendungen der Präjudizien, die zu derartigen theoretischen Aussagen neigen, zitiert man gern die Äußerung von Bowen L. J. in Cobb v. Great Western Railway Co.[1]: "The damage must be such as would flow from the breach of duty in the ordinary and usual course of things. That is the general rule, both in contract and in tort, except that in contract

[1]) (1893) 62 L.J.Q.B. 335 (337), aufgenommen von Lord Sumner in der Oberhausberatung in Sachen Weld-Blundell v. Stephens [1920] A.C. 956 (979), dazu Salmond-Winfield p. 507.

the law does not consider as too remote such damages as were in the contemplation of the parties at the time when the contract was made". Der Vertrag bestimmt also die Pflicht. Die Pflichtverletzung zeitigt den Ersatz der normalen Schadensfolgen und außerdem den Ersatz der Schäden, die im Sinne des Vertrages den Schuldner treffen. Auch Chalmers [1]) faßt direkt den normalen Schadenersatz als Gegenstand der Voraussehbarkeit. Der generelle Schaden ist die natürliche Folge des typischen Vertrages. Der spezielle ist die natürliche Folge von besonderen, beiden Parteien beim Vertragsschluß bekannten Umständen, which naturally arise from a breach of such a contract under the particular circumstances.

Von da ist es kein großer Schritt zu der Auffassung: Der Vertrag gibt die Pflichten an, er zeigt, welche Interessen des Gläubigers befriedigt werden sollen und verdeutlicht dadurch, welche Folgen der Nichterfüllung im Vermögen des Gläubigers der Schuldner gutzumachen hat. Der Schuldner, der das Recht des Gläubigers verletzt hat, haftet ihm nicht für alle denkbaren Folgen seines vertragswidrigen Tuns schlechthin, sondern nur für die Einbußen, die den durch den Vertrag geschützten Interessen des Gläubigers zustoßen [2]). Wir kommen so in die Nachbarschaft der von Ehrenzweig für das österreichische Recht skizzierten Lehre: die Rechtswidrigkeit sei nicht absolut, sondern relativ zu fassen. Diese Wendung allerdings ist vielleicht nicht glücklich, da wir gewohnt sind, den Widerspruch eines Tuns mit der Rechtsordnung als absolut zu denken [3]). Es handelt sich um eine Beschränkung der Norm, nicht um eine solche der Normwidrigkeit.

Denselben Schritt hat auch Green getan, indem er an amerikanischen Entscheidungen, die mit dem Kausalzusammenhang arbeiten, nachweist, daß es darauf ankommt, ob der Kläger sich auf eine vom Vertrage geschützte Pflicht des Schuldners berufen kann und welchen Interessen diese Pflicht im Sinne des Vertrages diente.

Soweit also bietet die angelsächsische Vertragslehre eine sehr brauchbare Grundlage, von der wir zu allgemeinen zivilistischen Erkenntnissen gelangen könnten. Die Verallgemeinerung auf das Schuldrecht überhaupt hat sich dort ebenfalls schon mühelos, ja zwangsläufig ergeben. An die Stelle der vertraglichen tritt die sonstige „duty", wir würden sagen, an die Stelle des Vertrages tritt die

[1]) p. 144 in der Fortsetzung der oben S. 484 zitierten Stelle.

[2]) Recht ähnlich zu meiner Freude Theodor Kipp (oben S. 453 N. 1).

[3]) Vgl. etwa H. A. Fischer, Die Rechtswidrigkeit (1911) 110—115.

gesetzliche Gebots- oder Verbotsnorm, und die allgemeine These, die sich daraus dem Beobachter ergibt, lautet einfach, daß jede Pflicht bestimmten Interessen dient und daß nur der Schaden, der diesen geschützten Interessen zugefügt wird, dem Schuldner zugerechnet werden soll. Es ist nur eine beliebte andere Wendung desselben Grundgedankens, wenn man die Frage so stellt, ob der Schuldner den risk of certain losses nach Auslegung des Vertrags zu tragen hat [1]). Wie nahe uns diese Anknüpfung an die im Vertrag erfolgte Gefahrenverteilung liegt, haben wir auch hier wiederholt betont. Der Verkäufer berücksichtigt bei der Preisberechnung ein mit seiner etwaigen Nichterfüllung verbundenes Risiko. Dabei rechnet er, sofern ihm nicht besondere Verhältnisse des Käufers bekannt sind, mit dem Risiko, das Verträgen der in Frage stehenden Art normalerweise anhaftet. Gegen die Gefahr, übernormalen Schaden selbst tragen zu müssen, kann der Käufer sich schützen, indem er die besonderen Momente zur Kenntnis des Verkäufers bringt, bei dem es dann steht, ob er im Hinblick auf das erhöhte Schadensrisiko den Kaufpreis erhöhen will.

b) Beispiele für das Kaufrecht.

b) Dies sind freilich erst die Grundzüge einer Auffassung, die nach vielen Seiten ausgebaut werden muß. Diesem Ziel wird man am besten von der praktischen Seite her nahekommen. Als Beispiele, die das Recht des Käufers angehen, bieten sich etwa folgende Zweifelsfragen der nationalen Rechte.

Affektionsinteresse.

Man streitet seit alters um das sogenannte Affektionsinteresse. Im Einklang mit den meisten Ansichten der deutschen Doktrin wird man zu unterscheiden haben: Ist mit dem Affektionsinteresse gemeint, daß auch subjektive Empfindungen und Meinungen, Pietät, Laune, Melancholie bei Abschätzung eines Vermögensinteresses zu berücksichtigen wären, so ist dies von den Pandektisten [2]) und von den Motiven zum deutschen BGB. 2, 253 mit Recht abgelehnt worden. Z. B. die besondere Neigung einer Käuferin zu einem Hunde,

[1]) Restatement a. a. O.; Green p. 29. Es sei auch an die Verwendung des Wortes periculum bei den römischen Juristen und namentlich in der nachklassischen Zeit, z. B. Diocl. C. 8, 44, 21, 2 periculum evictionis, Just. in Dig. 19, 1, 44 erinnert.

[2]) Wegen Digesta 9, 2, 33, wo Sextus Pedius und Paulus aber die Rücksicht auf die affectiones z. B. des Eigentümers an dem erschlagenen Sklaven, der sein natürlicher Sohn war, deshalb ablehnen, weil es sich um die Schätzung des Werts nach der lex Aquilia handelt, also nicht um das Interesse. Für das allgemeine Deliktsrecht ist diese römische Entscheidung ein sehr unpassendes Vorbild; wenn irgend ein Interesse, so ist die Elternliebe gegenüber Mördern denn doch wert, geschützt zu werden.

die schlimmen Folgen ihres Schmerzes über seine Tötung liegen im allgemeinen außerhalb des Rahmens des Vertrags. Ausnahmen aber sind sehr wohl denkbar, da darüber eben der Vertrag entscheidet. Dagegen ist der sogenannte Liebhaberwert von alten Münzen, Briefmarken, echten Teppichen gewöhnlich nichts anderes als ihr Handelswert und mangels eines solchen doch der Niederschlag der Interessen des Gläubigers, um derentwillen ein solcher Kauf geschlossen wird. Aber auch dies ist nach dem Sinn des Vertrags zu beurteilen: wenn jemand ein altes Bild um geringes Geld kauft, ohne zu wissen, daß es von einem alten Meister stammt, so schuldet ihm der Verkäufer wegen fahrlässiger Zerstörung nicht den unerhört hohen Wert.

Auf der anderen Seite hat man sich auch nicht um Eigentümlichkeiten des Käufers, die den Schaden verringern könnten, zu kümmern, z. B. daß er geisteskrank ist und die von einem Stellvertreter für ihn gekaufte Geige vermutlich sofort vernichtet haben würde. Und daran fügt sich die im Vergleich der Anschauungen wichtigste hierher gehörige Frage: Was folgt aus der Grenzziehung zwischen den im Vertrag geschützten und nicht geschützten Interessen für die Erstattung entgangenen Weiterverkaufsgewinns?

Weiterverkaufsgewinn.

Drei Antworten zeichnen sich sofort ab.

1. Die englisch-schottische Praxis prüft mit strenger Zurückhaltung, ob man nach dem Vertrag sagen kann, daß der Verkäufer einen Weiterverkauf, und zwar einen Verkauf mit derartigen (nicht „diesen") Folgen vorauszusehen hatte. Die amerikanischen Gerichte haben denselben Ausgangspunkt, kommen aber leichter zu Verurteilungen.

2. Da die kontinentale Auffassung entgangenen Gewinn prinzipiell in viel weiterem Umfang zuspricht, aber in den meisten Systemen die Ersatzverpflichtung doch wieder einzuschränken sucht, so haben wir für sie eine neue Formel zu finden, um unserer Fragestellung zu genügen. Hier ist der Ausgangspunkt, daß der Schuldner auch mit den ihm nicht bekannten Verhältnissen des Gläubigers zu rechnen hat; er ist „nicht in der Lage, den Umfang seiner Haftung zu bemessen und muß sich in dieser Beziehung Überraschungen gefallen lassen"[1]). Daher deckt der Vertrag g r u n d s ä t z l i c h a u c h das Interesse des Käufers am W e i t e r v e r k a u f, und zwar selbst dann, wenn er nur Privatmann ist. Der Vertrag berücksichtigt dagegen nicht u n g e w ö h n l i c h e Z u f ä l l e oder auch eine unge-

[1]) II. Kommission zur Lesung des BGB. Prot. I 292 mit darauf folgender Einschränkung ähnlich wie oben.

wöhnliche Begabung des Käufers, die ihm einen außerordentlich hohen Gewinn aus der Ware ermöglicht haben würden. Der gewöhnliche Lauf der Dinge, the ordinary course of things, die natürliche Entwicklung spielt also eine Rolle, nicht weil ein zu verantwortender Schaden irgendwie zerteilt werden sollte, sondern weil nur der Schaden zu verantworten ist, der sich in der vom Vertrag bezeichneten Richtung ergibt.

3. Ganz anders aber faßt Green [1]) das vom Vertrag geschützte Interesse des Käufers. Er fragt bei der Nichterfüllung des Kaufvertrages: was war das Interesse des Klägers beim Vertragsschluß? Wollte er die Sache auf dem Markt verkaufen oder einen bestimmten Verkaufsvertrag damit erfüllen oder ein Spekulationsgeschäft machen? Das Gericht müsse entscheiden, welchen von solchen Interessen der Vertrag dienen sollte. Jedes Interesse, von dem der Schuldner nichts wußte, sei von dem Ersatz ausgeschlossen. Mangels eines Nachweises sei der Käufer auf den Deckungskauf beschränkt. Diese Ansicht bleibt meines Wissens weit hinter der amerikanischen Praxis, ja sie bleibt sogar noch hinter der englischen Judikatur zurück. Sie zerteilt das Interesse des Gläubigers nach einzelnen Motiven. Der europäischen Rechtswissenschaft ist dies von vornherein fremd, weil bei uns der Leistungsanspruch das Rückgrat der Obligation ist und zur selbstverständlichen Folge hat, daß der Gläubiger den durch das Ausbleiben des Gegenstandes verursachten Schaden geltend macht, gleichgültig aus welchen Beweggründen er sich den Gegenstand versprechen ließ. Aber auch die angelsächsischen Rechte kennen, obwohl keinen klagbaren Erfüllungsanspruch, so doch die Erfüllungspflicht des Verkäufers. Die Vertragslehre muß das Objekt des Vertragsanspruchs mitbetonen. Zusammenfassungen wie die oben wiedergegebene von Chalmers, daß es auf die natürliche Folge der den Parteien bekannten Umstände ankommt, treffen den angemessenen Rechtszustand besser und in einer auch für die nicht angelsächsischen Rechte annehmbaren Weise; nur würde hier davon ein dem Gläubiger günstigerer Gebrauch gemacht werden.

Wenn also z. B. der Käufer (K^1) schwimmender Ware nach dem Kauf vor Ankunft des Schiffes und ebenso sogar wenn ein weiterer Abkäufer (K^2) schon vor dem ersten Kauf (V an K^1) eine entsprechende Menge an K^3 verkauft hat zu einem Preise, der höher ist als der Marktpreis zur Lieferzeit, so wird nicht in der überlieferten englischen Art der Weiterverkauf aus der Gewinnentgangsrechnung

[1]) p. 52 s.; ebenso 189 s.

oder Rückgriffsrechnung deshalb auszuscheiden sein, weil der erste Verkäufer V nichts von dem Weiterverkauf gewußt hat. Vielmehr wird, was Scrutton, L. J., ein der Erweiterung der Ersatzpflicht eher geneigter Richter kürzlich aus Anlaß eines Frachtvertrages über Weizen aus einem Weizen produzierenden Lande ausgeführt hat [1], ziemlich zu verallgemeinern sein: der Verkäufer dürfe vermuten, daß an einen Verkauf sich weitere angeschlossen haben oder anschließen sollen.

Betriebshinderungen.

Ebenso ist die kontinentale Auffassung die bessere, daß der Fabrikant oder Produzent den nicht ungewöhnlich hohen Gewinnentgang fordern darf, den ihm das Ausbleiben der Ware erwiesenermaßen in seinem Betrieb verursacht. Daß eine Fruchthandelsgesellschaft mangels der gekauften Kistenbretter weniger Früchte verkauft, ist sicherlich nicht von vornherein abzulehnen [2].

Vertragsstrafe an Dritten.

Die vom Käufer einem Abkäufer zu leistende Vertragsstrafe behandeln wir entsprechend vorsichtig, so wie Almén [3] es schon lehrt: sie ist zu vergüten, wenn der Verkäufer Anlaß zur Annahme hatte, daß der Käufer sich bei hoher Strafe verpflichtet hatte oder, wie wir hinzusetzen, verpflichten würde, die Ware einem Dritten zu liefern.

Von unserer Betrachtung her erledigen sich ferner ohne weiteres Fälle wie die folgenden.

Persönliche Schädigung des Käufers.

Der Käufer erleidet durch die Vertragsverletzung Zeitverlust [4]. Vollends: der Chef des Handelshauses oder der Fabrik, dem die verkaufte Ware nicht rechtzeitig zugeht, ist dadurch genötigt, zur Ordnung der Angelegenheit seine Abreise zu verschieben; mit dem Eisenbahnzug, den er einen Tag später benutzt, erleidet er ein Unglück, oder die pflichtmäßige Verschiebung der Abreise, die zu seiner Verlobung führen sollte, hat tragische Folgen. Im Grunde verhält es sich hier nicht anders als etwa in folgendem amerikanischen Fall außerhalb des Kaufrechts: Wegen Fahrlässigkeit eines Zugführers stieg Mrs. Price nachts statt in Winchester erst in Montezuma aus dem Bahnzug. Der Conductor führte sie in einen Gasthof und versprach dem Wirt namens der Eisenbahngesellschaft, die Übernachtungskosten zu zahlen. Die Reisende wurde durch eine explodierende Petroleum-

---

[1]) The Arpad 1934, s. oben S. 483 N. 2.

[2]) Dies tat anscheinend S.C. Utah (1911) California Pine Box & Lumber Co. v. Wasatch Orchard Co., 117 Pac. 35. Die Entscheidung 192 N.Y.S. 868 weist sehr kurzerhand Schaden aus "loss of commissions" ab.

[3]) I 369.

[4]) Simpson v. Mc Millan (Georgia App. 1921) 105 S.E. 848.

lampe verletzt [1]). Die Verkettung ist beide Male überraschend, aber in keinem Sinne unerhört; die Gerichte werden denn doch gern die Haftung ablehnen. Der Gerichtshof von Georgia sah in der schuldhaften Handlung des Wirts eine „selbständige unabhängige Fahrlässigkeit". Abgesehen aber etwa von der Auswahl des Gasthofs ist in beiden Fällen der wahre Entscheidungsgrund klar, daß nämlich der Vertrag ausschließlich auf das Vermögen Bezug hatte und keine Sorgfaltspflicht für die persönliche Sicherheit oder die Familienbeziehungen des Gläubigers enthielt.

Sind diese selben Zusammenhänge nach der deutschen Theorie adäquat oder inadäquat zu nennen? Dies ist ganz unsicher, denn es hängt ohne Rücksicht auf die Art des zugrunde liegenden Schuldverhältnisses davon ab, ob mehr betont wird, daß die menschliche Erfahrung derartige ursächliche Reihen längst verzeichnet hat oder daß durch die verantwortlich machenden Ereignisse die Gefahr wesentlich begünstigt wird. Das Reichsgericht hat einmal selbst ein Beispiel für eine inadäquate Verursachung erdacht (RGZ. **81**, 360): Ein Schleppzug war am 28. 10. zu führen und wurde schuldhaft auf den 29. 10. verschoben; wenn der geschleppte Leichter am 29. einen Zusammenstoß mit einem anderen Schiff erlitten hätte, so wäre dies nach dem Reichsgericht inadäquat, weil man nicht behaupten könne, daß durch die Verschiebung die Gefahr eines Zusammenstoßes erhöht wurde. Zugleich wird bloß mit Rücksicht auf die Jahreszeit entgegen der Denkweise des Hanseatischen Oberlandesgerichts behauptet, daß die Gefahr eines Sturmes durch die Verschiebung begünstigt wurde. Von welchem Standpunkt aus man solche Urteile fällen kann, ist nicht abzusehen. Sie sind jedenfalls lebensfremd, und der wahre Entscheidungsgrund ist eben der, daß ein Schleppschiffer für einen von ihm nicht verschuldeten Schiffszusammenstoß mangels besonderer Umstände (wie etwa wenn es Pflicht ist, die Zeit einer außergewöhnlichen Belebung der Fahrtrinne zu vermeiden) und mangels einer Vertragsklausel überhaupt nicht haftet, weder kraft Vertrages noch kraft Gesetzes. Die abstrakte Wahrscheinlichkeit oder Unwahrscheinlichkeit von Zusammenstößen ist dafür gleichgültig.

Im Fall der Reichsgerichtsentscheidung 27. 10. 1914, DJZ. 1915, 207, bestellte die Klägerin im Kaffeehaus der Beklagten eine Portion Eis. Beim Essen verspürte sie einen Glassplitter im Mund, entfernte ihn und entdeckte beim Nachsuchen im Eise noch mehr Glassplitter. Infolge nervöshysterischer Veranlagung glaubte sie fälschlich, schon einen Glassplitter verschluckt zu haben und zog sich nicht durch den Splitter, sondern durch die Einbildung ein schweres Magenleiden zu und wurde erwerbsunfähig. Von der Reichsgerichtsentscheidung wird berichtet: „Die Tatsache, daß der Beklagte der Klägerin Eis mit Glassplittern vorgesetzt habe, habe die Klägerin in die Gefahr gebracht, durch den Genuß des Eises ihre Gesundheit zu schädigen . . . Dies sei nach dem gewöhnlichen Lauf der Dinge geeignet, bei einer nervös veranlagten Person den Glauben hervorzurufen, sie habe wirklich einen Glassplitter verschluckt und so die Möglich-

[1]) Central of Georgia Railway v. Price (1898) 106 Ga. 176; 32 S.E. 77; 43 L.R.A. 402; vgl. Sedgwick § 117.

keit nervöser Störungen der Verdauungsorgane zu erhöhen. Diese tatsächlich eingetretene Störung stehe hiernach mit der Handlung der Beklagten, die der Klägerin Eis mit Glassplittern vorsetzte, in adäquatem Zusammenhang." Diese Begründung dürfte jeden Leser befremden; hören ließe sich nur folgende: Der Vertrag mit dem Kaffeehausunternehmer enthält geradewegs die Pflicht, dafür zu sorgen, daß die Gesundheit des Gastes durch die vorgesetzte Speise nicht geschädigt werde, und zwar nicht nur der körperliche Zustand eines voll gesunden Gastes, sondern auch die schwankende Gesundheit eines nervösen. Die Meinungen darüber gehen sicherlich auseinander; die Ansichten über Billigkeit weichen in dieser Materie offenbar besonders stark ab [1]).

c) Seitenblick auf die unerlaubten Handlungen.

c) So wenig wir hier das Deliktsrecht abhandeln können, so ist es doch immerhin wichtig zu bemerken, daß die Theorie der Schadensverteilung nach Maßgabe des Forderungszwecks nicht aus einer einseitigen Betrachtung des Vertragsrechts gewonnen ist, sondern allgemeinen Bedürfnissen des Schuldrechts entspringt. Sie entfaltet gerade auf dem Gebiet der unerlaubten Handlungen ihre fruchtbarste Bedeutung.

Verstoß gegen ein Schutzgesetz.

Die sicherste Herrschaft hat die hier vertretene Auffassung schon heute auf einem Teilgebiet gerade des deutschen Deliktsrechts. Nach § 823 Abs. 2 BGB. ist nämlich schadenersatzpflichtig, wer gegen ein den Schutz eines anderen bezweckendes Gesetz verstößt. Hierdurch ist der Richter darauf hingewiesen worden, „aus dem Inhalt des verletzten Gesetzes zu ermitteln, welche Interessen durch dasselbe geschützt werden sollen" (Protokolle II, 571), und in einer umfangreichen Kasuistik sind die Rechtsbestimmungen gesammelt worden, welche den Schutz eines anderen bezwecken, und ist untersucht worden, wer die berechtigte Person ist und hinsichtlich welchen Rechtsgutes oder welcher Interessen sie den Schadenersatz verlangen kann. Das Reichsgericht erkennt in der Tat die Schadenersatzpflicht nach § 823 Abs. 2 nur dann an, „wenn dadurch die Gefahr verwirklicht worden ist, die die Schutzvorschrift verhüten wollte, wenn das Rechtsgut oder Interesse verletzt ist, zu dessen Schutz sie erlassen wurde, und wenn die Person durch den Verstoß geschädigt worden ist, die sie schützen wollte" [2]).

So ist z. B. erkannt worden: Die Vorschrift des StGB. § 367 n°. 12 gegen unzureichende Verwahrung von Brunnen schützt nur Menschen und verpflichtet daher nicht zum Ersatz wegen eines in den Brunnen gefallenen Tieres. Die Auslegung der Schutznorm entscheidet.

„Wenn ein Dampfer der strompolizeilichen Vorschrift zuwider nicht rechts sondern links ausweicht und infolgedessen ein in den Strom hineinragendes Badehaus beschädigt", so kann sich der Beschädigte auf die Vorschrift über das Ausweichen nicht stützen, da diese bloß andere Gefahren verhüten sollte [3]). Es ist aber auch erkannt worden, daß Polizeivorschriften über die Schiffahrt als Schutzgesetze zugunsten der Anlieger ange-

---

[1]) Sedgwick § 112. Gegen die Beispielsentscheidungen von Ehrenzweig vgl. Klang-Wolff I 4 zu § 1294 aBGB. S. 28, obwohl er ebenfalls von einem Erfordernis des „Rechtswidrigkeitszusammenhangs" ausgeht (ebd. und Verbotenes Verhalten 261).

[2]) RGRKomm. § 823 Anm. 15.

[3]) Enneccerus § 452 IV (Enneccerus-Lehmann § 229 N. 14); Traeger S. 385; SeuffA. 52 n°. 18.

sehen werden können [1]). Darum und um nichts anderes dreht sich die Entscheidung [2]).

Dazu als Seitenstück aus der unabsehbaren amerikanischen Judikatur: Ein Straßenbahnwagen hält nicht an der durch Polizeiverordnung festgesetzten Haltestelle. Während er in einer Staubwolke weiterfährt, überfährt in der schlechten Sicht das dicht dahinter folgende Kraftfahrzeug den auf dem Fahrdamm zurückgelassenen Fahrgast [3]). Oder: Einem Mann ist gegen ein „Statute" Alkohol ausgeschenkt worden und er ist in der Trunkenheit zu Tode gekommen. Die Witwe kann nicht wegen des Verstoßes gegen den Gastwirt klagen [4]); wie Green p. 23 richtig hinzusetzt, weil dies nicht unter den Zweck des Statuts fiele. So erkennt man schon länger in der englischen Rechtswissenschaft [5]), „wenn eine gesetzliche Pflicht nur dazu auferlegt ist, um Schaden einer besonderen Art zu verhindern, so gibt es keinen Anspruch wegen ihrer Verletzung, wenn nur Schaden einer anderen Art verursacht wird". Wenn die Eisenbahn gegen das Überfüllungsverbot zu viel Reisende in ein Abteil aufnimmt, so haftet sie doch nicht für einen Raub, den infolgedessen ein Reisender am anderen begeht [6]). Genau ebenso muß in Österreich trotz des ganz allgemeinen Deliktsparagraphen des aBGB. (§ 1295) das forstpolizeiliche Verbot des Fällens von Bäumen als Schutzgesetz für den Wald, nicht für alle Menschen, die beim Fällen erschlagen werden können, behandelt werden [7]).

Nach RGZ. 140, 395 gibt § 823 Abs. 2 BGB. wegen einer Ehrverletzung keinen Schmerzensgeldanspruch, usw.

Andere Deliktsarten.

Nun bildet im deutschen Recht der schuldhafte Verstoß gegen ein „Schutzgesetz" nur eine Gruppe von Deliktstatbeständen unter noch wichtigeren anderen. Die amerikanischen Gesetze scheinen besonders viele analoge Fälle des tort zu ergeben, doch dürfte damit auch dort das Recht der unerlaubten Handlungen keineswegs erschöpft sein, auch das Recht der negligence nicht [8]). Dennoch sind auch alle übrigen Deliktsnormen und die Gefährdungshaftungen durch Merkmale beschränkt, die für den Schadenersatz ein Maß abgeben.

---

[1]) OLG. Hamburg, OLG. **34**, 119.

[2]) Vgl. auch das treffende von Kipp gegebene Beispiel von der Verletzung des Kegeljungen bei polizeilich verbotenem nächtlichen Kegeln. Martin Wolff, Theodor Kipp N. 7.

[3]) Franklin v. Houston Electric Co. 286 S.W. 578 (Tex. Civ. App. 1926).

[4]) Krach et al. v. Heilman, 53 Ind. 517 (1876) mit der ebenso üblichen wie fragwürdigen Begründung, die Witwe sei nicht "injured in consequence of the intoxication", weil es nicht eine natürliche vorauszusehende Folge gewesen sei, daß der besinnungslos betrunkene Mann auf dem Heimweg infolge seiner Besinnungslosigkeit in seinem Wagen von einem umfallenden Salzfaß verletzt wurde.

[5]) Kenny, Cases on the Law of Tort 4. Aufl. 1926, p. 15 zu Gorris v. Scott.

[6]) Die Richter in Cobb v. Great Western Railway [1893] 1 Q.B. 459 (462—465) nennen diesen Schaden too remote.

[7]) Ehrenzweig § 301 bei N. 58.

[8]) Allerdings muß die vernachlässigte duty, ohne die es keine negligence gibt (Kennedy J. in Carlisle and Cumberland Banking Co. v. Bragg (1911) 1 K.B. 489, 491) in einem Rechtssatz anerkannt sein.

Radikal beschränkt würde die Tragweite der deliktischen Schadenersatzpflicht, wenn ein Vorschlag Annahme fände, der kürzlich in der englischen Rechtslehre geäußert wurde. Goodhart[1]) hat die Widersprüche aufgegriffen, die in den englischen Präjudizien wegen der Frage bestehen, inwiefern für die Schadenersatzpflicht aus fahrlässigem Delikt Voraussehbarkeit der schädlichen Folgen notwendig ist. Er lehnt die verbreitete Lehre ab, daß wenn ein fahrlässiger Akt Ursache eines Schadens war, sämtliche Folgen, auch die nicht voraussehbaren, zu vertreten seien, und lehrt vielmehr im Anschluß an Terry, daß ein Akt nicht fahrlässig an sich sei, sondern nur als Verletzung einer Pflicht gegenüber einer Person und auch dieser gegenüber nur hinsichtlich der voraussehbaren Folgen. Er nimmt also die subjektive Seite des Deliktstatbestandes, die Fahrlässigkeit relativ und scheint damit zu ähnlichen Folgen kommen zu wollen wie Ehrenzweig mit dem Erfordernis der relativen Rechtswidrigkeit, denn er möchte im Tatbestand der Deliktsnorm an Stelle der natürlichen und wahrscheinlichen Folge die voraussehbare Folge setzen. Damit geht er aber zu weit. Es ist zwar vollkommen richtig zu verlangen, daß der Täter eine Pflicht gegen einen anderen verletzt haben muß und daß er dies fahrlässig getan haben muß, was soviel heißt, daß er die Verletzung des geschützten Rechtsguts mit der Voraussicht eines ordentlichen Mannes vorausgesehen haben würde. Wenn dies bejaht ist, so läßt es sich aber keinesfalls durchführen, Voraussehbarkeit jeder einzelnen schädlichen Tatsache zu verlangen. Die deutsche Lehre geht dahin, daß bei einer Rechts- oder Personenverletzung diese Verletzung, „der Einbruch in die Rechtssphäre des Verletzten"[2]), vorausgesehen sein muß, nicht aber die weiteren Folgen und der eintretende Schaden. Im allgemeinen dürfte dies auch der wirklichen Meinung der englischen Richter entsprechen. Wenn also im Fall Smith v. London and South Western Railway Co.[3]) nahe der Eisenbahn gelagertes ausgedörrtes Heu infolge Funkenflugs Feuer fing und von da ein starker Wind in (wirklich!) nicht reasonably zu erwartender Weise ein entfernt liegendes Haus zum Abbrennen brachte, so wäre bei der Verletzung des Hauseigentums mit Goodhart, entgegen dem Urteil, die Fahrlässigkeit selbst zu verneinen gewesen; wenn aber in Re Polemis & Furness Withy and Co.[4]) ein arabischer Arbeiter fahrlässig einen Balken fallen ließ und dadurch ein Funken entstand, der in der Petroleumladung eine Explosion verursachte, so ist die Fahrlässigkeit wegen der mangelnden Voraussehbarkeit der anschließenden Folge nicht mit Goodhart zu verneinen. Die deutsche Lehre sucht solche Folgen durch ihre Betrachtung des Kausalzusammenhangs abzuschneiden. Die hier vertretene will in einer noch anderen Art an die Frage herangehen, nämlich durch die Fragestellung, welche Tragweite die Schadenersatznorm hat.

Eine allgemeine Antwort darauf kann es nicht geben. Es kommt vielmehr notwendig auf den Zweck der einzelnen eine Schadenersatz-

[1]) A. L. Goodhart, Essays in Jurisprudence and the Common Law, 1931, p. 113 ff. (Wiederabdruck aus Cambridge Legal Essays 1926). Durch die Kritik Goodharts an der Judikatur erklärt sich Porter, 5 Cambridge L.J. (1934) 179 ff. nicht überzeugt, aber p. 184 zu Zweifeln angeregt, die er nicht lösen könne.

[2]) Enneccerus-Lehmann § 452 III 1.

[3]) (1870) L.R. 6 C.P. 14.

[4]) [1921] 3 K.B. 560 (574).

pflicht aufstellenden Rechtsnorm an. Selbstverständlich aber kann man von größeren Gruppen solcher Rechtssätze ausgehen.

In den Ländern, die ein generelles Delikt kennen wie Frankreich C. civ. Art. 1382, Österreich aBGB. § 1295 usw., liegt immer, in anderen Ländern bei grundlegenden Bestimmungen, z. B. deutsch. BGB. § 823 Abs. 1, das Hauptgewicht auf dem geschützten Objekt, d. h. dem Recht, dem Rechtsgut, Vermögen, dessen schuldhafte und rechtswidrige Verletzung nach der Norm zum Ersatz führt. Man darf zwar nicht etwa folgern, daß ein für allemal nur der Schaden zu ersetzen ist, der durch den Angriff auf das geschützte Rechtsgut in diesem selben Rechtsgut erwächst. Dies wäre ein Rückfall in die irrigen Theorien des damnum circa rem und würde die zum Teil sehr engherzigen Entscheidungen aufrecht halten, die aus diesen Theorien immer noch herkommen. Aber ob der Rechtssatz, der den Ersatz gewährt, im ganzen genommen von dem Schaden zu verstehen ist, der nur an dem isolierten Rechtsgut (z. B. Gesundheit) oder nur an der Person oder nur am Vermögen angerichtet ist oder mit Ausschluß eines vorwiegend durch Dritte verursachten Schadens usf. — dies ist die maßgebliche Frage. Ja man möchte meinen, daß es die unbewußte Würdigung der verschiedenen Zwecke der Rechtsverhältnisse und Rechtssätze ist, die z. B. in Deutschland die anscheinende Inkonsequenz der Entscheidungen über die „Adäquanz" rechtfertigt.

Eine Frau, die über das Bellen eines in Wirklichkeit harmlosen Hundes erschrickt und deshalb stürzt, ist „inadäquat" geschädigt [1]; dagegen adäquat geschädigt jemand, der vor Schreck über einen neben dem engen Weg rasch einfahrenden Bahnwagen beiseite springt und in eine Vertiefung gerät [2]. Die Tierhalter- und die Eisenbahnhaftung ergeben verwandte Normen. Aber hier wird verschieden erkannt, weil die Gefährdung, die die Haftung begründet, im ersten Fall als zu schwach gegenüber der eigenen Besonderheit des Geschädigten erachtet wird [3], im zweiten Fall als genügend. Genau wie der erste, so liegt ein schottischer Fall, wo eine Frau aus unbegründetem Schrecken wegen eines befürchteten Zusammenstoßes des Straßenbahnwagens, in dem sie saß, mit einem rangierenden anderen Wagen erkrankte [4]; die rechtswidrig zugefügte Furcht und die dadurch bewirkte physische Schädigung wurde bejaht, aber der Schaden als "too remote" bezeichnet. Sehr viel treffender hat vor der Ausbreitung der Adäquanztheorie das OLG. Hamburg [5]) eine Ersatzablehnung zu begründen gewußt, die heute zu Unrecht den Beispielen der Inadäquanz zugerechnet wird. Beim Anblick des Zusammenstoßes eines Eisenbahnzuges mit einem Kraftwagen wird ein Bahnwärter infolge des Schreckens von einem tödlichen Nervenschock befallen. Der an dem Unheil schuldige Kraftwagenführer habe doch nicht der Eisenbahn die Pension für die Bahnwärterwitwe zu ersetzen, denn nicht nur nach BGB. § 823 Abs. 2 sei die Absicht, der Zweck des Schutz-

[1] RG. JW. 1908, 41.

[2] RG. JW. 1909, 735.

[3] In diesem Sinn erklärt Siber, § 249 Bem. 4a. E. S. 75 die Haftung für adäquat, aber durch BGB. § 254 aufgewogen — etwas unpassend, da es auf Mitverschulden nicht ankommt.

[4] Ross v. Glasgow Corp., 1919 S.C. 174, bes. (Lord Mackenzie) p. 178.

[5] E. 20. 5. 1903, SeuffA. 60 n°. 54 S. 100.

gesetzes zu beachten, sondern auch § 823 Abs. 1 sei einschränkend zu verstehen; es sei „die Aufgabe verständiger Auslegung, nach allgemeiner Lebenserfahrung zu ermitteln, wieweit der Schutzwille des Gesetzes und damit die Schadenersatzpflicht des Täters reicht". Der hier streitige Schaden des Eisenbahnfiskus liege „außerhalb des gesetzlichen Schutzes". Es ist eine „Fernwirkung", wie das Gericht sagt, aber nicht etwa weil wieder einmal der mittelbare Schaden versagt werden soll, sondern weil die Verantwortlichkeit des Kraftwagenführers sich auf den Schaden beschränkt, der aus der physischen Tatsache des Zusammenstoßes hervorgeht [1]).

Das schweizerische Bundesgericht hat einmal [2]) ausnahmsweise einen Kausalzusammenhang als inadäquat bezeichnet: ein Vater kaufte seinem kleinen Sohn ein Flobertgewehr; der Junge ließ es bei einem älteren Knaben, der damit im „Scherz" auf ein drittes Kind anlegte und ihm ein Auge ausschoß. Das BG. verneinte das Verschulden des Vaters beim Überlassen des Gewehrs und schloß nur noch ad abundantiam auch wegen der außerordentlichen Folge von ausnahmsweisen Umständen die Haftung des Vaters aus. Aber die Entscheidung hing doch nur von dem Umfang ab, den man der Aufsichtspflicht des Vaters gab: hatte er dem Sohn einzuschärfen, daß er das Gewehr niemandem überlassen dürfe und dgl.?

Der ebenso seltene Fall, daß der Wiener Oberste Gerichtshof einen Kausalzusammenhang als abnorm ausschaltet, ereignete sich jüngst [3]). A hatte den B gefährlich bedroht und wurde (deshalb!) verhaftet. C wußte nichts von der Drohung, hielt den A für unschuldig und befreite ihn. Darauf verletzte der A den B. Der Gerichtshof unterschied treffend die Rechtswidrigkeit der Gefangenenbefreiung gegen § 81 StG. und die Gefährdung der körperlichen Sicherheit des B, die der C nicht wollte. Daraus folgerte er, die Befreiung sei für die spätere Verletzung des B zwar „naturwissenschaftlich" kausal, aber „rechtlich ein bloßer Zufall" gewesen und daher nicht zu ersetzen. Die Fragestellung ist zweifellos richtig; ob man auch das Ergebnis billigt, hängt davon ab, ob man nach der gegebenen Rechtsordnung nicht annimmt, daß die Vereitlung einer staatlichen Maßnahme auch durch einen Gutgläubigen diesen für die Folgen, die durch die Maßnahme verhütet werden sollten, verantwortlich macht. Die Antwort des österreichischen OGH. entspricht der nach deutschem BGB. § 823 Abs. 2 zutreffenden, und dies ist wiederum bemerkenswert, da § 1295 aBGB. eine ganz allgemeine Deliktsnorm aufstellt.

In allen Ländern besteht also eine gewisse Notwendigkeit, nicht mehr den ursächlichen Zusammenhang isoliert zu erwägen und zu betonen. Das Zusammentreffen mehrerer Ursachen muß in erster Reihe gemäß der Auslegung der Haftungsnorm beurteilt werden. Danach wird von dem, was die Rechtsprechung erarbeitet hat, nicht allzu viel sich ändern. Denn schon bisher führte der richterliche Takt zumeist trotz der unzureichenden Formeln zu den maßgeblicheren rechtspolitischen Pro-

---

[1]) Wenn RGZ. **133**, 271 der Mutter des überfahrenen Kindes wegen der Folgen ihres Schreckens Ersatz zugesprochen hat, da sie selbst in der Gesundheit verletzt sei, so läßt sich dies rechtspolitisch rechtfertigen, aber kaum auf Grund des BGB.

[2]) BGE. **41** II 93 f.

[3]) OGH. Wien 8. 5. 1935, ZBl. 1935, n°. 300.

blemen der Haftung [1]). Indessen würde es sich doch sehr lohnen, die Rechtsprechung auf die praktischen Ergebnisse hin durchzuarbeiten, was bisher in der ungeheuren Weltliteratur des Kausalzusammenhangs noch kaum geschehen ist. Von Ergebnissen solcher Nachforschungen könnte heute am ehesten schon festgestellt werden, daß die größte Kluft zwischen persönlichen und Vermögensverletzungen besteht. Es ist insbesondere entschiedene Neigung der angelsächsischen Praxis, die Verletzung einer Person nicht einzubeziehen, wenn nur eine gegen Sachschaden gerichtete Norm schuldhaft verletzt ist und umgekehrt [2]). Ferner neigen zweifellos alle Gerichte der Welt dazu, bei haftbar machender Schädigung des menschlichen Körpers auch die Folgen der körperlichen Veranlagung des Verletzten dem Schädiger zuzurechnen [3]); für die Grenzen dieser Erstreckung haben wir aber oben Beispiele gesehen.

d) Abstufung.

d) Ohne weiteres gelangt man von solcher unmittelbar rechtspolitischen Wertung der Tatauswirkung gegenüber den zufließenden Ursachen zu der so oft gewünschten Abstufung der Haftung je nach der Schwere der Tat. Die größere Verwerflichkeit und Sozialschädlichkeit der Tat, der Grad der Mißbilligung sind in Wahrheit auch im Zivilrecht im Rahmen der jeweils herrschenden Ansichten kaum jemals unberücksichtigt geblieben. Sie wurden und werden meistens in unnötiger Anlehnung an strafrechtliche Absichten beurteilt [4]). Dem modernen Zivilrecht ziemt es, über diese gesetzgeberischen Motive Klarheit zu gewinnen. Greift der Täter mit Frechheit in eine fremde Rechtssphäre ein, so muß er alle Folgen, auch die unerwarteten, auf sich nehmen. Wenn ein Mörder allen Personen- und Sachschaden, der auf seine Tat zurückgeht, zu ersetzen hat, so entspricht eben dies dem „Rechtsgefühl" und es ist sinnlos, in solchem Fall auch den ganz unwahrscheinlichen, jenseits der menschlichen Erfahrung liegenden Tatbestand auszuschalten. Die Schadenüberwälzung vom unmittelbar Geschädigten auf den Täter erfolgt doch immer aus Billigkeitserwägungen und auf Grund irgend eines Umstandes, wegen dessen die Rechtsordnung den unschuldig Geschädigten gegen den Verursacher begünstigen will. Umgekehrt ist es denn auch wenig angemessen, wegen leichten Versehens immer für den adäquaten, aber doch der Regel widersprechenden Schaden haften zu lassen. So stehen hinter den Erschwerungen der älteren Gesetzbücher für Dolus, strafbaren, mutwilligen und etwa auch grob fahrlässigen Angriff, ebenso wie hinter dem einstigen Vorschlag Strohals natürliche Überlegungen und ausbaufähige Rechtsgedanken [5]).

Für die Rechtsgeschäfte von Handel und Wandel, im besonderen

---

[1]) Insofern ist für die Vereinigten Staaten den Bemerkungen von Edgerton, Col.L.Rev. 29 (1929) 229 zuzustimmen. Vgl. Morgan, Harv.L.Rev. 41 (1927) 940.

[2]) Das Material ist bei Kessler, Fahrlässigkeit 119 ff. ersichtlich.

[3]) So für das *schweizerische* Bundesgericht zutreffend A. Gmür, Kausalzusammenhang (1926), 65, 75; W. Bürgi, Die Lehre von der adäquaten Verursachung, Abh. Gmür-Guhl 28 (1927) S. 118; für das *deutsche* RG. JW. 1908, 526 (gegen frühere, JW. 1906, 234); Leonhard, Allg. Schuldrecht S. 155; für *England* Kennedy J. in Dulieu v. White and Sons [1901] 2 K.B. 669 (679).

[4]) Gute Übersicht der Ansichten bei Th. Guhl, Untersuchungen über die Haftpflicht aus unerlaubter Handlung (Abh. Gmür 1) 1904, S. 41 ff.

[5]) Über zu berücksichtigende Bedenken s. Prot. z. deutschen BGB. II 292 ff.

das internationale Kaufrecht, wird dagegen die regelmäßige Gestaltung am Platze sein.

e) Die Grenzen des Kausalzusammenhangs.

e) Wir sahen, wie die unermüdlichen Versuche, durch eine bestimmte Formel dem gefühlsmäßigen Bedürfnis nach einer Ersatzbeschränkung zu genügen — dommage indirect und causation too remote, dommage imprévisible und damage not anticipated oder unforeseeable, wichtigste Ursache, inadäquater Kausalzusammenhang — versagen, weil sie nicht der Eigenart und Verschiedenheit der Schadensgründe gerecht werden, daß das Problem also nicht durch generelle Einschränkungen des Kausalzusammenhangs, sondern durch Ausdeutung der Pflichten zu lösen ist. Indessen soll nicht verkannt werden, daß mit der Auslegung der Norm, die an sich außerhalb der Vertragshaftung oft Schwierigkeiten bereitet, nicht alle Zweifel beseitigt werden können und vielmehr immer ein gewisser Ermessensspielraum auf der Seite des Kausalzusammenhangs verbleiben wird, nämlich dort, wo zu urteilen ist, ob der Kausalzusammenhang weiter entwickelt oder ob er nach dem anschaulichen und überflüssig oft bekämpften Ausdruck „unterbrochen" ist. Zwar wird die Theorie dank einer passenderen Fragestellung wohl besser dazu gelangen können, die Ursachen zu bezeichnen, deren Folgen dem Täter nicht mehr zuzurechnen sind. Denn wenn dies nicht mehr ein für allemal in einer blutlosen Abstraktion geschieht, sondern je nach dem Zwecke der Haftungsnorm, so wird sich den Erwägungen der Gerichte weithin entgegenkommen lassen, wie z. B. wenn überall den Richtern ihr Rechtsbewußtsein sagt, daß nicht jede freie menschliche Handlung eines Dritten, wohl aber eine solche, die mit unbeugsamer böswilliger Entschlossenheit auftritt, a deliberate wrong [1]) unter gewissen Voraussetzungen eine neue abgesonderte Haftung begründet. Aber zu solchen Beendigungen der Kausalkette, die von der haftbar machenden Tat herführt, rechnen die Gerichte unwillkürlich auch die neuen Ereignisse, die außerordentlich selten sind. Bei ganz absonderlichen Verflechtungen ist der Richter in aller Welt bereit, entweder den Schaden als zu entfernt zu bezeichnen oder den Kausalzusammenhang überhaupt zu verneinen. Er ruft dann wohl gegenüber dem „Wissenschaftler", der immer Ursachen und Wirkungen sieht, das Rechtsbewußtsein des gemeinen Mannes an [2]) oder denkt wie der nachklassische Glossator bei Paulus 17, 1, 26, 6, wenn der Mandatar von Räubern geplündert wird oder im Schiffbruch seine Sachen einbüßt: haec magis casibus quam mandato imputari oportet. Der Kausalzusammenhang wird behandelt als wäre er beendigt. Es schadet nichts, daß da für das richterliche Billigkeitsgefühl ein Ermessen belassen wird. Die Entscheidung geht so tatsächlich in die mehr oder weniger offenen Billigkeitsrücksichten über.

Das gleiche geschieht beim ungewöhnlich großen Schaden. Auch hier mischt sich bei nicht allzu schwerem Verschulden der Ausgleichsgedanke ein. Wenn es noch recht erscheint, einem fahrlässigen Brandstifter den Ersatz einer vernichteten Zimmereinrichtung aufzuerlegen, so scheut das Gericht doch davor zurück, ihn für ein abgebranntes Stadtviertel haftbar zu machen.

---

[1]) Mehrheit des House of Lords in Weld-Blundell v. Stephens [1920] A.C. 956.

[2]) Gegensatz von Cardozo bei einer anderen Gelegenheit, nämlich bei der Bestimmung, was ein Unfall ist. Lewis v. Ocean Accident and Guarantee Corp. (1918) 120 N.E. 56 (N.Y.).

f) Formulierung für den Kaufvertrag.

f) Wiederum also sind entscheidend der Vertragsgegenstand, der Vertragszweck, die Vertragsumstände, und sie bestimmen den vom Vertragsschuldner übernommenen Kreis wie der Leistungsstörungen so auch der Störungsfolgen. Maßgebend ist also wieder, womit der Verkäufer rechnen mußte. Welcher Inhalt ist der gesetzlich subsidiären Schadenersatzordnung im Kaufrecht zu geben? Das Vorbild im angelsächsischen Recht lehrt uns, daß die gewöhnlichen Folgen der Nichtlieferung immer zu ersetzen sind. Dazu gehört aber entgegen der englischen Bedenklichkeit auch ein Gewinnentgang im Rahmen des Normalen. Darüber hinausgehende schädliche Folgen sind nur zu vergüten, wenn der Vertrag durch seinen Typus oder durch seine besonderen Klauseln oder Umstände die Gefahr ihres Eintritts dem Verkäufer aufbürdet.

Die Fassung dieser Rechtssätze im Kaufgesetz mag sich allenfalls im bewußten Gegensatz zum deutschen Reichsgericht (RGZ. 81, 361) der Formeln der Voraussehbarkeit bedienen, die der englischen und französischen Jurisprudenz vertraut sind. Nur muß dem Mißverständnis vorgebeugt werden, daß eine subjektive Voraussehbarkeit gemeint sei; die Umstände, mit denen der Verkäufer zu rechnen hatte, entscheiden. Dagegen ist der Versuch, mit Hilfe der adäquaten Verursachung an das Problem heranzukommen, nicht empfehlenswert. Zu umständlich und zu wenig prägnant, geht die Maxime der Adäquanz überhaupt nicht auf die Willensrichtung des Vertrags und den Zweck der Pflicht ein, um deren Verletzung es sich handelt.

Was ist vorauszusehen: Art des Schadens oder seine Höhe?

Im Sinne des oben entwickelten Grundgedankens, daß der Vertrag gleichermaßen das Risiko der Zufälle wie auch die Gefahren der Fahrlässigkeit verteilt und darum der Schuldner nach den gewöhnlich durch Verträge des gewählten Typus gewiesenen Richtungen haften soll, hat die *englische* Praxis richtig gefolgert, daß was vorausgesehen werden muß, die Art der Schadensfolgen sei, demnach die Existenz eines Schadens von der Art — nicht „in der genauen Form" — wie er eingetreten ist; darin dürfte eingeschlossen sein, daß auch die ziffernmäßige Höhe nicht völlig den Rahmen überschreitet, mit welchem er rechnen konnte [1]). In *Frankreich* ist eben dieser Punkt viel erörtert und nach längerem Streit der Kassationshof neuerdings zu der Ansicht übergegangen, daß es auch auf die summenmäßige Höhe an-

[1]) Die Anspielungen auf diese Frage in re Polemis (1921) L.J.K.B. p. 1357, 1359 s. bewegen sich, obwohl ein Vertrag zugrundelag, in den Gedankengängen des Deliktsrechts, so wie die ganze Erörterung des Schadens (trotz des Zweifels von Salmond-Winfield p. 56).

komme, mit der der Verkäufer zu rechnen hatte [1]). Natürlich wird nur eine annähernde Voraussehbarkeit des Betrages verlangt.

9. Mitwirkendes Verschulden.

9. Wir hatten schon so viel Gelegenheit, auf die Pflicht des Käufers zur Minderung des Schadens (to mitigate, minimize the damage) hinzuweisen, daß hier nur daran zu erinnern ist; was beim abstrakten Schaden normalerweise — nicht auch bei vorzeitiger Vereitlung der Lieferung durch den Verkäufer (Zerstörung der Sache, Erfüllungsweigerung [2]) — gegen die Einmengung dieser Pflicht spricht, scheidet hier aus.

Daher hat der Käufer insbesondere einen Deckungskauf vorzunehmen, wenn er eine Differenzrechnung mangels eines Marktpreises nicht durchführen kann, aber nur unter der Voraussetzung, daß er ohne besondere Schwierigkeiten zur Eindeckung gelangen kann. Zu dieser Frage hat sich eine beträchtliche lokale Kasuistik aufgehäuft [3]), in die nicht einzugreifen ist.

10. Schadensermittlung.

10. Weitere Fragen des Schadensrechts wirft das Prozeßrecht auf, das aber auf die Vereinheitlichung keinen Einfluß zu üben braucht. Überall anerkannt ist heute, daß dem Richter die Höhe des Schadens und der Kausalzusammenhang nicht so voll bewiesen werden müssen, wie es im allgemeinen die Beweislast mit sich bringt, sondern daß ihm nur die Überzeugung von ihrer hohen oder überwiegenden Wahrscheinlichkeit verschafft werden muß. Wo ihm „souveränes" Ermessen zusteht, eröffnet dieses auch noch Raum für Billigkeitserwägungen [4]).

Näher zu unserem Stoff gehören die Auskunftsmittel der Gerichte bei Unbeweisbarkeit des positiven Interesses. Wir haben im Laufe unserer Untersuchungen beobachten können, daß sie im Notfall sich an andere Größen halten, um den Schaden zu liquidieren. So

---

[1]) Cass. civ. 7. 7. 1924, S. 1925. 1. 321, oben § 30, 4 a S. 228.

[2]) Vgl. dictum per Romer L.J. in Nickoll v. Ashton (1901) C.A., 70 L.J.Q.B. p. 607; Malachrino v. Nickoll (1920) oben S. 466 N. 1.

[3]) Nur als erläuterndes Beispiel sei Gunter v. Lauritzen (1894) 1 S.L.T. p. 435, genannt. Der Käufer einer Ladung von dänischem Heu und Stroh hätte sich nur in drei abgesonderten Partien bei privaten Händlern Ersatzware beschaffen können. Er war dazu nicht verpflichtet, da er nur die gewöhnlichen Mittel zur Deckung benützen mußte.

[4]) *Deutsche* ZPO. § 287 und Praxis, RG. JW. 1903, 384; *österr.* ZPO. § 273: Höhe des Schadens; *Schweiz.* Bundesg., vgl. Ziegler, unsere Z. 6, 780; *England:* Jenks § 285 freies Ermessen der Jury oder mangels solcher des Gerichts über die Höhe des Schadens; des Gerichts über die Voraussehbarkeit der Folge; *Schweden:* Almén I § 25 N. 17; *Italien:* bei Schwierigkeiten Schätzung ex aequo, oben S. 231 bei N. 5; in *Frankreich* besteht freies Ermessen des Gerichts mit Einschluß von Billigkeitserwägungen, oben S. 229 bei N. 2.

wird in England ohne besonderen Nachweis eines individuellen Schadens der „generelle" zugebilligt, d. i. mangels eines Marktpreises der anderweitig festgestellte Wert der Kaufsache; hierfür kann auch ein Wiederverkaufspreis maßgeblich sein, wenn er für die Verhältnisse zur Lieferzeit schlüssig ist [1]). Dasselbe sollte überall empfohlen werden, freilich mit der klaren Maßgabe, daß der Verkäufer im Unterschied zur abstrakten Differenzberechnung (die wir oben vom Bestehen eines laufenden Preises abhängig machten) ein geringeres Interesse des Käufers nachweisen darf. In einer Reihe von Ländern fanden wir ferner Elemente des negativen Interesses, wie Vertragskosten, Faute-Fracht, Lagerkosten verwertet, wofür sich sagen ließ, daß sie im allgemeinen, vorbehaltlich besonderer Umstände, für den vom Käufer mit Fug erwarteten Gewinn Anhaltspunkte liefern.

§ 62.

V. Verspätungsschaden.

1. Abstrakte Berechnung?

1. Ist neben der verspätet gelieferten Ware der durch die nicht rechtzeitige Lieferung entstandene Schaden zu vergüten, so wird bisweilen eine Differenzrechnung zugelassen, die der abstrakten Berechnung des Nichterfüllungsschadens ähnelt. So hat in *Deutschland* das Reichsoberhandelsgericht die Regel des Art. 357 allg. HGB. über die abstrakte Berechnung des Nichterfüllungsschadens ohne weiteres entsprechend auf den Verspätungsschaden angewendet. Art. 357 gewähre dem Käufer ein Recht, „ohne Darlegung der im konkreten Fall obwaltenden Umstände den laufenden Preis der Ware zur Zeit der geschuldeten Leistung seiner Entschädigungsberechnung zu Grunde zu legen". „Auf den Fall der verspäteten Erfüllung angewendet führt derselbe Grundsatz zu der Regel, daß der Betrag des von dem Verkäufer wegen der Verspätung zu leistenden Schadenersatzes mindestens in der Differenz zwischen dem Markt- und Börsenpreis zur Zeit des eingetretenen Verzuges und dem (geringeren) Markt- und Börsenpreis zur Zeit der erfolgten Lieferung besteht" [2]). Ebenso wird diese Differenz von den *amerikanischen* Gerichten bei Waren, die einen Markt- oder Börsenpreis haben, dem Käufer offenbar grundsätzlich gewährt [3]). Auch für das *englische*

---

[1]) Vgl. zuletzt die einläßliche Diskussion im gespaltenen Richterkollegium in The Arpad (1934), unsere Z. 10, Heft 1.

[2]) ROHG. **24**, 155.

[3]) Vgl. Clement & Hawkes Manufacturing Co. v. Meserole (1871) 107 Mass. 362; Davis Provision Co. v. Fowler Bros. (1897) 47 N.Y.S. 205; Ramish v.

Recht meint Chalmers (p. 136): A similar rule applies to damages for delay, when goods of a particular description are ordered, and are ultimately accepted after the delay, there being a prima-facie rule that the damage is the difference between "the value of the article contracted for at the time when it ought to have been and the time when it actually was delivered". Dieser Satz ist von den englischen Gerichten wenigstens theoretisch anerkannt; jedoch ist uns keine Entscheidung bekannt, in der diese Differenz tatsächlich gewährt worden ist. In dem Urteil Borries v. Hutchinson[1]) wird die Wertminderung der Ware durch die Verspätung lediglich als Anhaltspunkt dafür betrachtet, was general damage sei, und der Schaden nach dem bei dem Käufer im konkreten Fall entstandenen Verlust berechnet. In anderen Fällen[2]) wurde die Regel deshalb nicht angewendet, weil kein Marktpreis vorhanden war.

Sachlich handelt es sich nun jedenfalls um eine ganz andere Lage als bei der abstrakten Berechnung des Nichterfüllungsschadens. Dort hat der Käufer die Ware nicht bekommen und soll deshalb den Preis, zu dem er sie sich hätte verschaffen können, als Mindestmaß des Schadens erhalten. Im Falle des Verspätungsschadens hat der Käufer ja die Ware bekommen. Sehr deutlich ist dieser Unterschied in der viel besprochenen Entscheidung Wertheim v. Chicoutimi Pulp Co. [1911] A. C. 301 (P. C.) von Lord Atkinson dargelegt worden:

"The market value is taken because it is presumed to be the true value of the goods to the purchaser. In the case of non-delivery, where the purchaser does not get the goods he purchased, it is assumed that these would be worth to him, if he had them, what they would fetch in the open market; and that, if he wanted to get others in their stead, he could obtain them in that market at that price. In such a case, the price at which the purchaser might in anticipation of delivery have resold the goods is properly treated, where no question of loss of profit arises, as an entirely irrelevant matter: Rodocanachi v. Milburn. The purchaser not having got his goods should receive by way of damages enough to enable him to buy similar goods in the open market. Similarly, when the delivery of goods purchased is delayed, the goods are presumed to have been at the time they should have been delivered worth to the purchaser what he could then sell them for, or buy others like them for, in the open

Kirschbraun (1895) 40 Pac. 1045 (Cal.); Shepherd, Croan & Co. v. Templeman (1911) 136 S.W. 648 (Ky.). Sedgwick § 735 c, Sutherland, Damages 4. Aufl. 1916 § 664.

[1]) (1865) 34 L.J. (C.P.) 169 (172); ebenso in der frachtrechtlichen Entscheidung Wilson v. Lancashire and Yorkshire Ry. Co. (1861) 30 L.J. (C.P.) 232.

[2]) Elbinger A.G. v. Armstrong (1874) L.R. 9 Q.B. 473 und den frachtrechtlichen Entscheidungen Great Western Ry. Co. v. Redmaine (1866) L.R. 1 C.P. 329; Schulze & Co. v. Great Eastern Ry. Co. (1887) 19 Q.B.D. 30.

market, and when they are in fact delivered they are similarly presumed to be, for the same reason, worth to the purchaser what he could then sell for in that market, but if in fact the purchaser, when he obtains possession of the goods, sells them at a price greatly in advance of the then market value, that presumption is rebutted and the real value of the goods to him is proved by the very fact of this sale to be more than the market value, and the loss he sustains must be measured by that price, unless he is, against all justice, to be permitted to make a profit by the breach of contract, be compensated for a loss he never suffered, and be put, as far as money can do it, not in the same position in which he would have been if the contract had been performed, but in a much better position."

Diese Ausführung zeigt, daß bei der Zubilligung des Marktpreises im Fall der Nichtlieferung die subjektiven Verhältnisse des Käufers gar nicht in Rechnung gezogen werden und keinerlei Gewinnentgang ersetzt wird, während es von Belang sein muß, welchen Schaden der Käufer wirklich hat, wenn man ihm neben der Ware Schadenersatz zubilligt. Hier soll daher berücksichtigt werden können, daß der Käufer die Ware über dem Marktpreis zur Zeit der tatsächlichen Lieferung hatte weiterverkaufen können [1]). Diese Unterscheidung und damit die Ablehnung des Grundsatzes von Rodocanachi v. Milburn [2]) wird offenbar gebilligt von Lord Dunedin, der in Williams Bros. v. Agius [3]) für den Nichterfüllungsschaden erneut klargestellt hat, daß ein Minderinteresse durch ungünstigen Weiterverkauf gegenüber der abstrakten Berechnung des Nichterfüllungsschadens nicht berücksichtigt werden kann. In Slater v. Hoyle & Smith Ltd. [4]), wo die entsprechende Frage für den Schadenersatz wegen Sachmangels zu entscheiden war, ist dagegen die Entscheidung Wertheim scharf kritisiert worden; Lord Scrutton will, ganz wie das Reichsoberhandelsgericht, den Marktpreis nicht nur als Ersatz der Ware, sondern auch als Ersatz ihres Minderwertes bei nicht rechtzeitiger oder mangelhafter Lieferung stets ohne Rücksicht auf die konkreten Verhältnisse zubilligen [5]). Da das Privy-Council-Urteil Wertheim kein common-law-Präjudiz ist und hinwieder in Slater v. Hoyle nur obiter zur Frage Stellung genommen ist, muß sie für das englische Recht noch als offen bezeichnet werden.

---

[1]) Zustimmend offenbar Chalmers p. 136 und Sutherland, Damages, 4. Aufl. (1916) § 666 p. 2368.

[2]) Oben S. 287 N. 3.

[3]) [1914] A.C. 510 (H.L.) at 522.

[4]) [1920] 2 K.B. 11 (C.A.).

[5]) A. a. O. 18 ff. Seiner Auffassung scheint sich Benjamin p. 1008 anschließen zu wollen.

Als die bessere Auffassung der Differenzberechnung hat es sich aber schon oben gezeigt, daß der Marktpreis an die Stelle der nicht gelieferten Ware tritt und daß es auf die konkreten Verhältnisse, Handlungen und Unterlassungen des Käufers nicht ankommt. So wenig ein Gewinnentgang eingemischt werden darf, so wenig erschien es als angebracht, durch die Freigabe von wahlweisen Stichtagen der Berechnung die Einbeziehung eines Verspätungsschadens zu ermöglichen. Der so verstandene abstrakte Modus kann hier, wo gerade der Verspätungsschaden zu liquidieren ist, nicht die gleichen Dienste leisten. Möglich ist nur, zugunsten des Käufers zu vermuten, daß er nur infolge der Verzögerung den Marktpreis zur Lieferzeit nicht habe verwerten können. Diese Vermutung müßten wir aber füglich mit Almén[1]) an die Voraussetzung knüpfen, daß der Verkäufer mit der betreffenden Ware Handel treibt. Er soll dann nur von dem Nachweise entbunden sein, „daß er bei rechtzeitiger Lieferung die Ware vor dem Preisfall veräußert und sonach keinen Verlust durch ihn erlitten hätte". Das scheint der in Deutschland allgemein für die abstrakte Berechnung gegebenen Begründung als Ersatz entgangenen Gewinns zu entsprechen. Es ist aber doch ein etwas anderer Gedanke; auch hier wird nicht ohne weiteres der entgangene Handelsgewinn ersetzt, sondern nur die Wertsteigerung der Ware, doch wird dieser Ersatz durchaus sachgemäß davon abhängig gemacht, daß diese Wertsteigerung dem Käufer zugute gekommen wäre, was nicht der Fall ist, wenn er die Ware überhaupt nicht veräußern, sondern in seinem Betriebe gebrauchen wollte oder wenn er gerade die gekaufte Ware bereits zu höherem Preise weiterverkauft hatte, so daß ihn der Preisfall nicht mehr trifft. Auch das Reichsgericht (RGZ. **14**, 112 f.) scheint den Grundsatz von ROHG. **24**, 155 in ähnlicher Weise beschränken zu wollen.

Für diesen Ausschluß der wirklich abstrakten Berechnung spricht, daß sowohl die Gesetze, die diese Rechnung anordnen,

England S.G.A. sect. 51 (3)
Ver. Staaten Unif.S.A. sect. 67 (3)
Skandinavien Kaufges. § 25
allg. HGB. Art. 357 Abs. 3
Deutschland HGB. § 376 Abs. 2
Schweiz OR. Art. 191 Abs. 3
Polen HGB. Art. 210 § 2 S. 1

[1]) I, 399. Er beruft sich auf die noch weitergehende Lösung Windscheids, Pandekten § 280, 3, der bei Preisfall nach dem Verzuge dem Schuldner geradezu den Beweis auferlegte, daß der Gläubiger den Leistungsgegenstand, wenn er ihn damals erhalten hätte, behalten haben würde.

als auch die Formularpraxis eine Übertragung der Differenzrechnung auf den Verspätungsschaden nicht kennen, wie sie ja auch eine Berücksichtigung des Verspätungsschadens durch Wahl zwischen verschiedenen Zeitpunkten der Schadensermittlung nicht kennen. Auch in der *italienischen* Praxis und in der Rechtsprechung der *französischen* Handelsgerichte begegnet eine derartige Berechnung des Verspätungsschadens nicht. Nur der *ungarische* Entwurf von 1914 wollte in § 1129 den abstrakten Verspätungsschaden — nicht bloß den Nichterfüllungsschaden (§ 1130) — und zwar mit Wahl zwischen verschiedenen Stichtagen einführen. Er behielt aber in beiden Fällen dem Verkäufer den Nachweis vor, daß der Schaden des Käufers geringer sei. In den Entwurf von 1928 ist diese Regelung nicht übernommen worden.

2. Begrenzung.

2. Für den Umfang, in dem konkret berechneter Verzögerungsschaden zu ersetzen ist, gelten die für den Nichterfüllungsschaden entwickelten Grundsätze entsprechend. So ersetzt man also in den Rechten des *deutschen* Kreises grundsätzlich allen Schaden, abgesehen von den geringfügigen Beschränkungen, die sich hier aus der Adäquanztheorie ergeben. In den *romanischen* Rechten bildet das Voraussehbarkeitserfordernis eine fühlbare Beschränkung. Am zurückhaltendsten ist wieder das *angelsächsische* Recht, das den Entgang von Gebrauchsnutzung oder Weiterverkaufsgewinn, an Abkäufer zu zahlende Vertragsstrafen oder Schadenersatzsummen und Schädigungen, die das Ausbleiben der Ware dem Käufer in seinem Betriebe verursacht hat, als special damage nur dann ersetzt, wenn der Verkäufer von der Möglichkeit dieses Schadens Kenntnis hatte[1]).

8. Kapitel. Sonstige Rechtsbehelfe.

§ 63.

1. Das stellvertretende Commodum.

1. Hat der Verkäufer durch den Umstand, der ihn an der Erfüllung hinderte, Vorteile erhalten, so soll er diese nach der ausdrücklichen *deutschen* Regelung auch dann herausgeben, wenn er das Unmöglichwerden der Lieferung zu vertreten hat (§ 325 Abs. 1 S. 3 in Verbind. mit §§ 323 Abs. 2, 281 Abs. 1), ebenso *ungarischer* Entwurf 1928 § 1143. Die Gesetze des *französischen* Systems und auch der *franz.-ital.* Entwurf Art. 90 statuieren dagegen den An-

[1]) Vgl. Sedgwick § 742 p. 1552; Benjamin p. 1004 ff.

spruch nur für den Fall des zufälligen Untergangs der Sache (oben § 46, 2), wohl aus der Anschauung, daß bei einem vom Verkäufer zu verantwortenden Unmöglichwerden Ersatzansprüche gegen dritte Personen nicht vorhanden seien. Allein dies trifft nicht zu, z. B. wenn die Sache durch Verschulden eines Erfüllungsgehilfen des Verkäufers zerstört wird. Eine neue praktische Bedeutung legt überdies die jüngere deutsche Praxis (RGZ. **105**, 84, anders noch RGZ. **91**, 263) dem Anspruch bei, indem sie ihn gegen den Verkäufer gewährt, der die Sache einem Dritten anderweitig verkauft hat, so daß der Verkäufer dem Käufer den Erlös, das lucrum ex negotiatione herauszugeben hat. Dies ist eine überraschende, aber sinngemäße und wirksame Sanktion der Vertragstreue.

Der Käufer kann das stellvertretende Commodum auch neben dem Schadenersatz wegen Nichterfüllung verlangen, wobei die ihm zu leistende Entschädigung sich um den Wert des erlangten Ersatzes oder Ersatzanspruchs mindert (vgl. deutsches BGB. § 281 Abs. 2).

2. Ansprüche aus dem Eigentum.

2. Sofern das Eigentum auf den Käufer bereits übergegangen ist, stehen ihm neben den Ansprüchen aus dem Vertrag[1]) die Ansprüche aus dem Eigentum nicht nur gegen Dritte, sondern auch gegen den Verkäufer zu. Im *englischen* Gesetz war dies als selbstverständlich nicht erwähnt; das *amerikanische* Kaufgesetz sect. 66 spricht es ausdrücklich aus. Damit ist dort in einem beschränkten Umfang ein Ersatz für den Erfüllungsanspruch gegeben[2]).

3. Deliktsansprüche.

3. Ob dem Käufer, wie im *angelsächsischen* System, auch die deliktischen Ansprüche des Eigentümers dem Verkäufer gegenüber zustehen sollen, rührt an das in den *romanischen* Rechten viel umstrittene Problem der Konkurrenz vertraglicher mit deliktischen Ansprüchen. In den anderen Rechtskreisen steht, soviel zu sehen, fest, daß Vertrags- und Deliktsansprüche, soweit ihre Tatbestände gleichzeitig erfüllt sind, miteinander konkurrieren. Aus Delikt kann der Käufer gegen den Verkäufer insbesondere vorgehen, wenn das Eigentum übergegangen ist.

---

[1]) Diese stehen trotz der Anfangsworte von Un.S.A. sect. 67 (1) nicht nur zu, where the property in the goods has not passed to the buyer; es ist bloß gemeint, daß in diesem Fall sie allein zustehen. B e n j a m i n p. 1024; W i l l i s t o n § 595.

[2]) Vgl. oben S. 267.

9. Kapitel. Nebenpflichten des Verkäufers.

§ 64.

I. Die einzelnen Verpflichtungen.

1. Quelle der Nebenpflichten.

1. Die Gesetze nennen bestimmte Nebenpflichten des Verkäufers. Die Parteien können auch beliebige Nebenpflichten vereinbaren, ausdrücklich oder durch konkludente Erklärung. Dazu treten Ergänzungen nach Treu und Glauben auf Grund von Handelsbräuchen oder Verkehrssitten:

Deutschland BGB. § 242
Österreich aBGB. § 914
Schweiz ZGB. Art. 2 und Art. 4
Frankreich C. civ. Art. 1134 Abs. 3, 1135
Italien C. civ. Art. 1124
franz.-ital. Entw. Art. 39, 40
Niederlande B.W. Art. 1374 Abs. 3, 1375
Skandinavien Kaufges. § 1
England Bowen, L.J. in The Moorcock (1889) 14 Prob.Div. 64; 60 L. T. Rep. 654 (656), vgl. unsere Z. 3, 122.
Spanisch-portugiesische Rechte oben § 32 n°. 2.

Die Parteien haben danach nicht nur das zu tun, wozu sie sich dem Wortlaut ihrer Vereinbarung nach verpflichtet haben und was das Gesetz ihnen ergänzend ausdrücklich auferlegt, sondern alles was der Vertragszweck erfordert und zu seiner vernünftigen Durchführung üblich ist, oder mit anderen Worten, was zu einem gedeihlichen Zusammenwirken anständiger Vertragsparteien gehört.

Wie die sorgfältig entwickelte deutsche Lehre erwiesen hat, lassen sich aus dem Grundsatz von Treu und Glauben nach der jeweiligen Gestaltung des Einzelfalls Nebenpflichten in unerschöpflicher Zahl ableiten. Eine vollständige Normierung ist daher undenkbar. Auch wir haben hauptsächlich nur die in den Gesetzen hervorgehobenen zu behandeln.

2. Gesetzliche Regeln.
a) Bewahrung der Sache.

2. a) So findet sich in zahlreichen Gesetzen die Pflicht des Verkäufers zur sorgfältigen Bewahrung der verkauften Sache. Solche Bestimmungen sind meist durch die Regelung des Eigentumsübergangs veranlaßt. Geht das Eigentum vor der Lieferung über, so findet man es nötig, die Pflicht des Verkäufers, die ihm nun nicht mehr gehörige Ware sorgfältig zu bewahren und zu behandeln, ausdrücklich auszusprechen, so z. B.

Frankreich C. civ. Art. 1136, 1137, oben S. 197
Italien C. civ. Art. 1219

Rumänien C. civ. Art. 1074
Bolivien C. civ. Art. 727
Peru C. civ. Art. 1262.

Die Vorschrift herrscht aber seit Inst. Just. 3, 23, 3 a[1]) und dem Pandektenrecht überall im romanistischen Rechtskreise, wo der Eigentumsübergang an die Übergabe geknüpft ist[2]) und findet sich ausdrücklich auch in

Baltisches Privatrecht § 3862
Österreich aBGB. § 1061, allg. HGB. Art. 343 Abs. 1
Niederlande B.W. Art. 1271
Spanien C. civ. Art. 1094
Argentinien C. civ. Art. 1442 (1408)
Chile C. civ. Art. 1548, 1549
weitere lateinamerikanische Rechte oben § 32 n°. 5.

In den romanischen Ländern rechnet man zur conservation auch die Pflicht, den Käufer schädigende Einwirkungen auf die Sache oder das Recht zu unterlassen.

b) Zubehör.

b) Daß der Kaufvertrag im Zweifel das Zubehör (Pertinenz, Commodum) der Kaufsache, d. i. die zum dauernden Gebrauch der Sache dienenden selbständigen Sachen umfaßt, und daß der Verkäufer zur Mitlieferung verpflichtet ist, wird eigens bestimmt in

Argentinien C. civ. Art. 1409 (1443)
Baltisches Privatrecht §§ 3874, 557—573
Brasilien C. civ. Art. 864
Deutschland BGB. § 314
Frankreich C. civ. Art. 1615
Italien C. civ. Art. 1471
franz.-ital. Entw. Art. 342 Abs. 1
Mexiko C. civ. Art. 2013
Niederlande B.W. Art. 1518
Polen OR. Art. 300 § 1
Österreich aBGB. §§ 1061, 1047
Portugal C. civ. Art. 1575
Spanien C. civ. Art. 1097
Spanisch-portugies. Rechte oben § 32 n°. 4
Ungarischer 1. Entw. § 1115, 2. Entw. §§ 438, 1354.

Der *französisch-italienische* Obligationenrechtsentwurf Art. 342 Abs. 2 erstreckt diese Pflicht ausdrücklich auf die documents concernant l'usage de la chose.

Die Definitionen des Begriffs Zubehör erscheinen bei ihrer Hauptbedeutung im Grundstücksrecht; bei beweglichen Sachen sind

---

[1]) Für das klassische Recht ist es heute bestritten, ob der Verkäufer ohne besondere Vereinbarung der custodia auch für unverschuldeten Diebstahl, manche meinen sogar auch für anderen niederen Zufall, haftete.

[2]) So *Deutschland*, Reichsgericht Recht 1914 n°. 601.

außer den ornamenta der verkauften Tiere (Dig. 21, 1, 38 pr.), dem Halfter eines Pferdes, Schachteln, Etuis und dergleichen zumeist die zugehörigen Papiere gemeint, wie Policen und Konnossemente. In bestimmten Branchen legt man auf Echtheitszertifikate, Herkunftsbescheinigungen, Pedigrees, Gebrauchsanweisungen u. dgl. Wert. Hierbei gilt offenbar nicht die sonstige Auslegungsregel, daß nur die Sachen zu gewähren sind, die im Zeitpunkt des Kaufabschlusses zum Gebrauch der Sache bestimmt waren. Da die Nebensachen mitgekauft sind, darf der Käufer sie nicht etwa mit einem Abzug vom Kaufpreis zurückweisen [1]).

c) Zweckmäßig bestimmt *Deutsch.* BGB. § 444, ebenso z. B. *Polen* OR. Art. 302, daß der Verkäufer verpflichtet ist, „dem Käufer über die den verkauften Gegenstand betreffenden rechtlichen Verhältnisse die nötigen Auskünfte zu erteilen und die ihm zum Beweise des Rechts dienenden Urkunden, soweit sie sich in seinem Besitz befinden, auszuliefern. Erstreckt sich der Inhalt einer solchen Urkunde auch auf andere Angelegenheiten, so ist der Verkäufer nur zur Erteilung eines öffentlich beglaubigten Auszugs verpflichtet." *c) Auskunft.*

d) Beim Versendungskauf, bei dem der Verkäufer seiner Lieferungspflicht durch Übergabe der Ware an einen Beförderer genügt, obliegt dem Verkäufer als Nebenpflicht die Wahl von Weg und Mittel der Beförderung, die Auswahl eines geeigneten Beförderers und der Abschluß eines angemessenen Beförderungsvertrags, gleichgültig, ob nach dem Inhalt des Vertrags die Kosten der Versendung ihn oder — wie im Zweifel — den Käufer treffen. *d) Beförderung.*

Ausdrücklich *allg. HGB.* Art. 344: Der Verkäufer gilt für beauftragt, mit der Sorgfalt eines ordentlichen Kaufmannes die Bestimmung (der Art der Übersendung) zu treffen, insbesondere auch die Person zu bestimmen, durch welche der Transport der Ware besorgt oder ausgeführt werden soll.

Ebenso das bürgerliche Recht: Motive z. D.BGB. II 328. Vgl. Denkschrift zum HGB., Reichstagsvorlage S. 246.
Polen OR. Art. 301 § 2
England S.G.A. sect. 32 (2), gleichlautend:

Ver. Staaten Unif.S.A. sect. 46 (2): Der Verkäufer muß einen solchen Vertrag mit dem Frachtführer auf Rechnung des Käufers schließen, wie es mit Rücksicht auf die Natur der Ware und die anderen Umstände des Falles angemessen ist. Wenn der Verkäufer dieses unterläßt und die Waren während der Beförderung verloren oder beschädigt werden, so kann der Käufer es ablehnen, die Übergabe an den Frachtführer als eine Übergabe an ihn selbst zu behandeln, oder er kann den Verkäufer für den Schaden verantwortlich machen.

[1]) Bechmann, Kauf II S. 374.

Bei den Cif-Käufen steht es allgemein fest, daß der Abschluß des Beförderungsvertrages und die Beschaffung des Konnossements Sache des Verkäufers ist (Warsaw-Oxford Cif Rules Art. 7). Auch da ist aber der Transporteur nicht Hilfsperson des Verkäufers.

e) Versicherung.

e) Zweckmäßig sprechen die Gesetze in

England S.G.A. sect. 32 (3)
Ver. Staaten Unif.S.A. sect. 46 (3)

davon, daß der Verkäufer dem Käufer die für den Abschluß einer Transportversicherung erforderlichen Angaben zu machen hat, und zwar in England, wenn der Weg der Ware einen Seetransport einschließt, in den Vereinigten Staaten immer, wenn der Verkäufer nach den Umständen wissen muß, daß eine Versicherung üblich ist.

f) Quittung, Faktura.

f) Abgesehen von der Verpflichtung zur Ausstellung einer Quittung über den vollen oder teilweisen Empfang des Kaufpreises, die sich aus den allgemeinen Grundsätzen des Obligationenrechts zu ergeben pflegt (*Deutschland* BGB. § 368), legen

Portugal C. com. Art. 476
Argentinien C. com. Art. 474 Abs. 1
Brasilien C. com. Art. 219; vgl. Dekr. Nr. 22061 v. 9. 11. 1932[1])
Chile C. com. Art. 160 und andere

im Anschluß an Art. 377 des alten *spanischen* C. com. von 1829 dem Verkäufer ausdrücklich auch die Pflicht zur Ausstellung einer spezifizierten Faktura auf.

g) Annahme des Kaufpreises?

g) Das *argentinische* Zivilgesetzbuch Art. 1445 (1411) erklärt den Verkäufer auch für verpflichtet, den Kaufpreis am Ort und im Zeitpunkt der Lieferung der Ware anzunehmen. Damit ist wohl nichts anderes gemeint als die synallagmatische Verpflichtung zur Lieferung der Ware Zug um Zug gegen Empfang des Kaufpreises, vielleicht auch, daß der Verkäufer in Annahmeverzug gerät, wenn er den ihm ordnungsmäßig angebotenen Kaufpreis nicht annimmt, aber wohl kaum eine Schuldnerpflicht zur Abnahme des Geldes.

h) Andere Pflichten (Verweisung).

h) Schließlich finden sich Bestimmungen im Zusammenhang mit der Regelung der Rechtsmängel, der Sachmängel (unten Teil VI) und der Kosten (unten Teil VII).

3. Nebenpflichten aus Vertragsbestimmung. a) Auslegung des Vertrages.

3. a) Gemäß Auslegung des Vertrages nach Verkehrssitte und Treu und Glauben bestehen außer den schon erwähnten in einzelne Gesetze übergegangenen Pflichten vor allem mancherlei Anzeigepflichten, besonders hat jeder Teil, der von einer eingetretenen

[1]) Dazu Otto Gil, Novo Regolamento das Vendas Mercantis, Rio de Janeiro 1932. [Neuestens Ges. 187 v. 15. 1. 1936 D.O. nº. 29 v. 4. 2. 1936.]

unverschuldeten Unmöglichkeit der Leistung erfährt, praktisch natürlich fast immer der Verkäufer, dem anderen Teil unverzüglich Anzeige zu machen [1]). In den *Geschäftsbedingungen* wird dies regelmäßig anerkannt.

Ebenso *deutsches* Reichsgericht Seuff. A. 56 S. 392 n°. 219
Ungarn Entwurf 1928 § 1138 S. 2.

Weit ausgebildet hat die deutsche Rechtsprechung die Verpflichtung des Verkäufers, falls die Veräußerung oder Ausfuhr der Genehmigung einer anderen Stelle bedarf, sich um deren Herbeiführung zu bemühen [2]).

Die Übersendungspflicht besteht nach Handelsbrauch, wenn nichts Besonderes ausgemacht ist, in größter Allgemeinheit (ROHG. **18**, 321). Besteht diese Pflicht, so hat der Verkäufer auch für die ordnungsmäßige Verpackung und Verladung zu sorgen. Die Ware zu versichern hat er nur, „soweit es der im Verkehr üblichen Sorgfalt entspricht" (ROHG. **21**, 171; RGZ. **50**, 169 u. a.).

Ausnahmsweise kann der Verkäufer verpflichtet sein, die Kaufsache auf ihre Tauglichkeit für den Gebrauch zu prüfen [3]), eine Maschine zur Untersuchung vorzuführen usw.

Erhebliche Wichtigkeit hat neben solchen einzelnen Verpflichtungen aber auch die allgemeine Treuepflicht der Vertragsteile gegeneinander. Manche Schriftsteller sind sogar geneigt, nur von der Grundlage aus, daß der Schuldner die Gläubigerinteressen zu wahren hat, die Schuldverletzung durch unberechtigte Erfüllungsweigerung zu behandeln. Ebenso wird die mangelhafte Erfüllung einer Lieferung bei Sukzessivlieferungsgeschäften unter Umständen als Vertrauenserschütterung gewürdigt. Doch werden diese Fälle so nur unvollständig betrachtet, sie pflegen verdientermaßen eigens gestaltet zu werden. Die Treuepflicht in ihrer überall aushelfenden Funktion ist vom römischen Recht her in der Form der exceptio doli generalis, neuerdings in der Bekämpfung des abus de droit, Rechtsmißbrauchs, weit anerkannt. Ihr unterstellt z. B. die französische Rechtsprechung den Fall, daß der Verkäufer eine Vertragsklausel mißbraucht, z. B. der verkaufende Automobilfabrikant auf Grund des Vorbehalts, den Preis seiner Wagen heraufzusetzen, die *Treuepflicht.*

[1]) Entwurf Art. 35.

[2]) Der Verkäufer hat im Zweifel sich um die Befreiung von einer Beschlagnahme zu bemühen; ebenso um die Ausfuhrerlaubnis, ohne aber für das Mißlingen seiner Bestrebung einzustehen. RGZ. **97**, 258; **98**, 262; **104**, 388, Staub-Koenige, Vorb. vor § 373 Anm. 56 a.

[3]) Z. B. RGZ. **125**, 78.

Preise unverhältnismäßig erhöht [1]). Hierher stellt man auch am besten die Pflicht des Verkäufers, sich nach Abwicklung des Kaufgeschäfts jeder Einwirkung zu enthalten, die den Käufer im schon verschafften Genuß der Sache beeinträchtigen kann [2]).

b) Klauseln und Abreden.

b) An üblichen Klauseln und Abreden sind etwa die Bestimmungen über Verpackung und Verladung zu erwähnen; im Überseekauf die äußerst wichtige über die Abladungszeit; über die Avisierung der Ankunft des Schiffes beim Fob-Kauf, Mitteilung von der Abladung beim Cif-Kauf; ferner über Aufstellung und Montierung von Maschinen; Vermietung von Behältern, Flaschen, Säcken; beim Verkauf von Nähmaschinen, Schreibmaschinen, Fahrrädern, Kraftwagen, photographischen Apparaten über Unterricht und Hilfe im Gebrauch; bei Konfektionsstücken wie Kleidern und Mänteln über Änderungen. Wenn Fabrikanten kaufen, so ist in manchen Branchen die Haftung des Verkäufers wegen einer Patentverletzung oder eines Verstoßes gegen ein Gesetz über die Zusammensetzung der Ware und dergleichen üblich [3]).

Besonders wichtige Vereinbarungen verpflichten den Verkäufer, nur an den Käufer zu liefern (Alleinbelieferung). Im Überseekauf ist die Versicherung ständig durch Klauseln geregelt. Ferner wird z. B. bedungen, daß das verkaufte Bauholz unter Deck verschifft werden muß [4]) usw.

4. Problem der gemischten Verträge.

4. Bei der rechtlichen Behandlung der Nebenpflichten entsteht vor allem die Frage, ob sie ebenfalls dem Kaufrecht unterliegen. Die deutsche Literatur hat sich mit solchen Fragen eingehend beschäftigt. Ein Schriftsteller lehrt, daß die Sackleihe des Getreidekäufers ein Mietvertrag, das Versprechen des Fahrunterrichts an den Autokäufer ein Dienstvertrag, die Zusage der Aufstellung der verkauften Maschine ein Werkvertrag sei [5]). Die Frage hat vielfältige Bedeutung,

---

[1]) Mit dieser Begründung gibt die Auflösungsklage Cass. 19. 10. 1931, S. 1932. 1. 102, unsere Z. 7, 385. Vgl. BGB. § 315.

[2]) Dies betrifft eine der Gruppen des fait du vendeur, vgl. Rhein. Zeitschr. f. Zivil- und Prozeßrecht 1, 195 ff.

[3]) Nach England, Survey and analysis of purchase oder forms begegnet diese Klausel in 43% aller von ihm untersuchten amerikanischen Formulare, zitiert nach Isaacs, 34 Col.L.Rev. 268.

[4]) Wegen Verstoßes steht dem Käufer nach common law das Auflösungsrecht zu, ohne daß er eine Verschlechterung der Ware dartun muß: White Sea Timber Trust Ltd. v. W.W. North Ltd. 148 L.T.Rep. 263; 77 S.J. 30; 49 T.L.R. 142; 44 Ll.L.Rep. 390. — K.B.Div.; unsere Z. 9, 480.

[5]) Höniger, Gemischte Verträge in ihren Grundformen, 1910, 87 ff., 132 ff. und bei Düringer-Hachenburg[3] V 1 S. 47 ff. und zwar sogar für den Fall, daß neben dem Kaufpreis kein besonderes Entgelt ausgemacht oder

z. B. für Kündigung, Gefahrtragung, Verjährung. Die erwähnte Meinung wird aber in Deutschland selbst überwiegend und mit Recht abgelehnt. Nicht nur Verpflichtungen wie die zur Aufbewahrung der Ware, die bald vom Gesetz als Verkäuferpflicht aufgestellt, bald aus der Auslegung des Kaufvertrags abgeleitet wird, folgen dem Recht der Hauptpflicht[1]). Vielmehr ist es die natürliche und wohl überall befolgte Meinung, daß alle Verpflichtungen, die sich überhaupt als Nebenverpflichtungen einer Hauptverpflichtung betrachten lassen — im Gegensatz zu den selbständigen Hauptverpflichtungen und zur Mehrheit von Verträgen —, den Gesamtcharakter des Vertrages nicht ändern und in erster Reihe von diesem beherrscht oder „absorbiert" werden (sog. Absorptionstheorie). Die römischen Juristen haben dafür das treffende Beispiel gegeben, indem sie den ganzen Kaufvertrag durch die Prozeßformel mit der demonstratio „quod Aulus Agerius a Numerio Negidio emit" erfaßten und demgemäß die actio ex empto mit ihren bonae fidei-Regeln auch auf die pacta adiecta ex continenti erstreckten. Zwar ist gesagt worden, daß dies eine formelle Absorption gewesen sei, an deren Stelle erst die Rezeptionsjuristen eine materielle Absorption setzten[2]), aber wenn ihre Absicht war, die Nebenverträge der bona fides mit teilhaftig werden zu lassen, so wünschten sie doch zugleich den Zusammenhang des ganzen Geschäftes zu wahren. Die von den Parteien gewollte Einheitlichkeit des wirtschaftlichen Vorgangs darf auf keinen Fall zerstört werden. Vollends im Verhältnis zwischen dem internationalen Kaufrecht und den nationalen Rechten wäre es überaus bedenklich, den Vertrag grundsätzlich zwischen dem vereinheitlichten Kaufrecht und dem Landesrecht der Miete, des Dienstvertrages usw. zu spalten.

Die Einrede des nicht erfüllten Vertrages, die Annahme der ganzen Leistung als Erfüllung und dergleichen den ganzen Vertrag betreffende Rechtsbehelfe und Rechtshandlungen machen demnach keine Schwierigkeit. Anerkannt wird aber freilich im deutschen Recht zugleich, daß auf die Nebenpflichten ergänzungsweise die Vorschriften des Vertragstypus, dem sie jede für sich am nächsten stehen, analog anzuwenden sind, soweit das Recht des Hauptver-

durch Handelsbrauch festgelegt ist wie im Getreidehandel für die gemieteten Säcke. In der deutschen Rechtsprechung hat diese Ansicht immerhin eine gewisse Bedeutung, vgl. RGZ. **66**, 284. Dagegen z. B. Müller-Erzbach 551.

[1]) So für die Aufbewahrungspflicht Motive zum deutschen BGB. II 570; auch Höniger selbst 97; ebenso in *Österreich* Ehrenzweig § 357 bei N. 10; in *Italien* Ramella, Tartufari, Stolfi, cit. oben S. 197 N. 1 mit der Konsequenz für den Haftungsgrad. *Spanien*: Manresa oben § 32 n°. **10**.

[2]) O. Schreiber, Iher. Jahrb. 60, 195.

trages nichts Abweichendes verordnet[1]). Dies ergibt in unserem Fall auf den ersten Blick eine heikle Frage. Da indessen die Handelsbräuche und die Analogie der Kaufrechtsregeln der sinngemäßen Auslegung des Vertrages sehr weit aushelfen werden, wird dieses Problem dem richterlichen Takt ebenso gut überlassen bleiben dürfen wie der ganze Fragenkreis ihm heute in fast allen Ländern anheimgestellt ist.

§ 65.

II. Verletzung der Nebenpflichten.

1. Berücksichtigung der Nebenpflichten in den Gesetzen.

1. Die *angelsächsischen* Rechte bieten die vorbildliche einheitliche Zusammenfassung aller Vertragsverletzungen in dem Begriffe des Vertragsbruchs, der von der Deliktsklage wegen Vertragsuntreue (action of assumpsit) herstammt. Jedoch verkennen die dortigen Kaufgesetze auf der anderen Seite nicht, daß die Pflicht des Verkäufers zur Lieferung und des Käufers zur Abnahme und Zahlung eine besondere Bedeutung beanspruchen dürfen. Sie stellen diese Hauptpflichten in dem Kapitel über die „Erfüllung des Vertrages" in den Vordergrund und handeln erst nachher von den Rechtsbehelfen „wegen Vertragsbruchs". Auch diese Gewichtsverteilung entspricht dem Sinne des Systems und dem Gesetzesverständnis des Kaufmanns.

Die anderen Rechte hatten es schwerer, sich zu denselben Ergebnissen durchzuringen. Herkömmlich gehen die Gesetzbücher von den Schuldpflichten aus, die die einzelnen Geschäftstypen kennzeichnen, und beachten die anderen Pflichten nicht viel. So das *französische* Gesetz und viele Tochtergesetze, so auch die *skandinavischen* Kaufgesetze. Das *deutsche* Bürgerliche Gesetzbuch hat zwar im Schuldrecht allgemeine Rechtssätze ausgebildet, aber sie beziehen sich nur auf Unmöglichkeit und Verzug und passen deshalb im eigentlichen Sinn doch nur auf die Hauptpflichten. Die Lücke wurde im deutschen Rechtssystem aber bald empfunden und durch die Gruppe der sogenannten positiven Vertragsverletzungen ausgefüllt. Im einzelnen viel umstritten und im ganzen als unorganische Sammlung verschiedenartiger Rechtsfiguren angefochten und heute verworfen, hat diese Gruppe doch erreicht, daß unter allen aus einem Vertrag entspringenden Pflichten auch die Nebenpflichten sachgemäß geord-

[1]) Enneccerus-Lehmann § 100 I; Leonhard, Besonderes Schuldrecht § 153, in der *Schweiz* folgt dem Oser, OR. Vorbem. zu Art. 184—551, Anm. 14.

net sind. Diese Lehre ist auch schon in zahlreiche andere Länder übergegangen, so in die *Schweiz*[1]), offenbar nach *Skandinavien*[2]) und *Österreich*, wo § 919 aBGB., jetzt § 918 von allen Fällen handelt, wenn der Vertrag „entweder nicht zur gehörigen Zeit, am gehörigen Ort oder auf die bedungene Weise erfüllt wird . . ." und man in den Worten „auf die bedungene Weise" die positiven Vertragsverletzungen geregelt findet[3]); den Verzug sieht man in den anderen Worten des Paragraphen und die Unmöglichkeit nunmehr im § 920 (Vereitlung der Erfüllung) geordnet.

Es wäre unangebracht, im Kaufgesetz die Nebenpflichten zu übergehen und ebenso, sie gleichzeitig mit den Hauptverpflichtungen zu erledigen. Der allgemeine Rechtssatz, daß der Schuldner kraft des Vertrages für alle übernommenen Pflichten einsteht, muß in der Anwendung auf die Nebenpflichten näher gedeutet werden. *Bemerkung.*

2. Daß der Verkäufer, wofern er nach den dargelegten Regeln nicht befreit ist, die Nichteinhaltung jeder vertraglichen Verpflichtung zu verantworten hat und daß ihn demnach die Verletzung jeder Vertragspflicht schadenersatzpflichtig macht, versteht sich von selbst und hätte auch im deutschen Recht, wo das Gesetzbuch davon schweigt, stets als selbstverständlich betrachtet werden sollen. Es fragt sich nur, wann der Käufer auf den Ersatz des Schadens, der durch die Vertragsverletzung verursacht ist, angewiesen bleibt und wann er den Vertrag als im ganzen erledigt betrachten darf, so daß er die Behelfe geltend machen kann, die der Nichterfüllung der ganzen Verbindlichkeit folgen, wie Rücktritt und Schadenersatz wegen Nichterfüllung. *2. Rechtsfolgen.*

Dieses Problem ist am gründlichsten im *deutschen* und im *angelsächsischen* Recht untersucht worden. In *Frankreich* und *Italien* ist es dem richterlichen Ermessen überlassen und daher von der Rechtslehre weniger erörtert[4]). Die Ergebnisse stimmen nicht nur untereinander überein, sondern decken sich auch mit den praktischen Lösungen der anderen Systeme und lassen sich sehr einfach zusammenfassen. Die Vertragsverletzung berechtigt zur Geltendmachung der Nichterfüllungsfolgen, wenn sie wesentlich ist.

Die *angelsächsische* Betrachtung teilt die verschiedenen Be-

---

[1]) Oser OR. Art. 96 Bem. 17.

[2]) Vgl. Almén I, 249, 426 ff.

[3]) Bericht der Herrenhauskommission zur Novelle (1912) (v. Schey) S. 163, Ehrenzweig § 320 III. Der *griechische* Entwurf schließt sich an, Schedion p. 372.

[4]) Oben S. 205.

standteile und Klauseln eines Vertrages in conditions und bloße warranties. Die Einhaltung einer condition ist Voraussetzung für die Leistungspflicht des anderen Teils, die Verletzung einer bloßen warranty führt nur zum Ersatz des dadurch verursachten Schadens. Die Entscheidungen bemühen sich immer wieder um die Abgrenzung dieser beiden Gruppen. Die Schwierigkeit, die aus dem Begriff der condition, d. h. eigentlich Bedingung, längere Zeit folgte, hat man überwunden; der Gläubiger braucht bei Verletzung einer condition nicht immer nur die Nichterfüllungsfolgen geltend zu machen, sondern er kann unter Aufrechterhaltung des Vertrages Schadenersatz verlangen. Der Käufer kann also, wie das Kaufgesetz S.G.A. sect. 11 (1) (a) sich ausdrückt, die condition als eine warranty behandeln, "may elect to treat a breach of such condition as a breach of warranty and not as a ground for treating the contract as repudiated". Vollends versteht sich, daß der Vertragsbrecher sich auf die Vereitlung der Bedingung nicht berufen darf. Ob aber die verletzte Pflicht eine condition ist oder nicht, wird, wie man immer wieder betont, gemäß der Auslegung des Vertrages beurteilt[1]). Die Abrede muß dazu eine wesentliche sein, sie muß go to the root of the whole consideration, go to the very foundation of the contract und dgl. Demgemäß wird gefragt, ob anzunehmen ist, daß die Parteien den Vertrag ohne die jetzt verletzte Pflicht geschlossen haben würden oder nicht; im ersten Fall ist die Pflicht wesentlich. Jedoch beobachten wir in den Entscheidungsgründen die ständige, sehr begreifliche Einmengung der genau genommen etwas abweichenden Erwägung, welche Folgen die Vertragsverletzung auf die Abwicklung des Vertragsverhältnisses hat, vor allem ob unter den für die Vertragsverletzung geschaffenen Umständen im jetzigen Zeitpunkt dem Gläubiger zugemutet werden kann, beim Vertrage stehen zu bleiben. Dabei ist man heute einig, daß Versuche einer starren Abgrenzung notwendig scheitern müssen, da alles auf die Umstände des Einzelfalls ankommt. Im Verhältnis zwischen Geschäftsleuten neigt man immerhin zur strengeren Beurteilung[2]).

---

[1]) "Parties may think some matter, apparently of very little importance, essential, and if they sufficiently express an intention to make the literal fulfilment of such a thing a condition precedent, it will be one; or they may think that the performance of some matter, apparently of essential importance and prima facie a condition precedent, is not really vital, and may be compensated for in damages." Blackburn in Bettini v. Gye (1876), 1 Q.B.D. 183; 45 L.J.Q.B. 209. S. auch die Entscheidungen bei Chitty, Contracts p. 838.

[2]) Fr. Pollock, Contracts p. 279.

Zu einem sachlich stark verwandten Ergebnis gelangen die eingehenden Untersuchungen, denen in der *deutschen* Rechtslehre und Rechtsprechung die sogenannten positiven Vertragsverletzungen, besser genannt die Forderungsverletzungen unterzogen worden sind. Die von Staub aufgestellte und vom Reichsgericht lange benutzte Formel gewährt dem Gläubiger die vollen Nichterfüllungsfolgen, wenn infolge der Vertragsverletzung der „Vertragszweck gefährdet erscheint". Darunter versteht das Reichsgericht eine Vertragsverletzung, „die sich als so wesentlich darstellt, daß dem vertragstreuen Teil die Fortsetzung des Vertrags nicht zugemutet werden kann" (vgl. RGZ. **67**, 5; **93**, 285). Nach vollständigerer Formulierung (Enneccerus-Lehmann S. 213/214) kann der vertragstreue Käufer die Nichterfüllungsfolgen dann geltend machen, wenn entweder infolge der Vertragsverletzung die Erfüllung des Vertrags für ihn kein Interesse mehr hat (arg. §§ 325, 326; RGZ. **119**, 19) oder wenn dem Käufer das Stehenbleiben beim Vertrag nicht mehr zugemutet werden kann, insbesondere wegen entstandener Ungewißheit über die Erfüllungsfähigkeit oder Erfüllungsbereitschaft des Verkäufers. Den Ausdruck „wesentlich" gebraucht das Bürgerliche Gesetzbuch selbst in § 723, der die Kündigung einer Gesellschaft mit bestimmter Zeitdauer aus wichtigem Grunde zuläßt, wenn ein anderer Gesellschafter eine „wesentliche Verpflichtung vorsätzlich oder aus grober Fahrlässigkeit verletzt". Auch sonst hört man öfter zwischen wesentlichen und nicht wesentlichen Vertragspflichten und Vertragsverletzungen unterscheiden.

Die *österreichische*, die *schweizerische* und die *skandinavische* Lehre gelangten unter dem Einfluß der deutschen mehr oder weniger deutlich zu demselben Ergebnis [1]).

Für *Frankreich* könnte eine ältere Entscheidung des Kassationshofs [2]) den Eindruck erwecken, als ob dort grundsätzlich Vertragsauflösung nur bei der Verletzung von Hauptpflichten gewährt würde und der Verstoß gegen ein engagement accessoire lediglich schadenersatzpflichtig machte. In Wahrheit ist auch hier schon geprüft wor-

[1]) *Österreich* Ehrenzweig § 320 III (fragmentarisch), wohl auch Klang-Pisko zu aBGB. § 918 S. 457; *Schweiz*: oben S. 193 N. 5; *Skandinavien*: Almén lehrt die Befugnis zur Aufhebung, zwar anscheinend nicht allgemein, aber S. 251 f. für den antizipierten Verzug durch Unterlassung vereinbarter vorbereitender Maßnahmen, wenn eine an Gewißheit grenzende Wahrscheinlichkeit vorliegt, daß die Lieferung nicht zur rechten Zeit erfolgen wird; und S. 437 f. wegen orderwidriger Versendung, wenn der Vertragsbruch wesentlich ist.

[2]) Cass. civ. 29. 11. 1865, S. 1866. 1. 21, vgl. dazu Baudry-Lacantinerie et Barde XIII no. 913.

den, welche Bedeutung die Partei der stipulation accessoire beilegt und damit der Grundgedanke angedeutet, der heute von der ständigen *französischen* und *italienischen* Rechtsprechung befolgt wird. Freilich wird er jetzt mehr dahin gewendet, daß das Gericht in Ausübung des ihm über die Vertragsauflösung zustehenden Ermessens prüft, ob die Pflichtverletzung derart ist, daß die Partei den Vertrag nicht abgeschlossen hätte, wenn sie sie vorausgesehen hätte oder, wie es auch unter Absehen vom vermuteten Willen der Parteien formuliert wird, ob die Verletzung so bedeutsam ist, daß sie zur Auflösung des Vertrags führen muß und nicht durch die Zubilligung von Schadenersatz allein ausreichend ausgeglichen werden kann [1]).

Bemerkung. Die Grundunterscheidung ergibt sich aus den geltenden Rechten demnach von selbst. Der Idee, daß die Haftung sich in Voraussetzungen und Folgen nach dem Vertrag zu richten hat, entspricht es mit den überall noch herkömmlichen Wendungen, die Pflicht für wesentlich anzusehen, wenn anzunehmen ist, daß der andere Teil ohne sie den Vertrag nicht geschlossen haben würde. Es ergibt sich dann von selbst, daß der Richter nicht umhin kann, die ganze Sachlage in Kenntnis der Verletzungsfolgen zu würdigen.

10. Kapitel. Sukzessivlieferungsverträge.

§ 66.

Sukzessivlieferungsgeschäfte sind Verträge, nach denen die durch einen Vertrag zusammengebundene Leistung von vertretbaren Sachen in zeitlich getrennten Teilmengen zu erbringen ist. Die Raten sind entweder in regelmäßigen Zeitabständen oder auf Abruf des Käufers oder in besonderen, meist den Bedürfnissen des Käufers angepaßten Zwischenräumen zu liefern.

Bei Geschäften solcher Art bestehen die zwei Fragen, ob bei Nichtlieferung, Verzögerung oder fehlerhafter Lieferung einer Rate der Käufer, statt seine Rechte nur gerade bezüglich dieser Rate auszuüben, unter Ablehnung aller späteren noch nicht fälligen Raten die Nichterfüllungsfolgen wegen des ganzen noch ausstehenden Lieferungsteils geltend machen darf; und ob er auch hinsichtlich der bereits erhaltenen Raten sich auf den Standpunkt stellen darf, der Vertrag sei im ganzen nicht erfüllt.

1. Künftige Teillieferungen. 1. Zur Behandlung der künftigen Raten besteht in *Deutschland* die oben S. 164 dargestellte Streitfrage zwischen einflußreichen

[1]) Vgl. Planiol et Ripert (Esmein) VI n°. 430, Vivante IV n°. 1701.

Schriftstellern einerseits und dem Reichsgericht andererseits, das wegen des Fehlers bei der einen Rate die Rechtsbehelfe auch wegen der künftigen Raten gewährt.

Die Wissenschaft will überwiegend die für die Teillieferung und die „positive Vertragsverletzung" entwickelten Grundsätze auch hier anwenden. Der Käufer soll die zukünftigen Raten nur dann ablehnen, die Nichterfüllungsfolgen wegen des ganzen noch nicht fälligen Vertragsteils also nur dann geltend machen dürfen, wenn entweder infolge der Nichtlieferung oder fehlerhaften Lieferung der einen Rate die künftigen Raten für den Käufer ohne Interesse sind oder wenn den Umständen nach die Besorgnis gerechtfertigt erscheint, daß auch die künftigen Raten nicht oder nicht richtig geliefert werden. Demgegenüber will das Reichsgericht, das früher zur Aufhebung immerhin eine Gefährdung des Vertragszwecks, die Erschütterung des Vertrauens, erfordert hat, dem Käufer nun jeden Beweis ersparen und ihm ohne weiteres das Recht geben, unter Ablehnung der künftigen Raten die Nichterfüllungsfolgen wegen des ganzen noch ausstehenden Vertragsteils geltend zu machen.

In der *Schweiz* treten ähnliche Meinungsschwankungen auf [1]) und ebenso in *Österreich*, wo das Gesetz seinem Wortlaut nach auf dem Standpunkt der deutschen Praxis steht: „Ist die Erfüllung teilbar, so kann wegen Verzögerung einer Teilleistung der Rücktritt nur hinsichtlich der einzelnen oder auch noch ausstehenden Teilleistungen erklärt werden". Daher wird im Handelsrecht gelehrt, der Käufer könne ohne weiteres nach seiner Wahl die Nichterfüllungsfolgen wegen der einzelnen Raten oder wegen der ganzen noch ausstehenden Lieferungen geltend machen [2]). Der Bericht der Herrenhauskommission hat dagegen zu dem Schluß Anlaß gegeben, daß der Gläubiger an den Vertrag gebunden bleibe, wenn die Verzögerung einer einzelnen Teilleistung in besonderen Umständen ihren Grund hat, die für die künftigen Leistungen nicht in Betracht kommen [3]).

Nicht minder gehen die neuen Gesetzgebungsarbeiten auseinander. Der ungarische Entwurf von 1928 § 1148 Abs. 2, 1161 Abs. 1 verlangt Wegfall des Interesses des Gläubigers, die griechischen Entwürfe (VorE. Art. 93; E. Art. 92) geben ihm freie Wahl.

Die *skandinavischen* Gesetze geben in ihren §§ 22 dem Käufer die Nichterfüllungsfolgen wegen der noch nicht fälligen Raten nur,

---

[1]) Oser, OR. Art. 107, Bem. 39.

[2]) Klang-Pisko zu § 918 B I 2 S. 482.

[3]) Ehrenzweig § 320 II 3.

wenn entweder „Wiederholung des Verzugs mit Grund befürchtet werden kann" oder wenn „die Posten in solchem Zusammenhang stehen, daß es dem Käufer zum Nachteil gereichen würde, teilweise beim Kauf zu bleiben". Das skandinavische Recht stimmt also völlig mit der deutschen Zivilrechtslehre überein.

Der *englische* S.G.A. läßt in sect. 31 (2) die Umstände des Einzelfalles entscheiden, ob die Vertragsverletzung bezüglich der einen Rate als repudiation des Vertrags im ganzen erscheint oder ob sie ein „abtrennbarer Vertragsbruch" ist (a severable breach of contract), der zu Rechtsfolgen nur bezüglich der einen Rate führt. Die allgemeinen Grundsätze über die Bedeutung eines Vertragsbruchs werden also konsequent angewendet. Die Verfasser des *amerikanischen* Gesetzes haben an dem Ausdruck repudiation Anstoß genommen. Wörtlich würde er ergeben, daß die Nichterfüllungsfolgen wegen des ganzen Vertrags nur zustehen, wenn aus dem Vertragsbruch bezüglich der einen Rate eine Absicht des Verkäufers gefolgert werden kann, auch die anderen Raten nicht oder nicht richtig zu erfüllen. Das entspricht aber, wie die Entscheidungen [1]) zeigen und wie sich auch aus dem zu dem Wort repudiation gestellten Wort "severable breach of contract" ergibt, nicht einem haltbaren Sinn der Regelung; man wollte wohl auch nur die herkömmliche Anwendung des allgemeinen Common-Law-Grundsatzes, den die amerikanische Praxis besser gefaßt hat. Nach Un. S. A. sect. 45 (2) kommt es darauf an, „ob der Vertragsbruch so wesentlich (material) ist, die verletzte Partei zu rechtfertigen, wenn sie sich weigert, weiter mit dem Vertrag fortzufahren und Schadenersatz wegen Bruchs des ganzen Vertrags fordert, oder ob der Vertragsbruch abtrennbar ist und demgemäß ein Recht gibt auf Entschädigung, nicht aber auch, den ganzen Vertrag

---

[1]) S. oben S. 275 N. 1 und 2. So Walton, J. in Millar's Karri v. Weddel (1908) 100 L.T. p. 129; nötig ist nur, daß der Schuldner is repudiating the contract in fact. Dies trifft zu, wenn aus der Mangelhaftigkeit der einen Lieferung geschlossen werden kann, daß auch die weiteren mangelhaft sein werden. Ebenso im Anschluß daran Wright, J. in Munro v. Meyer (1930) 35 Com. Cas. p. 246 mit eingestanden schwerem Entschluß, gegen den Wortlaut des Gesetzes zu gehen: Es macht nichts aus, daß der Verkäufer schuldlos und mit dem Fehler unbekannt war. Die Absicht des Verkäufers muß aus seiner Handlung geschlossen werden. Das Gesetz bestimmt im Grunde nur, daß die Wirkung wie bei einer Erfüllungsweigerung eintritt, und setzt nicht eine Erfüllungsweigerung selbst voraus. Für *Amerika* s. Cardozo, J. in Helgar Corp. v. Warner's Features (1918) 119 N.E. p. 114: Wir müssen zur Entscheidung wissen den Grund des Erfüllungsmangels, die Dauer der Verzögerung, die Bedürfnisse des Schuldners, die Erwartungen des Gläubigers und die Aussichten auf ordnungsmäßige Erbringung der späteren Leistungen. Manchmal ist dies alles zusammen zu prüfen.

als gebrochen zu behandeln". Nach den Gerichtsentscheidungen erstreckt sich die Prüfung sowohl auf die Schwere des Verstoßes gegen die Vertragspflicht als auf die Schwere der Gefahr für die späteren Leistungen, wobei die Gefährdung der Vertragsfortsetzung aus der Gröblichkeit des Verstoßes folgen kann.

Die *romanische* Literatur, die vorwiegend mit dem Problem befaßt war, ob die Auflösung für einen Teil der Lieferungen ausgesprochen werden könne (oben S. 206), scheint eher anzunehmen, daß die Nichtlieferung einer Rate nach freier Wahl des Käufers zur Auflösung des ganzen Vertrages für die Zukunft führt [1]). Dies ordnet in der Tat der *italienische* Handelsgesetz*entwurf* Art. 308 an. In den *französischen* Urteilen werden aber Voraussetzungen aufgestellt. Es wird untersucht, ob die Nichtlieferung für den ganzen Vertrag wesentlich ist und ob der Vertrag als teilbar anzusehen ist; sonst werden die Rechtsbehelfe nur bezüglich der nicht erbrachten Rate gewährt [2]). Auch in *Italien* dürfte die Praxis auf diesem Standpunkt stehen [3]), wenn auch verschiedene Entscheidungen die Auflösung für die Zukunft ohne näheres Eingehen bewilligen [4]).

Man kann danach stark zweifeln, ob die von der deutschen Judikatur und der italienisch-französischen Theorie oder die von der deutschen Theorie und der angelsächsischen, skandinavischen und französischen Praxis bevorzugte Ansicht die bessere Bewährung aufweist. Vorsichtiger und grundsätzlich besser begründet dürfte die letztere, strengere Ansicht sein: die Verletzung der einen Teilverpflichtung muß wesentlich sein, um zum Abgehen von dem gesamten Rest des Vertrages zu berechtigen. In diesem Sinn wählen die *ungarischen* Entwürfe [5]) ihre Lösung. *Folgerung.*

Die theoretische Gestalt des Rechtsbehelfs ist in *Deutschland* erörtert worden (oben S. 164 N. 2). Er ergibt weder einen Rücktritt

---

[1]) Baudry-Lacantinerie et Saignat XIX no. 325 a. E.; Vivante IV no. 1699; Tartufari no. 442.

[2]) Dalloz Rep. Prat. Vente no. 947; Delayen, Homburg et Chotiau no. 170 bei N. 130—133; Rennes 29. 12. 1927, Rec. Somm. 1928 no. 3549; Rennes 19. 2. 1928, Rec. Somm. 1929 no. 2635; Rennes 8. 6. 1928, Rec. Somm. 1929 no. 2637; unter Verwendung der Fiktion von Einzelverträgen: Trib. com. Marseille 11. 3. 1932, Rec. Somm. 1932 no. 2567.

[3]) Cass. 29. 5. 1933, Rep. Foro It. 1933, Vendita no. 164; Cass. 11. 12. 1935, Mass. Foro It. 1935 no. 3626.

[4]) Cass. 9. 12. 1932, Giur. It. 1933 I 1 336; Cass. 27. 2. 1933, Rep. Foro It. 1933, Vendita no. 163.

[5]) E I § 930 Abs. 1, vollständiger als E II § 1148 Abs. 2, § 1161 Abs. 1.

noch eine Kündigung im eigentlichen Sinn[1]). Von praktischer Wichtigkeit ist nur die Frage, ob der Käufer wegen der noch nicht fälligen Teilleistungen, die er ablehnt, Schadenersatz verlangen kann. Soweit er einen Schaden nicht nachweisen kann, fällt die Frage dahin. Im übrigen ist kein Grund vorhanden, sie zu verneinen.

Dort, wo die Setzung einer Nachfrist vorgeschrieben ist, kann diese nach der wohl überall siegreichen Ansicht mit Androhung der Wirkung für die noch ausstehenden Raten erfolgen[2]).

2. Empfangene Teillieferungen.

2. Die zweite Frage geht dahin, ob der Käufer wegen der vom Verkäufer zu vertretenden Nichterfüllung einer Rate die von ihm schon früher empfangenen Teilmengen zurückgeben darf.

In den *romanischen* Ländern hat eben diese Frage am meisten Schwierigkeiten bereitet, weil man Bedenken trug, den Vertrag nur zu einem Teil aufzulösen. Daher hat in den *Niederlanden* noch bis in jüngere Zeit der Hooge Raad befunden, man könne nur den ganzen Vertrag einschließlich des erfüllten Teils auflösen. Diese Zweifel sind aber nun überall überwunden[3]).

Die Antwort lautet heute fast überall im gleichen Sinne: Auch wenn der Rücktritt von den gesamten künftigen Leistungen zulässig ist, schließt er nicht unbedingt den Rücktritt für die Vergangenheit in sich. Der Käufer kann diese vielmehr nur dann rückgängig machen, wenn er an ihnen infolge der teilweisen Nichterfüllung kein Interesse mehr hat, wie man sich in *Deutschland, Skandinavien, Österreich,* im *ungarischen* Entwurf II § 1161 Abs. 2 und anderswo ausdrückt, oder wenn die Teilleistungen voneinander nicht trennbar sind, not severable, wie man in den *angelsächischen* Ländern sagt. Das Ergebnis ist das gleiche. Auch in *Frankreich* und *Italien* kann die Auflösung auf die schon erbrachten Leistungen erstreckt werden, wenn der Vertrag als „indivisible" gilt[4]), wenngleich in den Entscheidungen bisweilen der Eindruck erweckt wird, als werde die Auflösung für die schon erbrachten Leistungen als überhaupt ausge-

---

[1]) [Neuestens scheint dagegen Molitor, Die Kündigung, 1935, S. 12 eine Kündigung aus wichtigem Grunde anzunehmen.]

[2]) Für die *Schweiz* OR. Art. 108, n°. 1; BGE. 45 II 61; 52 II 142. — *Deutsch.* RGZ. 61, 128. — Triantaphyllopoulos, Schedion p. 194.

[3]) *Niederlande*: H.R. W. 11485 und 11489, N.J. 1926, 508 und 504, unsere Z. 3, 528. *Frankreich*: Cass. req. 31. 10. 1923, Gaz. Pal. 1924 I 18. *Italien*: Cass. 27. 2. 1933, Rep. Foro It. 1933 Vendita n°. 163.

[4]) Tartufari n°. 442 a. E., Vivante IV n°. 1699 N. 105 a. E. Vgl. Lyon-Caën et Renault III n°. 125, 159 bis.

schlossen angesehen[1]). Der *griechische Entwurf*[2]) will tatsächlich den Rücktritt hinsichtlich der Vergangenheit überhaupt ausschließen, was nicht zu empfehlen ist.

In den englischen und amerikanischen Verträgen begegnet häufig eine Klausel, nach der die Vereinbarung für jede Lieferung als besonderer Kontrakt genommen werden soll. Die Gerichte sind geneigt, trotzdem das Prinzip der Kaufgesetze durchzuführen, daß bei schwerwiegendem Vertragsbruch die sämtlichen künftigen Lieferungen abgesagt werden können[3]).

Ergebnis.

Der Käufer soll demnach, sei es von den künftigen, sei es von den vergangenen Lieferungen, sei es von beiden abgehen dürfen, wenn es erforderlich ist, um seine durch den Vertrag geschützten und durch die nicht gehörige Erbringung der einen Lieferung verletzten Interessen zu wahren. Dies trifft zu, wenn der fällige Teil von den künftigen oder (und) den gelieferten Teilen im Sinn des Vertrags nicht trennbar ist, sowie wenn die Nichterfüllung in dem Käufer ein begründetes Mißtrauen in die späteren Leistungen erweckt[4]).

---

[1]) Vgl. die oben S. 532 N. 3 genannten Urteile.

[2]) Art. 92 Abs. 2; im Vorentwurf von Triantaphyllopoulos Art. 93 noch nicht enthalten.

[3]) Siehe besonders Wright, J. in Munro v. Meyer a. a. O. p. 247.

[4]) Entwurf Art. 30.

Bei Fragen zur Produktsicherheit wenden Sie sich bitte an:
If you have any questions regarding product safety,
please contact:

Walter de Gruyter GmbH
Genthiner Straße 13
10785 Berlin
productsafety@degruyterbrill.com